Burton L. Mack

Wer schrieb das Neue Testament?

Burton L. Mack

Wer schrieb das Neue Testament?

Die Erfindung des christlichen Mythos

Aus dem Englischen übersetzt
von Christian Wiese

Verlag C. H. Beck München

Titel der englischen Originalausgabe:
Who wrote the New Testament?
Harper Collins Publishers, San Francisco 1995

Mit zwei Karten

Die Deutsche Bibliothek – CIP-Einheitsaufnahme
Mack, Burton L.:
Wer schrieb das Neue Testament : die Erfindung des christlichen Mythos / Burton L. Mack. Aus dem Engl. übers. von Christian Wiese. – München : Beck, 2000
Einheitssacht.: Who wrote the New Testament? <dt.>
ISBN 3-406-44015-0

ISBN 3 406 44015 0

Für die deutsche Ausgabe:

Gesamtherstellung: Freiburger Graphische Betriebe
Gedruckt auf säurefreiem, alterungsbeständigem Papier
(hergestellt aus chlorfrei gebleichtem Zellstoff)
Printed in Germany

Inhalt

Prolog: Das «Geheimnis» der Heiligen Schrift 9

Erster Teil

Jesus und der Christus

1. Zusammenprall der Kulturen 33

2. Lehren der Jesusbewegungen 65
Die Logienquelle Q 70 – Verkündigungsgeschichten 79 – Das Thomasevangelium 88 – Wundergeschichten 95 – Die «Säulen» in Jerusalem 98 – Zusammenfassung 101

3. Fragmente aus dem Christuskult 106
Der Christusmythos 111 – *1 Korinther 15,3–5* 111 – *Römer 3,21–26* 118 – Das rituelle Mahl 122 – *1 Korinther 11,23–25* 123 – Der Christushymnus 128

Zweiter Teil

Christus und der Angelpunkt der Geschichte

4. Paulus und sein Evangelium 139
Der Briefwechsel mit den Thessalonichern 149 – Der Galaterbrief 158

5. Die Briefe des Paulus an Griechen und Römer 169
Die Korintherbriefe 172 – Der Römerbrief 188 – Der Brief an Philemon 196 – Der Philipperbrief 197

6. Evangelien von Jesus, dem Christus 201
Das Markusevangelium 207 – Das Matthäusevangelium 221 – Das Lukasevangelium 228

7. Visionen vom kosmischen Herrn 237
Das Johannesevangelium 239 – Die Briefe an die Kolosser und an die Epheser 248 – Der Hebräerbrief 254 – Die Offenbarung des Johannes 261

8. Briefe der Apostel 268
Die Pastoralbriefe an Timotheus und Titus 277 – Die Petrusbriefe und der Judasbrief 279 – *Der 1. Petrusbrief* 280 – *Der Judasbrief* 283 – *Der 2. Petrusbrief* 284 – Der Jakobusbrief 287 – Die Johannesbriefe 289

Dritter Teil

Die Geschichte und der christliche Mythos

9. Die Erfindung apostolischer Traditionen 303
Die Apostelgeschichte 307 – Apostolische Weisungen 321 – Apostolische Sukzession 327 – *Der 1. Klemensbrief* 328 – *Die Briefe des Ignatius* 332

10. Der Anspruch auf die epische Überlieferung Israels 338
Markion 340 – Valentinus 342 – Justin der Märtyrer 350

11. Die Schaffung der christlichen Bibel 368

Epilog: Die Faszination der Bibel 392
Ein transparentes Orakel 397 – Ein jenseitiges Textbuch 401 – Eine anspruchslose epische Überlieferung 407 – Ein fragwürdiger Mythos 410

Anhang

Frühchristliche Literatur 419

Der Inhalt von Q 420

Die Verkündigungsgeschichten im Markusevangelium 421

Literatur 424

Register der Bibelstellen 429

Namenregister 434

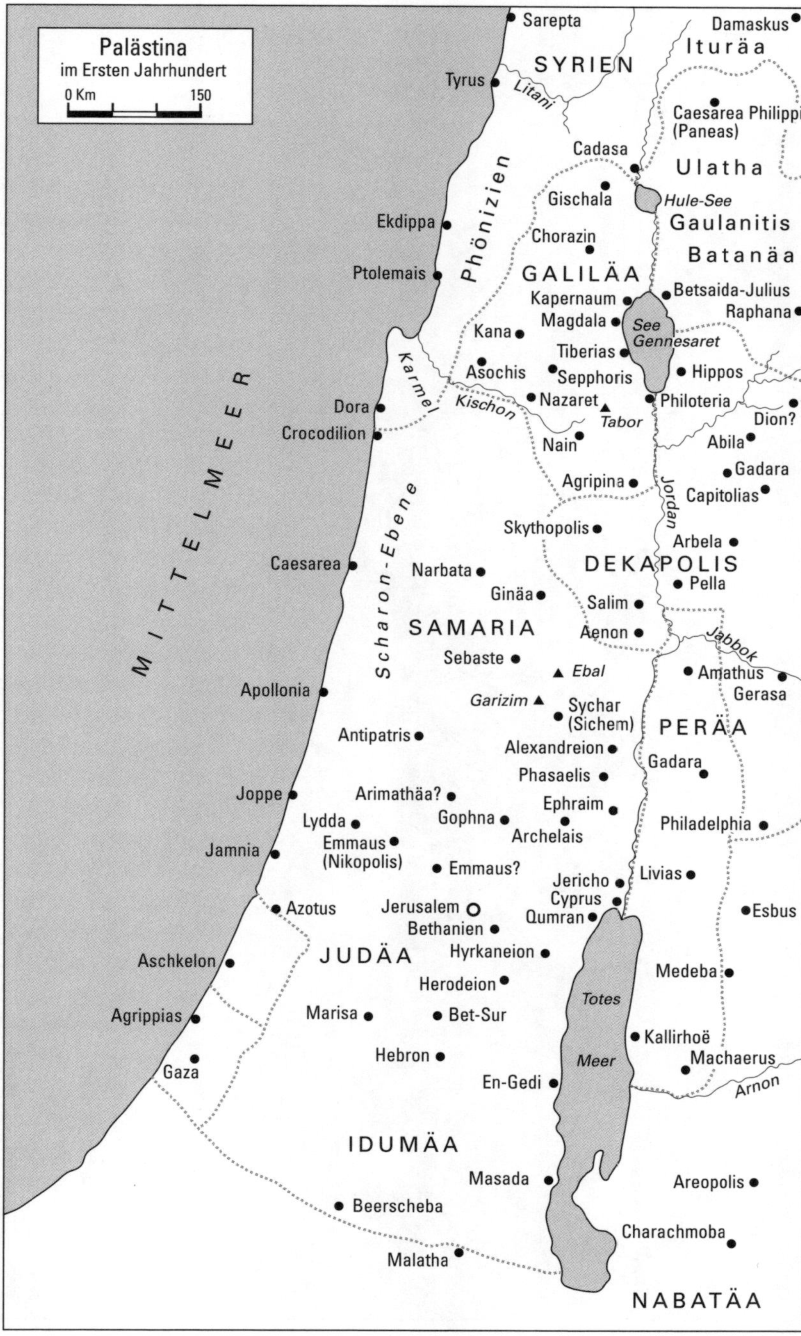

Palästina
im Ersten Jahrhundert
0 Km
150
MITTELMEER
Sarepta
Damaskus
Ituräa
SYRIEN
Tyrus
Litani
Caesarea Philippi
(Paneas)
Cadasa
Ulatha
Gischala
Hule-See
Phönizien
Ekdippa
Gaulanitis
Chorazin
Batanäa
Ptolemais
GALILÄA
Kapernaum
Betsaida-Julius
Raphana
Magdala
See
Gennesaret
Kana
Tiberias
Karmel
Asochis
Sepphoris
Hippos
Kischon
Nazaret
Philoteria
Dora
Tabor
Dion?
Crocodilion
Nain
Abila
Gadara
Agripina
Jordan
Capitolias
Scharon-Ebene
Skythopolis
Arbela
Caesarea
Narbata
DEKAPOLIS
Pella
Ginäa
Salim
SAMARIA
Aenon
Jabbok
Sebaste
Ebal
Amathus
Gerasa
Apollonia
Garizim
Sychar
(Sichem)
PERÄA
Antipatris
Alexandreion
Gadara
Phasaelis
Joppe
Arimathäa?
Ephraim
Lydda
Gophna
Philadelphia
Archelais
Jamnia
Emmaus
(Nikopolis)
Emmaus?
Livias
Jericho
Azotus
Jerusalem
Cyprus
Esbus
Qumran
Bethanien
Aschkelon
JUDÄA
Hyrkaneion
Medeba
Herodeion
Totes
Agrippias
Marisa
Bet-Sur
Kallirhoë
Hebron
Meer
Machaerus
Gaza
En-Gedi
Arnon
IDUMÄA
Masada
Areopolis
Beerscheba
Charachmoba
Malatha
NABATÄA

Das östliche Mittelmeer
im 1. Jahrhundert
0 Km
500
ITALIEN
Ortona
ADRIA
ILLYRIEN
(Dalmatien)
MOESIEN
Dunav
SCHWARZES MEER
Sinope
Amisus
Mesembria
THRAKIEN
Herakleia
Amasia
Komana
BITHYNIEN & PONTUS
Tavium
Byzanz
Nikomedien
Scodra
MAZEDONIEN
Philippi
Neapolis
Amphi-
polis
Thessa-
lonich
Appo-
lonia
Rom
Ostia
Tres Tabernae
Forum Appii
Puteoli
Dyrrhachium
Propontis
Nicaea
Ankyra
Caesarea
Mazaca
Tigris
GALATIEN
Tyrrhenisches Meer
Paestum
Tarent
Apol-
lonia
Beröa
Pydna
SAMOTHRAKE
Troas
Assos
ASIA
Adramyttion
Dorylaeum
Pessinus
Tatta-See
KAPPADOKIEN
Tyana
Larisa
Ägäis
LESBOS
Mitylene
Pergamon
Thyatira
Philadelphia
Antiochia
Sardes
Ikonion
Nicopolis
Smyrna
Laodicea
Lystra
KILIKIEN
Kroton
ACHAIA
Chalkis
Chios
Lydien
Kollossä
Tarsus
Euphrat
Ephesus
Tralles
Perge
Derbe
Antiochia
Korinth
Magnesia
PAMPHYLIEN
Seleukia
Agrigentum
Olympia
Athen
Rhegium
Milet
Attalia
PELOPONNES
Epidaurus
LYKIEN
Sparta
Knidos
Patara
Myra
Orontes
SIZILIEN
Syrakus
Salamis
SYRIEN
RHODOS
ZYPERN
Knossos
Paphos
MALTA
(Melita)
Phoenix
KRETA
Sidon
Damaskus
Cauda
Lasäa
Tyrus
Ptolemais
Caesarea
MITTELLÄNDISCHES MEER
Joppa
Jerusalem
Kyrene
Pelusium
Gaza
Alexandria
LIBYEN
NABATÄER
ÄGYPTEN
Heliopolis
J. Weitzel 1999

Prolog: Das «Geheimnis» der Heiligen Schrift

Die Faszination, die von heiligen Schriften ausgeht, tritt nur selten so zutage, daß sie bemerkt wird und kommentiert werden könnte. Ihr Nimbus ist subtil, so daß die meisten Menschen eines Kulturkreises ihn selbst dann kaum wahrnehmen, wenn man ihn anspricht. Ich habe intensiv über diesen Nimbus nachgedacht und mich gefragt, weshalb die Bibel einen so eigentümlichen Einfluß auf unser Denken und unsere Phantasie ausübt. Ich dachte dabei nicht an die offenkundig peinlichen öffentlichen Auftritte törichter Bibelgläubigkeit, die etwa den Hufschlag der vier apokalyptischen Reiter der Johannesoffenbarung zu hören meint oder Paulus zitiert, um zu beweisen, daß Homosexuelle vor Gott Sünder seien. Verrücktheiten dieser Art tauchen in Zeiten gesellschaftlicher oder kultureller Krisen gerne auf, ganz gleich um welche Themen und mythische Autoritäten es sich handelt. Ich denke vielmehr vor allem daran, wie man, anscheinend ganz unschuldig, die Bibel wie selbstverständlich als ein besonderes Buch betrachtet, besonders aber daran, wie sie ihren Zauber auf unsere Kultur ausübt, ohne daß man an sie glaubte, sie zu Rate zöge oder läse.

Die Methoden, sich bei der Bibel Rat zu holen, sind erstaunlich vielfältig. Studierende berichten, daß ihre Großmütter ein «Wort für den Tag» zu suchen pflegten, indem sie ihre Bibeln an beliebiger Stelle aufschlugen, um auf einen «Tagesvers» zu stoßen. Tausende von Pfarrern, Priestern, Rabbinern, Predigern und Lehrern brüten über diesen Texten, um in ihnen etwas zu finden, was sich als Lehre oder Botschaft für ihre Kurse oder Gemeinden eignet. Mittlerweile bilden sich auch außerhalb der formellen Grenzen institutionalisierter Religion Gruppen, die hoffen, in der Bibel irgendwelche grundlegenden Wahrheiten zu entdecken, die, wie sie meinen, in unserer jüngsten Vergangenheit verlorengegangen seien. Man bedenke zudem, wieviel intellektuelle Anstrengung auf das akademische Studium der Bibel verwandt wird, wie viele wissenschaftliche Studien und Handbücher zur Deutung der Bibel entstehen und was für eine gewaltige Flut an Literatur sich beständig aus kirchlichen Einrichtungen und kommerziellen Verlagen ergießt, die Bücher über die Bibel herausgeben. Man kann sich angesichts all dieser um ein einziges Buch kreisenden Aktivität zu Recht nur wundern.

Diese unablässige Befragung der Bibel erklärt sich zum Teil aus der wichtigen Funktion, die ihr in unseren religiösen Institutionen beigemessen wird. Lesungen aus der Bibel sind wesentlicher Bestandteil von

Liturgien, Lektionen aus der Bibel bilden die Grundlage von Unterricht und Lehre, und die für das intellektuelle Leben der religiösen Traditionen Verantwortlichen halten den Rückgriff auf die Bibel für ein notwendiges Element ihrer theologischen Konstrukte. Das Bemerkenswerte an dieser Art der Berufung auf die Bibel besteht jedoch darin, daß es nicht darauf anzukommen scheint, ob all die auf diese Weise gewonnenen Theologien und Lehren miteinander übereinstimmen. Es scheint auch niemanden zu stören, daß die «biblische» Grundlage für eine bestimmte Lehre oder Anschauung womöglich nur aus einer Reihe von aus dem Zusammenhang gerissenen Aussagen besteht, die man dann in ein «Dogma» preßt. Dies gilt selbst für die höchsten Ebenen des ernsthaften theologischen Diskurses. David Kelsey (1975) hat in einer Studie gezeigt, daß in Amerika von einem theologischen System zum anderen auch die für das jeweilige System als grundlegend erachteten biblischen Texte variieren. Es ist, als ob jeder wüßte, daß die Bibel vielfältige und unterschiedliche Stimmen birgt, und doch so mit ihr umgeht, als spräche sie mit einer einzigen Stimme. Und selbst wenn die Bibel als Buch mit einer einzigen Botschaft behandelt wird, setzt jeder voraus, daß man sie erforschen muß, so als sei diese Botschaft verborgen oder unklar. Man geht mit ihr um, als handle es sich um eine Sammlung göttlicher Orakel, die es zu entschlüsseln gelte, um zu der in ihnen enthaltenen Wahrheit zu gelangen. Ist es nicht merkwürdig, daß man die Bibel befragen, studieren, durchforsten, daß man erst die Oberfläche ihrer rätselhaften Sprache durchdringen muß, um die verborgene Wahrheit zu erkennen, die ihr die Autorität verleiht, welche ihr unsere Religionen zuschreiben? Ist es nicht merkwürdig, daß uns diese seltsame Beschäftigung mit einem unerbittlichen «Studium» der Bibel in unserer Gesellschaft nicht auffällig erscheint und daß wir nicht fragen, was es mit der Bibel und unseren Religionen auf sich hat, was hinter dieser Faszination steckt?

In unserer Kultur übt die Bibel ihren Zauber auch außerhalb der Grenzen der religiösen Institutionen aus, wenn auch nicht ohne weiteres eingestanden oder offen diskutiert wird, auf welche Weise sie die uns als Amerikaner prägenden kollektiven Wert- und Denkmuster bestimmt. Die meisten von uns wissen allerdings, daß im Westen die Geschichte der Literatur, des Theaters, der Kunst und Architektur von biblischen Vorstellungen durchdrungen ist. Wir wissen zudem, daß die Bibel im Zusammenhang der Eroberung anderer Länder stets gegenwärtig war. Während des «Zeitalters der Entdeckungen» etwa studierte Kolumbus in Vorbereitung seiner Reisen die Bibel und verstand das Gleichnis vom Festmahl in Lukas 14,16–24 als Auftrag, die Welt zu umsegeln und die Heiden zur Bekehrung zu «zwingen», wie Lukas 14,23 fordert (J. Z. Smith, 1986). Sollten uns solche Beispiele für den Einfluß der Bibel auf die Geschichte unserer expansiven Zivilisationen nicht ein wenig mißtrauisch machen?

Wir besitzen auch eine vage Vorstellung von der Bedeutung, die der Bibel in der frühen amerikanischen Geschichte beigemessen wurde. Sie war das Buch, das jeder in Händen hielt, und sie prägte die Art und Weise, in der wir das Land sahen, die einheimischen amerikanischen Indianer behandelten und unsere Institutionen – auch die Schulen, Universitäten und Lehrpläne für die höhere Bildung – gestalteten. Viele Amerikaner haben die Bibel mit voller Absicht als Charta unserer Nation verstanden. Thomas Jefferson etwa hielt es für wichtig, das Maß an Aufklärung, das wir in amerikanischen demokratischen Institutionen erreicht hatten, auf eine von Mythen und Wundern gereinigte Bibel zurückzuführen. Daher enthielt die «Jefferson-Bibel» lediglich die ursprünglichen Lehren Jesu. Was die nicht gereinigte Bibel betraf, so rechtfertigte man die Sezession des Südens lange Zeit damit, daß man sich einerseits auf den Fluch gegen die Nachkommen Hams in Genesis 9,20–27 berief und sich andererseits unter Berufung auf Paulus berechtigt sah, von Sklaven Gehorsam zu fordern. Als die Verlockung zur «Entwicklung» des «leeren» Landes im Westen im 19. Jahrhundert seinen Höhepunkt erreichte, verfaßten führende amerikanische Autoren wie Walt Whitman zahllose Bände utopischer Poesie voller biblischer Anspielungen, die uns offenkundig als Volk Gottes erscheinen ließen, das dazu berufen sei, inmitten der einstigen Wildnis ein Paradies zu schaffen. Auch die Klischees, die wir benutzten, um unsere Auftritte in der Welt anzukündigen, stammen allesamt aus der biblischen Vorstellungswelt – «gerechte Nation», «Stadt auf dem Berge» und «Licht für die Völker». Was, glauben Sie, hätten wir – ohne die Bibel – über uns selbst sagen können?

In unserer eigenen Zeit zeigt die häufige Erwähnung der «jüdisch-christlichen Überlieferung», auf wie naive und automatisierte Weise die Bibel ihre Rolle im öffentlichen Diskurs spielt. Der Begriff *jüdisch-christlich* meint, daß wir in der «biblischen Tradition» stehen, und die biblische Überlieferung gilt als Quelle der Werte, die das Ansehen und die Legitimität unserer Gesellschaft ausmachen. Niemand empfindet es als befremdlich, wenn Senatoren die Bibel zitieren, niemand hat Einwände dagegen, daß gewählte Präsidenten beim Amtseid ihre Hand auf sie legen. Es ist, als nähmen wir unseren Platz in der Geschichte mittels gedankenloser Berufungen auf die Bibel ein. Vage Erinnerungen an die biblische Geschichte scheint jeder zu besitzen, an eine Geschichte, die mit der Schöpfung der Welt und Adam und Eva im Garten beginnt, durch die Geschichten der Bibel und dann die Geschichte der westlichen Zivilisation weiter ihren Lauf nimmt, um mit Amerika in die Erfüllung ihrer Verheißungen zu münden, mit einem für alle Völker der Erde folgenreichen Höhepunkt in der Zukunft. Leute, die sich mit der volkstümlichen amerikanischen Kultur beschäftigt haben, behaupten, die Bibel habe uns in der Weise, wie wir unsere Geschichten erzählen, nach Sinn suchen, nach Veränderungen streben, uns unsere Zukunft ausmalen und apokalyptische Lösungen für unsere Probleme erhoffen, zutiefst beeinflußt. Wenn die Bibel für unsere Kultur so wichtig ist, ist es dann nicht merkwürdig, daß wir nicht nach den Gründen dafür gefragt haben?

Mich hat auch betroffen gemacht, welche Autorität wir der Bibel in Diskussionen über Fragen von gesellschaftlicher Bedeutung einräumen. Die Liste der gegenwärtig diskutierten Themen reicht von der Stellung der Schöpfungslehre in öffentlichen Schulen, der Rolle von Frauen in unserer Gesellschaft, dem gesellschaftlichen Verhalten gegenüber unterschiedlichen sexuellen Orientierungen, den jüdisch-christlichen Beziehungen, von Theorien über die Überlegenheit der Weißen, von patriarchalen Institutionen, vom Gebrauch natürlicher Ressourcen, der Definition der Familienwerte, vom Verstehen von Gewalt, von der Frage, wie man sich am besten gegenüber anderen Kulturen verhalten sollte, bis hin zum Thema unserer Verantwortung für die Einhaltung der Menschenrechte auf der ganzen Welt. Die meisten dieser Problemstellungen ließen sich ohne Rückgriff auf das biblische Erbe diskutieren, doch stets lauert die Bibel im Hintergrund, und in allen Fällen wurden Positionen eingenommen, die sich letzten Endes auf die Bibel als letzte Instanz berufen. Immer wenn das geschieht, kommen Denken und vernünftige Diskussion an ihr Ende. Ist erst einmal die Bibel mit im Spiel, wissen wir nichts mehr zu sagen. Wenn es darum geht, die Berufung auf die Bibel als Argument gelten zu lassen, sind wir uns alle einig.

Einer der Gründe dafür, daß wir nichts mehr zu sagen haben, wenn wir mit einem als «Beweis» angeführten biblischen Text konfrontiert werden, liegt darin, daß wir einfach nicht wissen, was wir mit der Bibel und ihrem Inhalt anfangen sollen. Deshalb wissen wir auch nicht, was wir jenen antworten sollen, die die Bibel als Autorität für ihre Anschauungen verwenden. Trotz des gewaltigen Aufwandes an biblischer Forschung in unserer Gesellschaft ist in der Öffentlichkeit tatsächlich nur wenig Wissen über die Bibel vorhanden. Man kann nicht davon ausgehen, daß jeder weiß, warum die verschiedenen Bücher der Bibel zuerst jedes für sich verfaßt wurden, wie ihre ersten Leser sie verstanden, wann und warum sie zu einem einzigen Buch zusammengestellt wurden, worin die historische Bedeutung dieses Augenblicks lag, auf welche Weise die christliche Kirche diese Bücher im Verlauf der westlichen Kulturgeschichte vielfach neu interpretiert und worin die bleibende Wirkung dieses vielschichtigen Textes bestanden hat. Die Tatsache, daß die seltsame Autorität, die man der Bibel in unserer Gesellschaft einräumt –

eine Übereinkunft, die davon unabhängig ist, ob man Christ ist oder nicht –, mit einem sehr dürftigen Wissen und spärlicher öffentlicher Diskussion über die Bibel einhergeht, gab den Anstoß zu diesem Buch. Da stehen wir mit unserer Bibel und wissen doch nicht, wie wir zu ihr gekommen sind, wie sie wirkt oder was wir mit ihr vor der Öffentlichkeit anfangen sollen.

Deshalb beschloß ich, dieses Buch zu schreiben. Als Wissenschaftler, der im Bereich der Bibelwissenschaft und Religionsgeschichte arbeitet, habe ich mich dreißig Jahre lang mit dem akademischen Studium von Religion und Kultur befaßt. Auf diesen Forschungsgebieten steht uns ein Reichtum an Informationen zur Verfügung, der uns helfen kann, zu verstehen, wie die Bibel entstand, auf welche Weise und warum die Bibel nach wie vor unsere Kultur beeinflußt. Dieses Wissen ist umfangreich, sehr detailliert und gelehrt, aber es ist nicht geheimnisvoll. Wir wissen viel über die Geschichte, Literatur, Religion und die Kulturen des antiken Nahen Ostens sowie über die griechisch-römische Welt, wo sich der Zusammenprall der Kulturen ereignete, der sowohl das Judentum als auch das Christentum hervorbrachte. Wir besitzen detaillierte Kenntnis von den ursprünglichen Sprachen und Inhalten jedes einzelnen Buches der Bibel, und zumeist lassen sich die Umstände beschreiben, die ihre Abfassung veranlaßten. Wir können auch sagen, weshalb ein neues literarisches Werk verfaßt wurde, wie man beim Schreiben jeweils auf andere Texte, Vorstellungen und Mythen zurückgriff und wie es der Verfasser anstellte, mit einer neuen literarischen Komposition wirklich etwas kreativ Neues zu sagen. Auch was das Verständnis dessen angeht, wie man in der Antike über Gott dachte, Religion praktizierte, die Gesellschaft gestaltete und menschliche Beziehungen einschätzte, stehen wir nicht mit leeren Händen da. Im Bereich der klassischen Philologie liegen außergewöhnlich reiche Quellen vor, die helles Licht auf die Geschichte Israels, des frühen Judentums und des Christentums werfen. In theoretischer Hinsicht kann die Religionsgeschichte zudem auf viele weitere akademische Disziplinen zurückgreifen, unter denen die Ethnographie, die Kulturanthropologie, die vergleichende Religionsgeschichte und die Religionssoziologie zu nennen wären. Es scheint beschämend, daß man sich im Gespräch über die Bibel – sei es im gemeindlichen oder öffentlichen Kontext – so selten auf dieses nüchterne Wissen bezieht. Vielleicht vermag ein nüchternes Buch über die Entstehung der christlichen Bibel hier hilfreich zu sein.

Wie jeder weiß, ist die christliche Bibel nicht einfach mit der hebräischen Bibel gleichzusetzen, und selbst in den Haupttraditionen des Christentums stimmen die in den jeweiligen Bibeln enthaltenen Bücher nicht miteinander überein. Ein wichtiger Unterschied besteht zwischen der protestantischen Bibel, die einige Bücher – die sogenannten Apokryphen – aus dem Alten Testament ausschließt, und der römisch-katholischen bzw. orthodoxen Bibel, die sie enthalten und sie – in Reaktion auf die Protestanten – als deuterokanonisch (also als zu einem «zweiten» kanonischen Corpus gehörig) bezeichnen. Die Geschichte der Herausbildung der christlichen Bibel läßt sich nicht ohne eine Beschreibung der Unterschiede zwischen der protestantischen, katholischen und der Hebräischen Bibel oder ohne Bezug auf die jüdischen Schriften darstellen, welche die Christen schließlich das Alte Testament nannten, denn die Art und Weise, in der jede dieser Schriftsammlungen Gestalt annahm, wirkte sich auf die anderen Sammlungen aus und hinterließ bleibende Spuren in den Kulturen, die sie hervorbrachten. Es ist freilich der neutestamentliche Teil der Bibel, der sie zur christlichen Bibel macht, und es war die christliche Bibel, die unsere Kultur beeinflußt hat. Wir werden sehen, daß das Neue Testament auf ganz bestimmte Weise mit den jüdischen Schriften des Alten Testaments verbunden wurde und daß diese Verbindung der christlichen Bibel ihre besondere Logik und Kraft verlieh. Es gilt letztlich diese Verknüpfung zu verstehen, um zu breiteren öffentlichen Gesprächen über die bleibende Anziehungskraft der Bibel in unserer eigenen Zeit zu gelangen. Um jedoch diese Verbindung und ihre Logik zu begreifen, müssen wir vor allem zur Kenntnis nehmen, warum die neutestamentlichen Schriften überhaupt verfaßt wurden und wie aus ihnen schließlich das Neue Testament der christlichen Kirche entstand.

Als ich mit dem Gedanken spielte, ein solches Buch über das Neue Testament zu schreiben, fand ich mich mit einer Art Circulus vitiosus konfrontiert. Dieser Zirkel besteht darin, daß die meisten Menschen das Neue Testament als Beleg für das konventionelle Bild der christlichen Ursprünge lesen, während diese konventionellen Ansichten wiederum als Beleg dafür dienen, wie das Neue Testament geschrieben wurde. Die konventionelle Vorstellung kreist um eine sehr kleine Gruppe von Personen und Ereignissen, von denen die Evangelien erzählen. Es geht um die Geschichte der Erscheinung Jesu als Gottes Sohn in der Welt. Eine göttliche Aura umgibt diese besondere Zeit und trennt sie von der übrigen Menschheitsgeschichte. Die meisten Menschen vergessen ihren Unglauben und akzeptieren diese Geschichten als jenen wundersamen Augenblick, mit dem die christliche Religion begann. Alles, was folgt, einschließlich der Verwandlung der Jünger in Apostel, der Geburt der Urkirche in Jerusalem, der Bekehrung des Paulus und der Abfassung der neutestamentlichen Evangelien und Briefe durch die Apostel gilt als Widerhall jener ersten unvergleichlichen Ereignisse. Man stellt sich die sich entfaltende Geschichte nach dem Bild von Dominosteinen vor, die der Reihe nach fallen, sobald der erste angestoßen wurde. Dies schafft ein zirkuläres, ineinandergreifendes Modell der Beglaubigung: Das Neue

Testament ist Ergebnis der konventionellen Sicht der christlichen Anfänge, dient jedoch zugleich als ihr Beweis.

Aus diesem Grund wird das Neue Testament gemeinhin als ähnlich wie die Verfassung der Vereinigten Staaten entstandene Stiftungsurkunde betrachtet und behandelt. Gemäß dieser Anschauung waren die Verfasser des Neuen Testaments allesamt bei den geschichtlichen Anfängen der neuen Religion zugegen und schrieben gemeinsam ihre Evangelien und Briefe mit dem Ziel, die christliche Kirche zu begründen, die ins Leben zu rufen Jesus gekommen war. Leider entspricht diese Sicht jedoch nicht dem wirklichen Geschehen. Fachgelehrte weisen unterschiedlichen Schriften des Neuen Testaments verschiedene Zeiten und Orte zu, und zwar über einen Zeitraum von hundert Jahren – von den Paulusbriefen in den fünfziger Jahren des 1. Jahrhunderts über die Abfassung des Markus- und Matthäusevangeliums in den siebziger und achtziger Jahren, des Johannes- wie des Lukasevangeliums um die Wende zum 2. Jahrhundert bis hin zur Apostelgeschichte, den Briefen und anderen Schriften, die während der ersten Hälfte des 2. Jahrhunderts entstanden, einige sogar erst um 140 bis 150 n. Chr. (Anhang A). Schon dieser Befund stellt eine andere Geschichte der christlichen Anfänge vor Augen, die in den Schriften des Neuen Testaments selbst weder anerkannt noch reflektiert wird.

Die Situation der herkömmlichen Anschauung verschärft sich zusätzlich dadurch, daß diese Schriften von verschiedenen Gruppen stammen, die ihre jeweils eigene Geschichte, ihre eigenen Sichtweisen und Einstellungen hatten und sich aus unterschiedlichen Personen zusammensetzten. In einigen Fällen ist es möglich, herauszufinden, wie zwei unterschiedliche Schriften miteinander verbunden sind. Ein Beispiel dafür ist etwa die Art der Abhängigkeit des dem Matthäus zugeschriebenen Evangeliums von dem Evangelium, das man Markus zuordnet. Doch selbst in Fällen wie diesem offenbart eine sorgfältige Lektüre zweier verwandter Schriften stets eine Menge von Unterschieden. Es gibt keine zwei Schriften, die in dem übereinstimmen, was wir für grundlegende, von allen frühen Christen gemeinsam gehegte Überzeugungen gehalten haben mögen. Jede Schrift weist u. a. ein anderes Verständnis Jesu auf, eine besondere Haltung gegenüber dem Judentum, eine eigene Vorstellung vom Reich Gottes, eine ihr eigentümliche Heilsvorstellung. Der vom Neuen Testament erweckte Eindruck, es handle sich um eine einheitliche Sammlung apostolischer Dokumente, die allesamt «Zeugnis» für einen einzigen Komplex anfänglicher Ereignisse ablegten, ist somit irreführend.

Wir wissen heute, daß es viele verschiedene Reaktionen auf die Lehren Jesu gab. Um sie herum bildeten sich Gruppen, die jedoch – je nach ihrer Zusammensetzung, gesellschaftlichen Entwicklung und ihren Diskussionen über die Lehren Jesu, deren Deutung und Anwendung – unterschiedliche Wege einschlugen. Einige entsprachen dem Typus, den wir als Jesusbewegungen bezeichnen. Andere wurden zu Gemeinden Christi, dessen Tod man sich als Martyrium vorstellte, das eine Gemeinschaft von Juden und Nichtjuden als gleichermaßen angenommenen Gliedern eines neuen Volkes Gottes (oder «Israels») rechtfertigte. Wieder andere entwickelten sich zu abgeschlossenen Zirkeln, in denen die von Jesus gelehrte geistige Erleuchtung oder Erkenntnis (*gnosis*) gepflegt wurde. Jede dieser Verzweigungen der Jesusbewegungen – einschließlich vieler abgewandelter Ausprägungen des jeweiligen Typus – stellte sich Jesus anders vor. Sie legten auf diese Weise Rechenschaft darüber ab, was aus ihnen geworden war, als die Strukturen ihrer Praxis, ihres Denkens und ihrer Versammlungen sich stabilisierten. Und sie alle rivalisierten miteinander in dem Anspruch, die wahren Nachfolger Jesu zu sein. Viele dieser Gruppen hatten ihr eigenes Evangelium (Cameron, 1984), einige brachten ziemlich große Bibliotheken hervor, die uns aus dem 2., 3. und 4. Jahrhundert überliefert sind. Was das Neue Testament betrifft, so erweist es sich als sehr kleine Auswahl von Texten aus einer großen Literatursammlung, die während der ersten hundert Jahre von ganz verschiedenen Gemeinschaften hervorgebracht worden war. Diese neutestamentlichen Texte wurden im Interesse einer besonderen Form der christlichen Gemeinde gesammelt, die sich erst allmählich zwischen dem 2. und 4. Jahrhundert herausbildete. Gegen Ende des Buches werde ich diesen Typus des Christentums als «zentristisch» bezeichnen, um damit auszusagen, daß es seine Position im Gegensatz zu gnostischen Formen des Christentums einerseits und zu radikalen Formen paulinischer und geisterfüllter Gemeinden andererseits bestimmte. Das zentristische Christentum wurde unter Konstantin zur Reichsreligion, stellte die Texte zusammen, die uns heute als Neues Testament bekannt sind, und verlieh der christlichen Bibel Gestalt, indem es diese mit den jüdischen Schriften zusammenfügte. Zu der Zeit, als diese Schriften verfaßt wurden, gab es noch keine zentristische Tradition, und keine von ihnen stimmte hinsichtlich ihrer Auffassung von Jesus, von Gott, vom Zustand der Welt oder vom Grund für die Existenz der Jesusbewegungen mit den jeweils anderen überein.

Abgesehen von den sieben Paulusbriefen und der Offenbarung eines ansonsten unbekannten Johannes wurden die für eine Aufnahme in das Neue Testament ausgewählten Schriften zudem nicht von jenen verfaßt, denen man sie zuschrieb. Viele moderne Christen empfinden diese Tatsache als schwer begreiflich, wenn nicht als ausgesprochen nervend. Das Problem scheint darin zu liegen, daß, sollte dies zutreffen, jemand gelogen haben muß. Ein besserer Weg zum Verständnis dieses Phänomens eröffnet sich, wenn man erkennt, daß (1) ein Großteil der Literatur der frühchristlichen Zeit anonym verfaßt wurde, (2) die Vorstellung eines apostolischen Zeitalters ein Produkt des 2. Jahrhunderts war und sich (3) die spätere Historisierung dieser Literatur durch Namen, die mit Aposteln in Verbindung gebracht wurden, so erklären läßt, daß deutlich wird, daß man das nicht als unehrlich betrachtete. Hilfreich ist zum einen die Beobachtung, daß die anonyme Verfasserschaft von Schriften, die für den Gebrauch in gesellschaftlichen Einrichtungen wie Schulen, Tempeln und königlichen Bürokratien bestimmt waren, in den schriftgelehrten Traditionen des antiken Nahen Ostens gängige Praxis war. Dazu kommt, daß in der frühen Periode der Sammlung des Überlieferten, der Deutung von Lehren und der Erprobung neuer Ideen, die für die von den Jesusbewegungen hervorgebrachten neuartigen Gruppierungen passend erschienen, viele Köpfe, Stimmen und Hände an der Redaktion des schriftlichen Materials beteiligt waren. Keiner dachte daran, die Autorschaft für die schriftliche Fixierung dessen zu beanspruchen, was allen gehörte, auch wenn eigene schriftstellerische Kreativität allenthalben zu beobachten ist. Selbst die frühesten Sammlungen von Lehren Jesu und Geschichten über ihn – wie die Logienquelle Q, das Thomasevangelium und die kleinen Komplexe von Anekdoten und Wundergeschichten aus der vormarkinischen Tradition – zeugen von Bildung und Originalität, obwohl für keine von ihnen ein Verfasser verantwortlich zeichnete.

Daß man anonyme Literatur später bekannten Gestalten der Vergangenheit zuschrieb, war während der griechisch-römischen Zeit ebenfalls geläufige Praxis. In den Rednerschulen etwa ließen die Lehrer ihre Schüler Reden und Briefe schreiben, die zu solchen Gestalten paßten, um zu sehen, ob der Schüler die Bedeutung einer geschichtlichen Gestalt ganz verstanden hatte. Wichtig war, wofür bekannte Persönlichkeiten standen, nicht deren persönliches Profil. Jedenfalls ist sich die Forschung darin einig, daß die meisten Schriften des Neuen Testaments – aus diesen oder jenen Gründen – entweder anonym verfaßt und später einer Persönlichkeit der Vergangenheit zugeschrieben, oder aber später verfaßt und dann einer Gestalt zugeschrieben wurden, von der man annahm, sie habe in der frühesten Zeit eine wichtige Rolle gespielt. Schlagendes Beispiel für das zuletzt genannte Verfahren sind die beiden angeblich von Petrus verfaßten Briefe, die beide eindeutig aus dem 2. Jahrhundert stammen.

So vermochten die zentristischen Christen im Laufe des 2. und 3. Jahrhunderts den Eindruck zu erwecken, es gebe eine einzige, geradlinige Geschichte der christlichen Kirche. Sie erreichten dies dadurch, daß sie anonyme und pseudonyme Texte, die Persönlichkeiten aus den Anfängen der christlichen Ära zugeschrieben wurden, auswählten, sammelten und zusammenstellten. Nach ihrer Vorstellung wurde diese Geschichte von den Propheten des Alten Testaments vorhergesagt, von Jesus und seinem Opfer für die Sünden der Welt eröffnet, von den Aposteln durch ihre Missionstätigkeit fortgeführt und von den Bischöfen in Treue zu den Lehren dieser ruhmreichen Überlieferung bestätigt. Und da man nun davon ausging, alle Schriften des Neuen Testaments seien von den Aposteln und ihren Gefährten verfaßt, wurden deren sehr unterschiedliche Ansichten über die christlichen Anfänge eingeebnet. In der zentristischen christlichen Vorstellung verschmolzen die vier Evangelien zu einem Evangelium, und die Briefe des Paulus und der anderen Apostel wurden als «Zeugen» für diese dramatischen Ereignisse verstanden, welche die christliche Zeit begründeten. Deshalb ist es vollkommen verständlich, daß moderne Leser den Eindruck gewinnen, das Neue Testament sei die Gründungsurkunde des Christentums, eine Art Verfassung, die von einem Kollegium oder einer Versammlung von Aposteln verfaßt wurde. Genau das lag in der Absicht der zentristischen Christen des 4. Jahrhunderts. Das Problem besteht darin, daß diese Stiftungsurkunde für die Kirche des 4. Jahrhunderts mittels literarischer Fiktionen zustande kam. Sie stellt weder einen authentischen Bericht über die christlichen Anfänge noch eine genaue Wiedergabe der Geschichte der Reichskirche dar. Religionshistoriker würden sie als Mythos bezeichnen.

Wollen wir die Gründe für die Entstehung des Christentums in all seinen Formen verstehen, begreifen, worin seine Attraktivität im Grunde bestand, deretwegen sich ihm Menschen – bis hin zur Annahme einer neuen persönlichen und sozialen Identität – hingaben, warum einige an mythische Behauptungen, die den Kern des zentristischen Glaubensbekenntnisses und somit auch des Neuen Testaments ausmachten, zu glauben begannen und weshalb sich diese Spielart des Christentums gegenüber anderen durchsetzte und 1500 Jahre lang die westliche Kultur beeinflußte, dann müssen wir den Zirkel aufsprengen. Es gilt, das als einheitlich-geschlossenes Dokument verstandene Neue Testament zu zerlegen und jede Schrift in ihren jeweiligen zeitlichen und örtlichen Kontext einzuordnen. Wir müssen die Geschichte der vielen Gruppen rekonstruieren, die sich im Gefolge Jesu bildeten, und nach ihren Ideen, Aktivitäten und Motiven fragen. Wir müssen also, kurz gesagt, das herkömmliche Bild der christlichen Ursprünge ignorieren und jene Zeit unter Rückgriff auf alle – wo auch immer auffindbaren – Informationen neu beschreiben. Nur so werden wir die Schriften des Neuen Testaments mit neuen Augen sehen und nach den Motiven und Gründen fragen können, die zu ihren Mythenbildungen führten.

Es wird nicht leicht sein, vom konventionellen Bild wegzukommen, da die Texte, die der Neubewertung bedürfen, mit ihm auf komplizierte Weise verwoben sind. Man bedenke, daß allein schon die Namen dieser Texte zum Mythos der christlichen Anfänge gehören und wir über keine anderen Bezeichnungen für sie verfügen. Ich werde etwa von «Markus» als dem Verfasser des Markusevangeliums oder – mit Blick auf das Matthäusevangelium – von «Matthäus» reden müssen, obwohl es sich doch bei beiden Namen um Pseudonyme handelt, die den konventionellen Mythos stützen. Wissenschaftler haben sich an dieses Problem gewöhnt und lösen es, indem sie sich hinter den apostolischen Fiktionen einen unbekannten Redaktor vorstellen. Dieser «Redaktor» wird somit zu einer Gestalt, die stellvertretend für den überaus komplizierten Prozeß literarischen Schaffens in den Schul- und Gemeindeüberlieferungen steht, in dem bekanntlich viele Hände an einer Komposition mitgewirkt haben. Kein kritischer Forscher denkt an einen historischen Matthäus, wenn er vom Matthäusevangelium spricht oder den Namen *Matthäus* als Kurzbezeichnung für den Verfasser oder den Text dieses Evangeliums verwendet. Doch für viele Menschen beschwört die bloße Erwähnung des Namens *Matthäus* sofort das herkömmliche Bild Jesu und seiner Jünger gemäß der Evangelienerzählung herauf. Ich muß den Leser daher bitten, mit Blick auf das Folgende mein Dilemma zu verstehen. Ich werde für diese neutestamentlichen Texte die üblichen Namen verwenden müssen, hoffe jedoch, nicht mißverstanden zu werden. Ich beziehe mich mit ihnen nicht auf die vertrauten Gestalten des traditionellen Bildes der christlichen Ursprünge.

Auch aus einem anderen Grund wird man sich von diesem Bild der christlichen Ursprünge nicht leicht lösen können. Es verhält sich nicht allein so, daß die Komposition des Neuen Testaments das traditionelle Bild bestätigt und das Neue Testament die einzig verfügbare Textsammlung für die Ausmalung und «Dokumentation» dieses Bildes gewesen ist. Tatsache ist, daß Christen diesem Bild mit innerer Beteiligung gegenüberstehen, und solches Beteiligtsein führt dazu, daß man es für «wahr» hält. Die Folge davon ist die Überzeugung oder der Wunsch, die Evangelien für historische Darstellungen, für Berichte darüber halten zu dürfen, was tatsächlich geschah und den christlichen Glaubens begründete. Leider sind Bibelwissenschaftler gegen diesen Wunsch nicht gefeit, so daß die Geschichte der neutestamentlichen Forschung voller gescheiterter Versuche konservativer Christen ist, der kritischen Wissenschaft etwas entgegenzusetzen und ein Verständnis der Evangelien als «Memoiren» der Jünger, die bei Jesus waren, als dies alles geschah, zu verteidigen. Ein Beispiel konservativer Forschung, die sich für die historische Genauigkeit der Evangelien ausspricht, mag diesen Punkt veranschaulichen.

In der Bibliothek des Magdalen College in Oxford befinden sich drei Papyrusfragmente aus dem sechsundzwanzigsten Kapitel des Matthäusevangeliums. Sie enthalten unvollständige Textzeilen aus zehn zerstreuten Versen (Mt 26,7–8.10.14–15.22–23.31.32–33). Seit man diese Fragmente 1901 in Ägypten erworben und 1953 in einer Faksimileausgabe veröffentlicht hatte, waren sie den Wissenschaftlern bekannt, und man kam darin überein, daß sie aus einem Kodex (zu einem Buch zusammengebundene Blätter, keine Schriftrolle) aus dem 2. Jahrhundert stammen. Vor allem vier Gründe sprechen für diese Datierung: (1) Es handelt sich um Papyrusfragmente, die somit aus einer Zeit vor der etwa zu Beginn des 3. Jahrhunderts vollzogenen Umstellung auf Pergament herrühren; (2) die Fragmente stammen nicht von einer Schriftrolle, sondern von einem Kodex, diese Veränderung der Praxis aber vollzog sich während des 2. Jahrhunderts; (3) die Fragmente ähneln anderen Papyrusfragmenten neutestamentlicher Texte aus dem 2. und 3. Jahrhundert; (4) eine Datierung im 2. Jahrhundert paßt zu dem, was wir auch anderweitig über das Abfassen, Abschreiben und die Verbreitung frühchristlicher Schriften während der Zeit vom 2. zum 4. Jahrhundert wissen.

In einem neueren Artikel hat jedoch Carsten P. Thiede, ein deutscher Papyrologe, behauptet, man könne die Magdalen-Fragmente auf die Mitte des 1. Jahrhunderts datieren (1995). Seine Theorie gründet sich auf die Beobachtung, daß diese Fragmente in einer Unzial-Handschrift (aufrecht, Blockbuchstaben) geschrieben wurden – eine Praxis, die im allgemeinen im Laufe des 1. Jahrhunderts aufgegeben wurde. Thiede führte folgende Argumente für seine Auffassung an: (1) Die Handschrift ähnelt jener einiger griechischer Texte aus Pompeji und Herculaneum, die man auf das 1. Jahrhundert datiert hat; (2) ein griechisches Fragment, das unter den Qumranschriften gefunden wurde, stammte aus dem Markusevangelium, was zeigt, daß es bei den Essenern, also vor der Zerstörung des Tempels (70 n.Chr.), eine Sammlung christlicher Schriften gegeben haben muß; (3) wenn die frühen Christen sich so sehr an Texten orientierten und ihnen so viel daran lag, ihre schriftlichen Evangelien aufzubewahren, müssen sie um diese Zeit begonnen haben, Codices zu verwenden. Die Schlußfolgerung, die Thiede aus dieser Argumentation ziehen möchte, lautet, das Matthäusevangelium müsse Mitte des 1. Jahrhunderts von einem Jünger verfaßt worden sein, der Jesus gekannt und jene Geschichte, so wie sie sich tatsächlich abgespielt habe, zu Lebzeiten aufgezeichnet habe. Da die Fragmente sowohl für den Eigennamen «Jesus» als auch für seine Bezeichnung als «Herr» eine Abkürzung verwenden, meint Thiede darüber hinaus, Jesu Jünger müßten bereits erkannt haben, daß der historische Jesus tatsächlich göttlicher Gestalt war.

Kritische Wissenschaftler wird dies alles nicht beeindrucken. Die Fragmente lassen sich ohne weiteres als Texte aus dem 2. Jahrhundert erklären, und Unzialbuchstaben können bis 85 n.Chr., dem traditionell von der Forschung angenommenen Abfassungsdatum des Matthäusevangeliums, verwendet worden sein; Thiedes Qumran-Szenario ist grotesk, seine Theorie bezüglich des markinischen Fragments unter den

Qumranschriften ist widerlegt worden, und die Fülle detaillierter Forschungsergebnisse zu den Ursprüngen und zur Geschichte der frühchristlichen Bewegungen und ihrer Schriften wurde in dem Eifer, mit dem man einer Chimäre nachjagte, schlicht ignoriert. Aus der Sicht eines kritischen Wissenschaftlers sind Thiedes Behauptungen lediglich ein Beispiel dafür, welche verzweifelten Züge christliche Vorstellungskraft annehmen kann, wenn es gilt, die buchstäbliche, historische Wahrheit der christlichen Evangelien zu beweisen.

Andere Leute allerdings, auch die Medien, mögen die «Entdeckung» Thiedes für eine Sensation halten. Es scheint keine Rolle zu spielen, daß das «gesicherte äußere Beweismaterial», wie ein Artikel in der Zeitschrift *Time* sich ausdrückte (Ostling, 1995), sich in einer durch eine fadenscheinige Argumentation untermauerten vagen Neudatierung dreier fraglicher Fragmente erschöpft. Offensichtlich wiegt ein Fragment in der Hand hundert Jahre Forschung auf, aufbewahrt in den staubigen Büchern von Gelehrten. Es ist, als *müßten* die Evangelien «historisch» sein, um in Einklang mit der christlichen Überzeugung zu stehen, und das zu beweisen, ist jeder Kunstgriff gut. Fragt man jedoch, was dies bedeutet, was um der Wahrheit des Christentums willen an den Evangelien «historisch» sein muß, besteht die Reaktion des durchschnittlichen Christen zunächst in einem leichten Zögern, als hätte sich diese Frage dem unschuldigen Gläubigen noch nie gestellt, ehe dann die Antwort folgt: «Wieso, alles natürlich.» Gewöhnlich hören an diesem Punkt das Gespräch und das Nachdenken auf. Sollen wir denken, alles sei historisch – Vorzeichen, Wunder, Auferstehungen, kosmische Reisen, apokalyptische Visionen, Engel, ein gekreuzigter Gott, «Einbrüche» des Göttlichen und metaphysische Verwandlungen? Müssen wir hinsichtlich dieses Kapitels der Menschheitsgeschichte eine Ausnahme machen, einen Bericht von Ereignissen für wahr halten, obgleich er nach normalen Urteilskriterien phantastisch anmutet? Sollen wir vielleicht wegen dreier Fragmente aus dem 2. Jahrhundert, die ein Forscher neu zu datieren versuchte, auf die Genauigkeit der Evangelienberichte vertrauen? Der *Time*-Artikel trug den Titel: «Experte behauptet, gesicherte Beweise für Abfassung des Matthäusevangeliums noch zu Lebzeiten von Augenzeugen zu haben.» Das ist gewiß hinreichend sensationell, um die Medien in Bewegung zu setzen. Und vielen Christen mag der Gedanke gut tun, daß all jenen liberalen Forschern, die behaupten, es habe sich nicht so zugetragen, wie es in den Evangelien steht, ein Fehdehandschuh vor die Füße geworfen wurde. Doch der durchschnittlich gebildete Laie ist perplex. Und in der Tat, was soll man mit den Spielereien um die Matthäusfragmente anfangen? Wer sagt einem, welchem «Experten» man glauben soll? Auf welcher Grundlage kann irgend jemand ein überlegtes Urteil abgeben? Es ist unmöglich. Der Laie braucht mehr Informationen. Es bedarf unbedingt eines umfassenderen Bildes der griechisch-römischen Zeit, der frühchristlichen Bewegungen und der Geschichte der frühchristlichen Literatur, um jedes Stückchen «Beweis», das irgendjemandes Aufmerksamkeit erregt, neu zu bewerten. Dieses Buch ist mein Versuch, solch ein umfassenderes Bild zu entwerfen.

Das Buch plant, das Neue Testament auseinanderzunehmen und jede einzelne Schrift unter die Lupe zu nehmen, indem es sie ihren je besonderen sozial- und kulturgeschichtlichen Konstellationen zuordnet und ihr weiteres Schicksal während der Zeit der Entstehung der Bibel verfolgt. Jede Schrift wird gesondert erörtert, wobei grundlegend über Datierung, Verfasserschaft, literarische Form, Verhältnis zu anderen Texten sowie über die gesellschaftlichen Umstände ihrer Komposition informiert wird. Informationen dieser Art finden sich leicht in zahlreichen Lehrbüchern, die man *Einleitung in das Neue Testament* nennt. Da ich auf diese Forschungsergebnisse hauptsächlich deshalb zurückgegriffen habe, um die Voraussetzungen für eine Reihe anderer Fragen zu schaffen, werde ich mich nicht mit Details aufhalten. Jenen Lesern, die detaillierte Zusammenfassungen dieser traditionellen Forschung zu den Einleitungsfragen einsehen möchten, seien die Bücher von Duling und Perrin (1994) sowie Koester (1980) empfohlen. Ich übernehme deren Ergebnisse und gehe dann dazu über, die Bedeutung eines Textes im größeren Zusammenhang der christlichen Anfänge in der Welt der Spätantike zu beschreiben.

Dieser Überblick über die Anfänge des Christentums wird einer Skizze gleichen, die der Ausmalung bedarf. Ein Einleitungskapitel über den Zusammenprall der Kulturen während der griechisch-römischen Zeit schafft die Szenerie. Wir werden sehen, daß der Zusammenbruch traditioneller Gesellschaften während der hellenistischen Zeit für das persönliche und soziale Wohlbefinden weit tiefgreifendere Folgen hatte als gemeinhin angenommen. Dann – auf diesem Hintergrund – können wir jeden unserer Texte einem besonderen Augenblick der Geschichte der frühchristlichen Gruppen zuordnen und sehen, wie er auf seine Zeit reagierte. Wir können dies tun, indem wir darauf achten, wie sich eine Gruppe formierte und welche Rolle sie sich im Zusammenhang der Ereignisse zuschrieb. Die wissenschaftlichen Begriffe für diese – verhaltensmäßigen und intellektuellen – Aktivitäten lauten *soziale Formation* und *Mythenbildung*. Soziale Formation und Mythenbildung sind Gruppenaktivitäten, die Hand in Hand gehen, wobei sie einander in einer Art dynamischem Feedback wechselseitig stimulieren. Beide beschleunigen sich, wenn sich in Zeiten sozialer Desintegration und kulturellen Wandels neue Gruppen bilden. Sie sind beide wichtige Indikatoren für die in experimentelle Bewegungen investierten persönlichen und intellektuellen Energien. Wie in unserer Zeit gesellschaftlicher Veränderungen und multikultureller Begegnungen gaben auch während der griechisch-römischen Zeit die Vermischung von Völkern und die Auflösung traditioneller Gesellschaften Anlaß zu neuen Formen des Zusammenschlusses und zu neuen Denkweisen. Soziale Konflikte, Neugier für andere Kulturen und das Experimentieren mit menschlichen Beziehungen setzten bemerkenswerte Anstrengungen zu neuen Entwürfen des Projekts Menschheit frei. Die frühen Christen blieben davon nicht unberührt. Sie beteiligten sich aktiv an diesem Experimentieren. Tatsächlich ging es in allen Jesusbewegungen genau darum. Erkennen wir dies nicht, so werden wir niemals imstande sein, die Botschaften oder Mythenbildungen der neutestamentlichen Schriften zu verstehen.

Eine neuartige Vorstellung, «Reich Gottes» genannt, löste die Begeisterung und die Entstehung vieler unterschiedlicher Jesusgruppen aus. Wir werden fragen müssen, warum diese Vorstellung eine solche Anziehungskraft ausübte und die Reich-Gottes-Bewegung sich ausbreitete, setzen dabei aber nicht voraus, daß die Anziehungskraft in einer allgemeinen Überzeugung von der Bedeutung Jesu als eines persönlichen Heilands wurzelte oder daß die Bekehrungen von der apokalyptischen Predigt eines Paulus bewirkt wurden. Statt dessen werden wir die persönlichen und intellektuellen Anstrengungen würdigen müssen, die sehr viele Menschen in eine neue religiöse Bewegung investierten. Wir werden sehen, daß die Vorstellung vom «Reich Gottes» den Entwurf eines neuen Bildes der Gesellschaft forderte und sowohl eine kritische (gegenkulturelle) als auch eine konstruktive (utopische) Seite aufwies. Wir werden außerdem feststellen, daß diese Idee bei denen, die ihr anhingen, eine gewaltige Energie entfesselte, gewagte gesellschaftliche Experimente auslöste und zu höchst phantastischen Vorstellungen von einer ersehnten Verwandlung der Welt führte. Wir müssen daher der sozialen Formation und Mythenbildung in unserer Neuinterpretation der frühchristlichen Geschichte einen herausragenden Platz einräumen. In jeder frühchristlichen Gemeinschaft, für die uns noch Zeugnisse vorliegen, wirken soziale Formation und Mythenbildung eng zusammen.

Die von der Rede vom «Reich Gottes» geweckte Begeisterung mag für einige moderne Leser schwer zu begreifen sein. Das kommt daher, daß man häufig glaubt, es gehe in der christlichen Religion lediglich um das persönliche Heil, nicht um die Vision einer heilen Gesellschaft. Wir leben zudem in einer Zeit, in der «persönliche religiöse Erfahrung» und «private Glaubenssysteme» bei der Definition des Wesens jeglicher Religion Anleihen beim radikalen Individualismus unserer Kultur machen. Für unseren Versuch, die Bedeutung und Macht gesellschaftlicher Konzepte und von Mythologien in der Antike zu verstehen, wird dies gewiß sehr hinderlich sein. Wir werden es jedoch in unserer Untersuchung ständig mit solchen Entwürfen zu tun haben, denn die Christen betrachteten sich eigentlich als eine besondere Gesellschaft. Sie waren nach eigener Aussage eine Gemeinde, ein Haushalt, eine Familie, ein Volk, eine Nation, ein Tempel, eine Stadt Gottes oder ein Reich. Alle für die Stellung des einzelnen Christen verwendeten Begriffe entstammten sozialen Modellen: Bruder, Schwester, Heiliger, Helfer. Und was die Rede von der «Rechtfertigung», dem «Heil» oder der «Erlösung» betrifft, so zielte sie ausnahmslos auf die Veränderung der eigenen gesellschaftlichen Position: Erlösung aus den Zwängen einer ethnischen oder nationalen Identität zur innerhalb der neuen Gemeinde erfahrenen «Freiheit» und «Anerkennung». Selbst die sogenannten «christologischen Titel» (Christus, Herr, Sohn Gottes) waren soziale, gewissen gesellschaftlichen Konzepten und Mythologien entlehnte Rollen. Sie wurden Jesus nicht aufgrund von Vorstellungen über seine persönliche Göttlichkeit zugeschrieben, als wäre es damals eine Sache von großer Bedeutung gewesen, wenn eine Person zu einem Gott wurde. Sie dienten vielmehr dazu, sich vorzustellen, wie wichtig er als «König» des «Reiches» geworden war, dem seine Anhänger nunmehr angehörten. Jesu Anhänger schlossen sich nicht zu Gemeinschaften zusammen, um ihre Chancen auf den Gewinn des ewigen Lebens für sich als Einzelpersonen zu erhöhen. Sie waren von einem berauschenden, experimentierfreudigen Eifer beseelt, neu über Macht und kultische Reinheit nachzudenken und die von den Mächtigen ihrer Zeit gestaltete Welt zu verändern. Sie schufen sich dafür einen gesellschaftlichen Freiraum, in dem man vom konventionellen Verhalten abweichen durfte. Wie die anstößige Praxis einer frühen Jesusgruppe zeigt, «aßen sie mit den Zöllnern und Sündern» und wuschen sich nicht einmal vorher die Hände (Mk 2, 15–17; 7, 1–14). Das ist nicht eine bloße Feststellung, sondern aktive soziale Formierung.

Ich werde daher Profile von Gruppen und Gemeinschaften herausarbeiten, Portraits von Verfassern zeichnen, wo Informationen oder Hinweise zur Verfügung stehen, und versuchen, den Menschen hinter unseren Texten auf der Spur zu bleiben, wie sie über die ersten Generationen hinweg in den Blick treten. Sie bildeten zumeist einen bunten Haufen, freimütig in ihren Äußerungen und bisweilen mehr als nur ziemlich ungestüm. Anflüge von Humor und Streitlust lassen erkennen, daß sie wirkliche Menschen waren, die sich ehrlich und ernsthaft bemühten, die alten sozialen und kulturellen Arrangements zu verändern. Die sich aufdrängenden Fragen und strittigen Entscheidungen kreisten um Themen, die für das Zusammenleben sozialer Subjekte äußerst wichtig waren: Volkszugehörigkeit, Familienbeziehungen, traditionelle Werte, Ethik und Konventionen, Rechte und Funktionen der Obrigkeit sowie die Grundlagen von Autorität, sozialer Stellung und Ehre. Um nur ein Beispiel für einen sozialen Kodex zu nennen, der zu Auseinandersetzungen führte: Die pharisäischen Reinheitsgesetze spielten in einigen frühen Gruppierungen eine so wichtige Rolle, daß sie zu lautstarkem Streit, zur Neuordnung traditioneller Loyalitäten und zu neuen Grenzziehungen der Gruppen untereinander führten. Familien wurden auseinandergerissen, und je nachdem, ob man sich beim Streit um die Definition von «Reinheit» auf diese oder jene Seite schlug, veränderte sich das Autoritätsgefüge im Dorf. Warum? Weil soziale Beziehungen im Licht der neuartigen gesellschaftlichen Vision, die sie «Reich Gottes» nannten, überdacht und neu geordnet wurden.

Wie bekannt, diskutierten diese frühen Christen nicht nur über Macht und kultische Reinheit oder stellten die konventionellen Verhaltensnormen in Frage, indem sie die Tischsitten verletzten. Sie huldigten außerdem einigen sehr außergewöhnlichen Ideen, insbesondere mit Blick auf Jesus, seine Verwandlung in ein göttliches kosmisches Wesen und seine Stellung als Herr der gesamten Geschichte und Schöpfung. Und was diese Christen hinsichtlich der Gedanken Gottes, seiner Absichten mit der Welt und des apokalyptischen Endes der gesamten Menschheitsgeschichte bei der endgültigen «Offenbarung» des Reiches Gottes zu wissen behaupteten, war ziemlich phantastisch. Wenn wir nicht herausfinden, wie und aus welchen Gründen diese frühen Christen zu diesen Ideen kamen, werden wir dem oben erwähnten Teufelskreis selbst dann nicht entgehen, wenn wir ihre mannigfaltigen gesellschaftlichen Gruppierungen in den Blick bekommen. Man könnte nach wie vor meinen, die Geschehnisse, die in ihren Mythen dargestellten Ereignisse hätten sie tatsächlich überwältigt, so wie die herkömmliche Ansicht der christlichen Ursprünge sich das vorstellt: Am Anfang standen die wunderbaren, unvergleichlichen Ereignisse rund um die Erscheinung Jesu als Sohn Gottes, dann folgten die Verkündigung seines Evangeliums und die Entstehung der Kirche. Wenn wir diese Reihenfolge korrigieren wollen, müssen wir eine andere Erklärung für das Aufkommen dieser mythischen Ideen finden. Dazu müssen wir unsere Aufmerksamkeit auf die Mythenbildung richten, die sich während des Prozesses gesellschaftlichen Experimentierens abspielte.

Daß die frühen Christen Mythen gebildet hätten, mag für moderne Christen schwer zu akzeptieren sein. Die üblichen Konnotationen des Begriffs *Mythos* sind fast alle negativ. Gebraucht man ihn noch dazu in Bezug auf den Inhalt der neutestamentlichen Evangelien, so erhebt sich unweigerlich Zeter und Mordio. Das ist so, weil der christliche Mythos – anders als alle anderen Mythologien, die mit einem «es war einmal» beginnen – seinen Platz in einem historischen Zeit-Raum hat. Er scheint somit zu fordern, daß man daran glaubt, die von den Evangelien erzählten Ereignisse seien *tatsächlich* geschehen. Das wiederum bedeute, daß es sich bei dieser Geschichte nicht um einen «Mythos» handeln könne. Hier mag es einigen weiterhelfen, wenn sie daran denken, daß (1) Mythenbildung ein normaler und notwendiger gesellschaftlicher Vorgang ist, daß (2) die frühchristliche Mythenbildung eher auf Anleihen bei und Umformung von Mythen zurückging, die in den umliegenden Kulturen gang und gäbe waren, als auf originelle Spekulation, und daß (3) die Mythen, die sie schufen, nicht für ihre Zeit und Umwelt, sondern auch für die gesellschaftlichen Experimente, mit denen sie sich befaßten, außerordentlich sinnvoll waren. Zumindest dies zu zeigen, ist die Herausforderung, der ich mit meinem Buch begegnen will. Aber auf welche Weise sind Mythen sinnvoll? Und welche Art von Sinn ergibt der christliche Mythos?

Jede Kultur verfügt über eine Reihe von Geschichten, welche die Welt, in der ein Volk lebt, erklären. Sie erzählen gewöhnlich von der Erschaffung der Welt, dem Erscheinen der ersten Menschen, von alten Helden und ihren Taten sowie von den ruhmreichen Anfängen seiner Geschichte, wie sie ein Volk sieht. Landschaft, Dorfstrukturen, Heiligtümer, Tempel, Städte und Königreiche oder deren Planung werden häufig an den Anfang der Zeit gelegt. Wissenschaftler sehen in diesen Mythen Destillate von Geschichten über menschlich Bedeutsames, die zunächst im Ablauf der immer wiederkehrenden Muster alltäglichen Zusammenlebens erzählt und dann über viele Generationen wiederholt werden. Wir erzählen ständig Geschichten übereinander. Das gehört zum Wesen und zur Arbeit an der Aufrechterhaltung menschlicher Beziehungen und zum Aufbau von Gesellschaften. Durch das Erzählen von Geschichten halten wir uns auf dem Laufenden, überprüfen gegenseitig unsere Anschauungen und Einstellungen und sammeln Informationen, um die Urteile zu rechtfertigen, die wir uns über das bilden müssen, was wir als den Charakter eines Menschen bezeichnen. Es dauert nicht allzu lange, dann gibt es so viele Geschichten, daß man sie nicht mehr alle behalten und weitererzählen kann. Selbst in einer kurzen Familiengeschichte findet im Laufe der Zeit natürlich eine Auswahl statt, so daß nur noch die lebendigsten Geschichten weitererzählt werden. Einige allerdings werden immer und immer wieder erzählt. Sie werden zu Geschichten, an denen mehrere Generationen Anteil nehmen können. Mit zunehmender Größe eines sozialen Gebildes verringert sich die Anzahl der gemeinsamen Geschichten. Diese werden unweigerlich zu verdichteten Symbolen, vollgepackt mit Zügen, die für das Volk insgesamt charakteristisch sind. Wenn die vergangenen Generationen aus der Erinnerung entschwinden, dürfen diese Geschichten in ein «es war einmal» übergehen, wobei sich die überkommenen Symbole schärfen.

In Kulturen, in denen Interesse, Fähigkeit und Umstände gegeben sind, sich über mehr als drei oder vier Generationen hin zu erinnern, in denen die Schrift bereits erfunden ist und Dokumente aufbewahrt werden, entwickelt man gewöhnlich eine «historische» Vorstellungskraft, in der – wie in einem über die Zeiten hin sich füllenden «Korb» – die für das kollektive Gedächtnis eines Volkes wichtigen Geschichten aufbewahrt werden. Nun sammeln sich nur die dichtesten und allgemeinsten Bilder «im Anfang», an dem Punkt der Vergangenheit, hinter den menschliche Vorstellungskraft nicht zurückgreifen kann. Die anderen mögen hier und dort über die «Geschichte» verstreut sein, doch ihre zeitliche Reihenfolge ist nicht immer von Bedeutung, und viele der Geschichten im «Korb» stehen womöglich in keiner besonderen Verbindung zueinander. Um dem gegenwärtigen Zustand der Gesellschaft etwas von dem Glanz der Vergangenheit zu verleihen, mag man sie allerdings mit poetischer Form und neuem Sinn versehen. Sofern dies geschieht, kann man von epischer Überlieferung, einem Epos sprechen. Ein Epos ist eine Rekapitulierung der Vergangenheit, welche die Gegenwart in ihrem Licht erscheinen läßt. Indem die Gegenwart im Licht einer ruhmreichen Vergangenheit erscheint, wird sie ehrwürdig, rechtmäßig, richtig und vernünftig. Gegenwärtige Zustände werden dann wert, gefeiert zu werden. Natürlich werden Vergangenheit und Gegenwart unter Umständen stark verklärt oder idealisiert, denn ein Epos ist ein Mythos im historischen Gewand. Die Geschichten über Gilgamesch in den antiken sumerischen und akkadischen Zivilisationen waren Epen. Für die Griechen waren Homers Dichtungen ein Epos. Pindars poetische Darstellung ruhmreicher Familienstammbäume ist Epik im kleinen Stil. Die lokalen Geschichten von Heiligtümern, Tempeln und Völkern im östlichen Mittelmeerraum während der hellenistischen Zeit waren Epik mittlerer Größe. Die Geschichte des Volkes Israel, die vom Beginn der Welt an auf die Errichtung eines Tempelstaates in Jerusalem zielte, war das Epos der Juden.

Nach der Zerstörung des Zweiten Tempels im Jahre 70 n. Chr. standen die Juden vor einem Problem. Nicht allein ihre alte Geschichte, enthalten in den fünf Büchern Mose, sondern eine gewaltige Menge von Literatur der hellenistischen Zeit belegte ihr intellektuelles Engagement für den Tempelstaat als das eigentliche Ziel der Menschheitsgeschichte von der Erschaffung der Welt an. Auch die Christen sahen sich vor einem Problem. Sie hatten kein Recht, die Geschichte Israels für sich zu beanspruchen. Doch frühe jüdische Christen wollten sich selbst als Volk Gottes, als Erben der Verheißungen Israels oder sogar als neues Israel einer neuen Zeit verstehen. Dies war nur natürlich, denn man wollte sich mit den Jesusbewegungen im Recht fühlen. Deshalb hatten frühe Jesus-Leute und Christen vor der Zerstörung des Tempels bereits damit begonnen, auf dieses oder jenes in der Geschichte Israels hinzuweisen, um ihre Verbindung zu den glorreichen Überlieferungen Israels geltend zu machen. Wie wir sehen werden, stellten alle frühen Mythen über Jesus Versuche dar, ihn und seine Anhänger in den annehmbaren Farben der epischen Überlieferung Israels darzustellen. Doch diese Versuche waren phantastisch, spontan und nicht imstande, mit der offensichtlichen Logik der jüdischen epischen Überlieferung zu konkurrieren. Das jüdische Epos war eine Geschichte, die auf die Errichtung eines Tempelstaates in Jerusalem hinauslief, nicht auf die Entstehung einer christlichen Gemeinde. Als jedoch das Ende des Tempels kam und die Logik der jüdischen epischen Überlieferung vollständig durcheinander geriet, bot sich den Christen die Gelegenheit, sie zu ihren Gunsten umzudeuten. Das war der Zeitpunkt, da die Revision der epischen Überlieferung Israels zu einem Hauptanliegen der frühchristlichen Mythenbildung wurde. Beispiele dafür finden sich in den neutestamentlichen Evangelien, die allesamt ihre Jesusgeschichten an das Ende der Geschichte Israels stellen. Dies geschah gegen Ende des 1. Jahrhunderts, jener Zeit, in der sich der Mythos von Jesus als dem Sohn Gottes in vielen christlichen Gemeinschaften verbreitete. Dann, von der Mitte des 2. Jahrhunderts an, begannen die Streitereien erst richtig. Juden wie Christen wollten die Geschichte Israels zu ihren Gunsten lesen, und beide brauchten die jüdischen Schriften als Beleg für soziale Konstrukte, die nichts mit dem Tempelstaat am Ende der Geschichte Israels zu tun hatten. Damals dachte man sich zwei Mythen aus, die sich noch immer verheerend auf das andernfalls möglicherweise vernünftige Gespräch zwischen Christen und Juden über den Text auswirken, den wir je nachdem die Hebräische Bibel oder das Alte Testament nennen.

Wir müssen diese Gruppen und diese Literatur über einen Zeitraum von etwa dreihundert Jahren, so gut wir können, im Auge behalten, da wir ansonsten die wichtigen Verschiebungen im Zusammenleben und im Denken der Gruppen nicht zu fassen bekommen, die sich vollziehen mußten, ehe die als Neues Testament bekannte Sammlung entstand und schließlich die Idee von einer «Bibel» möglich wurde. Es gilt, all diese Veränderungen zu beschreiben, wenn wir die Logik verstehen wollen, welche die Bibel hervorbrachte. So wie jede einzelne Schrift der Bibel entstand sie selbst als Ganzes in einer bestimmten Konstellation der Sozial- und Kulturgeschichte. Die Gründe für die Auswahl und Anordnung der biblischen Schriften lassen sich nicht bei der getrennten Lektüre der einzelnen Schriften finden, sie müssen vielmehr bei den christlichen Verfassern zwischen dem 2. und 4. Jahrhundert gesucht werden. Erst am Ende dieser Zeit, wenn wir schließlich die Bibel in der uns bekannten Gestalt zu Gesicht bekommen, werden wir erkennen, daß sie ein besonderes Verständnis der Geschichte Israels voraussetzt, die Erscheinung Christi auf besondere Weise akzentuiert und den Aposteln und ihrer Mission eine ungewöhnliche Autorität einräumt. Dann wird uns klar werden, daß die Bedeutung des Buches darin bestand, der Kirche die Legitimation zu liefern, derer sie hinsichtlich ihrer Rolle im konstantinischen Reich bedurfte. Wir können sie also als Gründungsmythos der christlichen Religion bezeichnen. Der christliche Mythos in Gestalt eines biblischen Epos wird zur Stiftungsurkunde der christlichen Kirche werden. Dieses Epos ist es auch, was den Einfluß der Bibel auf den amerikanischen Geist bestimmt. Der Nimbus der Bibel wird, wenn man sie das «Wort Gottes» nennt, kurios falsch benannt. Das müssen wir erkennen, sonst werden wir nie imstande sein, in der Diskussion über die Geschichte unserer Kultur und deren gegenwärtigen Zustand offen über die Bibel zu sprechen. Wie, meinen Sie, wird die «Charta» unserer Kultur aussehen, wenn sich herausstellt, daß die Bibel unser Epos ist, unser Mythos von Gottes Plänen mit unserer Vergangenheit und unserer Sendung?

Am Ende des Buches werde ich zu den anfangs aufgeworfenen Fragen nach den Gründen dafür zurückkehren, weshalb die Bibel uns nach wie vor fasziniert. Ich werde eine Reihe von Vorschlägen anbieten, die sich aus dem ergeben, was wir dann über die Komposition der Bibel wissen werden. Ich werde von der Funktion der Bibel als einer epischen Gründungsurkunde Amerikas sprechen und erklären, warum es uns nicht gefällt, die Bibel so zu sehen. Dann werde ich zwei Aspekten ihrer Komposition nachgehen, die uns helfen werden, zu verstehen, warum sie – trotz unseres Unbehagens angesichts der Begriffe «biblisches Epos» und «kulturelle Bedingtheit» – nach wie vor eine Art mystischer Macht ausübt. Der eine Aspekt ist der merkwürdige Zauber, der ihrem Erzählcharakter anhaftet, ein anderer der, daß die Bibel dazu einlädt, mit ihr wie mit der Kristallkugel eines Hellsehers umzugehen, oder sie als Formel für die endgültige Lösung aller menschlichen Probleme zu behandeln. Jede Facette dieser Bezauberung ist fest in der Struktur der narrativen Arrangements der Bibel verankert, die eine mit Absicht, die andere zufällig, und jede ist, sozusagen, mit sprachlichen Hebeln verbunden, die wie von selbst eine erstaunliche Gehirnakrobatik auslösen, wann immer die Bibel gelesen wird. Diese mentalen Kunststücke sind wahrhaftig eine erstaunliche Meisterleistung des menschlichen Geistes, und am Ende des Buches werden wir uns ein wenig Zeit nehmen, darüber zu staunen, wie uns unsere Vorstellungskraft im großen «Zelt» der Bibel herumspringen und -taumeln läßt. Dann werden wir allerdings den bleibenden Wert der Bibel als Richtschnur beim Entwurf unserer globalen Zukunft vernehmlich in Frage stellen müssen. Die abschließende Frage wird folglich sein, ob wir in diesem Augenblick einer postmodernen Welt unsere Akrobatik auf dem Hochseil der Bibel fortsetzen können, ohne das Gleichgewicht zu verlieren.

Und nun fängt die Geschichte an. Ich freue mich, daß Sie mich bei diesem Unterfangen begleiten.

Erster Teil

Jesus und der Christus

1. Zusammenprall der Kulturen

Zur Zeit der griechisch-römischen Antike prallten die Kulturen aufeinander, und der östliche Mittelmeerraum war bis zum Bersten erfüllt von einer berauschenden, brisanten Mischung von Völkern, Mächten und Ideen. Für die meisten verwirrend, für einige anregend, erreichten die von diesen ungewissen Zeiten entfesselten Kräfte ihren Höhepunkt während des 1. Jahrhunderts n. Chr. und führten zu außergewöhnlichen gesellschaftlichen Experimenten und einfallsreichen intellektuellen Plänen. Daß ein solches Maß an geistiger Energie aufbrach und man darum rang, neue Wege der Gesellschaftung zu finden, lag daran, daß sich die zusammenfließenden kulturellen Traditionen nicht mehr auf die gesellschaftlichen Institutionen stützen konnten, die sie hervorgebracht und am Leben erhalten hatten. Die Menschen mußten so gut wie möglich alleine zurechtkommen, und einzig die Erinnerung an die provinziellen Werte ihrer jeweiligen Herkunft bot ihnen in dem wilden Durcheinander eines kosmopolitischen Zeitalters Halt. Die meisten zeigten sich der Herausforderung gewachsen, und der Einfallsreichtum einiger Vorschläge dazu, wie man mit den multikulturellen Kräften umgehen und die Machenschaften der blinden Göttin namens Schicksal (*tyche*) überleben solle, hatte durchaus etwas Geniales an sich. Es gilt sowohl die Problematik als auch die schöpferische Kraft dieser Zeit zu begreifen, denn genau unter diesen historischen Umständen entstanden das Judentum und das Christentum. Die Anziehungskraft des frühen Christentums erklärt sich, wie wir sehen werden, als die eines der kreativeren und praktischeren gesellschaftlichen Experimente, die als Antwort auf den von allen Völkern zu dieser Zeit erlebten Verlust kultureller Bindungen erfolgten.

Drei modellhafte Gesellschaften standen während des griechisch-römischen Zeitalters (2. Jahrhundert v. Chr. bis zum 2. Jahrhundert n. Chr.) jedem vor Augen: der antike vorderorientalische Tempelstaat, der griechische Stadtstaat (*polis*) und die römische Republik. Sie alle brachen im Gefolge der Feldzüge Alexanders des Großen zusammen. Wir stellen uns Alexander gewöhnlich als den aufgeklärten Herrscher vor, der die Völker des antiken Nahen Ostens mit den Glanzleistungen griechischer Kultur bekannt machte und so das hellenistische Zeitalter schuf, das uns als Grundlage der westlichen Zivilisation gilt. Allerdings bedenken wir meist nicht die negativen Auswirkungen dieser Feldzüge, die das Ende der letzten der ruhmreichen Reiche des antiken Nahen Ostens, namentlich des persischen und ägyptischen, herbeiführten und das klassische griechische Ideal der *polis* befleckten, indem sie es als Vorbild für imperialistische Zwecke mißbrauchten. Diese Auswirkungen gilt es im Folgenden gegenwärtig zu halten. In der Zeit nach Alexander waren die Erinnerungen sowohl an den Tempelstaat als auch an die *polis* nach wie vor lebendig. Sie bildeten die der Zivilisation angemessenen Modelle. Doch die Gesellschaften, die auf der Grundlage dieser Modelle organisiert worden waren, waren für immer verschwunden. An ihre Stelle traten einander bekämpfende Königreiche, während die Römer auf ihre Chance warteten.

Der Tempelstaat stellte ein Zivilisationsmodell dar, das durch dreitausend Jahre feiner Modellierung seine vollendete Gestalt erhalten hatte. Der Religionswissenschaftler Jonathan Z. Smith (1987) hat uns zu der Erkenntnis verholfen, daß das Modell aus zwei Systemen sozialer Schichtung bestand, beherrscht von der Vorstellung von Macht und Reinheit. Ein König hatte die Spitzenposition in einem Machtsystem inne, das sich durch eine Hierarchie der Kontrolle, in der alle Mitglieder der Gesellschaft ihren Ort hatten, nach unten verbreiterte. Er verfügte über die Autorität, die Arbeit zu organisieren, zu bestimmen, was die Menschen zu tun hatten, und dafür zu sorgen, daß sie es taten. Der König war der Souverän, dessen Macht ihn unweigerlich als Verkörperung dessen erscheinen ließ, was wir heute als das «Heilige» bezeichnen – mitsamt seiner Fähigkeit, Faszination und zugleich Schrecken hervorzurufen. Die Vorstellung der kultischen Reinheit dagegen regelte die Klassifizierung von Dingen und Menschen, die für Ordnung, Stabilität und ein harmonisches Funktionieren der Gesellschaft verantwortlich waren. Die Gesellschaft wurde als organische Einheit menschlichen Handelns und sozialen Wohls verstanden. Priester leiteten ein System des Tempelopfers, das dazu geschaffen worden war, Dinge, die fehlgeschlagen waren oder nicht mehr ihren rechten Platz innehatten, in Ordnung zu bringen. An der Spitze dieses Systems, in dem jeder und alles seinen ihm angemessenen Platz hatte, stand der Hohepriester als Vertreter der Heiligkeit. Heiligkeit war der Ehrfurcht hervorrufende ursprüngliche Glanz. Die beiden Systeme von Macht und kultischer Reinheit verschmolzen so miteinander, daß jeder Mensch gemäß seinem Verhältnis zu Autorität (Macht) und Anstand (Reinheit) seinen Platz kannte. Beide Systeme funktionierten zugleich als zweipolige Gegensätze. Der König besaß die höchste Macht und (kraft seiner Rolle als Krieger und «Scharfrichter») das geringste Maß an kultischer Reinheit, während der Hohepriester über ein Höchstmaß an Reinheit, aber über die geringste Macht verfügte.

Smiths Werk kommt nicht allein deshalb enorme Bedeutung zu, weil es die dem Jerusalemer Tempel der griechisch-römischen Zeit innewohnende Logik erklärt, sondern auch, weil es verstehen läßt, wie wertvoll und tiefgründig das Leben in einer nach diesem Modell funktionierenden Gesellschaft sein konnte. Der Tempelstaat war keine Kirche oder «Gottesdienstgemeinschaft», wie es der traditionellen Vorstellung von Christen entspricht, die sich nur von ihrem Alten Testament leiten lassen. Der Tempelstaat organisierte Arbeit, übte die Verwaltungsjustiz aus und verteilte Waren mit Hilfe der Behörden, die an zentraler Stelle der Tempelgebäude und des Palastgeländes angesiedelt waren. Der Tempel artikulierte den Nationalstolz, diente als Denkmal der Errungenschaften der Vergangenheit, brachte Menschen mit der Welt der Götter in Berührung, bot täglichen Prunk, gewährte Medizin für die Heilung aller Krankheiten und sorgte für staatsbürgerliche Prozessionen, Feiern und Feste in denkbar größtem Stil. Als Zentrum bürgerlichen Lebens beschäftigte der Tempel auch Priester, Künstler, Handwerker, Experten für Kornspeicher, Kuriere, Buchhalter, Schriftgelehrte, Lehrer und Intellektuelle. Für die Menschen bedeutete diese gesellschaftliche Ordnung ein festgefügtes patriarchales System von Religion und Politik, das großen Wert auf gefestigte Familien, öffentliches Ansehen, gesellschaftlichen Anstand und persönliche Loyalität zum König sowie zum Kult der über das Land herrschenden Gottheit legte. Das Buch der Psalmen in der Hebräischen Bibel und die Weisheit Ben Sirachs in den Apokryphen der christlichen Bibel bieten schöne Beispiele für den Stolz und die Frömmigkeit, die ein Tempelstaat ermöglichte. Der Tempelstaat war seit dem 3. oder 4. Jahrtausend v. Chr. die Grundgestalt kraftvoller, komplexer Zivilisationen im antiken Nahen Osten.

Der Tempelstaat brachte auch eine besondere Art des Rechts hervor. Angesichts der Existenz eines allmächtigen Königs und von Priestern, deren Auftrag darin bestand, Unrecht aus der Welt zu schaffen, bedurfte es einer Gesetzgebung, die ein Gleichgewicht zwischen den beiden Herrschaftssystemen herzustellen vermochte. Eine intellektuelle Schicht von Schriftgelehrten siedelte zwischen Macht und kultischer Reinheit und vermittelte zwischen den Interessen des Königs und der Tempelpriester. Sie mußten dies auf vorsichtig Weise tun, ohne Aufmerksamkeit auf sich zu lenken oder Anerkennung für ihre Ideen und Leistungen zu fordern. Wir verfügen daher für ihren Einfluß über keinen Begriff, der mit jenem der «Macht» des Königs oder dem der «kultischen Reinheit» des Hohenpriesters vergleichbar wäre. Sie setzten zudem keine Unterschrift unter die Werke, die sie verfaßten. Doch offenkundig wurden die Gesetzescodices, die im Verlauf der Geschichte der antiken vorderorientalischen Zivilisationen entstanden, sowie die Mythen und rituellen Texte für die Tempelliturgien von Schriftgelehrten geschaffen, die eine Klasse von berufsmäßigen Intellektuellen darstellten. Kein König, der im Vollbesitz seiner geistigen Kräfte war, hätte etwa den berühmten Codex Hammurabi erlassen, da dieser der Macht des Königs, nach eigenem Gutdünken zu handeln, strikte Grenzen setzte. Dennoch zollten die Schriftgelehrten, die diese Gesetzgebung zuwege brachten, dem König – wie der Prolog zum Codex Hammurabi zeigt – volle Anerkennung für seinen aufgeklärten Geist. Der Prolog greift auf die Erschaffung der Welt zurück, als die Götter Hammurabi die Aufgabe stellten, dafür zu sorgen, «daß Gerechtigkeit im Lande herrsche». Hammurabi selbst begegnet in der Rolle des Sprechers, der sich nach dem Bericht über seine göttliche Beauftragung in beinahe hundert Zeilen des Selbstlobes ergeht – im Stil von: «Ich, Hammurabi, der eine, der den Tempel gestaltete, ... der sein Königreich groß machte, ... der die Tiefen der Weisheit ergründete». Am Ende des Prologs, unmittelbar vor dem Beginn des Gesetzbuchs, lauten seine Worte: «Als Marduk mich, die Leute zu leiten, das Land Gerechtigkeit genießen zu lassen, entsandt hatte, habe ich Recht und rechte Leitung ringsum gemacht, die Leute sich in ihrer Haut wohlfühlen zu lassen. Damals [habe ich verfügt] ...» (zit. n. Kohler/Peiser [Hrsg.], 1904). Liest man jedoch den Prolog und wendet sich dann dem darauf folgenden Gesetzbuch zu, so sieht man einerseits, wie dem Ego des Königs phantastisch geschmeichelt wird, erkennt andererseits aber das Dokument eines großen Fortschritts der Rechtstheorie – beides während des 7. Jahrhunderts v. Chr. von anonymen Intellektuellen verfaßt.

Ebenso verhielt es sich mit den Mythen, die den Willen der Götter schilderten, für die Regeln, nach denen Reinheit zu definieren war, und für die Ausarbeitung der Logik, die bestimmte, welche Opfer für welche Übertretungen gedacht waren. Die genaue Festlegung der Vorschriften für die kultische Reinheit stellte keinen spezifisch religiösen Akt dar, und die Priester pflegten sie nicht automatisch von den Tempelopfern herzuleiten. Die Priester bildeten eine professionelle intellektuelle Klasse, die für das Wohl der Gesellschaft insgesamt zuständig war. Menschen und Gegenstände waren «rein», wenn sie sich an ihrem üblichen Ort befanden und ihre gewöhnliche, natürliche Funktion im festen, für die Gesellschaft gewohnten Tätigkeitsschema erfüllten, «unrein» dagegen, wenn sie fehl am Platz, zerbrochen und der Heilung bedürftig waren. Menschen wurden unrein, wenn sie mit einer Krankheit «infiziert» waren, wenn widrige Umstände herrschten, man also etwa anläßlich einer Beerdigung einen Leichnam berühren mußte, oder wenn sie durch ihr Handeln soziale Beziehungen verletzten. Professionelle Intellektuelle kodifizierten das Opfersystem des Tempels und vermischten es mit einer Art Haushaltsratgeber für ein gesundes Leben. Mit Hilfe der Reinheitsvorschriften definierten diese antiken Zivilisationen das gesellschaftliche Wohl, diagnostizierten soziale und persönliche Übel und verordneten Mittel zur Heilung aller möglichen sozialen und körperlichen

Beeinträchtigungen. Das Buch Leviticus in der Hebräischen Bibel enthält Beispiele für beide Formen des Rechts – das zivile und das kultische. Es kann zugleich die im antiken Nahen Osten verbreitete mythische Strategie der Schriftgelehrten veranschaulichen, mit der sie ihre Gesetzgebung dem Willen der Götter des königlichen Tempelkultes zuschrieben. Nur so konnte die schöpferische Spannung zwischen den beiden unterschiedlichen – jeweils vom König und vom Hohenpriester verkörperten – Systemen im gesellschaftlichen Spiel der Kräfte aufrechterhalten werden.

Als die Juden im späten 6. Jahrhundert v. Chr. aus dem babylonischen Exil zurückkehrten, wollten sie, zumal sie die Reiche Davids und Salomos als goldenes Zeitalter in Erinnerung hatten, Jerusalem nach dem alten Vorbild des Tempelstaates neu aufbauen. Sie standen jedoch vor einem höchst schwerwiegenden Problem. Sie durften zwar den Tempel wiedererrichten, wurden aber nach wie vor von fremden Mächten regiert und konnten daher keinen König einsetzen. Da Könige Teil des Modells waren und die Herrschaft eines fremden Königs stets als Verunreinigung gegolten hatte, mußten die Juden einigen Einfallsreichtum aufbringen. Es gelang ihnen. Sie mogelten sich ein wenig am Modell vorbei, indem sie bestritten, daß die Präsenz fremder Könige so problematisch sei, und gingen das Wagnis ein, ihren eigenen Hohenpriester als «Souverän» des Tempelstaates zu verstehen. Diese List funktionierte während des 5. und 4. Jahrhunderts unter persischer Hegemonie und auch im 3. Jahrhundert, unter den Ptolemäern, die im Gefolge der Eroberungen Alexanders in Ägypten herrschten, verhältnismäßig gut. Dann allerdings übernahmen um das Jahr 200 v. Chr. die Heere der Seleukiden, der Erben des Reiches Alexanders mit Zentrum in Antiochia, die Macht. Die Seleukiden setzten ihr Programm der Hellenisierung und politischen Kontrolle wesentlich aggressiver durch. Die Spannung unter den Juden wuchs. Innere Auseinandersetzungen darüber, ob man zulassen solle, daß die Seleukiden Jerusalem in eine hellenistische Stadt verwandelten, spalteten das Volk. Ein Guerillakrieg brach aus, unter der Führung der Makkabäer, einer Familie von sieben Brüdern aus dem ländlichen Judäa, die die nationale Unabhängigkeit unter dem Banner der «Überlieferungen der Väter» forderten. Den Makkabäern (abgeleitet von «Hammer» – dem ursprünglich einem der sieben Brüder verliehenen Spitznamen) gelang es schließlich, die Kontrolle über Judäa zu erringen, und sie übernahmen nicht nur die Funktion des Hohenpriesters, sondern auch jene des Königs. Dies war ein ausgesprochen anmaßender, beispielloser Schritt, der andere führende Juden erschreckte und empörte.

Die Dynastie der Makkabäer, die – nach ihrem Familiennamen – auch als Hasmonäer bezeichnet wurden, währte lediglich achtzig Jahre – von

142 bis 63 v. Chr. In den ersten vierzig Jahre annektierten die Makkabäer die benachbarten Gebiete Idumäas, Samarias, Transjordaniens und Galiläas. Unglücklicherweise waren die Gebiete bereits besetzt, und die Menschen, die dort lebten, empfanden die Annektierung ihres Landes nicht als wunderbare Heimkehr. Und so verbrachten die Makkabäer die folgenden vierzig Jahre mit dem Versuch, die von ihnen Bekehrten in diesen angrenzenden Gebieten und ihre Mitjuden daheim davon zu überzeugen, daß sie mit Recht über sie herrschten. Ohne Erfolg. Die Hasmonäer waren den ideologischen Konflikten, die den zunehmenden inneren Dissens verschärften, ebensowenig gewachsen wie den nach wie vor von außen einwirkenden kulturellen Kräften des Hellenismus. Die Samaritaner etwa hielten ihre Ablehnung aufrecht. Starker Widerstand gegen die hasmonäische Kontrolle über den Tempel unter einigen Priesterfamilien in Jerusalem führte dazu, daß sich diese Priester in ein ödes Lager oberhalb des Toten Meeres zurückzogen und in Qumran eine Gemeinschaft gründeten. Eine Partei mit dem Namen «Pharisäer» (wahrscheinlich von dem hebräischen Begriff für «Separatisten» abgeleitet) entwickelte auf dem mosaischen Gesetz basierende ethische, religiöse und politische Schulen, um der hasmonäischen Anpassung an hellenistische Praktiken entgegenzuwirken. Die Pharisäer waren scharfe Kritiker des hasmonäischen Establishments, und gemeinsam mit den Priestern von Qumran zermürbten sie die Dynastie. Als es der zweiten Generation der Hasmonäer im Jahre 63 v. Chr. nicht gelang, einen inneren Machtkampf zu lösen, rief einer der beteiligten Brüder Rom zu Hilfe, und der römische General Pompejus löste das Problem, indem er Palästina zu einer römischen Provinz machte. Seit dieser Zeit ernannte Rom die Hohenpriester und Könige in Palästina. Die Herodianer, die zur Zeit Jesu in Palästina herrschten, waren römische Marionetten aus Idumäa, die keinen Anspruch auf jüdische Traditionen und Bindungen erheben konnten.

Das Eingreifen des Pompejus im Jahre 63 v. Chr. setzte dem jüdischen Experiment, das wir als «Königreich des Zweiten Tempels» bezeichnen, ein Ende. Die Römer ließen das Tempelsystem jedoch noch weitere hundert Jahre bestehen, weil es den Bestand der Grundstruktur der wirtschaftlichen und politischen Kontrolle in Palästina gewährleistete. Doch schließlich forderte die Zersplitterung der jüdischen Gesellschaft ihren Tribut, und die Römer zogen – in Reaktion auf einander bekämpfende Splittergruppen neuer Guerillabewegungen in Judäa – im Römisch-Jüdischen Krieg von 66–73 n. Chr. nach Jerusalem und zerstörten den Tempel. Dieses Ereignis markierte das endgültige Scheitern des letzten Versuchs, den ein Volk – im Gefolge Alexanders – unternommen hatte, die Gesellschaft weiterhin gemäß dem Vorbild des antiken vorderorientalischen Tempelstaates zu gestalten. Auf diese Weise hatten die Juden – allen Widrigkeiten zum Trotz – das Modell am Leben erhalten. Doch die Gezeiten kulturellen Wandels hatten sie schließlich überwältigt. Ihre Leistung bestand nicht darin, daß sie das Modell in die Praxis umsetzten, sondern darin, daß sie es so tief in das kollektive Gedächtnis einprägten, daß sein Bild die jüdische Phantasie von jener Zeit an bis in die Gegenwart verfolgte und umtrieb. Auch die Christen konnten das Bild des Tempels in Jerusalem nicht aus ihrem Denken verbannen.

Die Geschichte des griechischen Stadtstaates verlief anders. Die *polis* war eine Schöpfung des griechischen Geistes der Unabhängigkeit und des freien Denkens sowie des praktischen Bedürfnisses aristokratischer Sippenführer nach einem Zusammenschluß. Im Laufe des 8. und 7. Jahrhunderts v. Chr. bildeten die patriarchalen Oberhäupter großer, mit Grundbesitz ausgestatteter Familien Ratsversammlungen, legten die bürgerlichen Rechte fest und wählten Beamte, die die Zusammenarbeit in Angelegenheiten öffentlichen Interesses – wie Handel, Wettkämpfe und die Verteidigung ihrer Territorien – organisieren sollten. Die Stadt wurde zu dem Ort, an dem sich diese Landbarone versammelten und ihre Stadthäuser hatten, und förderte auf diese Weise ein Pendeln zwischen den Zentren städtischer Aktivität und dem Grundbesitz, wo sich ihre Haushalte und Produktionsstätten befanden. So entstand der Begriff der «Demokratie» (von *krateo*, herrschen, und *demos*, das einen «Distrikt» auf dem Land und letztlich das «Volk» des Landes meint). Diese Vorstellung war fest in einer besonderen, aristokratischen, sozialen Konstruktion des Stadtstaates verankert. Unter den vielen griechischen Städten, die primitive Formen der Demokratie praktizierten, war es die Stadt Athen mit ihren Versammlungen, Reden, Diskussionen, verbindlichen Wahlen und ihrer Gesetzgebung, die zur Berühmtheit gelangte und das Modell bestimmte.

Nicht alle für die griechische Kultur charakteristischen Institutionen und intellektuellen Errungenschaften hatten ihren Ursprung in Athen. Homer und die frühe philosophische Tradition waren in Ionien beheimatet, die Wettkämpfe am Olymp und die Kunst der Rhetorik in der griechischen Kolonie in Syracus. Allerdings war Athen der Ort, an dem all diese kulturellen Erscheinungen zur Blüte gelangten und zum Bestandteil der idealen Stadt wurden. Man richtete Schulen für den Elementarunterricht und die Ausbildung im Bereich der Kunst, Philosophie und der freien Berufe (wie Rhetorik und Medizin) ein. Die Athener Versammlung nahm die Gestalt eines beratenden Gremiums an, dessen Urteile als Gesetzgebung (*nomos*) anerkannt wurden. Ein Kalender der Feste und Feiertage verwandelte archaische, lokale Rituale in städtische Angelegenheiten. Prunk und ein außergewöhnlich lebhafter Wettbewerb begleiteten das Theater und die Wettkämpfe. Als im 4. Jahrhundert v. Chr. Plato und Aristoteles das philosophische Programm wissenschaftlichen Denkens einschließlich der Theorie über Politik, Recht und den Stadtstaat formulierten, hatten sie dabei die Kultur Athens vor Augen.

Im Zuge des von Alexanders Feldzügen verursachten Aufruhrs eroberten Denken und Kultur Griechenlands den östlichen Mittelmeerraum im Sturm. Der griechische Stadtstaat war das bedeutendste Symbol und Vehikel für die Verbreitung hellenistischer Institutionen. Dutzende hellenistischer Städte, von Antiochia bis Alexandria, die die Ptolemäer und Seleukiden als vorrangiges Instrument für die Festigung und Aufrechterhaltung ihrer Kontrolle über das alexandrinische Erbe im Osten gründeten, schossen aus dem Boden. Nach der Zählung des klassischen Philologen James Kinneavy (1987, 67) waren in Palästina, bevor der Römisch-Jüdische Krieg all diesen Aktivitäten ein Ende bereitete, fünfunddreißig hellenistische Städte errichtet worden. Mit ihnen zogen die griechische Bildung und die sie tragenden Institutionen ein: Theater, Schulen, *gymnasia* (Sportarenen), Spiele, Prozessionen sowie die *agora*, der Marktplatz, der als Forum für die öffentliche Diskussion und Präsentation gedacht war. Die Parolen, welche die Stadt und die Kultur, die sie repräsentierte, stützten, lauteten: Freiheit, Bürgerrecht und Autonomie. Diese Konstellation versprach den antiken Tempelstaat durch etwas weit Überlegenes zu ersetzen. Die Völker des Ostens brauchten nicht lange, um die Zeichen der Zeit zu erkennen, etwas Griechisch zu lernen und zu schauen, wie weit sie sich auf die Erkundung griechischer Weltbetrachtung einlassen sollten.

Leider Gottes war Athen kein Exportartikel. Damals wie heute ließ sich die Demokratie nicht ohne weiteres in andere Länder verpflanzen. Schon bald tauchten Probleme auf, die die enge Verbindung der hellenistischen Stadt mit der Kultur, die sie symbolisch verkörperte, bedrohten. Zum einen wurde die *polis* nun von Fremden als Instrument der Eroberung mißbraucht. Die Ptolemäer und Seleukiden entwickelten die Strategie, eine neue *polis* in unmittelbarer Nähe zu einer alten einheimischen Stadt im Wirtschafts- und Herrschaftszentrum eines Gebietes zu errichten, um die ursprüngliche Stadt zu verdrängen. Als weiteres Problem ist zu nennen, daß die Fremden nicht wirklich Griechen waren, sondern Mazedonier und andere, die Alexander unterwegs aufgesammelt hatte, weil sie am loyalsten zu seinen militärischen Unternehmungen standen. Das verlieh dem ganzen Unternehmen einen deutlich militaristischen Zuschnitt. Drittens blieb das Bürgerrecht, die volle Teilhabe an der Herrschaft in einer Stadt, den Kolonisten vorbehalten, während den Menschen des Territoriums, die nun in die neue Stadt ziehen und unterwürfige Ehrenbezeugungen erweisen mußten, um ihr weltliches Geschäft weiterführen zu können, das Wahlrecht verwehrt wurde. Viertens regierten diese Städte ihre Gebiete nach dem Ermessen der «großen Könige» in Alexandria und Antiochia. Da Könige und Bürgerrechte für Fremde nicht zum Sprachspiel des demokratischen Modells paßten, verdarb die hellenistische Stadt in Wirklichkeit das Ideal der *polis*.

Anstatt die erhabenen Traditionen des klassischen Griechenlands zu fördern, erzeugte die hellenistische Stadt ideologische Verwirrung und kulturelle Konflikte. Die griechische Kultur verlor ihren Bezug zum griechischen Stadtstaat. Griechische Philosophie, Bildung und Denkweisen konnten nun benutzt werden, um die von der griechischen Stadt geschaffene koloniale Zivilisation der Kritik zu unterziehen. Die *polis* und der antike vorderorientalische Tempelstaat waren aufeinandergeprallt, so daß beide nicht mehr wirksam zu funktionieren vermochten. Es blieb nur, die Kulturen, die sie symbolisierten, und die mit ihnen verbundenen Denkmuster im neuen hellenistischen Zeitalter so gut wie möglich mit einander in Einklang zu bringen. Diese Epoche der Sozial- und Kulturgeschichte war kein Zeitalter griechischer Aufklärung für die unbedarften Völker des Ostens, wie man es sich in der Moderne häufig vorstellt. Sie war vielmehr eine Periode angestrengter interkultureller Begegnungen. In einer plötzlich größer gewordenen Welt mit vielen verschiedenen Völkern mußten neue Formen des Zusammenlebens ausprobiert werden, ohne daß die Machtzentren Orientierung boten.

Die Römische Republik mit ihrer Patrizier- und Senatorentradition überlistete sich selbst, als ihr militärischer Einfluß sich im Laufe des 2. und 1. Jahrhunderts v. Chr. rasch auf die ganze Mittelmeerwelt ausdehnte. Die Macht verlagerte sich auf Feldherren, die zunächst die berühmten Triumvirate bildeten und dann um das Amt des *princeps* oder Kaisers kämpften, der über die Gebiete herrschen sollte, die Rom zufällig von den gescheiterten Nachfolgern Alexanders geerbt hatte. Wie nacheinander fallende Dominosteine wurden die Gebiete des östlichen Mittelmeerraums – zuerst Magnesia in Lydia (von Antiochus III. im Jahre 190 v. Chr. erobert), dann Pydna in Mazedonien (168 v. Chr.), Korinth und Karthago (146 v. Chr.), Pergamum (133 v. Chr.) und schließlich Palästina und Ägypten – innerhalb kurzer Zeit römische Provinzen. Die alte römische Aristokratie mit ihren senatorisch-republikanischen Traditionen vermochte die neue Machtverteilung, die erforderlich war, um ein solch riesiges Reich zu regieren, nicht zu kontrollieren.

Die Römern bewahrten im gesamten Mittelmeerraum ziemlich erfolgreich die Ordnung – sie bauten Straßen, schlugen Bürgerunruhen nieder und befreiten die Länder und Meere von Piraten und Banditen (daher die sogenannte *pax romana*). Erfolgreich waren sie auch bei der Errichtung öffentlicher Bauten. In den Städten, in denen ihre Legionen Quartier bezogen, errichteten sie zusätzlich Aquädukte, öffentliche Gebäude und Bäder. Sie verlangten von ihren Provinzen keine ideologische Loyalität, sondern lediglich die Zusammenarbeit mit den römischen Statthaltern und die Zahlung von Steuern (daher *procurator* – was sowohl Statthalter als auch Beschaffer heißt). Sie entwickelten außerdem ein praktisches Verständnis von Gesetzgebung, das es ihnen ermöglichte, in Angelegenheiten, in denen ethnische und kulturelle Zwistigkeiten die soziale Harmonie bedrohten, zu vermitteln. Doch Recht und Ordnung ist das eine, die Errichtung öffentlicher Bauten etwas anderes und die Schaffung einer gemeinsamen Kultur wiederum etwas anderes. Keines der ihnen untertanen Völker ließ sich von römischer Geschichte, Religion und Kultur faszinieren. Das römische Gesetz und die römische Ordnung waren kalt. Einige nannten sie unbarmherzig, doch dabei wird übersehen, wie wenig Interesse Rom für die von ihm regierten Völker aufbrachte. Die Römer waren eher effizient als unbarmherzig. Sie wollten bei ihren Untertanen weder Furcht noch Loyalität hervorrufen. Man respektierte daher die Stadt am Tiber, brachte ihr jedoch keine Liebe entgegen. Die Dramen und Intrigen in Roms führenden Familien erachtete man als unfein bis widerwärtig. Und selbst wenn das Volk einer Provinz den römischen Legionen dankbar sein mochte, weil sie sein Territorium von Banditen und Straßenräubern reinigten, schätzte niemand ihre offenkundig überlegene und repressive militärische Präsenz. Die Römer erweckten keine Loyalität, und das von ihnen geschaffene Reich besaß keine kulturelle Seele. Recht und Ordnung reichen niemals aus, um ein Volk vor Freude tanzen zu lassen.

Was sollten die Menschen tun, die in einer solchen aufgemischten Welt lebten? Viele fanden sich über das ganze, aus Städten, Völkern und verschiedenen Kulturen bestehende Reich hin, das infolge der Kriege des griechisch-römischen Zeitalters entstanden war, entwurzelt und verpflanzt. Vom Tode Alexanders im Jahre 323 v. Chr. bis zur Annexion Ägyptens als römische Provinz 30 v. Chr. wurden ständig Kriege geführt. Diese Kriege waren jedoch regional begrenzt und sporadisch, so daß es weiten Teilen des Reiches überlassen blieb, sich so gut wie möglich selbst zu regieren, solange sie keine Unruhe verursachten und ihre Steuern bezahlten. Die gewaltsame Verpflanzung durch eine fremde Macht war daher nicht die einzige Form, in der sich Zerstreuung vollzog. Viele Menschen zogen aus eigenem Antrieb weg, um in einer der hellenistischen Städte, die ungeachtet der Armeen und ethnischen Spannungen entstanden waren, ein besseres Auskommen zu finden. Auch jene, die weiter in ihrem eigenen Land lebten, blieben von der Vermischung der Völker nicht verschont. Die Anwesenheit von Fremden und ihrer militärischen Macht, die Berührung mit anderen Völkern und die Notwendigkeit, sich mit kulturellen Normen auseinanderzusetzen, die von den eigenen abwichen, waren nur zu offensichtlich. Insofern stellte die Mischung aus Völkern, Kulturen und politischen Mächten das deutlichste und herausforderndste Kennzeichen der Zeit dar.

Nicht nur, daß Völker aller ethnischer Ursprünge in Städten zusammenlebten, ohne über eine gemeinsame Kultur zu verfügen; die Geschichten endloser Kriege und rascher politischer Umschwünge setzten sich in komplizierten Schichten bitterer Erinnerungen und voller Haß fest. Die Herausforderung bestand darin, in einer multikulturellen Welt zu leben, in der es an geeigneten Richtlinien für solche interkulturellen Prozesse fehlte. Manche nannten die Mittelmeerregion nunmehr «die bewohnte Welt» (*oikumene*, von *oikeo*, bewohnen, kolonisieren, verwalten), doch eine solche Welt zu bewohnen, ohne die eigene Identität zu verlieren, jene Identität, die man aus der Zugehörigkeit zu einem Volk bezog, erforderte Fähigkeiten, welche die eigene überlieferte Kultur nicht zu bieten vermochte. Selbst die Hellenen befanden sich jetzt unter der Herrschaft der Römer, lebten in Diaspora-Ghettos und rangen mit ethnischen Konflikten in jenen Städten, die sie einst als Kolonien gebaut hatten – etwa in Alexandria oder Antiochia. Was also sollten die Menschen tun?

Oberflächlich betrachtet, reagierten die Menschen genauso, wie man es erwarten würde. Die meisten begriffen die Situation und ihre Bedingungen als *fait accompli*, lernten hinreichend Griechisch (die *lingua franca*), um zurechtzukommen, schufen Spitznamen, um Menschen, die anders waren als sie selbst, mit Hilfe von Klischees zu kategorisieren, tradierten ethnische Witze, trugen den Kopf hoch und sorgten weiter für ihren Lebensunterhalt. Einige fanden die Vielfalt sogar anregend und nutzten sie als Gelegenheit für esoterische Abenteuer oder unternehmerische Aktivitäten, die aus dem Zusammenbruch der traditionellen Institutionen Kapital schlugen. Die Geschäfte florierten, und es entstand eine neue Klasse von Emporkömmlingen, die die alten Strukturen von Reichtum und Besitz für immer veränderten, die für die aristokratischen Reiche mit ihrem Grundbesitz charakteristisch waren. Doch das Zerbrechen etablierter sozialer Einheiten und die Auflösung konventioneller territorialer wie kultureller Grenzen verursachten auch etliche Schwierigkeiten. Soziale Spannungen, die in kulturell bedingten Werten, Tabus und Einstellungen gegenüber dem anderen wurzeln, lassen sich nicht so leicht überwinden.

Und so tobten unter der Oberfläche ernsthafte kulturelle Konflikte um Themen wie Homosexualität (ein moralisches Problem etwa für die Juden, nicht jedoch für die Griechen), Prostitution (von den Griechen als Gegebenheit städtischen Lebens akzeptiert, von den Juden dagegen als Bedrohung der Familienwerte erachtet), um die Gesetze zur Regelung von Ehe, Scheidung und Behandlung der Sklaven, die kulturelle und kultische Bedeutung von Speisen und Familienmahlzeiten, die öffentliche Rolle der Frauen, die angemessene Kleidung sowie den Besuch von Bädern, sportlichen Ereignissen, Banketten, bürgerlichen Festen («Opfer») und religiösen Feiertagen. Unterschiedliche Auffassungen über Reinheitsvorschriften und Anstandsregeln, hierarchische Normen sowie hinsichtlich Ehre und Schande verursachten Spannungen zwischen Menschen unterschiedlicher kultureller und ethnischer Herkunft. Lebensweisen, Gesten und Verhaltensmerkmale, die zuvor im eigenen Volk als selbstverständlich galten, erschienen nun als Kennzeichen einer ethnischen Minderheit. Ethnizität war allgemein die Ressource für Klischeebildung. Auf der Straße war das erste, was man über einen Fremden erfahren wollte, woher er kam und welcher ethnischen Herkunft er war. Der Trick bestand darin, herauszufinden, wer der andere war – Zypriote? Syrer? Ägypter? Grieche? –, bevor man etwas über sich erzählen mußte. Es war klug, so vorzugehen, und zudem sicherer. Kein Wunder, daß die Menschen dazu neigten, in fremden Städten ihresgleichen zu suchen und ghettoähnliche Gemeinschaften zu bilden, in denen vertraute Erkennungsmerkmale überwogen. In Alexandria etwa lebten Juden, Griechen, Ägypter und andere gewöhnlich in Stadtbezirken, die als ihre Viertel bekannt waren.

Die Frage lautete, wie man seine eigene Kultur lebendig erhalten sollte. Die Artefakte früherer Gesellschaften waren zu Bruch gegangen, und jeder bewußte Versuch, ein «kleines Syrien» oder «kleines Ägypten» im eigenen Viertel einer fremden Stadt neu zu errichten, mußte mit den verbliebenen transportablen Bruchstücken arbeiten. Man mußte einige davon nehmen, sie als sichtbares Zeichen dafür zusammenstellen, daß die Traditionen der Gruppe nicht tot waren, und ein Zentrum schaffen, um das sich Menschen in wechselseitiger Anerkennung ihres gemeinsamen kulturellen Erbes versammeln konnten. Zu den beweglichen Artefakten zählten Bücher, Rituale, Kalender, Statuen, symbolische Gewänder und Schmuck. Zu den gesellschaftlichen Konventionen, die sich auch in fernen Ländern bewahren ließen, gehörten unter anderem besondere Speisen, die Struktur des Familienlebens, die Regelung von Verwandtschaftsverhältnissen, Strukturen der Gastfreundschaft und traditionelle Formen der Lösung von Konflikten innerhalb der Gruppe. Doch da die Unterstützung des eigenen Landes und seiner Institutionen fehlte, waren Neuerungen erforderlich. Allenthalben trat während dieser Zeit Neues in Erscheinung.

Heiligtümer tauchten auf – zur Erinnerung und/oder Verehrung traditioneller Götter und Helden. Aufrecht stehende Symbolsteine, *stelae* genannt, konnte man mit den Tugenden eines heimischen Gottes oder einer Göttin beschriften, um an einer Wegkreuzung in irgendeinem fremden Land die Präsenz eines Volkes eigener ethnischer Prägung anzuzeigen. Man konnte sich auch in wirkliche Enklaven zurückziehen, um sich der Pflege einer verlorenen Kultur zu widmen. So etwa im Fall der mit Mönchen vergleichbaren *therapeutae* (Hausverwalter oder jene, die auf die Pflege der religiösen Traditionen achteten), die der jüdische Philosoph Philo von Alexandria im 1. Jahrhundert beschrieb. Schulen, Bibliotheken, Orakel und Heilungskulte, die ursprünglich aus besonderen Ländern oder Orten stammten, verbreiteten sich im gesamten Mittelmeerraum. Professionelle Weissager, Traumdeuter und Magier machten sich das Ende alter religiöser Institutionen zunutze, die früher solche Funktionen erfüllt und durch die festgelegte Abfolge der für eine Gesellschaft unerläßlichen kultischen Aktivitäten kontrolliert hatten (Brown, 1971; J. Z. Smith, 1993, 172–189).

Zu dieser Zeit breiteten sich auch die berühmten Mysterienkulte mit all ihren Mythen, Ritualen, Priestern und Priesterinnen aus (Burkert, 1990). Diese Kulte lassen sich am besten als fern der Heimat geschaffene Nachbildungen religiöser Institutionen verstehen, die ihren Ort einst in einem bestimmten Land und Volk hatten. Die «Mysterien» der Isis, des Osiris, des Serapis, des Attis, des Adonis, des Mithras, der «Großen Mutter» und der Syrischen Göttin sind Beispiele für Diasporakulte, die ursprünglich archaische Religionen und Kulturen vertraten, die in anderen Zeiten und Ländern verwurzelt waren. Die Mysterien der Demeter dagegen ließen sich nicht verpflanzen, sondern blieben als eine Art Wallfahrtsziel für Griechen aus dem ganzen Reich erhalten. Uns sind schöne Geschichten über Träume überliefert, in denen ein heimatlicher Gott oder eine Göttin einen Verehrer in einem fremden Land bittet, dort ein Heiligtum oder einen kleinen Tempel zu errichten, damit sie nicht vergessen würden. Sobald dann die Prozessionen begannen, mußten alle dem Volk aus einem anderen Land, das nun in ihrer Mitte lebte, einschließlich seiner Götter, Beachtung schenken. Uns liegen Berichte vor, nach denen Isispriester durch eine Stadt fern ihrer Heimat zogen. Sie pflegten während des jährlichen *navigium Isidis*, des Festes der Isis, der Beschützerin der Schiffe auf See, zum Meer hinabzuziehen, so daß jeder die Macht und Gegenwart der ägyptischen Göttin anerkennen mußte.

Für die frühe Geschichte von Judentum und Christentum noch wichtiger war eine weitere Möglichkeit, eine kleine gesellschaftliche Einheit innerhalb einer größeren städtischen Umgebung zu schaffen. Mal als Gemeinschaften (*koinoniai*), mal als Festgesellschaften (*thiasoi*) oder als Vereine (*collegia*) bezeichnet, entstanden überall dort Vereinigungen, wo Menschen regelmäßig von einem gemeinsamen Interesse zusammengeführt wurden. Diese Interessen reichten von ethnischer Landsmannschaft und Handwerksgilden über Vereinigungen, die sich der Bewahrung kultureller Traditionen und der Pflege religiöser Heiligtümer verschrieben, bis zu Beerdigungsvereinen und Mysterienkulten. Die grundlegende Struktur der Vereinigungen blieb stets gleich. Die Mitglieder pflegten sich etwa einmal im Monat zu versammeln, am Nachmittag (der üblichen Zeit für die «Abend»-Mahlzeit) eine gemeinsame

Mahlzeit einzunehmen, den Schutzheiligen oder die Gottheit anzurufen, den Vereinssymbolen Anerkennung zu zollen, Geschäfte abzuwickeln und den Rest des frühen Abends mit gemeinschaftlicher Unterhaltung zu verbringen.

Die Vereinigungen traten häufig an die Stelle von Gesellschaften, die zerstört worden waren. Man konnte Zeichen und Symbole der heimischen Kultur zur Schau stellen. In der Küche ließ sich fern der Heimat ein kleines heimatliches Erlebnis kultivieren. Hinter verschlossenen Türen konnte sich die Unterhaltung Angelegenheiten zuwenden, die nicht für die Öffentlichkeit gedacht waren. Und Netzwerke von Vereinigungen von Stadt zu Stadt boten eine weitere ausgezeichnete Möglichkeit: Man konnte bei den Versammlungen der Vereinigungen und in den Häusern ihrer Mitglieder Gäste und Freunde von weither empfangen und bewirten. Solche Netzwerke boten Mitgliedern, die in andere Städte reisten, Gastfreundschaft und ließen das Empfinden entstehen, einem Volk anzugehören, das sich im ganzen Reich ausgebreitet hatte. Was die jüdischen Vereinigungen anging, die zunächst «Gebetshäuser» und später «Synagogen» genannt wurden (vom Griechischen *synagoge*, Versammlung), so errichteten sie überdies Gebäude, die als schulische, religiöse und soziale Zentren dienten. Es spricht sogar einiges für die Existenz eines Banksystems, das seinen Mittelpunkt im Tempel in Jerusalem hatte und von den Synagogengemeinden im ganzen Reich unterstützt wurde.

Die Vereinigungen ermöglichten Formen gesellschaftlicher Interaktion, die nicht wirklich in die sozialen Konventionen der Gesellschaft insgesamt eingriffen. Dies galt für die gesellschaftliche Rolle von Frauen, denen die Vereinigungen ein halböffentliches Forum jenseits der Grenzen ihres traditionellen Platzes im Haus boten. Es gibt Zeugnisse dafür, daß Frauen als Mitglieder, Gönnerinnen und Vorsitzende verschiedener Arten von Vereinigungen fungierten. Man sollte die Entstehung dieser Vereinigungen daher als ein ausgesprochen schöpferisches und wichtiges Moment in der Geschichte der westlichen Zivilisation begreifen. Das Neue bestand darin, daß man eine Möglichkeit gefunden hatte, Subkulturen oder Minderheitsgruppen innerhalb einer großen, vielfältig aufgefächerten Gesellschaft aufrechtzuerhalten und mit neuen Formen der Bildung sozialer Einheiten zu experimentieren. Die Römer waren mit dem Bestehen der Vereinigungen nicht immer einverstanden, sondern ergriffen gelegentlich Maßnahmen, sie zu überwachen oder sogar auszugrenzen. Sie konnten jedoch nicht viel unternehmen, um die Kräfte einzudämmen, die die Menschen für dieses soziale Experiment einsetzten. Die Kombination verschiedener Konzepte entfaltete eine zu große Anziehungskraft: freie Vereinigung, Mitgliedschaft, Selbstbestimmung, die Pflege gemeinsamer Interessen, das Vorhandensein eines Namens und eines Ortes, von Regeln, Symbolen, Erkennungszeichen und so weiter. Der Gedanke, eine traditionelle Kultur lasse sich durch eine kleine, ihrer selbst bewußte soziale Einheit in der Diaspora am Leben erhalten, erwies sich als ausgesprochen reizvoll. Wie wir sehen werden, entdeckten auch die Christen, obwohl sie nicht zugunsten der Bewahrung einer einzelnen kulturellen Tradition, sondern mit der interkulturellen Neuordnung antiker Bausteine experimentierten, die Vereinigung als geeignetes Vehikel für ihre eigenen Versammlungen (*ekklesiai*).

Doch aus der Sicht vieler Intellektueller bot der Versuch, ein kulturelles Erbe *en miniature* zu bewahren, keine angemessene Antwort auf das griechisch-römische Zeitalter. Sie wollten die Welt als ein Ganzes begreifen, die vielen Kulturen als Bestandteile eines größeren Entwurfs verstehen. Die Welt war schon immer als ein Ganzes betrachtet worden. Alle Völker der Antike hatten sich als Zentrum eines gewaltigen Universums verstanden, das nur um ihretwillen geschaffen worden war und einen besonderen Ort für sie bereithielt, an dem sie ihre Form der Gesellschaft errichten konnten. Ihre Intellektuellen hatten eingehend über diese Frage nachgedacht und alles Mögliche angestellt, um ihren Tempelstaat oder Stadtstaat als ein angemessenes Abbild des Universums erscheinen zu lassen. Bei den Griechen war die Welt ein *kosmos*, eine Ordnung grundlegender Elemente, die von einer Art Leim zusammengehalten wurde und mit Schönheit geschmückt war (*kosmos* bedeutet Schmuck oder schöne Anordnung), wie ein prächtiges Gewand. Für die Juden war die Welt ein Chor lebendiger Geschöpfe, durch Gottes Weisheit sorgsam entworfen und – wie die Sonne, der Mond und die Sterne – täglich jubelnd bereit, erneut ihren Platz einzunehmen und die Erde zu einer geeigneten Wohnstätte für die Menschheit zu machen. Gott fragte: «Sterne, wo seid ihr?», und sie antworteten: «Wir sind hier.» Bei den Ägyptern sorgte die Rotation der Sonne um die Erde für einen genau ausbalancierten Kreislauf der Kräfte des Lebens und des Todes. Die Götter hatten alles nur deshalb so eingerichtet, um das Leben im Niltal zu fördern. Nach Auskunft einer theologischen Deutung kamen die Strahlen der Sonne hernieder, um die Erde auf beiden Seiten des Nils zu liebkosen und sie auf diese Weise zum Leben zu erwecken.

Und die Götter! Jedes Universum beherbergte Götter, personifizierte Abstraktionen jener Kräfte, die – so stellte man es sich vor – die Welt als «Haus» zusammengefügt hatten, damit dort Menschen wohnen konnten. Kein Mensch, kein Geschlecht kann jemals das Verdienst für sich in Anspruch nehmen, eine derart komplexe Ordnung ausbalancierter Übereinkünfte geschaffen zu haben, wie sie eine menschliche Gesellschaft darstellt. Im übrigen ist eine Gesellschaft immer schon da, wenn irgendein Mensch daherkommt und ihren Pulsschlag wahrnimmt. Der Mythos bietet uns Menschen die Möglichkeit, auszusagen, daß die Welt immer schon da ist. Und da man sich die Götter als Handelnde vorstellte, ließen sich Verbindungen herstellen, um den tieferen Sinn des Universums zu der sozialen Welt in Beziehung zu setzen, in der die Menschen lebten. Im antiken Nahen Osten fiel das Königtum vom Himmel, um der Stadt des Königs Geltung zu verschaffen. Zur Zeit des Zweiten Tempels suchte die Weisheit der Schöpfung Gottes nach einem Ruheort unter den Menschen und fand ihn im Tempel in Jerusalem (Jesus Sirach 24). Und in Ägypten kamen täglich die *bas* (Wesen) aller Götter herab, um in ihren Statuen in den Tempeln im ganzen Land zu wohnen. Unserer Auffassung nach stellten sich die Menschen in der Antike das Universum als dem Bild der Gesellschaft entsprechend vor, die sie errichtet hatten. Sie selbst meinten dagegen, ihre Gesellschaft sei zu Beginn der Welt nach dem Vorbild des Universums geplant oder errichtet worden, das sie bewohnten. Dieser Gedanke aber hatte eine kritische Funktion. Er setzte sie ins Recht, legitimierte sie, schenkte ihnen ein Zentrum und eine Heimat in der Welt. Entscheidend war die Entsprechung der «kleinen Welt» (*mikrokosmos*) zum Universum (*makrokosmos*). In Ägypten schaute man, wenn man sich im Tempel befand, auf und sah den sternenübersäten Himmel, der an der Decke aufgemalt war – eine Erinnerung an das große Haus, dem das kleine Haus wie eine Miniatur glich. Und bei den Griechen wurde – hatte man erst einmal die Vorstellung von der Gesellschaft als *polis* begrifflich erfaßt – der *kosmos* selbst als großartige Weltstadt begriffen. Während des griechisch-römischen Zeitalters bezeichneten die griechischen Philosophen die Menschen der «bewohnten Welt» (*oikumene*) als Bürger der Weltstadt (*Kosmopoliten*).

Doch welche Gestalt nahm dieser Kosmos jetzt an, im Gefolge Alexanders und der Römer? Und welche Gestalt sollte die neue multikulturelle Gesellschaft unten auf der Erde annehmen? So lautete die Frage. Keine der älteren Vorstellungen über den Stadtstaat und den Tempelstaat, die sie gehegt hatten, reichte aus, um die in den Blick tretende neue Welt zu erfassen. Außerdem wichen die älteren Modelle zu sehr voneinander ab, als daß man die Frage dadurch hätte beantworten können, daß man sie einfach zu einem einzigen neuen Modell zusammenführte. Ihr einzig Gemeinsames war ein Denkmuster, das die Welt als Hierarchie konzentrischer Kreise verstand – das allumfassende Universum, die Gesellschaft als mittlerer Ring und das Individuum im Zentrum, umgeben sowohl von der Stadt als auch vom Kosmos. So stand das Denken der Griechen häufig unter dem Aspekt einer Entsprechung zwischen *kosmos*, *polis* und *anthropos* (Mensch). Die Juden dachten in den Kategorien der Schöpfung, des Tempelstaates in Jerusalem und des jüdischen Volkes, das dort seinen Mittelpunkt hatte. Entfernte man die *polis* und den Tempelstaat aus der Gleichung, so fehlte die mittlere Kategorie, und der Einzelne stand nun alleine inmitten eines großen, ungeordneten Universums und verhandelte – so gut er es vermochte – mit den Göttern und den ungewissen Kräften des menschlichen Schicksals. Wenn man dastand und unmittelbar auf das Universum schaute, aber nur noch die bruchstückhaften Erinnerungen an heile Stadtstaaten das eigene Nachsinnen leiteten und all die alten Weltanschauungen auf dem kosmischen Bildschirm aufblinkten und die Aufmerksamkeit auf sich zogen, gab es plötzlich zu viele Götter und Helden, Bilder von Priestern und Königen, ideale Städte und vollkommene Gesetze, Mächte und Schöpfungsmythen, als daß man sie noch hätte erfassen können. Dies alles waren helle, in der berauschenden Mixtur von Vorstellungen frei herumschwebende Lichtpunkte, die sich alle dem Nachdenken über die Gestalt einer neuen Weltordnung anboten. Wie sollte man sie neu ordnen? Wie sollte man den Schlüssel dazu finden, die Welt wieder als ein Ganzes zu begreifen, das die offenbar gewordene menschliche Vielfalt und kosmische Weite erklärte, all die Kräfte, die entfesselt worden waren, für geeignet zu halten, für das Wohlergehen des Menschen zusammenzuwirken? Manche verzweifelten an der Möglichkeit, Religion und Gesellschaft, Kultur und das gegenwärtige politische System miteinander in Einklang zu bringen oder gar die Welt als eine göttlich geordnete Heimat für die menschliche Existenz zu denken.

Alle geistigen Traditionen, die in die griechisch-römische Welt eingingen, konzentrierten ihre Energie auf diese Frage. Ägyptische Priester, jüdische Weise, griechische Philosophen, syrische Schriftgelehrte, hellenistische Lehrer, römische Historiker und viele andere wandten ihre Aufmerksamkeit dem Problem eines neuen Verständnisses der Welt als eines für Menschen bewohnbaren Ortes zu. Einige versuchten, die Götter der einen kulturellen Tradition mit jenen einer anderen in Einklang zu bringen, da sie meinten, die Unterschiede dürften letztlich nicht allzu groß sein. So hielt man den griechischen Gott Hermes und den ägyptischen Gott Thoth für ein und dieselbe Gottheit, weil beide in ihrem jeweiligen Pantheon «Boten» waren. Andere Gelehrte machten sich daran, die Mythen über die Götter mittels Allegorisierung auf rationale Erklärungen der Naturordnung zu reduzieren, weil sie glaubten, hinter all diesen phantastischen Geschichten müsse sich eine vernunftgemäße Sicht der Welt verbergen. So deutete im 1. Jahrhundert der stoische Philosoph Cornutus den Gott Hermes-Thoth allegorisch als poetischen Ausdruck des wissenschaftlichen Begriffs des *logos*, der dem Wesen des Universums zugrundeliegenden «Logik». Platos Mythos von der Erschaffung der Welt durch einen göttlichen Baumeister (*demiurgos*), der die Pläne im Geiste des höchsten Gottes nachvollzog, war äußerst populär. Plutarch benutzte ihn, um die Mythen über Isis und Osiris allegorisch im Sinne von Geschichten zu deuten, die in verschlüsselter Form ein tiefes Verständnis der Struktur des Kosmos enthielten. Juden verwendeten Platos Mythos als Erklärung dafür, daß die Welt so sehr aus dem Ruder laufen konnte, obwohl sie von Gottes Weisheit entworfen worden war. Es war der *demiurgos*, der dafür verantwortlich war; vielleicht war aber auch das Material fehlerhaft oder die Menschen waren zu beschränkt und widerspenstig, um den vollkommenen Plan zu erkennen, der sich hinter all dem verbarg. Natürlich kann das Scheitern menschlicher Gesellschaften nicht Gottes vollkommenen Plan für die Welt zunichte gemacht haben. Die von der Weisheit geschaffene Welt muß wirklich existieren. Womöglich existiert sie als eine geistige Sphäre, die nur jene erkennen, die imstande sind, mittels göttlicher Inspiration durch die Verdorbenheit der physischen Welt «hindurchzusehen». Ein schönes Beispiel für diese Art des Denkens bieten die Weisheit Salomos und die Werke Philos von Alexandria. Und so wurden immer neue Versuche unternommen, die Bruchstücke vergangener Mythen und Weltanschauungen zu retten, in der Hoffnung, ihre Geheimnisse könnten Gründe für die Annahme hergeben, das Universum sei trotz allem ein guter Ort, eine auf das Wohl der Menschen ausgerichtete göttliche Schöpfung.

Allmählich allerdings dämmerte den Menschen, daß das Universum vielleicht doch nicht ganz so freundlich sein könnte. Das einzige im Universum, das scheinbar geordnet war, war die Bewegung der Gestirne. Diese Bewegung aber war wie ein Uhrwerk, gefühllos und vorherbestimmt. Immerhin war sie berechenbar. Die Astrologie erlebte ihre Blütezeit. Man redete auch viel von *tyche*, der Göttin des Schicksals, und *fortuna*, der Glücksgöttin. Leider waren beide göttlichen Mächte launisch. Es bestand zudem ein großes Interesse an Träumen und Magie – an Träumen, weil sie zumindest die Chance eröffneten, im voraus zu wissen, was sich ereignen würde, an der Magie, weil sie eine geringe Möglichkeit bot, in einer ansonsten launischen Welt irgendetwas zu kontrollieren. Denn nachdem die Stadt aus der alten Gleichung von *kosmos*, *polis* und *anthropos* herausgefallen war, war die Welt nicht mehr begreifbar und die menschliche Existenz von Belanglosigkeit bedroht.

Der menschliche Geist ist erstaunlich schöpferisch und unverwüstlich. Um nicht von den gefühllosen Kräften des Schicksals im Universum und von der harten Tatsache überwältigt zu werden, daß die Römer ihr seelenloses Imperium mit Härte beherrschten, weigerten sich viele Intellektuelle, die Suche nach einem für ihre Zeit geeigneten sozialen Modell aufzugeben. Sie führte in zwei unterschiedliche Richtungen. Einige richteten den Blick erst einmal auf die Schulen der griechischen Philosophie, andere dagegen wandten sich den nationalen Epen zu, um die Weisheit der Vergangenheit zu erkunden. Jene, die in der Tradition der Schulen der griechischen Philosophie arbeiteten, schienen zu wissen, daß sie gezwungen waren, Theorie in einem Vakuum zu denken. Sie konnten auf keinen Aspekt des gegenwärtigen Zustandes zurückgreifen, der als wesentlicher Bestandteil des Entwurfs einer idealen Welt hätte dienen können. Was daher die Philosophen in ihrem Bemühen um eine, wie wir sagen könnten, gesellschaftlich-politische Anthropologie allein bieten konnten, war eine äußerst spekulative Mythologie. Sie lieferte weder eine vernünftige Erklärung oder Rechtfertigung irgendeines zeitgenössischen sozialen Gebildes noch eine Glorifizierung einer gegenwärtigen großartigen menschlichen Errungenschaft wie etwa der *pax romana*. Es waren nichts weiter als theoretische Fingerübungen, um Möglichkeiten zu erkunden, wie man den Zusammenhang von bestimmten für das gesellschaftliche Leben grundlegenden Kräften vielleicht verstehen konnte. Drei Faktoren kamen unmittelbar zum Vorschein, und der Versuch, sie zu verstehen, beschäftigte die besten Geister aller Schultraditionen, die darum rangen, ihr Verständnis der Welt neu auf den Begriff zu bringen: (1) die Definition des Gesetzes, (2) das Verständnis politischer Macht und (3) die Beschreibung der persönlichen Tugend. Dies sind genau die Fragen, vor denen auch wir in unserer globalen, multikulturellen Situation am Ende des 20. Jahrhunderts stehen.

Für den griechischen Entwurf der *polis*, die jüdische Stiftungsurkunde des Tempelstaates und das römische Gerichts- und Herrschaftssystem war jeweils ein bestimmtes Verständnis des Gesetzes grundlegend. Bei den Griechen war «Gesetz» der Begriff, der die Stadt einerseits mit dem Kosmos, andererseits mit ihren Bürgern verband. Der Begriff lautete *nomos* und bedeutete «Konvention», das Ergebnis traditioneller Übereinkünfte, namentlich jener, die mittels Diskussion und Gesetzgebung im Rat des Stadtstaates erreicht worden waren. *Nomos* war der Maßstab, mit dem Legalität und Rechtmäßigkeit gemessen wurden. Im rechtlichen Sinne richtig zu liegen war gut, machte einen jedoch noch nicht tugendhaft. Bei den Juden dagegen meinte das «Gesetz» Weisung und Befehl Gottes. Gemäß dem mosaischen Gesetz zu leben war nicht nur richtig, sondern machte einen zugleich gerecht. Bei den Römern war das «Gesetz» etwas sehr Praktisches: Es ergab sich als Erlaß aus dem Willen des Kaisers und des Senats, wurde jedoch ständig auf seine Wirksamkeit für die Aufrechterhaltung von Frieden und Ordnung hin beurteilt. Verschlechterte ein Erlaß die Dinge, so war es ein Leichtes, ihn zu ändern.

So konzentrierte sich die philosophische Diskussion über das «Gesetz» allmählich auf ein grundlegendes Definitionsproblem. Die Frage lautete, ob sich ein «Gesetz» denken ließ, das in die Struktur des Universums hineingeschrieben war. Gesetzgebung, die letztgültige Begründung für den *nomos*, wurde nicht mehr als Anzeichen demokratischen Fortschritts verstanden, sondern im besten Falle als bloß menschliche Weisheit, im schlimmsten Falle als zweckdienliches Mittel für eigensüchtige Könige und Tyrannen. Die Alternative zum *nomos* war stets der Wille der Götter gewesen, doch jetzt, da so viele Götter im Spiel waren, war auch der Begriff des Willens der Götter ausgesprochen verschwommen. Wenn es möglich wäre, sich so etwas wie ein «Gesetz der Natur» vorzustellen, so könnte dies wirklich weiterhelfen. Es bedürfte keiner Gesetzgebung. Es würde nicht – wie im Falle der Orakel oder des jüdischen Mythos von der Übergabe des «Gesetzes» an Mose – in dem beschränkten Anspruch auf eine besondere Offenbarung der Götter begründet sein. Das «Gesetz» wäre letztlich in der göttlichen Erschaffung des geordneten Universums verankert. Deshalb wurde das berühmte Gegensatzpaar Natur (*physis*) und Gesetz (*nomos*) während der ganzen griechisch-römischen Zeit zum Angelpunkt dieser Diskussion. In Alexandria etwa unternahm eine Linie jüdischer Denker von Aristobulos im frühen 2. Jahrhundert v. Chr. bis zu Philo im 1. Jahrhundert n. Chr. ungeheure Anstrengungen, um die Gesetze des Mose allegorisch als verschlüsselte Ausdrucksform des «Naturgesetzes» zu deuten. Die Mühe lohnte sich, denn damit begegnete man dem Vorwurf, der jüdische Mythos und die jüdischen Gesetze seien töricht, und verlieh den jüdischen Gesetzen die philosophische Unterfütterung, die jeder gerne für seine Überlieferungen in Anspruch zu nehmen sich befleißigte.

Doch wie verhielt es sich, wenn die Macht in den Händen eines Königs lag, dessen Wort ebenfalls als Gesetz galt? Es war nicht leicht, sich vorzustellen, wie das in die Struktur des Universums eingeschriebene göttliche «Gesetz» in der wirklichen Welt etwas auszurichten vermochte. Dies war ein ernstes Problem, und die einzige Zuflucht, die sich der philosophischen Überlieferung bot, bestand darin, zunächst zwischen einem guten und einem schlechten König zu unterscheiden und sodann den guten König mit dem Naturgesetz in Verbindung zu bringen. Daher kreiste diese Debatte um das berühmte Gegensatzpaar: Könige und Tyrannen. Der Begriff des «Tyrannen» bezeichnete das Autokratische, Selbstsüchtige und Schlechte, während der «König» zum abstrakten Ideal des vollkommenen Herrschers wurde. Die Intellektuellen wanden sich, denn niemand wollte wirklich einen König. Könige paßten gewiß nicht zum Ideal des Stadtstaates oder zur Vorstellung eines Naturrechts. Doch es gab nur Könige. Könige und Befehlshaber. Man konnte sie anscheinend nicht loswerden Warum sollte man sich also nicht einen annehmbaren König vorstellen? Schriftgelehrte durchforschten die Überlieferungen. Allegoriker suchten nach mythischen Vorbildern. Philosophen entwarfen Listen passender Eigenschaften, und Beschreibungen des idealen Königs begannen die Bibliotheken der intellektuellen Gemeinde zu füllen. Schließlich, darin schienen alle übereinzustimmen, wäre der perfekte König jener, der vollkommen in Einklang mit dem göttlichen Naturrecht lebte. Er wäre die wahre Verkörperung des «Gesetzes» (*nomos empsychos*). Seine Gesetze wären eher Weisungen als Erlasse. Und seine Macht, die Befolgung dieser «Gesetze» zu beeinflussen, wäre eher die «Macht» vorbildlichen Verhaltens als die, Gerechtigkeit gewaltsam durchzusetzen. Was für ein König! Ein Beispiel für das Bild eines solchen Königs findet sich in Kapitel 17 der Sprüche Salomos.

Wie man sehen kann, übernahmen hier die Phantasie und die griechische Vorliebe für abstrakte Definitionen das Szepter. Doch niemand ließ sich täuschen. Niemand dachte, es sei wirklich möglich, einen solchen König zu haben. Diese Intellektuellen lebten in der wirklichen Welt, waren sich vollkommen darüber im klaren, wie diese Welt tatsächlich funktionierte und wie man in ihr bestehen konnte. Wozu also diese ganze intellektuelle Bemühung? Es ging um den ernsthaften Versuch, sich grundlegenden Fragen nach dem menschlichen Wohl zu stellen und so weit wie möglich in Begriffe zu fassen, wie eine heile und gerechte Gesellschaft aussehen könnte. Die Vorstellung vom idealen König ließ sich verwenden, um die Tyrannen zu schelten und zu kritisieren. Das war immerhin etwas. Und auch das Bewußtsein, daß die augenblickliche Lage dem kollektiven Wohl der Gesellschaft nicht förderlich war, hatte seinen Wert. Es ermöglichte eine scharfsinnige Kritik des *status quo* und warf zwingend die Frage auf, ob jemand in dieser griechisch-römischen Welt mit ihrer Verwirrung in bezug auf Gesetze und die Tatsache illegitimer Machtausübung überhaupt seine Integrität zu bewahren in der Lage war.

Diese Frage führte dazu, daß man die Frage nach der Tugend rein persönlich, individualistisch anging. Philosophen und Lehrer in den Schulen der volkstümlichen ethischen Philosophie, insbesondere die Stoiker, aber auch die Kyniker, gaben die Vorstellung auf, der Entwurf abstrakter Modelle vollkommener Gesellschaften könne die Welt verbessern. Statt dessen wandten sie all ihre Aufmerksamkeit der Not des einsamen Individuums zu. Es komme, so sagten sie, allein auf die persönliche Tugend an, und *jeder* könne tugendhaft sein, indem er in Einklang mit der Natur (und ihren Gesetzen) lebe. Schließlich sei die Tugend das Höchste und Edelste, wonach Menschen streben könnten. Warum sollte man nicht akzeptieren, daß der Einzelne im Universum vollkommen alleine war, ohne die Unterstützung durch ein Gemeinwesen, welches das Wohlergehen garantierte? Konnte ein Mensch nicht erkennen, was man über die Beschaffenheit des Universums wissen mußte, und dann tun, was getan werden muß, um «gemäß der Natur» (*physis*) zu leben und so einen ehrenwerten Charakter zu erlangen? Die Welt war voller volkstümlicher Philosophen, Lehrer, Bücher und Handbücher zur Selbsthilfe für ein integres Leben, auch unter den Bedingungen des griechisch-römischen Zeitalters.

Die Empfehlungen der Stoiker waren besonders populär. Nach ihrer Vorstellung war ein Mensch, wenn er nur wollte, imstande, zu lernen oder zu erkennen, was «von Natur aus» richtig war, und «gemäß der Natur» zu leben. Das Ziel bestand darin, von der Masse unbehelligt zu bleiben, nicht von den Zufällen des Lebens berührt zu werden, die sich ansonsten als Schmerz spürbar machten, unbewegt der Macht standzuhalten, die Tyrannen oder andere über einen haben mochten. Die Stoiker waren sich vollkommen darüber im klaren, daß dies eine heroische Anstrengung erforderte und sogar Schwierigkeiten mit den herrschenden Mächten heraufbeschwören konnte. Doch als Lohn winkte die Chance, eine wahrhaft hohe Gesinnung zu zeigen. Dann aber geschah etwas Komisches. Die Stoiker lernten, das soziale Modell des idealen Königs als Bild für die persönliche Meditation zu verwenden. Der einzig wahre König war ein Weiser, so sagten sie, das Merkmal des Weisen aber bestehe in der Erkenntnis und in der Fähigkeit, in Einklang mit der Natur zu leben. Tue man dies, so sei man wahrhaftig ein Bürger der großen Weltstadt. Man werde zum Kosmopoliten, zu einem ausgezeichneten Beispiel der Tugend auf dem denkbar höchsten Niveau, das Menschen zu erreichen vermögen. Diese Philosophie war eine radikal individualistische Antwort auf den Zusammenbruch der Kulturen im griechisch-römischen Zeitalter, und sie verbreitete sich mit Windeseile. Den Stoikern war es gelungen, das gesamte System von *kosmos, polis* und *anthropos* auf eine psychologische Metapher zu reduzieren.

Aus der Sicht anderer Denker, vor allem jener, deren kulturelle Wurzeln in den östlichen Mittelmeerprovinzen lagen, bot der radikale Individualismus kaum eine Antwort. Die alten vorderorientalischen Kulturen hatten einen ausgeprägten Sinn für die Bedeutung der Zugehörigkeit zu einem Volk entwickelt. Sie vertraten eine soziale Anthropologie, die großen Wert auf Familie, Verwandtschaft, Abstammung, Tradition, Reinheit, soziale Gerechtigkeit, Kultgesetze und religiöse Frömmigkeit legte. Diese Werte waren tief im kollektiven Unbewußten verwurzelt und bestimmten die Art, wie die Menschen über die Welt nachdachten. Angesichts der schwierigen Zeiten lieferte nach Auffassung dieser Leute nur eine soziale Vision eine Antwort. Und es würde nicht ausreichen, ein ideales Königreich nur auf der Grundlage systematischer Gedanken und Logik zu entwerfen. Es galt, die Errungenschaften der Vergangenheit zu würdigen, über die Verheißungen der Vergangenheit nachzudenken, die gegenwärtige Malaise zu erklären und eine vorstellbare Zukunft für all die Menschen zu entwerfen, die sich ins Bild drängten. Das ideale Königreich mußte eine soziale Alternative zur gesellschaftlichen Unordnung des griechisch-römischen Zeitalters bieten.

Dieser soziale Ansatz von Kulturkritik führte zu einem leidenschaftlichen Interesse an den erhabenen epischen Überlieferungen, die jedes Volk mit in das griechisch-römische Gemisch eingebracht hatte. Die Griechen verfügten über ihre Kombination von Homer, Hesiod und den uralten Erzählungen über die Götter und Helden. Die Syrer hatten ihre Chroniken, die Samaritaner ihre von Mose stammenden Bücher, die Ägypter ihre dramatischen Zyklen über Isis und Osiris, die Römer ihre Berichte über Romulus und Remus und die Juden ihre Geschichte seit der Grundlegung der Welt. Jede Adelsfamilie, jedes lokale Heiligtum und jede Stadt, die etwas auf sich hielt, sorgten ebenfalls dafür, daß ihre Genealogie und ihre Geschichte intakt blieben, auch wenn ihre Macht und ihr Ruhm bedroht oder längst verloren waren. Was von der Vergangenheit übrigblieb, war eine ruhmreiche epische Tradition, doch natürlich hatten alle Epen nunmehr ihren Glanz verloren. Dennoch meinten einige Intellektuelle, die epischen Überlieferungen seien immer noch von Wert. Sie enthielten Informationen, die eine Erforschung des *kosmos* nicht zu bieten vermochte. Epen bezogen die Götter in die Geschichte mit ein. Sie konnten bis zur Erschaffung der Welt zurückgehen, als der Zusammenhang zwischen der kosmischen Ordnung und dem Ursprung der Zivilisation hergestellt wurde. Epen bildeten das Reservoir der Weisheit der Vergangenheit. Sie offenbarten das Wesen eines Volkes, erklärten seine Einstellung gegenüber den Nachbarvölkern, berichteten über Mißerfolge und Errungenschaften und hoben die Augenblicke hervor, zu denen bestimmte Eigenschaften einer gesellschaftlichen Ordnung begründet wurden. Epen waren lehrreich. Epen legten Rechenschaft ab für ein Volk als Volk. Sie mußten auf die Spur dessen führen, was fehlgegangen war. Sie könnten Hinweise dafür enthalten, wie die Dinge wieder in Ordnung gebracht werden konnten. Zumindest jedoch konnten sie dazu dienen, den Verlust des alten Glanzes zu beklagen und die Römer mit Verachtung zu betrachten.

Zwei epische Traditionen zogen die größte Aufmerksamkeit auf sich und konkurrierten heftig miteinander. Die überlegene war jene Homers, denn die herrschende Kultur war die griechische. Doch auch die Geschichte Israels weckte selbst außerhalb jüdischer Kreise großes Interesse. Das war darauf zurückzuführen, daß die jüdische Kultur auf ihre epische Überlieferung zurückgriff, um eine Vielzahl an Ideen und Werten zu stützen, die man – obgleich vom griechisch-römischen Zeitalter bedroht – nach wie vor interessant fand. Die Vorstellung von einem gerechten Gott, einem göttlichen «Gesetz», einer Schöpfung, die sowohl dazu geschaffen war, Staunen zu erregen, als auch dazu, den moralischen Sinn zu stärken, die Vision von einer auf sozialer Gerechtigkeit beruhenden Gesellschaft, Riten, die halfen, ein gesundes, vernunftgemäßes Leben mit der Familie als Mittelpunkt zu führen und zu feiern – dies alles ließ sich aus ihrem Epos herleiten. Es war die Geschichte von einem

Volk von der Erschaffung der Welt an bis zur Errichtung des Tempelstaates in Jerusalem. Sie stand in angenehmem Gegensatz zu den Geschichten über launische Götter und hochmütige Helden, mit denen die Griechen auskommen mußten. Und Mose, der Verfasser der fünf Bücher mit dem Namen *torah* (Weisung), war Homer eindeutig ebenbürtig. Einige meinten, Mose habe früher als Homer gelebt, irgendwann in zeitlicher Nähe zu den Anfängen der Menschheitsgeschichte, und Homer müsse alles, was er gewußt habe, von Mose gelernt haben. Doch der wichtigere Vorteil bestand darin, daß es sich bei dem «Gesetz des Mose» nicht bloß um ein Gesetz handelte, obgleich jeder gelernt hatte, *torah* mit *nomos* wiederzugeben, sondern um ein wirkliches Epos. Die Schöpfung, der Ursprung der Arten, die Bringer der Kultur, dazu die Gewalt, die Torheit, die Verheißung des Regenbogens, Patriarchenlegenden, ewige Bundesschlüsse und das Schicksal eines Volkes – all das nahm Gestalt an, bevor Gesetze im engeren Sinne überhaupt eine Rolle spielten. Darüber konnte man nachdenken, und viele taten dies.

Als die Geschichte des Zweiten Tempels ihren Lauf nahm, legten Gelehrte mit sozialen Interessen in Bezug auf die Bücher des Mose eine wahre Obsession an den Tag. Einige erzählten die Geschichte in aller Ausführlichkeit nach, um zu zeigen, wie großartig die Geschichte Israels gewesen sei und wie ehrenwert das jüdische Volk (Josephus, Jubiläenbuch). Andere hoben bestimmte Aspekte der Geschichte hervor, die der gegenwärtigen Gestalt der Gesellschaft eine epische Legitimation verliehen, und ließen jene Teile aus, die nicht dazu paßten (Jesus Sirach 44–50; Mack, 1985). Wieder andere lasen Mose und die Propheten noch immer, um ein vergessenes Ideal hochzuhalten, Kritik am *status quo* zu üben und auszusprechen, was geschehen müsse, um die Dinge in Ordnung zu bringen (Qumran). Die Strategie war in jedem Fall dieselbe: eine *relecture* der epischen Überlieferung im Lichte gegenwärtiger Umstände aus einer spezifischen Perspektive, mit dem Ziel, ein kritisches Urteil über die gegenwärtige Lage zu untermauern. Religionshistoriker würden sagen, daß diese jüdischen Gelehrten einem typischen Muster der Mythenbildung folgten.

Dieses Muster funktioniert folgendermaßen: Die gegenwärtige Situation wird der Verheißung der Vergangenheit nicht gerecht. Die jüngste Vergangenheit wird der Kritik ausgesetzt. Die Geschichten über die entferntere Vergangenheit werden neu erzählt, um sich der Verheißung zu vergewissern. Das Ziel besteht darin, die Verheißung klarer, genauer in den Blick zu bekommen und die Gründe dafür zu überprüfen, warum man an sie glaubte. Damit richtet sich die Aufmerksamkeit auf einen bestimmten Augenblick, eine Epoche oder einen Aspekt der Geschichte, die den Schlüssel für ihre grundlegende Logik und Verheißung liefern können. Erneut betrachtet und als Ideal von seiner alten Geschichte abgelöst, kann es dann als ein Bild dessen dienen, was die Völker und ihre Kulturen waren, ihrem Wesen nach sind oder sein sollten. Man kann dieses Bild dann als Kontrastfolie für die gegenwärtige Situation verwenden, um Kritik zu üben, ein Modell zur Neugestaltung anzubieten oder eine hoffnungsvolle Zukunft zu entwerfen. In unserer Zeit kann man dieses Denkmuster in der häufigen Bezugnahme auf die jüdisch-christliche Tradition, den amerikanischen Traum oder die Verfassung der Vereinigten Staaten erkennen. Zur Zeit des Zweiten Tempels bot die epische Überlieferung Israels ein reiches Reservoir an Idealtypen, und sie alle fanden im Prozeß der Mythenbildung zu der einen oder anderen Zeit Verwendung. Adam, Abraham, die Bundschlüsse, Mose, der Exodus, das Gesetz, die Tempelgesetzgebung im Buch Leviticus, das Betreten des Landes, David, Salomo, die Errichtung des Tempels, die Königreiche, die Propheten und so weiter – sie alle ließen sich als Symbole der sozialen Verfassung Israels heranziehen und zum Vergleich mit oder als Kontrast zur Situation der eigenen Zeit verwenden.

Die Juden mußten keine neuen Tricks lernen, um sich ihr Epos auf diese Weise zunutze zu machen. Juden hatten ihr Geschichtsepos seit der Zeit Davids und Salomos immer wieder neu interpretiert. Sich die Vergangenheit ständig neu auszumalen, war ihre Methode der Mythenbildung. Die Vergangenheit lieferte die Maßstäbe für die zeitgenössische Gesellschaftskritik. Sie verlieh auch den Vorschlägen zur Neugestaltung der Gesellschaft Autorität. Bibelforscher zählen vier große Neudeutungen der epischen Überlieferung, bevor die Deportation der Juden im Jahre 587 v.Chr. den Königreichen Israel und Juda ein Ende bereitete. Diese revidierten Fassungen kennt man traditionell unter den Namen *J* für Jahwist, *E* für Elohist, *D* für den Deuteronomisten und *P* für die Priesterschule. In jedem Fall veränderten diese Revisionen durch neue schriftliche Versionen des Epos die Grundlagen Israels einschneidend. Im Falle von *P* etwa trat das Buch Leviticus zu den Weisungen des Mose hinzu, während man den Legenden über die Patriarchen die Geschichten über einen Opferbund hinzufügte, um die rechtliche Begründung des Tempelstaates an den Anfang der epischen Überlieferung zu verlegen. Nach dem Exil wagte es niemand, die Geschichte auf diese Weise tatsächlich noch einmal neu zu schreiben, denn die fünf Bücher Mose waren nunmehr in vielen Ländern in vielen Händen, sozusagen «veröffentlicht», so daß eine Veränderung des Textes selbst nicht anging. Man fand jedoch andere Möglichkeiten, die Geschichte mit revisionistischen Absichten neu zu erzählen. Der Verfasser der Chroniken schrieb die Geschichte in einer eigenständigen Darstellung neu, fügte einige Dinge hinzu und ließ andere weg, so daß der Text sich anders lesen ließ. Ben Sira faßte das Epos in einem Gedicht zusammen, was ihm die Gelegenheit bot, es radikal umzuschreiben. In Qumran und in den Synagogen

Alexandrias ließ man sich zwei verschiedene Methoden der Abfassung von Kommentaren zur jüdischen Heiligen Schrift einfallen. Beide sind an dem Unterfangen beteiligt, die Geschichte Israels neu zu erzählen.

Das Problem dieses Verfahrens, das als Reaktion auf das römische Zeitalter zu verstehen ist, lag darin, daß jedem nationalen Epos ein ethnisches Vorurteil innewohnt. Wie konnte die Lektüre eines kulturell wie lokal beschränkten Epos jemals eine zu einer multikulturellen Szene passende Aufklärung herbeiführen? Jüdische Intellektuelle waren sich dieser Problematik schmerzlich bewußt, insbesondere in der Diaspora, in der die kulturelle Vermischung eine alltägliche Erscheinung darstellte und die Juden mit ihren Versammlungen, Vereinigungen und Schulen im Licht der Öffentlichkeit standen. Dort nahmen Gelehrte mit philosophischen Neigungen das Problem des Verhältnisses der Juden zu den «Völkern» in Angriff (*ethne*, später im Altlateinischen als *gentilis*, «fremd», wiedergegeben). Viele Spekulationen kreisten um die Gestalt Adams, des ersten Menschen. Wichtig ist in diesem Zusammenhang die Erkenntnis, daß im frühjüdischen Denken eine personifizierte abstrakte Vorstellung erzählerisch als Individuum behandelt werden konnte, ohne daß sie dabei ihre allgemeine oder kollektiv-soziale Bedeutung einbüßte. So bezeichnete «Adam» die Menschheit, «Israel» dagegen das Volk Israel, obwohl beide jeweils auch als konkrete Personen gedacht und dargestellt werden konnten. Eine der beiden Geschichten im Buch Genesis über die Ursprünge des Menschengeschlechts besagte, die Menschheit sei nach dem Bilde Gottes geschaffen worden. Das gab sicher Anlaß zum Nachdenken, und Gelehrte aus dem Kreise der Weisheitsüberlieferung – von Ben Sira über den Verfasser der Weisheit Salomos bis hin zu Philo – sannen lange über diesen Text nach. Die Geschichte von Noah bot ebenfalls eine gute Gelegenheit, sich mit dem Status der Völker aus der Sicht des Gottes Israels auseinanderzusetzen. Die im Regenbogen symbolisierte Verheißung war nicht das private Eigentum der Juden. Und selbst Abraham, die Gestalt, mit der die Geschichte Israels im eigentlichen Sinne begann, wurde seltsamerweise von Gott gesegnet und dazu erwählt, die Verheißungen zu empfangen, lange bevor Mose die göttlichen Weisungen erhielt. Wenn Gott Abraham so behandelte, war es nicht ein Hinweis darauf, daß die Nichtjuden – oder Heiden – in die Familie Gottes aufgenommen werden mußten? Es mag uns seltsam erscheinen, daß, obwohl mit den griechischen philosophischen Traditionen höchst subtile Anthropologien und Psychologien zur Verfügung standen, jüdische Denker es vorzogen, auf ihre Weise Menschen zu klassifizieren, indem sie diese alten Geschichten bemühten, um ein oder zwei Argumente dafür zu finden, wo die Nichtjuden in der größeren Ordnung der göttlichen Dinge ihren Platz hatten. Aber daß man die Sache mit den Nichtjuden aus der eigenen Geschichte erklärte, ist vielsagend.

Dieses Verfahren brach zwar nicht mit dem ethnischen Vorurteil, gestattete es den jüdischen Intellektuellen aber, die sie umgebende multikulturelle Welt anzuerkennen und sich mit ihr auseinanderzusetzen, ohne die eigenen erhabenen Traditionen aufgeben zu müssen. Und es erzwang die Beschäftigung mit dem Thema der Exklusivität. Philos allegorische Kommentare zu den fünf Büchern Mose dokumentieren, daß in der alexandrinischen Synagogengemeinde große Anstrengungen unternommen wurden, die mosaischen Gesetze so zu interpretieren, daß auch Nichtjuden sie verstehen, wertschätzen und einhalten konnten. Wir wissen heute, daß Nichtjuden die Diasporagemeinden als Vereinigungen einer äußerst anziehenden Subkultur wahrnahmen, und daß sie sich in ihrem Umkreis versammelten, um die biblischen Schriften zu studieren, das Epos zu rezitieren, den einen Gott zu verehren, die Feiertage und Feste zu begehen und die jüdischen Gesetze mit ihren hohen ethischen Maßstäben einhalten zu lernen. Natürlich wurde heftig darüber diskutiert, ob die Nichtjuden, um zur Gemeinschaft Israels zu gehören, ganze Sache machen müßten. Dann hätten sie die Beschneidung auf sich nehmen, alle gängigen Praktiken der Kaschrut befolgen und womöglich eine Tempelsteuer bezahlen müssen. Einige Juden bejahten dies – die interessierten Nichtjuden sollten den Weg bis zum Ende gehen. Andere verneinten es: darauf komme es nicht an. Wie auch immer, aus der Beschäftigung der Juden mit ihren Schriften folgte, daß Homer und die griechische philosophische Tradition nicht die einzige Quelle für die Gesellschaftskritik und für das Nachdenken über bessere und weniger gute Formen des Zusammenlebens im griechisch-römischen Zeitalter waren.

Galiläa erwies sich als hervorragender Ort für das Experimentieren mit Sozialkritik und das Ausprobieren neuer Ideen über eine bessere Lebensweise. Die Menschen waren dort hellwach, im weltlichen Sinne weise und sorgsam auf ihre Lebensweise bedacht. Sie hatten die Fremdherrschaft aller irgendwann einmal dominierenden Mächte des Nahen Ostens überlebt, scheinbar ohne Partei zu ergreifen. Nirgendwo ist dokumentiert, daß Galiläer unter ihrem eigenen Banner kämpften und ihr Land von unerwünschten fremden Königen zu befreien versuchten. Sie besaßen keine Hauptstadt, die es zu verteidigen galt, und keinen König, der sie regierte. Sie erwiesen jedem neuen fremden König formal ihre Loyalität und suchten dann nach Möglichkeiten, sich vor dem langen Arm seiner Macht zu schützen. Sie vermochten dies aufgrund einer gewissen räumlichen Distanz zu den kulturellen und politischen Kräften, die um sie herum tobten. Denn Galiläa bot den Königreichen im Norden oder im Süden keinen leichten Zugang und ließ sich nicht so einfach von ihnen annektieren. Es bildete eine eigenständige kleine Binnenregion, die nach Norden, Westen und Süden durch Berge, nach Osten durch den

See Genezareth (oder das galiläische Meer) abgegrenzt war. Die Lebensweise seiner Bewohner war es wert, geschützt zu werden. Sie lebten zwischen felsigen Hügeln und sanften Tälern, die mit kleinen Dörfern übersät und durch Quellen und Regen reichlich mit Wasser versorgt waren. Sie waren autark und verfügten über eine gesunde Wirtschaft, die von Fisch, Wein, Getreide, Oliven und Früchten lebte, in der aber auch das Handwerk eine wichtige Rolle spielte. Bei Tiberias und Gadara gab es heiße Mineralquellen. Sie und das tropische Klima rund um das galiläische Meer machten das Gebiet attraktiv für Aufenthalte aus gesundheitlichen Gründen. Durch wichtige Verkehrswege mit den Nord-Süd-Hauptstraßen verbunden – eine an der Küste entlang, die andere quer durch das Hochland Transjordaniens nach Osten –, stand Galiläa in beständigem Kontakt mit der übrigen Welt.

Es ist wichtig, sich daran zu erinnern, daß Galiläa in den vorangegangenen tausend Jahren nur zweimal von den Königen Jerusalems regiert wurde – und zwar jeweils nur für kurze Zeit. David gliederte Galiläa in sein Reich ein, das ist wahr, und die alten Geschichten erzählen, es hätten sich dort die Stämme Naphtali, Ascher, Issachar, Zebulon und Dan angesiedelt. Diese Geschichten berichten jedoch auch, die Stämme Israels seien nicht imstande gewesen, die einheimischen Bewohner zu vertreiben. Und was die Zugehörigkeit zu den Reichen Davids und Salomos angeht, ein Arrangement, das weniger als achtzig Jahre dauerte (1000 bis 922 v. Chr.), so gab Salomo im Austausch gegen Baumaterial zwanzig galiläische Städte an Hiram, den König von Tyrus, zurück. Damals war das, was von Galiläa übrigblieb, Teil des alten Nordreichs Israel, dessen Zentrum Sichem (Samaria), nicht Jerusalem war. Nachdem dieses Reich 722 v. Chr. sein Ende gefunden hatte, wurde Galiläa von Damaskus, Assyrien, Neubabylonien, Persien, den Ptolemäern und Seleukiden regiert, bevor es 104 v. Chr. erneut von den Königen in Jerusalem (den Hasmonäern) überrannt wurde. Nichts spricht dafür, daß die Galiläer über diese Annektierung glücklich gewesen wären. Die Menschen, die in Galiläa lebten, waren weder Syrer noch Samaritaner oder Juden, sondern Galiläer. Hier war, wie die Rabbinen später sagen sollten, die «Gegend der Heiden».

Während der hellenistischen Zeit kam Galiläa dank der Gründung von Städten nach griechischem Vorbild in strategisch günstiger Lage entlang dem Jordantal (Caesarea, Philippi, Philoteria, Scythopolis) an der Ostseite des galiläischen Meers (Bethsaida, Hippos, Gadara), entlang der Küste nach Westen (Ptolemais, Dora, Caesarea) und schließlich in Galiläa selbst (Sepphoris, Tiberias, Agrippina) mit der griechischen Sprache, Philosophie, Kunst und Kultur in Berührung. Dazu kamen griechische Bildung, griechische Schulen mit ihren *gymnasia*, Theatern, Foren und politische Institutionen. Zur Zeit Jesu gab es innerhalb eines

Radius von vierzig Kilometern um seine Heimatstadt Nazareth herum zwölf griechische Städte.

Jesus wuchs in Galiläa auf und erlangte dort offenbar eine gewisse Bildung. Er war, urteilt man aufgrund der Bewegungen, die ihn als ihren Begründer in Erinnerung bewahrten, sicherlich ziemlich klug. Doch es ist, wie wir nun sehen werden, fast unmöglich, mehr über ihn als Person auszusagen, geschweige denn eine biographische Darstellung seines Lebens zu verfassen. Die «Erinnerungen» an ihn weichen voneinander ab und sind so offensichtlich mythisch geprägt, daß wir bestenfalls ein paar Schlußfolgerungen aus den frühesten Schichten der ihm zugeschriebenen Lehren ziehen können. Diese Lehren gehörten zu jenen Bewegungen, die sich auf seinen Namen beriefen. Was er für ein Lehrer war, müssen wir aus den Lehren erschließen, die sich in diesen Bewegungen entwickelten. Er muß so etwas wie ein Intellektueller gewesen sein, denn die von ihm stammenden Lehren der Jesusbewegungen sind voller scharfsinniger Erkenntnisse und Gedanken. Er muß zudem imstande gewesen sein, Wege aufzuzeigen, wie man inmitten komplizierter gesellschaftlicher Umstände ein gelungenes Leben führen konnte. Doch er war keiner von den gestalterischen, systematischen Denkern, die Philosophien oder Theologien entwarfen. Er schuf weder ein Gesellschaftsprogramm, dem andere folgen sollten, noch eine Religion, die andere aufforderte, ihn als Gott zu verstehen. Er sah lediglich die Dinge klarer als die meisten anderen, überzeugte, wenn er in seiner Welt über das Leben sprach, und muß andere dafür gewonnen haben, die Welt so wie er auf ganz bestimmte Weise zu betrachten. Das beweist uns die Art und Weise, in der seine Anhänger über das Leben in der Welt zu reden lernten. Sie behaupteten, auch Jesus habe so geredet.

Der Tenor dieser Redeweise läßt sich an den Lehren Jesu ablesen, die seine Anhänger in Erinnerung bewahrten. Diese Lehren sind in Wirklichkeit eine Sammlung prägnanter Aphorismen, die den Kern ethischer Fragestellungen treffen, und nicht die üblichen Sprüche, Maximen und Lehrsätze, die man von dem Stifter einer Schultradition erwarten würde. Doch eine eingehende Analyse dieser Aphorismen enthüllt die Verflechtung zweier Motive, die das Wesen der Bewegung kennzeichnen. Das eine war eine spielerisch-bissige Herausforderung, für einen der herrschenden Kultur zuwiderlaufenden Lebensstil einzutreten. Diese Herausforderung erfolgte in vollem Ernst, trug jedoch humorvolle Züge, und man kann noch das Vergnügen spüren, das diese Jesus-Leute empfanden, wenn sie sahen, wie die konventionelle Welt angesichts der von ihnen zur Sprache gebrachten Gedanken und des von ihnen geforderten Verhaltens stutzte. Die naheliegendste Analogie zu dieser Art der Aufforderung zu einem Leben gegen den Strom findet sich in zeitgenössischen Reden der Kyniker. Es scheint, als habe sich Jesus von dieser volkstümlichen ethischen Philosophie angezogen gefühlt, weil sie zeigte, wie der Einzelne inmitten einer kompromittierenden Welt seine Integrität bewahren konnte. Das andere Motiv ist das Interesse an einem sozialen Konzept, das man «Reich Gottes» nannte. Dieser Begriff wurde nicht klar entfaltet, doch die Art und Weise seiner Verwendung zeigt, daß in den Lehren Jesu so etwas wie eine gesellschaftliche Vision aufleuchtete. Das «Reich Gottes» verwies auf eine ideale Gesellschaft, die man sich als Alternative dazu ausmalte, wie die Welt unter der Herrschaft der Römer funktionierte, bedeutete jedoch zugleich eine alternative Lebensweise, die jeder Mensch zu jeder Zeit pflegen konnte. In diesem Sinne konnte das «Reich Gottes» einfach dadurch verwirklicht werden, daß man wagte, entgegen den gängigen Konventionen zu leben. Das «Reich Gottes» in den Lehren Jesu war nicht die apokalyptische oder erhabene Projektion einer Sehnsucht nach dem Jenseits. Seine treibende Kraft war vielmehr der Gedanke, es müsse eine bessere Form des Zusammenlebens geben als die gegenwärtig herrschende. Das «Reich Gottes» forderte von den Menschen, die sich dieser Vision verschrieben, einen Wandel ihres Verhaltens in der Gegenwart. Die Lehren Jesu lassen sich demnach als schöpferische Verbindung dieser beiden Motive oder als Herausforderung an den Einzelnen beschreiben, eine gesellschaftliche Alternative zur Gegenwart zu erkunden.

Trifft dies zu, so bestand Jesu Genie darin, die beiden unterschiedlichen kulturellen Empfindungsweisen, die griechische und die semitische, spannungsgeladen miteinander zu konfrontieren. Die griechische philosophische Tradition war genötigt, sich auf die Frage nach der individuellen Tugend als einer letzten Zuflucht in einer Welt ohne *polis*, in einer Welt also, die nicht mehr als heile Gesellschaft geordnet war, zurückzubeziehen. Die an die Kyniker erinnernde herausfordernde Art der Lehren Jesu knüpfte an dieses Endstadium der großen Traditionen der griechischen Philosophie an. Das Erbe des antiken Nahen Ostens machte deutlich, daß der Individualismus nicht genügte. Menschen waren nur dann Menschen, wenn sie miteinander zusammenlebten. Ein Mensch mußte einer funktionierenden Gesellschaft angehören, deren ethische Werte auf das Wohl des Kollektivs ausgerichtet waren. Ein soziales Menschenbild legte fest, daß irgendeine soziale Vision bei der Kritik der römischen Welt leitend sein und eine bessere Form des Zusammenlebens in Vorschlag bringen müsse. Indem er die beiden kulturellen Überlieferungen – den Anstoß zur Veränderung des persönlichen Lebensstils und das vage, aber potentiell mächtige Leitbild einer alternativen Gesellschaft – zusammenführte und den Stromkreis kurzschloß, brachte Jesus eine Bewegung in Gang. Sie trug allem Wesentlichen Rechnung: Gesellschaftkritik, eine alternative soziale Vision, göttliche Souveränität und persönliche Tugend. Und dennoch dies alles nur in Form allgemeiner Ideen. Nichts wurde näher entfaltet. Alles wurde dem weiteren Dialog, Nachdenken und Experimentieren mit den neuen Ideen überlassen.

Genau das geschah. Die Rede vom «Reich Gottes» begann mit den Lehren Jesu und zog dann immer mehr Menschen an. Wir können nicht mit Sicherheit sagen, auf welche Weise sich alle möglichen kleinen Gruppen bildeten oder wie sich die «Reich-Gottes-Bewegung» von Ort zu Ort verbreitete. Wir wissen allerdings, daß zu der Zeit, als Schriften der Jesus-Leute zu erscheinen begannen, die Rede vom «Reich Gottes» bereits zur Entstehung erstaunlich unterschiedlicher Arten von Gruppierungen geführt hatte. Eine Linie läßt sich von der frühesten Jesusbewegung über das Matthäusevangelium bis zu späteren Gemeinschaften verfolgen, die sich als Judenchristen verstanden. Diese Menschen legten den Akzent auf die Lebensweise und fanden einen Weg, das Leben in der Jesusbewegung mit stärker traditionellen jüdischen ethischen Normen in Einklang zu bringen. Dieser Ansatz brachte Gemeinschaften hervor, denen jahrhundertelange Dauer beschieden war, etwa die Ebioniten oder Nazarener. Doch nicht sie waren es, die das Christentum der Bibel hervorbrachten. Eine weitere Linie geht von der Logienquelle Q aus, verläuft über das Thomasevangelium, nach dessen Verständnis die Lehren Jesu zur Selbsterkenntnis verhelfen, und endet in gnostischen Kreisen. Diese Menschen kultivierten die Forderung nach persönlicher Tugend und verstanden das «Reich Gottes» als die jenseitige Dimension geistiger Existenz, in der wahres Menschsein seinen Ursprung hat und sich vollendet. Dieser Ansatz dürfte die attraktivste Gestalt des Christentums während der Zeit vom 2. bis zum 4. Jahrhundert gewesen sein. Er wurde jedoch letztlich von der institutionellen Form des Christentums, die sich selbst als Kirche bezeichnete, zum Schweigen gebracht. Die Entwicklung dieser Kirche hatte sich ihren Weg durch Nordsyrien und Kleinasien gebahnt, wo sich der Christuskult herausbildete, um die Aufnahme von Nichtjuden und Juden in das «Reich Gottes» zu rechtfertigen. Auf dieser Bahn der Entwicklung, die auf Rom zulief, entstand die Vorstellung von der universalen katholischen Kirche (von *catholicus*, das heißt «allgemein») und schuf die Bibel als ihre Stiftungsurkunde.

So entstand eine neue Religion. Bevor wir in die provinzielle Welt ihrer ersten Erscheinungsformen in Galiläa eintreten, ehe wir versuchen, mit ihrer schnellen Verbreitung im gesamten östlichen Mittelmeerraum Schritt zu halten, um schließlich zu sehen, wie sie zur Religion des Römischen Reiches wurde, scheint eine Mahnung zur Vorsicht angebracht. Die Art, in der diese Christen sich mit den Problemen ihrer Zeit auseinandersetzten, wird vielfach als töricht, manchmal als absurd, häufig als abwegig und nur gelegentlich als atemberaubend erscheinen. Wir werden gute Schuhe mit sehr guter Haftung brauchen, um nicht ins Straucheln zu geraten, wenn wir in dieser Zeit raschen sozialen und kulturellen Wandels von Text zu Text springen. Das vorliegende Kapitel wurde verfaßt, damit wir im Folgenden das Gleichgewicht bewahren können. Jeder hier angesprochene Aspekt des griechisch-römischen Zeitalters wird in der frühen Geschichte des Christentums erneut bedacht werden müssen: das «Gesetz», Könige und Tyrannen, Königreiche, Vereinigungen, Mahlzeiten, Mythen, Rituale, Kosmologien, Kosmogonien, die Götter, die Mysterienkulte, edle Tode, Erlöser, Orakel, epische Historie und die Ethik. Daß das Christentum gerade zu dieser Zeit entstand, daß es mal auf einige jüdische Wurzeln, mal auf griechische Vorstellungen zurückgriff und sich zuletzt von Gedanken an römische Macht betören ließ, ist für die Geschichte, die es nun zu erzählen gilt, von entscheidender Bedeutung. Nur wenn wir die größere Welt im Blick behalten, werden wir erkennen können, daß diese frühen Christen nicht leichtgläubig, exzentrisch oder verrückt und auch nicht von Ekstasen, Visionen und religiösen Erfahrungen persönlicher Verwandlung überwältigt waren. Obwohl ihre Behauptungen häufig maßlos und extravagant waren, müssen wir berücksichtigen, daß sich in ihnen im Grunde die Unruhe und Not der Zeit spiegelt, in der sie lebten. Das frühe Christentum war eine schöpferische, wenn auch gewagte Antwort auf die multikulturelle Herausforderung des griechisch-römischen Zeitalters.

2. Lehren der Jesusbewegungen

Jesusbewegungen entstanden erstmals in Galiläa während der dreißiger und vierziger Jahre des 1. Jahrhunderts n. Chr. In losem Zusammenhang zueinander stehende Gruppen von Menschen fanden sich im Umkreis einer neuartigen Verbindung dreier Ideen zusammen, die seit dem Zusammenbruch der für das griechisch-römische Zeitalter charakteristischen überlieferten Kulturen im Schwange waren. Die Kombination dieser Ideen erzeugte große Begeisterung. Eine davon bestand in der vagen Vorstellung einer als Königreich gedachten vollkommenen Gesellschaft. Dieser Vorstellung hatten sich viele Gruppen bedient, um sich eine Lebensweise auszumalen, die besser war als das Leiden unter den Römern. Die Jesus-Leute ließen sich von dieser Idee begeistern und handelten, als sei das Reich, das sie sich vorstellten, ungeachtet der Römer eine reale Möglichkeit. Sie bezeichneten es als das «Reich Gottes».

Eine zweite Idee besagte, daß jeder einzelne Mensch, unabhängig von seiner Herkunft, seiner Stellung oder seinen angeborenen Fähigkeiten, die Voraussetzungen für dieses Reich mitbrachte und ihm entsprechend zu handeln vermochte, wenn er nur wollte. Mit dem Gedanken der persönlichen Verantwortung für die Tugend – oder eigentlich für ein Leben in Einklang mit der eigenen Weltsicht – hatten sich während der hellenistischen Epoche die populären Philosophen aller Couleur eingehend auseinandergesetzt. Die Jesus-Anhänger sagten praktisch: «Auf, Du kannst es schaffen, Du kannst so leben, als gehörtest Du dem Reich Gottes an», und: «Wenn Du das tust, wird das Reich Gottes gewiß in dieser Welt Wirklichkeit».

Die dritte Idee ergab sich aus der Kombination der beiden erstgenannten. Dabei handelte es sich um die neuartige Vorstellung, daß eine Vermischung der Menschen der gewollten Gestalt des Reiches Gottes genau entsprach. Was für ein berauschendes Gesellschaftskonzept muß dies gewesen sein, insofern es soziale und kulturelle Grenzen aufhob, einen radikal individualistischen Appell mit einem ausgesprochen sozialen Ziel verband und darauf beharrte, daß sich die Kluft zwischen einem unglaublichen Ideal und seiner sozialen Verkörperung tatsächlich überbrücken ließ! Kein Wunder, daß diese Leute Aufmerksamkeit erregten.

Stellen Sie sich vor, Sie gehen auf den Markt im nächsten größeren Dorf und hören zufällig, wie zwei oder drei Menschen über diese Ideen reden. Sie lächeln, denken, sie befaßten sich mit pubertären Verrücktheiten, und gehen weiter zum nächsten Stand. Doch ein oder zwei Worte haben wohl Ihre Aufmerksamkeit erregt, und am folgenden Markttag können Sie dem Wunsch nicht widerstehen, zu schauen, ob sie wieder da sind. Das ist nicht der Fall, und Sie fragen einen Mann, der Töpfe verkauft, ob er sich an sie erinnert und irgend etwas weiß. Er erinnert sich, weiß jedoch nichts. Sie fragen herum. Zwei oder drei andere hatten zugehört und kennen das Dorf, in dem einer der jungen Leute lebt. So werden Sie immer ein wenig weiter in ein zwangloses Netz zufälliger Bekanntschaften hineingezogen, die sich zum Teil zu regelmäßigen Kontakten entwickeln, bis Sie sich von Zeit zu Zeit mit einer kleinen Gruppe von Freunden treffen, die die neue Ideenkonstellation ziemlich ernst nehmen.

Zunächst gilt es, über die Ideen selbst zu reden, zu fragen, wie ein jeder in der Gruppe sie versteht, was jemand in der Gruppe darüber gehört hat, was andere in anderen Gruppen gesagt haben. Sie sind erschrocken, wie viele unterschiedliche Gedanken und Anschauungen es gibt. Sie glaubten zu wissen, was ein Königreich sei und was das Wort *Gott* bedeute. Sie sagen, «Königreich» müsse doch Königreich bedeuten und «Gott» Gott, oder etwa nicht? Die anderen schauen Sie an, lächeln, fragen, an wessen Gott Sie denken, ziehen Sie auf, weil Sie Jude sind, werden dann ernst und hören zu, während Sie genau erklären, was diese großen Worte Ihrer Ansicht nach bedeuten. So geht es weiter, bis Ihre Gruppe, nachdem untereinander einige Übereinstimmung darüber erzielt wurde, wie das «Reich Gottes» aussehen müsse, sich zu fragen beginnt, was an der Welt nicht in Ordnung ist, so daß sie so ganz anders funktioniert. Nun kommt die Sozial- und Kulturkritik auf die Tagesordnung, bis Sie einander schließlich quer durch den Raum in die Augen schauen und jemand sagt: «Gut, warum versuchen nicht wenigstens wir, einander so zu behandeln, als gehörten wir dem Reich an?»

So enstanden die Anfänge der Jesusbewegung. Jede Gruppierung bzw. jedes kleine Netzwerk von Gruppen entfaltete in der Folge die Einzelheiten. Es ist sofort zu erkennen, daß unterschiedliche kulturelle Hintergründe und persönliche Geschichten die Art und Weise bestimmten, in der die jeweilige Gruppe zu ihrem eigenen Verständnis des Reiches Gottes fand. Mit Blick auf die ersten vierzig Jahre lassen sich mindestens sieben verschiedene Strömungen innerhalb der Jesusbewegung identifizieren, es mögen sogar noch wesentlich mehr gewesen sein. Es ist ein Glücksfall, daß wir überhaupt etwas wissen, denn dies war eine ausgesprochen experimentelle Phase, in der die sich rasch ausbreitenden Gruppen ihre Anschauungen vielfach radikal veränderten. Zunächst dachte niemand daran, irgend etwas von dieser Geschichte aufzuzeichnen, zumal es, nebenbei gesagt, abgesehen von Überlieferung, Hörensagen und spontanen Gesprächen wenig zu berichten gab. Daß wir überhaupt über schriftliches Material aus dieser Zeit verfügen, verdanken wir dem Zusammenspiel zwischen reinem historischen Zufall und mühevoller wissenschaftlicher Forschung. Der geschichtliche Zufall besteht darin, daß einige der ersten Versuche, Dinge niederzuschreiben und Gedanken miteinander zu teilen, aufbewahrt, ausgeschmückt und schließlich von späteren Autoren, deren Schriften dann ins Neue Testament Eingang fanden, neu überarbeitet worden sind. Wäre dies nicht geschehen, so wären die meisten Erinnerungen und Zeugnisse der frühen Zeit für immer verlorengegangen, denn weder die frühen Bewegungen noch die spätere Kirche waren daran interessiert, diese frühen Traditionen der Erinnerung lebendig zu halten.

In dieser frühen Zeit lassen sich fünf verschiedene Gruppen von Jesus-Leuten identifizieren, von denen wir dokumentarische Zeugnisse besitzen; dazu kommen eine «Familie Jesu»-Gruppierung, auf die nur eine Handvoll Anhaltspunkte hindeuten, sowie die Christusgemeinden, denen wir uns im nächsten Kapitel zuwenden. Ich bezeichne die fünf Gruppen innerhalb der Jesusbewegung als (1) die «Q-Gemeinschaft», welche die Logienquelle Q hervorbrachte, (2) die «Jesus-Schule», aus der die vormarkinischen Verkündigungsgeschichten hervorgingen, (3) die «wahren Jünger», die das Thomasevangelium verfaßten, (4) die «Gemeinde Israels», welche die vormarkinische Sammlung von Wundergeschichten zusammenstellte, und (5) die «Jerusalemer Säulen», über die uns lediglich ein früher Bericht von Paulus in seinem Brief an die Galater vorliegt.

Diese Gruppen unterscheiden sich jeweils in wichtigen Punkten voneinander, weisen jedoch einige gemeinsame Kennzeichen auf. Auf eines davon ist bereits hingewiesen worden, nämlich auf ihr Eintreten für die Idee des «Reiches Gottes» und die Tatsache, daß sie alle eine Art Gruppenbildung vollzogen. Ein weiteres Kennzeichen, das sie, obwohl es sich wesentlich schwerer für jede Gruppe nachweisen läßt, offenbar miteinander verband, ist der Brauch, sich zu gemeinsamen Mahlzeiten zu versammeln. Außerdem betrachteten sie natürlich alle Jesus als Begründer ihrer Bewegung. Später jedoch entwickelte sich jede Gruppe anders, und die unterschiedlichen Anschauungen und Bräuche, die sich entwickelten, bezeugen, daß Jesus kein Programm zur Schaffung einer neuen Religion vorgelegt hatte. Sollte er es doch getan haben, so haben seine Anhänger jedenfalls nicht verstanden, worin es bestand. Die vielfältigen Anschauungen, die sie vorbrachten, sowohl hinsichtlich dessen, wie das «Reich Gottes» aussehen sollte, als auch darüber, wie Jesus gewesen sein müsse, sprechen gegen eine klare, gemeinsame Vorstellung von diesem Reich. Wir stehen demnach vor der Tatsache, daß viele Menschen sich an dem Unterfangen beteiligten, über das Reich nachzusinnen und daraus Schlußfolgerungen darüber zu ziehen, wie ihre Gruppe aussehen sollte. Der Weg von Jesus zur christlichen Religion, die sich schließlich im

4. Jahrhundert herausbildete – mitsamt ihrem gefestigten Mythos von Jesus als dem Sohn Gottes – war sehr lang und verschlungen. Das Christentum entstand nicht aus heiterem Himmel. Es war vielmehr das Ergebnis unzähliger Augenblicke geistiger Bemühung und sozialer Übereinkünfte, die von den an dem Experiment beteiligten Menschen getroffen wurden.

Diese Entdeckung war für viele Christen nur schwer zu akzeptieren, weil das traditionelle Bild der christlichen Anfänge von einem Jesus ausgeht, der bereits im voraus weiß, was die Stiftung der christlichen Religion von ihm und seinen Jüngern verlangt. Lukas etwa erzählt die Geschichte in seiner zweibändigen Geschichte der christlichen Ursprünge so, daß Jesus – nach seinem Tod, jedoch vor seiner Himmelfahrt – die Begründung der urchristlichen Kirche in Jerusalem durch den sich ergießenden Geist Gottes am folgenden Pfingsttag ankündigte (Apg 1–2). Wir wissen jetzt, daß Lukas sein Evangelium und die Apostelgeschichte im frühen 2. Jahrhundert verfaßt hat, fünfundsiebzig oder mehr Jahre nach der Zeit Jesu, und daß er seine Gründe dafür hatte, sich die Dinge so vorzustellen. Wir werden diesen Gründen an späterer Stelle nachgehen. Hier geht es um den Nachweis, daß in keinem der frühen Materialien über Jesus auch nur die Spur eines Zeugnisses zu finden ist, das eine solche Sichtweise stützen könnte. Keine frühe Jesusgruppe verstand Jesus als den Christus oder sich selbst als christliche Kirche. Wir werden solche Vorstellungen erklären müssen, wenn wir ihnen erstmals in späteren Texten stärker entwickelter Gemeinschaften begegnen. Im vorliegenden Kapitel besteht unsere Aufgabe darin, der Jesusbewegung gerecht zu werden, indem wir jede uns bekannte Gruppe gesondert beschreiben und sie als verständlichen menschlichen Versuch behandeln, inmitten der griechisch-römischen Welt auf die herausfordernde Idee des «Reiches Gottes» zu antworten.

Doch was ist dann mit dem historischen Jesus? Sollte ein Buch über die christlichen Ursprünge und das Neue Testament nicht mit einem Kapitel über den historischen Jesus beginnen? Die Antwort lautet: Nein. Es ist weder möglich noch notwendig, viel über den historischen Jesus zu sagen. Die ersten Anhänger Jesu waren nicht daran interessiert, genaue Erinnerungen an die historische Person zu bewahren. Jesus war ihnen als Stifter einer Denkschule wichtig. Als die mannigfachen Gedankensysteme in den verschiedenen Verzweigungen der Jesusbewegung Gestalt anzunehmen begannen, wandelte sich die «Stimme» und das «Bild» Jesu entsprechend den Veränderungen des Inhalts seiner «Lehren». Man sollte dies nicht als unaufrichtige Manipulation der Tatsachen betrachten. Vielmehr steht es in Einklang mit dem, was wir allgemein über Bewegungen wissen, die sich um die Lehre einer Stiftergestalt herum bilden. Man könnte an die modernen Bewegungen erinnern, die auf der

Lehre gründen, wonach Gewaltlosigkeit einen Weg darstellt, um gesellschaftlichen und politischen Wandel zu bewirken. Auf die Frage, wessen Lehre das sei, wird jeder sagen, sie stamme von Gandhi oder Martin Luther King, den Führern der Bewegungen, die Gewaltlosigkeit lehrten. Solange die Bewegungen noch lebendig sind und wachsen, auch lange nach dem Tod ihrer Gründer, würde es – ungeachtet des eigenen intellektuellen Einsatzes für die aufsprießenden Systeme neuer Informationen und Lehren über Gewaltlosigkeit, die in der Zwischenzeit entstanden waren – niemand wagen, das Verdienst für die «Lehre» für sich in Anspruch zu nehmen.

In der hellenistischen Welt begünstigten die Umstände die fortwährende Zuordnung neuer Lehren zu einer Stifter- und Lehrergestalt noch wesentlich offensichtlicher. Und zwar deshalb, weil es allgemeiner Brauch jeder Schultradition war, die Lehren der Schule durch eine Überarbeitung der dem Gründer der Schule zugeschriebenen Aussprüche zu erweitern und zu verfeinern. Und da biographische Fakten nur durch mündliche Überlieferung und Bruchstücke anekdotenhafter Erinnerung «aufgezeichnet» wurden, war es sehr leicht, das Profil einer verehrten Stiftergestalt der Vergangenheit so umzuformen, daß es neueren Sammlungen von Lehren, die ihm innerhalb einer wachsenden Schultradition zugeschrieben wurden, entsprach. Die Schüler lernten dieses Verfahren in der Schule, denn der Lehre, nicht dem historischen Lehrer, kam vorrangige Bedeutung zu, während erst in zweiter Linie der Glaube wichtig war, daß der Lehrer tatsächlich in Einklang mit seiner Lehre gelebt hatte. Es war diese Übereinstimmung zwischen dem Eintreten für etwas und dem Handeln, nach der die Menschen in der Antike den Charakter einer Person beurteilten und eine wichtige Gestalt der Vergangenheit als der Verehrung würdig auszeichneten. Aus unserer modernen Sicht mögen die Jesusbilder, denen wir begegnen werden, als wirre Kombinationen aus Erinnerung und Einbildung erscheinen, und es mag uns Schwierigkeiten bereiten, daß man sie auf der Ebene der «historischen» Erinnerung nicht miteinander in Einklang bringen kann. Es gilt jedoch zu erkennen, daß die vielen Bilder Jesu, die in der frühen Jesus- und christlichen Literatur rapide zunehmen, die rasche Entwicklung der Bewegungen abbilden, die sich auf ihn beriefen. Jede Gruppe schuf Jesus, zwar nicht genau nach ihrem eigenen Bilde, aber nach dem Bilde, das zu dem Gründer der Schule zu passen schien, die sie geworden war oder zu werden trachtete.

Deshalb bedarf dieses Buch keines Kapitels über den historischen Jesus. Es will nur in einer Hinsicht einen Beitrag zur Frage der modernen Forschung nach dem historischen Jesus leisten, indem es nämlich aufzeigt, daß *eine* soziale Rolle Jesu plausibler ist als einige andere, die man ihm zuschrieb. Danach war er eine Art Lehrer, eine Schlußfolgerung, die sich aus dem Wesen der frühesten Schichten seiner Lehren ziehen läßt, wie seine Anhänger sie in Erinnerung bewahrten. Das Wissen, daß Jesus ein Lehrer war, ist alles, was wir brauchen, um beginnen zu können, denn die Geschichte, die es zu erzählen gilt, handelt nicht von Jesus und dem Einfluß seiner einzigartigen Persönlichkeit, Lebensweise und Errungenschaften. Das hieße weiter in mythischen Vorstellungen zu denken, so als könne uns eine Vorstellung vom historischen Jesus dem Ursprung christlichen Glaubens und christlicher Weisheit näherbringen als das Jesusbild der Evangelien. Nein, die Geschichte, um die es geht, erzählt, auf welche Weise ihn seine Anhänger als Gründer ihrer Bewegungen ehrten. Sie handelt von Mythenbildung und dem Einsatz seiner Anhänger für die sozialen Experimente, die aus Jesu Lehren folgten. Das äußerste, was man über die Bedeutung des historischen Jesus sagen kann, ist, daß er – im Lichte des in Kapitel 1 über die für die damaligen Zeiten charakteristische geistige Herausforderung Gesagten – zu den schöpferischen Denkern des griechisch-römischen Zeitalters gezählt werden kann. Doch er war wohl mehr Poet oder Visionär, weniger ein systematischer Denker, denn seine Lehren beruhten, wie wir sehen werden, eher auf Erkenntnissen und Andeutungen als auf Strategien im Dienst eines langfristigen Plans. Seine Bedeutung als Denker und Lehrer kann gewiß zugestanden werden, ja sogar bedeutend größer erscheinen, sobald wir den Gedanken zulassen, daß Jesus kein menschgewordener Gott, sondern eine reale historische Person war.

Dieses Kapitel ist daher den Bewegungen gewidmet, die Jesus als ihren Stifter und Lehrer betrachteten und aus deren Kreis uns eine gewisse literarische Dokumentation vorliegt. Es ist sehr wichtig, zu erkennen, daß diese Bewegungen sich in Gestalt von Denkschulen entwickelten, nicht als religiöse Gemeinschaften jener Art, die sich zur Verherrlichung des Christusmythos versammelten. Wichtig ist außerdem, daß man von dem in den neutestamentlichen Evangelien entworfenen Jesusbild absieht. Dieses Portrait tauchte erst auf, als Markus nach dem Römisch-Jüdischen Krieg seine Geschichte über Jesus verfaßte. Wir werden uns die Jesusbewegungen aus einer früheren Zeit ansehen, als Erinnerung und Vorstellung lediglich mit Aussprüchen, Lehren und Anekdoten arbeiteten, um eine Vorstellung von der Stimme und dem Charakter des Gründers ihrer Schulen zu gewinnen.

Die Logienquelle Q

Q bringt uns mit den ersten Anhängern Jesu in Berührung. Es handelt sich um das früheste schriftliche Dokument aus dem Kreise der Jesusbewegung, das wir besitzen – ein wahrhaft kostbarer Text, weil er die Geschichte einer einzelnen Gruppe von Jesus-Leuten über einen Zeitraum von ungefähr fünfzig Jahren dokumentiert, von der Zeit Jesu in den zwanziger Jahren bis nach dem Römisch-Jüdischen Krieg in den siebziger Jahren. Das Bemerkenswerte an dieser Gruppe liegt darin, daß sie sich zu einer eng zusammenhaltenden Gemeinschaft entwickelte und eine großartig-hinreißende Mythologie hervorbrachte, einfach indem sie Jesus immer mehr Lehren zuschrieb. Ihre Mitglieder brauchten sich Jesus nicht in der Rolle eines Gottes vorzustellen oder Geschichten über seine Auferstehung von den Toten zu erzählen, um ihn als Lehrer zu würdigen. Die früheste Schicht der Lehren Jesu überliefert uns von allen uns erhaltenen Dokumenten die am wenigsten ausgeschmückte Fassung all seiner Aussprüche. Das bedeutet, daß Q uns so nahe wie überhaupt möglich an den historischen Jesus heranführt. Deshalb kommt der Quelle Q eine ungeheure Bedeutung zu. Sie versetzt uns in die Lage, das traditionelle Bild der frühen christlichen Geschichte neu zu überdenken und zu revidieren, indem wir es durch Kenntnisse über die Zeit von Jesus bis kurz nach der Zerstörung Jerusalems ergänzen, als das erste erzählende Evangelium, das Markusevangelium, verfaßt wurde.

Q leitet sich von dem deutschen Wort *Quelle* her. Der Text erhielt diesen Namen, als Forscher entdeckten, daß sowohl Matthäus als auch Lukas als eine der «Quellen» für ihre Evangelien neben dem Markusevangelium eine Sammlung von Sprüchen Jesu verwendet hatten. Gelehrte wußten seit über 150 Jahren, daß etwas wie Q existiert haben muß, nahmen dies aber bis vor kurzem als selbstverständlich hin. Schließlich kannten wir bereits den Inhalt des Dokuments, lagen die dort überlieferten Lehren doch im Matthäus- und Lukasevangelium vor. Es schien zudem, als bedürfe es, da wir keine eigenständige Handschrift von Q besitzen – sie ist im Zuge der Umbildung im frühen 2. Jahrhundert verlorengegangen –, einer überaus detaillierten Kenntnis des Lukas- wie des Matthäusevangeliums, wollte man den ihnen zugrunde liegenden gemeinsamen Originaltext rekonstruieren. Man mußte die Sprüche aus Matthäus und Lukas in parallelen Spalten auflisten und sich in den Fällen, in denen sie im Wortlaut leicht voneinander abwichen, für eine Fassung entscheiden. Welche Überraschung, als dann einige Forscher neugierig wurden, einen einheitlichen Text zu rekonstruieren begannen und Q eingehend als eigenständige Literatur in den Blick nahmen, als ein Stück Literatur, das ein halbes Jahrhundert, bevor Matthäus und Lukas überhaupt daran dachten, es mit der markinischen Jesusgeschichte zusammenzufügen, tragfähige Grundlage einer Jesusbewegung gewesen war. Voilà. Eine vollkommen andere Welt der christlichen Ursprünge trat ins Blickfeld. Ich habe diese Geschichte in meinem Buch *The Lost Gospel* (1988) erzählt, in dem der Leser eine englische Wiedergabe des Q-Textes und eine ausführlichere Geschichte der Q-Gemeinschaft findet.

Da der Q-Text in keiner Ausgabe des Neuen Testaments gesondert gedruckt ist, werde ich in diesem Buch auf seinen Inhalt Bezug nehmen, indem ich Kapitel und Vers im Lukasevangelium anführe. Lukas ist Matthäus vorzuziehen, weil er in der Mehrzahl der Fälle die Begrifflichkeit und Reihenfolge der Aussprüche nicht so stark wie letzterer verändert hat. Ich werde daher Lukas anführen, als zitierte ich Q (Q 11,1–4 entspricht also Lukas 11,1–4). Der Nachteil dieses Ansatzes besteht darin, daß man sich – ohne den Q-Text in Händen zu haben – nicht so leicht vorstellen kann, wie diese vertrauten Sprüche aus dem Munde eines ganz anders gedachten Jesus geklungen haben müssen, der nicht, wie es der Handlung der markinischen Geschichte entspricht, unterwegs nach Jerusalem war, um dort zu sterben. Der in parallelen Spalten aufgeführte griechische Text ist in John Kloppenburgs Schrift *Q-Parallels* (1988) zugänglich. Eine kritische Edition des vereinheitlichten griechischen Textes entsteht im Rahmen des *International Q Project* in Claremont unter der Leitung von James Robinson.

Q lenkt die Aufmerksamkeit auf die frühen Jesus-Leute, und es entsteht ein erstaunlich anderes Bild, als man es sich jemals vorgestellt hat. Im Gegensatz zu den Leuten, die sich – wie in den paulinischen Gemeinden – trafen, um einen auferstandenen Christus zu verehren, oder sich, wie in der markinischen Gemeinschaft, Gedanken darüber machten, was es bedeutete, Anhänger eines Märtyrers zu sein, waren die Q-Leute vollständig mit Fragen beschäftigt, die das «Reich Gottes» in der Gegenwart und die Lebensweise betrafen, die gefordert war, wenn man es ernst nahm. Das Bild ist lebendig – Menschen laufen einander in den ländlichen Dörfern, auf den Straßen, in ihren jeweiligen Häusern und in den Städten über den Weg, es begegnen Mütter und Nachbarn, Bauern und Rechtsgelehrte, Steuereintreiber und römische Soldaten, und sie alle drängen sich in dem Bild zusammen. Es bietet sich ein Bild des öffentlichen Lebens im Galiläa des 1. Jahrhunderts, sofern man Leben als die Begegnung mit anderen Menschen in ihren vielfältigen sozialen Rollen versteht. Die Q-Leute gingen spielerisch damit um, fasziniert von dem, was geschah, wenn man beschloß, von den gewöhnlichen Verhaltensnormen abzuweichen und gemäß den Regeln des «Reiches Gottes» zu leben.

Die neuere Forschung hält es für möglich, in Q drei Schichten von Lehrmaterial zu identifizieren. Jede dieser Schichten entspricht einer Phase der Geschichte der Q-Gemeinschaft. Dies macht Q zu einem besonders kostbaren Dokument, denn es gestattet uns, anhand des Redens vom «Reich Gottes» und anhand dessen, wie sie sich selbst in Bezug auf diese Idee verstand, die Geschichte der frühen Jesusbewegung durch Zeiten des Wandels hindurch zu verfolgen. Kein anderer Text und kein anderer Komplex von Texten aus dem 1. Jahrhundert ermöglicht es uns, die Geschichte einer frühen «christlichen» Gemeinschaft in ihrem Entstehen auf diese Weise zu rekonstruieren. Forscher bezeichnen diese drei Schichten heute als Q^1, Q^2 und Q^3. Die früheste Schicht – Q^1 – besteht weitgehend aus Sprüchen über die Weisheit, die darin lag, ein wahrhafter Anhänger Jesu zu sein. Q^2 dagegen bringt prophetische und apokalyptische Gerichtsankündigungen gegen jene ins Spiel, die den Jesus-Leuten das Gehör verweigerten. Q^3 läßt einen Rückzug aus dem Lärm der öffentlichen Auseinandersetzungen erkennen, an deren Stelle Ermahnungen der Erleuchteten zu Geduld und Frömmigkeit treten, die auf ihren Augenblick der Herrlichkeit in einer zukünftigen Zeit am Ende der Menschheitsgeschichte warten. Eine Übersicht über Q in seinen unterschiedlichen Überlieferungsschichten findet sich in Anhang B.

Das Bemerkenswerte am Q^1-Material besteht darin, daß es durch die Umformulierung von Aphorismen in Verhaltensvorschriften für einen Lebensstil eintritt, der sich gegen die herrschende Kultur richtet. Eine anstößige Erwiderung wie «Laß die Toten ihre Toten begraben» läßt sich als Kern einer kleinen Einheit von Sprüchen herauslösen, um sie zu einem dem neuen «Reich» angemessenen Verhaltensprinzip zu erheben. In diesem Fall heißt das empfohlene Verhalten: ungeteiltes Engagement für das Reich (Q 9,57–62). Da solche Kompositionseinheiten im Zuge der späteren Neuanordnungen und Hinzufügungen zu der Sammlung nicht vollständig zerstört wurden, kann die moderne Forschung das ursprüngliche Material erkennen. Die dabei sich ergebenden Themen von sieben Blöcken von Q^1-Material lassen sich wie folgt zusammenfassen. Die erste ziemlich große Einheit (Q 6,20–49) besteht aus Jesu Lehren über Fragen wie: wem das «Reich Gottes» gehöre («den Armen, den Hungrigen, den Weinenden»), wie man andere behandeln solle («Wie ihr wollt, daß euch die Leute tun, so tut ihnen auch»), wie man über andere urteilen solle («Richtet nicht, so werdet ihr auch nicht gerichtet»). Der zweite Block von Q^1-Material betrifft die Nachfolge und die Wirksamkeit für das «Reich Gottes» (Q 9,57–10, 11), der dritte handelt vom Vertrauen, mit dem man um die Fürsorge Gottes (des «Vaters») bitten soll (Q 11,1–13). Der vierte sagt, man solle sich nicht fürchten, frei seine Meinung zu sagen (Q 12,2–7), der fünfte macht klar, daß man sich nicht um Nahrung und Kleidung sorgen soll und daß der Wunsch nach privatem Eigentum töricht sei (Q 12,13–34). Der sechste Block lehrt, das «Reich Gottes» werde, wie Senfkörner und Sauerteig, schließlich die Oberhand gewinnen (Q 13,18–21). Der siebte handelt vom Preis der Nachfolge und den Konsequenzen, die sich daraus ergeben, wenn man die Bewegung nicht ernst nimmt (Q 14,11.16–24.26–27.34–35). Wenn wir das Material um das Jahr 50 n.Chr. datieren, gegen Ende der ersten zwanzig Jahre der Bewegung, so läßt sich erkennen, was die Jesus-Leute getan hatten. Sie hatten sich ausgiebig damit befaßt, was es bedeutete, zur Schule Jesu zu gehören. Und sie hatten viel Nachdenken und intellektuelle Anstrengungen darauf verwandt, Argumente für eine Reihe von Einstellungen und Handlungen zu finden, die für das «Reich Gottes» bestimmend waren. Können wir das Profil des Lebensstils, den sie empfahlen, noch schärfer fassen?

Wenn wir die Imperative auflisten, die dicht am Kern der kleineren Einheiten des Q^1-Material liegen, fangen wir an zu erkennen, daß diesen frühen Jesus-Leuten ein bestimmtes Programm vor Augen gestanden haben muß. Die Liste umfaßt folgende Imperative oder Regeln des dem Reich angemessenen Verhaltens:

> Liebt eure Feinde (Q 6,27).
> Wer dich auf die eine Backe schlägt, dem biete die andere auch dar (Q 6,29).
> Wer dich bittet, dem gib (Q 6,30).
> Richtet nicht, so werdet auch ihr nicht gerichtet (Q 6,37).
> Zieh zuerst den Balken aus deinem Auge (Q 6,42).
> Laß die Toten ihre Toten begraben (Q 9,60).
> Geht hin wie Lämmer mitten unter die Wölfe (Q 10,3).
> Tragt keinen Geldbeutel bei euch, keine Tasche und keine Schuhe (Q 10,4).
> Sagt: «Das Reich Gottes ist nahe zu euch gekommen» (Q 10,9).
> Bittet, so wird euch gegeben (Q 11,9).
> Sorgt nicht um euer Leben (Q 12,22).
> Trachtet vielmehr nach Gottes Reich (Q 12,31).

Ein ziemlich gewagtes Programm scheint da am Werk gewesen zu sein. Fragen wir nach der übergreifenden Logik dieser Lebensweisungen, so treten Themen ans Licht, die auf radikale Kritik an der konventionellen Kultur schließen lassen. Reichtum, Autoritäts- und Machtmißbrauch, Heuchelei und Anmaßung, soziale und wirtschaftliche Ungleichheit, Ungerechtigkeit, ja sogar die normalen Grundlagen familiärer Loyalität, dies alles steht unter Verdacht. Das Ideal des «Reiches Gottes» wird der überkommenen Moral als überlegen entgegengestellt, indem angeordnet wird, die Anhänger Jesu sollten freiwillige Armut auf sich nehmen, die Familienbande abbrechen, auf Bedürfnisse verzichten, furchtlos reden, keine Vergeltung üben und – ganz allgemein gesprochen – als Kinder des in der natürlichen Ordnung der Welt offenbaren Gottes leben, der «seine Sonne aufgehen läßt über Gute und Böse» (Mt 5,45; vgl. Q 6,35). Ein ziemlich anspruchsvolles Programm! Ergibt es irgendeinen Sinn?

Die Antwort lautet: Ja. Die Lebensweise der Jesus-Leute weist eine bemerkenswerte Ähnlichkeit zu der für die Kyniker charakteristischen griechischen Tradition volkstümlicher Philosophie auf. Auch die Kyniker setzten sich für einen Anstoß erregenden Lebensstil ein, um so die hergebrachten Sitten zu kritisieren, und die Themen beider Gruppen, Kyniker wie Jesus-Leute, überschneiden sich weitgehend. Die Kyniker verstanden sich als «argwöhnische Beobachter» der Torheit konventionellen Verhaltens, als «Ärzte», deren Aufgabe darin bestand, die Übel der Gesellschaft zu diagnostizieren, sowie als «Jünger» einer einfachen Form des «naturgemäßen» Lebens. Man kann dies in Epiktets Diskurs III, Kapitel 22 («Über die Berufung eines Kynikers») und in Diogenes Laertius' *Leben* von Antisthenes, Diogenes von Sinope und Krates nachlesen. Die Kyniker waren im ganzen Reich bekannte Gestalten, und jeder schien sie zu verstehen. Sie waren lästige Mahner, und ihre Gesellschaftskritik, die sie mit umwerfend komischen Verdrehungen ehrwürdiger Verhaltensweisen vortrugen, war zutreffend. Daß sie Anmaßungen entlarvten und das Törichte der gewöhnlichen Maßstäbe von Ehre und Schande aufzeigten, war genau das, was jeder von den Kynikern erwartete. Ihre Bereitschaft, selbst zur Zielscheibe des eigenen bissigen, aber humorvollen Stils der Kritik zu werden, gehörte über Jahrhunderte hinweg zum Bild der Gesellschaft. Die Kyniker halfen den gewöhnlichen Leuten, einen kleinen Einblick zu gewinnen, wie es in ihrer Welt zuging, die Mächtigen in ihren Palästen, wenn auch unbeholfen, aufs Korn zu nehmen und sich mit wissendem Kopfnicken und Humor Gleichgewicht und Menschlichkeit zu bewahren. Die Menschen dürften demnach keine Mühe gehabt haben, zu verstehen, was die Jesus-Leute sagten.

Der Unterschied zwischen den Jesus-Leuten und den Kynikern lag in der Ernsthaftigkeit, mit der sich erstere der neuen gesellschaftlichen Vision des «Reiches Gottes» verschrieben. Das verrät den Einfluß des jüdischen Interesses an einer wirklichen, funktionierenden Gesellschaft als der notwendigen Voraussetzung jedes individuellen Wohlbefindens. Es war dieses Anliegen, eine alternative soziale Vision ernsthaft auszuprobieren, wodurch sich die Jesusbewegung gegenüber einer im Stil der Kyniker vorgebrachten Forderung nach einer authentischen Lebensweise nur um der persönlichen Tugend oder Integrität willen auszeichnete. Man kann im aphoristischen Stil der Kernaussagen noch etwas vom Witz der Kyniker entdecken: «Wo euer Schatz ist, da wird auch euer Herz sein» (Q 12,34), «Kann ein Blinder einem Blinden den Weg weisen?» (Q 6,39) oder «Denn wer da bittet, der empfängt» (Q 11,10). Daher muß sich die früheste Phase der Jesusbewegung, verglichen mit Q^1-Material, wie es uns heute vorliegt, durch eine mehr spielerische Geisteshaltung ausgezeichnet haben. Doch der Prozeß der Bildung von Gruppen, die sich als Gruppen selbst ernst nahmen, führte zu einer nicht-kynischen Ernsthaftigkeit. Die Blöcke des Q^1-Materials verraten insgesamt einen wohlüberlegten Versuch, ein klares Ensemble von Normen für die Jesusbewegung als soziales Gebilde darzulegen, Normen, in denen es um die Notwendigkeit ging, zu wissen, wer wirklich dazugehörte. Die Weisungen in Q 10,1–11 etwa gelten dem angemessenen Verhalten für den Fall, daß man die Jesusbewegung in einer anderen Stadt repräsentierte. Diese Weisungen zeigen, daß ein Netzwerk kleiner Hausgemeinschaften entstand, bei denen man sich darauf verlassen konnte, daß sie die Bewegung unterstützten. Somit hatte sich aus einer frühen Phase der Erprobung einer neuen Idee des Königtums mittels eines dem der Kyniker vergleichbaren Lebensstils ein wesentlich komplizierteres Unternehmen entwickelt. Nicht mehr nur die Festlegung einer Reihe von Normen zur Bestimmung wahrer Jüngerschaft stand im Mittelpunkt, sondern die Festlegung von Maßstäben für Anerkennung und authentische Beziehungen innerhalb der Gemeinschaft der Anhänger Jesu. Die gesellschaftliche Formierung der Jesus-Leute und die soziale Vision des «Reiches Gottes» hatten begonnen, sich ineinander zu spiegeln.

Die Stimmung in Q^2 unterscheidet sich davon auf drastische Weise. Der Prozeß der sozialen Formation hatte seinen Tribut gefordert. Familien waren auseinandergerissen worden, andere hatten rigide jüdische Normen rechten Verhaltens aufgeboten, um die Jesus-Leute zu beschimpfen oder zu ächten, von bestimmten Städten waren sie aufgefordert worden, zu verschwinden, und einige ehemalige Mitglieder fanden mittlerweile die Belastungen zu groß. Das Thema Loyalität stand nun im Vordergrund, und einige Jesus-Leute mußten sich zwischen der Bewegung und ihren Familien entscheiden. Jene, die trotz der sozialen Spannungen die Treue bewahrten, fanden einige neue Gründe, die Jesusbewegung zu bejahen, doch die meisten dieser Gründe waren nur die Kehrseite ziemlich ausgefallener Argumente dafür, warum ihre Gegner so falsch lagen. «Weh euch, ihr Pharisäer, die ihr seid wie die übertünchten Gräber, die von außen hübsch aussehen, aber innen sind sie voller Totengebeine und Unrat» (Mt 23,27, vgl. Q 11,39). «Ich sage euch: Es wird Sodom erträglicher ergehen an jenem Tage als dieser Stadt» (Q 10,12).

Statt des spielerischen, aphoristischen Stils der Gesellschaftskritik, der die früheste Phase sozialen Experimentierens kennzeichnete, oder gar des ernsthafteren belehrenden Tons der späteren Entwicklung auf der Ebene von Q^1 hatten diese Jesus-Leute eine entschieden verurteilende Haltung gegenüber der Welt eingenommen. Drohende apokalyptische Gerichtsankündigungen wurden gegen jene gerichtet, die sich dem Programm des «Reiches Gottes» verweigerten. Es ging nunmehr darum, wer Recht hatte – wir oder sie. Zugleich war der Zeitpunkt für die vollständige Verwirklichung des Reiches Gottes bis ins *eschaton* (die letzten Dinge, das Ende der Geschichte) vertagt worden. Offensichtlich mußte der Gott, der die Lilien kleidete und für das tägliche Brot aller sorgte, die darum baten, in die menschliche Geschichte und ihre Konflikte hineingezogen werden, sollten die Jesus-Leute eine Zukunft für ihr Reich entwerfen. Doch die gemeinte apokalyptische Zukunft bedeutete praktisch nur noch eine weitere Zeit der Prüfung, einer letzten Prüfung, selbst für die Anhänger Jesu. Und so kam zu dem bereits ohnehin hohen Preis der Jüngerschaft die Drohung eines endgültigen Scheiterns. Sollte die eigene Treue jemals nachlassen, so würde man womöglich beim Jüngsten Gericht nicht zum «Reich Gottes» zugelassen: «Ich sage euch aber: Wer da hat, dem wird gegeben werden, von dem aber, der nicht hat, wird auch das genommen werden, was er hat» (Q 19,26). Daß einige bereit waren, diesen Preis dennoch zu zahlen, kann nur bedeuten, daß die Jesusbewegung weiterhin irgendwie eine sehr attraktive Alternative zu den gesellschaftlichen Übeln jener Zeit blieb.

Die sozialen Konflikte, die sich in Q^2 widerspiegeln, spielten sich wahrscheinlich während der fünfziger und sechziger Jahre ab, obwohl sich einige der Aussprüche am besten als Sprache verstehen lassen, die im unmittelbaren Schatten des Römisch-Jüdischen Krieges entstanden war. Diese Sprache im Ohr, mußten die Schriftgelehrten der Jesusbewegung ihr Handbuch der Weisungen Jesu überarbeiten. Sie behielten die früheren Blöcke weisheitlicher ethischer Unterweisung, die wir nun als Q^1 identifizieren, bei, da sie zum Grundbestand der Lehre der Gemeinschaft geworden waren. Sie fügten jedoch, um der neuen Stimmungslage zu entsprechen, prophetisches und gerichtliches Material hinzu. Und sie legten das neue Handbuch sehr sorgfältig an, indem sie das gerichtliche Material sehr eng mit dem früheren Komplex von Lehren verflochten, um den Eindruck zu erwecken, das frühere Material sei bereits in seiner ursprünglichen Form im Bewußtsein des bevorstehenden Jüngsten Gerichts entstanden. Die Skizze von Q im Anhang B wirft ein Schlaglicht auf diese Art der Gestaltung. Damit diese Neudeutung funktionierte, mußte man jedoch zwei begriffliche Probleme lösen. Das eine bestand darin, daß die Jesus-Leute gewöhnt waren, Jesus als einen Weisheitslehrer zu verstehen, ihn sich nun aber auch als apokalyptischen Propheten neu vorstellen mußten. Das bedeutete einen großen Wandel in der Charakterisierung Jesu. Zweitens brauchte die Gemeinschaft nun, da sie die Erfahrung des Scheiterns gemacht und die Erfüllung ihrer Vision bis auf einen letzten Tag der Rechtfertigung verschoben hatte, eine starke Gewißheit, daß sie auf dem richtigen Weg war. Dies erforderte einen weitaus breiteren kosmischen und historischen Horizont, als ihn diese Gemeinschaft jemals erwogen oder gebraucht hatte.

Beide Probleme wurden durch einfallsreiche Revisionen des Jesusbildes und seines Platzes in der epischen Geschichte Israels gelöst. Diese neuen Deutungen waren genial. Ihr erster Schritt bestand darin, die Gestalt Johannes (des Täufers) einzuführen und zunächst *ihn* als Gerichtsprophet und Prediger der Umkehr (Q 3,7–9) auftreten zu lassen. Als zweiten Schritt ließen sie Johannes einen gewissen «Kommenden» vorhersagen, der auf «seiner Tenne» die Spreu vom Weizen trennen werde, wo und wann immer dies auch geschehen möge (Q 3,16–17). Sodann ließen diese Schriftgelehrten Johannes und Jesus übereinander reden, um zu sehen, was der eine jeweils über den anderen wußte (Q 7,18–19.22–28.31–35). Nach der Vorstellung dieser Schriftgelehrten erkannte Jesus Johannes als den letzten der Propheten Israels und somit als jenen an, «der da kommen soll», während Johannes voraussagte, ein noch «Größerer» werde kommen, bei dem es sich selbstverständlich um Jesus handelte. Jesus war nach Auffassung der Schriftgelehrten «größer», weil er zugleich ein Weiser *und* ein Prophet war. Ein Weiser war er kraft seiner in Q^1 überlieferten Lehren, ein Prophet hingegen wegen der apokalyptischen Gerichtssprüche, die man bald aus seinem Munde hören würde. So ergab sich aus diesem einfachen kleinen Stück phantasierter Geschichte die erstaunliche Möglichkeit, daß Jesus – als Kind der Weisheit – wissen konnte, was Gottes Wille von Beginn seiner Schöpfung an gewesen war, als apokalyptischer Prophet aber zu erkennen vermochte, was am Ende der Zeit geschehen würde. Jesus wurde demnach zum Seher der geschichtlichen Vergangenheit und zum Propheten des Endes der Geschichte. Seine Anhänger konnten nunmehr gewiß sein, daß sie genau dort standen, wo sie stehen sollten, nämlich eingebunden in Gottes großen Plan für Israel und bereit, beim Jüngsten Gericht zur Stelle zu sein. Diese einfallsreiche Lösung der konzeptionellen Probleme muß man als genialen Einfall der Mythenbildung würdigen, und zwar unabhängig davon, wie man über den Mythos selbst denkt. Was den historischen Johannes (den Täufer) und das Verhältnis seiner Bewegung zu der Jesu betrifft, so rätseln die Gelehrten noch immer über mehrere Möglichkeiten. Für unseren Zweck ist wichtig, daß Johannes in einer zweiten Stufe der Mythenbildung in das Jesusbild der Q-Gemeinschaft Eingang fand, so daß Jesu eigene Rolle neu überdacht werden konnte (Cameron, 1990). Wie konnte die Q-Gemeinde in die Irre gehen mit so einem Bild von Jesus? Sie kannte bereits den Maßstab, den Gott am Ende der Zeiten anlegen würde, um zwischen ihnen und dem Rest der Welt zu richten.

Die Zusätze in Q^3 wurden einige Zeit nach dem Römisch-Jüdischen Krieg vorgenommen. Sie umfassen die Klage über Jerusalem (Q 13,34–35), die Geschichte über Jesu Versuchung (Q 4,1–13), Aussagen über die Bedeutung des mosaischen Gesetzes (Q 16,16–18) und eine abschließende Verheißung an die Glaubenden: «Ihr, die ihr mir nachgefolgt seid, sollt sitzen auf Thronen und richten die zwölf Stämme Israels»

(Q 22,28–30). Q^3 stellte keine bedeutende Revision des Lehrbuchs dar, führte aber einige neue Ideen hinsichtlich des Verhältnisses der Q-Leute zur Geschichte Israels ein und steigerte die Jesusmythologie bis zur Stufe eines göttlichen Wesens, das man sich nun mit Gott als seinem Vater redend vorstellen konnte, und mit Satan, der es in Versuchung führte. Thema war in beiden Fällen Jesu «Vollmacht über die ganze Welt» (Q 4,6–7). Es scheint, daß sich die Wogen aus der Q^2-Periode geglättet und die Q-Leute ihre scharfen Erwiderungen gegen ihre Kritiker gemäßigt hatten. Vielleicht hatte der Krieg das Verschwinden einstiger Gegner bewirkt oder die gesellschaftliche Landschaft so drastisch verändert, daß eine Einstellung wie die der Bewegung in der Zeit vor dem Krieg nun den Jesus-Leuten selbst als töricht erschien. In jedem Fall erhielt das Q-Buch einige Zusätze, die die radikale Schärfe des früheren Materials abschwächten und einen gewissen Frieden mit traditionelleren Formen des Glaubens schlossen, das auf das Reich wartende Volk Gottes zu sein. Es war das Buch Q auf der Stufe von Q^3, das die Aufmerksamkeit anderer Jesus-Gruppen auf sich zog, innerhalb der Jesusbewegungen über eine weitere Generation abgeschrieben und gelesen und schließlich in die Evangelien des Matthäus und Lukas eingefügt wurde. Dann ging es verloren, bis die moderne Forschung es rekonstruierte.

Verkündigungsgeschichten

Die synoptischen Evangelien erzählen viele kleine Geschichten über Jesus, die von Forschern im Englischen als *pronouncement stories*, im Deutschen als «Streitgespräche» oder «Verkündigungsgeschichten» bezeichnet werden. Jesus wird in einer bestimmten Situation vorgestellt, jemand stellt in Frage, was er sagt und tut, und Jesus gibt eine scharfe Antwort. Meist sind diese Geschichten ausgeschmückt, um zu erklären, warum die Fragen gestellt werden, und benennen die Gegner. Doch selbst wenn die Geschichte zu einem kleinen Dialog oder einer Diskussion führt, hat Jesus stets das letzte Wort, und häufig läßt sich die längere Geschichte auf eine einzige Herausforderung und Erwiderung reduzieren. Es folgen einige Beispiele, die ich mit Blick auf eine spätere Bezugnahme mit der Abkürzung *J* für *Jesus* versehen habe:

(J–1) Auf die Frage, weshalb er gemeinsam mit Zöllnern und Sündern esse, erwidert Jesus: «Die Starken bedürfen keines Arztes, sondern die Kranken» (Mk 2,17).

(J–2) Auf die Frage, warum seine Jünger nicht fasteten, erwidert Jesus: «Wie können die Hochzeitsgäste fasten, während der Bräutigam bei ihnen ist?» (Mk 2,19).

(J–3) Auf die Frage, weshalb seine Jünger am Sabbat Ähren rauften, erwidert Jesus: «Der Sabbat ist um des Menschen willen gemacht, nicht der Mensch um des Sabbats willen» (Mk 2,27).

(J–4) Auf die Frage, warum sie mit ungewaschenen Händen äßen, erwidert Jesus: «Nicht was von außen in den Menschen hineingeht, sondern was aus dem Menschen herauskommt, macht ihn unrein» (Mk 7,15).

(J–5) Auf die Frage, wer der Größte sei, erwidert Jesus: «Wenn jemand will der Erste sein, der soll der Letzte sein von allen» (Mk 9,35).

(J–6) Als ihn jemand mit «Guter Meister» anredet, erwidert Jesus: «Was nennst du mich gut?» (Mk 10,18).

(J–7) Auf die Frage, ob ein Reicher in das Reich Gottes kommen könne, erwidert Jesus: «Es ist leichter, daß ein Kamel durch ein Nadelöhr gehe» (Mk 10,25).

(J–8) Als ihm jemand eine Münze mit der Aufschrift des Kaisers zeigt und fragt: «Ist's recht, daß man dem Kaiser Steuern zahlt oder nicht?», erwidert Jesus: «So gebt dem Kaiser, was des Kaisers ist, und Gott, was Gottes ist» (Mk 12,17).

(J–9) Als eine Frau in der Menge ihre Stimme erhebt und zu ihm sagt: «Selig ist der Leib, der dich getragen hat, und die Brüste, an denen du gesogen hast», erwidert Jesus: «Selig sind, die das Wort Gottes hören und bewahren» (Lk 11,27–28).

(J–10) Als jemand aus der Menge zu ihm sagt: «Meister, sage meinem Bruder, daß er mit mir das Erbe teile», erwidert Jesus: «Mensch, wer hat mich zum Richter über euch gesetzt?» (Lk 12,13–14).

Diese Geschichten weisen starke Ähnlichkeiten zu einer Vielzahl von Anekdoten auf, welche die Griechen über die Begründer verschiedener philosophischer Schulen erzählten. Die griechische Vorliebe für klare Formulierungen und kluge Erwiderungen ist ebenso offenkundig wie das Vergnügen an Schlagfertigkeit und bissigem Witz. Solche Anekdoten, die man als *chreiai* (nützlich) bezeichnete, wurden dazu verwendet, sich auszumalen, wie ein Lehrer auf die Probe gestellt wurde, treu zu seinen Lehren stand und unbeschadet aus einer schwierigen, herausfordernden Situation hervorging. Solche *chreiai* waren «nützlich», um das abzufassen, was die Griechen ein «Leben» nannten (*bios*, der Begriff, von dem wir das Wort «Biographie» herleiten), weil diese kleinen Geschichten – hinter ihrem Humor – eine weitere, sehr ernste Funktion hatten. Die *chreiai* konnten einen Eindruck vom Charakter (*ethos*) eines Lehrers geben, davon, wie jemand dank seiner Weisheit selbst unter den schwierigsten Umständen in Einklang mit der eigenen Lehre lebte. Die *chreiai* schufen, was Gelehrte als rhetorische Situation bezeichnen, die ganz erfüllt ist von den Einzelheiten über die Umstände, den Redner, die Rede und die Zuhörer. Es war eine ziemliche Leistung, die rhetorische Gewandtheit und den Charakter einer Gründergestalt auf humorvolle Weise in einer kleinen Szene einzufangen. Das bedeutete, daß gute *chreiai* dazu dienen konnten, eine Schultradition vorzustellen. An den *Leben und Meinungen berühmter Philosophen* des im 3. Jahrhunderts wirkenden Schriftstellers Diogenes Laertius, wo Unterscheidungen zwischen den verschiedenen Schultraditionen exakt die Absicht umfänglicher Geschichten sind, kann man sehen, wie die *chreia* als wichtiger Baustein eingesetzt wurden.

Anekdoten, wie sie über Jesus erzählt wurden, begegneten besonders häufig in Überlieferungen über Sokrates, die Kyrenaiker und die Kyniker. Es ist daher hilfreich, die soeben angeführten Geschichten mit einigen typischen kynischen Anekdoten zu vergleichen. Jene, die mutig genug waren, den Kynikern entgegenzutreten, scheinen mit ihnen eine Art Spiel getrieben zu haben. Da die Kyniker in einer Art negativer Symbiose mit der Gesellschaft lebten, insofern sie Gleichgültigkeit gegenüber ihren Konventionen zeigten, in Wirklichkeit jedoch, was ihren Lebensunterhalt anging, vollständig von ihr abhängig waren, ließ sich nahezu jede typische Situation in eine Falle verwandeln. Der Trick bestand darin, den Kyniker bei einer ungewollten Inkonsequenz zu ertappen, indem man ihm vor Augen hielt, daß er keineswegs unabhängig war. Der Kyniker genoß solche konfliktreichen Begegnungen und benutzte sie als Gelegenheit, die üblichen Erwartungen als lächerlich bloßzustellen. Die Anekdote war somit das perfekte Mittel, die Natur solcher Begegnungen herauszuarbeiten. Der Kyniker mußte, um gewinnen zu können, eine vollkommen andere Deutung der Dinge vornehmen, so als hätte der Herausforderer die Situation überhaupt nicht verstanden. Die Strategien reichten von der spielerischen Abweisung über gelehrte Beobachtungen und Erkenntnisse hinsichtlich der menschlichen Existenz und über schneidenden Sarkasmus bis hin zu vernichtender Selbstkritik. Doch die Erwiderung wurde stets mit einer Spur von Humor formuliert, um den Schlag abzumildern. Es folgen einige Beispiele aus Diogenes Laertius. Ich habe sie für spätere Verweise mit K wie *kynisch* durchnumeriert:

(K–1) Als Antisthenes getadelt wurde, weil er sich in schlechter Gesellschaft bewegte, erwiderte er: «Auch die Ärzte sind mit ihren Patienten zusammen, ohne Fieber zu bekommen» (DL 6,6).

(K–2) Als jemand zu Antisthenes sagte: «Du hast zahlreiche Lobredner», gab dieser zurück: «Was habe ich denn Böses getan?» (DL 6,8).

(K–3) Als jemand von ihm unterrichtet werden wollte, gab Diogenes ihm einen Fisch zu tragen und sagte ihm, er solle ihm folgen. Als der Schüler den Fisch bald aus Scham fortwarf und weglief, lachte Diogenes und sagte: «Die Freundschaft zwischen dir und mir hat ein Hering zerstört» (DL 6,36).

(K–4) «Auf einen einzigen Finger», sagte Diogenes, «käme es bei den meisten an, ob sie verrückt wären oder nicht; wenn nämlich jemand umherwandelnd mit dem Mittelfinger auf etwas hinzeigt, so gilt er für verrückt, wenn aber mit dem Zeigefinger, dann nicht» (DL 6,35).

(K–5) Als ihm jemand vorwarf, er betrete unreine Orte, erwiderte Diogenes, auch die Sonne scheine in die Aborte, ohne besudelt zu werden (DL 6,63).

(K–6) Auf die Frage, weshalb er eine Bildsäule anbettele, antwortete Diogenes: «Ich übe mich in der Kunst, mir etwas abschlagen zu lassen» (DL 6,63).

(K–7) Als ihn jemand fragte, ob er heiraten solle, erwiderte Bion: «Heiratest du eine Häßliche, so kann sie dir nicht gefallen, wenn aber eine Schöne, so gefällt sie allen» (DL 4,48).

(K–8) Krates erklärte, Verachtung des Ruhms und Armut seien sein Vaterland, ein Vaterland, das gegen jeden Schicksalsschlag gefeit sei (DL 6,93).

(K–9) Als einer seiner Studenten zu ihm sagte: «Demonax, laß uns zum Asklepium gehen und für meinen Sohn beten», erwiderte er: «Du mußt Asklepios für ganz schön taub halten, wenn er unsere Gebete nicht auch von hier aus zu hören vermag.» (Lukian, *Demonax* 27)

Die Griechen bewerteten die Antwort nach ihrem Witz und ihrer Klugheit, und es gehörte eine gewisse Logik dazu, den Kopf unversehrt aus der Schlinge zu ziehen. Die französischen Altphilologen Marcel Detienne und Jean-Pierre Vernant (1978) gebrauchten für die dazu erforderliche Art der listigen Weisheit den Begriff *metis* – gerissene Intelligenz. War *sophia* die Begriffssystemen und festen Ordnungen angemessene Weisheit, so meinte *metis* die für unvorhergesehene, bedrohliche Situationen erforderliche Geistesgegenwart. *Metis* war jene Weisheit, die Redner, Ärzte, Navigatoren und Schauspieler und all jene einsetzten, die sich durch stärkere Kräfte oder Gegner bedroht sahen. *Metis* bezeichnete die Fähigkeit, die erforderlich war, um die Situation einzuschätzen, sich den gegnerischen Kräften zu beugen, sich scheinbar geschlagen zu geben, um dann plötzlich die Position zu ändern, zu entkommen oder – im besten Falle – den Spieß umzudrehen und die Oberhand zu gewinnen. Die kynische Anekdote bietet ein hervorragendes Beispiel für *metis* im Genre der Replik.

Die Logik funktionierte folgendermaßen. Ein Fragender bringt den Kyniker in Verlegenheit (C–5): Wie kannst Du an Orten verkehren, die gesellschaftlich inakzeptabel sind (fast sicher ein Euphemismus für Bordelle)? In einem ersten Schritt galt es, herauszufinden, welches Problem hinter der Herausforderung steckte. In diesem Fall ging es um das Vorurteil, man werde durch den Besuch eines «unreinen», das heißt gesellschaftlich inakzeptablen Ortes «befleckt». Sodann mußte man den Akzent verlagern und ein Beispiel für das «Betreten eines unreinen Ortes» finden, bei dem keine Verunreinigung eintrat. Die Sonne etwa «betritt» die Toilette, ohne schmutzig zu werden. Die humorvolle Wirkung entstand durch die geschickt hergestellte Diskrepanz zwischen den zwei Beispielen des Betretens eines unreinen Ortes. Dabei ging es nicht um Belehrung. Der Gesprächspartner ist sicher nicht weggegangen, um über Theorien von Rein und Unrein nachzudenken. Vermutlich hat er gelacht und den Kyniker seines Weges ziehen lassen, oder bestenfalls hat er begriffen, daß die Anwendung der Kategorie des *Unreinen* auf bestimmte gesellschaftliche Verhältnisse willkürlich ist. Der Kyniker dagegen, der die Herausforderung angenommen hatte und dem es gelungen war, für einen Moment die Logik der Situation durcheinander zu bringen, hatte es geschafft, der Falle zu entgehen.

Die Jesus zugeschriebenen Anekdoten arbeiten mit derselben Logik. In allen Fällen ist das kynische Ausweichmanöver charakteristisch für die Erwiderungen Jesu. Die Verschiebungen im Ablauf des Gesprächs sind jeweils leicht zu identifizieren. In J–1 wird dem Thema der Verunreinigung die Spitze genommen, indem der Akzent von Vorschriften für ein Mahl auf die medizinische Praxis verlagert wird. Dies ist der Anekdote über Antisthenes in C–1 vergleichbar. In J–2 entsteht die Diskrepanz durch die Unterscheidung von Zeiten, zu denen das Fasten angemessen oder aber unangemessen war. J–3 behält durch die Unterscheidung zwischen zwei Sabbatvorschriften – einem Verbot und einer Erlaubnis – die Oberhand. In J–4 entsteht die Inkongruenz, indem Vorschriften für eine Mahlzeit eine Beobachtung aus dem Fäkalbereich gegenübergestellt wird. Dies ist vergleichbar mit Diogenes' Antwort in K–5, die soziale und natürliche Verunreinigungen vermengt. Die Abweisungen in J–5 und J–6 werden von der Kritik an gesellschaftlichen Klassenvorurteilen getragen. Die Zweideutigkeit der Begriffe wird mit kontrastierenden Aussagen zum Vorteil genutzt, genauso wie in der Antwort des Antisthenes, als dieser erfährt, er habe viele Lobredner (K–2). In J–7 gibt es zwei Drehungen. Die eine besteht darin, die Frage nach der Fähigkeit auf die Frage nach der Fähigkeit zu verlagern, so daß die Antwort scheinbar lautet, ja, der Reiche könne ins «Reich Gottes» gelangen. Dann aber – zweite Drehung – wird zur Verdeutlichung der Schwierigkeit ein so lächerliches Beispiel gewählt, daß die Antwort lautet: nein, es gibt keine Chance. In J–8 werden die politische (rechtliche) und die religiöse (natürliche) Ordnung in einer Rätselfrage zusammengebracht. Als Rätsel ähnelt die Antwort der Bions auf die Frage nach der Ehe in K–7. In J–9 werden zwei Vorstellungen vom Gesegnet-Sein gegeneinander gestellt, aber dann durch eine Verschiebung in der Hierarchie der sozialen Beziehungen, um die es geht, wieder zusammengeführt. Und die Jesus-Anekdote in J–10 gleicht sehr einer Vielzahl kynischer Anekdoten, in denen Schüler wegen einer falschen Auffassung in strengem Ton korrigiert und auf ihre eigenen Möglichkeiten verwiesen werden, die Dinge klarer zu sehen und den Weg der Kyniker einzuschlagen. Eine mildere Form der Haltung des Lehrers gegenüber einem Möchtegern-Schüler schildert anschaulich K–3.

Im Markusevangelium begegnen viele *chreiai* Jesu. Die Forschung bezeichnet sie als «Verkündigungsgeschichten», weil sie mit einem Ausspruch Jesu als letztem Wort zur Sache enden. Markus benutzte diese Verkündigungsgeschichten zum großen Vorteil für sein Evangelium, teils, weil sie die geeigneten Bausteine für das «Leben» (*bios*) lieferten, das er schreiben wollte, teils, weil sie einen Konflikt heraufbeschworen, der für den Verlauf, den Markus seiner Geschichte geben wollte, grundlegend war. Und schließlich waren diese Geschichten von Vorteil für sein Evangelium, weil das die Art von Geschichten war, die Markus' eigene Gemeinschaft über Jesus zu erzählen gelernt hatte. Eine vollständige Liste der Verkündigungsgeschichten im Markusevangelium bietet der Anhang C. Zwölf dieser Geschichten präsentieren Themen, die zwischen den Jesus-Leuten und den Pharisäern umstritten waren. Die meisten von ihnen sind von der Forschung als vormarkinisch identifiziert worden, als Geschichten, die in der Gemeinschaft des Markus erzählt wurden, bevor er beschloß, sie für sein Leben Jesu zu verwenden. Es sind diese Geschichten, die uns interessieren, weil sie einen zusammenhängenden Komplex bilden und einen Blick auf einen Zweig der Jesusbewegung gewähren, der sich gegen die Schultradition der Schriftgelehrten und Pharisäer aufgelehnt hatte. Nach gutem griechischen Vorbild stellten sich die Jesus-Leute der markinischen Gemeinschaft Jesus als Verfechter ihrer eigenen Schultradition vor und ließen ihn – im Erzählen von *chreiai* – sich gegen die Pharisäer stellen. Das heißt, sie verstanden sich selbst als Jünger in der Schule Jesu.

Die Verkündigungsgeschichten, die Jesus im Streit mit den Pharisäern zeigen, sprechen allesamt Fragen an, die mit der Reinheit zusammenhängen. Wie im 1. Kapitel kurz dargelegt, hatte das Konzept der «Reinheit» grundlegende Bedeutung für das jüdische System gesellschaftlichen und praktischen Anstands. Es war den Pharisäern gelungen, aus einem umfassenden System juristischer, ethischer und den Opferkult betreffender Vorschriften, das während der Zeit des Zweiten Tempels entwickelt worden war, eine überschaubare Liste ritueller Praktiken herauszulösen, die sie zuhause üben konnten. Diese galten, so sagten sie, als vollständige Einhaltung des jüdischen Gesetzes und der jüdischen Tradition. Dazu gehörten die Entrichtung des Zehnten (die Abgabe eines Zehntels der eigenen landwirtschaftlichen Produktion an die Priester), das Almosengeben, die Beachtung des Sabbats (einschließlich täglicher

Gebete und eines Fastentages in der Woche), Reinlichkeit (das Waschen nach Tätigkeiten, die unrein machten) und die Vorschriften für die Auswahl und Vorbereitung der Speisen sowie die Auswahl der Menschen, mit denen man die Mahlzeit einnahm («Tischgemeinschaft»). Man sollte diese Vorschriften nicht als «Gesetze» verstehen, denn die Pharisäer besaßen keine offizielle Autorität über irgendeine jüdische Institution. Sie waren Zeichen der Frömmigkeit einer fortschrittlichen Sekte, die sich für eine Neubestimmung dessen einsetzte, was es bedeutete, im Schatten des zerstörten Tempels jüdisch zu sein. Sie galten allerdings als ausgesprochen wichtiger Maßstab dafür, als «reiner» Jude anerkannt, das heißt, innerhalb der jüdischen Gemeinschaft als treu gegenüber den jüdischen Überlieferungen angesehen zu werden.

Wenn wir die in den vormarkinischen Verkündigungsgeschichten umstrittenen Themen auflisten, ergeben sich bemerkenswerte Entsprechungen zu pharisäischen Anliegen. Man beachte das Vorkommen von Fragen zu der Tischgemeinschaft («Warum ißt er mit den Zöllnern und Sündern?», Mk 2,17), des Fastens («Warum fasten deine Jünger nicht?», Mk 2,18), des Waschens («Warum essen deine Jünger das Brot mit unreinen Händen?», Mk 7,5), der Sabbatobservanz («Warum tun deine Jünger am Sabbat, was nicht erlaubt ist?», Mk 2,24) und der Almosen («Warum wurde das Geld nicht den Armen gegeben?», Mk 14,5). Es gibt noch eine Anzahl weiterer Themen, die zwischen den Jesus-Leuten und den Pharisäern strittig waren, wie etwa Fragen nach der Rechtmäßigkeit der Scheidung, dem Zahlen von Steuern, dem mosaischen Gesetz, der Grundlage von Vollmacht, dem Erweisen von Ehre und der Ursache von Krankheit und den «unreinen Geistern». Es scheint daher, als habe dieser Zweig der Jesusbewegung sein Selbstverständnis in einer leidenschaftlichen Auseinandersetzung mit pharisäischen Maßstäben entwickeln müssen. Warum?

Als wahrscheinlichstes Szenario kann gelten, daß einige Jesus-Leute sich weiterhin als Juden verstanden, auch wenn sie voll und ganz auf der Seite der Jesusbewegung standen. Man kann sich vorstellen, daß sich die Jesusbewegung bis in die Gegend von Tyrus und Sidon ausbreitete, wo eine der Verkündigungsgeschichten angesiedelt ist (Mk 7,24–30). Dieser Zweig muß Juden angezogen haben, die weiterhin am Leben der Synagogengemeinden vor Ort teilnahmen oder Familien angehörten, für die dies zutraf. Schließlich wurden sie jedoch in einen Streit mit ihren Familien, mit Freunden und Synagogenvorstehern darüber verwickelt, woran man Loyalität denn messe. Das Problem lag darin, daß die Jesusbewegung Raum für alle möglichen Menschen bot, die zusammenkamen und das «Reich Gottes» sichtbar machen wollten, und die die Reinheitsvorschriften nicht für wichtig bzw. angebracht hielten. An einem bestimmten Punkt wurde der Unterschied zwischen den pharisäischen

Reinheitsvorschriften und der «Unreinheit» der Jesus-Leute kritisch, so daß sich einige Menschen vor die Entscheidung gestellt sahen, ob sie den Jesus-Leuten folgen oder diese Verbindung aufgeben sollten. Womöglich kam es zu einem Loyalitätskonflikt zwischen Programmen, die von der Jesusbewegung unterstützt wurden, und der einen oder anderen örtlichen Synagogengemeinde. Möglicherweise wurden aufgrund der Zugehörigkeit zur Jesus-Gruppe Familienbeziehungen belastet. Vielleicht zwangen gesellschaftliche und politische Ereignisse wie der Römisch-Jüdische Krieg dazu, sich auf eine Seite zu stellen, so daß die eigenen jüdischen Bindungen stark strapaziert wurden. In jedem Fall war es die pharisäische Definition des Jüdischen, die die strittigen Themen vorgab. Es mußten gar nicht einmal immer wirkliche Pharisäer anwesend sein. Vielmehr war es das, wofür sie standen, was sie verkörperten, was sowohl die Jesus-Leute als auch ihre Gegner so ernst nahmen.

In jeder Geschichte folgte die Antwort der Jesus-Leute derselben Logik. Sie sagten praktisch: «Ja, ihr, die ihr uns herausfordert, habt durchaus recht. Wir verletzen tatsächlich die Vorschriften der Schriftgelehrten und Pharisäer. Doch das geht nicht anders. ‹Unreinheit› nach ihren Maßstäben, das ist gerade das Entscheidende unserer Bewegung. Die ‹Sünder› sind an unseren Tisch eingeladen, weil das Reich Gottes jedem Raum geben muß. Ihr könnt uns unrein nennen, wenn ihr wollt, doch wir meinen, daß wir recht haben, auch wenn wir wissen, daß ihr denken müßt, wir hätten unrecht. Wir gehören zur Jesus-Schule und haben einige Gründe, die für unsere Sache sprechen.»

So verstand man Jesus allmählich als Stifter und Lehrer einer Bewegung, die ihr Selbstverständnis in Auseinandersetzung mit pharisäischen Lehren entwickelt hatte. Dies stellt uns ein ganz anderes Bild vor Augen als im Falle der Q-Gemeinschaft oder – wie wir sehen werden – der Thomas-Leute, der «Gemeinde Israels» und der «Jerusalemer Säulen». Eine eigenständige Jesusgruppe, die in aller Unschuld völlig davon überzeugt war, sie sei sowohl nach jüdischen als auch nach Jesu Maßstäben im Recht, obwohl wie selbstverständlich auch für Nichtjuden offen, durchlebte eine gesellschaftliche Geschichte, die sie zwang, ihre Einstellung zu den pharisäischen Vorschriften zu klären. Diese Menschen zogen sich auf die für eine Schulüberlieferung übliche Praxis zurück, alle Begründungen für ihre Denkweise ihrem Gründer zuzuschreiben. Doch sie verfügten nicht über viele Begründungen. Sie hatten keinerlei Theorie oder Mythos entwickelt, die Jesu Vollmacht als die eines göttlichen Menschen, Heilands oder Märtyrers für die neue Sache begründeten. Ebensowenig hatten sie eine apokalyptische Sicht des göttlichen Gerichts entwickelt, das ihre Gegner am Ende der Geschichte treffen werde. Sie schrieben Jesus die Rolle eines Rechtsgelehrten zu, ganz entsprechend dem Stereotyp der Schriftgelehrten unter den Pharisäern, betonten aber sein rhetorisches Geschick, mit dem er die Schriftgelehrten in ihrem eigenen Metier übertraf.

Da es zum Metier der Schriftgelehrten gehörte, sich auf die hebräischen Schriften als auf das exemplarisch gültige Gesetz zu berufen, wandten sich diese Jesus-Leute auf der Suche nach Argumenten, die für ihren Meister sprachen, ebenfalls der Hebräischen Bibel zu. Sie sahen sich nach Geschichten um, die in beide Richtungen wirken konnten – als peinlicher Widerspruch zu Positionen der Schriftgelehrten, aber auch als positive Vorgaben für die Jesus-Leute. Ein Beispiel bietet etwa in Mk 2, 23–28 der Hinweis auf das Handeln Davids. Als David und seine Gefährten hungrig waren, tat er, was nicht «gesetzesgemäß» war, indem er nämlich das Schaubrot vom Altar des Tempels aß, so wie auch Jesus und seine Jünger von pharisäischer Seite dem Vorwurf des ungesetzlichen «Ährenraufens» am Sabbat ausgesetzt waren. So wie David das Recht gehabt habe, das Tempelgesetz zu brechen, sollte auch Jesus berechtigt erscheinen, die Vorschriften der Pharisäer zu brechen. Diese Art von Begründung für ihre Position war offensichtlich das Beste, was diese Gruppe aufzubieten hatte.

Eine ausnehmend seltsame Sache passierte, als diese Leute beschlossen, ihre Auseinandersetzungen mit den Schriftgelehrten unter den Pharisäern aufzuzeichnen und dazu Anekdoten über Jesus benutzten. In der Schule lernte man, wie man eine *chreia* in eine Geschichte über eine kleine Auseinandersetzung zwischen dem Protagonisten und seinen Herausforderern verwandeln konnte. Außerdem lernte man, die Pointe einer *chreia* «auszuarbeiten», indem man eine Kette von Argumenten aufbot. In diesem Fall waren das die eigenen Argumente, nicht die des Protagonisten der *chreia*. Als die Jesus-Leute *chreia* zu ausgeklügelteren Argumentationen weiterentwickelten, hielten sie jedoch dafür, die Argumente, die sie gefunden hatten, nicht für sich zu beanspruchen. Statt dessen ließen sie – wie im Falle der Zuschreibung neuer Lehren an den Gründer einer Schule – Jesus die Anerkennung für die *chreia* und die für sie sprechenden Argumente zuteil werden. So geschah es, daß das normale Muster für die Ausarbeitung einer *chreia* am Ende eine autoritative Verkündigung oder Erklärung vorsah (Mack/Robbins, 1989). Das führte dazu, daß man Jesus in jeder ausgeführten *chreia* zwei herausgehobene Aussprüche in den Mund legte, wobei der abschließende Ausspruch immer die Richtigkeit seiner eigenen Auffassungen erklärte. So sagt Jesus am Ende der *chreia* über das Ährenraufen am Sabbat: «Der Sabbat ist um des Menschen willen gemacht und nicht der Mensch um des Sabbats willen. *So* ist der Menschensohn [eine Umschreibung für ‹ich bin›] ein Herr auch über den Sabbat» (Mk 2, 27–28, Hervorhebung vom Verf.). Auf diese Weise verlieh die Jesus-Schule, ob ungewollt oder absichtlich, ihrem Stifter und Lehrer eine auf sich selbst verweisende Autorität. Auf den ersten Blick könnte man meinen, ein solches Bild Jesu stehe auf schwachen Beinen, sei sogar närrisch, und die Logik solcher Argumentation sei denkbar schwach. Sobald aber dieser auf sich selbst verweisende Stil der Lehren Jesu mit anderen mythischen Funktionen Jesu kombiniert würde, könnte daraus ein absolut unangreifbares Autoritätssymbol entstehen. Wir werden ein Beispiel für genau diese Entwicklung sehen, wenn wir zum Markusevangelium kommen. Zuvor aber die Frage: Wie sollte die Jesus-Schule ihren Platz in der Welt behaupten, nachdem sie sich von einer entscheidenden Bestimmung des Judentums losgesagt hatte, die sie offenbar wichtig genug nahm, um die Herausforderung der Pharisäer sehr ernst zu nehmen? Wir können dies nicht mit Sicherheit sagen, weil uns lediglich das Markusevangelium einen Einblick in ihr Denken gewährt. Dieser Einblick aber läßt uns annehmen, daß die Jesus-Schule im Prozeß der Entwicklung zu einer unabhängigen Sekte offenkundig eine von tiefer Desorientierung und Zorn geprägte Phase durchlitten hat.

Das Thomasevangelium

1945 wurde unter den koptisch-gnostischen Texten der heute berühmten Nag Hammadi-Bibliothek eine Sammlung von Sprüchen Jesu entdeckt. Das *incipit* – oder der Titel – lautet: «Dies sind die geheimen Worte, die der lebendige Jesus sagte; Didymos (der Zwillingsbruder) Judas Thomas hat sie aufgeschrieben». Als abschließende Unterschrift steht zu lesen: «Das Evangelium nach Thomas». Die Gelehrten waren fassungslos. Hier lag eine der hypothetisch angenommenen Q-Quelle sehr ähnliche, wirkliche Handschrift vor, die bewies, daß Jesus-Leute tatsächlich Evangelien geschaffen hatten, die nur aus seinen Lehren bestanden. Natürlich war es in koptischer Sprache verfaßt, und einige der Aussprüche wiesen gnostische Klänge auf, so daß zunächst nur schwer zu erkennen war, wo das Thomasevangelium im Bild von den christlichen Ursprüngen seinen Platz haben könnte. Die weitere Forschung hat die enorme Bedeutung dieses Fundes für die Rekonstruktion der frühen Jesusbewegungen gezeigt. Der koptische Text mitsamt einer englischen Übersetzung ist in einer neueren Veröffentlichung von Harper Collins (Marvin Meyer, 1992) zugänglich (eine deutsche Übersetzung bietet etwa Gerd Lüdemann, 1997). Einen Kommentar in der *Hermeneia*-Serie hat Ron Cameron angekündigt. Bei der koptischen Handschrift handelt es sich um die Übersetzung eines ursprünglich griechischen Textes, den Forscher auf das letzte Viertel des 1. Jahrhunderts datieren.

Das Thomasevangelium besteht, wie die Logienquelle Q, allein aus

Aussprüchen Jesu. In beiden Fällen steht am Anfang eine Erzählung, die für das, was folgt, die Bühne schafft. In Q wird das Auftreten Johannes (des Täufers) genutzt, um Jesus als den vorzustellen, der die Funktion des Propheten und Weisen auf außergewöhnliche Weise in sich vereinigte. Das Thomasevangelium beginnt mit dreizehn Sprüchen, die Jesus als Quelle esoterischer Erkenntnis vorstellen und Thomas von den anderen Jüngern abheben. Am Ende dieses einführenden Abschnitts steht eine Art Erzählung, in der Jesus Thomas beiseite nimmt und «ihm drei Worte» sagt. Als Thomas zu seinen Gefährten zurückkehrt, fragen sie ihn, was Jesus zu ihm gesagt habe, und er erwidert: «Wenn ich euch eines von den Worten sage, die er mir gesagt hat, dann werdet ihr Steine aufheben und nach mir werfen; und Feuer wird aus den Steinen kommen und euch verbrennen» (EvTh 13). Trotz dieser erzählten Szene, die allerdings keine erkennbare zeitliche oder räumliche Verortung erfährt, besteht kein biographisches Interesse an Jesu Leben, sei es in Galiläa oder in bezug auf eine Kreuzigung und Auferstehung in Jerusalem. Die Thomas-Leute interessierten sich, wie die Q-Leute, einzig und allein für Jesu Lehren. Sie verstanden sich selbst als die «wahren Jünger Jesu».

Ein Vergleich mit dem Buch Q ist aufschlußreich. Beide Dokumente sind etwa gleich lang und bestehen aus der selben Art von Material: aus prägnanten Aphorismen, Verhaltensmaßregeln, Analogien und Parabeln zur Deutung des «Reiches Gottes» sowie kritischen Bemerkungen gegen jene, die im Irrtum verharren. Noch bedeutsamer ist, daß nahezu ein Drittel der Sprüche des Thomasevangeliums Parallelen in Q hat, von denen wiederum 60% aus den frühesten Schichten von Q stammen (Butts/Cameron, 1987; McClean, 1995; Kloppenborg, 1990). Da die Forscher keinerlei Hinweis darauf zu finden vermochten, daß das Thomasevangelium diese Sprüche aus Q oder aber aus den synoptischen Evangelien übernommen hat, bedeutet dies, daß die Thomasüberlieferung Sprüche aus einer frühen Zeit aufbewahrte, als die Jesusbewegungen ähnliches Material über Jesu Lehren gemeinsam hatten. Einige dieser Sprüche, die Parallelen in Q aufweisen, werden sogar noch weniger erkennbar interpretiert als in Q. Viele der Aussprüche sind allerdings nicht nur völlig anders als alles, was sich in Q findet, sondern zudem verschlüsselt und absichtlich rätselhaft formuliert. Daraus folgt zwingend, daß das Thomasevangelium, ähnlich wie Q, Zeugnis für eine Jesusbewegung ablegt, die eine ganz eigenständige Geschichte hat.

Diese Geschichte aufzudecken ist etwas schwieriger als im Falle der Q-Leute, da die Forscher bisher noch keine Möglichkeit gefunden haben, Sprüche des Thomasevangeliums bestimmten Phasen in der Geschichte seiner Überlieferung zuzuschreiben. Die Sammlung wuchs nicht in einer mit Q vergleichbaren Weise, also indem sie ganze Blöcke von Material bewahrte, die einem früheren Stadium der Komposition angehörten. Es lassen sich jedoch einige Beobachtungen über verschiedene Arten von Material anstellen, die Entwicklungsstufen in der Geschichte der Thomas-Leute widerspiegeln müssen.

Beginnt man mit dem letzten Stadium der Sammlung, so ist deutlich, daß für die Sammlung insgesamt eine gnostische Interpretation intendiert war. Der erste Ausspruch betrifft alles Sprüche: «Wer die Erklärung dieser Worte findet, wird den Tod nicht schmecken» (EvTh 1). Es ist deutlich, daß der entscheidende Aspekt der Lehre Jesu auf dieser letzten Stufe der Sammlung in einer Art Erleuchtung in bezug auf das persönliche Schicksal des Jüngers gesehen wurde. Liest man auf diesem Hintergrund die ganze Sammlung, so erkennt man, daß die Erleuchtung des Jüngers etwas mit dem Verständnis der eigenen Identität als eines geistigen Wesens zu tun hatte. Ist das Thema das «Reich Gottes», so lautet die versteckte Deutung: «Das Königreich ist innerhalb von euch und außerhalb von euch» (EvTh 3), oder: es ist «ausgebreitet über die Erde, und die Menschen sehen es nicht» (EvTh 113). Geht es um die Welt, so besagt die Interpretation, sie sei ein «Leichnam» (EvTh 56), ein (bloßer) «Leib» (EvTh 80) oder ein «Feld», das einem anderen gehört (EvTh 21). Jesus selbst ist kein «Lehrer» wie andere Lehrer. Vielmehr sind diejenigen, die zu einem wahren Verständnis seiner Lehre gelangt sind, erleuchtet worden, so wie auch er der Erleuchtete ist. Sie werden nicht länger auf ihn angewiesen sein, sobald sie selbst das Licht erblickt haben: «Ich bin nicht dein Meister, da du getrunken hast und trunken geworden bist von der sprudelnden Quelle, die ich zugemessen habe» (EvTh 13). «Wer von meinem Mund trinken wird, wird werden wie ich; ich selbst werde er werden, und die verborgenen Dinge werden sich ihm offenbaren» (EvTh 108). Jesus ist demnach der Inbegriff der Erleuchtung, das Licht selbst: «Ich bin das Licht, dieses, das über allen ist. Ich bin das All; das All ist aus mir herausgekommen und das All ist zu mir gelangt. Spaltet ein Holz, ich bin da. Hebt den Stein auf und ihr werdet mich dort finden» (EvTh 77). Das bedeutet, daß der wahre Jünger «auf den Lebendigen blicken» muß, solange er lebt – «damit ihr nicht sterbt und ihn (dann) zu sehen sucht und nicht werdet sehen können!» (EvTh 59). Doch «auf den Lebendigen blicken» ist gleichbedeutend mit der Erkenntnis des eigenen wahren Selbst, und: «Wenn ihr euch erkennt, dann werdet ihr erkannt werden, und ihr werdet wissen, daß ihr die Söhne des lebendigen Vaters seid» (EvTh 3). Ein Jünger oder eine Jüngerin, die zu der Einsicht gelangen, sie gehörten nicht der Welt an, sondern dem «Reich Gottes», werden mit Blick auf die Welt «Vorübergehende» und – was die Vereinigung mit dem Göttlichen betrifft – «Einzelne». Am Ende des Lebens steht die Rückkehr zum Königreich des Lichts, aus dem sie ursprünglich in die Welt kamen (EvTh 49–50).

Daß die Thomas-Leute sich am Ende einer gnostischen Deutung der

Lehren Jesu zuwandten, heißt, daß sie an irgendeinem Punkt ihrer Geschichte eine Wendung vollzogen, die bei den Q-Leuten nicht erfolgte. Glücklicherweise – für unsere Zwecke – lassen sich die Umstände jener Wendung noch in einem Thema erkennen, welches das Thomasevangelium vom Anfang bis zum Ende unterschwellig durchzieht. Es verrät sich darin, daß die «Jünger» Jesu und die Fragen, die sie ihm vorlegen, groß beschrieben werden, etwas, was im Buch Q vollkommen fehlt. Die Erwähnung der Jünger geschieht häufig kollektiv. Petrus, Matthäus, Jakobus, Thomas, Salome und Maria aber werden namentlich genannt. Jakobus und Thomas treten als Bürgen für die Überlieferung auf, Salome und Maria sprechen die richtigen Dinge aus und verkörpern die «wahren Jünger(innen)». Petrus, Matthäus und «die Jünger» stehen kollektiv für eine Gruppe oder für Gruppen von Jesus-Leuten, mit denen die Thomas-Leute nicht übereinstimmen.

Im Text stellen diese Jünger durchgängig die falschen Fragen und müssen berichtigt werden. Zwei Themen begegnen immer wieder. Das eine ist, daß die Jünger ständig etwas über die Zukunft erfahren wollen, darüber, wo und wann das «Reich Gottes» erscheinen werde und woran sie erkennen könnten, wann es erscheint. Offensichtlich hatte man dabei irgendeine apokalyptische Deutung der Lehren Jesu vor Augen. Jesus behandelt ihr Interesse an der Zukunft als ein schwerwiegendes Mißverständnis seiner Lehre und erklärt immer wieder, das Reich sei bereits gegenwärtig. Das andere Thema hat mit dem rituellem Verhalten zu tun. Die Jünger wollen wissen, ob und wie sie fasten, beten, Almosen geben, Waschungen vollziehen, enthaltsam sein sollen, und ob die Beschneidung erforderlich sei. Jesus entlarvt jeweils das Törichte ihrer Fragen und wendet dann die erwähnte Praxis in eine Metapher für das erleuchtete Selbstverständnis. Wenn etwa die Jünger Jesus fragen: «Sag uns, in welcher Weise unser Ende sein wird!», antwortet ihnen Jesus: «Selig ist, wer am Anfang stehen wird. Und er wird (auch) das Ende erkennen und den Tod nicht schmecken» (EvTh 18).

Dieses Material hat eindeutig polemischen Charakter. Die Thomas-Leute wußten, daß andere Jesusgruppen zu apokalyptischen oder aber zu «judenchristlichen» Gemeinschaften geworden waren. Sie waren sorgsam darauf bedacht, sich von diesen beiden Gruppen zu unterscheiden, und taten dies, indem sie Jesus selbst ihrer Starrköpfigkeit entgegentreten ließen. Sie entwickelten zu diesem Zweck zwei unterschiedliche rhetorische Strategien. Die eine war die schlichte Abweisung: Nein, ihr versteht nicht. «Jene (die Ruhe), nach der ihr Ausschau haltet, ist (bereits) gekommen, aber ihr erkennt sie nicht» (EvTh 51). Diese Strategie hatte zur Folge, daß vollkommen neue Sprüche geschaffen werden mußten. Der zweite Ansatz bestand darin, einen ehrwürdigen Spruch, der etwas auszusagen schien, was die Thomas-Leute nicht aus Jesu Mund hören wollten, zu nehmen und seinen offenkundigen Sinn wegzudeuten. Ein Beispiel bietet der apokalyptische Ausspruch: «Zwei werden ruhen auf einem Bett. Der eine wird sterben, der andere wird leben» (EvTh 61). In Q wird ein ähnlicher Spruch in einem eindeutig apokalyptischen Sinne angeführt: «Ich sage euch: In jener Nacht werden zwei auf einem Bett liegen; der eine wird angenommen, der andere wird preisgegeben werden» (Q 17,34). Im Thomasevangelium dagegen wird der Spruch neu gedeutet, indem man Salome richtig verstehen läßt, daß darin nicht auf ein Ereignis der Trennung im *eschaton* (am Ende der Zeit) Bezug genommen wird, sondern auf ein Geschehen der Erleuchtung, an dem Jesus und sie selbst beteiligt waren, denn Jesus sei mit ihr zu Tisch gelegen und habe sie die wahre Bedeutung von «Sterben» und «Leben» gelehrt (EvTh 61–62).

Wir können also mit Gewißheit zumindest von drei Zeitpunkten in der Geschichte der Thomas-Leute ausgehen. Sie begannen als eine Jesusbewegung, die vieles mit der frühesten Phase der Q-Bewegung gemeinsam gehabt haben mag. An einem bestimmten Punkt nahmen sie die Auseinandersetzung mit zwei Entwicklungen auf, die andere inzwischen vollzogen hatten: Kultivierung einer apokalyptischen Mentalität und Kodifizierung ritueller Handlungen, die jüdischen Bräuchen ähnelten. Nachdem sie beiden Alternativen widerstanden hatten, die jeweils mit einem unterschiedlichen Verständnis dessen zusammenhingen, wie eine Gemeinschaft von Jesus-Leuten aussehen sollte, entwickelten die Thomas-Leute ein Ethos der Distanz zur gesellschaftlichen Welt und pflegten die Vorstellung eines imaginären Königreichs des Lichts als der wahren Welt. Dieses Lichtreich verstanden sie als Ort der Zuflucht vor den Wechselfällen einer als gierig, gewaltsam und zerstörerisch erfahrenen Welt. Viele Sprüche des Thomasevangeliums betrachten die Welt als Ort, an dem man «verschlungen» und «lebendig verzehrt» werden kann. Durch ein Leben «vom» Licht und «im» Licht des wahren Selbstbewußtseins konnte man jene Selbstgenügsamkeit und Gelöstheit erreichen, welche die Gnostiker «Ruhe» nannten. Das Ziel bestand darin, von den Menschen, Ereignissen und Sorgen, durch welche die Welt der Gesellschaft bewegt und beherrscht wurde, «unberührt» zu bleiben.

Wie steht es aber mit der Wendung, welche die Thomas-Leute von den Q-Leuten und anderen Gruppen der Jesusbewegung wegführte? War sie schärfer als die Hinwendung der Q-Leute zu einer apokalyptischen Sicht der Geschichte? Vermutlich nicht. Beide Bewegungen gründeten in derselben spannungsreichen Verbindung von Ideen, die Jesu Lehre kennzeichnete: zum einen der Aufruf, sein Leben zu ändern, zum anderen, das «Reich Gottes» sichtbar zu machen. Die Q-Leute wurden von der sozialen Vision umgetrieben, die in der Rede vom «Reich Gottes» steckte; die Thomas-Leute machten sich den radikalen Individualismus der Forderung nach Lebensänderung zu eigen. Beide vermochten die ursprüngliche Spannung nicht im Gleichgewicht zu halten, aber beide nahmen Entwicklungen, die als Antworten auf schwierige Zeiten verständlich sind.

Was den sozialen Aspekt des «Reiches Gottes» betrifft, so scheint es, daß die Thomas-Leute – trotz der radikalen Reduktion aller Königreich-Symbole auf Metaphern einer inneren Vision – über ein Gemeinschaftsgefühl verfügten. Die Sprüche richten sich im Plural an mögliche Jünger(innen); es begegnen Weisungen, wie man einander als «wahre Jünger» wahrnehmen und behandeln sollte; zudem gibt es ein paar Hinweise darauf, daß die Gruppe Interesse an der symbolischen Bedeutung einiger Rituale – wie Taufe und Tischgemeinschaft – hegte. Auch wenn wir ihre Bräuche nicht mit Sicherheit kennen, müssen die Thomas-Leute sich also auch versammelt haben, um ihre Suche nach persönlicher Transzendenz zu kultivieren.

Es ist äußerst wichtig, im Auge zu behalten, daß die Thomas-Leute die Mythologie einer Jesusbewegung entwickelten, indem sie Sprüchen Jesu eine private, esoterische Bedeutung verliehen. Obgleich diese Lehren als Jesu Lehren galten, waren es eigentlich die Lehren der Thomas-Gemeinschaft, denn sie entwickelte sich genauso wie eine hellenistische Schule: indem sie dem Gründer der Schule immer neue Gedanken zuschrieb. Da die Thomas-Leute jedoch wußten, daß andere Bewegungen andere Anschauungen über die Lehren Jesu vertraten, mußten sie diese Dinge anders sehen. Sie mußten sagen: «Dies sind die geheimen Worte, die der lebendige Jesus sagte; Didymos Judas Thomas hat sie aufgeschrieben».

Einige Forscher haben sich durch den Begriff «lebendiger Jesus» irritieren lassen, weil sie meinten, er müsse in Beziehung zur Mythologie der Auferstehung Jesu von den Toten stehen. Das würde bedeuten, daß es sich bei den Thomas-Leuten um Christen handelte, die den gekreuzigten Heiland zu einem gnostischen Erlöser umstilisierten. Es ist anzunehmen, daß die Thomas-Leute die christlichen Mythologien kannten, und möglicherweise sollte ihre Verwendung des Begriffs «lebendiger Jesus» eine derartige Mythologie zurückweisen. Es trifft jedoch nicht zu, daß ihr Verständnis Jesu als der Verkörperung von «Licht», «Leben» und «Weisheit» auf einer Mythologie der Auferstehung beruhte. Die «Weisheit Gottes», eine weibliche Gottheit innerhalb einer ausgefeilten Mythologie, konnte «ihre Söhne preisen» (Mack, 1973). Und man könnte sich leicht vorstellen, wie die großen Gestalten der Geschichte Israels, wie etwa Mose aus der Sicht Philos von Alexandria, in den kosmischen *logos* oder einen «zweiten Gott» verwandelt wurden, ohne einen Opfertod zu sterben. So wurde Jesus zum Symbol des menschgewordenen Lichts und Lebens, weil seine Lehren dies zuließen. Jesus brauchte keine

Wunder zu vollbringen, das Ende der Welt vorherzusagen, als Heiland am Kreuz zu sterben oder zum Jüngsten Gericht wiederzukommen. Seine Allgegenwart war bereits überall dort bekannt, wo seine geheimen Lehren richtig verstanden wurden.

Wundergeschichten

Die markinische Jesuserzählung steckt voll grotesker Geschichten über Wunder, die Jesus bewirkt, und wundersame Dinge, die Jesus widerfahren. Diese Geschichten erwecken den Eindruck, in der Person Jesu trete eine göttliche Macht auf dramatische Weise in die menschliche Geschichte ein. Das entsprach natürlich der Absicht des Verfassers. Wie im Falle der Verkündigungsgeschichten baute die markinische Verwendung von Wundergeschichten jedoch auf einer früheren Sammlung auf, die einem anderen Grundprinzip folgten. Sie läßt sich an zwei Komplexen aus je fünf Wundergeschichten ablesen, die ursprünglich aus einer vormarkinischen Jesusbewegung stammten.

Die meisten Leser des Markusevangeliums merken schnell, daß es zwei Wundergeschichten über den Seewandel Jesu und der Jünger sowie zwei Erzählungen über die Speisung einer Menge durch Jesus unter freiem Himmel gibt. Wieso zwei? Diese Frage ruft weitere Fragen über die Wunder hervor, die sich im Umfeld dieser größeren Ereignisse ereignen (Mk 4, 35–8, 10). Weshalb so viele? 1970 zeigte Paul Achtemeier in einer Studie, daß Markus zwei Blöcke von je fünf Wundergeschichten verwendet hat, die jeweils ursprünglich als eigenständig gedacht waren. Dies erklärte nicht unmittelbar, warum Markus alle zwei Reihen statt nur eines Blocks benutzt hat, legte aber nahe, daß dem Komplex von fünf Geschichten – unabhängig davon, wie sich Markus seiner für die Abfassung seines Evangeliums bediente – irgendein tieferer Sinn innewohnte, denn beide Reihen folgten demselben Muster: Am Beginn steht das Wunder eines Seewandels, darauf folgt die Verbindung eines Exorzismus und zweier Heilungen, den Abschluß bildet der Bericht über die Speisung einer Menschenmenge. Die beiden Reihen sehen folgendermaßen aus:

Stillung des Sturms (4, 35–41)	Seewandel (6, 45–51)
Der Besessene aus Gerasa (5, 1–20)	Der Blinde von Bethsaida (8, 22–26)
Die Jairustochter (5, 21–23.35–43)	Die Syrophönizerin (7, 24b–30)

Die blutflüssige Frau (5, 25–34)	Der Taubstumme (7, 32–37)
Die Speisung der Fünftausend (6, 34–44.53)	Die Speisung der Viertausend (8, 1–10)

Wir können erst nach der später folgenden Auseinandersetzung mit dem Markusevangelium fragen, warum er zwei Reihen statt einer brauchte. An dieser Stelle geht es um das Verständnis der Struktur, denn sie eröffnet die Sicht auf noch einen weiteren Zeitpunkt der Mythenbildung in den frühen Jesusbewegungen. Auf den ersten Blick erscheinen diese Geschichten wie für das griechisch-römische Zeitalter typische Berichte über Wunder, insbesondere Heilungen. Hunderte davon sind zum Vergleich gesammelt worden, und es handelt sich im allgemeinen um genau dasselbe Genre, seien es die Wunder am Heiligtum von Epidaurus, jene, die von dem griechischen Gott der Heilkunst, Asklepios, erzählt werden, oder jene, die man sich über Jesus erzählte (Kee, 1983). Doch dann beginnen einige Unterschiede sichtbar zu werden. Achtemeier und andere konnten zeigen, daß zwar die formalen Merkmale der einzelnen Geschichten der Form entsprechen, in der Wundergeschichten durchgängig in den griechisch-römischen Reichen erzählt wurden, die Jesusgeschichten jedoch inhaltlich eine besondere Tendenz aufwiesen. Themen und bestimmte Einzelheiten schienen an Wunder zu erinnern, die mit der epischen Überlieferung Israels zusammenhingen. Die wundersame Durchquerung eines Meeres und eine wunderbare Speisung des Volkes in der Wildnis etwa bildeten grundlegende Aspekte der Geschichte vom Exodus aus Ägypten, und die Merkmale der drei mittleren Wunder in der Reihe erinnern an die Wunder Elias und Elisas, der Propheten, die während der Zeit der politischen Wirren im Gefolge des Zusammenbruchs der Königreiche Davids und Salomos im Volk wirkten. Ein Überblick über die jüdische Literatur dieser Zeit zeigte, daß Hinweise auf die wunderbare Meeresdurchquerung und die Versorgung mit Manna in der Wildnis häufig dazu verwendet wurden, die ganze Exodusgeschichte in Erinnerung zu rufen. Was die sehnsüchtigen Anspielungen auf die Wunder Elias und Elisas angeht, so deuten einige Zeugnisse auf das Bestehen einer volkstümlichen Überlieferung von einer Rückkehr des Elias, um Israel in unruhiger Zeit wiederherzustellen. Vielleicht, so begann man zu vermuten, wollten manche Jesus-Gruppen Jesus als Stiftergestalt darstellen, die Mose glich und ein wenig auch an Elia erinnerte.

Sobald das Muster und seine Symbolik erkannt waren, gewann eine dritte Beobachtung über den Komplex der Wundergeschichten an Bedeutung – nämlich daß es extreme Schwierigkeiten waren, vor denen die

Menschen in diesen Geschichten standen. Es ging um hoffnungslose Krankheitsfälle bis hin zur dämonischen Besessenheit und zum Tod. Bei genauerem Hinsehen zeigte sich, daß es sich um Menschen handelte, die kaum wieder in die Gemeinschaft mit Israel (zurück)finden konnten. Gemäß dem zu dieser Zeit herrschenden System von Reinheitsvorschriften waren diese Menschen absolut unrein, sei es, daß sie ein unheilbares Leiden hatten, sei es, daß sie einfach außerhalb der Grenzen des jüdischen Ordnungsgefüges standen. Unter ihnen befanden sich ein Gerasener, eine Syrophönizierin, ein (höchstwahrscheinlich römischer) Beamter, Kinder, Blinde, Lahme, Taube und Stumme. Keiner von ihnen wäre aufgrund der jüdischen Einstellungen dieser Zeit geächtet worden, doch sie alle kamen nicht in Frage, sobald Priester die Rangfolge der sozialen Funktionen festlegten, die für eine funktionierende Gesellschaft wichtig waren (Neyrey, 1986). Könnte es sein, daß die Menschen in den Geschichten so dargestellt wurden, um damit etwas Bestimmtes zu sagen, so wie man Jesus in der Rolle des Mose und des Elia auftreten ließ, um etwas Bestimmtes zu sagen? Doch was könnte dieser Aspekt gewesen sein?

Es stellt sich heraus, daß das, was man sagen wollte, einen wunderbaren Ursprungsmythos einer Gruppe von Jesus-Leuten darstellte. Jesus, der Begründer der neuen Bewegung, war wie Mose, der die Kinder Israels aus Ägypten geführt hatte, und wie Elia, der Prophet, dessen Auftreten den Kindern Israels ihre angestammte Rolle als Volk Gottes zurückgab. Doch das macht es nur noch auffälliger, daß die Gemeinde, die Jesus anführte und um die er sich kümmerte, sehr seltsam aussah. Sie bestand aus gesellschaftlichen Außenseitern, die nicht in das Bild Israels als des jüdischen Volkes hineinpaßten. Um eine so unvereinbare Mischung von Menschen als – auch nach jüdischen Maßstäben – legitim erscheinen zu lassen, bedurfte es gewiß vieler «Wunder», in welcher Form auch immer. Also verwendete man Wunder als ein Motiv, das Jesus und die Menschen, die er um sich versammelte, mit Mose, Elia und dem Volk Israel verband. Der Wundergeschichtenkomplex leistete dies, indem er einerseits die Verwandlung dieser unmöglichen Menschen sehr dramatisch darstellte, andererseits diese Vorgänge mit Anspielungen auf die Exodus-Geschichte umrahmte. Das Ergebnis war, daß sich dem Leser oder Hörer der Gedanke aufdrängte, die neue Jesusbewegung sei eine Gemeinde Israels.

Sobald diese Pointe deutlich wird, beginnen sich auch die Konturen einer Jesusbewegung abzuheben. Es handelte sich um eine Bewegung, die sehr schnell ein ausgeprägtes Gruppenbewußtsein entwickelt hatte. Die Menschen waren in ethnischer Hinsicht gemischt, versammelten sich zu Mahlzeiten, hatten führende Persönlichkeiten, die sich um die Vereinigung und ihre Bedürfnisse kümmerten, verteilten vielleicht auf irgendeine Weise Lebensmittel untereinander und entwickelten gerade Möglichkeiten, ihre gemeinsamen Mahlzeiten zu ritualisieren und ihnen eine symbolische Bedeutung zu verleihen. Hier war eine Jesusbewegung, die auf ihre Mitglieder achtete, die sich vollziehende Gruppenbildung wahrnahm, sich über das Neue daran freute, erkannte, wie fremd sie anderen erscheinen mußte, sich fragte, wie sie sich selbst im Vergleich zu anderen Völkern verstehen sollte, den Vergleich mit «Israel» als faszinierend empfand und mit großer Freude verschiedene Szenarien ausprobierte, bevor sie sich für den Komplex von Wundern entschied, der Jesus die Rolle eines Mose und eines Elia zuschrieb.

Es gilt zu beachten, daß es in diesen Geschichten keinerlei Polemik gibt, so als seien andere Formen, Israel zu sein oder ihm zuzugehören, falsch, auch keinen Anspruch, die Jesusbewegung verkörpere die einzig wahre Form des Jüdischen. Es begegnet auch kein Hinweis auf einen Konflikt Jesu mit den jüdischen Autoritäten, und man muß nicht denken, diese Menschen seien durch die Botschaft einer dramatischen Kreuzigung und einer wunderbaren Auferstehung verwandelt worden. Es war eine kühne Kombination von Gedanken, die diesen Komplex von Geschichten hervorbrachte, eine Kombination aber, für die man sich eine Jesusbewegung im nördlichen Palästina vorstellen kann, die eines Ursprungsmythos bedurfte. Mose war der legendäre Propheten-König, dem im Epos der Samaritaner besondere Bedeutung zukam, und beim Erzählzyklus über Elia und Elisa handelte es sich um eine Überlieferung aus dem Nordreich Israel. Mose und Elia waren nicht Privateigentum der Juden. Hatte sich der Gedanke einmal festgesetzt, Wundergeschichten zu verwenden, um die Jesusbewegung als neue Gemeinde Israels zu präsentieren, ließen sich weitere Zyklen von Wundergeschichten schaffen, um noch andere Eigenschaften der eigenartigen Gemeinde auf ihrem Weg durch die Wüste hervorzuheben. Markus hatte begriffen, worum es ging, und verwendete zwei Sammlungen – wie wir sehen werden, sehr zum Vorteil seiner eigenen Erzählabsichten. Und in der johanneischen Tradition wurde eine andere Reihe von fünf Wundergeschichten von genau der gleichen Struktur – im Zuge der Abfassung einer ganz anderen Art von Evangelium – mehrfach neu interpretiert. Es kann sogar sein, daß wir, obwohl wir diese Gemeinschaft mitsamt der markinischen Verwendung (oder des Mißbrauchs) ihres Mythos aus den Augen verlieren, ein späteres Stadium ihrer Entwicklung zu fassen bekommen, wenn wir uns dem Johannesevangelium zuwenden. Wir werden sehen.

Die «Säulen» in Jerusalem

Zu einem bestimmten Zeitpunkt während der ersten zwanzig Jahre der Jesusbewegungen bildete sich in Jerusalem eine Gruppe heraus, die sich vermutlich aus Galiläern zusammensetzte. Sie hinterließ keine schriftliche Zeugnisse oder Dokumente, die uns bekannt wären, doch sekundäre Berichte können uns einige Dinge über sie erzählen. Es ist wichtig, so viel wie möglich zu rekonstruieren, und zwar schlicht deshalb, weil das Bild, das die meisten von uns vor Augen haben, in hohem Maße mythologische Züge trägt und unserer Neubeschreibung der christlichen Ursprünge im Wege stehen wird, wenn wir es nicht ein wenig analysieren.

Der früheste Bericht, der uns vorliegt, ist der im Jahre 55 n. Chr. geschriebene Galaterbrief. In diesem Brief erzählt Paulus über zwei Besuche bei den «Säulen» in Jerusalem, die er unternahm, um sein Evangelium mit ihrem zu vergleichen. Leider berichtet Paulus nicht weiter über ihr «Evangelium», doch er erwähnt die Namen Kephas (Petrus), Jakobus und Johannes und deutet das zentrale Thema an. Die vorrangige Frage betraf die Aufnahme von Heiden in die Reich-Gottes-Bewegung, namentlich das Problem, ob die «Säulen» in Jerusalem verlangten, daß ein Heide beschnitten werden müsse. Wichtig ist, daß es sich dabei um eine Frage handelte, die Paulus selbst beantwortet haben wollte. Sie spiegelt strittige Punkte wider, auf die er in den christlichen Gemeinden gestoßen war, von denen er bekehrt worden war, und besonders in jenen, die er selbst gegründet hatte. Wir können daher nicht mit Sicherheit davon ausgehen, daß die Jerusalemer Gruppe jemals über ein solches Problem nachgedacht hätte, geschweige denn die Besorgnis des Paulus oder sein Interesse an dieser Frage teilte. Ein bedeutsamer Aspekt des paulinischen Berichts über das Treffen besteht jedoch darin, daß sie damit einverstanden waren, daß Heiden nicht beschnitten werden müßten, und daß ihre einzige Bitte an Paulus lautete, er möge «an die Armen denken» – sehr wahrscheinlich ein Hinweis auf sie selbst und ihre verarmte Klientel. Es ist nicht viel, auf das man sich hier stützen könnte, doch es gestattet uns die Vermutung, die Jerusalemer Gruppe sei eine Jesusbewegung gewesen, keine christliche Gemeinde paulinischen Typs – eine Unterscheidung, die es im folgenden Kapitel zu besprechen gilt.

Drei Merkmale der Jerusalemer Gruppe erlauben es, ihr Profil zu skizzieren: (1) Wir kennen die Namen ihrer Führer – Kephas (Petrus), Jakobus und Johannes; (2) ihr Standort in Jerusalem sowie ihr Interesse daran, dort zu leben, werden als selbstverständlich betrachtet; und (3), es scheint, als habe man einige spezifisch jüdische Vorstellungen und Bräuche übernommen, etwa die Reinheitsgesetze, welche die Tischgemeinschaft bestimmten. Das Problem, den Sinn dessen zu erkennen, liegt darin, daß keine andere uns bekannte frühe Jesusbewegung eines dieser drei Merkmale aufweist. Daß Jesus Jünger (oder Schüler) hatte, gehört zum Bestand der Ideen der Q-Gemeinschaft, der «Sammlung» Israels, die die Komplexe von Wundergeschichten hervorbrachte, und der Jesus-Schule der Verkündigungsgeschichten. Doch keine dieser Gruppen erwähnt Petrus, Jakobus und Johannes oder irgendeinen anderen Jünger namentlich. Die nächste Erwähnung dieser mit ihrem Namen bekannten Jünger finden wir, nachdem wir sie im Brief des Paulus gelesen haben, im Markusevangelium, das in den siebziger Jahren verfaßt wurde. Markus aber stellt sie – als Schüler, die ihren Lehrer nicht verstanden – in ein negatives Licht. Dasselbe gilt auch für die Rolle, die Petrus und «die Jünger» im Thomasevangelium spielen. Diese Jünger waren zu dumm, um das Bild zu begreifen, das Jesus vom Reich zeichnete. Wir müssen auf die Geschichte des Matthäus warten, die in den achtziger oder neunziger Jahren verfaßt wurde, um eine Rehabilitation des Triumvirats als vollkommenen Rollenersatz für Jesus zu finden, dem die «Schlüssel des Himmelreichs» gegeben wurden (Mt 16,17–19). Wir wissen also nicht sehr viel über den wirklichen Petrus, Jakobus oder Johannes, die «Säulen» in Jerusalem.

Was andere Gruppen betrifft, die meinten, Jesus habe irgendein Interesse an Jerusalem besessen, so gibt es in dem Material aus den Jesusbewegungen, die zu dieser Frage etwas beitragen, nur zwei Sprüche, und beide bieten lediglich schräge Seitenblicke auf die Zerstörung des Tempels im Jahre 70 n. Chr. Einer ist die Klage in Q^3: «O Jerusalem [...] wie oft habe ich deine Kinder versammeln wollen [...] Seht, euer Haus soll euch wüst gelassen werden» (Q 13,34–35). Der andere ist der Spruch Jesu, der die Tempelzerstörung «voraussagt», ein höchst problematischer Ausspruch im Thomasevangelium, weil er – in seiner markinischen Form – eine markinische Schöpfung zu sein scheint (EvTh 71; Mk 14,58; Mack, 1988, 294). Das bedeutet, daß man über das Motiv, das die «Säulen» dazu bewegte, ihren Wohnsitz in Jerusalem zu nehmen, nur spekulieren kann, denn es gibt keinen Hinweis dafür, daß andere Gruppen von Jesus-Anhängern eine Verbindung zwischen Jesus, der Jesusbewegung, dem «Reich Gottes» und der Stadt Jerusalem herstellten.

Bleibt das Problem der Einhaltung der jüdischen Reinheitsgebote seitens der «Säulen». Wo auch immer in den anderen Jesusbewegungen Fragen nach ritueller Reinheit auftauchen, ist die Antwort die gleiche: Jesus-Anhänger befolgen diese Gebote nicht. In der Tat bestand eine Tendenz, sich darauf etwas einzubilden, daß man es ablehnte, Ansehen und Selbstverständnis der Gruppe davon abhängig zu machen. Wie also sollen wir es deuten, daß die «Säulen» die entgegengesetzte Position vertraten?

Es ist ausgesprochen schwer zu verstehen, was das Denken der Jerusalemer Gruppe bestimmt haben mag. In den Lehren Jesu oder in den frühen Geschichten über ihn deutet nichts darauf hin, was zunächst Jesus und seine Jünger bewegt haben sollte, nach Jerusalem zu gehen, geschweige denn, warum Galiläer nach Jesu Tod dort hätten hinziehen sollen. Der Bericht des Markus führt, wie wir sehen werden, aus drei Gründen nicht weiter. Einer besteht darin, daß die Handlung, die er inszenierte, um Jesus nach Jerusalem zu bringen, so erst nach dem Römisch-Jüdischen Krieg denkbar war. Der zweite ist, daß es – sollten wir die markinische Geschichte akzeptieren, wonach Jesus um der Konfrontation mit dem jüdischen Establishment willen nach Jerusalem marschierte und wegen so harmloser Dinge wie Lehren und Demonstrieren im Vorhof des Tempels, das als große Bedrohung des Tempelstaates galt, getötet wurde – kaum vorstellbar ist, warum seine Anhänger nicht ebenfalls bedroht oder getötet worden sein sollen, als sie dort ihren Wohnsitz nahmen, um sein Programm zu verbreiten (M. Miller, 1995). Der dritte Grund, weshalb die markinische Geschichte nichts austrägt, liegt darin, daß Jesus und seine Jünger laut Markus darauf aus waren, die jüdischen Reinheitsgebote zu verletzen, nicht sie zu unterstützen. Deshalb müssen wir ein anderes Szenario entwerfen, um die Daten, die uns Paulus bietet, zu erklären.

Markus zeichnete ein tendenziöses, kritisches Bild der Jünger. Das bedeutet, daß die Jünger, die er vor Augen hatte, eine Position vertreten haben müssen, der Markus stark ablehnend gegenüberstand. Ob es dabei um Meinungsverschiedenheiten über die Reinheitsgebote ging? Im Thomasevangelium stehen Petrus und «die Jünger» für die Einhaltung der jüdischen Reinheitsgebote. Das aber paßt zur paulinischen Charakterisierung des Petrus und der «Säulen» in Jerusalem. Wenn Paulus und das Thomasevangelium hinsichtlich Petrus und der «Reinheit» Recht haben, würde dies sicherlich die Position abgeben, gegen die Markus schrieb. Insofern scheint es so, auch wenn wir dies keineswegs mit Sicherheit wissen können, als hätten Petrus und die Seinen schlicht eine Reihe von Folgerungen bezüglich des «Reiches Gottes» in den Lehren Jesu gezogen, die sich von denen anderer Jesus-Gruppen unterschieden.

Wir sollten festhalten, daß dem Experiment in Jerusalem offenbar nur kurze Dauer beschieden war. Am Ende der Markuserzählung werden Petrus und die Jünger angewiesen, nach Galiläa zu gehen, womöglich anstatt in Jerusalem zu bleiben, um dort eine christliche Gemeinde zu errichten. Markus mag gewußt haben, daß Petrus und die Jerusalemer Gruppe nicht mehr in Jerusalem wohnten. Spätere Überlieferungen berichten über die «Flucht» der Jerusalem-Gruppe nach Pella am Vorabend des Krieges (Eusebius, *Kirchengeschichte* 3. 5, 3), und Paulus erwähnt, Petrus habe später in Antiochia gelebt (Gal 2, 11). Was Jakobus betrifft, so heißt es, er sei im Jahre 62 n. Chr., also während der Zunahme der Feindseligkeiten, die dem Ausbruch des Römisch-Jüdischen Krieges im

Jahre 66 n. Chr. vorausgingen, den Märtyrertod gestorben. Was uns bleibt, sind verstreute Spuren einer Gruppe, die relativ kurze Zeit in Jerusalem gelebt hat. Fügt man diese Anhaltspunkte zusammen, so scheint es, als habe Jakobus, der Bruder Jesu, gemeinsam mit Petrus und anderen irgendeine Verbindung zwischen Jesu Lehre über das «Reich Gottes» und dem Tempelkönigtum in Jerusalem hergestellt. Wie diese ausgesehen haben mag, bleibt unklar. Da sie die Reinheitsgebote mit Jesu Lehre für vereinbar hielten – eine Position, der Matthäus, der viel später schrieb, beipflichtete –, mögen sie vielen lediglich als eine pharisäische Sekte erschienen sein. Daß sie jedoch ihren Wohnsitz in Jerusalem nahmen, spricht für eine gewisse Ernsthaftigkeit, die auf irgendein politisches Programm schließen läßt. Vielleicht hielten sie sich für einen Sauerteig, der seinen angemessenen Ort in Jerusalem hatte, um die Ideale der Frömmigkeit hochzuhalten und auf diese Weise zur Erhaltung oder Erneuerung Jerusalems als Stadt des großen Königs beizutragen. Die Klage über Jerusalem in Q wurde gerade aus einer solchen Perspektive geschrieben, so daß wir wissen, daß derlei Gedanken innerhalb der Jesusbewegungen möglich waren, selbst wenn nicht jeder sie teilte. Bedauerlicherweise bedeutete die Zerstörung der Stadt aus der Sicht der «Säulen» zugleich das Ende ihrer Mission, wenn man davon ausgeht, daß sie glaubten, eine Schule in Jerusalem sei Jesu Lehren über das «Reich Gottes» sehr angemessen.

Zusammenfassung

Viele andere Gruppen mögen sich im Gefolge des historischen Jesus gebildet haben. Die wenigen, die erörtert wurden, lassen jedoch hinreichend erkennen, wie die ersten vierzig Jahre der Jesusbewegung aussahen. Zu Beginn erinnerte man Jesus als einen Lehrer, der die Einzelnen dazu herausforderte, sich selbst als Bürger des «Reiches Gottes» zu verstehen. Die Vorstellung des «Reiches Gottes» kam offenkundig zur rechten Zeit. Sie führte Menschen zueinander, die sich der unruhigen Zeiten bewußt waren, und bot ihnen ein Forum, das zugleich Gesprächs- und Handlungsmöglichkeiten eröffnete. Doch das Konzept des Königreichs war, obgleich es auf Vorstellungen zurückgriff, die bereits im Schwange und somit nicht vollkommen nichtssagend waren, nicht eindeutig und klar umrissen, sondern vage und verlockend. Daher wiesen die unterschiedlichen Gruppierungen, die sich in den Jesus-Schulen herausbildeten, experimentelle Züge auf. Sie erfuhren einen schnellen Wandel, als sie andere durch ihre Rede vom Reich anzogen, ihre eigenen sozialen Verhaltensweisen und Gruppenidentitäten entwickelten und auf den Druck reagierten, als eine kleine Gemeinschaft mit großen Ideen zu bestehen. Die gemeinsame Strategie bestand darin, daß sie die Einsichten, die sie erlangt hatten, Jesus zuschrieben und sie als Unterweisung aus seinem Munde darstellten, wobei sie seine Lehren so überarbeiteten, daß sie in das Gedankengebäude paßten, das zu entwickeln sie im Begriff waren. Sie verhielten sich damit so, wie es jede hellenistische philosophische Schule getan hätte. Die Folge dieser Entwicklung war, daß auch die Stimme und somit das Bild Jesu, ihres Stifters, wiederholt neu gedeutet wurde. Wie wir festgestellt haben, fallen die Darstellungen Jesu von Gruppe zu Gruppe innerhalb der Jesusbewegung auffallend unterschiedlich aus.

Die Notwendigkeit, sich Jesus als Autorität für das zu denken, was aus einer Gruppe geworden war, ist nicht schwer zu verstehen. Die Art, in der die meisten Jesusgruppen dies bewerkstelligten, nämlich dadurch, daß sie ihre Lehren ihm zuschrieben, läßt sich als hellenistische Praxis erklären. Doch eine andere Dimension dieser frühen Form der Mythenbildung ist etwas weniger selbstverständlich und verdient daher eine letzte Bemerkung: Es geht darum, wie diese Gruppen jeweils ihr Jesusbild mit den erhabenen Überlieferungen Israels zu verbinden versuchten. Die gegenwärtige Lehre der Gruppe dem Gründer ihrer Denkschule zuzuschreiben, reichte nicht aus, um jene Art von Autorität zu gewährleisten, die eine neue Bewegung nötig hatte, die sich selbst für mehr als eine philosophische Schule hielt. Die Jesusbewegungen ließen sich von einer umfassenden gesellschaftlichen Vision leiten, die von Menschen volle Loyalität und vollkommene Identifikation als Glieder «eines Volkes» forderte. Als «ein Volk» legitimiert zu sein, bedeutete, daß man Jesus als mehr als nur einen Lehrer denken mußte. Er mußte auf irgendeine Weise für die Art von radikaler Unterweisung bevollmächtigt werden, mit der er gebot, sich selbst ganz anders zu verstehen, so nämlich, als gehöre man zu einer anderen Gesellschaft oder ethnischen Gemeinschaft (*ethnos* – Rasse, Stamm, Nation) als der eigenen. Aus diesen und anderen Gründen, denen wir im Zuge unserer Untersuchung begegnen werden, dachte man daher sehr bald an Vorbilder der Vergangenheit – Israel und seiner Führergestalten.

Das Selbstverständnis der frühen Jesusgruppen, wonach sie ein neues Israel bildeten, gab ihnen nicht bloß berühmte soziale Modelle an die Hand, mit denen sie arbeiten konnten, sondern machte ihnen auch ihre ererbte Vergangenheit bewußt. Wie man Jesus mit Gestalten der Vergangenheit in Verbindung brachte, das erhöhte nicht nur seine Stellung als bedeutende Persönlichkeit, sondern brachte zugleich auch den Anspruch auf die Vollmacht zur Geltung, die solchen Gestalten in der Geschichte des Volkes Israel zukam. Obgleich diese frühen Versuche, Jesus und die Jesusbewegungen mit der Geschichte Israels in eine Linie zu bringen, spontan, experimentell und vorläufig waren, zeigen sie, daß der Einsatz, den die Menschen für diese neuen sozialen Formationen leisteten, eine ernste Sache war. Schließlich stellte der Versuch, sich selbst in die Geschichte Israels einzureihen, keine leichte Aufgabe dar, sondern erforderte beträchtlichen Einfallsreichtum. Man muß das als eine bemerkenswerte geistige Leistung verstehen, denn es ging um eine Mythenbildung gegen starke Widrigkeiten und unter spannungsreichen und schwierigen Umständen. Die Versuche mußten Erfolg haben, ohne daß man viel Zeit gehabt hätte, sie zu erproben und annehmbar zu finden. Und diese mythentauglichen Ideen mußten zudem nicht nur als dem Selbstverständnis der Gruppe angemessen, sondern auch als plausibel akzeptiert werden. Diese frühen Jesus-Leute waren an einer Form der Mythenbildung beteiligt, die man als Revision eines Epos bezeichnen kann.

Das Thema der Neuinterpretation der epischen Geschichte Israels greifen wir auf, wenn wir mit unserer Untersuchung der frühchristlichen literarischen und mythenbildenden Wirksamkeit fortfahren. Wir können jedoch bereits erkennen, daß der Vorgang der epischen Neudeutung zu einem sehr frühen Zeitpunkt in allen Formen der Jesusbewegung einsetzte. Die Q-Gemeinschaft begann mit Erinnerungen an Jesus als einen den Kynikern ähnlichen Weisen, fand es dann hilfreich, ihm weiter die Funktion eines Propheten zuzuschreiben, und erweiterte auch noch diese Rolle, um all das Wissen zu erklären, das man ihm zuschrieb. Zuletzt verstanden sie ihn als Gesandten der göttlichen Weisheit und als «Sohn Gottes» – zwei Funktionen, die dazu führten, daß der historische Lehrer die Erscheinung eines göttlichen Wesens annahm und seine Lehren sich in die Offenbarung kosmischer Ordnungen verwandelten. Ehe sie damit fertig waren, hatten sich die Q-Leute ans Ende einer umfassenden Sicht der Geschichte plaziert, die von den Anfängen bei der Erschaffung der Welt bis zu ihrem Ende mit einer Gerichtsszene reichte, in der entweder Gott oder Jesus das Buch Q als Maßstab für die Zulassung zur endgültigen Gestalt und Manifestation des «Reiches Gottes» benutzen würde.

In der Jesus-Schule – unter jenen, die die Verkündigungsgeschichten schufen – schritt die Mythenbildung nicht so rasch fort und stellte nicht so extravagante Ansprüche, wie es in der Q-Gemeinschaft der Fall war. Die Zugehörigkeit zu Israel betrachteten die Anhänger der Jesus-Schule offenbar als selbstverständlich, zumindest war diese für sie, bevor sie durch die Ablehnung der pharisäischen Reinheitsvorschriften in Schwierigkeiten gerieten, noch nicht zu einem ernsthaften Problem geworden. Als dies geschah, reagierten sie damit, daß sie sich Jesus als den Pharisäern mehr als ebenbürtig dachten. Das führte allerdings dazu, daß sie Jesus zum Interpreten des Epos in seiner Gesetzesfunktion – als Thora oder Verfassung – erhoben. Sie mögen sich Jesus als überlegenen Interpreten von außergewöhnlicher Weisheit vorgestellt haben, doch sie scheinen mit dem Versuch, in den Schriften Vorbilder für die epische Bedeutsamkeit einer solchen Gestalt oder für sich selbst als legitime Gestalt des Volkes Gottes zu finden, nicht besonders weit gekommen zu sein. Sie hatten gerade einmal eine Argumentationsrunde bestanden, in der Jesus durch die Zurückweisung des Gesetzes (in seiner pharisäischen Deutung) den Sieg davongetragen hatte. Das bot kaum eine solide Grundlage für den Anspruch, legitime Erben der Verheißung des Epos zu sein. Sie spielten in der Geschichte über das Ährenraufen am Sabbat (Mk 2,23–28) mit dem Vergleich zwischen David und Jesus und entdeckten Psalm 110,1, wo man rätseln konnte, wen David wohl mit «mein Herr» gemeint haben könnte (Mk 12,35–37). Doch solche Streifzüge in die Schriften waren verzweifelte Versuche, Unabhängigkeit gegenüber den Pharisäern zu beweisen, indem man Widersprüche innerhalb der Schriften der Pharisäer selbst aufdeckte. Die Gestalten, mit denen man Jesus unausgesprochen in Zusammenhang brachte, mit König David oder mit einem pharisäischen Schriftgelehrten, schlossen einander in Wirklichkeit gegenseitig aus, da Könige und Schriftgelehrte ganz unterschiedliche Rollen spielten. Sie gaben keine mythische Funktion Jesu her, die den Legitimitätsansprüchen, welche die Jesus-Schule stellen mußte, genügt hätte. Wir werden bis zur Zeit des Matthäus warten müssen – erst dort wird die Funktion Jesu als Interpret des Gesetzes erfolgreich mit einer mythologischen Deutung seiner Rolle als «Kind der Weisheit» kombiniert, so daß beides als Erfüllung des Ziels gesehen werden konnte, auf das sich die epische Überlieferung Israels zubewegt hatte.

Die «wahren Jünger», die das Thomasevangelium hervorbrachten, waren weitaus stärker daran interessiert, sich das Wesen des Kosmos neu zu denken, als daran, die Geschichte Israels zu revidieren. Doch auch sie hielten es für notwendig, sich gegen die pharisäischen Normen zu stellen und sich dagegen zu wehren, mit wichtigen jüdischen Symbolen wie dem Tempel und seinem Opfersystem in Verbindung gebracht zu werden. Wenn wir feststellen, wie häufig über ihr ganzes Evangelium hin positiv bewertete androgyne Bilder begegnen, so scheint es, als hätten sich die Thomas-Leute Adam, den ersten Menschen, als das Wesen vorgestellt, das den Absichten Gottes für die Menschheit entsprach – als ein Wesen also mit idealem Status, der beim von der Genesis erzählten «Fall» verloren ging. Sie hatten in ihrer Phantasie die ganze Geschichte Israels bis hin zu ihrem Anfang übersprungen, um dort zu landen, wo die Welt erstmals in Gottes Geist gedacht wurde. Wenn Jesu Weisheit den Einzelnen lehrte, sich als Teil des Kosmos zu begreifen, wie er ursprünglich geplant war, so muß dies gleichermaßen als eine Art Revision des israelitischen Geschichtsepos wie als Moment gnostischer Erkenntnis und Verwandlung gegolten haben. Die Thomas-Leute hatten das Epos Israels praktisch durch Ablehnung «revidiert».

Was den mit Hilfe der Wundergeschichten geschaffenen Mythos angeht, so haben wir gesehen, wie anders er im Vergleich mit der apokalyptischen Geschichte der Q-Gemeinschaft, der Neudeutung der ethischen Intention der Thora innerhalb der Jesus-Schule oder der kosmischen Anthropologie der Thomas-Gemeinschaft ausfiel. Die «Sammlung» Israels griff die Exodusgeschichte auf und erfreute sich an dem Gedanken, daß ihre Gruppe – obgleich sie, gemessen an den Vorstellungen ethnisch reiner Juden von Israel, ein unmöglicher Haufen war – der Zusammensetzung Israels zur Zeit des Mose ähnlich war. Sie griffen nach Wundergeschichten, um an Vorbilder im Epos Israels zu erinnern und den Umbruch zu dramatisieren, der sich in ihrem Leben vollzog, als sie mit den Jesus-Leuten in Berührung kamen. Dies forderte sie dazu heraus, sich selbst ganz anders zu verstehen, so als hätten sie eine neue gesellschaftliche Identität gefunden.

Mythenbildung hatte also ernsthaft eingesetzt. Doch keiner dieser frühen Versuche, Jesus mit der Geschichte Israels in Zusammenhang zu bringen, war in dem Sinne systematischer Natur, daß neben einer programmatischen Konzeption der Jesusbewegung ein elaborierter Begriff von Israel gestanden hätte. Es handelte sich vielmehr um Andeutungen, die auf einzelnen Assoziationen beruhten. Sie sagten praktisch: «Stellt euch Jesus als Propheten vor» oder «Begreift uns als Gemeinde im Entstehen nach dem Vorbild Israels in der Wüste». Und jede Gruppe kam dann mit eigenen, von denen der anderen abweichenden Vorstellungen daher. Dieser Befund ist bezeichnend, denn er besagt, daß die Jesusbewegung neue Menschen nicht deshalb anzog, weil sie versuchen wollten, das Judentum zu korrigieren, zu reformieren oder zu revolutionieren. Die Anziehungskraft der Bewegung rührte daher, daß sie dazu einlud, mit dem «Reich Gottes» zu experimentieren, von dem Jesus lehrte, und sie verdankte sich der Energie, mit der sich die Menschen für die sich bildenden Gruppen der Bewegung engagierten. Doch weil das Denken in sozialen Begriffen seine Wurzeln in der jüdischen Mentalität hatte und aus dem Epos Israels stammte, mußten die Versuche, dieses Epos zu revidieren, um in ihm bereits Andeutungen des «Reiches Gottes» zu finden, Teil der Mythenbildung werden, die das Christentum bestimmte. Wir werden sehen, daß die Revisionen des jüdischen Geschichtsepos in der frühchristlichen Mythenbildung der folgenden dreihundert Jahre ständig auf der Tagesordnung standen.

3. Fragmente aus dem Christuskult

Gesellschaftliche Bewegungen wandeln sich mit der Zeit – als Reaktion auf neue Umstände, aber auch, weil die Erfahrungen innerhalb einer Gruppe häufig neue Verhaltens- und Denkmuster hervorbringen. Führungspersönlichkeiten steigen auf und stürzen, Stimmungen verebben und beschleunigen sich, Strategien verändern sich, bisweilen unvermittelt. Fasziniert stehen wir davor, denn das Leben in Gruppen bestimmt das Projekt Menschheit, und ein Volk mitten im Prozeß des Wandels der Strukturen seines Lebens und Denkens ruft stets unsere Aufmerksamkeit hervor. Wir könnten etwas lernen, über andere wie über uns selbst. Besonderer Erkenntnisgewinn steht in Aussicht, wenn man sich auf das Entstehen einer urtümlichen Gemeinschaft konzentriert, deren Strategien des Zusammenlebens als Erbe aus den Gründerzeiten unserer eigenen Kulturgeschichte immer noch herumspuken. Die Entstehung des Christuskultes aus der Jesusbewegung, die verfolgen zu können wir das Glück haben, ist exakt ein solcher Prozeß gesellschaftlicher Formierung.

Ausgehend von Nordsyrien, vermutlich Antiochia, und sich durch Kleinasien bis hin nach Griechenland ausbreitend, erfuhr die Jesusbewegung einen Wandel mit historischen Folgen. Im Zuge dieses Wandels wurde sie zum Kult eines Gottes namens Jesus Christus. Auf den ersten Blick scheint es nur schwer vorstellbar, daß der Christuskult einst eine Jesusbewegung war, da der Wandel so drastisch war und sich anscheinend so plötzlich vollzogen hat. Falten wir jedoch den Prozeß auseinander und nehmen uns die Zeit, den komplizierten Entwicklungen von etwa fünfundzwanzig Jahren gesellschaftlichen Experimentierens Schritt für Schritt nachzugehen und dabei die von der Forschung entdeckten Spuren der Gründe für die Veränderungen festzuhalten, so kommt eine durchaus verständliche Geschichte in den Blick.

Der Christuskult unterschied sich von den Jesusbewegungen vor allem in zweierlei Hinsicht. Da ist einmal die Konzentration auf die Bedeutung des Todes und des Schicksals Jesu. Jesu Tod wurde als ein Geschehen verstanden, das eine neue Gemeinschaft entstehen ließ. Insofern der Tod Jesu ins Zentrum trat, richtete sich die Aufmerksamkeit nicht länger auf seine Lehren und darauf, zu seiner Schule zu gehören. Statt dessen setzte eine komplexe Auseinandersetzung ein mit Vorstellungen von Martyrium, Auferstehung und der Verwandlung Jesu in eine göttliche, geistige Präsenz. Der zweite große Unterschied betraf die Gestaltung eines an dieser geistigen Präsenz ausgerichteten Kultes. Hymnen, Gebete, Akklamationen und Doxologien wurden geschaffen und vorgetragen, wenn Christen sich in Jesu Namen versammelten. Bei Mahlzeiten und anderen gemeindlichen Ritualen zelebrierte man sowohl die Erinnerung an Jesus als auch die Gegenwart seines Geistes. Dies sind ganz eigenständige Merkmale, die den Christuskult auf bemerkenswerte Weise von allen bisher dargestellten Jesusbewegungen unterscheiden. Diesen Unterschied zu erklären war unsere Aufgabe als Wissenschaftler, und wir haben am Ende genügend Erkenntnisse gewonnen, um den Wandel von einer Jesusbewegung zum Christuskult verfolgen zu können. Das vorliegende Kapitel entfaltet die Geschichte dieses Übergangs und versucht, die von diesen Christus-Leuten geschaffenen Mythen und Rituale zu erklären.

Vor allem die in den fünfziger Jahren verfaßten Briefe des Paulus geben Zeugnis für den Christuskult. Ohne seine Korrespondenz mit diesen Gemeinden hätten wir niemals erfahren, daß ein solcher Kult existierte, jedenfalls nicht zu so früher Zeit und gewiß nicht in so kraftvollen und lebendigen Gemeinden, welche die Forschung zu rekonstruieren vermochte. Wir hätten darüber nichts gewußt, weil selbst die nur etwas späteren Gemeinschaftsformen, in denen sich die Tradition des Christuskultes fortsetzte, weder die komplizierten Mythologien des frühen Christuskultes, wie er sich in den Paulusbriefen widerspiegelt, in sich aufzunehmen noch ihren mitreißenden Geist zu bewahren vermochten. Und stünden uns zur Rekonstruktion der christlichen Ursprünge lediglich die frühen Jesusüberlieferungen zur Verfügung, so wäre kein moderner Forscher darauf gekommen, daß sich daraus so etwas wie der Christuskult hätte entwickeln können. Die Briefe des Paulus stellen also ein wertvolles Zeugnis für ein gesellschaftliches Experiment aus dem 1. Jahrhundert dar, das man sich ohne sie nicht hätte vorstellen können. Seine Briefe sind für unser Wissen über den Christuskult ebenso wichtig wie etwa die Schriften vom Toten Meer für unser Wissen über die Gemeinde von Qumran.

Allerdings sagen uns die Paulusbriefe wesentlich mehr über Paulus und sein Verständnis des Christus als über den Kult, zu dem er sich bekehren würde. Wir müssen also zwischen Paulus und dem Christuskult unterscheiden, wenn wir diesen Kult als eine Entwicklung begreifen wollen, die bereits bestand, ehe Paulus ihr begegnete. Die Christus-Leute müssen ihre Anwesenheit auf eine Weise geltend gemacht haben, die die Gegnerschaft des Paulus hervorrief, als dieser ihnen begegnete. Und doch müssen sie genügend Anziehungskraft ausgeübt haben, um seine spätere Bekehrung zu ermöglichen. In den beiden folgenden Kapiteln werden wir die Briefe und das Denken des Paulus erkunden. In diesem Kapitel versuchen wir den Christuskult zu verstehen, wie er sich in diesen Briefen widerspiegelt.

Glücklicherweise findet sich in den Paulusbriefen einiges Textmaterial aus dem Christuskult. Das mag angesichts dessen, daß die Briefe eindeutig von Paulus selbst verfaßt sind, merkwürdig erscheinen. Es ist jedoch ein glücklicher Umstand, daß Paulus nicht nur die Ideen in seine Briefe aufnahm, die er von diesen Christen hatte, sondern auch Fragmente ihrer literarischen Erzeugnisse. Diese Fragmente lassen sich nicht so zusammenfügen, daß daraus eine einzige größere Komposition entstünde; wir besitzen also keinen zusammenhängenden Text aus der Feder dieser frühen Gemeinden. Doch die erhaltenen kleinen Einheiten weisen einen gemeinsamen Tenor und andere literarische Merkmale auf – wie z. B. poetische Konventionen –, die sie zu einer zusammenhängenden Textgruppe machen. Dieser Komplex poetischer Fragmente liefert genügend Informationen, um ein höchst interessantes Bild der Leute zu zeichnen, die Paulus haßte, denen er aber nicht zu widerstehen vermochte. Da es diese Leute waren, die erstmals den Begriff *Christus* als Bezeichnung für Jesus verwendeten, dürfen wir sie als die ersten «Christen» verstehen.

Um diese Fragmente aus den Paulusbriefen herauszulösen, muß man sehr genau auf Paulus' eigene Gedanken und seinen unverwechselbaren Sprachgebrauch achten. Wenn in einem seiner Briefe eine kleinere Texteinheit begegnet, die von der üblichen paulinischen Ausdrucksweise abweicht, muß man sie genauer betrachten. Insbesondere in den Fällen, in denen sie poetische Züge aufweist, die den antiken Regeln der Dichtkunst entsprechen, kann man den Verdacht kaum von der Hand weisen, daß Paulus kleinere schöpferische Anleihen machte, um seine Anliegen vorzubringen. Indem er Material verwendete, das diesen Gemeinden auch dann noch vertraut war, wenn er es für seine eigenen Zwecke neu gestaltete, handelte er wie ein geschickter Rhetor. Das war in seiner Zeit nicht ungewöhnlich. Es war gängige Praxis griechisch-römischer Autoren, in einer Rede oder Abhandlung traditionelles Material zu verwenden, ohne die Quelle anzugeben. Wie man dies tat, wurde in Schulen gelehrt, und tat man es gut, brachte es viel Ehre ein. Deshalb war es möglich, eine ansehnliche Anzahl kleiner literarischer Einheiten zu identifizieren und zu sammeln, in denen sich die Anschauungen und literarischen Fertigkeiten der christlichen Gemeinden widerspiegeln, mit denen Paulus im Gespräch stand. Die Zusammenschau all dieser kleineren literarischen Einheiten ergibt ein umfassendes Bild des Christuskultes.

Unter diesen Einheiten finden wir kleine Glaubensformeln über den Sinn des Todes und der Auferstehung Jesu (wie in Röm 3,24–26 und 4,25) ebenso wie in hohem Maße durchkomponierte Zusammenfassungen des Christusmythos (wie in 1 Kor 15,3–5). Es begegnen auch Gedichte zum Lobpreis Christi als eines Gottes (Phil 2,6–11) und der *agape*

(Liebe) als einer geistigen Kraft (1 Kor 13,1–13). Akklamationen («Jesus Christus ist der Herr», Phil 2,11), Sinnsprüche (wie «Alles ist erlaubt», 1 Kor 10,23) und Doxologien (wie etwa «Gott aber, unserm Vater, sei Ehre von Ewigkeit zu Ewigkeit», Phil 4,20) kommen in Fülle vor. Außerdem finden sich Bruchstücke biblischer Allegorien, die auf eine kraftvolle schriftstellerische und intellektuelle Tätigkeit hindeuten (etwa die Allegorie auf die Exodusgeschichte in 1 Kor 10,1–45 sowie jene auf die Kinder Abrahams in Gal 4,22–26). Diesen Stückchen literarischer Komposition kommt enorme Bedeutung zu, nicht nur, weil sie ein Zeugnis für die Christusgemeinden bieten, zu denen Paulus sich bekehrte, sondern auch deshalb, weil sie die Hinweise enthalten, die wir brauchen, um die Transformation einer Jesusbewegung in einen Christuskult zu erklären.

Kurz gesagt, die Jesusbewegung breitete sich in den Städten Syriens, Kleinasiens und Griechenlands aus, wo sie die in der Diaspora lebenden Juden ebenso anzog wie Nichtjuden. Diejenigen, die sich regelmäßig versammelten, um über das «Reich Gottes» zu sprechen, bildeten Zellen. Gönner traten auf, die diese Versammlungen in ihren Häusern beherbergen konnten. In Anlehnung an einen gemeinsamen Brauch für Vereinigungen dieser Art wurden Mahlzeiten zum Anlaß genommen, sich zu versammeln, und das gemeinsame Essen wurde zum Zeichen der Zugehörigkeit zu der neuen Gemeinschaft. Die neue Gemeinschaft stellte einstige ethnische und soziale Vorurteile in Frage, weil ihre Klientel gemischt war, und sie erweckte berauschende Gedanken über neue Wege, menschliche Gemeinschaft zu erleben. Was, wenn solche Gemeinschaft genau das war, was Jesus mit seiner Rede vom «Reich Gottes» gemeint hatte (so oder so ähnlich scheinen diese Christen sich gefragt zu haben)?

Genau dies wurde behauptet. Die Teilhabe an der Gemeinschaft, die über das «Reich Gottes» redete, kam der Zugehörigkeit zum «Reich Gottes» gleich. Und diese Gemeinschaft schloß jeden ein, unabhängig von den üblichen sozialen Identitäten. Auf diese Weise entstand eine neue Idee – der Gedanke, die volle Teilhabe an einer Gemeinschaft sei eher auf der Grundlage einer gemeinsamen gesellschaftlichen Vision als nach traditionellen Kriterien ethnischer Identität und sozialer Stellung zu definieren. Rückblickend könnten wir geneigt sein, einen solchen Gedanken als utopisch zu bezeichnen, als eine idealistische gesellschaftliche Anthropologie mit multikulturellem Flair. Doch angesichts der sozialen Ungewißheiten und ethnischen Spannungen jener Zeit dürften viele eine Gemeinschaft, die so dachte, als lohnend erfahren haben. In jedem Fall war es wohl dieser Charakter der neuen Gruppierung, der Paulus unwiderstehlich anzog. Nachdem er seinen Widerwillen gegen diese Idee überwunden hatte, formulierte er dies folgendermaßen: «Hier ist nicht Jude noch Grieche, hier ist nicht Sklave noch Freier, hier ist nicht

Mann noch Frau; denn ihr seid allesamt einer in Christus Jesus» (Gal 3,28). Eine solche Aussage ist natürlich schlicht eine Übertreibung, doch sie trifft genau den Kern der Sache (Boyarin, 1994). Sie ist das recht ungeschützte Eingeständnis der fundamentalen Anziehungskraft der neuen Gemeinschaft und sie verrät, wie begeistert man sein konnte, wenn man sich den großartigen Anspruch zu eigen machte.

Solchen Anspruch zu erheben war eines, doch sich selbst und andere von seiner Wahrheit zu überzeugen war etwas ganz anderes. Es gab keine Vorbilder für eine solche neuartige Gruppierung ungleicher Individuen, es gab – außer dem vagen Begriff des «Reiches Gottes» – keine Namen oder Begriffe, die man verwenden konnte, um ihr soziales Wesen zu definieren. Der erste Versuch, das «Reich» genauer als «Volk Gottes» zu bestimmen, führte zu Schwierigkeiten, da dieser Name im Begriff von «Israel» verwurzelt, dieser jedoch den Juden vorbehalten war. Was war mit den Nichtjuden? Was mit der Aufhebung ethnischer Grenzen? Was damit, daß es gerade diese ethnische Mischung einer Gruppe war, was so faszinierte? Wie hilfreich konnte der Begriff Israel sein, wenn er die Nichtjuden zu Bürgern zweiter Klasse machte? Und angenommen, der Begriff Israel ließ sich so ausweiten, daß er die Nichtjuden mit einschloß, was geschah dann mit den überlieferten Normen jüdischer Frömmigkeit und Observanz? Behielten sie ihre Gültigkeit? Auch für Nichtjuden? Wären sie alle noch gültig? Falls nicht, würde sich die neue christliche Gemeinschaft in peinlicher Konkurrenz zu den Synagogengemeinden der Diaspora wiederfinden, wo Juden und gottesfürchtige Heiden einen viel größeren Anspruch auf den Namen Israel hatten? Und wie konnte man dann geltend machen, daß der christliche Anspruch vernünftig und richtig war? Wie sollten außerdem die Verhaltensregeln aussehen? Was wären die unverwechselbaren Kennzeichen der Zugehörigkeit zur christlichen Gemeinschaft? Was sollten die Christen eigentlich tun, wenn sie sich versammelten? Fragen wie diese müssen hochgeschossen sein und ziemliche Verwirrung gestiftet haben. Zu behaupten, ein gemischter Haufen von Jesus-Leuten verkörpere Gottes Plan zur Neuordnung der menschlichen Gesellschaft, war keine einfache Angelegenheit.

Wir besitzen keine schriftlichen Aufzeichnungen über diese Diskussionen und die Art, in der sie geführt wurden. Uns liegt jedoch das Ergebnis der ersten Vereinbarungen vor. Diese Vereinbarungen sind in den Fragmenten des Christuskultes enthalten, denen wir uns nun zuwenden können. Diese Bruchstücke offenbaren eine komplizierte Mythologie, die – als eine Antwort auf die oben skizzierten Fragen nach der eigenen Identität – auf den ersten Blick seltsam erscheinen mag. Diese Mythologie wurzelte in der Logik des Martyriums oder in der griechischen Tradition vom «edlen Tod», griff jedoch zugleich auf eine Reihe anderer gängiger Mythen jener Zeit zurück. Dazu gehörten eine jüdische weisheitliche Erzählung über die Rehabilitierung eines zu Unrecht angeklagten Gerechten, die griechischen Vorstellungen vom Helden und göttlichen Menschen, antike vorderorientalische Mythen über den König als Sohn Gottes und die Darstellung Israels als eines Volkes, das beständig unter Gottes Augen lebte. Der daraus sich ergebende Christusmythos kommt uns wie eine unnötige Überreaktion vor, und man ist gewiß überrascht, wenn man ihm auf dem Hintergrund der Jesusbewegungen, aus denen sich der Christuskult entwickelte, zum ersten Mal begegnet. Die phantastischen Bilder dieser Mythologie sollten uns jedoch nicht davon abhalten, ihre Logik und Angemessenheit für die Selbstdefinition dieser im Entstehen begriffenen Gemeinschaft zu analysieren. Die Mythen, die diese Gruppen entlehnten, waren dem griechisch-römischen Zeitalter nicht fremd, und die Verschmelzung von Mythen mit dem Ziel, neue Symbole zu schaffen, war gängige Praxis. Es ist also besser, den Eindruck, der Christusmythos sei weit hergeholt und somit als Begründung des Anspruchs einer Gemeinschaft auf einen Platz an der Sonne reichlich übertrieben, zu korrigieren. Wir sollten nicht nur auf die Extravaganz des Mythos schauen, sondern auch auf das unglaubliche Ideal menschlicher Gemeinschaft, das er rechtfertigen sollte. Das eine gehört zum anderen, und beides zusammen vermittelt uns eine Vorstellung von dem gewaltigen Einsatz, den Menschen leisteten, um diesem neuen gesellschaftlichen Arrangement anzugehören.

Der Christusmythos

Die für eine Herausarbeitung der Logik des Christusmythos wichtigsten Texte finden sich in den Briefen des Paulus an die Korinther (1 Kor 15,3–5) und an die Römer (Röm 3,24–26 und 4,25). Beide kreisen um die Bedeutung, die die frühen Christen Jesu Tod zuschrieben, und jeder bringt ein ebenso eigenständiges wie komplementäres Verständnis der Bedeutung seines Todes zur Sprache. Zusammengenommen bieten sie alle Anhaltspunkte, die wir brauchen, um das logische Grundprinzip ihres Mythos aufzudecken. Jeder einzelne verdient eine nähere Betrachtung.

1 Korinther 15,3–5

Man hat dieses Fragment – in Übereinstimmung mit Paulus, der es zum Inhalt seiner Verkündigung erklärt (1 Kor 15,1–3) – als das *kerygma* (Verkündigung oder Evangelium) der frühchristlichen Gemeinschaft bezeichnet. Paulus sagte auch, es handele sich um eine «Überlieferung», die er empfangen und in seiner Verkündigung weitergegeben habe. Die Überlieferung lautet:

> «Daß Christus gestorben ist für unsere Sünden
> nach der Schrift;
> und daß er begraben worden ist;
> und daß er auferstanden ist am dritten Tage
> nach der Schrift;
> und daß er gesehen worden ist
> (von Kephas, danach von den Zwölfen ...).»

Als erstes gilt es festzuhalten, daß dieser Text formelhaft und sorgfältig komponiert ist. Vier Ereignisse stehen im Blickpunkt (Tod, Grablegung, Auferstehung, Erscheinung), zwei davon haben grundlegenden Charakter – der Tod und die Auferweckung Christi. Sie führen jeweils eine Kompositionseinheit ein, die eine Deutung des Geschehens bietet. Beide Einheiten stehen in einem formalen Gleichgewicht zueinander, das heißt sie sind aus Zeilen oder Gedanken gestaltet, die vergleichbaren Zeilen in der anderen Einheit entsprechen. Dieses Merkmal tritt ganz deutlich in dem Hinweis auf die Schrift hervor, der in jeder Einheit erneuert wird, doch es gilt auch für die rhetorische Funktion des jeweils untergeordneten Ereignisses. Die Grablegung hebt die Wirklichkeit des Todes Christi hervor, so wie auch die Erscheinung die Wirklichkeit seiner Auferweckung unterstreicht. Lediglich was jeweils die grundlegende Bedeutung des Todes und der Auferweckung angeht, läßt sich ein leichtes Ungleichgewicht feststellen, nämlich insofern als der Tod «für unsere Sünden» geschah, die Auferweckung aber «am dritten Tage». Wir haben es hier mit – ausgefeilter – Poesie zu tun. Diese kerygmatische Formel wurde nicht in einem Augenblick der Inspiration geschaffen. Vielmehr spiegelt sich darin eine lange Zeit kollektiver geistiger Anstrengung wider, in der es zur Verständigung über einige Punkte kam, vor allem darüber, welchen Wert es hatte, Jesu Tod als für die Gemeinschaft entscheidendes Ereignis in den Mittelpunkt zu stellen, was es bedeutete, wie der Name «Christus» anstatt «Jesus» zu gebrauchen sei, über den Gedanken, daß Christus auferweckt wurde, über die Wichtigkeit, sich auf die «Schrift» zu beziehen und darüber, wie man argumentieren müsse, um diese beiden zentralen Ereignisse (Grablegung und Erscheinungen) als real erscheinen zu lassen.

Um einen Zugang zu dem mit dieser Glaubensformel zur Sprache gebrachten Denken zu finden, muß man die beiden Mythologien erklären, welche die dem ganzen Unterfangen zugrunde liegende Logik ausmachen. Die eine ist der griechische Mythos vom «edlen Tod», die andere der jüdische Mythos des «verfolgten Weisen», den man zuweilen als Weisheitserzählung bezeichnet hat. Die Vorstellung vom edlen Tod läßt sich durch die Geschichte des griechischen Denkens bis zu ihrem Ursprung in der Ehre zurückverfolgen, die dem für sein Land (sein Volk, seine Stadt oder ihre Gesetze) gestorbenen Krieger gebührt. Seit Sokrates erweiterte sich die Ehrerweisung auch auf Philosophen und Lehrer, die aufgrund ihrer Lehren Verbannung oder Tod erlitten. Der Tod galt hier als ehrenvoll, wenn der Lehrer seinen Lehren treu blieb und für sie starb. Dieser Begriff vom edlen Tod war für das griechische Verständnis von Bürgerschaft, Ehre und Tugend absolut grundlegend. Er bestimmte das 1. Jahrhundert, und jedem fielen sofort Beispiele ein, wenn wieder einmal eine angesehene Persönlichkeit von einer Regierung, die sie als unbequem empfand und zu beseitigen trachtete, aufgrund ihrer Anschauungen verurteilt wurde.

Die Verlagerung vom Krieger auf den Lehrer steigerte die Bedeutung des «edlen Todes», insofern nun die Person, die auf edle Weise starb, zum Märtyrer für eine gute Sache wurde. Als Maßstab für die Tugendhaftigkeit eines solchen Todes galt die Integrität eines Menschen (mit Blick auf die Lehre oder Sache, für die er zu sterben bereit war) und seine Beharrlichkeit (oder seine Treue zu der Sache – bis hin zum Tod). Auf diese Weise wurde das Martyrium zum Inbegriff der äußersten Prüfung der Tugend, der Gehorsam bis zum Tod zur äußersten Demonstration der eigenen Charakterstärke. Auch die Sache wurde durch die Hingabe, mit der man für sie eintreten konnte, geadelt. Stoiker, Kyniker und andere Schulen einer populären ethischen Philosophie beanspruchten und kultivierten das Vorbild des Sokrates und anderer Märtyrer, die für die Wahrheit einer von den Politikern ihrer Zeit verworfenen Lehre gestorben waren. Das Bild des Märtyrers war also während der griechisch-römischen Zeit wie eine Schablone zur Hand, mit der man die Kraft oder Wahrheit einer Lehre, Denktradition, politischen Philosophie oder einer umstrittenen oder geächteten Sache bemessen konnte.

Innerhalb jüdischer Kreise nahm der Begriff des Martyriums noch eine andere Wendung. Unter Rückgriff auf das ältere Bild des für sein Land sterbenden Kriegers und die Bedeutung eines solchen Todes als eines zur Verteidigung des eigenen Volkes dargebrachten Opfers hatten einige die Idee, daß der Tod eines Märtyrers auch etwas bewirken könnte. Möglicherweise könne er tatsächlich die Verhältnisse beseitigen, die zum Tod geführt hatten, und so der Sache Geltung verschaffen, für die der Märtyrer gestorben war. So wurde die Geschichte der Makkabäer, die Mitte des 2. Jahrhunderts v. Chr. für die Unabhängigkeit Judäas von den Seleukiden gekämpft hatten, allmählich zu einer Märtyrerlegende über die sieben Brüder, die «für das Gesetz gestorben waren» (oder für das Land, das Volk, die Überlieferungen ihrer Vorfahren) und eben dadurch den Sieg über die fremde Macht sicherten, gegen die sie gekämpft hatten. Gemäß der Geschichte im 4. Makkabäerbuch wurde der Tyrann Antiochus «besiegt», weil er, obwohl er sie mit dem Tode bedrohte, nicht imstande war, sie zu einer Mißachtung ihres Gesetzes zu veranlassen. So entstand, indem man die Idee eines wirksamen Martyriums mit der Erinnerung an den Sieg der Makkabäer über die Seleukiden verband, eine jüdische Märtyrermythologie. Mit den Worten der Verfasser des 4. Makkabäerbuchs: Die Märtyrer «reinigten das Vaterland» – will sagen, das Land wurde von der Fremdherrschaft befreit –, «indem sie gleichsam zu einem Lösegeld für die Sünde unseres Volkes wurden». Gemeint war, daß ihr Tod ein Beispiel sei für die Rückkehr zu Selbstbestimmung und Thorafrömmigkeit, das beides aber zugleich ermöglichte (4 Makkabäer 1,11–12; 6,28–29; 17,20–22). Die Rede von einem «Lösegeld» (= Opfer) ist rein metaphorisch («gleichsam»), wie auch die Geschichten über diese Martyrium rein legendarischen Charakter hatten. Doch die Tatsache, daß das Bild des Märtyrers verwendet werden konnte, um die noch ganz neue Geschichte der Makkabäer, der Gründer der hasmonäischen Dynastie, zu schreiben, die das Königreich Judäas zur Zeit des Zweiten Tempels regierten, ist ein deutlicher Beweis für den weit verbreiteten Einfluß des Märtyrermotivs. Die Art und Weise, wie die Bedeutung des Todes Jesu in der gesamten paulinischen Korrespondenz zur Sprache kommt, erinnert sehr an die Märtyrergeschichten im zweiten und vierten Makkabäerbuch.

Der jüdische Mythos des verfolgten Weisen, bisweilen auch als Geschichte des «Kindes der Weisheit» bezeichnet, war zu dieser Zeit ebenfalls beliebt. Zu den älteren Varianten des Mythos zählen die Geschichten über Joseph, Esther und Daniel, aber auch viele Psalmen, die um die Rettung des leidenden Gerechten kreisen. Die Handlung umfaßte zwei wichtige Episoden. Die erste betraf den ungerechten Vorwurf der Untreue, die den Weisen «in die Hände» eines fremden Despoten brachte, der ihn zu töten drohte. So sah der «ungerechte Prozeß» aus. Die zweite Episode beschrieb das Zutagekommen oder die Entdeckung der Frömmigkeit und Treue des Weisen durch den Despoten. Dies führte zur Rettung des Gerechten und zu seinem Aufstieg zu einer Ehrenstellung. Das war der «gerechte Prozeß», die «Rechtfertigung» des Gerechten. Die Geschichte der Juden während der Spätzeit des Zweiten Tempels stellte den guten Ausgang der alten Weisheitserzählung schmerzlich in Frage. Doch welche andere Geschichte vermochte die Hoffnung lebendig zu halten, daß die Gerechtigkeit letztlich obsiegen werde? Daher wurde die Erzählung – obgleich die Ehrlichkeit das Eingeständnis verlangte, daß die Gerechten nicht immer vor Verfolgung, fremden Mächten und dem Tod gerettet wurden – neu formuliert, indem man dem Gerechten ein post-mortem-Schicksal gewährte und sich vorstellte, die Rechtfertigungsszene werde zu einer anderen Zeit und an anderem Ort (in irgendeiner anderen Welt) nach dem Tode stattfinden (Nickelsburg, 1972).

Ein bemerkenswertes Beispiel für eine kunstvolle Meditation über diese Geschichte findet sich in der kleinen Abhandlung «Buch der Weisheit Salomos», einem kostbaren Dokument jüdischen Denkens und einer literarischen Glanzleistung, die Eingang in die christliche Bibel gefunden hat. Ein sorgfältiges Studium des Buches der Weisheit ist für Studierende, die die frühchristliche Mythologie – sei es in Gestalt des Christusmythos oder der Passionsgeschichten der (in Kapitel 6 erörterten) erzählenden Evangelien – verstehen wollen, unerläßlich.

Beide Mythen, die Geschichte über den Märtyrer und die revidierte Geschichte vom verfolgten Gerechten, kreisten um das Ereignis des Todes des Protagonisten. Man sieht, wie leicht sie sich verbinden ließen, und tatsächlich legen einige Merkmale der Geschichten im 4. Makkabäerbuch und in der Weisheit Salomos nahe, daß man bereits über eine vorsichtige Verschmelzung beider Handlungsstränge nachgedacht hatte. Der Christusmythos wurzelt ebenfalls in einer Verbindung dieser beiden Geschichten, insofern die Bedeutung des Todes Jesu in erster Linie der Logik des Martyriums folgt und die Bedeutung der Auferweckung der Weisheitserzählung entnommen ist. Das – oben beim *kerygma* festgestellte – leichte Ungleichgewicht zwischen den beiden Episoden ist zum Teil auf die unterschiedliche Logik der beiden Geschichten zurückzuführen. Man bemerke, daß als Sinn des Todes Jesu seine Wirksamkeit für die Gemeinschaft angesehen wird («für unsere Sünden»), während die Bedeutung der Auferweckung nur auf Jesu eigenes Schicksal und seine Ehre bezogen wird.

Drei Merkmale des Textes deuten darauf hin, daß der Märtyrermythos vor Augen stand, während man den Christusmythos formte. Zunächst ist da die kritische Bedeutung der Wendung «gestorben für». Sie ist der einzige Hinweis auf den Inhalt des *kerygma*, zugleich die einzige Aussage über Zweck, Motivation und Wirksamkeit des Geschehens. Ohne sie wüßte man nicht, weshalb Jesu Tod überhaupt Aufmerksamkeit auf sich zog. Es geht dabei nicht einfach um eine unter anderen möglichen Deutungen seines Todes im Rahmen des Christuskults. Sie ist die einzige Interpretation, die in allen paulinischen Briefen immer wieder begegnet, wenn auf den Sinn des Todes Jesu Bezug genommen wird. «Sterben für» war ein *terminus technicus*, der den Zweck des Martyriums zur Sprache brachte. Er kommt wiederholt in den makkabäischen Martyriologien vor und ist nur in diesem Zusammenhang sinnvoll. Eine andere Bedeutung besitzt er nicht.

Das zweite Merkmal des Christusmythos, das ihn als Martyriologie kennzeichnet, ist die Tatsache, daß der Zweck des Todes darin besteht, irgendetwas für die christliche Gemeinschaft insgesamt zu bewirken. In diesem Fall hatte der Zweck etwas mit «unseren Sünden» zu tun. Der Plural ist äußerst wichtig, da er darauf hindeutet, daß die Martyriologie als bezogen auf die Gemeinschaft als einer sozialen Einheit gedacht wurde. Der Aspekt der Gemeinschaft, die des Schutzes eines Märtyrers bedurfte, wurde als «unsere Sünden» bezeichnet. Der Begriff *Sünden* hat zu endlosen Schwierigkeiten beim Verständnis des *kerygma* geführt, weil er so leicht im Licht späterer christlicher Anschauungen über Sünde, Schuld und Vergebung oder über die Erlösung von Einzelnen verstanden wird. Einen Einblick in seine ursprüngliche Intention gewinnt man, wenn man bedenkt, daß der Zweck bei anderen Aussagen über Jesu Tod schlicht «für euch» bzw. «für uns» – ohne Erwähnung von «Sünden» – lautet (1 Kor 11,24; Röm 8,32). Welche Absicht verfolgte also die Beschreibung der christlichen Gemeinschaft unter dem Aspekt ihrer Sünden?

Das Wort «Sünde» begegnet in frühjüdischen Texten häufig mit Bezug auf ein Verhalten, das nicht in Einklang mit der «Thora» steht, einem Wort, das ethische Weisung, Vorschriften für die rituelle Observanz und die biblische Gesetzgebung für das Opfersystem der Gesellschaft der Zeit des Zweiten Tempels umfaßte. *Thora* bezog sich auf die jüdische Lebensweise, *Sünde* auf die Mißachtung der jüdischen Gesetze, Vorschriften oder Verhaltensvorschriften. Sünde bezog sich nicht auf die individuelle religiöse Erfahrung oder das Empfinden, eine Missetat begangen zu haben, obgleich es auch möglich war, psychologische Überlegungen heranzuziehen, um zwischen absichtlichen und unabsichtlichen Mißachtungen der Konventionen oder Gesetze zu unterscheiden und Verstöße als mehr oder weniger schwerwiegende Übertretungen einzustufen. Dennoch, sowohl Sünde oder Mißachtung des Gesetzes als auch Frömmigkeit oder treue Beachtung des Gesetzes bezeichneten etwas Objektives, so daß man Menschen als *Sünder* klassifizieren konnte, deren Handlungen oder Verhaltensweisen der Thora offenkundig nicht entsprachen. So stellt man etwa fest, daß das gesamte Establishment der Priesterschaft aus der Sicht von Juden, die darin eine Verletzung der Thora erblickten, «Sünder» waren. Ebenso wurden die Nichtjuden insgesamt schlicht deshalb «Sünder» genannt, weil ihr Lebenswandel nicht vom jüdischen Gesetz bestimmt war. Es scheint also, als habe sich der Gebrauch des Begriffs *Sünde* in einer Martyriologie wie der des Christusmythos auf die Lebensweise, Zusammensetzung oder bloße Existenz der Gruppe bezogen, die nach jüdischen Maßstäben problematisch erschienen. Möglicherweise ging es um alle drei Aspekte. Dies ist, wie wir sehen werden, genau das Problem, auf das der Christusmythos eine Antwort gab.

Das dritte Merkmal dieses *kerygma*, das sich am besten als Teil einer Martyriologie verstehen läßt, liegt in dem Hinweis auf Christi «Auferweckung». Das griechische Wort für «auferweckt» besaß keinerlei mythologische Konnotation. Helden und göttliche Menschen wurden auf andere Weise zu Göttern, und Menschen erhielten auch ohne Auferstehung Zugang zum Leben nach dem Tode. *Auferwecken* meinte lediglich:

jemanden aus dem Schlaf wecken oder aufrichten. Insofern es hier euphemistisch als Begriff dafür verwendet wird, daß Christus von den Toten zurückgeholt oder daß ein Leichnam wiederbelebt wurde, dürfte die Reaktion der meisten Menschen, Juden wie Griechen, in einem «Was?» (oder schlimmer noch, vielleicht in einem «Daß ich nicht lache!») bestanden haben. Das ist darauf zurückzuführen, daß die Vorstellung der Unsterblichkeit aus griechischer Sicht den Leib nicht mit einschloß. Wenn überhaupt, dann stellte man sich Unsterblichkeit so vor, daß der eigene Geist (Verstand, Psyche, Weisheit) den Leib hinter sich ließ. Für Juden war individuelle Unsterblichkeit ein etwas schwieriger Gedanke, da er sich mit ihrer sozialen Anthropologie nicht ohne weiteres vereinbaren ließ, und ein Leichnam bedeutete Unreinheit und Tod. Man nahm an, daß die Geister der Toten verschwinden, statt herumzugeistern, und eine Begegnung mit einem lebenden Leichnam wäre kein angenehmes Erlebnis gewesen. Es gab lediglich eine Erzählwelt, in der die Vorstellung einer leiblichen Auferweckung angemessen erschien, nämlich die Szene am Ende der Welt, wenn die Menschen – so einige jüdische Apokalypsen – aus ihren Gräbern auferweckt würden, um beim Jüngsten Gericht zugegen zu sein. Griechen wie Juden hätten also auf die Auskunft, ein Mensch sei, nachdem er tot war und begraben worden sei, wieder erwacht, ganz natürlich mit Furcht und Abscheu reagiert. Weshalb aber dann die Betonung der Auferweckung Christi? Die Martyriologie erforderte kein solches Nachspiel, um die Ehrwürdigkeit und Wirkung des Todes eines Menschen darzustellen. Dort aber, wo – wie anscheinend im 4. Makkabäerbuch und in der Weisheit Salomos – die Weisheitserzählung mit dem Märtyrermythos zu verschmelzen begann, wurde die nachträgliche Rechtfertigung des Märtyrers im Sinne einer geistigen, nicht einer leibhaften Verwandlung verstanden.

Das bedeutet, daß die Interpretation des Todes Jesu als eines Martyriums für die christliche Sache einen neuen, ungewöhnlichen Gedanken erzwang. Märtyrer starben für eine bereits aktuelle Sache; Jesus dagegen mußte für eine noch zu verwirklichende Sache sterben. Märtyrer starben durch die Gewalt äußerer Mächte; Jesus mußte sich mit einem Zustand innerhalb der Gemeinschaft auseinandersetzen, für die er dann sterben sollte. Der Gedanke, daß sowohl die gute Sache als auch die Voraussetzung – nämlich Sünde und Sünder – höchst fragwürdig waren, machte die Angelegenheit noch schlimmer. Also reichte die Logik des Martyriums nicht aus, um die Richtigkeit der guten Sache zu beweisen. Eindeutige Zeichen für die Rechtfertigung auch des Märtyrers mußten dazukommen. Doch das war eine schwierige Aufgabe, denn Jesus war ein ganz unmöglicher Märtyrer, der für eine ziemlich undenkbare Sache starb. Die einzige Möglichkeit, die inneren Widersprüche zu überwinden, bestand darin, das Drama zu übertreiben und das Geschehen vom

Standpunkt Gottes aus zu bedenken. Welchen besseren Weg gab es, als Gott selbst an diesem Geschehen beteiligt sein zu lassen? Da das Problem, das alles in Bewegung gebracht hatte, damit zu tun hatte, daß man vor den Augen des Gottes Israels als «gerecht» dastand, war es entscheidend, die Geschichte aus seiner Perspektive zu erzählen. Wie im Falle der Mythologien anderer Völker sollten wir nicht danach fragen, wie die frühen Christen wissen konnten, wie Gott die Dinge sah. Wichtig ist nur, zu erkennen, wie wesentlich diese theologische Perspektive für die Entstehung des Mythos war. Vier Merkmale des *kerygma* ergeben sich unmittelbar aus dieser Vorstellung.

Ein Aspekt der Theologie des Mythos ist die Verwendung des Begriffs *Christus*, der andeutete, daß Jesus von Gott für einen göttlichen Dienst «gesalbt» wurde (*christos* ist eine Übersetzung für *Messias*, Gesalbter, und Salbung war Zeichen einer Weihe für ein Amt oder eine soziale Funktion – etwa die eines Propheten, Priesters oder Königs). Ein weiterer Aspekt ist die Charakterisierung der Gemeinschaft als «Sünder», eine Kategorie, die ihren Status vor Gott in den Mittelpunkt rückte. Als drittes ist die Berufung auf «die Schrift» zu nennen – ein impliziter Anspruch darauf, daß die wunderbaren Geschehnisse um den Christus vollständig damit übereinstimmten, wie Gott die Geschichte seines Volkes geplant und geführt hatte. Viertens gilt, daß dieser Gott seine Billigung der Sache Jesu zu erkennen gegeben hatte, indem er ihn von den Toten auferweckte. Das passive «er wurde auferweckt» steht im Gegensatz zum aktiven «er starb für», was darauf hinweist, daß man sich erhebliche Gedanken darüber machte, wer in dem Drama der wirklich Handelnde war. Im Falle Jesu war es wichtig, sich über seine Motivation Gedanken zu machen, während die Beteiligung Gottes eine Demonstration göttlicher Macht und Wirksamkeit erforderte. Diese Notwendigkeit, sich vorzustellen, daß Gott selbst bei einem ansonsten nicht plausiblen Martyrium für eine sehr problematische Sache am Werk war, führte zu der merkwürdigen, grotesken Vorstellung, Gott habe Jesus von den Toten auferweckt. Der Mythos von der Auferstehung Jesu erfüllte, wie wir sehen werden, seinen Zweck und setzte sich durch, doch keine einzige frühchristliche Gemeinschaft begnügte sich damit, ihn auf der bloß literarischen Ebene stehen zu lassen. Dazu war er zu anstößig, und im übrigen hatten die wirklichen Probleme wenig mit Fragen nach Geistern und Leibern zu tun. Das, worauf es ankam, war die Sache, für die Jesus Christus gestorben war.

Römer 3,21–26

Dieser Text aus dem Brief des Paulus an die Römer bringt uns mit einer sehr frühen Periode der Entwicklung des christlichen Mythos in Berührung. Er dokumentiert eine Phase im Denken der ersten Christen, die den ausgefeilten Formulierungen des *kerygma* zeitlich vorausliegt. Man hatte den Tod Jesu im Blick, und man hatte seine Bedeutung als Martyrium herausgearbeitet, ohne sich eine Auferstehung vorstellen zu müssen. Die Formulierung dieser Ideen war ganz nach Paulus' Geschmack, doch durch die Art und Weise, in der er ihn zitierte, veränderte er ihn bis zur Unkenntlichkeit. Glücklichweise konnten Forscher die wesentliche Aussage des vorpaulinischen Fragments rekonstruieren. Ich führe die von Sam Williams in einer ausführlichen Studie (1975) herausgearbeitete Rekonstruktion an. Die runden Klammern stammen von ihm, ich habe um der Klarheit willen die eckigen Klammern hinzugefügt:

> «In der Vergangenheit hat Gott die Sünden der Heiden übersehen.
> Doch jetzt hat Gott Jesu Tod als Mittel der Sühne erachtet um seines Glaubens [seiner Treue] willen.
> Er [Gott] hat dies getan, um seine Gerechtigkeit zu zeigen
> Und den zu rechtfertigen (oder gerecht zu machen), dessen Glauben [Treue] aus Jesu Glauben [Treue] stammt.»

Vier Gedanken fließen in dieser Deutung des Todes Jesu zusammen. Der erste ist, Gott habe dem Problem Beachtung geschenkt, vor dem die neue Gemeinschaft stand, nämlich, daß die Aufnahme der Nichtjuden gerechtfertigt werden mußte. Der zweite besagt: Gott habe dies getan, indem er Jesu Tod als Sühne für deren Sünden betrachtete. Der dritte lautet, die Wirksamkeit des Todes Jesu sei auf seinen Glauben (seine Treue) zurückzuführen. Und der vierte Gedanke ist, daß einer, der nach dem Vorbild der Treue Jesu selbst lernt, treu zu sein, vor Gottes Augen gerechtfertigt ist.

Die Logik dieser Mythologie ist äußerst interessant. Sie gründet auf einer Martyriologie, denn es heißt, Jesus sei «treu» gewesen, und das Wort dafür lautet *pistis*, ein Begriff, der in den Geschichten über die Märtyrer begegnet und ihre zentrale Tugend bezeichnet. Er meint so etwas wie «hingegeben» und bezieht sich – zusammen mit dem Begriff *Beharrungsvermögen* – auf die Standhaftigkeit des Märtyrers sogar angesichts des Todes. Welcher Sache gegenüber Jesus sich als treu erwies, wird nicht ausgesprochen, doch möglicherweise begannen die frühen Christen diesen Gedankengang damit, daß sie sich vorstellten, Jesus sei seinen eigenen Lehren und/oder seiner Vision vom «Reich Gottes» gegenüber treu gewesen. Dies wäre ein leichter Schritt gewesen, wenn man sich die Art des Todes vorstellt, die einer in ihrer Glaubwürdigkeit unbestrittenen Gründergestalt angemessen war. War dies der Fall, so können wir sehen, wie sich der Übergang von einer Jesusbewegung zum

Christusmythos vollzogen haben könnte. In jedem Fall hatte diese frühe Martyriologie Jesus – nicht Christus – zum Gegenstand. Das, was sein Martyrium zu einem die neue Gemeinschaft rechtfertigenden Geschehen machte und so den Gedanken zuließ, die neue Gemeinschaft sei die Sache, für die er gestorben war, leitete man nicht von Jesu Absichten her, sondern von dem eigenen Verständnis der göttlichen Sicht des Geschehens. Sich dessen gewiß zu werden, muß langes und angestrengtes Nachdenken erfordert haben. Aber die wichtigen Worte, um es herauszuarbeiten, lagen bereits vor.

Die Begriffe, auf die man sich einigte, um die Aufnahme von Heiden in eine Bewegung zu rechtfertigen, die sich selbst nach dem Vorbild Israels, des Volkes Gottes, verstand, waren *Sünden* und *Gerechtigkeit*. Wie gesagt, war *Sünder* eine generelle Bezeichnung für alle, die nicht den jüdischen Frömmigkeitsnormen gemäß lebten. Jene, die es taten, wurden Gerechte genannt. Dementsprechend fungierten die Begriffe als Paar und konnten – hinsichtlich Annahme oder Ablehnung der jüdischen Gesetze als Maßstab für Gerechtigkeit – den Juden vom Nichtjuden unterscheiden. Als solche waren die Begriffe für die Situation einer Gruppe, die mit ihrer gemischten Zusammensetzung Probleme hatte, vollkommen geeignet. Wir brauchen nur zu erkennen, daß die Worte für *gerecht*, *Gerechtigkeit* und *rechtfertigen* (gerecht sprechen) – die Begriffe, die in dieser Mythologie verwendet werden, um Gottes Urteil über die Gemeinschaft festzuhalten – allesamt mit dem griechischen *dikaios*, «rechtmäßig» oder «recht», verwandt sind. Die zugrundeliegende Vorstellung war die eines Prozesses, in dem Gott, der gerechte Richter, die Nichtjuden als rechtmäßige Mitglieder der Gemeinschaft «rechtfertigte», sofern sie Jesu Tod so verstanden, wie ihn die Mythologie darstellte. Wir beginnen etwas von der Kraft dieser Überzeugung zu erkennen, die die Aufmerksamkeit des Paulus fesselte. Zumindest sind dies genau die Begriffe der Argumentation, die Paulus ausschmücken und als sein Evangelium verkünden würde.

Auch die Vorstellung des «Opfers» ist gegenwärtig. Sie fügt der Metaphorik noch eine weitere Nuance hinzu, die auf dem «Opfer»-Aspekt des Todes eines Märtyrers aufbaut, indem sie Metaphern aus dem Opfersystem des Zweiten Tempels verwendet. Die Logik des Tempelopfers in den Ratssaal Gottes zu verlegen, war ein geschickter Zug, denn nun umfaßte die Beweisführung den ganzen Horizont jüdischer Theologie, zumindest was Gottes Rolle in der sozialen und religiösen Geschichte seines Volkes anging. Der einzige Aspekt Gottes, den sich die neue Mythologie bisher noch nicht zunutze gemacht hatte, war der des Schöpfers und Regenten der kosmischen Ordnung, doch das sollte bald folgen. Wie erwähnt, verwendeten auch die makkabäischen Martyriologien Opfermetaphern aus dem Tempelkult, um die Wirksamkeit der Märtyrertode zu beschreiben – unter anderem *Reinigung, Lösegeld, Versöhnung* und *Opferung*. Das Problem, das der Situation zugrunde lag, war ein zweifaches. Das offensichtlichere bestand darin, daß eine fremde Macht die Reinheit des Tempelstaates bedrohte. Dazu kam zweitens, daß die «Sünde des Volkes» es der fremden Macht überhaupt erst gestattet hatte, in das Land einzudringen. Analog dazu wurden möglicherweise auch die «Sünden» der christlichen Gemeinschaft, für die Christus starb, wie es das *kerygma* ausdrücken würde, so verstanden, daß sowohl Juden als auch Nichtjuden davon betroffen waren. So jedenfalls wird Paulus argumentieren.

Die Logik des christlichen Mythos sollte nunmehr in ihren Grundzügen ebenso deutlich sein wie die intellektuelle Mühe, die man auf ihre Konstruktion verwendete. Sie war nicht das Ergebnis spielerischer Spekulation oder ungezügelter Phantasie, und sie basierte auch nicht auf persönlicher religiöser mystischer Erfahrung. Sie verdankte sich harter Arbeit im Interesse eines gesellschaftlichen Experiments, das man der Mühe wert erachtete. Der Mythos entstand aus der Notwendigkeit, ein grundlegendes Merkmal der Zusammensetzung der Gruppe zu rechtfertigen, das ihre Überzeugung, das «Reich Gottes» tatsächlich zu verkörpern, bedrohte. Er wurde zusammengefügt, indem man Mythologien miteinander verband, die den Christen ebenso vertraut waren wie ihren potentiellen Kritikern, Mythologien, die für die Lösung der anstehenden Probleme äußerst geeignet waren. Die kultischen Folgen dieser Mythologie haben wir noch nicht gesichtet, aber wir können uns schon jetzt das Potential vorstellen, das sie für das weitere Nachdenken über die göttliche Stellung des verwandelten Jesus bot. Wir sehen, wie sich der Mythos gerade an dem Punkt entwickelt, an dem eine Jesusbewegung zum Christuskult wurde. Die Notwendigkeit einer Rechtfertigung für die Einbeziehung von Nichtjuden zog das Wagnis einer Mythenbildung nach sich, durch welche die Aufmerksamkeit vom Lehrer Jesus und seinen Lehren weg und auf seinen Tod hingelenkt wurde, als einem dramatischen Ereignis, das den Anspruch der Bewegung, Gottes Volk zu sein, begründete.

Wir können nun eine der Aktivitäten der neuen Gemeinschaft näher betrachten, nämlich ihre Praxis der Versammlung zum gemeinsamen Mahl. Zuvor gilt es jedoch herauszustellen, daß es sich beim Christusmythos nicht um eine Erzählung über Jesu Passion handelte, wie wir sie in den späteren Evangelien finden. Als Martyriologie, namentlich in ihrer kerygmatischen Form, besitzt der Christusmythos das Potential, zu einer Geschichte zu werden. Doch so, wie er in seiner ersten Gestalt aussah, hatte er wenig mit historischer Erinnerung zu tun und zeigte keinerlei Interesse daran, das Ereignis in irgendeinen geschichtlichen Zusammenhang einzuordnen. Einzig die Gestalt Jesu, die Hinweise auf sein Martyrium, Gottes Beteiligung an dem Geschehen und dessen Bedeutung für die Gemeinschaft sind von Interesse und werden ins Auge gefaßt. Mehr bieten zu wollen, würde das *kerygma* seiner Logik berauben, ja seine Logik zerstören. Angesichts des Zwecks des Mythos hätte jede Ausgestaltung der Geschichte mit dem Ziel, die gesellschaftlichen Umstände mit zu erfassen, die zu Jesu Tod führten – wer ihn zu Tode brachte und warum, was Jesus und den Seinigen geschah –, die Rezitation des Christusmythos zu einem Forum für politische Diskussionen über ethnische Unterscheidungen und Fragen nach der Schuld verwandelt, die gefährlich nahe an der Oberfläche lagen. Dies aber waren genau die Probleme, die der Mythos überwinden sollte. Allein die Motive Gottes und seines Märtyrers durften deshalb in dieser Geschichte eine Rolle spielen. In keinem Text des Corpus Paulinum begegnet auch nur der geringste Hinweis darauf, daß er oder die Christen, zu denen er sich bekehrte, Jesus oder sich selbst im Gegensatz zum Tempel-Establishment in Jerusalem verstanden, wie es Markus in seinem Evangelium darstellen wird. Das *kerygma* und die Passionserzählung des Markusevangeliums sind zwei völlig verschiedene, unvereinbare Mythen.

Wir können zudem festhalten, daß wir, da diese Mythen sich erstmals auf Jesu Tod als einer Kreuzigung beziehen und die Markuserzählung von dem Märtyrermythos im *kerygma* abhängig ist, wirklich nichts über die geschichtlichen Umstände des Todes Jesu erfahren können. Im vormarkinischen Material über Jesus begegnet kein Hinweis auf Jesu Kreuzestod. Die einzige mögliche Ausnahme ist der Spruch über das «Tragen des eigenen Kreuzes» in Q 14, 27 (Seeley, 1992). Da jedoch das «Kreuz» bei Stoikern und Kynikern zu einer Metapher für die Prüfung des eigenen Mutes geworden war, kann man diesen Spruch nicht als positiven Beweis dafür heranziehen, daß die Q-Leute bereits wußten, daß Jesus gekreuzigt worden war.

Das rituelle Mahl

Einen weiteren wichtigen Einblick in die Christus-Gemeinden gewährt das Bild, das Paulus in 1 Korinther 11 von der das Mahl feiernden Gemeinschaft entwirft. Christen ist dieser Text vertraut, da er – zusammen mit der Geschichte über Jesu letztes Abendmahl mit seinen Jüngern in den synoptischen Evangelien – den Text für die christliche Feier der Eucharistie oder Messe liefert. Nach christlicher Vorstellung beruht der paulinische Text auf einer Erinnerung an das letzte Abendmahl, bei dem Jesus seinen Opfertod vorwegnahm, indem er Brot und Wein eine symbolische Bedeutung verlieh und seine Jünger lehrte, den Brauch als ein Gedenken an seine eigene Person fortzuführen (die sogenannten Einsetzungsworte). Eine genaue Untersuchung legt eine andere Deutung nahe, die besser in den Rahmen des Christuskultes paßt als in den der Zeit Jesu mit seinen Jüngern, wie der Text sich ihn vorstellt.

1 Korinther 11,23–25

Dies ist ein weiterer Text, den Paulus als eine «Überlieferung» bezeichnet, die er «empfangen» und irgendwann früher an die Korinther weitergegeben habe. Die Überlieferung lautet folgendermaßen:

> «Der Herr Jesus, in der Nacht, da er verraten ward, nahm er das Brot, dankte und brach's und sprach:
> ‹Nehmet, esset, das ist mein Leib, der für euch gegeben wird; das tut zu meinem Gedächtnis.›
> Desgleichen nahm er auch den Kelch nach dem Mahl und sprach:
> ‹Dieser Kelch ist der neue Bund in meinem Blut; das tut, sooft ihr daraus trinkt, zu meinem Gedächtnis.›»

Jeder moderne Leser dieses Textes dürfte zunächst mit Erstaunen reagieren. Selbst nachdem man sich mit der grausigen Metaphorik und gequälten Logik des Christusmythos abgefunden hat, ist man kaum auf diese schockierende Darstellung Jesu vorbereitet, der ganz ruhig seine bevorstehende Opferung ankündigt. Und die Neutestamentler haben nicht viel dazu beigetragen, dem ganzen einen Sinn zu geben. Ein Teil des Problems besteht darin, daß die Geschichte der christlichen Liturgie und Ikonographie die Szene mit frommen Darstellungen einer vollkommen göttlichen Person überfrachtet hat, welche bei dem Gedanken, sich selbst zu opfern, um die Welt vor der Verdammnis zu retten, völlig gelassen bleibt. Dieses Bild hat es in sich, eine kritische Analyse zu verhindern. Problematisch ist auch, daß das herrschende Szenario der christlichen Ursprünge diese Szene automatisch in den narrativen Kontext der Evangelien hineinstellt und als historisch versteht. Wenn man das tut, ergibt sich für die Analyse die Aufgabe, sich vorzustellen, wie sich dies ereignet haben konnte, wie es zu dem passen könnte, was wir über den historischen Jesus wissen, wie seine Anhänger es verstanden haben könnten und was Jesus wohl damit gemeint hat. All diese Fragen, die sich aus der Annahme ergeben, es müsse alles so geschehen sein, haben zu keinerlei Ergebnis geführt. Mit Blick auf die in diesem Text beschriebene Szene gilt es also, als erstes festzuhalten, daß sie als Geschichtsschreibung keinen Sinn ergibt. Sie setzt voraus, daß der Tod des «Herrn Jesus Christus» der eines Märtyrers war; dieser Gedanke aber war, wie wir wissen, eine dem Christuskult eigene Vorstellung. Die Szene ist nicht historisch, sondern imaginär. Sie war eine Schöpfung der Christus-Gemeinde und entsprach ihrer Mythologie. Die Gründe für die Mythologie sind deutlich. Nun gilt es zu verstehen, was dazu führte, daß man sich die Ikone Jesus-am-Tisch ausdachte.

Man muß mit der Feststellung beginnen, daß das Bild ein Mahl beschreibt. Da sich die ersten Christen zu Mahlzeiten versammelten, und da Paulus diesen seinen Abendmahlstext benutzte, um etwas über das Verhalten der Korinther bei ihren Zusammenkünften zum Mahl auszusagen, liegt der Verdacht nahe, daß sein Jesus-Bild etwas mit der frühchristlichen Praxis des Mahls zu tun hat. Man beachte, daß die Worte Jesu beim Brotbrechen und beim Trinken eines Bechers Wein gesprochen werden. Brot und Wein waren Abbreviaturen für Essen und Trinken, zwei natürliche Symbole, die jeder verwendete, wenn er über gewöhnliche Mahlzeiten sprach. Man bemerke zudem, daß der Text die Momente der Erinnerung dadurch trennt, daß er das Wort über das Brot an den Beginn des Mahls stellt, das Wort über den Wein jedoch «nach dem Abendmahl» gesprochen werden läßt. Das bedeutet, daß das Bild seinen Platz in der gewöhnlichen Praxis des Mahls hatte und als solches erkannt worden sein dürfte.

Wir wissen leider nur wenig über die Bräuche während der Mahlzeiten bei frühen Jesus-Leuten und Christusgemeinden. Die Q-Leute und die Thomas-Leute scheinen Nahrungsmitteln, dem Betteln und dem Essen in Häusern, in denen man willkommen geheißen wurde, große Aufmerksamkeit geschenkt zu haben, so daß man annehmen kann, gemeinsames Essen habe in ihren Gruppenbildungen eine bedeutende Rolle gespielt. Wir können dies aber nicht mit Sicherheit sagen. Wir kennen auch nicht die Umstände, unter denen das gemeinsame Essen als ein Brauch anerkannt wurde, der wesentlich zu einer christlichen Gemeinde gehörte. Mit Gewißheit können wir allerdings voraussetzen, daß ziemlich früh mehrere Gruppen in den Jesus- und Christus-Bewegungen den Brauch gemeinsamer Mahlzeiten pflegten. Es gibt auch Zeugnisse dafür, daß einige dieser Gruppen reichlich ausgeklügelte Rituale und Symbole entwickelten, um die Bedeutung ihrer gemeinsamen Mahlzeiten kenntlich zu machen und zu feiern. Das Bild aus dem vorliegenden Text der Christusgemeinden ist nicht das einzige Beispiel für eine solche Ritualisierung. Doch keine der anderen Ritualisierungen, für die es Anhaltspunkte gibt (wie etwa die Speisungsgeschichten in der Sammlung von Wunderberichten, die Mahlszenen in den Verkündigungsgeschichten und die liturgischen Gebete in der *Didache*, einem frühkirchlichen Handbuch der Lehre), stellt das Mahl als Handlung des Gedenkens an Jesu Tod dar. Das bedeutet, daß wir zuerst die Praxis des Mahls im allgemeinen verstehen müssen, bevor wir nach der besonderen Bedeutung fragen, die diese frühen Christen ihren Mahlzeiten verliehen.

Wie in der Einführung bereits kurz erwähnt, entstanden in hellenistischer Zeit freie Vereinigungen in Gestalt von Vereinen oder Kameradschaften. Diese folgten, was die Versammlung zu Mahlzeiten, die Erledigung von Geschäften und die Teilnahme an gesellschaftlichen Aktivitäten anging, einem grundlegenden Muster. Es gründete in antiken Praktiken der Gastfreundschaft, welche die Griechen zu einem hochkultivierten und selbstbewußten Gesellschaftsereignis entwickelten, das sie *symposion* nannten. Als das Muster während der griechisch-römischen Zeit zum Modell freier Geselligkeit wurde, waren Mahlzeiten weiterhin Anlaß für Zusammenkünfte. Es bildeten sich Vereine mit Mitgliedern, Funktionären und Förderern, die in der Lage waren, der Gruppe Gastfreundschaft zu gewähren, so wie ein Gutsbesitzer oder Haushaltsvorstand seine Gäste bewirtet hätte. Jetzt aber war die Mitgliedschaft durch die gemeinsamen Interessen der Gruppe bestimmt, denen die Zusammenkünfte dienten. Wichtig für das Verständnis der frühchristlichen Praxis ist die Tatsache, daß eine Vereinigung gewöhnlich den Namen einer Patronats-Gottheit annahm («Gemeinschaft des Herkules» oder «Gesellschaft des Dionysos») und daß man an passender Stelle in irgendeiner Form die Gottheit erwähnte, um der Bestimmung der Zusammenkunft Reverenz zu erweisen. Eine solche passende Stelle war der Beginn der Mahlzeit, eine andere, wenn eine Runde Wein ausgeschenkt wurde und Trinksprüche anstanden. Hier war der richtige Ort für ein kleines Trankopfer für die Gottheit, bei dem man auch eine Art Anrufung sprechen konnte.

Es überrascht nicht, daß christliche Treffen demselben Muster folgten (D. Smith, 1980), denn es stand kein anderes Modell zur Verfügung. So können wir also die Entstehung von «Hauskirchen» mit ihren «Ältesten» und Gönnern, die häufige Verwendung der Begriffe *Gemeinschaft (koinonia)* und *Zusammenkunft* (*ekklesia*) zur Beschreibung ihrer Gemeinden, den Gebrauch des Titels *christos* als Name ihrer Patronats-Gottheit und auch die Tatsache verstehen, daß sie sich zu gemeinsamen Mahlzeiten versammelten. Um den Abendmahlstext zu verstehen, brauchen wir also nur zu wissen, daß sich die Gruppenbildung nach dem Modell von freien Vereinigungen vollzogen hatte, daß die Versammlung als jener Augenblick galt, in dem die Bestimmung der Gruppe erfahrbar wurde, und daß die gewählten Symbole diesem Rahmen auf natürliche Weise entsprachen. Es hat keinen Sinn, nach geheimen, allegorischen Bedeutungen von Brot und Wein zu suchen, die Jesu Worte heraufbeschworen haben könnten. Sowohl Brot und Wein als auch das Brotbrechen und Weintrinken waren Grundsymbole (für die Quellen des Lebens mitsamt allen einschlägigen Konnotationen), die eine breite Skala metaphorischer Bedeutungen aufwiesen. Das sollte nicht überraschen. Der Grund, weshalb sie als Symbole mit besonderem Bezug aufgegriffen wurden, lag in erster Linie darin, daß sie bereits vorhanden waren und immer wieder die bedeutungsvollen Momente der gemeinsamen Mahlzeit markierten. Es sind also nicht die Symbole selbst, was das Bild so erstaunlich erscheinen läßt, sondern die merkwürdige Weise, in der ihnen ein martyriologischer Sinn verliehen wurde. Die Erklärung dafür kann nur lauten, daß der Märtyrer-Mythos im Denken bereits gegenwärtig war, als die Symbole des Abendmahls aufkamen. «Mein Leib, der für euch ...» enthält die vielsagende kerygmatische Wendung «für euch», und es war präzise der Leib, den die martyriologische Literatur in den Mittelpunkt rückte. Es war der Leib, und zwar nur der Leib (nicht die Person, die Seele oder das Fleisch), über den der Tyrann Macht hatte. Die martyriologische Bedeutung von «der neue Bund in meinem Blut» ist ein wenig schwieriger zu erklären. Doch das *Blut* war der Schlüsselbegriff für die Beschreibung des Todes eines Märtyrers, und eine Form, die stellvertretende Wirkung des Todes eines Märtyrers zum Ausdruck zu bringen, bestand in der Aussage, er verteidige oder reinige das Volk mit seinem Blut (4 Makk 6,29; 7,8). In unserem Fall wurde die Opfer-Konnotation des Christusmythos dadurch ausgeweitet, daß man sie mit dem archaischen Ritus der Besiegelung einer Übereinkunft (oder eines Bundes) durch ein Opfer in Beziehung brachte, eine Anspielung, die keinen Sinn ergäbe, wenn sie nicht als Hinweis auf Geschichten über Bundschlüsse und Opfer in den hebräischen Schriften (vgl. Ex 24,8) gedacht gewesen wäre. Offensichtlich hatte die frühere Vorstellung, Christus sei «gemäß der Schrift» gestorben, Anlaß zu weiterem Nachdenken gegeben! Man kann hier beobachten, wie lebendig und aktiv die frühchristliche Phantasie vorging, indem sie eifrig alle, in alle Richtungen führenden Fährten verfolgte, die sich plötzlich zeigten, als die wesentlichen Assoziationen von Wein und Blut, Martyrium und Opfer, Mythos und zugehörigem Ritual einmal geweckt waren. Was für eine Explosion intellektueller Energie, die zu einem phantastischen Anspruch führte, der allerdings vollkommen in Einklang mit dem grundlegenden Selbstverständnis der Gemeinschaft und der Bedeutung ihres Mythos stand. Jesu Tod war ein «Opfer», das einen «Bund» besiegelte, der die christliche Gemeinschaft begründete, und diese erwies jener Grundlegung die Ehre, indem sie ihr gemeinsames Mahl zu einem Akt des Gedenkens an dieses Opfer machte.

Das bedeutet nicht, daß die frühen Christen durch die Ikone, die sie schufen, zu allzu großem nüchternen Ernst veranlaßt worden wären. Das zeigt die paulinische Beschreibung des Verhaltens der Korinther bei der Abendmahlzeit. Wenn wir hier von *Kult* sprechen, sollte man das nicht mit der hochkultivierten ästhetischen Erfahrung verwechseln, die sich uns mit dem Begriff *Gottesdienst* verbindet. Dies war eine christliche Entwicklung aus viel späterer Zeit. Ebensowenig sollte man sich diesen Kult im heute geläufigen Sinn der Verehrung einer charismatischen Führergestalt vorstellen. Der Text zeigt, daß frühe Christen sich Gedanken über ihre gemeinsame Mahlzeit machten und feststellten, daß das für sie, als Menschen, die dem Reich zugehörten, das Richtige war. Sie hatten einen Weg gefunden, dem Rechnung zu tragen, indem sie das Mahl mit ihrem Mythos verbanden. Man pflegte sich den Mythos in den beiden wichtigen Augenblicken der abendlichen Aktivitäten kurz in Erinnerung zu rufen, und das Mahl sollte daher als «An-Denken» des Gründungsgeschehens der versammelten Gemeinschaft gelten. Diese Konzentration auf zwei Augenblicke während des Mahls und auf die symbolhafte Gestaltung jener zwei Augenblicke deutet auf ein frühes Ritual hin. Wie dieses Ritual tatsächlich vollzogen wurde, wissen wir nicht. Zwei Dinge sind jedoch deutlich: (1) Die Abendmahlstexte im 1. Korintherbrief (und bei Markus) waren nicht als Regieanweisung für einen dramatischen Nachvollzug gedacht. Die Vorstellung, ein Priester nehme beim Nachvollziehen des «letzten Abendmahls» den Platz Jesu ein, tauchte bis zu irgendeinem Zeitpunkt im 3. Jahrhundert nicht einmal in Ansätzen auf. (2) Das Bild im 1. Korintherbrief weist unverkennbar Züge einer Ätiologie auf, eines Mythos, der erzählt, wie etwas sich erstmals ereignete, und erklärt, weshalb es auch weiterhin getan wird. In diesem Fall bestehen die mythischen Kennzeichen darin, daß Jesus selbst die Symbole erklärt, und daß es «in der Nacht» geschah, «in der er verraten wurde». *Verraten* oder *ausgeliefert* war ein Begriff aus der Geschichte der Kriegführung , der in Martyriologien verwendet wurde, um die Verschiebung der Machtverhältnisse anzudeuten, welche die Situation für ein Martyrium vorbereitet. Er bedurfte keiner narrativen Entfaltung.

Dennoch handelt die Geschichte von dem «Herrn Jesus». Das macht einen großen Unterschied mit Blick darauf, wie man das Ganze verstanden wissen wollte. *Jesus* meinte eines, *Christus* etwas anderes und *Herr* noch etwas anderes. *Jesus* bezeichnete den Menschen, den wir heute den historischen Jesus nennen, *Christus* meinte den Märtyrer, dessen Sache Gott als gerecht ansah, und *Jesus Christus* wurde bald sein Eigenname. Jesus als einen «Herrn» zu denken, war etwas vollkommen anderes. Bezeichnet war damit ein neuer Status, den man sich für Jesus als den Christus vorstellte, die Funktion, die ihm kraft seines gehorsamen Todes und seiner späteren Auferstehung zukam. Diese Rolle bedeutete Souveränität, eine Rolle, die ansonsten nur Göttern und Königen zugestanden wurde. Wenn dieses Abendmahl das Abendmahl des Herrn Jesus war und wenn dieser Herr nunmehr als souveräner Gott gedacht wurde, sind wir tatsächlich Zeugen eines Vorgangs, der zu einer neuen Religion führen würde. Daß es sich um einen solchen Vorgang handelte, dokumentiert ein weiteres Fragment, das man als Christushymnus bezeichnet.

Der Christushymnus

Christushymnus ist eine Bezeichnung, die moderne Forscher einer offenbar in frühchristlichen Kreisen recht beliebten Gattung von Lobespoesie gaben. Im Neuen Testament finden sich mehrere Beispiele dafür (Phil 2,6–11; Kol 1,15–20; Eph 2,14–16; 1 Tim 3,16; 1 Petr 3,18–22; Hebr 1,3 und Joh 1,1–18), und es gibt noch viele weitere in der späteren christlichen Literatur, einschließlich großer Sammlungen wie jener der Oden Salomos. Das früheste Beispiel ist das Gedicht in Philipper 2,6–11 – ein weiteres vorpaulinisches Fragment:

> «Er, der in göttlicher Gestalt war,
>   hielt es nicht für einen Raub, Gott gleich zu sein,
> sondern entäußerte sich selbst und nahm Knechtsgestalt an,
>   ward den Menschen gleich
> und der Erscheinung nach als Mensch erkannt.
>   Er erniedrigte sich selbst und ward gehorsam bis zum Tode
> (ja, zum Tode am Kreuz).
>
> Darum auch hat ihn Gott erhöht
>   und hat ihm den Namen gegeben, der über allen Namen ist,
> daß in dem Namen Jesu sich beugen sollen aller derer Knie,
>   die im Himmel und auf Erden und unter der Erde sind,
> und alle Zungen bekennen sollen,
>   daß Jesus Christus der Herr ist, zur Ehre Gottes, des Vaters.»

Der Hymnus besteht aus zwei Strophen, die jeweils aus drei Doppelzeilen bestehen. Die Strophen stehen mittels eines Kompositionsmusters, das man als *Chiasmus* bezeichnet (von dem griechischen Buchstaben *chi,* X), miteinander im Gleichgewicht. Der *Chiasmus* ist eine Konstruktion, bei der sich der Gedankengang verengt, eine Wendung nimmt, sich dann erneut öffnet und das Schema in umgekehrter Reihenfolge wiederholt, um mit einer Zeile zu enden, die der ersten Zeile der ersten Strophe entsprach. Im vorliegenden Fall beschreibt die erste Strophe drei Stadien des «Abstiegs» (oder der «Selbsterniedrigung») einer Person «in göttlicher Gestalt», die zweite Strophe dagegen drei Stufen ihrer «Erhöhung» (oder ihres «Aufstiegs»). Das Schema erinnert an das Christus-*Kerygma* mit seiner Verlagerung vom Tod zur Auferstehung, doch in diesem Christushymnus gilt das besondere Augenmerk nicht mehr dem Martyrium. Gewiß zeigt die Zeile «und ward gehorsam bis zum Tod», daß der Christusmythos im Hintergrund wirksam war und noch immer vor Augen stand. Doch das Nachdenken über den Tod als Kreuzigung und die Auferstehung als Rechtfertigung des Märtyrers stand nicht länger im Vordergrund. (Manche Forscher haben dies aufgrund der Wendung «ja, zum Tode am Kreuz» vermutet, doch es herrscht zumeist Übereinstimmung darüber, daß es sich dabei um einen Zusatz des Paulus handelt.) Gemäß dem Christusmythos *wurde* Jesus – kraft seines Gehorsams bis zum Tod – zum Christus. Hier, im Christushymnus, ist Jesus die Inkarnation einer göttlichen Gestalt, die bereits zu Beginn des Dramas «Gottgleichheit» besaß und alle Möglichkeiten hatte, einfach dadurch Herr zu sein, daß sie ihr Reich in Besitz «nahm». Seine Herrlichkeit aber besteht darin, daß er diese Gelegenheit nicht «ergriff» (oder daraus für sich einen Vorteil zog), sondern die Gestalt eines gehorsamen Knechtes annahm. Deshalb erhob ihn Gott zu einer noch höheren Herrschaft, die alles Vorstellbare übertraf. Dieser neue Mythos mit seinem Schema von Abstieg und Aufstieg hob das *kerygma* nahezu auf. Die frühen Christen besaßen nun – statt einer Martyriologie – einen Mythos über ein kosmisches Schicksal. Insofern handelt das Gedicht nicht wirklich von Christus, es ist vielmehr ein Hymnus über Jesus Christus als den *Herrn*.

Das ist Mythenbildung von kosmischen Ausmaßen. In der gesamten griechisch-römischen Welt war *Herr* gleichbedeutend mit «Souverän». Man brauchte lediglich den Namen des betreffenden «Herrn» zu kennen, um seinen Herrschaftsbereich zu lokalisieren. Der Gott Israels war der Herr der Juden, Serapis der Herr seines Mysterienkultes. Andere Götter waren Herren ihrer Völker. Die ägyptischen Könige und Königinnen herrschten kraft ihrer Göttlichkeit als Herren oder Herrinnen. Und die römischen Kaiser, die der verführerischen Vorstellung, als Götter betrachtet und behandelt zu werden, nicht widerstehen konnten, förderten die Ehrerbietung und ließen es zu, daß man sie als Herren anredete. Das Gedicht sagt aus, Jesus Christus sei der Name des Herrn, der über allen Herren sei – das ist eine gewaltige Behauptung. Schon der Gedanke allein macht sprachlos. Man stelle sich vor, daß *jedes* Knie sich beugt und *jede* Zunge bekennt, daß der Märtyrer der Christen namens *Iesous Christos* der Herr über alle Dinge sei, und daß, sollte wahrhaftig vom gesamten Kosmos, einschließlich des Himmels und der Unterwelt, eine solche Huldigung ausgehen, Gott, der Vater, sich freue, den Ruhm dafür zu ernten. Was für ein Bild!

Die Kühnheit dieses Gedichts ergibt sich nur zum Teil aus den Übertreibungen seiner Bilder. In dem kulturellen Durcheinander des griechisch-römischen Zeitalters mußten selbst die Götter in einen Wettstreit miteinander eintreten, und es bedurfte maßloser Ansprüche, um ihnen einen Rang über den anderen Gottheiten zu sichern. Isis etwa beanspruchte, die «Herrin eines jeden Landes» zu sein, und ihre Verehrer behaupteten, Isis sei der «wahre Name» jeder weiblichen Gottheit, mit der sie in all diesen Ländern gleichgesetzt worden war (Grant,

1953, 128–133). Der Christushymnus enthält also keine Gedanken, die andere von vornherein als sonderbar oder befremdlich empfunden hätten, wenn es sich um Ansprüche im Namen eines bekannten Gottes gehandelt hätte. Die Kühnheit bestand vielmehr in erster Linie darin, *Jesus* als einen solchen Gott zu denken. Für den Märtyrer Jesus solche Anspüche zu erheben, dürfte gewiß für einiges Kopfschütteln gesorgt haben. Wir müssen daher der Frage nachgehen, was den Gedanken hervorrief, daß Jesus ein Gott gewesen sei oder weiterhin sei.

Hinweise werden in den Mythen greifbar, die in dieses Gedicht über Jesus eingeflossen sind. Forscher haben für das Gedicht mindestens drei mythologische Hintergründe ausgemacht. Der eine ist die uns bereits vertraute Weisheitserzählung, die Geschichte von einem Kind der Weisheit, das vor den Mächten gerettet wird, die es gefangenhalten. Die Vorstellung, Jesus sei ein Kind der Weisheit, war – da bereits in Jesusüberlieferungen wie Q präsent – nicht neu, und sie gehörte zum Grundbestand des kerygmatischen Christusmythos. In den Jesusüberlieferungen war die Vorstellung Jesu als eines Kindes der Weisheit nicht Teil einer Martyriologie. Sie gründete auf der Weite seiner Erkenntnis, einer Erkenntnis, über die nur ein göttlicher Mensch verfügen könne. Dieser Gedanke entwickelte sich in den Jesusbewegungen ganz natürlich infolge der neuen Aussprüche und Erkenntnisse, die man Jesus – als dem Gründer der Bewegung – zuschrieb. Im Christusmythos legte die Verschmelzung der Weisheitserzählung mit einer Martyriologie den weiteren Gedanken nahe, Jesus sei (seinen Lehren und Gott) «treu» geblieben und daher durch die Auferweckung von den Toten gerechtfertigt worden. Im Philipperhymnus wird sichtbar, daß man einen weiteren Schritt vollzog und sich sein Schicksal nach dem Tode als «Erhöhung» in eine Position von Souveränität vorstellte. Dieser Gedanke dürfte Menschen, die mit der Weisheitserzählung vertraut waren, nicht völlig unerhört vorgekommen sein. Die Weisheit Salomos liefert einige Beispiele dafür, daß die Weisheitserzählung diese Form annehmen konnte (Weisheit 10). Das alles gibt jedoch noch nicht Aufschluß darüber, weshalb diese frühen Christen die Weisheitserzählung so weit hatten treiben wollen.

Der zweite mythologische Hintergrund, der im Spiel ist, war das romantische Bild des idealen Königs oder Herrschers. Gemäß dieser Romantik, die sich in hellenistischer Zeit entwickelt hatte, zog der «wahre» Herrscher keinen Vorteil aus seiner göttlichen Erscheinung und Macht, sondern ließ sie außer acht, um den Interessen seines Volkes zu «dienen». Man hat alle Hinweise des Christushymnus auf «Erscheinung», «Gestalt», «Raub», «Entäußerung», «Erhöhung» und «Herr-Sein» auf diese Königsromantik zurückgeführt. Daß ein Herrscher die «Erscheinung» eines Gottes aufwies, entsprach allgemeiner Vorstellung. Es gibt sogar Beschreibungen einiger Herrscher, die sich tatsächlich wie Sklaven bekleideten und sich unter ihr Volk mischten, um das romantische Ideal zu verwirklichen (Seeley, «Philippian Hymn» 1994). Zu beachten ist, daß die Königsromantik das Schema von Erniedrigung und Erhöhung mit der Weisheitserzählung gemeinsam hat.

Eine dritte Quelle für den Christushymnus war ein mythisches Schema, das in den meisten damaligen Kulturen verbreitet war. Danach steigen die Götter vom Himmel herab, erscheinen Menschen als Boten und kehren wieder zum Himmel zurück. In der gnostischen Mythologie war dieses Schema hochentwickelt. Der Sohn des höchsten Gottes, der bisweilen als «zweiter Gott» bezeichnet wird, wird zur Erde gesandt, erscheint den Erwählten als Führer oder Lehrer, der den «Weg» durch die Welt zeigt, und dann zum Vater zurückkehrt, wo er möglicherweise das Königreich seines Vaters erbt. Der Mythos des Christushymnus ist nicht so voll entwickelt, doch wer die Geschichten über Götter im Ohr hatte (und wer hatte dies nicht?), dürfte die hintergründige Anwesenheit dieses verbreiteten Mythos gespürt haben. Auch hier ist es das Schema Abstieg/Erhöhung, worin dieser Mythos mit den ersten beiden Mythologien übereinstimmt.

Es besteht auch die Möglichkeit, daß das Buch Jesaja eine vierte Quelle für einen Teil des Bildmaterials dieses Christushymnus bildete (Georgi, 1964). Der in Jesaja 52,13–53,12 dargestellte «leidende Knecht» trat in Gestalt eines Knechtes auf, wurde gedemütigt, getötet und erhöht. Und der gehobene Stil der Formulierung, daß «alle Knie sich beugen» und «alle Zungen schwören» werden, findet eine nahe Parallele in einer Selbstaussage Gottes in Jesaja 45 (V. 23), einem langen, kraftvollen Gedicht über die Souveränität Jahwes als des Herrn und jene des Kyros (des persischen Herrschers, der die Rückkehr der Juden aus Babylonien gestattete) als des *Messias* (oder Christus) des Herrn.

Wenn wir erkennen, daß der Christushymnus eine Mischung dieser drei (oder vier) Mythologien darstellt, die man leicht miteinander verbinden konnte, weil sie ein gemeinsames Schema von Erniedrigung und Erhöhung aufwiesen, beginnt die gedankenreiche Meditation, die stattgefunden haben muß, erkennbar zu werden. Die kerygmatische Gestalt des Christusmythos wurde durch das weitere Nachdenken über das verwandelte Wesen des Auferstandenen gefördert. Der Gedanke legte sich nahe, die Auferstehung als eine Erhöhung in eine Position der Souveränität zu begreifen. Es standen Mythologien zur Verfügung, die einen solchen Gedanken in Erwägung ziehen ließen, und die Motive aus verschiedenen mythischen Vorgaben für die Darstellung eines Geschicks wurden in einem einzigen Gedicht über Jesus Christus miteinander verbunden. Die Verschmelzung dieser Mythen brachte zwei neue Ideen hervor. Eine bestand in der Vorstellung, Jesus Christus sei ein Souverän geworden, ein göttlicher Herrscher, einer, der kraft seiner wesenhaften

Göttlichkeit für eine solche Autoritätsstellung bestimmt war. Dies geschah irgendwann, als alle vor Augen stehenden mythischen Wesen, von dem Gerechten an bis zum Sohn Gottes, zu einer einzigen Gestalt verdichtet wurden. Die andere Idee war die Vorstellung, daß der Geltungsbereich von Jesu Autorität sich auf alle Völker erstreckte (oder einst erstrecken werde). Sich das sozusagen graphisch vorzustellen, war einfach: Jesus erhielt einen «höheren» Platz als die anderen Herrscher, und man malte sich seinen Herrschaftsbereich als «größer» aus. Infolgedessen erstreckte sich Jesu Autoritätsstellung nunmehr auf alle denkbaren Reiche innerhalb eines einzigen kosmischen Horizonts. Auf diese Weise konnte Jesus Christus als Herr über das All gepriesen werden.

All dies verdeutlicht jedoch den Prozeß der Mythenbildung lediglich auf der Ebene des Nachdenkens über dieses oder jenes Arrangement von Ideen, mit dem man ein organisches poetisches Bild schaffen konnte. Es zieht nicht die kritischen Faktoren der sozialen Verhältnisse oder des Gruppeninteresses in Betracht, die einen solchen Mythos motiviert oder erfordert haben könnten. Es beantwortet nicht die Frage, weshalb frühchristliche Gemeinden diese Mythen miteinander verschmelzen wollten. Deshalb müssen wir in Betracht ziehen, daß der Christuskult sich einer Reihe bedrängender Fragen ausgesetzt gesehen hatte, die solche außergewöhnlichen Ansprüche notwendig machten. Wenn dessen Anhänger nicht mehr in Einklang mit den Bräuchen ihres kulturellen Erbes lebten, wie stand es dann mit ihrer Loyalität gegenüber den tatsächlich herrschenden Mächten? Sollten Christen die Vorschriften, Herrscher und Autoritätssysteme beachten, die ihren Gehorsam erwarteten? Und falls nicht – auf welche Autorität konnten sich diese frühen Christen berufen, um so leben zu können, als gehörten sie einer anderen Welt, einer anderen Gesellschaftsordnung an? Der Christushymnus stellte ihre Antwort auf diese Fragen dar. Es handelt sich um das Lied einer Gemeinde, die sich allmählich selbst als Teil eines «Reiches» begriffen hatte, das den Reichen der Welt überlegen und von ihnen unabhängig war. Dieser neue Mythos war nicht das Ergebnis bloßer Spekulation oder eines brennenden Verlangens nach einer Schutzgottheit. Er erwuchs auch nicht aus der persönlichen religiösen Erfahrung irgendeines Visionärs, der «den (Gott) Jesus schaute», wie einige moderne Christen Paulus interpretieren. Der Mythos entstand vielmehr im Zusammenhang eines Ringens mit einem Autoritätskonflikt. Er bot eine Antwort auf die bedrängende Frage, wer das Recht besaß, ihnen zu sagen, wie sie sich zu verhalten hätten, und ihren Gehorsam und ihre Loyalitäten zu überprüfen. Wir können dies mit Sicherheit annehmen, da der gemeinsame Nenner all dieser Mythen nicht in der Göttlichkeit sondern in der Souveränität der beteiligten mythischen Gestalten lag. Gerade die Absurdität der Behauptung, Jesus sei der Herr über alle

Dinge, signalisiert das Ausmaß der Bedrängnis, in welche die Frage nach der Autorität diese Christen zunächst gebracht hatte.

Der Christushymnus bringt also an den Tag, daß sich die Christen als alternative Gesellschaft sehr ernst genommen hatten. Sie hatten darüber nachgedacht, worin sich ihre Gemeinden von anderen Formen von Gesellschaft unterschieden, und nach Möglichkeiten gesucht, zu sagen, um wieviel besser ihre Vision einer humanen Gemeinschaft für Menschen war, die in der Welt miteinander lebten. Der Christushymnus stellte ein Ergebnis dieses kritischen Nachdenkens dar. Es ging dabei auch darum, zu vergleichen, gegenüberzustellen und zu bewerten. Natürlich war das Modell, das sie vor Augen hatten, um über sich selbst – in Beziehung zu anderen Gesellschaften – nachzudenken, das eines Königreichs. Diesem Modell entsprechend, mußten sie die Frage nach der Autorität dadurch beantworten, daß sie das Verhältnis ihres Königs zu anderen Königen sowie zur Welt insgesamt und zu Gott herausstellten. Jeder Theologe eines Mysterienkultes hätte dasselbe getan wie Plutarch für Isis und Osiris in seiner gleichnamigen Abhandlung. Und das Ergebnis solchen Nachdenkens mußten sie formulieren, indem sie die Stellung bestimmten, die ihr Herrscher in der Rangordnung der Götter und Könige innehatte, die zu ihrer Zeit die Welt regierten. Der Christusmythos war also das Ergebnis der christlichen Beteuerung, man habe keinen König außer Jesus.

Doch was für eine kühne Behauptung! Im Vergleich zu anderen Reichen der Welt oder auch nur zu anderen – in alten ethnischen, nationalen oder religiösen Überlieferungen (wie Mysterienkulten, Landsmannschaften oder jüdischen Synagogen) wurzelnden – Gruppen waren diese Christen nichts weiter als kleine, spontan entstandene Zellen merkwürdiger Leute, die mit einer neuartigen gesellschaftlichen Vorstellung experimentierten. Sie besaßen kein Prestige, keine Macht, keine eigenständige kulturelle Tradition, und doch waren sie da, verstanden sich selbst nicht mehr nach dem Schema einer organisierten Vereinigung und begnügten sich damit, sich für eine Lehre, Philosophie und soziale Idee zu engagieren. Sie waren ihrem Selbstverständnis nach Gemeinschaften, die zu einem Reich gehörten, das unabhängig von allen anderen Reichen der Welt und ihnen überlegen war. Was für ein Königreich! Mit einem Herrn, der erhabener war als der römische Kaiser? Ja. Mit einem Herrn von gleicher Erhabenheit wie der Gott Israels? Ja. Ein ganz schöner Anspruch, der absurd, anmaßend und – mit Blick auf gute Beziehungen zu friedlichen Nachbarn – ausgesprochen gefährlich geklungen haben muß. Und doch war es genau diese kühne Vorstellung, die sich den frühen Christen als das Beste empfahl, um ihre Identität zum Ausdruck zu bringen und zu sagen, wofür sie standen.

Sich einem solchen Reich zugehörig zu betrachten, dürfte für entwurzelte und ausgegrenzte Menschen eine sehr reizvolle Möglichkeit gewesen sein. Christliche Gemeinden boten einen Ort für erregte Diskussionen über die Bedeutung dieser ganz neuen Vorstellung von einem kosmischen Reich. Man fragte etwa danach, wie die geistige Realität dieses Reiches zu verstehen sei und die Weise seiner Gegenwart in einer Welt, die sich der Macht und der schließlichen Bestimmung dieses Reiches noch nicht bewußt war. Dies war ein wunderbares Forum, das es Intellektuellen und Dichtern ermöglichte, schöpferische Gedanken und Gedichte über das Ereignis des Offenbarwerdens dieses Reiches auszutauschen. Empfindsame Seelen machten die Erfahrung einer geistigen Verwandlung, und es entwickelte sich ein Kult, mit dem sie ihre Treue zu dem Herrn Jesus Christus feiern konnten.

Die Vorstellung, die frühen christlichen Gemeinden hätten sich zu einem «Gottesdienst» nach Art der späteren christlichen Praxis versammelt, wäre falsch. Deutlich sichtbar ist jedoch etwas wie das «Erkennen», die Erfahrung oder der Wunsch nach Erfahrung der Macht dieses Reiches als einer gegenwärtigen Wirklichkeit. Doxologien (poetische Ausdrucksformen, die «Gottes Herrlichkeit» aussagen) begegnen in den paulinischen Briefen in Fülle, und einige davon weisen die Kennzeichen eines Gemeindediskurses auf. Bisweilen wird – etwa in Galater 1,3–5 – eine Doxologie an eine kurze Glaubensaussage angefügt:

> «Gnade sei mit euch und Friede von Gott, unserm Vater, und dem Herrn Jesus Christus,
> der sich selbst für unsere Sünden dahingegeben hat, daß er uns errette von dieser gegenwärtigen bösen Welt
> nach dem Willen Gottes, unseres Vaters,
> dem sei Ehre von Ewigkeit zu Ewigkeit! Amen.»

Es gibt auch Akklamationen (wie «Jesus ist Herr», Röm 10,9), Hymnen an die göttliche Liebe als einer kosmischen Kraft (1 Kor 13), Segenssprüche (2 Kor 1,3–4), Danksagungen, Gebete und Anrufungen (wie etwa «Unser Herr komme», 1 Kor 16,22). Offensichtlich vollzog sich die Transformation einer Jesusbewegung in eine religiöse Gemeinschaft nach dem Vorbild eines Mysterienkultes mit politischen Untertönen. Die Gegenwart des Herrn wurde als «geistig» verstanden, was leicht mit dem «Geist» der Gemeinde, der geist-vollen Art ihrer Aktivitäten, ja sogar mit dem schöpferischen, im Kosmos nach wie vor wirksamen Geist Gottes in Beziehung gebracht werden konnte. Wie Paulus es in einem seiner Briefe an die Korinther formulierte (2 Kor 3,17): «Der Herr ist der Geist; wo aber der Geist des Herrn ist, da ist Freiheit».

Die Transformation einer Jesusbewegung in den Christuskult, in dem Christus als Herr des Universums proklamiert wurde, markiert einen wichtigen Moment in den Anfängen des Christentums. Es war dieser Übergang, der die Grundlagen für eine eigenständige christliche Mentalität schuf und einen Weg aufzeigte, den eigenen Platz als in, aber nicht von der Welt zu begreifen. Mehrere Vorstellungen flossen in diesem komplizierten Gedankengebäude zusammen: (1) das Empfinden der Universalität des «Reiches Gottes» (oder der göttlichen Ordnung, der die Christen angehörten), (2) das Empfinden, die jeweils konkrete christliche Gemeinde sei von ihrem gesellschaftlichen und politischen Umfeld unabhängig, und (3) das Empfinden, eine bestimmte Konstellation von konkreter christlicher Gemeinde und geistigem «Reich Gottes» stehe den Königreichen der Welt gegenüber, als kritische Erinnerung daran, wie sie eigentlich sein müßten. Das Auffallende an diesem erstaunlichen Gefühl von Präsenz in der Welt ist, daß es nicht dazu verpflichtete, eine eigene, funktionierende Gesellschaft zu schaffen.

Zweiter Teil

Christus und der Angelpunkt der Geschichte

4. Paulus und sein Evangelium

In der Zeit nach Jesus bestimmte eine einzige Persönlichkeit das traditionelle Bild der Anfänge des Christentums. Dieser Mensch, ein jüdischer Intellektueller namens Paulus, spielt im Neuen Testament eine so große Rolle, daß das, was er als sein Evangelium bezeichnete, in der christlichen Kirche zu *der* Definition der neuen Religion wurde. Bedauerlicherweise orientieren sich viele Forscher in ihrer Vorstellung der christlichen Ursprünge noch immer an den paulinischen Anschauungen. Die Gründe dafür sind offensichtlich. Die von Paulus (teilweise pseudonym) verfaßten Schriften machen über die Hälfte der Bücher des Neuen Testaments aus. Seine Briefe aus den fünfziger Jahren sind die frühesten handschriftlich bezeugten christlichen Schriften. Es sind die einzigen Texte aus dem 1. Jahrhundert, die von der Forschung als authentisch erachtet werden, die also tatsächlich von dem Verfasser geschrieben oder unterzeichnet sind, dem sie zugeschrieben wurden. Die vielen anderen Schriften und Textfragmente aus dem 1. Jahrhundert wurden entweder anonym verfaßt oder fielen den Wechselfällen der Geschichte zum Opfer. Aus den Paulusbriefen ergibt sich zudem die erste autobiographische Skizze des Lebens und Denkens eines wirklichen, lebendigen Christen. So galt Paulus als erster zum Christentum Bekehrter, als erster Christ, der Jesus nicht «dem Fleische nach» kannte, wie er sagte, und somit als erster Zeuge für den Glauben, der durch Jesu Auferstehung von den Toten entstanden sein muß.

Diese Sicht der Dinge ist in zweierlei Hinsicht problematisch. Erstens tritt das paulinische Verständnis des Christentums in den vielen Texten aus der Zeit der frühen Jesusbewegungen nicht in Erscheinung. Zweitens war das Evangelium des Paulus für die meisten Menschen seiner Zeit, einschließlich vieler anderer Christen, wie wir sehen werden, weder verständlich noch überzeugend. Aus der Sicht des Historikers bedeutet dies, daß man dem aus den Paulusbriefen hergeleiteten traditionellen Bild der christlichen Ursprünge mißtrauen und es neu überdenken muß. Anstatt das Material aus den Jesusbewegungen mit den Augen des Paulus zu lesen, müssen wir die Wirksamkeit des Paulus als bemerkenswerten Augenblick in der Geschichte einer Jesusbewegung verstehen. Der Unterschied zwischen dem von den Jesusbewegungen und dem von Paulus entworfenen Bild bedarf der Erklärung. Die Grundlage dafür ist im letzten Kapitel gelegt worden. Nun müssen wir das traditionelle Verständnis der Bekehrung des Paulus sowie seiner Mission und Botschaft revidieren.

Paulus bekehrte sich zu einer Jesusbewegung, die bereits zu einer Gemeinde Christi geworden war. So viel wird aus seiner eigenen Darstellung deutlich. Grund für diese Bekehrung war seiner Aussage nach eine «Offenbarung» Gottes, daß Jesus Christus Gottes Sohn war (Gal 1, 12.15–16). Damit muß der Christusmythos angesprochen sein, nicht eine der Deutungen Jesu aus den anderen Jesusbewegungen. Auch berichtete er, er habe die Christen, bevor er seine Ansicht über sie änderte, «verfolgt», weil sie eine Bedrohung seiner eigenen religiösen Überzeugungen darstellten (Gal 1, 13). Trifft dies zu, so müssen wir die Ursachen dieser Feindschaft sowie des späteren Sinneswandels verstehen, um sein Evangelium und den Grund für seine privilegierte Stellung innerhalb des Neuen Testaments zu begreifen.

Beginnen wir mit einem Hinweis in seinem Brief an die Philipper. Er war, wie er sagte,

> «... am achten Tag beschnitten, aus dem Volk Israel, vom Stamm Benjamin, ein Hebräer von Hebräern, nach dem Gesetz ein Pharisäer, nach dem Eifer ein Verfolger der Gemeinde, nach der Gerechtigkeit, die das Gesetz fordert, untadelig.» (Phil 3, 5–6)

Es besteht kein Grund, dieses persönliche Profil anzuzweifeln. Paulus identifizierte sich selbst als Juden, der seine Herkunft kannte und stolz auf sie war. Seine Auffassung des jüdischen Gesetzes steht im Einklang mit dem, was wir über Juden in der Diaspora wissen – daß nämlich der Akzent auf der Herkunft und auf den Vorschriften für das persönliche Verhalten lag, nicht auf dem Gesetz im Sinne einer rechtlichen Verfassung für den Zweiten Tempel. Die Aussage des Paulus macht auch seine Übereinstimmung mit einer Denkrichtung sichtbar, die ein besonderes Verständnis der die jüdische Frömmigkeit bestimmenden Normen vertrat. Er war nach eigener Aussage Pharisäer, was bedeutet, daß er sich befleißigte, eine bestimmte Gruppe von Praktiken einzuhalten. Dabei muß es sich um die in Kapitel 1 erörterten Reinheitsvorschriften gehandelt haben. Ihre Einhaltung bürgte für die Reinheit oder Gerechtigkeit eines Menschen. Dies war das Kennzeichen eines eifrigen Juden, der von der Bedeutung der Präsenz des Judentums in der weiteren Welt der Völker und Kulturen überzeugt war. Daß Paulus seine vorchristliche Lebensweise bekanntmachte, indem er ausgerechnet seine Feindseligkeit gegenüber der christlichen Gemeinde (*ekklesia*) und die sorgsame Beachtung des Gesetzes, die ihn als Pharisäer ausgezeichnet hatte, als Beweis für seine Frömmigkeit anführte, ist eine äußerst wichtige Information. Wir müssen lediglich ein oder zwei weitere Merkmale des vorchristlichen Paulus erfahren, um die Bedeutung seiner Bekehrung zu verstehen.

Eines dieser Merkmale ist das Maß an Bildung oder Gelehrsamkeit, das Paulus erwarb. Nach seinen Briefen zu urteilen, war er hochgebildet, nicht nur in der griechischen Sprache, in Literatur und Rhetorik, sondern auch in dem, was er die «Satzungen meiner Väter» (Gal 1,14) nannte. Dazu muß auch eine strenge Ausbildung in der Lektüre und Deutung der jüdischen Schriften gehört haben, denn er bezog sich in seinen Briefen ständig auf diese Literatur, verwendete sie, wenn er die neue christliche Religion verteidigte, und war glänzend beschlagen in den für jüdische Lehrer typischen exegetischen Interpretationsmethoden. Das bedeutet, daß Paulus in den gegenläufigen Strömungen der beiden großen geistigen Überlieferungen seiner Zeit lebte und hervorragend darauf vorbereitet war, mit anderen über gesellschaftliche Themen nachzudenken. Wichtiger ist jedoch die Frage, was er mit seiner Bildung angefangen haben oder worin seine Berufung bestanden haben mag. Der Galaterbrief bietet folgende Anhaltspunkte: Er «übertraf im Judentum viele seiner Altersgenossen» und «eiferte für die Satzungen» (Gal 1,14); er war ein Wanderprediger, der sowohl mit den Diasporasynagogengemeinden in Syrien als auch mit den Gemeinden Christi vertraut war, und er hatte einst «die Beschneidung gepredigt» (Gal 5,11). Die Schlußfolgerung muß lauten, daß Paulus eine führende Figur der jüdischen Synagogengemeinden in Syrien war und als Verfechter pharisäischer Maßstäbe unübersehbar an ihrem geistigen Leben Anteil nahm.

Wir wissen nichts von einem Amt, das Paulus in der Zeit innehatte, als er für die Verbreitung seiner konservativen Sicht des Judentums eintrat, doch es ist nicht schwer, sich vorzustellen, daß seine Rolle als gebildeter jüdischer Intellektueller seiner späteren Berufung als christlicher Missionar ähnlich gewesen sein muß. Daß Paulus einst «die Beschneidung predigte», kann nur bedeuten, daß er aktiv an den Diskussionen über das Verhalten gegenüber Nichtjuden beteiligt war, die sich den hellenistischen Synagogengemeinden anschlossen. Er muß gewußt haben, daß Nichtjuden diesen jüdischen Schulen und Gemeindezentren angehören wollten. Er muß erkannt haben, welche Anziehungskraft das Judentum aufgrund seiner sozialen Werte und des Netzwerkes von Synagogen inmitten der gesellschaftlichen Zersplitterung jener Zeit auf Nichtjuden ausübte. Wir wissen, daß die Frage nach der Stellung der Nichtjuden zu dieser Zeit unter jüdischen Intellektuellen vielfach diskutiert wurde und daß man eine Vielzahl von Lösungen vorschlug. Paulus war der Auffassung, Nichtjuden, die sich einer Synagogengemeinde anschließen wollten, müßten beschnitten werden. Dies war die konservativste Position, und sie sagt einiges darüber aus, wie Paulus sich selbst und seine Welt verstand. Bedenken wir die Schwierigkeiten, die mit einer solchen Haltung verbunden waren. Einmal verkörperte das Judentum sowohl eine Lebensweise als auch ein ethnisches Erbe. Angenommen, Nichtjuden empfanden die jüdische Lebensweise als reizvoll, welche Grundlage hatte ihre Hoffnung auf Zugehörigkeit, wenn sie keinen Anteil an dem ethnischen Erbe hatten? Verschärft wurde dies dadurch, daß die Beschneidung als selbstverständliches Kennzeichen des Jude-Seins galt. Wie also konnten Nichtjuden hoffen, ohne Beschneidung jüdisch zu werden? Man sieht, wie sich das Problem verschärft. Es gilt zudem die Überzeugung zu berücksichtigen, die Anziehungskraft auf Nichtjuden sei nicht etwa eine zufällige Folge der jüngsten gesellschaftlichen Entwicklung, sondern immer schon Teil des Planes und der Absicht Gottes mit Israel gewesen. Israel sollte Anziehungskraft ausüben. Seine Bestimmung war es, ein «Licht der Völker» zu sein, wie es einer der Propheten ausdrückte. Was dann? Dann war die konservative Haltung in einer Hinsicht einladend (Menschen, die aufgrund ihrer ethnischen Zugehörigkeit Nichtjuden waren, *konnten* durch die Beschneidung vollgültige Juden werden), unter einem anderen Gesichtspunkt jedoch schwierig (konnte die Beschneidung wirklich die ethnische Differenz aufheben?). Und wie verhielt es sich mit Nichtjuden, die sich nicht beschneiden lassen wollten, aber dennoch den Gott Israels zu verehren gelernt hatten? Man nehme jetzt die Jesus-Leute hinzu, die ohne bewußte Absicht eine Antwort auf diese Frage gefunden hatten, indem sie Nichtjuden in den Christuskult aufnahmen.

Die Feindseligkeit des Paulus gegenüber den Christusgemeinden ist vollkommen verständlich, denn die christliche Lösung des Problems der Nichtjuden widersprach seiner eigenen Position und bedrohte die Integrität und Mission der Synagoge der Diaspora. *Synagoge* hieß – ebenso wie *Kirche* (*ekklesia*) – «Versammlung». Zwei Gemeinden Israels in derselben Stadt bedeuteten ein Schisma, und dies bereitete Schwierigkeiten. Daher stieß Paulus auf seinem eigenen Weg auf das Christentum und «verfolgte die Gemeinde Gottes über die Maßen und suchte sie zu zerstören» (Gal 1, 13). Was könnte seine Auffassung verändert haben? Es bedurfte lediglich zweier Gedanken, von denen einer für einen Juden wie Paulus ausgesprochen schmerzhaft, aber dennoch möglich gewesen wäre, während der zweite – hatte er erst einmal dem ersten zugestimmt – durchaus reizvoll war. Der erste Gedanke besagte, die Christen könnten recht haben. Was, *wenn* sie recht hatten? Was, wenn die Heiden nicht beschnitten werden mußten, um zum Volk Gottes dazuzugehören? *Dieser* Gedanke wäre für einen Menschen wie Paulus revolutionär gewesen. Der andere Gedanke lautete, daß – sollte dies zutreffen – die Zeit für eine mit vereinten Kräften betriebene Mission unter den Völkern gekommen war. *Dieser* Gedanke muß elektrisierend gewirkt haben. Plötzlich wäre die Bedeutung, die er der Präsenz des Judentums in der größeren griechisch-römischen Welt zuschrieb, zum Leuchten gekommen. Man denke nur: Jeder würde seinen Platz in der einen großen Familie des Gottes Israels einnehmen, ohne daß man von den Nichtjuden die Beschneidung fordern müßte! Paulus änderte seine Haltung. Er beschloß, die Christen hätten recht, und er sei, da er die Wahrheit des Planes Gottes erkannt habe, zum «Apostel der Völker» berufen. Letztlich war es ein ziemlich einfacher Vorschlag, einzugestehen, daß die Beschneidung einen Nichtjuden nicht wirklich zu einem Juden mache und daß die Christen die ganze Zeit über damit recht gehabt hatten, sie nicht zu verlangen. Doch welche Horizonte taten sich da auf! Paulus' Begriff vom Volk Israel weitete sich plötzlich und umfaßte Juden und Nichtjuden als Glieder der einen großen Familie Gottes.

Die Bekehrung des Paulus war nach eigener Aussage radikal. Er beschrieb sie als eine Offenbarung Gottes darüber, daß Jesus Gottes Sohn war, und als Berufung, diese Botschaft den Nichtjuden zu überbringen (Gal 1,15–16). Es ist sehr wichtig, zu erkennen, daß «Offenbarung» und «Berufung» einen Sinneswandel auf zweierlei Art zur Sprache brachten. Leider übernehmen manche Bibelübersetzungen (etwa die englische *New Revised Standard Version*) eine lange Tradition schlampiger Übersetzung, indem sie den Text so wiedergeben: «Es gefiel Gott, *mir* seinen Sohn zu offenbaren» (Gal 1,15–16, Hervorhebung vom Verfasser). Der griechische Begriff lautet *en emoi* – dies aber bedeutet «in mir» oder «durch mich», nicht «mir». Paulus sagte also statt dessen: «Es gefiel Gott, seinen Sohn in mir (oder durch mich) zu offenbaren.» Er behauptete keine persönliche, private Erfahrung der Begegnung mit Gottes Sohn. Er berichtete über die Erfahrung eines göttlichen Auftrags, der sich aus seiner Erkenntnis (oder der «Offenbarung») ergab, daß dem Anspruch, den Christen für Jesus erhoben, Bedeutung für die Sendung Israels zukomme, und daß er, Paulus, hier den Weg weisen solle. Natürlich wollte Paulus diese Offenbarung als den einzigen Grund dafür ausgeben, daß er seine Haltung gegenüber den Christen geändert habe. «Denn ich habe es (das Evangelium) nicht von einem Menschen empfangen oder gelernt, sondern durch eine Offenbarung Jesu Christi» (Gal 1,12). Das ist eine bemerkenswerte Aussage, und sie unterstreicht die Bedeutung, die Paulus seiner eigenen, persönlichen Erfahrung als Grund seiner neuen Überzeugung beimaß. Doch damit kann noch nicht alles gesagt sein, denn gewiß kannte Paulus den Christusmythos bereits vor seinem Offenbarungserlebnis. Es war der Christusmythos, den er bekämpft und – wie er bei anderer Gelegenheit sagen sollte – «empfangen» *hatte* (1 Kor 15,3). Da er in beiden Fällen den gleichen Begriff (*paralambano*, empfangen) verwendet, sagt Paulus also, er habe das Evangelium sowohl – indem er es von anderen erfahren habe – empfangen, wie auch, er habe es nicht empfangen. Das ist für uns dann kein Problem, wenn uns klar ist, daß das Beharren des Paulus auf der unmittelbar von Gott stammenden Offenbarung sein Weg war, die Bedeutung seines Sinnenwandels hervorzuheben. Es ging um ein persönliches «Schauen», daß der Christusmythos «wahr» war.

Wir wagen es nicht, an die lukanische Darstellung des blendenden Lichtes zu denken, das Paulus auf dem Weg nach Damaskus zu Boden warf (Apg 22,6–11). Das traditionelle Verständnis der Bekehrung des Paulus als einer persönlichen Begegnung mit dem auferstandenen Jesus basiert auf Lukas' Geschichte, doch bei dieser Geschichte handelt es sich um eine etwa achtzig Jahre nach dem Ereignis verfaßte Legende. Wollen wir sehen, wie Paulus selbst über sein Offenbarungserlebnis und dessen Wirkung dachte, so müssen wir uns auf seine eigenen Berichte konzentrieren. Nach eigener Darstellung wartete Paulus, nachdem er seine Offenbarung empfangen hatte, vierzehn Jahre, bevor er den «Säulen» in Jerusalem (Jakobus, Petrus und Johannes) einen Besuch abstattete. Er unternahm diese Reise, wie er sagte, um ihnen das Evangelium vorzulegen, «das ich predige unter den Heiden ..., damit ich nicht etwa vergeblich liefe oder gelaufen wäre» (Gal 2,1–2). Das klingt so, als sei Paulus noch aktiv an maßgeblichen ideologischen Debatten über sein Evangelium für die Nichtjuden beteiligt gewesen. Worüber mögen sie in Jerusalem diskutiert haben?

In dem Bericht des Paulus über das Treffen in Jerusalem sowie über einen Vorfall in Antiochia kurze Zeit später werden zwei umstrittene Themen erwähnt, die jeweils mit der Frage nach den Nichtjuden zusammenhingen: (1) Müssen Nichtjuden sich beschneiden lassen? (2) Sollten Juden Tischgemeinschaft mit Nichtjuden pflegen? (Gal 1–2). Aufgrund des Berichts insgesamt scheint es, als hätten die «Säulen» kaum über diese Fragen nachgedacht und als habe Petrus nicht gewußt, was dazu zu sagen sei und wie man sich verhalten sollte. Paulus' Bericht über diese Begegnungen und Petrus' Faselei über die angesprochenen Themen nähren den Verdacht, daß die Jesusbewegung in Jerusalem nicht dem Typus einer Gemeinde entsprach, die dem Christuskult anhing. Die Jerusalemer Gruppe hatte vielmehr die Schlußfolgerung gezogen, Jesu Lehre über das Reich Gottes lasse sich am besten im Zusammenhang mit einer bestimmten Form jüdischer Frömmigkeit begreifen. Als die Jesus-Leute in Jerusalem mit Paulus und seinem Evangelium für die Nichtjuden konfrontiert wurden, waren sie überaus besorgt und traten ihm entgegen. Viele Forscher sind der Auffassung, Paulus habe bei beiden Gelegenheiten, über die er erzählt, in der Diskussion den Kürzeren gezogen, denn seine Berichte stellen offenkundige Versuche dar, unangenehmen Begegnungen die bestmögliche Deutung aufzuzwingen. Er sagte erstens, Titus, ein Grieche, der ihn begleitet hatte, sei nicht gezwungen worden, sich beschneiden zu lassen (als ob die «Säulen» in Jerusalem dies augenblicklich hätten tun wollen!), und zweitens, er und die «Säulen» wären übereingekommen, die Meinungsverschiedenheit bestehen zu lassen, und hätten dies per Handschlag besiegelt. Petrus solle mit dem Evangelium für die Beschnittenen «betraut» werden (wie auch immer *dieses* Evangelium aussah), Paulus dagegen mit dem Evangelium für die Unbeschnittenen (Gal 2,3–14). Fragen wir, weshalb sich Paulus vierzehn Jahre nach seiner Offenbarung zu dieser Reise nach Jerusalem genötigt sah, so scheint es, als habe er eine Zeitlang gebraucht, um über den Christusmythos nachzudenken und dessen logische Implikationen für sein eigenes Missionsverständnis herauszuarbeiten. Er erwähnt, daß er vor dem Treffen in Jerusalem für einige Zeit als Missionar in Kilikien und Syrien unterwegs war (Gal 1,21–24), doch wir haben kein Dokument aus dieser Zeit, das uns verriete, was er verkündigte. Seine Missionstätigkeit in Kleinasien, Mazedonien und Griechenland, aus der uns seine Korrespondenz vorliegt, begann nach dem Treffen, als sei dies der Augenblick gewesen, von dem an Paulus endgültig beschloß, eigenständig vorzugehen. Das Treffen läßt sich auf das Jahr 48 datieren; seine Briefe stammen allesamt aus den fünfziger Jahren. Entscheidend ist, daß die Überzeugung des Paulus das Ergebnis vieler Jahre des Nachdenkens war, nicht irgendeines mystischen Augenblicks einer unmittelbaren Vision.

Nirgends beschreibt Paulus seine missionarischen Strategien oder Aktivitäten. Das traditionelle Bild eines Paulus, der ständig unterwegs ist und in jeder neuen Stadt die örtliche Synagoge aufsucht, um sich dort Gehör zu verschaffen, stammt von Lukas. Die lukanischen Geschichten über die paulinische Mission sind überhaupt fragwürdig. Sie wurden erzählt, um Lukas' eigene Theorie über die christlichen Anfänge zu untermauern, und stimmen nicht mit dem überein, was Paulus über dieselben Orte und Ereignisse berichtet. Eine Einzelheit der lukanischen Darstellung ist allerdings hilfreich, nämlich seine Behauptung, Paulus habe diejenigen, die sich bekehrten, vor allem unter den «Gottesfürchtigen» gefunden, das heißt unter Nichtjuden, die bereits in Verbindung zu jüdischen Synagogengemeinden standen. Da Paulus seine Missionsstrategie nicht beschreibt, können wir dies nicht mit Sicherheit beurteilen. Es ist jedoch schwer, sich den Verlauf der Dinge anders als so vorzustellen, daß sich der Christuskult zunächst unter Juden und bereits im Umfeld der Diasporasynagogen lebenden Nichtjuden ausbreitete. Wie im vorherigen Kapitel beschrieben, stellte der Christuskult seinem Wesen nach eine griechische Antwort auf eine jüdische Frage hinsichtlich der gemischten Zusammensetzung einer weiter nicht bekannten Jesusbewegung dar, die sich selbst als Israel zu verstehen begonnen hatte. Bevor die Jesus-Leute in die Problematik von Juden und Nichtjuden hineingeraten waren, hatten sie keines Christusmythos bedurft. Nur nichtjüdische «Gottesfürchtige», die bereits meinten, zu Israel zu gehören sei wünschenswert, wären von der Logik dieses Christusmythos beeindruckt gewesen. Und nur Juden, denen die soziale Vision des Reiches Gottes als einer Aufforderung zur Erweiterung der Grenzen des Judentums gemeinsam war, dürften Begeisterung über den Gedanken empfunden haben, daß Gottes *christos* dafür gestorben war. Daher dürfte der Christusmythos dort am meisten Sinn ergeben haben, wo Juden und Nichtjuden bereits zusammenkamen. In diesem Gemisch konnte der Christusmythos sowohl hitzige Aufregung als auch Licht hervorbringen. Die Reibefläche, welche die – zündenden wie strahlenden – Funken erzeugte, war mit der gegenseitigen Anziehung von Juden und Griechen, die auf der Suche nach Gemeinschaft waren, und der daraus entstehenden ethnischen Spannung bereits gegeben. Die Bekehrung des Paulus zum Christusmythos läßt sich am besten so verstehen, daß er in einem sozialen und ideologischen Streit über die zunehmend schärfer werdende Selbstabgrenzung eines Judentums, das einen Prozeß der Hellenisierung durchmachte, die Seiten wechselte. Nur eine solche Zusammensetzung der Klientel erklärt wohl die Bereitschaft einiger, das Evangelium des Paulus in Erwägung zu ziehen, sowie das ständige Grollen jener, die ihm widersprachen.

In seinen Briefen stellt sich Paulus als Gründer christlicher Gemeinden dar, und es trifft zu, daß er für einige von ihnen als wichtigster Missionar gelten mußte. Es ist jedoch ziemlich deutlich, daß auch andere führende Persönlichkeiten an der Verbreitung des Christuskultes beteiligt waren. So war Paulus z. B. nicht der Gründer der Gemeinden in Korinth oder Rom, und es ist fraglich, ob Paulus, wie es Lukas darstellt, der ihm dafür das volle Verdienst zuschreibt, als erster die Christusbotschaft nach Athen, Ephesus oder in andere Städte Kleinasiens brachte. Der Christuskult verbreitete sich dank seiner eigenen ihm innewohnenden Anziehungskraft, und viele Missionare und örtliche Führungsgestalten wurden von dieser Begeisterung ergriffen. Man kann sich vorstellen, wie viele Lösungsvorschläge mit Blick auf die bald auftauchenden Fragen vorgebracht worden sein müssen, mit welcher geistigen Anstrengung man ihnen nachging und wie lautstark der Meinungsaustausch war, wenn unterschiedliche Einschätzungen zur Sprache kamen. Paulus bietet das Beispiel eines ausgesprochen intelligenten, hochgebildeten Juden, der inmitten dieser Auseinandersetzungen seine Auffassung über den Christusmythos änderte. Dies zeigt, wie tief der Christusmythos das sensible soziale Bewußtsein berührte. Eine breit fundierte intellektuelle Entdeckungsreise war im Gange, und nicht nur das Evangelium des Paulus sammelte Anhänger um sich. Wie er selbst berichtet, stand ein ganzes Spektum von Möglichkeiten des Umgangs mit Nichtjuden zur Debatte, angefangen von verschiedenartigen Vorschlägen dafür, wie Nichtjuden jüdisch werden sollten, bis zu gänzlich personalisierten Aufforderungen zur individuellen spirituellen Verwandlung. Die christliche

Kombination von jüdischer Synagoge und griechischer Schule, welche die Gestalt kleiner Zellen nach dem Vorbild hellenistischer Gemeinschaften (*koinonia*, Vereinigung, Verein) annahm, schuf offenbar Raum für ganz neuartige soziale Experimente und ein Forum für die Vorstellung von sehr avantgardistischen Ideen und die Auseinandersetzung mit ihnen. Der Christuskult war keine Gottesdienstgemeinschaft mit orthodoxem Glaubensbekenntnis. Er bot einen gesellschaftlichen Raum für jene, die eine «schöne neue Welt» schaffen wollten.

Der spezifische Beitrag des Paulus in dieser Arena bestand darin, daß er den Christusmythos in den Rang der Verkündigung erhob. Als die Jesus-Leute erstmals über den Christusmythos nachdachten, geschah dies nicht mit der Absicht, ihn dem Rest der Welt zu verkündigen. Er war ihr eigener Ursprungsmythos, ihre Form, zu rechtfertigen, was aus ihnen – als Gruppe, die aus anderen Gründen Menschen angezogen hatte – geworden war. Paulus muß das verstanden haben. Als er der Logik dieses Mythos verfiel, konnte Paulus der Versuchung nicht widerstehen, ihn nicht nur – wie es seinem ursprünglichen und wesentlichen Sinn entsprach – als Rechtfertigung der Aufnahme von Nichtjuden in die christlichen Gemeinden Israels anzusehen, sondern auch als Auftrag, mit der Erweiterung der tatsächlichen Grenzen Israels zu beginnen, um alle Nichtjuden «heimzuholen». Er stellte seine Bekehrung als eine Berufung zum Missionar dar, der dieses neue Evangelium predigen solle, woraus die Annahme folgte, der Christusmythos solle zu anderen Menschen und Orten gebracht, er solle verkündigt werden, und die Botschaft werde die Bekehrung weiterer Nichtjuden herbeiführen. Die Nichtjuden sollten gesammelt und zugleich im Haus Israel willkommen geheißen werden. Aus Paulus' jüdischer Sicht war das eine große Sache. Es scheint ihm nicht in den Sinn gekommen zu sein, daß vielleicht nicht alle Nichtjuden davon beeindruckt sein würden. Für ihn besaß der Gedanke einer Heidenmission unwiderstehliche Anziehungskraft, denn eine solche Mission löste nicht nur ein soziales Problem der Synagogengemeinden in der Diaspora, sondern machte ihre Situation zu einer historischen Gelegenheit für die Verherrlichung des Gottes Israels. Schon der Gedanke, der Gott Israels habe am Ende seine Pläne Visionären wie Jesus und Paulus übermittelt, war wunderbar. Aber der Gedanke, daß die Pointe dieses Plans eine göttliche Einladung an alle Völker sei, sich dem Haus Israel anzuschließen, war schlechthin überwältigend. Man bedenke! Nichtjuden mußten sich nicht beschneiden lassen, um mit den «Heiligen» am selben Tisch zu sitzen.

Der Wahlspruch des Evangeliums des Paulus lautete: «Freiheit vom Gesetz». Damit meinte er, daß Nichtjuden Christen und Teil des Hauses Israel werden konnten, ohne das jüdische Gesetz einzuhalten. Das führte natürlich zwangsläufig zu Schwierigkeiten. Jene, die jüdisch dachten, nahmen unvermeidlich Anstoß an der anmaßenden Aufhebung des Gesetzes. Das Gesetz war die Grundlage schlechthin, auf der das Haus Israel errichtet worden war. Und jene Nichtjuden, die möglicherweise darüber nicht traurig waren, daß sie überhaupt kein Gesetz besaßen, mußten sich am Ende sicher fragen, weshalb sie sich überhaupt mit einem solchen Evangelium beschäftigen sollten. Paulus mußte also an diesen beiden Fronten kämpfen. Daß er nicht aufgab, ist eher der Tatsache zu verdanken, daß er ein Mensch mit einer sozialen Vision war, als der Plausibilität seiner Verkündigung. Um den Christusmythos als einen Aufruf zur Bekehrung zum Christentum effektiv zu machen, mußte Paulus einige erstaunliche Kunststücke intellektueller Sophisterei vollbringen. Und tatsächlich wurde er der erste dialektische Denker in der Geschichte der christlichen Theologie.

Zunächst war das Gesetz, von dem Christus nach paulinischer Auffassung befreit hatte, vermutlich nur eine kleine Reihe von Einzelheiten. Sie gehörten zu einem Code jüdischer Identität, der die größten Hindernisse für eine volle Partizipation von Nichtjuden am Leben der hellenistischen Synagogengemeinden darstellte: jüdische Abstammung, Stammbaum und Beschneidung. Zu keiner Zeit verstand Paulus die Freiheit vom Gesetz in dem Sinne, daß Christen die hohen Maßstäbe der mosaischen Ethik, für die die Juden im ganzen Reich bekannt und berühmt waren, nicht beachten müßten. Doch als sein Evangelium Gehör fand und zur Zielscheibe gegnerischer Anschauungen wurde, stand Paulus vor einer ständig zunehmenden Liste von Dingen, die als «Gesetze» betrachtet werden konnten, von denen die Christen «befreit» worden waren. Dazu gehörten bald, wie wir sahen (Gal 2, 11–14), einige Reinheitsvorschriften wie etwa die Tischgemeinschaft, dazu die Feste und Fastentage des «liturgischen Kalenders» für die Feier des alten Epos Israels. Solche Feste und Fastentage hielten – nach Paulus (Gal 4, 8–11) – auch das christliche Evangelium in Banden. Schließlich dachte sich Paulus – indem er die Frage nach Gesetz und Freiheit auf die theoretische, abstrakte Ebene hob – tatsächlich eine dualistische Sicht der Welt und der menschlichen Existenz aus, in der alle gesetzlichen Dinge als *vor* der Welt christlichen Daseins entstanden und somit ihr *unterlegen* eingestuft werden konnten.

Unsere Aufgabe ist es, die Entwicklung des paulinischen Denkens hinsichtlich seines Evangeliums und seiner Vorstellung vom Gesetz zu verfolgen. Wenn wir uns dazu nicht die Zeit nehmen, wird die herkömmliche Vorstellung von den christlichen Anfängen ihren Nimbus nicht verlieren und einer Revision widerstehen. Der Grund dafür ist, daß das paulinische Verständnis der Welt, ihrer Erlösungsbedürftigkeit, und die Antwort darauf, die sein Evangelium gibt, die moderne Vorstellung von der christlichen Botschaft zutiefst beeinflußt hat. Eine geheimnisvolle Aura umgibt die grundlegenden Begriffe der paulinischen Theologie – wie Gesetz, Evangelium, Freiheit, Erlösung, Geist, Leib Christi, Gericht und Heil. Gelingt es nicht, sie als Ergebnisse der intellektuellen Anstrengungen des Paulus im Dienst einer besonderen sozialen Vision zu verstehen, so läßt sich das Gefühl, die christlichen Ursprünge seien wirklich nicht zu erklären, nicht beseitigen. Es gilt zu erkennen, daß Paulus – wie viele andere frühe Christen – einen Mythos schuf und daß die von ihm geprägten Begriffe Versuche darstellten, der christlichen Bewegung, der er sich angeschlossen hatte, eine bestimmte Form zu geben.

In diesem Kapitel werden wir die Briefe des Paulus an die Thessalonicher und Galater betrachten. Im folgenden Kapitel erörtere ich seine übrigen Briefe. Der 1. Thessalonicherbrief ist aus drei Gründen wichtig. Er stellt (1) das erste Dokument dar, das uns die Wirksamkeit des Paulus bezeugt, liefert (2) den Beweis, daß Paulus mit seinem Plan, den Christusmythos zu verkünden und Menschen zu bekehren, Erfolg hatte, und ist (3) der wichtigste Text, der für die moderne Hypothese spricht, das Christentum sei aus einer apokalyptischen Überzeugung heraus entstanden. Der Galaterbrief ist die wichtigste Textgrundlage für die herkömmliche Ansicht, das Christentum sei aus einem Konflikt zwischen Gesetz und Evangelium entstanden, und das Evangelium habe es möglich gemacht, «durch den Glauben» statt «durch Werke» gerechtfertigt zu werden. Wenn wir das herkömmliche Bild von den christlichen Ursprüngen revidieren wollen, müssen wir diese Korrespondenz eingehend untersuchen.

Der Briefwechsel mit den Thessalonichern

Der 1. Thessalonicherbrief ist der früheste Paulusbrief, den wir besitzen, und zugleich die allererste christliche Schrift, die uns als selbständige Handschrift vorliegt. Aus dem Brief erfahren wir, daß Paulus einige Zeit in Philippi verbracht hatte, bevor er nach Thessaloniki kam (1 Thess 2,2); danach war er mit seinem Mitarbeiter Timotheus nach Athen weiter gereist, wo er beschlossen hatte, ihn nach Thessaloniki zurückzuschicken, um die neu entstandene Gemeinde in ihrem «Glauben» zu stärken (1 Thess 3,1–2). Der Brief wurde später geschrieben, vermutlich im Jahre 50 n. Chr. von Korinth aus, nachdem Timotheus mit der guten Nachricht zurückgekehrt war, die Thessalonicher hielten tatsächlich an ihrem Glauben fest (1 Thess 3,6–7). Der Brief ist wichtig, da er uns sowohl eine Skizze der Missionstätigkeit des Paulus fern seiner Heimat bietet als auch indirekt einen Blick auf die Menschen gewährt, die von seinem Evangelium angezogen wurden. Paulus war offensichtlich der Gründer dieser Gemeinde, denn er führt die Tatsache, daß sie Christen geworden waren, auf sein Evangelium zurück (1 Thess 1,5–6) und beschreibt sich selbst als Apostel Christi in ihrer Mitte (1 Thess 2,7), der sich «wie ein Vater gegenüber seinen Kindern» verhalten habe (1 Thess 2,11).

Thessaloniki war eine große, wohlhabende Hafenstadt an der Haupthandelsroute von der Adria bis zum Bosporus (*Via Egnatia*). Gegründet von *Kassander*, einem der Nachfolger Alexander des Großen, war sie eine ganz und gar hellenistische Stadt und spielte in der Politik der Reiche, die während der dreihundert Jahre ihres Bestehens aufeinandergeprallt waren, als Sitz politischer Macht eine wichtige Rolle. Als Paulus dort ankam, war sie die Hauptstadt der römischen Provinz Mazedonien, eine Stadt, in der Pompejus während des römischen Bürgerkrieges sein Hauptquartier aufgeschlagen hatte. Mächtig und reich, mit weltklugem Flair und einer aus verschiedenen Völkern und Kulturen zusammengesetzten Bevölkerung, war Thessaloniki offenbar bereit, einen wandernden Evangelisten zu beherbergen, der über eine neue Gemeinschaft sprach, die aus den Wurzeln einer bekannten, angesehenen alten religiösen Überlieferung herausgewachsen war.

Der Brief des Paulus bietet einen überaus wertvollen Beweis dafür, daß seine Mission in Mazedonien erfolgreich war. Ohne diesen Brief hätten wir nie angenommen, daß Menschen in Thessaloniki das paulinische Evangelium hätten attraktiv finden können. Daß dies der Fall war, ergibt sich deutlich aus Anzeichen für den Christuskult, die sich in Paulus' beiläufigen Bezugnahmen auf die dortige Gemeinde finden. Deren Mitglieder wurden in das Reich Gottes «berufen», hatten sich von den Götzen zu Gott «bekehrt», verstanden sich selbst als «erwählt», erkannten Jesus Christus als Herrn an, «taten es dem Herrn gleich», und dies «trotz Verfolgung», waren vom Geist erfüllt, betrachteten einander als Brüder und Schwestern in der neuen Familie Gottes und wurden angewiesen, wie sie nach hohen ethischen Maßstäben zusammenleben sollten. Selbst wenn wir die paulinische Perspektive und ein bißchen rhetorische Übertreibung in Anschlag bringen, scheint es, als hätten die Thessalonicher eine christliche Gemeinde gebildet.

Der Plan des Paulus hatte sich als erfolgreich erwiesen. Er hatte den Christusmythos in ein Evangelium verwandelt, das sich verkündigen ließ, und es hatte sich gezeigt, daß die Verkündigung Anhänger gewinnen half, mit denen man eine Gemeinde bilden konnte. Aufschlußreich ist die Bildung der Gemeinde und die Tatsache, daß sie sich selbst als «Familie» oder «Reich Gottes» verstand. Im wesentlichen muß daher die Attraktivität eine ähnliche gewesen sein wie im Fall der Jesusbewegungen und der Christusgemeinden, zu denen sich Paulus bekehrt hatte, nämlich die einer Einladung, sich zusammenzutun und eine neue soziale Ordnung ins Leben zu rufen, welche die (fiktive) Familie des Gott-

Vaters Israels auf dramatische Weise erweiterte. Dies paßt zum paulinischen Sendungsbewußtsein, zur städtischen Struktur Thessalonikis und dazu, daß es dort eine jüdische Kolonie gab. Und seine Betonung von Heiligkeit, Untadeligkeit, Reinheit sowie der jüdischen ethischen Normen hinsichtlich sexueller Moral, ehrlicher Arbeit, Achtung der Eltern und Liebe zu den «Brüdern» und «Schwestern» im ganzen Brief ist genau das, was Paulus erwartungsgemäß einer neuen Gemeinde Christi einschärfen würde.

Anlaß für den Brief war es vor allem, die Freude, die Paulus empfand, als er die guten Nachrichten über die Treue der Gemeinde von Thessaloniki hörte, schriftlich zu übermitteln. Doch der Brief enthält auch vage Hinweise auf Widerstand, Mißhandlungen und «Verfolgungen», die sowohl er als auch sie erlitten hätten, sowie auf Fragen, die sich offenbar hinsichtlich der Glaubwürdigkeit des Paulus erhoben hatten. Ob es sich hierbei um Rückblenden auf Paulus' frühere Sorgen über das Wohlergehen der neuen Gemeinde oder um eine Reaktion auf den Bericht des Timotheus handelte, ist nicht sicher. Deutlich scheint zu sein, daß Paulus von zwei weiteren Fragen erfuhr, die unter den Thessalonichern offenbar strittig waren. Eine galt dem angemessenen Verhalten von Christen (1 Thess 4, 1–12), die andere richtete sich darauf, was man von denen denken sollte, «die entschlafen waren» (1 Thess 4, 13). Paulus antwortete, indem er (1) die Thessalonicher wegen ihrer Annahme des Evangeliums lobte (1 Thess 1, 1–10), (2) seine Tätigkeit von jener der bekannten Wanderphilosophen abhob, die ihre Weisheit mittels Schmeichelei und rhetorischer List «verkauften» (1 Thess 2, 1–3, 13), (3) die Gemeinde ermahnte, nach einem untadeligen und «heiligen» Leben zu streben (1 Thess 4, 1–12; 5, 12–22) und (4) eine apokalyptische Unterweisung über den «Tag des Herrn» anbot (1 Thess 4, 13–5, 11). Die Ermahnung zu einem Leben in Heiligkeit war die Antwort des Paulus auf die Frage nach dem angemessenen Verhalten. Mit der apokalyptischen Unterweisung reagierte er auf die Frage nach dem Schicksal der Verstorbenen.

Die in Paulus' Brief angesprochenen Themen ergeben nun allmählich Sinn. Soziale Identitätsmuster um eine neuartige religiöse Loyalität herum neu zu ordnen, mußte natürlich in der unruhigen, lautstarken, schrillen Welt des griechisch-römischen Zeitalters den Spott der Betrachter und den Widerstand derer hervorrufen, die unmittelbar von den Veränderungen der persönlichen Beziehungen betroffen waren. Man bemerke, daß es keine Hinweise auf einen ideologischen Streit mit führenden Gestalten jüdischer Synagogengemeinden oder mit anderen christlichen Missionaren gibt (wie im Brief des Paulus an die Galater). In Thessaloniki war es das Thema der Glaubwürdigkeit des neuen Evangeliums, das Aufregung hervorgerufen haben muß. Auch die Frage nach Paulus' eigener Glaubwürdigkeit ist eng mit seinen Bemerkungen über jene verbunden, die seiner Mission «entgegentraten» und die thessalonischen Christen «bedrängten». Er war offenbar als ein weiterer herumwandernder philosophischer Hausierer verleumdet worden – eine in der ganzen griechisch-römischen Welt vertraute Gestalt. Häufig als Sophisten bezeichnet, waren diese Wanderlehrer für ihre geschickte Rhetorik und ihre absurden Angebote von besonderen Lehren, Einsichten und Erkenntnissen bekannt. Mit seiner Selbstverteidigung unternahm Paulus den Versuch, seine eigenen Beweggründe, sein Verhalten und seine Vollmacht von der gängigen Karikatur des Sophisten stark abzuheben. Demnach müssen Paulus und die von ihm Bekehrten Spott oder Schlimmeres erduldet haben, als sich die neue Gemeinschaft bildete. Die immer höheren Ansprüche und Behauptungen, die Paulus aufbieten mußte, um die neue soziale Vision zu untermauern, lassen sich leicht aus solchem Spott erklären.

Doch was hat dann die Besorgnis über die zu bedeuten, «die entschlafen sind»? Die Antwort des Paulus, Gott werde bei der «Ankunft des Herrn» auch «die, die entschlafen sind, mit ihm einherführen» (1 Thess 4,14–15), ist stets als Hinweis darauf verstanden worden, die Thessalonicher hätten sich Sorgen über das persönliche Heil der Mitchristen gemacht, die gestorben waren, seit Paulus bei ihnen war, und somit bei der Wiederkunft des Herrn nicht mehr am Leben sein würden. Das würde bedeuten, daß die Thessalonicher tatsächlich aus dem Wunsch nach ihrem persönlichem Heil heraus apokalyptische Christen geworden wären und glaubten, ziemlich bald, noch ehe sie sterben würden, beim bevorstehenden Weltende gerettet zu werden. Angesichts der Geschichte der Jesusbewegungen und des vor diesem Zeitpunkt bestehenden Christuskultes wäre es erstaunlich, wenn die Mazedonier um das Jahr 50 v. Chr. eine solche Deutung des Christusmythos zustande gebracht hätten. War dies wirklich ihr Verständnis des Evangeliums und der Grund für ihre Frage nach jenen, die gestorben waren?

Der Christusmythos beruhte nicht auf einer apokalyptischen Botschaft. Apokalyptische Vorstellungen sind stets defensiv und dienen dazu, einen früheren, tiefer gehenden ideologischen Einsatz zu verteidigen, der auf ernsthafte Schwierigkeiten gestoßen ist. Apokalyptische Entwürfe eines Gerichts, das die Bösen zerstören, die Guten aber belohnen soll, besitzen keine eigene Anziehungskraft. Man muß bereits zu dem gehören, was «gut» ist, und zwar aus Gründen, die nicht einem apokalyptischen Denken entspringen. Es ist der Einsatz eines Volkes für seine Traditionen, Institutionen, seine Kultur und seine Ideale, der bestimmt, was «gut» ist. Erst dann, wenn das Gute durch äußere Umstände überwältigt zu werden droht, beginnt apokalyptisches Denken, Sinn zu machen (J. Z. Smith, 1987). Die jüdische apokalyptische Literatur funktionierte auf diese Weise. Die von der Q-Gemeinschaft vollzogene Wende ins apokalyptische Idiom stellte eine defensive, dem eigenen Schutz geltende Maßnahme dar. Und in anderen Paulusbriefen begegnet apokalyptische Sprache immer als Beigabe zum Evangelium selbst. Sie dient dann als eine Art Drohung an seine Hörer, sich zusammenzunehmen und den Glauben angesichts einer letzten Abrechnung zu bewahren. Es kann natürlich sein, daß Paulus bereits gelernt hatte, seiner Verkündigung des Christusmythos ein apokalyptisches Finale hinzuzufügen. Das jedenfalls tut Paulus, wenn er die Thessalonicher daran erinnert, «wie ihr euch bekehrt habt zu Gott von den Abgöttern, zu dienen dem lebendigen und wahren Gott *und* zu warten auf seinen Sohn vom Himmel, den er auferweckt hat von den Toten, Jesus, der uns von dem zukünftigen Zorn errettet» (1 Thess 1,9–10, Hervorhebung durch den Verf.). Aber zu denken, das Evangelium des Paulus für die Thessalonicher habe eine apokalyptische Rettung in den Vordergrund gestellt und man habe diese Leute davon überzeugt, Christen zu werden, um vor dem Zorn eines Gottes gerettet zu werden, der ihnen solche Rettung anbot, wäre seltsam. Gibt es keine plausiblere Möglichkeit, ihre Frage nach den Verstorbenen zu verstehen?

Die Sorge um die Toten ist charakteristisch für alle Kulturen des östlichen Mittelmeerraums. Sie hegten jeweils leicht voneinander abweichende Vorstellungen über Wesen und Verbleib der Toten und hatten je verschiedene Formen von Bestattungsriten entwickelt. Das Begräbnis war allgemeiner Brauch, und dieser Ritus war von ausgeklügelten Tabus umgeben. Jede Kultur hatte auch ihre eigene Art und Weise, die Toten an ihren Bestattungsorten zu ehren. In einigen Fällen, etwa im Falle der patronymischen Heldenheiligtümer der Griechen oder der Gräber der ägyptischen Pharaonen, waren Formen von Bestattung und Gedenkzeremonien üblich, durch welche man die bedeutenden Gestalten des Mythos und der Geschichte von den gewöhnlichen Leuten unterschied. Doch ein angemessenes Begräbnis und Totengedenken war nicht Königen und Helden vorbehalten. Jede Familie strebte danach, ihren Toten ein ehrwürdiges Begräbnis zuteil werden zu lassen und die Erinnerung an ihre Vorfahren durch jährliche Riten zu pflegen. Es waren die Gräber der Vorfahren, wo sich die Griechen versammelten, um ihre «Opfer» darzubringen und die politischen Macht- und Autoritätsverhältnisse in einer Region wiederherzustellen (Stowers, 1995). Was das Nachdenken über ein Leben nach dem Tode betrifft, so lagen während des kulturellen Durcheinanders des griechisch-römischen Zeitalters viele Ideen in der Luft. Philosophen prüften und verfeinerten die griechischen Vorstellungen von der Unsterblichkeit der Seele. Jüdische Intellektuelle hatten neuerdings begonnen, sich verschiedene Szenarien einer Entrückung in die himmlische Welt oder auch einer Auferstehung am Ende der Zeit auszumalen. Und die Vorstellung vom ewigen Leben – mit ihren Wurzeln in ägyptischen Mythologien über die Reise der Seele nach dem Tode (oder *ba*) – begeisterte die frühen gnostischen Denker. Nach der damaligen Ikonographie der Denkmäler und den typischen Inschriften zu urteilen, die gemahnen, sich der Verstorbenen zu erinnern und die Kürze des Lebens beklagen, war es nicht die Frage nach einer Garantie für das persönliche Heil, was das griechisch-römische Zeitalter beschäftigte. Diskussionen über das Schicksal der Toten waren Symptome eines weitaus tiefer empfundenen, durch das Ereignis des Todes ausgelösten Unbehagens. Allen gemeinsam war ein Interesse an Kontinuität, nicht nur zwischen Leben und Leben nach dem Tod des einzelnen Menschen, sondern auch zwischen den Generationen eines Volkes. Es waren das Land, die Überlieferungen und die Ahnen, woraus ein Volk seine Identität und Kultur bezog. Und es waren die Heiligtümer der Toten, die das Land als einem Volk gehörend kennzeichneten. Das Unbehagen, das während des griechisch-römischen Zeitalters aufkam, war eine Folge der Entwurzelung aus dem jeweils eigenen traditionellen Territorium, das der sinnvollste Bestattungsort gewesen wäre. Es vollzog sich ein Bruch zwischen den Generationen, und kleine Gruppen wurden von ihrem Land und ihrem Volk getrennt. Kann es sein, daß der Beitritt zum Christuskult das Problem verschärfte, statt es zu lösen? Bedeutete der Anschluß an den Christuskult unbemerkt eine Bedrohung des Gefühls der Zugehörigkeit zu den Traditionen der Vorfahren, das im örtlichen Totenkult beheimatet war? Kann dies der Anlaß für die Frage nach den Verstorbenen sein, die in Thessaloniki aufkam?

Die Antwort des Paulus legt nahe, daß die Frage sich in der Tat nicht auf das ‹persönliche Heil› der Lebenden oder der Toten bezog. Es ging vielmehr um die Zugehörigkeit, um die Eingliederung in die Familie Gottes oder darum, wie man sich den Ort und das Schicksal der Toten im Hinblick auf das «Reich Gottes» vorstellen sollte, nun, da das eigene Volk, die Thessalonicher, zu einem neuen Volk geworden war. Die Thessalonicher, so Paulus, sollten sich keine Sorgen machen, denn Gott werde jene, die gestorben sind, am Tag des Herrn *mit* sich bringen; «so werden wir (alle) bei dem Herrn sein allezeit»; «damit, ob wir wachen oder schlafen, wir zugleich *mit* ihm leben» (1 Thess 4,14–17; 5,10; Hervorhebung durch den Verf.). Wir können die Diskussion unter den Thessalonichern förmlich hören: Angesichts der neuen «Familie», der wir uns angeschlossen haben – gehören unsere Toten noch zu uns und wir zu ihnen? Oder haben wir den Kontakt zu unseren Toten verloren und sie zu uns? Was ist mit unserer Herkunft? Haben wir als Christen unsere Verwurzelung in dem Volk, zu dem wir gehörten, in unserem Land und in der Reihe unserer Vorfahren verloren? Entfernen die alten, überlieferten Riten unsere Toten von uns? Was ist mit denen, die gestorben sind? Was bedeutet die Zugehörigkeit zum «Reich Gottes» für uns, die wir noch an unsere Toten denken müssen? Und was geschieht mit Christen, die sterben? Wenn wir uns vorstellen, wie beunruhigt die Thessalonicher über solche Fragen waren, können wir verstehen, daß ihre Frage bezüglich der Toten auf ziemlich scharfsichtige Art zum Kern der neuen sozialen Anthropologie vordrang, die sie sich zu eigen gemacht hatten, indem sie Christen wurden.

Um ihr Frage zu beantworten, dachte sich Paulus ein komplexes Szenario aus, das eindeutig apokalyptische Züge trägt. Es bleibt die Frage, wie wesentlich apokalyptische Überzeugungen für das Evangelium gewesen sein mögen, wie es die Thessalonicher zuerst verstanden und angenommen hatten, und ob die apokalyptische Antwort des Paulus für sie befriedigend war. Seine erste Feststellung deutet darauf hin, daß seine Antwort neue Informationen enthielt (1 Thess 4,13). Tatsächlich ist das apokalyptische Szenario, das nun folgt, im Vergleich zu zeitgenössischen apokalyptischen Vorstellungen, einschließlich anderer von Paulus selbst entworfener Szenarien, ausgesprochen merkwürdig. Es paßt nicht ohne weiteres zu anderen Formulierungen, die Paulus fand, um davon zu reden, «aus der Welt zu scheiden und bei Christus zu sein», oder um sich das Ende der Geschichte vorzustellen, wenn «ganz Israel gerettet wird» (Röm 11,25–27). Die Szene im 1. Thessalonicherbrief präsentiert den HERRN selbst, kommend wie ein Dieb in der Nacht und, kommandierend wie ein militärischer Befehlshaber (um zu «befehlen»), vom Himmel herabsteigend; sie redet vom Weckruf eines Erzengels mit dem Klang der «Posaune Gottes» sowie davon, daß die Toten und die Lebenden von der Erde «aufstehen» und «dem Herrn auf den Wolken entgegenziehen», um dann allezeit bei ihm zu sein (1 Thess 4,16–5,3). Was für ein erstaunliches Bild! Wir können förmlich sehen, wie Paulus, in dem verzweifelten Bemühen, eine Antwort auf die Frage nach den Verstorbenen zu finden, es spontan ausmalt.

Paulus war zwischen einer jüdischen Auferstehungsvorstellung und der griechischen Idee der Unsterblichkeit hin- und hergerissen. Er schwankte außerdem zwischen einer apokalyptischen Vorstellung vom Ende der Geschichte und einem Szenario vom Aufstieg der Seele, wie es sich ähnlich die Gnosis ausmalte. Er rang mit der Schwierigkeit, zwei Eschatologien in einem einzigen anschaulichen Bild zu vereinen. In der einen ging es um das Finale der christlichen Mission, die wesentlich von einem sozialen Konzept und Anliegen angetrieben wurde, in der anderen um das persönliche Schicksal einzelner Menschen. Schauen wir weiter, so können wir feststellen, daß Paulus an diesem Problem weiterarbeitete, indem er sich mit den konzeptionellen Fragen auseinandersetzte, die diese apokalyptische Vision aufwarf. Im Philipperbrief erwartete er, «aus der Welt zu scheiden und bei Christus zu sein» (Phil 1,23). In seinen Briefen an die Gemeinde in Korinth, in der Fragen aufgekommen waren, wie man sich die Auferstehung vorzustellen habe, spielte er mit dem Gedanken, die Leiber der Christen würden im *eschaton* (also am Ende der Welt) in «geistliche Leiber» verwandelt werden (1 Kor 15,42–52, vgl. Phil 3,21). Sein Briefwechsel mit den Thessalonichern zeigt, daß er gerade erst über die Bedeutung des Christusmythos für jene, die verstorben waren, nachzudenken begann. Er ist der erste uns dokumentierte Versuch, ein spezifisch christliches Konzept vom ewigen Leben herauszuarbeiten. Paulus mußte, um es sich ausmalen zu können, verschiedene Anschauungen über die Toten mit seiner apokalyptischen Vision in Einklang bringen.

Daß Paulus ein apokalyptisches Szenario entwickelte, um die Frage nach den Toten zu beantworten, hatte historische Bedeutung. Sein Versuch war kaum der einfachste Weg, Überzeugungen über das ewige Leben zum Ausdruck zu bringen. Der Grund dafür, daß er so vorging, lag in der Logik des Christusmythos, wie er ihn verstand. Seine Mission unter den Nichtjuden erwuchs aus einer sozialen Vision, die nach einer Verwirklichung in der Geschichte verlangte. Diese Verwirklichung ließ sich jedoch nur für die Zukunft ausmalen. Angesichts von Fragen über die Toten war eine apokalyptische Vision anderen Formen des Denkens über das Schicksal nach dem Tod überlegen. Das Schicksal der Toten ließ sich nur im Zusammenhang des endgültigen Erfolges der christlichen Mission und der Sammlung aller Christen ausmalen, jener, die gestorben, wie jener, die noch am Leben waren. Die verstorbenen Christen sollten nach ihrem Hinscheiden nicht ihren Platz in der von den Ahnen bestimmten Vergangenheit der überlieferten kollektiven Vorstellungen einnehmen. Sie hätten vielmehr eine Zukunft, die mit der Zukunft der christlichen Mission selbst zusammenhing. Auf diese Weise entstand die christliche Vorstellung vom «ewigen Leben»: das ewige Leben erlange man erst am Ende der Zeit. Der Herr der Geschichte werde seine Kinder versammeln, nicht in Jerusalem, nicht mit dem Ziel, ein irdisches Reich zu errichten, sondern in irgendeinem kosmischen Reich ewiger Glückseligkeit am Ende der Zeit. Was für eine außergewöhnliche Szenerie für Christen, um sich das Ende der Geschichte Gottes mit seinem Volk auszumalen. Sie endet, wie Paulus formuliert, «in der Luft» (1 Thess 4,17). Die Thessalonicher, so Paulus, sollten «einander mit diesen Worten trösten» (1 Thess 4,18).

Ein zweiter Brief an die Thessalonicher ist nicht paulinischer Herkunft. Ihm fehlen die persönliche Wärme, die Erinnerungen und Bezüge, welche die authentischen Briefe des Paulus kennzeichnen (Schmidt, 1990). Nahezu ein Drittel sind wörtliche Abschriften aus dem ersten Brief. Die Unterschrift ist verdächtig. Seine Eschatologie spiegelt zudem eine Entwicklung des christlichen apokalyptischen Denkens wider, die sich erst nach dem Römisch-Jüdischen Krieg um die Wende des

1. Jahrhunderts vollzog. Ich erwähne ihn hier, weil dies der angemessenste Ort ist, ihn zu erörtern, doch er trägt nichts zu unserer Kenntnis des paulinischen Evangeliums bei. Er ist lediglich deshalb von Bedeutung, weil er dokumentiert, daß die Briefe des Paulus auch nach seiner Zeit in den Kirchen Griechenlands und Kleinasiens abgeschrieben und gelesen wurden und daß jene, die seiner Schule angehörten, weiter in seinem Namen Briefe verfaßten. Bei diesem Phänomen, das man als pseudonyme Verfasserschaft bezeichnet, handelt es sich um gängige Praxis – in Kapitel 8 wird dies eingehend untersucht. An dieser Stelle genügt es, hervorzuheben, daß der Verfasser des 2. Thessalonicherbriefs zwar zur Paulusschule gehörte, seine Vorstellung vom *eschaton* jedoch nicht paulinisch war.

Im 1. Thesssalonicherbrief werden die Rettung «vor dem zukünftigen Zorn» (1 Thess 1,10) und die Verheißung erwähnt, Gott habe «uns nicht bestimmt zum Zorn, sondern dazu, das Heil zu erlangen» (1 Thess 5,9). In vielen jüdischen Apokalypsen, denen es stets entscheidend um eine Theodizee zugunsten der Gerechten ging, begegnete regelmäßig der Gegensatz zwischen der Rettung einiger und der Vernichtung der übrigen. Paulus' Rede vom «göttlichen Zorn» muß diesem apokalyptischen Dualismus entstammen. Doch Paulus sagte nicht, wem Gott zürnte, und es hätte für die Thessalonicher auch wenig Sinn ergeben, hätte er dies konkreter zur Sprache gebracht. Der Zorn fand lediglich als Hinweis auf das andere Gesicht Gottes Erwähnung, das Unmoral und Unreinheit nicht billigte. Dieses Verständnis des Zornes Gottes erfährt im zweiten Thessalonicherbrief einen dramatischen Wandel, denn dort heißt es: «Der Herr Jesus wird sich offenbaren vom Himmel her mit den Engeln seiner Macht in Feuerflammen, Vergeltung zu üben an denen, die Gott nicht kennen und die nicht gehorsam sind dem Evangelium unseres Herrn Jesus. Die werden Strafe erleiden, das ewige Verderben ...» (2 Thess 1,7–9). Das klingt nicht wie bei Paulus, und es zeigt uns, daß jene, die als Prediger und Lehrer in der paulinischen Tradition wirkten, keine Schwierigkeiten sahen, ihm neue Gedanken zuzuschreiben. Geschrieben wurde der Text von jemandem, der gewillt war, den Gegenstand des Zornes Gottes beim Namen zu nennen, und der – im Gegensatz zu Paulus' eigener Vorsicht gegenüber Zeitplänen (1 Thess 5,1) – darauf bedacht war, die Folge der Ereignisse genau darzulegen, die stattfinden mußten, bevor schließlich das Ende eintrat (2 Thess 2,1–12). Dieser Mensch war offensichtlich fasziniert von Paulus' apokalyptischem Szenario im 1. Thessalonicherbrief, vielleicht, weil es sich dabei um eine ungewöhnlich anschauliche Darstellung handelte, und er gedachte, die Autorität des Paulus zu nutzen, um seiner eigenen Version vom *eschaton* Geltung zu verschaffen.

Ein weiteres Anzeichen für redaktionelle Tätigkeit innerhalb der Paulusschule sollte erwähnt werden. Es geht dabei um Material, das dem ersten Brief hinzugefügt wurde (1 Thess 2,14–16). Derjenige, der diese Veränderung vornahm, hatte ein Interesse daran, die apokalyptische Verkündigung des Paulus gegen jene zu wenden, die sich der christlichen Mission widersetzten; er tat dies, indem er eine kleine Einheit einfügte, die konkret auf die Juden zielte, die «Jesus getötet» und «uns verfolgt haben», so daß «der Zorn Gottes schon in vollem Maß über sie gekommen» sei (1 Thess 2,15–16). In keinem der Paulusbriefe findet sich irgendetwas, das einer solchen Aussage nahekäme (Pearson, 1971). Der Gedanke zieht die inklusive Logik des Christusmythos ernsthaft in Mitleidenschaft; er setzt zudem die Logik der markinischen Passionserzählung voraus, die, wie wir sehen werden, jener des Christusmythos zuwiderläuft. Und da – gemäß diesem Zusatz – der Zorn Gottes (jetzt schon) auf die Juden gefallen sein sollte , muß er sich sicher auf die Zerstörung des Tempels im Jahre 70 n. Chr. beziehen, die Paulus nicht mehr erlebte. Der erste Brief des Paulus an die Thessalonicher, der lediglich als Belehrung aus einem bestimmten Anlaß heraus verfaßt worden war, wurde also auf seinem Weg ins Neue Testament durch weitere Interpretationsschichten angereichert. Er wurde durch einen zweiten Brief ergänzt, so daß eine Korrespondenz mit den Thessalonichern entstand, vielfach abgeschrieben, wie wir sahen, redaktionell bearbeitet und verwendet, um die Autorität des Paulus für spätere Versionen der christlichen Sicht der Geschichte und ihres apokalyptischen Endes in Anspruch zu nehmen. Im Rückblick scheint es zweifelhaft, daß Paulus Gefallen daran gefunden hätte.

Der Galaterbrief

Der Brief des Paulus an die Galater ist für unser Vorhaben weitaus wichtiger als die Korrespondenz mit den Thessalonichern, da die dort angesprochenen Angelegenheiten zwar durchaus real, gegenüber der innersten Logik des Christusmythos aber zweitrangig waren. Im Galaterbrief dagegen sehen wir uns vor der Entwicklung einer Situation, die das paulinische Evangelium selbst im Kern bedrohte. Andere Menschen mit einem «anderen Evangelium» (Gal 1,6–7; 4,17) hatten die Bühne betreten, und sagten – für Paulus wie ein Alptraum! –, die Christen Galatiens müßten sich beschneiden lassen (Gal 5,2–12; 6,13). «Verflucht sie», schrieb Paulus, «verflucht sie» (Gal 1,8–9). «Sollen sie sich doch gleich verschneiden lassen!» (Gal 5,12). Es ist nicht zu übersehen, daß Paulus an einem entscheidenden Nerv getroffen worden war.

Wir können nicht genau wissen, wo sich dies ereignete. Der Brief ist an eine Reihe von Kirchen in Galatien gerichtet, der römischen Provinz im Zentrum Kleinasiens (Gal 1,2), einer Region, in der Paulus gewirkt haben muß, bevor er nach Philippi und Thessaloniki gelangte; allerdings ist der spätere Bericht des Lukas in der Apostelgeschichte das einzige Dokument, das wir diesbezüglich besitzen. Wann er sich genau dort aufhielt, ob auf seiner Reise nach Mazedonien oder später, wie er die Situation entdeckte, die sich dann zuspitzte, und von wo aus er den Brief schrieb, ist völlig ungewiß. Viele Forscher sind jedoch zu dem Schluß gekommen, der Brief sei zu irgendeinem Zeitpunkt zwischen 52 und 54 n. Chr. in Ephesus verfaßt worden, kurz vor der Korrespondenz des Paulus mit Korinth, die ebenfalls von Ephesus aus geführt wurde. Eines geht aus dem Brief offenkundig hervor, nämlich daß Paulus mit der Kirche oder den Kirchen, an die er sich wandte, sehr vertraut war, da er es nicht für notwendig hielt, wie üblich Dank und Lob an den Anfang zu stellen. Er kam unmittelbar zur Sache, spielte wiederholt konkret auf die Personen und Anschauungen an, die seinen Zorn hervorgerufen hatten, und wagte es sogar, den Galatern Torheit vorzuwerfen: «O ihr unverständigen Galater», fragte er, «wer hat euch bezaubert?» (Gal 3,1).

Wer waren die Leute, welche die Galater «bezauberten»? Man hat sie häufig «Judaisierer» genannt, ein Begriff, den Forscher als Bezeichnung für judenchristliche Missionare verwendet haben, die im Gefolge des Paulus auftraten, um seiner Heidenmission mit ihrer Botschaft von der Freiheit vom Gesetz entgegenzutreten. Es gibt sehr wenige Zeugnisse für eine solche Bewegung, wenn auch die Argumentation des Paulus auf irgendeine Verbindung zu den Jesus-Leuten in Jerusalem hinzudeuten scheint. Er erwähnt «falsche Brüder» in Jerusalem (Gal 2,4) und «Leute des Jakobus» in Antiochia (Gal 2,12), die jeweils auf der Beachtung der jüdischen Reinheitsvorschriften beharrten. Doch wir müssen dabei weder an eine allgemeine Bewegung denken, die eine solche Auffassung verbreitete, noch an eine, die eigens organisiert wurde, um Paulus zu verfolgen. Die Frage, wie man mit nichtjüdischen Proselyten umgehen sollte, stellte, wie wir gesehen haben, in der gesamten jüdischen Diaspora, einschließlich Kleinasiens, ein brennendes Problem dar. Und wo auch immer sich in der Nähe einer Diasporasynagoge eine christliche Gemeinde bildete, wurde diese Frage von Juden und Christen gleichermaßen aufgeworfen. Paulus' Unterstellung, jene, die solche Auffassungen hegten, seien in jedem Falle von außen in die christlichen Kreise eingedrungen, diente seinem eigenen Vorteil. Wichtig ist die Feststellung, daß das Thema erst nach der Abreise des Paulus in Galatien aktuell wurde. Und wenigstens einige der Galater scheinen davon überzeugt worden zu sein, daß Christen die jüdischen Gesetze beachten sollten.

Das bedeutet nicht, daß die Nichtjuden in Galatien über die Aussicht, beschnitten zu werden, besonders glücklich gewesen wären. Die Beschneidung war der Preis, den sie für den Vorteil der vollen Mitgliedschaft in der jüdischen Gemeinschaft hätten bezahlen müssen. Doch genau darum ging es Paulus. Wenn es das war, was sie wollten, brauchten sie dafür nicht Christen zu werden (Gal 5,2–4). Es ging also nicht einfach nur um die Beschneidung, sondern darum, ob man wirklich Jude werden mußte, um die Vorteile der Zugehörigkeit zum Volk Israel genießen zu können. Erwähnung finden der Wunsch der Galater, das Gesetz zu beachten (Gal 3,2; 4,21), ihre Einhaltung bestimmter Tage, Monate und Jahre (ein Hinweis auf den Zyklus jüdischer Feste und Feiertage, Gal 4,10) und sogar das Wirken von Wundern (vermutlich mit Hilfe der Macht und des Schutzes, die der jüdische Gott gewährte, Gal 3,5). Die Situation war also ernst. Hier liegt der erste Hinweis dafür vor, daß Heidenchristen, nicht etwa Juden, die Glaubwürdigkeit des paulinischen Evangeliums von der Freiheit vom Gesetz in Frage stellten. Kein Wunder, daß er wütend war.

Als Antwort auf diese Problematik entwickelte Paulus zwei Argumente. Das erste lautete, er habe sein Evangelium in der Diskussion mit Jakobus und Petrus, den führenden Persönlichkeiten der Jesus-Leute in Jerusalem, erfolgreich verteidigt. Wir haben bereits festgestellt, wie wichtig dieser Bericht für die Rekonstruktion der Bekehrung des Paulus ist. Bezüglich der Galaterproblematik wollte er damit sagen, daß sogar die «Säulen» in Jerusalem seine Autorität als «Apostel» und den Inhalt seines «Evangeliums für die Unbeschnittenen» anerkannt hatten. Wir müssen uns vorstellen, daß die Galater bereits etwas über die Jesus-Leute in Jerusalem wußten und die Zielrichtung der paulinischen Argumentation verstanden haben dürften – unabhängig davon, ob sie sie akzeptierten oder nicht.

Das zweite Argument war wesentlich komplizierter. Es ist für unser Vorhaben von enormem Interesse, denn es setzte sich ganz offen mit der Herausforderung des paulinischen Evangeliums durch die Galater auseinander und zwang Paulus, eine wichtige Neudeutung des Israel-Epos zu versuchen. Wenn Nichtjuden nicht Juden werden und nicht wie Juden leben müssen – so läßt sich die Frage formulieren –, wie um Himmels willen können sie dann beanspruchen, Juden zu *sein*? Die Strategie des Paulus bestand darin, auf die Geschichten über Abraham zurückzugreifen, in denen die Anfänge der Verheißung an Israel und seiner Erwählung ihren Ursprung hatten. Wenn Christen nicht den Anspruch erheben konnten, Juden zu sein, so vielleicht doch den, «Kinder Abrahams» zu sein. Der Gedanke war genial. Würde Paulus damit durchkommen, hätte er die Grundlegung Israels neu definiert und einen Weg gefunden, das «es war einmal» des Christusmythos *sowohl* in der jüngsten Menschheitsgeschichte *als auch* im Epos der Geschichte Israels zu verorten. Der Brief des Paulus an die Galater ist im Grunde eine lange, leidenschaftliche und verschlungene Beweisführung zugunsten dieser Behauptung. Er ist die erste schriftlich dokumentierte Revision der Geschichte Israels, die den Versuch unternimmt, den Christusmythos mit dieser Geschichte auf eine Linie zu bringen. Er ist der erste systematische Versuch, zu «beweisen», daß die Israel begründenden Bundesschlüsse in Vorwegnahme des Kommens Christi erfolgt seien. Er ist die erste Ausarbeitung der inneren Logik des Christusmythos, nach der Nichtjuden zu dem «Israel» genannten Volk gehören konnten. Und er ist das erste Dokument für eine ernsthafte Bemühung, die hebräische Bibel zu durchforschen, um einen solchen Anspruch zu untermauern.

Paulus ging, kurz gesagt, von Abraham als dem anerkannten Stammvater Israels aus und fand in den Abrahamgeschichten vielfach erwähnt, Gott habe ihm verheißen, seine «Nachkommen» oder Kinder würden unzählbar sein und in ihm würden «gesegnet sein alle Völker» (Gen 12,1–3.7; 15,5–7; 17,1–8; 18,17–19; 22,17–18). Es tat nichts zur Sache, daß hier an erster Stelle offenkundig die physische Abstammung gemeint ist, die *Verheißung* sich also auf Abraham und seine Kinder bezog, während der nachfolgende *Segen* den Völkern galt. Man bemerke, sagte Paulus, daß der *Segen* um des *Glaubens* und der *Gerechtigkeit* Abrahams willen *verheißen* wurde, denn es heißt: «Abraham *glaubte* Gott», und «es ist ihm zur *Gerechtigkeit* gerechnet worden» (Gen 15,6; Gal 3,6–9, Hervorhebung vom Verf.). Was, fragte Paulus, geschah mit der Verheißung und dem Segen? Die Verheißung an Abraham erfolgte 430 Jahre vor der Offenbarung des mosaischen Gesetzes (Gal 3,17). Das heißt, so Paulus, daß das Gesetz der Verheißung «hinzugefügt» wurde. Warum? Wegen der Sünden (Gal 3,19). Das Gesetz könne niemanden gerecht machen, es sei ein Fluch für jene, die darauf vertrauten, und diene als Zuchtmeister, «bis der Nachkomme kommt, dem die Verheißung zugesagt ist» (Gal 3,10–24). Und wer, meinen Sie, war dieser Nachkomme? Da das Gesetz die Verheißung nicht außer Kraft setzen könne, so folgerte er, müsse die Verheißung an Abraham in der Person Jesu Christi zur Erfüllung gekommen sein, der – wie Abraham – «gläubig» und «gerecht» war und um dessentwillen Gott die Völker (Nichtjuden) ebenfalls als «gläubig» und «gerecht» erachte.

Man kann sehen, wie Subjekten, Objekten, Voraussetzungen und dem offenkundigen Sinn der Abschnitte im Buch Genesis Gewalt angetan wird, um ihnen die Konstruktion des Paulus überzustülpen. Um seiner Argumentation Plausibilität zu verleihen, mußte Paulus die jüdischen Schriften auf den Kopf stellen. Er hatte gründlich über die Schrift nachgedacht, und zwar nicht nur über jene Teile, die die Geschichten über Abraham erzählen. Er wählte Texte aus dem ganzen Pentateuch aus und fand sogar einige Zitate aus den Propheten, die er zu seinen Gunsten heranziehen konnte. Er untersuchte sie alle mit ausgesprochen scharfem Blick und ordnete sie klug auf Wirkung hin an. Die von ihm verwendeten Interpretationsmethoden reichten von Bemerkungen zum historischen Ablauf über die Logik rechtlicher Transaktionen bis zur reinen Allegorie. Es war ein ungeheuer mutiger Versuch, die Vision, die Paulus hatte, als er dem Christusmythos verfiel, intellektuell und begrifflich zu stützen.

Eine solche Beweisführung durchzuhalten war, wie man sich vorstellen kann, nicht leicht, und das Durcheinander schnell aufeinander folgender spontaner Behauptungen des Paulus ist verwirrend, obschon sie hier und da bestimmten Regeln der hellenistischen Rhetorik folgen (Mack, 1990, 66–73). Der moderne Leser gerät zu Recht außer Fassung darüber, wie Paulus kontrastierende starke Worte verwendet und sie wie Metaphern stapelt, um den Unterschied zwischen Juden und Christen auszumalen: «Verheißung» und «Gesetz», «Segen» und «Fluch», «Glaube» und «Werke», «Gerechtigkeit» und «Sünde», «Leben» und «Tod», «Söhne» und «Sklaven», «Erben» und «Enterbte», «in Freiheit Geborene» und «als Sklaven Geborene», «Geist» und «Fleisch». Hilfreich ist die Beobachtung, daß die Flut starker Aussagen dazu dienen sollte, eine einzige Behauptung zu untermauern, nämlich daß Heidenchristen das Gesetz *nicht* beachten müßten. Das war das eigentliche Fazit, und obwohl wir nicht mit Gewißheit sagen können, ob dies die Galater überzeugte, wurden sie davon vielleicht überwältigt. Christliche Theologen zumindest sind nicht dafür bekannt, daß sie jemals die Auslassungen des Paulus hinterfragt hätten. Es scheint vielmehr, als hätten sie die Argumente des Paulus hinsichtlich des «Gesetzes» und des «Evangeliums» tatsächlich überzeugend gefunden. Doch so geht es nicht, und obwohl wir nicht die Muße haben, die ganze Argumentation zu verfolgen und die grundlegenden Überzeugungen des Paulus mit den Ausschweifungen seiner Phantasie zu vergleichen, können wir den Angelpunkt herausstellen, an dem seine ganze Assoziationsreihe hängt. Wir müssen dies tun, wenn wir die Logik der Behauptung des Paulus überprüfen und abschätzen wollen, welche Chance bestand, daß sie sowohl von den Galatern als auch jenen, die diese «bezauberten», wie auch von anderen christlichen Intellektuellen, die aus nichtjüdischer Perspektive an der Logik des Christusmythos interessiert waren, akzeptiert wurde.

Paulus entdeckte seinen Angelpunkt in der griechischen Übersetzung der hebräischen Schriften, in denen der Begriff für Abrahams «Samen» im Singular begegnete (*sperma*, Gen 12,7; 22,17–18). In dem Bemühen, Abrahams Kinder und die Heidenchristen zusammenzubringen, sagt Paulus zweierlei über diesen «Samen» im Singular. Zum einen könnten mit dem Samen, dem Gott die Verheißung gegeben habe, aufgrund des Singulars nicht die Kinder Israels gemeint sein, eine «Vielzahl», sondern nur «einer, welcher ist Christus» (Gal 3,16). Das Zweite, was Paulus sagte, damit die Verbindung funktionierte, war: «Gehört ihr aber Christus an, so seid ihr ja Abrahams Kinder und nach der Verheißung Erben» (Gal 3,29). Es bedarf keiner Ausbildung in Sachen Logik, um die Schwäche dieses Arguments zu erkennen. Es bedarf auch nicht linguistischen Scharfsinns, um zu bemerken, wie kurios die Metaphorik erscheint. Nicht nur, daß die beiden Verwendungen des «Samens» als kollektives Symbol widersprüchlich sind, indem es einmal die Juden aus-, die Christen aber einschließt; nicht nur, daß man kaum die Vorstellung eines einzelnen «Samens» los wird, der sich von Abraham bis hin zu Jesus schlängelt; nicht nur, daß Paulus ausblenden mußte, daß Abraham für gerecht erachtet wurde, weil er den Bund der Beschneidung vollzog, oder daß unversehens die Idee nahegelegt wurde, die Christen seien die Kinder Christi. Das Hauptproblem lag darin, daß der Gedanke selbst offensichtlich absurd war. Und dennoch beruht die gesamte Argumentation des paulinischen Briefes an die Galater darauf, daß man diesen Gedankengang ernstnahm.

Es ist deutlich, daß Paulus vor konzeptionellen Schwierigkeiten stand. Und zwar deshalb, weil die von der Krise in Galatien aufgeworfenen Fragen ausgesprochen kritisch waren für sein Programm und der Christusmythos wirklich nicht dazu gedacht war, solche Fragen zu beantworten. Gemäß dem Christusmythos sagte Gott «Ja» zu Jesus aufgrund seiner Treue gegenüber der Idee des «Reiches Gottes», und er sagte «Ja» zu den Nichtjuden, sofern sie lernten, der Idee des Reiches – wie Jesus – treu zu sein. Sowohl Paulus als auch die Galater verstanden und akzeptierten dies als grundlegende Glaubensüberzeugung der Christen. Was aber passierte, wenn man das Bild wechselte? Was passierte, wenn der Begriff einer «Familie», eines «Hauses» oder von «Kindern Gottes» passender schien als der Gedanke eines Reiches? Was, wenn die Verbindung der Christen mit dem Volk Gottes (Israel) Fragen danach aufwarf, wie Kinder Gottes gerecht leben sollten, und danach, ob es angebracht sei, die Feste zu feiern, die an die alten Bundesschlüsse erinnerten, die doch die Familie Gottes begründet hatten? Was, wenn es den Galatern sinnvoll erscheinen sollte, ihre neugewonnene Zugehörigkeit zum «Reich Gottes» dadurch zu leben, daß sie in vollem Umfang an dem geordneten Leben einer wirklich jüdischen Gemeinde teilnahmen? Paulus dachte gewiß, eine solche Einstellung würde das *kerygma* im entscheidenden Punkt, nämlich als Basis für die Zulassung von Nichtjuden zur Familie Gottes, aushöhlen. Doch was konnte Paulus sagen? Der Christusmythos bot keine Hilfe für die Beantwortung solcher Fragen. Daher mußten andere Begründungen als solche aus der Logik des Mythos gefunden werden, wenn Paulus meinte, eine christliche Gemeinde solle nicht den jüdischen Bräuchen und Gesetzen folgen. Er mußte einen Weg finden, sowohl den Christus des *kerygma* als auch die christliche Gemeinde auf eine Linie mit dem Geschichtsepos Israels zu bringen und zu «beweisen», daß die Christen zur Familie Gottes gehören konnten, ohne Juden zu sein. Mit den Geschichten über Abraham glaubte er einen Volltreffer gelandet zu haben.

Abraham war die Gründergestalt der epischen Geschichte Israels, und alle, die sich als Erben dieser Überlieferung verstanden, bezeichneten sich als seine Kinder. Zu erklären, die Nichtjuden könnten mit zu den Kindern Abrahams gezählt werden, hätte als ein verständliches, großmütiges, möglicherweise akzeptables rhetorisches Zugeständnis erscheinen können – wenn man nicht weiter gefragt hätte. Das Problematische der paulinischen Argumentation lag darin, daß er – von der Infragestellung der Freiheit der Nichtjuden vom Gesetz bedrängt – beschloß, die Verheißung der epischen Überlieferung auf Kosten der Juden für die Heidenchristen zu beanspruchen. Diese radikal neue Deutung des Epos folgte zwangsläufig aus Paulus' Versuch, am Anfang der Geschichte Israels als Gegenstück zu der im Christusmythos dargestellten göttlichen Offenbarung ebenfalls eine solche Offenbarung zu entdecken. Anstatt die Mythologie des Christusmythos auf der Ebene göttlicher Absichten zu belassen, bedeutete die Parallelisierung dieser zwei Geschichten aber ein Herumpfuschen in den historischen Überlieferungen. Wie radikal die Neudeutung des Paulus ausfiel, können wir daran sehen, was er alles wegläßt. Adam taucht nicht auf. Die frühe Geschichte der Bundesschlüsse fehlt. Der Bund mit Mose wird verneint. Die Stiftungsurkunde für das System der Feste, Feiertage und Opfer im Buch Leviticus wird vollkommen übergangen. David und Salomo begegnen nicht. Ideal und Geschichte des Königtums werden nicht erwähnt. Die Weissagungen der Propheten spielen keinerlei Rolle. Die messianische Ideologie dient nicht als Brücke. Und ein apokalyptisches Ende der Geschichte, das Ende des Epos, das im Brief des Paulus an die Thessalonicher eine so bedeutende Rolle spielte, wird nur am Rande erwähnt (Gal 5,5; 6,9). Alles hängt an der Abraham-Christus-Verbindung. Wir haben hier ein sehr gutes Beispiel für die Strategie der Mythenbildung, die sich einen weit in der Vergangenheit liegenden Moment von grundlegender Bedeutung als Anknüpfungspunkt sucht und einen Zusammenhang herstellt, der alles zwischenzeitliche und jüngste Scheitern des Ideals ausklammert. Aber um seine Absicht zu erreichen, mußte Paulus die Logik des Christusmythos und den offenkundigen Sinn der Abrahamgeschichten jedoch viel zu sehr strapazieren.

Dennoch wurde aus der radikalen Hermeneutik des Paulus, ohne daß dies beabsichtigt gewesen wäre, eine Auffassung geboren, die wichtige Folgen für seine weitere Arbeit mit sich brachte. Christus als «Nachkomme» Abrahams wurde zwangsläufig zum Symbol für die «Quelle» des Lebens, an dem die Christen gemeinsam teilhatten, weil sie ihm «angehörten» (Gal 3,29). In der Hebräischen Bibel und in der frühjüdischen

Literatur konnte eine ideale menschliche Gestalt als Person dargestellt und gleichzeitig als kollektives Symbol verstanden werden. So wurde Adam, der erste Mensch, als Person beschrieben, aber als Repräsentant der gesamten Menschheit verstanden; der Begriff *Adam* meint «Menschheit». Der Stammvater Jakob konnte als historische Person dargestellt werden, wurde aber auch «Israel» genannt und als Repräsentant des Volkes Israel verstanden, das von ihm abstammte. Was Abraham betrifft, so begegnet die Metapher seines «Samens», seiner Nachkommenschaft, bei vielen semitischen Völkern, die seine Kinder zu sein beanspruchten. Solche Gestalten fungierten für das Denken sowohl als patronymische Vorfahren als auch als Kollektivsymbole für das von ihnen abstammende Volk. Im Galaterbrief wird die Gestalt Christi zwar nicht konsequent als kollektives Symbol in diesem Sinne entfaltet, es gibt jedoch Tendenzen in diese Richtung. Sie bereiten uns sowohl auf die paulinische Vorstellung vom «Leib Christi», zu dem die Christen gemäß der Korintherbriefe gehören sollen, als auch auf die Vorstellung vom kosmischen Christus als dem «Haupt des Leibes, der Kirche» im deuteropaulinischen Kolosserbrief vor. Da diese Vorstellung im Brief des Paulus an die Galater erstmals auftaucht, liegt der Verdacht nahe, daß die Zusammenstellung von Abraham und Christus diese Art des Denkens förderte.

Die entscheidende Redewendung ist der Begriff *in Christus* (*en christo*), der in dem Brief mehrfach begegnet. Die Präposition *en* kann «in» oder ‹durch» oder beides zugleich bedeuten. Es ist nicht immer klar, welche Nuance jeweils intendiert ist. Das gleiche Problem tritt auch bei der von Paulus zitierten Verheißung an Abraham auf: «alle Völker [Heiden] werden *in dir* gesegnet sein» (Gen 12,3; 18,18; Gal 3,8, Hervorhebung vom Verf.). Die Zweideutigkeit besteht sowohl in der Hebräischen Bibel als auch in der von Paulus verwendeten griechischen Übersetzung. Wir sollten daher diesen Ausdruck nicht überinterpretieren, insbesondere nicht in Richtung auf die Vereinigung mit einer mystischen Gestalt. Am besten gibt man die Wendung «in dir» als «durch dich» wieder, denn gemäß der jüdischen Deutung während des griechisch-römischen Zeitalters galt die «Verheißung» Israel, während der «Segen» für «die Völker» gedacht war. Diese Unterscheidung zwischen der Verheißung und dem Segen hob Paulus bewußt auf. Christus war der verheißene «Nachkomme», zugleich aber die Quelle des Segens für die Nichtjuden. Das bedeutet, daß die Christen kraft ihrer «Zugehörigkeit» zu Christus zu «Kindern Abrahams» wurden. Die entscheidende Wendung *en christo* könnte daher «durch Christus» oder «in Christus» bedeuten.

Die Lutherbibel übersetzt *en christo* regelmäßig als «in Christus», zweifellos unter dem Einfluß der in der christlichen Theologie vorherrschenden Klischees. In den meisten Fällen sollte man *en christo* im Galaterbrief jedoch im Sinne von «durch» oder »wegen» verstehen. Dies dürfte etwa für die Aussage «unsere Freiheit, die wir in Christus haben» (Gal 2,4), die Wendung «gerechtfertigt in Christus» (Gal 2,17), die Erwähnung der «Gemeinden Judäas in Christus» (Gal 1,22) sowie für die Aussage gelten, daß «der Segen Abrahams unter die Heiden kommen möge in Christus» (Gal 3,14). Es gibt jedoch drei Aussagen, in denen die Wendung *en christo* den Leser dazu reizt, sich auszumalen, «in Christus zu sein», als sei Christus ein Symbol für das Kollektiv. In allen drei folgenden Aussagen habe ich die Hervorhebung hinzugefügt:

> «Denn ihr seid alle durch den Glauben Gottes Kinder *in Christus Jesus.*» (Gal 3,26)
>
> «Hier ist nicht Jude noch Grieche, hier ist nicht Sklave noch Freier, hier ist nicht Mann noch Frau, denn ihr seid allesamt einer *in Christus Jesus.*» (Gal 3,28)
>
> «Denn *in Christus Jesus* gilt weder Beschneidung noch Unbeschnittensein etwas.» (Gal 5,6)

Es ist schwer, in diesen Aussagen einen Sinn zu entdecken, ohne an die Verheißung an Abraham zu denken, die Völker würden «in ihm» gesegnet werden. Wenn wir uns daran erinnern, daß die ganze Argumentation darauf zielte, eine legitime Stellung der Heidenchristen als «Kinder Abrahams» zu behaupten, ohne die Forderung zu erheben, sie müßten sich beschneiden lassen und das Gesetz beachten, scheint es möglich, daß Paulus begonnen hatte, sich das Verhältnis Christi zu den Christen nach dem Vorbild der Beziehung Abrahams zu seinen Kindern vorzustellen. Trifft dies zu, so unterstreichen die Aussagen, wie weit Paulus zu gehen bereit war, um eine Gleichung zwischen Abraham und Christus herzustellen.

Daß er bereits weit gegangen war, scheinen andere seiner Aussagen deutlich zu machen, etwa jene, die Christen seien «in Jesus hineingetauft» und hätten «Christus angezogen» (Gal 3,27), aber auch die seltsame Wendung, Paulus sei «mit Christus gekreuzigt» worden, deshalb «lebe nun nicht ich, sondern Christus lebt in mir» (Gal 2,19–20). Dies ist eine wahrhaft außergewöhnliche Ausdrucksweise. Christus wurde nicht mehr als geschichtliche Person, als Märtyrer oder als Gott verstanden, sondern als geistiges Kraftfeld und göttliche Wirkmacht. Nach diesem Verständnis vereint «Christus» in sich die Vorstellungen von einer persönlichen Gottheit, einem Stammespatriarchen, einem genealogischen Urheber, einem ethnischen Prinzip, einem kulturellen Geist und einer kosmischen Macht. Ein solch verstiegener Gedanke veranlaßt uns, näher hinzuschauen und zu fragen, ob Paulus nicht zu der Vorstellung gelangt sei, die Christen seien Christi Kinder, und zu überlegen, was er daraus gemacht haben könnte. Wir werden nicht enttäuscht, denn dort, wo er behauptete, die Christen seien «Erben gemäß der Verheißung»

(Gal 3,29), stellte Paulus fest, daß er sich mit der Implikation auseinandersetzen mußte, die Christen seien Christi «Kinder». Er hatte bereits gesagt, die Christen seien «Kinder Gottes» (Gal 3,26) und «Kinder Abrahams» (Gal 3,29). Nun wandte er sich ihrer Beziehung zu Christus zu und durchbrach – obwohl er an der Vorstellung des Kindseins festhielt – die Metapher auf folgende Weise:

> «Als aber die Zeit erfüllt war, sandte Gott seinen Sohn, geboren von einer Frau und unter das Gesetz getan, damit er die, die unter dem Gesetz waren, erlöste, damit wir die Kindschaft empfangen. Weil ihr nun Kinder seid, hat Gott den Geist seines Sohnes gesandt in unsere Herzen, der da ruft: ‹Abba, lieber Vater!› So bist du nun nicht mehr Knecht, sondern Kind; wenn aber Kind, dann auch Erbe durch Gott.» (Gal 4,4–7)

Dies ist eine erstaunliche Glanzleistung. Es war akzeptabel, ja für die Argumentation als ganze notwendig, die Christen als Kinder Abrahams und zugleich als Kinder Gottes zu verstehen. Doch es war eindeutig irritierend, die Metapher der Vaterschaft auf Christus auszuweiten. Paulus lenkte die Rede daher auf Christi Rolle als Gottes Sohn, ließ zu, daß der Christusmythos im Hintergrund schwebte, griff die Vorstellung vom Geist auf, die im Zusammenhang mit der Auferstehung stand, und zog die Schlußfolgerung, Gott habe die Christen, indem er diesen Geist in ihre Herzen sandte, als Kinder «angenommen». Auf diese Weise waren die Christen Kinder Gottes kraft dessen, daß sie den Geist des Sohnes Gottes in ihren Herzen trugen. Wenn der Geist, den Christen bei ihren Versammlungen erlebten, bewies, daß sie Gottes Kinder waren, weshalb reichte das nicht aus? Warum die lange, schwierige Argumentation? Und wenn die lange Argumentation tatsächlich als logische Beweisführung versagt, weil sie in eine verzweifelte Aufstapelung von Bildern überging, die Eindruck machen sollte, wer täuschte dann wen? Es wäre kein Wunder, wenn der moderne Leser die Stirn runzelte. Paulus' Überzeugungskraft beruht auf der Schnelligkeit, mit der er sich von Metapher zu Metapher zu bewegen imstande war, so daß er dem Leser keine Zeit ließ, ausreichend lange über die jeweilige flüchtige Assoziation nachzudenken, um ihre Plausibilität einzuschätzen. Wir können lediglich die Schlußfolgerung ziehen, daß das merkwürdige Durcheinander jener verdichteten Metaphorik durch eine äußerst ernste Herausforderung des paulinischen Evangeliums erzwungen worden sein muß, eine Herausforderung, der Paulus letzten Endes nicht zu begegnen vermochte.

Auch Paulus muß gewußt haben, daß er zu weit gegangen war, daß seine Leidenschaft seine Vernunft überrannt hatte. In seinen letzten Briefen rückte Paulus etwa von der Argumentation mit der Nachkommenschaft ab und bemühte sich sehr, vielen seiner Behauptungen aus dem Galaterbrief ihre Schärfe zu nehmen. Eine dieser Behauptungen lautete, jene, die unter dem Gesetz lebten, seien versklavt, ständen unter einem Fluch, seien erlösungsbedürftig (Gal 3, 13.23; 4, 4). Später sollte er betonen, die Sünde sei die wahrhaft Schuldige, nicht das Gesetz, das Gesetz sei vielmehr «heilig, gerecht und gut» (Römer 7, 12). Einer weiteren unüberlegten Behauptung zufolge – in der Allegorie über Sara und Hagar, die für die beiden Bundesschlüsse standen (Gal 4, 21–31) – waren die Juden vom Bund mit Abraham ausgeschlossen. Paulus kehrte die offenkundige Intention der Erzählung um und bestand darauf, Hagar, nicht Sara, verkörpere den mosaischen Bund, und die entscheidende Aussage der Geschichte laute: «Stoß die Sklavin hinaus mit ihrem Sohn» – gemeint seien die Juden, die das Gesetz verehrten –, «denn der Sohn der Sklavin soll nicht erben mit dem Sohn der Freien» – gemeint seien die Heidenchristen (Gen 21, 9–12; Gal 4, 30). Später – in Römer 9–11 – sollte Paulus die Auffassung vertreten, Gott habe sein Volk *nicht* verworfen und «ganz Israel werde gerettet werden» (Röm 11, 1.26). Obwohl die Geschichte über Abrahams Glauben und Gerechtigkeit auch weiter großen Raum in Paulus' epischer Phantasie einnehmen sollte, etwa im vierten Kapitel des Römerbriefs, sollte er nicht mehr davon sprechen, Christus sei Abrahams «Nachkomme».

Trotz ihrer logischen Schwäche war es der von Paulus entfalteten Dialektik, die einen positiven Vergleich zwischen Christus und Abraham zog, die Juden aber in einen Gegensatz zu den Christen stellte, bestimmt, eine entscheidende Rolle in der Geschichte des christlichen Denkens zu spielen. Paulus' konkrete Lösung der Frage, in welchem Sinne Christen Erben der Verheißungen Israels sein könnten, sollte zwar nicht zur herrschenden Mythologie des katholischen Christentums werden, doch in ihrer abgemilderten Form in seinem Brief an die Römer sollte sie immer wieder als machtvolle alternative christliche Überzeugung begegnen. Offenkundig ist ihr Einfluß in Markions Herausforderung an die christlichen Denker des 2. Jahrhunderts sowie in den biblischen Theologien Augustins, Luthers, Karl Barths und amerikanischer Evangelikaler. Es lief letztlich stets auf den Gegensatz zwischen «Gesetz» und «Evangelium» bzw. zwischen Judentum als einer gesetzlichen Religion und dem Christentum als einem lebendigen «Glauben» hinaus. Diese Dialektik hat ihre Wurzeln in dem Brief des Paulus an die Galater, denn der Gegensatz zwischen dem das Judentum definierenden «Gesetz» und dem «Geist Christi» als dem bestimmenden Merkmal des Heidenchristentums macht auch den Kern der paulinischen Argumentation aus. Alle anderen Aspekte der paulinischen epischen Mythologie wurden erfunden, um den Anspruch auf den Zugang zum Gott Israels trotz der Aufrechterhaltung dieses Gegensatzes geltend zu machen.

5. Die Briefe des Paulus an Griechen und Römer

Wir haben aus den Briefen des Paulus an die Thessalonicher und an die Galater dreierlei über Paulus und sein Evangelium gelernt. Erstens verstand er die dem Kern des Christusmythos zugrunde liegende Logik, daß sie nämlich eine Mythologie war, die darauf zielte, eine gemischte Gemeinde aus Juden und Nichtjuden zu rechtfertigen, die beide Kinder des Gottes Israels waren. Zweitens bestimmte, als Paulus die Implikationen dieses Mythos für seine eigene Mission unter den Nichtjuden ausformulierte, seine jüdische Mentalität jeden seiner neuen Entwürfe auf dieser Grundlage. Dazu gehören solche Einfälle wie die Berufung auf die Abrahamlegenden, die Argumentation auf der Grundlage der jüdischen Schriften, die Verpflichtung auf die jüdische Ethik und die Schaffung apokalyptischer Szenarien, mit denen er die Bedeutung klarmachte, die er dem *kerygma*, dem Fundament seines Evangeliums, beimaß. Drittens haben wir erfahren, daß das Evangelium des Paulus seine vollkommen eigene Schöpfung war. Es fiel ganz anders aus als das Verständnis der Bedeutung Jesu und des Plans Gottes für sein Reich, das andere in den Jesusbewegungen oder den Christusgemeinden vertraten.

Und so zog die Jesus-Christus-Bewegung, derweil Paulus sein Evangelium verkündete und seine Gemeinden auf Kurs zu halten versuchte, aus eigener Kraft Anhänger an, ohne daß sie sich allzusehr um das Problem gekümmert hätten, das jüdische Intellektuelle mit ihrem Gesetz hatten. Sobald sich der Christusmythos etabliert hatte und eine neue gesellschaftliche Vision stützen konnte, verfügten die christlichen Gemeinden über eine höchst interessante mythologische Grundlage. Soziale Experimente nahmen explosionsartig zu, und der Christusmythos geriet außer Kontrolle. Jene, die mit der griechischen Mythologie und den hellenistischen Mysterienkulten vertraut waren, brauchten nicht lange, um den Geist des auferstandenen Christus zu erfassen. Auch dauerte es nicht lange, bis Menschen, die sich etwas mit griechischer Psychologie auskannten, den Christusmythos in ein Symbol für die persönliche Verwandlung durch die Berührung mit dem Geist Christi übersetzten. War der Geist (*pneuma*) das alles durchdringende Element, das dem Kosmos seine Struktur und Seele verlieh, noch dazu das Urprinzip, das in den Menschen den Funken der Göttlichkeit entzündete, und war der Geist Christi jenen zugänglich, die sich einer Gemeinde Christi anschlossen, so waren der persönlichen christlichen Erfahrung keinerlei Grenzen gesetzt. In Korinth etwa wurde die christliche Gemeinde ein Ort höchst erstaunlicher Ereignisse extravaganten geisterfüllten Verhaltens, einschließlich ekstatischer Zungenrede, sexueller Zügellosigkeit, mystischer Erfahrung, dichterischer Inspirationen, ritueller Kraft und der Taufe von Toten.

Paulus war auf eine solche Entfaltung spiritueller Selbstverherrlichung nicht gefaßt. Sie beunruhigte ihn. Sie bedrohte sowohl sein jüdisches Gemeinschaftsgefühl als auch seine christliche Vision des «Reiches Gottes». Er mußte dieser Tendenz entgegentreten und gab, als er seinen Schwerpunkt von der Heidenmission auf die Kontrolle über die christliche Gemeinde verlagerte, dem Christusmythos noch einmal eine andere Wendung. Der Christusmythos, so sagte er, gibt die Struktur für die christliche Erfahrung vor. Es gelte jedoch zu beachten, daß der Auferstehung die Kreuzigung vorangehe und der Christ zwar den «Tod» vergangener Verpflichtungen, Identitäten, Praktiken und Wünsche erfahren könne, die «Auferstehung» zum ewigen Leben jedoch dem *eschaton* vorbehalten bleibe. In der Zwischenzeit sollte das Kreuz das Vorbild sein für Demut und gegenseitigen Dienst zur «Erbauung» der Gemeinde. Wenn das *eschaton* eintrete, werde sich im übrigen durch Gottes Gericht herausstellen, ob der Einzelne in Übereinstimmung mit dieser neuen Ethik des Dienstes an der christlichen Gemeinschaft gelebt habe.

Der Christusmythos war nicht aus solchen Überlegungen heraus entstanden, und auch seine Ausarbeitung machte sie nicht zwingend. Es war Paulus, der die Aufmerksamkeit von der Auferstehung weg auf «das Kreuz» lenkte (1 Kor 1, 18) und der mythologischen Sicht Jesu Christi als des «Herrn» einen apokalyptischen Rahmen hinzufügte. Er tat dies, um einer Faszination angesichts der Mythologie der Auferstehung zu begegnen, die er als gefährlich erachtete. Diese Faszination erschien vielen frühen Christen unwiderstehlich. Verstand man den Mythos im Sinne eines Musters, das es nachzuahmen galt, so bot er die Möglichkeit der spirituellen Verwandlung und Transzendenz. Paulus war der Auffassung, eine solche Kultivierung des Christusmythos führe zu persönlichen religiösen Erfahrungen, welche die Gemeinde hierarchisch gliederten und trennten, indem sie es einigen Einzelnen gestattete, einen höheren geistigen Status zu beanspruchen. Natürlich mußte Paulus Vorsicht walten lassen. Er war auf der Grundlage seiner eigenen persönlichen Berufung für die apostolische Autorität eingetreten. Dies war allerdings eine Berufung, keine Erfahrung des auferstandenen Christus. Was geschah, wenn er beides zusammenfügte – seine Berufungserfahrung und den Anspruch der Korinther, sie erführen den auferstandenen Herrn? Er konnte dann behaupten, bei seiner Berufung handle es sich um eine Erfahrung, bei der er den auferstandenen Herrn gesehen habe, also sollten sie auch *ihre* Erfahrung als Berufung zum Dienst an der christlichen Sendung verstehen. Was aber meinte die christliche Sendung anderes als die Bildung christlicher Gemeinden? Paulus behauptete eben dies, und es schien zu funktionieren.

Paulus' jüdische Sensibilität legte hohen Wert auf Gemeinschaft. Er wollte, daß die Christusgemeinden eine Gemeinschaftsethik sichtbar lebten, die dem Ideal Israels als des Volkes Gottes entsprach. Um dieser Predigt Nachdruck zu verleihen, forcierte er zum einen eine Verlagerung des Schwerpunkts von der Faszination der Korinther angesichts der Auferstehung Christi zum Geschehen seiner Kreuzigung. Zum anderen verwandelte er das Kreuz Christi in ein bedeutsames Vorbild für den Lebensstil, der einer christlichen Gemeinde angemessen sei. Er verkündigte das Kreuz nicht nur als Ereignis, das den Verlauf der Geschichte veränderte und den Heiden eine rechtmäßige Stellung im Hause Israels verschaffte, sondern verwendete es nunmehr auch, um alle die Veränderungen auszumalen, die das Christ-Sein mit sich brachte: den Anschluß an eine christliche Gemeinde, den Empfang der Taufe, die Teilnahme am gemeinsamen Mahl, die Lösung von Konflikten innerhalb der christlichen Gemeinschaft und die Kultivierung einer Ethik der Selbstaufopferung und des Dienstes. Nach Paulus verkörperte Christi Gehorsam bis zum Tod beispielhaft die für die christliche Gemeinschaft maßgebliche Haltung. Und damit dieses Ziel des christlichen Evangeliums auf jeden Fall hinreichend ernst genommen würde, erinnerte Paulus jene, die er bekehrt hatte, daran, daß auch ein abschließendes Gericht zu Gottes Plan gehöre.

Ausgehend von der Offenbarung, Jesus Christus sei der Sohn Gottes, sein Tod und seine Auferstehung stellten den großen Angelpunkt der gesellschaftlichen und epischen Geschichte dar, wandte sich Paulus zwei großartigen Abenteuern zu. Das eine war das, was er seine Sendung zu den Nichtjuden bzw. Heiden nannte. Das zweite bestand im Entwurf einer vollständigen Theologie auf der Grundlage des Christusmythos. Sein Bestreben richtete sich von nun an darauf, die «Weisheit und Erkenntnis Gottes» oder Gottes «unerforschliche Wege» zu begreifen (Röm 11,33). Seine Briefe an die Korinther und die Römer bieten uns zwar kein vollständiges Zeugnis für dieses intellektuelle Bemühen, sie dokumentieren aber wichtige Wegmarken seiner Ausarbeitung des Christusmythos. Mit dem Römerbrief verfügen wir über eine überaus gut konzipierte und umfassende Darstellung seines theologischen Systems. Da, wie er sagte, «Christus Jesus ... uns von Gott gemacht ist zur Weisheit» (1 Kor 1,30), war es der Christusmythos, was sein Bestreben, das zu begreifen, was er als Gottes «Wege» bezeichnete, auf den Punkt brachte und weitertrieb. Wir sollten daher nicht erstaunt sein, festzustellen, daß alle Aspekte der paulinischen Weltanschauung sich letztlich mit dem Symbol des Christus berühren. Das sollte natürlich einige Folgen für die Gestalt des Symbols selbst mit sich bringen.

Die Korintherbriefe

In Korinth geriet das paulinische Evangelium von der Gesetzesfreiheit und dem durch den Geist Christi eröffneten neuen Leben außer Kontrolle. Korinth war eine lebendige, neue Stadt, durch und durch griechisch, zutiefst vom hellenistischen Geist geprägt, wenn auch neuerdings nach römischer Spielart. Seine lange, ruhmreiche Geschichte als herausragende, unabhängige, elegante griechische Stadt, die die Kontrolle über die Querverbindung zwischen Achaea und dem Peloponnes innehatte, war 146 v. Chr. durch die Römer an ihr Ende gelangt. Während der folgenden einhundert Jahre spielten die Römer ihre Rolle als Kolonialmacht, und Caesar baute Korinth im Jahre 44 v. Chr. als römische Kolonie neu auf. Sie blühte auf, und im Jahre 27 v. Chr. ernannte Caesar, nunmehr Augustus, Korinth zur Hauptstadt der römischen Provinz Griechenland. Korinth konnte zwar Athen als Zentrum der fortdauernden Pflege der klassischen griechischen Philosophie und Bildung nichts Gleichwertiges entgegensetzen, doch es war die Stadt, in der die griechische Kultur und Gedankenwelt in das bunte Gemisch von Völkern und Ideen, die während des griechisch-römischen Zeitalters zusammengewürfelt worden waren, hineinströmten. Es war eine geschäftige Hafenstadt und ein Zentrum für Handel, Industrie und die Isthmischen Spiele. Es gab Tempel und Heiligtümer für Apollo, Aphrodite, Asklepius, Poseidon und Demeter, aber auch für Isis, Serapis und die asiatische *Mutter der Götter*. Seeleute, Kaufleute, Philosophen und Reisende kamen durch. Römische Regierungsbeamte, Handwerker, Händler und Künstler trugen zu einem lebhaft pulsierenden öffentlichen Leben bei. Prostituierte verschafften Korinth den Ruf einer Stadt der Sexualität, des Vergnügens und der Unmoral. Der Tempel der Aphrodite Pandemos («Göttin der Liebe für alle Menschen») überragte die Stadt von einer gewaltigen Akropolis aus und segnete das Treiben dort unten.

Paulus war auf Korinth kaum vorbereitet. Offensichtlich fand er dort mit seinem Evangelium begeistertes Gehör und war bald tief in das Leben dieser neuen Gemeinde verstrickt. Wie er sagte, kehrte er, lange nachdem er nach Ephesus und zu anderen Orten weitergezogen war, um seine Heidenmission fortzusetzen, immer wieder persönlich, geistig und in Briefen dorthin zurück. Doch Paulus war nicht der einzige Lehrer, dem diese Christen Gehör schenkten, und es ist deutlich, daß die Korinther seine Anschauungen über die Bedeutung des «Kreuzes Christi» und das «Gesetz Christi» nur schwer annehmen und verstehen konnten. Sie ließen sich eher davon beeindrucken, den Geist des neuen Gottes mit Namen Christus und spirituelle Wunder an sich selbst zu erfahren, die bewiesen, daß sie in sein Reich eingetreten waren. Die Art und Weise wie die korinthischen Christen mit diesen Wundern spiritueller Kraft prunkten, brachte ein bemerkenswertes gemeindliches Verhalten hervor. Nichts von dem, was wir über die Jesusbewegungen oder die Christusgemeinden vor den paulinischen Korintherbriefen wissen, so phantasievoll einige dieser anderen Bewegungen und Mythologien auch waren, bietet eine hinreichende Erklärung für das, was in Korinth geschah. Was die Korinther aus dem Christusmythos machten, ist daher überaus überraschend. Paulus selbst wußte kaum, wie er damit umgehen sollte. Die Korinther verstanden den Christusmythos als eine Einladung, den Geist jenes spirituellen Reiches, über das Christus herrschte, zu erfahren, und sie ergötzten sich an mannigfachen Formen öffentlicher Zurschaustellung, die ihre unmittelbare Berührung mit diesem Geist nachweisen sollten. Paulus war besorgt. Dies war sicher nicht die Form von Gemeinde, die er sich vorstellte. Wir können beobachten, wie er die Freiheit wieder zurückschraubte, seine Auffassung über den Geist änderte und sich gezwungen sah, Einstellungen zu vertreten, die im Widerspruch zu seinen früheren Ansichten zu stehen schienen. Offensichtlich war das Problem, vor dem Paulus stand, darauf zurückzuführen, daß diese Korinther vollständig in der hellenistischen Umwelt des griechischen Lebens und Denkens beheimatet waren. Die Gründe für ihr Interesse am Christusmythos waren nicht dieselben wie jene des Paulus.

Somit ist der Blick auf diese christliche Gemeinde, den Paulus eröffnet, ganz besonders aufregend. Die Korinther sind das erste greifbare Beispiel eines durch und durch hellenistischen, vorwiegend nichtjüdischen, städtischen Christuskults im Herzen Griechenlands. Ihre Erfahrung des Christus, des «Reiches Gottes», der Freiheit von der Vergangenheit und des Geistes Gottes ist so weit von den Überzeugungen der Jesusbewegung entfernt, daß man über die rasche Entwicklung vom einen zum anderen einfach nur staunen kann.

Paulus wirkte etwa achtzehn Monate in Korinth, und zwar um das Jahr 50 u.Z. Von dort aus ging er nach Ephesus, wo er gemeinsam mit einigen Mitarbeitern ein Zentrum für seine christliche Mission errichtete. Von Ephesus aus schrieb Paulus einen Großteil seiner Korrespondenz mit den Korinthern, und von hier aus reiste er im Verlauf einer etwa vier Jahre währenden außergewöhnlich stürmischen Beziehung zwischendurch mindestens einmal nach Korinth. Die beiden Briefe des Paulus an die Korinther im Neuen Testament sind in Wirklichkeit eine Sammlung von sechs verschiedenen Korrespondenzen. Der erste Korintherbrief ist ein einzelner, relativ unversehrter Brief, verfaßt als Reaktion auf einen Bericht über Fragen, über welche die Korinther uneins waren, den Paulus von den «Leuten der Chloë» erhalten hatte, sowie auf einige andere «Angelegenheiten», über die ihm die Korinther geschrieben hatten (1 Kor 7,1). 1 Kor 5,9 erwähnt einen noch früheren, allerdings verlorengegangenen Brief des Paulus an die Korinther. 2 Kor 2,14–6,13 und 7,2–4 enthalten Teile eines zweiten erhalten gebliebenen Briefes. Er wurde einige Zeit später verfaßt, nachdem Paulus erfahren hatte, daß er seine Autorität als Apostel klären und verteidigen mußte. Nach einem Besuch mit dem Ziel, dem Einfluß anderer Apostel in Korinth entgegenzutreten, einem Besuch, der nicht gut verlaufen war, schrieb Paulus einen «strengen Brief», der teilweise in 2 Kor 10–13 enthalten ist. Dieser Brief enthielt eine Warnung, wonach Paulus vorhatte, nach Korinth zurückzukehren, um bestimmte Mitglieder der Gemeinde, die Spaltungen verursachten und die von ihm verurteilte sexuelle Freizügigkeit nicht aufgegeben hatten, zu disziplinieren. Dieser Plan wurde nicht verwirklicht, weil Paulus offenkundig mit den Behörden in Ephesus in Konflikt geriet, ins Gefängnis geworfen wurde und erst wieder freikommen mußte, ehe er aufbrach und sich über Troas und Mazedonien auf die lange Reise nach Korinth machte. Vermutlich in Mazedonien empfing Paulus von Titus, einem Mitarbeiter, den er mit dem «strengen Brief» nach Korinth geschickt hatte, die Nachricht, den Korinthern läge sehr an einer Versöhnung mit Paulus. Daraufhin schrieb Paulus einen vierten Brief, der teilweise in 2 Kor 1,1–2,13 und 7,5–16 bewahrt geblieben ist. Er mag der Umschlag für zwei zusätzliche Bittbriefe bezüglich einer Geldsammlung für die «armen Heiligen in Jerusalem» gewesen sein – ein Projekt, das Paulus nun den Korinthern mit ruhigem Gewissen dringend ans Herz legte. Ein Brief sollte unter den Kirchen in Achäa in Umlauf gebracht werden (2 Kor 9), der andere war für die Gemeinde in Korinth bestimmt (2 Kor 8). Wir haben also eine außergewöhnlich reiche Dokumentation einer nicht mehr als zwanzig Jahre nach Jesu Zeit durchgeführten christlichen Mission in Griechenland vor uns.

Warum fühlten sich diese Korinther vom christlichen Evangelium angezogen? Das ist die erste Frage, die dieses Zeugnis für eine im wesentlichen nichtjüdische Gemeinde aufwirft. Was konnten sie angesichts der dem Christusmythos zugrundeliegenden Logik, einer Logik der «Rechtfertigung», an der die Korinther offensichtlich überhaupt kein Interesse hegten, mit dem Mythos anfangen, daß er bei ihnen für solche Aufregung sorgte? Leider lag es nicht in der Absicht der Briefe des Paulus, uns eine vollständige Beschreibung der Korinther und ihrer Glaubensüberzeugungen zu liefern, und wir haben keine von den Korinthern selbst verfaßten Texte. In den Paulusbriefen liegen jedoch genügend Hinweise vor, die es gestatten, ein Bild dieser Menschen zu entwerfen, sofern wir den darin diskutierten Themen und den Begründungen Aufmerksamkeit zollen, die Paulus für seine Sicht der Dinge anführte.

Im vorliegenden Material lassen sich vier Typen unterscheiden. Den ersten könnte man als Vereinbarungen über Fragen des Glaubens und der Praxis bezeichnen, in denen die Korinther, wie Paulus vermutete, mit ihm übereinstimmten. Dazu gehörten Dinge wie ihre Annahme des Evangeliums, ihre regelmäßigen Versammlungen, ihr Wissen um das «Reich Gottes», ihre Taufpraxis, ihre Erinnerungsmahle und ihr Interesse am Geist Christi. Diese Gemeinsamkeiten zeigen uns, daß die Korinther tatsächlich eine Gemeinde nach dem Vorbild des Christuskultes gebildet hatten. Der zweite Typus von Material weist auf Unterschiede im Verständnis des Christuskultes bei Paulus und den Korinthern hin. Paulus empfand Besorgnis über eine Vielzahl ihrer Anschauungen und Praktiken. Einige davon kritisierte er, etwa ihr Verhalten bei der Versammlung zum Gemeinschaftsmahl, andere kommentierte er mit Sarkasmus, etwa den Anspruch der Korinther, «reich» und «weise» zu sein. Wir müssen sorgsam darauf achten, unsere Sicht der Korinther nicht von Paulus bestimmen zu lassen, doch selbst seine sarkastischen Hinweise müssen in gewisser Weise zutreffend gewesen sein, da er ansonsten niemals auf Gehör hätte hoffen können. Der dritte Typus von Material besteht aus neuen Weisungen des Paulus. Es waren Fragen über das für die neue Gemeinschaft angemessene Verhalten aufgekommen, und er formulierte seinen Rat. Hier können wir sehen, wie sich Paulus windet, wie er damit ringt, mißverstanden worden zu sein, wie er den korinthischen Anschauungen so weit wie möglich entgegenkommt und dennoch darauf beharrt, der Christusmythos (gemäß *seinem* Evangelium) müsse die Antworten liefern. Ein vierter Typus von Material besteht aus der Verteidigung der Vollmacht des Paulus zur Auslegung der Bedeutung des Christusmythos. Indem wir jedem dieser Typen von Material volle Aufmerksamkeit zukommen lassen, können wir eine ziemlich vollständige Beschreibung der korinthischen Christen entwerfen.

Es scheint, daß die Korinther von dem Bericht über einen jüngst gekreuzigten Gott, der dann in den Herrn des geistigen Reiches verwandelt worden war, das er verkörperte und offenbarte, begeistert waren. Es fiel ihnen scheinbar nicht schwer, sich dieses Reich als einen geistigen Bereich vorzustellen. Vielleicht verstanden sie es nach dem Vorbild der Götterwelt, die ihnen von der griechischen Mythologie her vertraut war, womöglich auch als kosmische Essenz oder Sphäre, wie es ihre Philosophen lehrten. Die Korinther hatten zudem offenbar keine Schwierigkeit mit dem Gedanken, daß der Gott Jesus Christus als Mensch erschienen war, ein menschliches Schicksal erlitten hatte und in ein geistiges Wesen verwandelt worden war. Dies mag ihnen zunächst ein wenig merkwürdig geklungen haben, weil sich darin Merkmale ihrer Göttergeschichten mit Geschehnissen verbanden, die gewöhnlich ihren Heldengeschichten vorbehalten waren. Doch vielleicht übte gerade die Verbindung der beiden Arten geistiger Wesen ihre eigene Faszination aus. Da sie gute Griechen waren, gingen sie natürlich auch davon aus, daß der menschliche und der göttliche Geist eng miteinander verwandt, wenn nicht sogar integraler Bestandteil derselben kosmischen Substanz waren. Insofern war das, was ihnen der Christusmythos nahelegte, auf der einen Ebene vollkommen neu, enthielt aber auf einer anderen Ebene überhaupt nichts Neues oder Fremdes.

Was war das Neuartige, das ihre Aufmerksamkeit auf sich zog? Es hatte etwas mit der Vorstellung des Geistes zu tun, die mit dem Christusmythos einherging. Die Griechen stellten sich den Geist als elementare Substanz des Kosmos vor, die Christen dagegen dachten ihn als handelnden, mächtigen Geist. Was, wenn der Christusmythos es ermöglichte, sich einen geistigen Bereich als von seinem Herrn Jesus Christus erfüllten Herrschaftsbereich vorzustellen? Was, wenn er darüber hinaus eine Möglichkeit bot, diesen Geist durch die Hingabe an seinen Herrn zu erfahren? Die Griechen hatten stets gedacht, so etwas wie ein Geist bilde das allgemeine Band zwischen der menschlichen Natur und dem Wesen des Kosmos selbst. Was, wenn die Christen recht hatten? Was, wenn es sich bei diesem Geist weniger um eine elementare Substanz als vielmehr um eine Gottheit handelte? Was, wenn man sich den Geist des Kosmos als einen göttlichen Handlungsträger vorstellen konnte, der sich um die Menschen kümmerte? Und was, wenn die Hingabe an den neuen Gott tatsächlich den Geist im Innern eines Menschen zu wecken vermochte, so daß er mit dem tiefen, verborgenen Geist des Kosmos in Verbindung treten konnte?

Ein solcher Wandel des Denkens über die Welt und die Götter kam gerade zur rechten Zeit. Die griechischen Götter waren alt und müde geworden. Sie und das Volk, mit dem sie Umgang pflegten, waren weder den von Westen anmarschierenden römischen Legionen noch den von Osten her eindringenden antiken Göttern und Kulturen gewachsen. All diese Götter aus dem Osten, sei es der Gott Israels, die ägyptische Isis oder der Herr der Christen, hatten im Vergleich zu den Göttern der Griechen, Zeus eingeschlossen, einen gemeinsamen Vorteil. Sie waren souverän, transzendent und verantwortlich. Sie herrschten machtvoll über die Schöpfung und die Geschichte, um das menschliche Schicksal, Völker, Könige und ihr Geschick zu lenken. Und im Falle der Juden war deren einer und einziger Gott seinem Charakter nach durch und durch hochgesinnt, ethisch und vertrauenswürdig. Die Götter der Griechen dagegen waren launische Wesen, gefürchtet und in mancher Hinsicht verehrt, doch kaum geliebt, und man durfte ihnen nicht trauen. Ihre Welt war zu sehr ein grotesker Spiegel der Geschichte und des gesellschaftlichen Lebens, doch so, daß die schmutzige Seite sichtbar wurde. Niemand hätte in dieser Welt der Götter leben wollen oder die Auffassung vertreten, das Hauptanliegen der Götter richte sich auf das Wohlergehen einzelner Griechen und ihrer Gesellschaft. Die griechischen Götter waren parteiisch, stellten sich auf eine bestimmte Seite und spielten häufig den Betrüger. Der Besuch eines Gottes oder einer Göttin wurde nicht als unzweideutiges Vorzeichen begrüßt. Und wenn man – wie alle griechischen Philosophen – über die Welt der Götter nachdachte und fragte, wie sie auf die elementaren Strukturen des Kosmos einwirkte und wo sie in dieser Welt ihren Platz hatte, behielt stets die natürliche Ordnung die Oberhand. Die Götter wurden unvermeidlich zu Allegorien der nichtorganischen Elemente reduziert, aus denen die Welt gestaltet war, oder bestenfalls als Personifikationen der physischen Kräfte verstanden, welche die vorfindliche Welt prägten.

Die Christen drangen mit einer Botschaft über eine Gottheit ganz anderer Art in die Gedankenwelt der Griechen ein, mit einem Gott, der nicht allein der Schöpfer der Welt, Offenbarer des Gesetzes und Bürge der Gerechtigkeit war, sondern dem es in erster Linie um das Wohl seines Volkes ging. Die Begegnung mit christlichen Missionaren, die verkündeten, der wahre, lebendige Gott könne nun durch Christus erkannt werden, bedeutete nicht bloß die Einführung eines weiteren Gottes in das griechische Pantheon. Sie stellte vielmehr eine Herausforderung an die Vorstellungen dar, die man sich davon machte, wie die Götter die Welt bewohnten, und erforderte ein völlig neues Verständnis der Welt und des Platzes, den die Menschen in ihr einnahmen. Die Anziehungskraft der christlichen Botschaft lag in dem Gedanken, man könne mit dem höchsten Gott in Verbindung treten, und ein solcher Kontakt sei inspirierend, nicht furchterregend. Die neue Theologie besagte implizit, der Kosmos beziehe seine Energie aus einer Ausdehnung des Geistes Gottes. Ein solcher Gedanke ließ auf eine ganz andere Art des geistigen Universums schließen als dies mit Hilfe der traditionellen griechischen Kosmologien möglich war. Wie berauschend muß es gewesen sein, sich die geistige Ordnung des Kosmos als Bereich einer dem Menschen zugewandten Wirksamkeit und Macht vorzustellen, die sie dazu einlud, dem Universum, in dem sie sich fremd fühlten, zu begegnen. Wie abscheuerregend erschienen nun jene alten griechischen Götter, wie langweilig erschien die als ihr Lebensraum verstandene Welt, und wie wenig halfen sie den Menschen, in der chaotischen Welt der Entfremdung von ihrem Land und Volk ihren Platz und Weg zu finden. Der Gedanke, Jesus Christus sei der Sohn dieses hohen Gottes, gesandt, seinen Willen, sein Reich und seinen Geist bekannt zu machen, und nun als Herr des Reiches eingesetzt, dürfte also für einige ziemlich anziehend gewesen sein. Man stelle sich nur einmal vor: Ein Geschenk des Geistes Gottes, empfangen durch Christus, seinen Sohn, konnte das eigene wahre geistige Selbst erwecken und einen mit dem geistigen Reich in Berührung bringen, über das Christus herrschte! Wie erfuhr man diesen Geist? Man erfuhr ihn, wenn Christen sich im Namen ihres Herrn Jesus Christus versammelten und seinen Namen anriefen. Und die Zeichen seiner Gegenwart? Vielleicht lagen sie in der inspirierten Rede, in ekstatischer Erfahrung und in charismatischem Auftreten?

Paulus war entsetzt. Er hatte nicht erwartet, daß der Christusmythos eine derartige öffentliche Zurschaustellung persönlicher religiöser Erfahrung nach sich ziehen könnte. Möglicherweise hatte er die Art und Weise unterschätzt, in der die griechische Mentalität auf seine Botschaft über die durch den Geist Christi eröffnete Freiheit und Macht reagieren würde. Sich den christlichen Geist als Zeichen der Freiheit vom Gesetz vorzustellen, war eines. Genau darauf hatte Paulus in seinem Brief an die Galater mit dem Begriff des *Geistes* abgezielt. Doch Freiheit von allen physischen und kulturellen Zwängen aufgrund der geistigen Berührung mit kosmischen Mächten war etwas vollkommen anderes. Die Bestürzung des Paulus zeigt sich an dem beißenden Sarkasmus, mit dem er den Korinthern ihre Lektion erteilte.

Paulus' Sarkasmus wird daran sehr deutlich, wie er mit einer Reihe von Schlagworten umging, die unter den Korinthern gängig gewesen sein müssen. Wenn wir von Paulus' rhetorischen Anspielungen absehen, können uns diese Slogans zeigen, was die Korinther als Christen zu erfahren meinten. Folgende sind zu nennen: «Wir sind reich», «wir sind frei», «wir herrschen» (1 Kor 4,8), «wir sind weise», «wir sind stark» (1 Kor 4,10), «alles ist erlaubt» (1 Kor 6,12; 10,23), «es ist gut für den Mann, keine Frau zu berühren» (1 Kor 7,1), «Speise wird uns nicht vor Gottes Gericht bringen» (1 Kor 8,8), «die Speise dem Bauch und der Bauch der Speise» (1 Kor 6,13), «wir alle haben die Erkenntnis» (1 Kor 8,1), «keine Götzen gibt es in der Welt und keinen Gott als den einen» (1 Kor 8,4), «wir verfügen über geistige Gaben und Macht» (1 Kor 12–14).

Diese Aussprüche zeigen, daß die Korinther recht geschickt Klischees aus den griechischen populärphilosophischen Traditionen mit einigen Elementen der vom Christusmythos gelernten neuen Begrifflichkeit verbunden hatten. Ein unter Stoikern beliebter Spruch läßt sich ohne Schwierigkeiten als Hintergrund ausmachen, nämlich: «Nur die Weisen sind Könige». Die kynische Tugend, mit wenig auszukommen, verkehrte sich regelmäßig in die Selbsttäuschung, man habe es besser als die Reichen. Und die Freiheit von sozialen Anpassungszwängen stellte ebenso wie die Kraft persönlicher Integrität in den meisten Schulen populärer ethischer Philosophie das maßgebliche, letztgültige Ideal dar. Eine starke Strömung der kynischen Tradition besagte sogar, es komme nicht darauf an, ob man mit Blick auf Dinge wie Sexualität oder Speisen Askese übe oder ausschweifend lebe, solange man wisse, daß diesen Dingen keine wirkliche Bedeutung zukomme. Das Eigentümliche dieser korinthischen Sprüche liegt darin, daß der Anspruch auf Freiheit, Genügsamkeit, Weisheit, Kraft und Macht nun dem Geist Christi zugeordnet und als Zeichen der Zugehörigkeit zu seinem Reich gedeutet wurde. Das kann nur bedeuten, daß der Christusmythos den Korinthern einerseits als bemerkenswerte Rechtfertigung ihrer freigeistigen Haltung, andererseits als Einladung zu einem in hohem Maße geisterfüllten Verhalten als Zeichen einer höheren Spiritualität erschien. Es dürfte sich dabei um eine vollkommen neuartige Vorstellung gehandelt haben. Es war der Gedanke, von dem Geist eines Gottes angetrieben oder «erfüllt» zu sein, der aktiv darauf zielte, Einzelne für sein Reich der Gegenkultur zu gewinnen. Was für eine berauschende Erfahrung! Was für ein unerwarteter Zugang zur Unsterblichkeit! Somit waren die Versammlungen der Gemeinde Christi in Korinth der Ort, an dem das griechische Verlangen nach persönlicher Ehre auf die Ebene geistiger Manifestationen erhoben wurde. Modern ausgedrückt handelte es sich um eine Mischung aus Partizipationstheater und persönlicher Zurschaustellung ekstatischer Erfahrungen. Es war diese als spirituelle Leistung begriffene Zurschaustellung, die Paulus für unangemessenen Dünkel hielt. Die Korinther kultivierten «geistige Gaben» wie das «Zungenreden» und «Prophezeien». Sie gestatteten Frauen, unbedeckten Hauptes zu weissagen. Ihre Freiheiten gingen sogar soweit, daß sie allgemeine Tabus im Bereich der Sexualität, der Ehe und der Opfermahlzeiten brachen. Die Korinther genossen dies offenbar sehr und erkundeten alle Möglichkeiten, die ihnen die neue Mythologie des Geistes Christi eröffnete. Möglicherweise hatte diese Kultivierung des Geistes einige Korinther sogar zu der Aussage veranlaßt: «Jesus soll verflucht sein» (1 Kor 12,3). Kein Wunder, daß Paulus zutiefst beunruhigt war.

Im Grunde fühlte sich Paulus in seiner jüdischen Mentalität verletzt. Er sah sich einer gesellschaftlichen Arena gegenüber, in der die Einzelnen mit ihren unterschiedlichen geistigen Gaben prahlten, in der Meinungsverschiedenheiten als selbstverständlich galten und Konkurrenzstreben den Ansporn gab zu überlegenen Leistungen in bezug auf Erkenntnis oder geistige Kraft. Nichts davon hätte das herkömmliche griechische Bewußtsein verletzt. Doch es verletzte die paulinische jüdische Anthropologie und das Anstandsgefühl, das seiner Sozialethik zugrunde lag. Das war es nicht, was Paulus gewollt hatte, als er Nichtjuden in die Familie Gottes einlud. Das hatte er nicht gemeint, als er verkündete, der Geist Gottes, in der Welt durch seinen Sohn Jesus Christus offenbar, befreie die Christen vom Gesetz. Er verstand die christliche Gemeinde nach wie vor nach dem Vorbild Israels, Israel aber als ein Volk der Reinheit und Heiligkeit, das in Gemeinschaft und gemäß hohen ethischen Maßstäben zusammenlebte. Es war eines, zu sagen, Nichtjuden müßten nicht beschnitten werden und die Befolgung der Reinheitsriten bedeute nicht automatisch die Aufnahme – sei es eines Juden oder Nichtjuden – in das neue «Reich Gottes». Es war jedoch etwas ganz anderes, sich so zu verhalten, als hätten die allgemeinen Normen der Moral ihre Gültigkeit verloren. Die Korinther hatten nicht verstanden, was es bedeutete, Kinder Abrahams zu sein. Sie schienen nicht zu begreifen, daß das «Reich Gottes» nun zwar auch Nichtjuden offenstand, aber dennoch einer Gemeinde des auserwählten Volkes Gottes, Israels, gleichen sollte. Sie handelten, als käme es einzig auf die persönliche Erfahrung des göttlichen Geistes an, während der eigene Leib vollkommen gleichgültig sei. Paulus hielt sie für arrogant und zügellos. Es geziemte sich einfach nicht für Christen, sich so zu verhalten.

Daher antwortete Paulus mit einer wortgewaltigen, langatmigen Beweisführung hinsichtlich der Bedeutung des «Leibes» für Ethik und Glauben der Christen. Er entfaltete das Bild des Leibes mit dem Ziel, drei verschiedene Dingen eng aufeinander zu beziehen: den individuellen Menschen, Christus und die christliche Gemeinde. Erstens, so Paulus, sei es wichtig, was man mit seinem Leib tue. Handlungen hätten Folgen. Das Verhalten sei der Maßstab, an dem der Einzelne gemessen werde. Zweitens, so sagte er, lasse sich die wahre Bedeutung der Kreuzigung und Auferstehung Christi nur begreifen, wenn man erkenne, daß beide «leibliche» Ereignisse seien – womit er meinte, sie hätten tatsächlich stattgefunden. Drittens bestehe der Zweck dieser leiblichen Geschehnisse darin, den «Leib Christi» zu schaffen, eine Gemeinde aus Individuen, die zu einer organischen, sozialen Einheit zusammengefügt seien. Wenn das nicht Mythenbildung war! Man kann geradezu sehen, wie Paulus' Gedanken kreisen, wie er sich anstrengt, eine bestimmte Tendenz des Christusmythos mit der ihm vorschwebenden Gestalt der christlichen Gemeinde zu verbinden.

Zahlreiche ethische Fragestellungen standen zur Debatte: sexuelle Unmoral, Ehe, Kinder, Zölibat, Beschneidung, weibliche Propheten, Götzendienerfleisch, das Prahlen mit geistigen Gaben, Meinungsverschiedenheiten, Klassenunterschiede, die Hierarchie während des gemeinsamen Mahls sowie gerichtliche Verfahren. Nach der Lektüre der Korintherbriefe wird niemand sagen können, die frühen Christen wären nicht an Experimenten in gesellschaftlicher Formation beteiligt gewesen. Doch Paulus befürchtete, die Gemeinde werde in Kürze auseinanderfallen, anstatt zusammenzufinden. Deshalb behandelte er all diese Fragen als Symptome dafür, daß der Zusammenhalt der korinthischen Gemeinde in Gefahr war. Bei jedem einzelnen Punkt lag ihm daran, die organische Einheit zu stärken, und er behandelte jedes Thema so, als ließe es sich auf eine Meinungsverschiedenheit darüber zurückführen, welche Bedeutung man dem Leib zuschreibe.

Die von Paulus vertretenen Positionen wurzelten allesamt in seinen jüdischen Überzeugungen über die Bedeutung der Reinheit des Volkes Gottes. In jüdischen Kreisen hätte man bei der Diskussion über die Reinheit selbstverständlich vorausgesetzt, daß Menschen Körper haben, und sich statt dessen der Frage nach den Normen zugewandt. Geklärt werden mußten die Maßstäbe, Autoritäten und Ideale, mittels derer das Verhalten beurteilt werden sollte. Paulus konnte diesen Weg nicht einschlagen, da er das Gesetz der Juden einer wenig hilfreichen Vergangenheit zugeschlagen hatte. Zudem konnte er die Bedeutung des Leibes nicht selbstverständlich voraussetzen, da das Verhalten, dem er entgegenwirken wollte, von der durch und durch griechischen Vorstellung eines Leib-Seele-Dualismus motiviert war, der die Seele als dem Leib überlegen betrachtete. Die Seele oder der Geist bestimmten die menschliche Identität. Was den Leib betrifft, so hieß es allgemein: «Der Leib ist das Grab» (*soma sema*). So hatte Paulus, gefangen in der Mitte zwischen zwei kulturellen Einstellungen gegenüber dem Leib, lediglich die Möglichkeit, strapazierte Metaphern zu manipulieren, die zum Teil aus der jüdischen, zum Teil aus der griechischen Kultur stammten, um darzutun, wie wichtig es war, daß Christen ihre Aufmerksamkeit auf den Leib richteten, anstatt lediglich «im Geist» zu feiern. «Wißt ihr nicht», schreibt Paulus, «daß eure Leiber Glieder Christ sind? [...] Oder wißt ihr nicht: wer sich an die Hure hängt, ist ein Leib mit ihr? [...] Oder wißt ihr nicht, daß euer Leib ein Tempel des heiligen Geistes ist, der in euch ist und den ihr von Gott habt, und daß ihr nicht euch selbst gehört? Denn ihr seid teuer erkauft; darum preist Gott mit eurem Leibe» (1 Kor 6,15–20). Das Tempo zeugt von der Leidenschaft, mit der Paulus schrieb. Worauf er zielte, ist deutlich, doch die Argumentation beruht auf einer überaus wackeligen Zusammenstellung miteinander unvereinbarer Vorstellungen.

Das gleiche gilt für Paulus' Versuch, seine Ethik durch den Gebrauch der Metapher des Leibes im Christusmythos und -ritual zu verankern. Die Kreuzigung war – nach Paulus – ein «leibliches» Geschehen. Sie bedeutete zudem ein Opfer für andere, das ein ethisches Verhaltensmuster in der neuen Gemeinschaft begründen sollte. Christen sollten diesem Vorbild gemäß leben, indem sie auf die Auswirkungen ihres Verhaltens auf andere achteten. Sie sollten einander «dienen» und die Gemeinschaft «aufbauen», statt ihre eigenen Interessen zu verfolgen. Das wäre im wahren Sinn Nachahmung des Gehorsams Christi bis zum Tode. «Den Leib achten» wäre die rechte Form der Versammlung zum «Abendmahl des Herrn» (1 Kor 11,20.27–29).

An diesem Punkt könnte man meinen, Paulus habe die Metapher des Leibes bis zum äußersten ausgeschöpft. Die Konzentration auf den Begriff des *Leibes* im Kontext des christlichen Mythos und Rituals entsprach dem Kerngedanken der Martyrologie. Die Aufforderung, den Mythos als Muster oder Beispiel ethischen Verhaltens nachzuahmen, hätte zudem für griechische Ohren nicht fremd geklungen. Doch Paulus konnte es nicht dabei belassen, konnten sich doch die Korinther auch weiter als im Grunde individualistische geistige Wesen verstehen und somit die Bedeutung der Zugehörigkeit zu einer sozialen Gruppe nicht erfassen. Also drängte Paulus noch weiter.

Was nun die Auferstehung betraf, so sollte man sie sich seiner Aussage nach auch als leibliche Verwandlung vorstellen. Die Korinther hatten sich zu der Behauptung verstiegen: «Es gibt keine Auferstehung der Toten» (1 Kor 15, 12). Natürlich nicht. Die «Auferstehung der Toten» war eine jüdische, apokalyptische Vorstellung, die für Griechen keinen Sinn ergab. Die Korinther hatten den Christusmythos nicht im Sinne einer leiblichen Auferstehung «von den Toten» verstanden, sondern im Sinne einer Versetzung, Metamorphose oder Erhöhung in eine rein geistige Existenzform. Paulus stand also wirklich vor einem Problem. Er wollte sicherlich nichts von dem Evangelium des Geistes zurücknehmen, mußte jedoch der korinthischen Begeisterung für alle jene Erfahrungen des Geistes entgegentreten, die den Leib entwerteten. Und er mußte dies tun, indem er die Auferstehung der Toten als eschatologisches Ereignis deutete, allerdings so, daß er die korinthische Faszination angesichts des Geistes in Frage stellte. Er unternahm daher die unter all seinen Versuchen, eine Brücke zwischen den intellektuellen Überlieferungen der jüdischen und griechischen Kultur zu schlagen, wohl absurdeste Begriffsvermengung. Er brachte die Vorstellung von einem «geistlichen Leib» ins Spiel! Seine Argumentation in 1 Kor 15 lautete: (1) es gibt bei Tieren und Menschen viele Arten von Leibern; (2) die «Leiber» der Pflanzen unterscheiden sich von den «Leibern» der Samen, aus denen sie stammen; (3) es gibt irdische Leiber und «himmlische Leiber» (ein Hinweis auf Sonne, Mond und Sterne); (4) der erste Mensch, Adam, hatte einen «natürlichen Leib», der «Mensch vom Himmel» (Christus) einen «geistlichen Leib»; (5) die Auferstehung Christi war der «Erstling» der allgemeinen Auferstehung der Christen, die sich im *eschaton* vollziehen werde; (6) bei der allgemeinen Auferstehung werden die Leiber der Toten in unvergängliche Leiber verwandelt – wie der himmlische Leib Christi. Und damit hat es sich. Das Argument bietet nichts weiter als eine bizarre Zusammenstellung durch spontane Assoziationen miteinander verknüpfter Metaphern, diesmal mit dem Ziel, die Vorstellung eines «geistigen Leibes» heraufzubeschwören. Besseres konnte Paulus nicht leisten. Er wollte nicht, daß die Korinther glaubten, ihre christliche Existenz ließe sich jemals – nicht einmal im himmlischen «Reich Gottes» – als rein geistige verstehen.

Die Leidenschaft, die Paulus zu solchen intellektuellen Extravaganzen und Absurditäten trieb, kam nicht aus seiner Begabung zur phantasievollen Spekulation, sondern aus der Notwendigkeit der Verteidigung einer sozialen Anthropologie gegen die individualistischen Anschauungen der Korinther. Daher reichte die Vorstellung von einem geistigen Leib, weit hergeholt wie sie war, noch immer nicht aus. Die Vorstellung, sie hätten sogar im Himmel einen «geistigen Leib», wirkte ihrem Leib-Seele-Dualismus entgegen, unterstützte jedoch nicht unmittelbar die paulinische Kritik an ihrem Individualismus. Letztere mußte durch eine weitere Anwendung der Metapher des Leibes – diesmal auf die christliche Gemeinde selbst – zur Geltung gebracht werden. Gemäß griechischer Tradition konnte man eine Stadt oder soziale Einheit als «Körper» oder «Leib» bezeichnen, vergleichbar unserer eigenen Rede von einer «politischen Körperschaft». Paulus griff diese Metapher bereitwillig auf, um seine Vorstellung vom Sein «in Christus» aufzuwerten. «In Christus» zu sein – damit hatte er in seinem Brief an die Galater das Kollektiv umschrieben. Doch dies orientierte sich am Vorbild der jüdischen Vorstellung, nach der ein Vorfahre zugleich als persönliche Gestalt und als kollektives Symbol gedeutet werden konnte. Der Gebrauch des Begriffs *Leib Christi* ermöglichte es nunmehr, die Vorstellung vom Sein «*in* Christus» mit dem griechischen Konzept eines sozialen Organismus zu verbinden, *in* den hinein Christen berufen worden waren. Dieser Metapher eignet sicherlich mehr als nur ein Anflug des Grotesken, da sie das Bild von vielen christlichen «Leibern» heraufbeschwört, die innerhalb eines großen, geistigen «Leibes» (Christus) herumzappeln. Und da die christlichen Leiber zugleich als irdisch und geistig gedacht werden, läßt sich die Anwendung der Metapher auf die örtliche Gemeinde begrifflich noch schwerer kontrollieren, als wenn man sie lediglich mit Blick auf einen kosmischen, geistigen «Leib Christi» gebraucht. Doch Paulus benutzte das Bild vom «Leib Christi» – trotz seiner grotesken Züge – in seiner Belehrung der Korinther ständig und mit großem Erfolg.

Im Zuge seiner Erörterung der christlichen Ethik konnte Paulus etwa sagen: «Eure Leiber sind Glieder Christi» (1 Kor 6,15). Mit Blick auf das Brot als Symbol des Leibes Christi (1 Kor 10,16; 11,24.29) sagte er: «Denn ein Brot ist's: So sind wir viele ein Leib, weil wir alle an einem Brot teilhaben» (1 Kor 10,17). Um dem Individualismus des korinthischen Verständnisses geistiger Gaben entgegenzuwirken, sagt Paulus: «Denn wir sind durch einen Geist alle zu einem Leib getauft» (1 Kor 12,13). Und nachdem er im einzelnen dargelegt hatte, in welchem Sinn die christliche Gemeinde als organische Einheit verstanden werden sollte, schloß er mit der Aussage: «Ihr aber seid der Leib Christi und jeder von euch ein Glied» (1 Kor 12,27). Auf diese Weise entstand die unglaubliche Vorstellung von der Kirche als dem Leib Christi. Sie entsprang dem Versuch des Paulus, seinem Traum von einem aus Heidenchristen zusammengesetzten Israel Ausdruck zu verleihen. Sie wurde nötig durch den Erfolg der Heidenmission unter jenen, die nicht als Juden, sondern als Griechen dachten. Sie verletzte kulturelle Sensibilitäten auf beiden Seiten und packte eine bunte Mischung von Überzeugungen in ein dichtes, gequältes Symbol. Doch wie sehr hier der Verstand auch strapaziert wird, für einige Paulusanhänger erfüllte die Vorstellung ihren Zweck, denn sie wurde, wie eine Hymne an Christus als das «Haupt des Leibes» (Kol 1, 15–20) zeigt, in der nachpaulinischen Schule tatsächlich zum Gegenstand der Verehrung. Christen verwenden diese Sprache nach wie vor, um das, was sie das Mysterium der Kirche nennen, als eine kosmische Wesenheit und Ordnung zum Ausdruck zu bringen.

So war Paulus durch seine Mission tiefer als geplant in das Herz der griechischen Kultur und Gedankenwelt hineingezogen worden. Die Nichtjuden einzuladen, sich dem Volk Gottes zuzugesellen, war nicht das Ende dieser kulturellen Begegnung. Nach der Verkündigung und ihrer Annahme wartete die weitaus größere und langwierigere Aufgabe, eine streng christliche Mentalität zu erklären, zu lehren und einzuschärfen. Bei dieser Aufgabe zahlte Paulus seinen Preis, und in seinem Denken vollzog sich eine zweifache Verschiebung. Die eine bestand darin, daß er sich gezwungen sah, seine früheren Ansichten über die Freiheit, die Christen in Christus genossen, abzumildern. In seinem Brief an die Galater hatte Paulus auf der Freiheit der Christen von jeder Form der Bindung an das jüdische Gesetz bestanden und energisch behauptet, die Erfahrung des Geistes sei eine hinreichende Grundlage für die Anleitung zu einer christlichen Lebensführung. In den Korintherbriefen ist dieses Vertrauen nicht mehr erkennbar. An seine Stelle trat der überlegte Versuch, in sein Reden über den Geist, den Leib und das christliche Leben die Sprache der Nüchternheit, der Rücksichtnahme, der Beschränkung, des Gesetzes, der Loyalität, des Gehorsams und des Gerichts einzubringen. Die zweite Verschiebung zeigt sich daran, daß er sich genötigt fühlte, sein Verständnis der jüdischen Schriften zu überdenken. Seine pastoralen Aufgaben erforderten nun einen ganz anderen Zugang zur Schrift, als er im Galaterbrief erkennbar ist. Er konnte jetzt sagen: «Gottes Gebote halten ist alles» (1 Kor 7, 19). Das ist ebenso neu wie der wiederholte positive Rückgriff auf die Schrift, um Bilder, Beispiele, Weissagungen, ja sogar Maximen zu finden, die das unterstützten, was Paulus sagen wollte. Offensichtlich wollte er, daß die korinthischen Christen den Gott der Geschichte Israels ernst nahmen. Dies ist ein außerordentlich wichtiger Aspekt der Veränderungen im paulinischen Denken. Er zeigt uns, daß das Eintreten für eine Neudeutung des Christusmythos und die Revision des eigenen Verständnisses der epischen Überlieferung Israels Hand in Hand gingen. Was mag in Korinth geschehen sein, damit diese Berufungen auf die Schrift plausibel erschienen?

Zu einem bestimmten Zeitpunkt, nachdem Paulus Korinth verlassen und den 1. Korintherbrief verfaßt hatte, betraten einige andere Apostel, die nicht der paulinischen Schule angehörten, in Korinth die Bühne, und die Korinther waren offenbar fasziniert. Liest man in ihrer Beschreibung durch Paulus im 2. Korintherbrief zwischen den Zeilen, so scheint es, als seien diese «Überapostel», wie er sie nannte (2 Kor 11,5), geschickt im Umgang mit Worten gewesen, Charismatiker, die Zeichen und Wunder vollbrachten, und Visionäre, deren esoterische Erkenntnisse so beschaffen waren, daß die Korinther dafür bezahlten, von ihnen zu lernen. Paulus war entsetzt und reagierte, als sei das gesamte Projekt der Heidenmission bedroht. Diese Apostel verkündeten stolz, sie seien «Hebräer», «Israeliten», «Kinder Israels» und «Diener Christi» (2 Kor 11,22–23). Zudem war die letzte Autorität, auf die sie sich beriefen, die jüdische Bibel. Das ist erstaunlich. Hier liegt das erste Zeugnis über Judenchristen vor, die durch eine Kombination von charismatischen Praktiken mit geschickter Schriftauslegung zu überzeugen vermochten (Georgi, Die Gegner des Paulus, 1964). Paulus war verständlicherweise verärgert, denn er und sie glichen einander in einer Hinsicht sehr (als judenchristliche Missionare), waren jedoch in anderer Hinsicht überaus weit voneinander entfernt (sie unterschieden sich hinsichtlich ihrer Schriftauslegung und ihrer Einschätzung charismatischer Demonstrationen). Was für eine Konkurrenz! Als die Korinther Paulus während seines Besuchs einige Zeit zuvor mit diesen Missionaren verglichen, kam er ihnen «schwach» vor. Paulus befand sich also in der unangenehmen Situation, sich seines Dienstes, seiner Referenzen und eigenen visionären Erfahrungen «rühmen» zu müssen (2 Kor 10–13). Außerdem mußte er erklären, wie er die Autorität der jüdischen Schriften für sein Evangelium und seine Arbeit verstand (2 Kor 2,14–6, 13; 7,2–4).

Er stand also unter Druck. Als Charismatiker konnte Paulus nicht konkurrieren. Doch er war klug. Vielleicht konnte er sie bei ihrem eigenen Spiel der Schriftdeutung schlagen. Das Problem bestand in diesem Fall darin, daß es nicht ausreichen würde, den Christusmythos mit den Abrahamgeschichten in Verbindung zu bringen. Er mußte den Widerschein Christi an weitaus mehr Stellen entdecken und ein viel umfassenderes Verständnis der Schrift aus seiner eigenen, christlichen Perspektive entwickeln. Und so verstand Paulus dies als eine Art Forschungsauftrag und führte drei exegetische Neuerungen ein. Ungeachtet dessen, wie die Korinther darüber dachten, sollten sie bleibende Wirkung auf das christliche Denken ausüben. Die eine war die Einführung der Rede von einem «alten» und einem «neuen Bund», die zweite die Koppelung Adams und Christi zu einem Paar, das die beiden Epochen repräsentierte. Als dritte Neuerung ist der geschickte Gebrauch der Allegorie zu nennen, mit deren Hilfe der Alte Bund in eine Geschichte des Christus verwandelt werden sollte. Jede dieser Entwicklungen läßt sich als Mythenbildung im Interesse der Verankerung der paulinischen Heidenmission in den epischen Überlieferungen Israels erklären. Jede kann man als bemerkenswert kluges intellektuelles Spiel verstehen, und jede war mit Potentialen für die spätere christliche Ausarbeitung ausgestattet.

Im dritten Kapitel des 2. Korintherbriefs traf Paulus eine Unterscheidung zwischen dem alten, auf Steintafeln geschriebenen Mosebund und dem neuen, durch den Geist in das menschliche Herz «geschriebenen» christlichen Bund. Die Vorstellung eines «neuen Bundes», der in das Herz des Volkes eingeschrieben war, stammte aus dem Buch Jeremia (31,31–34), wo sie schlicht bedeutete, Gott werde den Willen in das Herz des Volkes legen, den (alten) Bund tatsächlich zu halten. Ohne auf Jeremia Bezug zu nehmen, wandte Paulus das Konzept auf die christliche Erfahrung des Geistes Christi an und wollte damit sagen, Gott habe einen neuen Bund mit den Christen geschlossen, damit aber den mosaischen Bund zu einem alten, vergangenen degradiert. Wir nehmen nicht an, daß Paulus mit dem Neuen Bund das Neue Testament meinte, denn die Texte des Neuen Testaments waren noch nicht geschrieben, geschweige denn als Texte des Neuen Bundes zusammengestellt worden. Die Kühnheit des Paulus lag nicht allein darin, die für die jüdische epische Mythologie grundlegende Vorstellung des Bundes aufzugreifen und – als Basis der heidenchristlichen Mission – auf den Christusmythos anzuwenden, sondern vor allem darin, die mündliche Verkündigung des Evangeliums gegen den in schriftlicher Form dokumentierten Alten Bund zu setzen und die schriftliche Gestalt für veraltet zu erklären. «Aber bis auf den heutigen Tag», schrieb Paulus, «wenn Mose gelesen wird, hängt die Decke vor ihrem Herzen. Wenn Israel aber sich bekehrt zu dem Herrn, so wird die Decke abgetan. Der Herr aber ist der Geist» (2 Kor 3,15–17). Er spielte damit auf die Decke an, mit der Mose am Sinai, als er das Gesetz empfing, sein Angesicht zum Schutz vor dem Glanz der Herrlichkeit Jahwes bedeckte. Paulus mißbrauchte die Metapher bewußt, um (1) die mündliche Kommunikation und persönliche Gegenwart über schriftliche Formen der Kommunikation zu stellen, (2) die Überlegenheit der christlichen Gotteserkenntnis gegenüber den Ansichten derer zu behaupten, die regelmäßig die Bücher Mose lasen. Wie man sehen kann, eröffnete Paulus durch diesen meisterlichen Schachzug den Christen die Möglichkeit, die Bücher Mose zu übernehmen, ohne sie so verstehen zu müssen wie in den Synagogen. Die Bücher Mose konnten für Christen nunmehr einen vergangenen Bund wie auch einen Text mit tieferer Bedeutung darstellen. Die Erkenntnis der wahren Bedeutung des Textes hing davon ab, daß man in ihm die Herrlichkeit des Neuen Bundes in Christus erblickte.

Der Adam-Christus-Vergleich in 1 Kor 15,45–49 stellt die zweite für unsere Studie wichtige Neuerung dar. Anstatt die Verbindung zwischen dem Epos Israels und der neuen Heidenmission herzustellen, indem er mit der Abraham-Christus-Symbolik arbeitete, wie er es im Galaterbrief getan hatte, wandte sich Paulus nun der Geschichte des ersten Menschen, Adam, zu. Mit Hilfe Adams als der mit Christus vergleichbaren Gestalt dehnte sich der Horizont der Wirksamkeit Christi automatisch in zwei wichtigen Hinsichten aus. Nicht nur das gesamte Menschengeschlecht, sondern die ganze Schöpfung kam unmittelbar in den Blick. Diese Operation war in besonderer Weise der korinthischen Situation mit der dominierenden griechischen philosophischen Sicht der Menschheit angemessen. Paulus konnte einfach dadurch, daß er den Vergleich mit Adam anstellte, der Gestalt Christi eine universale, repräsentative, kosmische und schöpferische Konnotation verleihen. Und indem der Gegensatz zwischen Adam als einem menschlichen Geschöpf und Christus als göttlichem Geist verdeutlicht wurde, wurden die beiden von ihnen bestimmten Epochen der menschlichen Geschichte sofort im Sinn eines neuen christlichen Dualismus zwischen alt (= irdisch, buchstäblich, schriftlich) und neu (= himmlisch, geistig, allegorisch) bewertet. Man könnte zu Recht Erstaunen darüber empfinden, wie schnell Paulus diese Gleichung zwischen dem «Alten» und dem «Neuen» aufzustellen und sie zum Vorteil des Christusmythos wirksam werden zu lassen vermochte. Glauben Sie, daß sich die Korinther, als sie zuschauten, wie Paulus und die «Überapostel» sich über die jüdischen Schriften stritten, täuschen ließen? Es scheint so.

Denkt man an die Unterscheidung zwischen Buchstabe und Geist sowie die zwischen dem Alten und dem Neuen «Bund», so überrascht es nicht, wenn Paulus rasch dazu überging, eine allegorische Interpretation der jüdischen Schriften zu seinem Vorteil zu nutzen. Wir können die Strategie des Paulus als «Christus-Allegorie» bezeichnen, denn sein erster Schachzug war, eine Verbindung zwischen dem Bild Christi und anderen wichtigen Gestalten oder Symbolen der epischen Überlieferung herzustellen. Man beachte den Unterschied, der sich ergibt, wenn man Christus nicht mehr mit Abraham oder Adam vergleicht, die beide Christus ähnliche anthropologische Symbole darstellen, sondern Paulus sagen hört, der *Felsen*, aus dem die Kinder Israels in der Wildnis getrunken hätten, «sei Christus gewesen» (1 Kor 10,4), oder daß «unser *Passalamm*, Christus, geopfert wurde» (1 Kor 5,7, Hervorhebung durch den Verf.), oder daß «Gott uns allezeit Sieg gibt in Christus und offenbart den Wohlgeruch seiner Erkenntnis durch uns an allen Orten» (ein Spiel mit dem Prunk des Tempels und dem Opfer; 2 Kor 2,14). Plötzlich, wie mit einem Zauberstab, war Paulus imstande, nicht nur die menschlichen Figuren sondern jedes Bild in den jüdischen Schriften der christlichen Lehre dienstbar zu machen, obwohl er gleichzeitig die Geschichte, die sie erzählen, dem «Amt, das den Tod bringt» (2 Kor 3,7), zuschreibt. Durch den Gebrauch der Allegorie konnten die Schriften als christliche Texte verstanden werden, wenn man Christus zu einem Symbol werden ließ, das weit und komplex genug war, um den ganzen Bogen der in den Schriften enthaltenen epischen Überlieferung abzudecken. Wie wir sehen werden, wurde dieses allegorisierende Vorgehen zu einem Präzedenzfall der späteren kanonischen Methode der christlichen Auslegung der den Christen als das «Alte Testament» bekannten Hebräischen Bibel.

Der Römerbrief

Bei dem Brief des Paulus an die Römer handelt es sich um einen theologischen Essay, der sich inhaltlich und stilistisch stark von seinen Briefen an andere christliche Gemeinden unterscheidet. Ein Grund für diesen Unterschied liegt darin, daß der Anlaß dieses Briefes ein anderer war als bei den übrigen. Die anderen Briefe hatte Paulus an christliche Gemeinden geschrieben, in denen er selbst gewirkt hatte, einige von ihnen waren als Antwort auf Fragen verfaßt worden, die nach seiner Abreise aufgekommen waren. Die meisten Forscher stimmen darin überein, daß Paulus nach eigener Aussage Rom besuchen wollte und seinen Brief an die dortige christliche Gemeinde verfaßte, um seinen Besuch vorzubereiten (Röm 1,7.15; 15,23–24.28–29.32). Doch er war noch nicht in Rom gewesen, hatte die dortige Gemeinde nicht gegründet und kannte sie somit auch nicht persönlich. Ein anderer Grund für den stilistischen und inhaltlichen Unterschied liegt – berücksichtigt man seine Bemerkungen in Kapitel 15, er habe seine Arbeit in Kleinasien und Griechenland beendet und bereite sich darauf vor, die Gaben, die er dort gesammelt habe, zu den Heiligen nach Jerusalem zu bringen (Röm 15,19–26) – darin, daß Paulus an einem Punkt seiner Karriere angelangt war, an dem der Wunsch, eine zusammenfassende Darstellung seiner Anschauungen vorzulegen, verständlich war. In jedem Fall stellt der an die Römer adressierte Essay die reifste Ausformulierung der religiösen Vorstellungen des Paulus dar, die wir besitzen, und er muß beim Schreiben nicht nur die Christen in Rom, sondern alle seine Mitarbeiter und Gemeinden vor Augen gehabt haben.

Der Brief ist in der Tat eine umfassend ausgearbeitete Darstellung des paulinischen Evangeliums und somit die früheste uns vorliegende systematische Abhandlung über die Grundlagen des christlichen Mythos und Rituals. Systematische Theologen haben ihn oft als den wichtigsten Text des Neuen Testaments betrachtet, und er hat in der Geschichte des christlichen Denkens von Augustinus um die Wende zum 5. Jahrhundert an über Martin Luther und die Reformatoren des 16. Jahrhunderts bis hin zu Karl Barth und anderen protestantischen Theologen des 20. Jahrhunderts eine höchst einflußreiche Rolle gespielt. Wir müssen uns daran erinnern, daß nachfolgende Theologen Paulus im Lichte des späteren christlichen Denkens gedeutet haben. Wir wollen an dieser Stelle Paulus' eigene Theologie verstehen. Und da der Brief sich nicht auf eine konkrete Gemeindesituation bezog, besteht der einzige Hintergrund, auf dem wir seine konzeptionellen Errungenschaften beleuchten können, in dem früheren Werk, den früheren paulinischen Anschauungen und Briefen.

Aus dem Brief wird deutlich, daß Paulus beabsichtigte, Argumente für sein Evangelium an die Heiden vorzubringen, und daß er nichtjüdische Hörer vor Augen hatte, unabhängig davon, wo sie zufällig lebten. Beim Römerbrief handelt es sich also um einen programmatischen Essay jenes Typus, den die Griechen als *Protreptik* – d. h. begründete Argumentation für eine bestimmte philosophische Einstellung – bezeichnet hätten. Der rhetorische Stil des Briefes bestätigt dies, denn er bewegt sich durch eine Reihe von nach griechischen Regeln der Argumentation ausgearbeiteten Thesen voran und baut Strohmänner als Widersacher auf – ein in den griechischen Schulen der Rhetorik und Philosophie übliches Vorgehen (Stowers, 1981). Das bedeutet, daß der Römerbrief uns eine wunderbare Gelegenheit bietet, Paulus an der Logik und Bedeutung seines Evangelium-Projekts im Sinne eines philosophischen bzw. theologischen Unterfangens arbeiten zu sehen. Alle vertrauten paulinischen Bausteine kommen vor: die Verheißung an Abraham, Gottes Plan, die Nichtjuden unter seinen Kindern aufzunehmen, die Argumentation gegen die Beschneidung, die Verkündung des Christusmythos, der Gegensatz zwischen dem Leben unter dem Gesetz und einem Leben aufgrund des Glaubens, der Geist des Lebens, der Leib Christi, die Ethik der Heiligkeit und der Tag des Gerichts. Im Vergleich zu den früheren Briefen hat jedoch in allen Fällen eine Nuancenverschiebung stattgefunden. Diese konzeptionellen Weiterentwicklungen verleihen dem sich herauskristallisierenden paulinischen Gedankensystem einen vollkommen neuen Tenor. Einige Veränderungen betreffen Begrifflichkeit, Akzentuierung oder die Interpretation der Bedeutung bestimmter Merkmale seines Evangeliums. Andere Verschiebungen im Denken des Paulus lassen sich an der Abmilderung der für seine frühere Polemik charakteristischen Schärfen ablesen. All diese Wendungen sind auf einen einzigen Faktor zurückzuführen, auf den Wunsch des Paulus, sein Evangelium Nichtjuden verständlich zu machen. Dies war – angesichts der in der zentralen Logik des Christusmythos wirksamen dezidiert jüdischen Mentalität – keine leichte Aufgabe. Schließlich machte der Anspruch, zu wissen, was der Gott Israels mit der Welt der Juden und Nichtjuden vorhatte, den Kern des gesamten intellektuellen Unterfangens aus. So dürfte seine für griechische Ohren bestimmte genaue Erklärung seines Evangeliums von Gottes Heilsplan griechische Philosophen, die kein Interesse an jüdischen theologischen Fragen hatten, nicht beeindruckt haben. Doch Heidenchristen, die sich aus anderen Gründen von den Gemeinden Christi angezogen gefühlt hatten, mag der Versuch des Paulus, die Logik des Christusmythos in erkennbare, vertraute philosophische Konzepte zu übersetzen, zu denken gegeben haben. Jedenfalls mußte Paulus diese Hoffnung hegen.

Der erste konzeptionelle Fortschritt wurde in den ersten drei Kapiteln entwickelt, in denen Paulus das menschliche Problem neu formulierte, auf welches das Evangelium antwortete. Das Problem wurde nicht mehr unter dem Aspekt nichtjüdischer ethnischer Zugehörigkeit oder des jüdischen Scheiterns beim Einhalten des Gesetzes betrachtet. Das Problem, so Paulus, bestand in der Macht der Sünde. Dies war ein vollkommen neues Konzept, ein Konzept, das Paulus entwickelte, um Juden und Nichtjuden bzw. die gesamte Menschheit in denselben Horizont einzubeziehen und als des christlichen Evangeliums bedürftig zu verstehen. Anstatt von Sünden im Plural zu reden, eine Vorstellung, die an das jüdische Konzept von speziell in Beziehung zu konkreten Geboten begangenen Übertretungen oder Sünden erinnert, gebrauchte Paulus den Singular und verwandelte so das Konzept der Sünde in ein universales Merkmal menschlicher Existenz. Mehr noch, er personifizierte die Sünde als eine objektive Macht oder als Machtbereich, der «vor» dem Kommen Christi die menschliche Existenz in ihrer Gesamtheit bestimmte. Zum Zweck dieser Verlagerung wurde auch das «Gesetz», das als Maßstab für die Beurteilung der Sünde diente, als der Struktur des Universums selbst eingeschriebene ethische Norm konzipiert, als «Naturgesetz», das – in der Ordnung der geschaffenen Welt – allen offenkundig einleuchten mußte. Da sich dies aus paulinischer Sicht so verhielt, zeugte das überall unter den Menschen vorherrschende zügellose, unmoralische Verhalten von ihrem sündhaften Zustand und ließ ihnen keine Entschuldigung. Welch eine Projektion jüdischer ethischer Kategorien auf den Kosmos als einen allumfassenden Bereich! Juden wären zusammengezuckt, Griechen hätte es geschaudert. Doch die Heidenchristen dürften überrascht gewesen sein und Schwierigkeiten gehabt haben, der klugen Vereinigung der beiden Gesetze, des Naturgesetzes und des Mosesgesetzes, etwas entgegenzusetzen. Auf diese Weise wurde die vertraute Darstellung aller Menschen als einem sündhaften Zustand verfallene und somit des Evangeliums bedürftige Wesen erdacht. Sie war Paulus' ureigene Erfindung. Anderen Christen oder Jesus-Leuten wäre ein solcher Gedanke nicht gekommen. Man beachte außerdem die Zielrichtung der Argumentation. Paulus setzte, als er das Problem beschwor, die Lösung voraus. Einige würden sagen, das sei ein Schwindel. Dennoch haben christliche Theologen bis heute dieses Konzept der Sünde als einer neutralen und für die Beschreibung dessen, was sie als «das menschliche Problem» bezeichnen, passenden Kategorie verwendet.

Aus der Sicht des Paulus war das Evangelium natürlich noch durch den Mythos von Christi Tod und Auferstehung bestimmt, und verschiedene Formulierungen des Christusmythos durchziehen seinen ganzen Essay. Verglichen mit früheren Ausdrucksformen sind diese Hinweise auf das Gründungsgeschehen jedoch merkwürdigerweise weniger dramatisch, als man es bei Paulus erwarten würde. Er hält sich nicht mit Bildern von der Kreuzigung auf, betont nicht die Verkündigung des Kreuzes und sagt – anders als in den Korintherbriefen – nicht, dieses sei «töricht» in den Augen griechischer Philosophie oder jüdischer Weisheit (1 Kor 1,18–25). Im Römerbrief begegnet nur eine einzige ausgeführte Erklärung die Bedeutung des Todes Jesu betreffend – die wichtige Aussage in Röm 3,21–26, deren vorpaulinischen Kern wir bereits in Kapitel 3 betrachtet haben. Paulus' Entfaltung dieses Kerns ist eine dichte Verbindung von Begriffen, die behaupten, Jesu Tod sei eine überzeugende Demonstration der Treue Jesu und der Gerechtigkeit Gottes in bezug auf einen bestimmten göttlichen Plan. Der göttliche Plan, «bezeugt durch das Gesetz und die Propheten», sei, «allen, die gesündigt haben», Gnade, Erlösung und Rechtfertigung vor Gott anzubieten. Vor Jesu Tod hatte Gott Sünden «übersehen», um seine «Nachsicht» zu zeigen, doch nun, indem man Jesu Tod als Sühnopfer verstand, habe sich Gottes Gerechtigkeit in seinem Willen geoffenbart, jeden zu «rechtfertigen», der durch Jesus zu Glauben und Glaubenstreue gefunden habe. Man kann sehen, wie nahe Paulus selbst dann noch bei der grundlegenden Logik des Christusmythos blieb, wenn er sich über den hinter allem stehenden göttlichen Plan weiter ausläßt. Überraschend ist nur die Bezeichnung des Todes Jesu als eines «Opfers», doch dies läßt sich erklären. Weil Paulus die Situation des Menschen als Knechtschaft unter der Sünde bestimmt hatte, mußte er auf Bilder von Erlösung und Opfer verfallen, wollte er die Wirksamkeit des Todes Christi als «Befreiung» und «Freiheit» deutlich machen. Wichtig ist die Beobachtung, daß er diese Opfermetaphorik nicht weiter entfaltete, sondern statt dessen die Rede von Rechtfertigung und Martyrium vorzieht (Röm 1,16–17; 5,6–11). Das zeigt, daß Paulus sich bewußt auf die griechische Vorstellung vom edlen Tod bezog, damit die Bedeutung des Christusmythos zu begreifen sei.

Was die Erklärung der Auferstehung von den Toten betrifft, einer für die griechische Mentalität problematischen Vorstellung, so gab Paulus seine früheren Versuche der Beschreibung eines eschatologischen Geschehens auf und wandte sich den mythischen Vorstellungen von Aufstieg und Verwandlung zu. Er tat dies, indem er den Gedanken der «Auferweckung» Jesu mit den Vorstellungen von Geist, Macht und Leben verband. Er bestand nicht länger auf der Idee eines von den Toten auferweckten geistigen Leibes, wie noch in der Reaktion auf die Ablehnung der Vorstellung von der Auferstehung durch die Korinther (Röm 1,3–4; 4,25; 6,4–11; 8,11; 8,34; 10,9; 14,9). Also tat Paulus einen großen Schritt auf dem Wege der Anpassung an die griechische Denkweise. Im Endeffekt interpretierte Paulus den Christusmythos neu als eine – verständliche – Verwandlung des menschlichen Zustands des Beherrschtseins durch «Sünde», «Fleisch» und «Tod» zu einem «Leben» im geistigen «Reich Gottes». Nach diesem Muster konnte, laut Paulus, das, was Jesus widerfahren war, auch von Christen erfahren werden, außer daß es sich in ihrem Falle eher um einen Übergang in eine neue «Bürgerschaft» handelte, eine «Ausbürgerung» aus dem Reich der Sünde und des Todes und eine «Einbürgerung» in das geistige Reich, über das nunmehr Christus als Herr regierte. Glaubende erfuhren diesen Übergang durch die Bekehrung und – durch die Taufe – die Aufnahme in die christliche Gemeinschaft. Der Christusmythos konnte nunmehr folgendermaßen verstanden werden: (1) als Initialgeschehen, das einen neuen geistigen Herrschaftsbereich schuf oder offenbarte, (2) als Offenbarwerden der Macht, derer es bedurfte, um diesen neuen geistigen Bereich zu schaffen, (3) als Enthüllung des Weges, der den Zugang zu dem neuen Reich eröffnete, und (4) als Bereitstellung eines Vorbilds, das die Menschen nachahmen oder dem sie folgen konnten, um aus der «alten» oder gewohnten Welt in jenen neuen Bereich hinübergeführt zu werden. Was die Vorstellung des Geistes betrifft, die in der Gemeinde von Korinth so sehr außer Kontrolle geraten war, so setzte ihr Paulus präzis enge Grenzen, indem er keinen Zweifel daran ließ, daß das Wirken des Geistes allein zu verstehen ist als bezogen auf dieses Verständnis des Christusmythos und als ein Wirken innerhalb des geistigen Reiches, das von Christus beherrscht wird. Auf diese Weise wurde die griechische Vorstellung des Geistes durch den Christus gezähmt, der aber zugleich in eine hellenistische Gottheit verwandelt wurde.

Die paulinische Zähmung des Geistes verfolgte ein ganz bestimmtes Ziel. Das Konzept der Sünde färbte den Horizont, vor dem das Christusgeschehen aufstrahlte und das neue geistige Reich vor Augen trat. Dies war die paulinische Vision eines aus Juden und Nichtjuden – die in Reinheit, Heiligkeit und Gerechtigkeit zusammenleben – zusammengesetzten christlichen «Israel», und diese Vision war die treibende Kraft seines gesamten Unterfangens der Mission und Mythenbildung. Er wußte aus seinen Erfahrungen mit den Korinthern, daß es den Griechen schwer fiel, die soziale und ethische Dimension seiner christlichen Vision zu verstehen. Seine Herausforderung bestand also darin, sein sozialethisches Bemühen in auch für Griechen verständliche Begriffe zu übersetzen. Er tat dies, indem er mit dem Begriff der *Gerechtigkeit* arbeitete, der es gestattete, eine Brücke zwischen der Logik des Christusmythos und der griechischen ethischen Philosophie zu bauen. Paulus spielte bewußt mit den beiden Konnotationen des griechischen Wortes *dikaiosyne*, deren eine sich von dem Verb *dikaioo* (richtig machen, für richtig erklären oder rechtfertigen) herleitete, während die andere von dem Adjektiv *dikaios* (richtig sein, gerecht sein) stammte. Indem er zuließ, daß der Begriff *dikaiosyne* sowohl «Rechtfertigung» als auch «Gerechtigkeit» bedeutete, vermochte Paulus sein Interesse an der Ethik (Gerechtigkeit) genau dort in der zentralen Logik des Christusmythos zu verankern, wo von Rechtfertigung die Rede war. Er mußte darüber hinwegsehen, daß es dem Christusmythos um die Rechtfertigung des *Un*gerechten ging, nicht darum, die Gerechtigkeit als Maßstab für die Aufnahme in das «Reich Gottes» geltend zu machen. Doch da dem Christusmythos an dem «gerecht erklären» lag, fiel die Behauptung leicht, das Leben gemäß dem Maßstab der Gerechtigkeit müsse das Kennzeichen der vom Volk Gottes verlangten Reinheit und Heiligkeit bilden. Er entfaltete dies in Röm 6, 11–23, wo wir schließlich die Absicht in den Blick bekommen, die Paulus damit verfolgte, daß er in den ersten drei Kapiteln den Gegensatz zwischen Sünde und Gerechtigkeit zur Geltung brachte. Diese Absicht bestand darin, die Gerechtigkeit als Lösung für das menschliche Problem der Knechtschaft gegenüber der Sünde darzustellen. Das absolut überraschende Ergebnis dieser Kette von Assoziationen ist, daß die christliche Gerechtigkeit der Antwort auf das, was die Griechen als Problem der Selbstbeherrschung bezeichneten, sehr nahe zu kommen begann (Stowers, 1994).

Selbstbeherrschung war das höchste Ziel der meisten volkstümlichen griechischen Philosophien jener Zeit. Angesichts der turbulenten Welt draußen und der Leidenschaften, die im Inneren die Begierden anfachten, stimmten alle darin überein, das Merkmal des wahrhaft überlegenen Menschen bestehe in der Selbstbeherrschung. Sie stellte das herausragende Kennzeichen für die Beurteilung des Charakters, der Bildung, der Tugend, der Gelassenheit, der Integrität und der Selbstachtung eines Menschen dar. Die Stoiker predigten sie. Die Kyniker betonten sie entsprechend ihrer eigenen Beurteilung der Herausforderungen des Lebens. Selbst die Epikuräer fanden Möglichkeiten, den Gedanken der Selbstbeherrschung mit ihren Anschauungen über die Wichtigkeit des Vergnügens zu verbinden. Für die Griechen war die Selbstbeherrschung gleichbedeutend mit der Fähigkeit zur Beherrschung der eigenen Leidenschaften. Gemäß Paulus war ein Leben in Sünde dasselbe wie die «Hingabe» an «Lüste» und «Leidenschaften» (Röm 1, 24–32) – genau der Zustand, der nach Auffassung der Griechen unter Kontrolle gebracht werden mußte. In seinem gesamten Essay orientierte sich Paulus bei seiner Entgegensetzung von Sünde und Gerechtigkeit, Fleisch und Geist, Knechtschaft und diszipliniertem Leben am Modell des griechischen

Gegensatzes zwischen Knechtschaft gegenüber den Leidenschaften und Selbstbeherrschung. Nachdem Paulus alles so vorbereitet hatte, daß der Anschein entstand, die kraft des Christusgeschehens für Christen zugängliche Gerechtigkeit sei in Wirklichkeit nicht bloß eine Frage der Stellung vor Gott, wie es der Intention der ursprüngliche Logik entsprach, sondern zugleich der Fähigkeit, ein diszipliniertes Leben zu führen, war er soweit, zuzusehen, ob er seine Gedanken auch in Worte zu kleiden vermochte.

Kapitel 7 des Römerbriefs bietet einen herrlichen Monolog eines verzweifelten Menschen, der nicht imstande ist, seine Leidenschaften zu beherrschen. Er war aus ganz und gar griechischer Perspektive geschrieben; allerdings verwendete Paulus, um die Notwendigkeit Christi als des Weges zur Erlangung der Selbstbeherrschung zur Geltung zu bringen, die Sprache von Gesetz, Sünde und Tod anstatt der griechischen Vorstellungen von Leidenschaft und Begehren. Er endet mit einem Schrei des Danks für die durch Christus eröffnete Rettung vor einem solch schrecklichen Schicksal. Griechen mögen bei dem Versuch, die neue Sprache der erlösenden Macht Christi zu begreifen, auf der Paulus in seiner Antwort auf die eigene Unfähigkeit zur Beherrschung der Leidenschaften bestand, ins Trudeln gekommen sein, doch sie dürften ohne weiteres erkannt haben, worum es ging. Paulus sagte schlicht, der Geist Christi biete die Lösung für das griechische Streben nach dem Erlangen der Tugend. Daraus folgte, es sei – da Tugend keine persönliche Leistung darstelle – nicht möglich, sich seiner eigenen Gerechtigkeit zu «rühmen» – jenes Thema, das Paulus einführte, um den Begriff «Disziplin» in eine christliche Sozialethik zu verwandeln.

Auch was die apokalyptische Drohung des Gerichtes Gottes über die Sünder betraf, fand Paulus einen Weg, sie so abzuschwächen, daß sie auch für Griechen verständlich wurde. Zu diesem Zweck isolierte er die verschiedenen Funktionen des traditionellen apokalyptischen Szenarios und ordnete sie neu an. Gottes Zorn war laut Paulus bereits «vom Himmel her offenbart» und bildete somit einen Kontrast zu Gottes Gerechtigkeit, die im Christusmythos ebenfalls bereits «offenbar» war (Röm 1,17–18). Der «Tag des Zorns» konnte nach wie vor beiläufig als Warnung vor einem zukünftigen Tag der Abrechnung Erwähnung finden (Röm 2,5), doch Gottes Reaktion auf die menschliche Sündhaftigkeit ist bereits «geoffenbart» in der offenkundigen Tatsache der menschlichen Versklavung unter die Leidenschaften. Nach Paulus war dies ein Handeln Gottes, der sie «dahingegeben» oder ihrem sündhaften Zustand «überantwortet» habe (Röm 1,24.26.28). Dies ließ das apokalyptische Szenario der Endzeit offen für einen konstruktiveren Entwurf, für die Ausmalung einer Zukunft, in der die christliche Mission in der herrlichen Vereinigung von Juden und Nichtjuden in dem einen Reich Gottes ihre Vollendung erreichen würde (Röm 9–11, besonders 11,25–32). Das entsprach kaum der Intention der traditionellen apokalyptischen Phantasie; es zeigt sich darin, in welchem Maße Paulus' eigene Konzeption des Evangeliums für die Nichtjuden – als Einladung, sich den Kindern Abrahams zuzugesellen – von Anfang bis Ende Motivation und Leitprinzip seiner Mission war.

Es war diese Vision eines Reiches, die jede neue Erweiterung bei den paulinischen Revisionen des Christusmythos bestimmt hatte. Diese Vision hatte zudem alle seine Versuche bestimmt, die Geschichte Israels neu zu interpretieren. Und jetzt können wir erkennen, daß es auch diese Vision war, die eine überaus große Anstrengung der Phantasie erzwang, um sich auszumalen, auf welche Weise die Geschichte Gottes mit seinem Volk enden würde. So war das von Paulus in seinem an die Römer gerichteten Essay Geleistete nicht lediglich eine Darlegung seines Denksystems, sei es im Sinne einer Philosophie, Theologie oder mythischen Weltanschauung. Vielmehr ging es um eine umfassende Neudeutung und Ausweitung der Geschichte Israels als der Geschichte des Willens Gottes, die Menschheit mit Gerechtigkeit zu segnen. Nach Paulus umfaßt die Erzählung die gesamte Schöpfung und Geschichte. Sie dreht sich um drei dramatische Augenblicke: die Erschaffung Adams, das Kommen Christi und die schließliche Versöhnung der eigenmächtigen Welt mit Gott (Röm 11,15). Adam verkörpert sowohl die Menschheit als auch den ersten Menschen. Aufgrund seiner Übertretung kamen Sünde und Tod in die Welt. Auch Christus verkörpert sowohl die Menschheit als auch einen Menschen, dessen Akt der Gerechtigkeit Rechtfertigung und Leben für alle ermöglichte (Röm 5,12–21). Die Geschichte Israels füllt die Geschichte der Menschheit zwischen Adam und Christus, der Vorgang der Heidenmission die Geschichte zwischen Christus und dem *eschaton*. Doch die Geschichte Israels endet nicht mehr mit Christus, und die Geschichte der Heidenmission endet nicht mehr mit der Rettung aller Völker. Am Ende «wird ganz Israel gerettet werden», indem es wieder in den großen Stammbaum der gerechtfertigten Kinder Gottes «eingepropft» wird (Röm 11,17–24). Was für eine Geschichte! Sie kann die vielen konzeptionellen Widersprüche, die sie hervorruft, nicht lösen. Doch sie offenbart all die Kriterien, die Paulus bei der Ausformulierung und Neudeutung seines Verständnisses des Evangeliums herangezogen hatte, und sie mildert einige der aggressiveren stilistischen Übertreibungen ab, in die Paulus zu früheren Gelegenheiten verfallen war. Das absurde Argument, Christus sei der «Same» Abrahams, begegnet nicht mehr. Die Kinder umfaßten nunmehr die gläubigen Juden ebenso wie die Nichtjuden. Man findet auch nicht mehr die scharfe Polemik gegen das Gesetz, die seine früheren Briefe kennzeichnete. Statt dessen konnte Paulus nun sagen, die Israeliten seien sein Volk, ihnen sei «die Kindschaft, die Herrlichkeit, der Bund und das Gesetz usw.» zu eigen (Röm 9,4–5). Hier liegt eine wirkliche Akzentverlagerung vor. Offenbar war nun der bedeutsame Gegensatz nicht jener zwischen Juden und Nichtjuden oder gar zwischen Juden und Christen, sondern jener zwischen «Sündern» und denen, deren Gerechtigkeit aus dem Glauben kommt. Die Szene bietet einen kühnen, erstaunlichen Entwurf. Und was für eine unerwartete Koinzidenz! Paulus verwandelte die jüdische Bibel im Zuge der Entfaltung einer programmatischen Argumentation zugunsten der Heidenmission in ein christliches Epos. Doch er beendete es mit einer ganz und gar jüdischen Vision vom Sieg der Gerechtigkeit. Man fragt sich, wie die Heidenchristen über Paulus' allumfassende Vision gedacht haben mögen.

Der Brief an Philemon

Ein entlaufener Sklave, Onesimus, schloß sich Paulus in Ephesus an und wurde Christ. Was sollte Paulus tun? Er kannte den Herrn des Sklaven persönlich, Philemon, ebenfalls Christ und offenbar Gastgeber einer Hausgemeinde in Kolossä, in der Paulus gewirkt hatte (Phlm 1–2; vgl. Kol 4,9). «In Christus» gab es nicht länger Sklaven und Freie (Gal 3,28), sondern nur noch «Brüder und Schwestern» in der neuen Familie der Kinder Gottes. In der römischen Welt stand jedoch die Einrichtung der Sklaverei nicht zur Debatte, und die Gesetze, die die Behandlung von Sklaven bestimmten, waren eindeutig. Paulus stand in Gefahr, einen entlaufenen Sklaven zu unterstützen, was die volle rechtliche und finanzielle Verantwortung für Schäden nach sich zog, die dem Besitzer durch den Verlust seines Sklaven entstanden. Paulus stand also vor einem ernsthaften Dilemma. Die Frage lautete nicht nur, was zu tun war, sondern auch, wie man in der römischen Welt als Christ leben sollte. Was für einen konkreten Unterschied machte es für einen Sklaven, wenn er sich der fiktiven Familie Gottes anschloß? Der Apostel Paulus und der Bürger Paulus waren sich – konfrontiert mit Onesimus – ebensowenig einig wie das «Reich Gottes» und das Römische Reich.

Die Antwort des Paulus war gleichermaßen pragmatisch wie weise. Letztlich waren die sozialen Beziehungen in der neuen christlichen Gemeinschaft eine Frage der Einstellung und Betrachtung, nicht einer Ablehnung der gesellschaftlichen Einrichtungen und Normen, die das Leben in der wirklichen Welt bestimmten. So sandte Paulus Onesimus zurück zu Philemon mit diesem Brief, in dem er Philemon bat, ihn ohne Bestrafung als einen «Bruder» und als Paulus' eigenes «Kind» aufzunehmen. Paulus berichtete ihm, Onesimus sei ihm während seiner Gefangenschaft zu Diensten gewesen (*onesimus* bedeutet nützlich), so daß er, Paulus, Philemon Dank schulde, wie auch Philemon nun seinerseits ihm zum Dank verpflichtet sei. Paulus hoffe, Philemon werde Onesimus so willkommen heißen, wie er es bei ihm selbst, Paulus, täte.

Bei diesem Brief handelt es sich um ein äußerst wertvolles Dokument. Er rückt eine konkrete Situation in den Blick, in der sich Christen mit der Kluft auseinandersetzen mußten, die zwischen dem «Reich Gottes» als einem mythischen Ideal und der römischen Gesellschaft als der wirklichen Welt bestand, in der sie lebten. Nachdem wir so viel Zeit in den phantastischen Welten der lebendigen Vorstellungskraft des Paulus zugebracht haben, kommt es einer großen Erleichterung gleich, ihn mit praktischen Überlegungen ringen zu sehen. Hier erfahren wir, daß er den Platz, den die Christen als religiöse Vereinigung oder philosophische Schule innerhalb einer größeren, funktionierenden Gesellschaft einnahmen, vollkommen verstand. Irgendwie begriff er das, was wir als die soziale Funktion des Mythos bezeichnen würden. Wie Mythen überhaupt, funktionierte der christliche Mythos wie eine Projektion auf den kosmischen Bildschirm, deren Ziel darin bestand, sich Ideale auszumalen, Wünsche zur Geltung zu bringen und Raum dafür zu schaffen, über die aktuelle Lage nachzudenken. Mit diesem konkreten Fall konfrontiert, bediente sich Paulus jedoch nicht der Vorstellung von dem einen Leib Christi, um die Einrichtung der Sklaverei in Frage zu stellen. Die Christen sollten, wie er es in seinem Brief an die Philipper formulierte, der – etwa zur selben Zeit – ebenfalls im Gefängnis verfaßt wurde, «ohne Tadel und lauter [sein], Gottes Kinder, ohne Makel mitten unter einem verdorbenen und verkehrten Geschlecht, unter dem ihr scheint als Lichter in der Welt» – denn «unser Bürgerrecht ist im Himmel» (Phil 2,15; 3,20). Es besteht kein Anzeichen dafür, daß der Christuskult ein Gesellschaftsprogramm entwickelt hätte, das darauf zielte, die Einrichtungen der griechisch-römischen Welt in Frage zu stellen. Paulus' Brief an Philemon zeigt lediglich, daß der Christuskult eine gewisse Umsicht mit Blick auf die römische Welt förderte und – mit dem christlichen Ideal vor Augen – zum kritischen Nachdenken über die sozialen Beziehungen zu ermutigen vermochte.

Der Philipperbrief

Der Brief des Paulus an die Philipper bildet den Zuckerguß auf dem paulinischen Kuchen. Paulus ist nicht in Verteidigungsstellung. Moralpredigten, Polemik und Selbstverteidigung sind auf ein Minimum begrenzt. Eine besonders enge und freundschaftliche Beziehung zur christlichen Gemeinde in Philippi führt zu einem intimen Ton. Paulus schreibt freimütig über seine Wünsche, Freuden und Kümmernisse. Hier kommen wir einer Innenansicht der persönlichen Christuserfahrung des Paulus am allernächsten.

Der Brief setzt sich im Grunde aus drei Brieffragmenten zusammen, die scheinbar zufällig gerettet und zu einer späteren Zeit von denen, die die Paulusbriefe im Namen der Paulusschule sammelten, auf grobe Weise zusammengefügt worden sind (Phil 4,10–20; 1,1–3,1; 3,2–4,9). Die beiden ersten scheinen in Ephesus verfaßt worden zu sein, etwa um die Zeit der Gefangenschaft des Paulus dort (etwa 54–55 n. Chr.), oder fünf bis acht Jahre nachdem Paulus erstmals die Gemeinde in Philippi aufgebaut hatte. Epaphroditus war von Philippi aus mit Geschenken gekommen, um Paulus zu unterstützen, und Paulus schaute auf frühere Gelegenheiten zurück, an denen die Philipper ihm ihre Geschenke geschickt hatten (Phil 4,15–18). Epaphroditus blieb eine Weile bei Paulus und machte eine Krankheit durch, bevor ihn Paulus gemeinsam mit Timotheus – mit einem Dankesbrief ausgestattet – nach Philippi zurücksandte (Phil 2,19–30). Das dritte Brieffragment ist weitaus schwieriger zu verorten (Phil 3,2–4,9). Die Adresse fehlt, und die Gemeinde in Philippi wird nicht ausdrücklich erwähnt. Auch die darin angesprochene Situation läßt sich nur schwer einordnen, denn Paulus schreibt gegen Menschen, die der Gemeinde mit der Notwendigkeit der Beschneidung, vielleicht auch mit extravaganten Ansichten über spirituelle Vollendung in den Ohren lagen. Möglicherweise war das dritte Brieffragment ursprünglich überhaupt nicht an Philippi gerichtet, sondern wurde aufgrund des persönlichen Tons zwischen die beiden anderen Brieffragmente eingefügt. In jedem Fall ist der Philipperbrief durch ungeschützte Aussagen über Paulus' persönliche Gefühle gekennzeichnet.

Am auffälligsten ist der Gegensatz zwischen der Art, in der Paulus vom Christusmythos redet, und jener, in der er über sich selbst schreibt. Der Christusmythos wird sachlich dargestellt, doch Paulus' eigene Beteiligung ist voller Leidenschaft. Wir sehen, wie sehr der Apostel und Prediger Paulus den Menschen Paulus von der Wirklichkeit der von ihm konstruierten imaginären Welt überzeugt hat. Der Christusmythos erfüllt den Horizont auch dann, wenn er über sich selbst schreibt, über seine Gefangenschaft, seine Sorge um das Wohl der Philipper, über seine Bekehrung, seine Lebensweise und seinen Wunsch, am Ende seines Lebens das Ziel zu erreichen, nämlich «die Auferstehung von den Toten zu erlangen», «die himmlische Berufung Gottes in Christus Jesus» (Phil 3,11.14). Was für eine bemerkenswerte Bestätigung der persönlichen Überzeugung durch die objektive Realität seines Evangeliums! Zugleich ist dies eine bemerkenswerte Selbstoffenbarung eines Judenchristen gegen Ende einer zwanzig Jahre währenden Mission unter dem Banner einer kollektiven, korporativen sozialen Vision. Der Mensch Paulus wollte gerettet werden! «Ihn möchte ich», sagt er, «erkennen und die Kraft seiner Auferstehung [...]. Nicht, daß ich's schon ergriffen habe oder schon vollkommen sei. [...] Ich jage aber nach dem vorgesteckten Ziel, dem Siegespreis der himmlischen Berufung» (Phil 3,10–14). Tatsächlich wollte Paulus persönlich die Kraft der Auferstehung Christi erfahren, ein Ereignis der Verwandlung, das laut seiner eigenen Verkündigung im Falle Christi ein einzigartiges Geschehen, im Falle des kollektiven Schicksals der Christen aber ein eschatologisches Drama darstellte. Wie kann es sein, daß Paulus so sehr von dem Gedanken verzaubert wurde, in die mythische Welt des Todes und der Auferstehung Christi einzutreten, zu erkennen «die Gemeinschaft seiner Leiden und so seinem Tode gleichgestaltet [zu] werden, damit ich gelange zur Auferstehung von den Toten» (Phil 3,10–11)?

Die Antwort lautet, daß sich Paulus' intellektuelle Anstrengungen, die griechische und die jüdische Denkweise im Interesse seines Evangeliums miteinander in Einklang zu bringen, sowohl auf seine Vorstellung vom Christusmythos als auch auf seine Beziehung zu ihm ausgewirkt hatte. Er war seit seiner Bekehrung – einer Berufung zum Apostel für die Nichtjuden, der sie in das Reich des Gottes Israels einladen sollte – ein Missionar und Vermittler der kulturellen Versöhnung gewesen. Doch als die Mission voranschritt, mußte Paulus' grandiose Vision einer einzigen Familie Gottes aus Juden und Nichtjuden gegen jene verteidigt werden, die – an beiden kulturellen Fronten – für entgegenstehende Werte eintraten. In der Mitte gefangen, formulierte Paulus seine eigenen Definitionen des Evangeliums, indem er auch dann noch auf jede der kulturellen Überlieferungen zurückgriff, wenn er sich von Anschauungen und Praktiken abgrenzte, die seiner Auffassung nach das für die Vision grundlegende Gleichgewicht der Kulturen gefährdeten. Im Zuge dieser Mythenbildung wurde die Gestalt Christi zu einem dichten, symbolischen Zentrum der beiden kulturellen Mentalitäten und ihrer Denkmuster. Wie wir sahen, wurde der Christus mit mythischen und anthropologischen Vorstellungen sowohl aus der semitischen als auch der hellenistischen Welt überlagert. Nach paulinischem Verständnis war Christus mal eine historische Person, mal Gottes Sohn, eine die kollektive Menschheit verkörpernde «korporative Persönlichkeit», ein kosmischer König, eine den Kosmos durchdringende geistige Macht, der verborgene Sinn hinter den bedeutsamen Ereignissen der Geschichte Israels und die Inkarnation des Denkens, der Verheißung und der Absichten Gottes mit Blick auf die Menschheit. Das ist ein äußerst dichtes Symbol. Die jüdische Ausrichtung auf personifizierte Abstraktionen und göttliches Handeln verband sich mit griechischer Vorliebe für begriffliche Abstraktionen und kosmische Ordnung. Der Christus wurde zu einem überwältigenden, allumfassenden Symbol für das Handeln eines jüdischen Gottes in einer griechischen Welt.

Wir müssen dem Bild nur einen weiteren Aspekt hinzufügen, um das Bestreben des Paulus zu verstehen. Dabei handelt es sich um den griechischen Begriff der *mimesis* oder «Imitation». Der paulinische Diskurs mit den Philippern dreht sich um den Wunsch nach *mimesis*. Der Apostel präsentierte den Christushymnus als ein vorbildliches Muster, das es zu imitieren galt (Phil 2,6–11). Er beschrieb die Struktur seines eigenen Lebens als ein Vorbild, dem man nacheifern sollte (Phil 3,7–17). Er wollte, daß die Philipper die «Gesinnung, die in Jesus Christus war» (Phil 2,5), nachahmten. Er wollte, daß sie seinem Beispiel folgten (Phil 3,17), und er wollte selbst Christus in seinem Tod und seiner Auferstehung «gleichgestaltet werden» (Phil 3,10–21). Das Konzept der *mimesis*, des Kopierens (copy) eines Musters (pattern) oder eines Vorbildes, hat ganz tiefe Wurzeln in der griechischen Tradition der Philosophie, Bildung und ethischen Lehre (Castelli, 1992). Das deutsche Wort «Nachahmen» oder «Imitieren» trifft die Bedeutung von «mimesis» nur ungenau. «Muster» (pattern) heißt Struktur, Charakter, ja Wesen der Dinge. Das Muster eines Vorbilds «nachzuahmen», bedeutete, ihm gleich zu werden, Anteil an seinem Charakter und Wesen zu bekommen. Was im Zuge der kulturellen Vermengung mit dem Christussymbol geschah, war also, daß eine repräsentative menschliche Figur zu einem kosmischen Geist deifiziert worden war. Und der Christusmythos war die Geschichte von der Transformation der einen zu dem anderen. Die Verbindung war offensichtlich überwältigend. Paulus widersetzte sich weiterhin der korinthischen Versuchung, die Erfahrung des Geistes der Auferstehung vor dem *eschaton* zu behaupten. Doch er vermochte dem Gedanken nicht zu widerstehen, Christus in seinem Tod so sehr «gleichgestaltet» zu werden, daß er persönlich die Kraft seiner Auferstehung erfuhr. Die Frage lautete, wann diese Auferstehung stattfinden werde. Eine genaue Lektüre zeigt, daß Paulus klugerweise dem Problem auswich, das dadurch für seine übliche Sichtweise entstand, in der er «die» Auferstehung dem abschließenden, apokalyptischen Drama vorbehielt. Doch der Euphemismus «ich strecke mich aus nach dem, was da vorne ist, und jage nach dem vorgesteckten Ziel, dem Siegespreis der himmlischen Berufung Gottes in Christus Jesus» täuscht darüber hinweg, wie groß die Versuchung war, eine persönlichen Auferstehung in nächster Zukunft zu erwarten. Paulus sollte, wie wir sehen werden, nicht der einzige Christ sein, der einem solchen Wunsch nicht zu widerstehen vermochte. Das Verständnis des persönlichen Heils als einer durch die «Nachahmung» des kosmischen Christus angebotenen geistigen Verwandlung sollte zum Kennzeichen einer bedeutenden Strömung des Christentums werden.

6. Evangelien von Jesus, dem Christus

Im Jahre 66 n. Chr. brach in Palästina Krieg aus. Ein lächerlicher römischer Prokurator, Gessius Florus, war nicht in der Lage, Straßenkämpfe zwischen Juden und Griechen in Caesarea, in denen es um einen Eigentumsstreit in unmittelbarer Nähe zur Synagoge ging, oder eine öffentliche Demonstration des Spottes über seine Plünderung des Tempelschatzes in Jerusalem unter Kontrolle zu bringen. Es waren nur zwei kleine Funken, aber sie entzündeten ein Pulverfaß, und Florus zog sich aus Jerusalem nach Caesarea zurück

Die politische Stimmung der Juden im ganzen Reich war seit der Herrschaft des Gaius Caligula, der von 37 bis 41 n. Chr. Kaiser war, von wachsender Spannung bestimmt gewesen. Unter Claudius (41–54 n. Chr.) und Nero (54–68 n. Chr.), die aktiv in die palästinische Politik eingriffen, ohne große Klugheit an den Tag zu legen, verschlechterte sich die Situation. Der letzte herodianische König in Palästina, Agrippa I., der hinreichende Kenntnisse über jüdische Angelegenheiten hatte, um den Frieden in Judaä zu bewahren, starb im Jahre 44 n. Chr. Eine Hungersnot im Jahre 46, sich verschlechternde wirtschaftliche Bedingungen, eine Folge von sieben unbeholfenen und verhaßten römischen Statthaltern, Intrigen zwischen aristokratischen Familien in Jerusalem, Kollaboration mit den Römern, unpopuläre politisch motivierte Ernennungen von Hohenpriestern, innerjüdischer religiöser Parteienhader, das Entstehen mehrerer Widerstandsgruppen und eine Reihe rücksichtsloser Hinrichtungen durch die Römer bereiteten den Boden für einen Volksaufstand. Kein König, ein falscher Hoherpriester, eine kompromittierte Aristokratie und eine verhaßte fremde Macht – damit hatte sich die traditionelle Struktur der jüdischen Gesellschaft nahezu vollständig aufgelöst.

Führer bewaffneter Guerillabewegungen nutzten den Rückzug des Florus aus Jerusalem und wetteiferten um die Kontrolle über Festungen in Jerusalem, Judäa, Idumäa und Galiläa. Die Versuche des Statthalters von Syrien, Gallus, und Agrippas' II., des Vasallenkönigs der Städte im nördlichen Transjordanien, den Widerstand niederzuschlagen, blieben erfolglos. Im Februar 67 n. Chr. ernannte Nero Vespasian zum Sonderbefehlshaber der römischen Truppen, die mit der Unterdrückung des jüdischen Aufstandes beauftragt waren, und Vespasian begann seinen Marsch auf Jerusalem. Seine Truppen fügten der anscheinend jämmerlichen Armee von Verteidigern in Galiläa, die man schnell unter Josephus, der von dem restlichen Tempelestablishment in Jerusalem dorthin gesandt worden war, zusammengestellt hatte, eine vernichtende Niederlage zu. Die galiläischen Dörfer wurden völlig zerstört, und die einige Kilometer nördlich von Sepphoris gelegene Festung in Jotapata, in der Josephus und seine Männer Zuflucht gesucht hatten, wurde überrannt. Josephus überlebte das Massaker in Jotapata, indem er zu den Römern überlief, und Vespasian zog weiter und übernahm die Kontrolle über Peräa in Transjordanien und über das westliche Judäa. Er hätte dann Jerusalem einnehmen können, folgte aber einer Strategie der Zurückhaltung, um dafür zu sorgen, daß die unterschiedlichen kämpfenden Parteien einander gegenseitig zermürbten. Als Nero im Jahre 68 n.Chr. starb, wurde Vespasian von seinen Truppen zum Kaiser ernannt und kehrte nach Rom zurück. Der Befehl im Jüdischen Krieg wurde auf seinen Sohn Titus übertragen. In der Zwischenzeit herrschte in Jerusalem Chaos.

In seinem Buch *De Bello Judaico* (Der Jüdische Krieg) beschreibt Josephus die verworrene Situation in Jerusalem während der letzten beiden Jahre des Tempels (68–70 n.Chr.). Politische Splittergruppen führten innerhalb der Stadt Krieg gegeneinander. Führer verschiedener Gruppen, die für die Aristokratie, das Hohepriestertum, eine idumäische Partei, Bewegungen von Chassidim und Guerillabanden aus den unterschiedlichen Regionen, einschließlich Galiläas, standen, hatten sich die Verwirrung nach dem Rückzug des Florus zunutze gemacht, waren in Jerusalem zusammengekommen und versuchten, die Kontrolle über die Stadt zu gewinnen. Die Gründe für die lange Kette von Intrigen, Kollaborationen, verräterischen Handlungen und internen Metzeleien, über die Josephus berichtet, sind schwer nachzuvollziehen. Eines ist jedoch deutlich. Alle Parteien wurden angesichts der Bedrohung durch die Römer und den völligen Zusammenbruch der gesellschaftlichen Ordnung in allen Teilen Palästinas zu verzweifelten Maßnahmen getrieben. Viele Einwohner flohen während dieser Jahre aus Jerusalem und überließen die Stadt bewaffneten Banden, die einander bekämpften, um den Tempel und die Zitadelle in ihre Gewalt zu bringen. Deutlich ist außerdem, daß allen – abgesehen von dem unkontrollierbaren Anwachsen des Verlangens, Beschwerden vorzubringen, Unrecht aus der Welt zu schaffen und politische Macht zu erlangen – an der Wiedererrichtung des Zweiten Tempels lag. Das Amt des Hohenpriesters war umkämpft, Bewerber wurden ermordet. Parteiführer übernahmen die Rolle des Königs der Juden und wurden getötet. Zuletzt, als Titus in Jerusalem einmarschierte, fand er nur noch zwei Parteiführer vor, einen gewissen Johannes von Gischala, der sich in einer Höhle versteckte, und Simon bar Giora, den rücksichtslosen Führer der idumäischen Partei, der die Oberhand gewonnen hatte. Titus fand Simon in Purpurgewändern im Tempel stehend. Er machte Jerusalem dem Erdboden gleich, verurteilte Johannes zu lebenslanger Haft und nahm Simon in Ketten mit nach Rom, um ihn während des traditionellen Triumphzugs vorzuführen. Danach wurde Simon als König der Juden hingerichtet, Titus wurde zum Gott erklärt, und die Geschichte der Eroberung Jerusalems durch Rom wurde auf dem Titusbogen verewigt, der noch immer im oberen Teil der Via Sacra in den Ruinen des alten Forum Romanum steht.

Der Römisch-Jüdische Krieg zerstörte mehr als nur eine Stadt, eine Zitadelle und einen Tempel. Er bereitete der Geschichte des Zweiten Tempels ein Ende. Juden aller Glaubensströmungen waren davon ausgegangen, der Tempelstaat entspreche Gottes Plan für Jerusalem. Doch jetzt hörten die Opfer auf. Das Opfersystem der Priester, Schriftgelehrten und Gerichtshöfe war am Ende. Das Establishment der Priesteraristokratien war verschwunden. Andersdenkende wie die Sekte von Qumran hatten keinen Grund mehr, fortzuexistieren, denn sie hatten auf ein Ende des gegenwärtigen Establishments korrupter Priester gehofft, nicht auf das Ende des Tempelsystems an sich. Nun aber lag der Tempel in Trümmern, die Stadt war verwüstet. Die Einwohner, die nicht geflohen waren, wurden in die Sklaverei verkauft, und das Land wurde zur römischen Provinz.

Mit dem Ende des Zweiten Tempels waren all die erhabenen Traditionen Israels in Frage gestellt. Das Epos Israels sollte eigentlich mit der jüdischen Besetzung des Landes und der Errichtung eines Tempelstaates in Jerusalem enden. Die Bundesschlüsse mit den Patriarchen, die Verheißungen an Abraham, die mosaischen Traditionen des Exodus, des Gesetzes und der Wüstenwanderung, die Geschichte der Könige und Propheten – all dies hatte man als Gründungsgeschichte der Errichtung einer Tempeltheokratie in Jerusalem gedeutet. Selbst Juden in der Diaspora, wie Philo von Alexandria, konnten sich keine Fortexistenz des jüdischen Volkes in der ganzen Welt vorstellen, sollte der Tempelstaat in Jerusalem jemals zerstört werden. Der Tempel in Jerusalem war das Symbol der jüdischen Präsenz in der Welt. Er war der Ort für Wallfahrten und Feste, Empfänger einer Steuer, die alle Juden, wo immer sie lebten, in den Tempelschatz einzahlten, das Zentrum eines jüdischen Bankennetzes und der Sitz bedeutender Schulen. Was sollten die Juden – ohne einen Tempelstaat mit Jerusalem als Zentrum – von der ruhmreichen Geschichte Israels halten? Wie sollten sie über sich selbst und ihre Präsenz in der griechisch-römischen Welt denken?

Das Trauma wird in den jüdischen Versuchen deutlich, das Geschehene anzunehmen und zu verstehen, sowie in dem nachfolgenden Ringen darum, einige Bruchstücke aus der Vergangenheit zu retten und wieder zusammenzufügen. Die Bücher 2. Baruch und 4. Esra, Apokalypsen aus der Zeit nach dem Krieg, sind voller Klagen über die Verwüstung der Stadt Jerusalem, voller Verzweiflung angesichts der unbegreiflichen Tatsache, daß Gott sie nicht geschützt hatte, voller Ringen mit Schuld wegen der Sünden, die mit Sicherheit Ursache der Katastrophe gewesen sein mußten, und voller Gebete, die nach einer Möglichkeit schrien, sich trotz der Zerstörung der Stadt für Israel eine Zukunft vorzustellen. «So geh ich, Baruch, bis zur heiligen Stätte und setz mich auf die Trümmer in der Stadt, daß meine Augen doch zu Quellen würden, zu einem Tränenborne meiner Augen Wimpern» (2 Bar 35,1). «Weshalb ist Israel zur Schmach den Heiden ausgeliefert [...]? Vernichtet ist auch unser väterlich Gesetz und die geschriebenen Satzungen sind nimmer mehr» (4 Esra 4,23). «Ach, Adam, was hast du getan? Du hast gesündigt; doch kam nicht bloß auf dich dein Fall, nein, auch auf uns, deine Kinder. Was hilft es uns, daß uns die Ewigkeit versprochen ist, wenn wir des Todes Werke tun?» (4 Esra 7,118–119). So schrieb man die Klagen auf, die – so stellte man es sich vor – Gestalten aus der Vergangenheit, aus der Zeit der erstmaligen Zerstörung der Stadt, herausschrien, so als wolle man daraus, daß das erste Exil der Kinder Israels nicht das letzte gewesen war, Mut gewinnen. Doch was sagten diese Klagen über die Gegenwart? Was sollte man in der Zwischenzeit, in der Nachkriegszeit tun?

Einige gaben die Hoffnung auf jegliche Wiederherstellung auf, solange Rom die Macht besaß. Das war die realistische Antwort. Einige entwarfen das Bild einer Zeit, in der die Römer empfangen würden, was sie verdient hätten. Das war die apokalyptische Antwort: «Kinder, haltet geduldig aus den Zorn, der von Gott her über euch gekommen ist! Hat dich dein Feind verfolgt: du schaust in Bälde seinen Untergang und setzest deinen Fuß auf seinen Nacken! [...] Ja, wie sie [Rom] über deinen Fall sich freute und frohlockte über deinen Sturz, so kommt Trauer über sie ob ihrer eigenen Verödung» (Baruch 4,25.33). Einige rechneten nicht mehr damit, daß sich das Heil innerhalb der Geschichte vollziehen würde, und ersannen eine Bestimmung der Gerechten im Himmel. Das war die gnostische Antwort. Einige nahmen ihre Kraft für einen letzten, verspäteten Versuch zusammen, die jüdische Kontrolle über Jerusalem zurückzuerlangen, und erlitten eine demütigende Niederlage. Das geschah unter Simon bar Kochba in den Jahren 132–135 n.Chr.; danach nannte Hadrian Jerusalem in Aelia Capitolina um, baute die Stadt als römische Provinzhauptstadt neu auf und verbot unter Androhung der Todesstrafe den Zutritt von Judäern. Wieder andere, wie etwa der Pharisäer Jochanan ben Zakkai, nahmen die Thora des Mose mit sich, als sie aus Jerusalem flohen, um sich in anderen Orten und Städten Palästinas niederzulassen. Dort wandten sie sich der Frage zu, wie man das Gesetz trotz des Fehlens des Opfersystems bewahren könne. Aus ihren Reihen erwuchsen schließlich die Akademien des rabbinischen Judentums, die Reinheitsvorschriften der Mischna und die Ordnung der Liturgie für die Diasporasynagogen.

Der Krieg hatte auch für die frühen Jesusbewegungen traumatische Folgen. Das aus der Zeit vor dem Krieg stammende Material aus dem Kreis der in Kapitel 2 dargestellten Jesusbewegungen bietet nicht den geringsten Hinweis auf ein Interesse am Tempelstaat in Jerusalem oder auf Sorge um ihn. Es gab ihn einfach, vollkommen selbstverständlich. Nach dem Krieg zeigen die Reflexionen über das Schicksal des Tempels, daß auch die Jesus-Leute vom Krieg zutiefst betroffen und – genauso wie andere Juden – verwirrt waren, nicht wußten, was nun zu tun war, auf welche Seite sie sich stellen sollten und wie sie mit der schrecklichen Zerstörung umgehen sollten. Die Klage über Jerusalem in Q ist voller Kummer und Traurigkeit. «O Jerusalem [...] euer Haus ist wüst gelassen» (Q 13,34–35). Die kleine Apokalypse im 13. Kapitel des Markusevangeliums «weissagt» im Rückblick die Zerstörung des Tempels, rät zur Flucht und warnt davor, falschen Propheten und Messiasgestalten zu folgen. Demnach hatte die markinische Gemeinde den Krieg auf eine Weise erlebt, die an den Bericht des Josephus erinnert. Spätere Überlieferungen berichten über die Flucht der Jesus-Leute nach Pella in Transjordanien. Wir erfahren nicht, warum sie flohen, doch sie dürften durch den Ausbruch von Gewalt dazu veranlaßt worden sein, der dem Krieg vorausging. Leider wissen wir nicht genügend über die Jesus-Leute in Jerusalem, um ihre Bindungen und ihre Geschichte in dieser unruhigen Zeit zurückzuverfolgen. Alles deutet jedoch auf ein Verständnis des Erbes Jesu hin, das eine Anpassung an die jüdische Frömmigkeit und vielleicht eine gewisse Form der Loyalität gegenüber dem Tempel als Institution, zumindest aber als Ideal, ermöglichte. Josephus berichtet, Jakobus, der Bruder Jesu und «Führer» der Jesusgruppe in Jerusalem, sei mit anderen zusammen 62 n. Chr., als vor dem Krieg die Gewalttätigkeiten einsetzten, durch einen übereifrigen Hohenpriester getötet worden (*Jüdische Altertümer* 20,200). Laut Josephus beschuldigte sie der Hohepriester Ananus, sie hätten das Gesetz übertreten, doch worum es dort konkret gegangen sein könnte, bleibt unklar. In jedem Fall löste sich die Gemeinschaft der Jesus-Leute in Jerusalem vermutlich um diese Zeit auf.

Sehr ernsthaftes Nachdenken mußte einsetzen, als der Krieg zu Ende war. Wie wir sahen, hatten sowohl die Jesusbewegungen als auch jene, die für die christliche Mission eintraten, eifrig nach Wegen gesucht, ihre Existenz als Erben der erhabenen Überlieferungen Israels zu rechtfertigen. Die brennenden Fragen richteten sich darauf, wie Jesus ins Bild paßte, wo man das «Reich Gottes» ansiedeln und wie man die neuen, merkwürdigen Gemeinschaften von Jesus- und Christus-Leuten zu den unterschiedlichen Formen des Jude-Seins im 1. Jahrhundert in Beziehung setzen sollte. Nun, da der Tempelstaat nicht länger die zentrale institutionelle Gestalt des Judentums darstellte, mußte die epische Überlieferung neu gedeutet werden, denn sie ließ sich nicht länger so verstehen, als hätte sich ihre Verheißung in Jerusalem erfüllt. Und da sich das Scheitern des Establishments des Zweiten Tempels leicht auf seine Sünden zurückführen ließ, stand es Anderen, Gerechteren, offen, als berechtigte Erben der Verheißung des Epos seinen Platz einzunehmen. Wir haben soeben einige der Wege bedacht, auf denen Juden dieser verwirrenden Situation begegneten. Wir müssen nun den Möglichkeiten nachgehen, derer sich Christen bedienten.

Die Christus-Gemeinden waren vom Römisch-Jüdischen Krieg nicht im selben Maße betroffen wie die Jesus-Leute. Sie hatten – nach dem Vorbild des hellenistischen Kultes eines sterbenden und auferstehenden Gottes – schnell ihr eigenes mythologisches und rituelles System entwickelt. Die Jesusbewegungen dagegen hatten sich in ihrem Selbstverständnis am Modell von Schulen orientiert und die Verbindung zu ihren galiläischen Ursprüngen sowie allgemein zur jüdischen kulturellen Umgebung aufrechterhalten. Diese Bewegungen waren in der von den katastrophalen Ereignissen erzeugten Verwirrung gefangen und sahen sich gezwungen, alles neu zu überdenken. Es muß eine erschütternde Zeit gewesen sein, die jedoch auch große, anregende geistige Herausforderungen mit sich brachte. Einigen dieser Gruppen drängte sich der Gedanke auf, sie sollten sich von den «Sünden» der neueren jüdischen Vergangenheit fernhalten und die epische Überlieferung Israels neu auslegen, so daß sie nicht mit dem Tempelstaat, sondern mit Jesus endete. Dies war ein revolutionärer Gedanke, und die Gründe für eine Verurteilung des jüdischen Establishments der jüngsten Zeit kristallisierten sich mit immer kritischerer Schärfe heraus.

Die Klage in Q erklärt die Verwüstung damit, daß die Väter die Propheten getötet hätten, in deren Tradition die Q-Leute ihrem eigenen Verständnis nach standen. Ein anderer, der Weisheit Gottes zugeschriebener Spruch in Q erklärt: «das Blut aller Propheten, das vergossen ist seit Erschaffung der Welt, wird gefordert werden von diesem Geschlecht», ein Tadel, der die furchtbaren Massaker in Jerusalem erklären sollte (Q 11,50). Daß die Thomas-Leute vom Krieg, seiner Gewalt und dem von ihm erzeugten apokalyptischen Klima schmerzhaft betroffen waren, wird im ganzen Thomasevangelium spürbar, vor allem in den Hinweisen auf den «Weinberg», den «Eckstein» und das «Haus» (das heißt den Tempel), die nach ihrem Verständnis zu Recht ihr Ende gefunden hatten (EvTh 65,66.77). Der Zusatz zu dem Brief des Paulus an die Thessalonicher zeigt, daß einige Jesus-Leute oder vielleicht auch Christen in früher Zeit über ihren Ausschluß aus der Synagoge erzürnt waren, die Juden beschuldigten, Jesus und die Propheten getötet zu haben, und zu dem Schluß gelangten, Gottes «Zorn» sei schließlich über sie gekommen – offenbar unter Hinweis auf die Zerstörung des Tempels (1 Thess 2,16). Und der Verfasser des Markusevangeliums nutzte die Situation voll aus, indem er die Geschichte des Lebens Jesu so darstellte, als sei die Zerstörung des Tempels Gottes Antwort auf die Verwerfung und Tötung Jesu durch die Juden gewesen. Der Krieg veränderte also alles, sowohl für die Juden als auch für die Jesus-Leute. Alles mußte neu überdacht und erklärt werden, und jede Gruppe mußte auf ihre Weise ihren Anker in der Vergangenheit finden.

Was die Geschichte des Christentums betrifft, so ergab sich die wichtigste Veränderung im Denken der Nachkriegszeit in der markinischen Gemeinde. Dort vollzog sich mit Blick auf die Erinnerung und das Verständnis Jesu ein dramatischer Wandel, der die mythische Grundlage für die christliche Religion legte. Der Wandel ist im Markusevangelium dokumentiert, das eine literarische Leistung von unvergleichlicher historischer Bedeutung darstellt. Vor Markus gab es keine solche Geschichte über das Leben Jesu. Weder die früheren Jesusbewegungen noch die Christusgemeinden hatten so eine Darstellung des Lebens Jesu erdacht. Erst die Komposition des Markus sammelte die früheren Überlieferungen, nutzte die jüngste Geschichte Jerusalems, um die Voraussetzungen für eine Darstellung der Zeit Jesu zu schaffen, erdachte die Handlung, beschrieb genau die Motive und schuf auf diese Weise die Geschichte, die für das Christentum zum Evangelium der Wahrheit werden sollte. Alle anderen narrativen Evangelien gingen von Markus aus, keines veränderte seine grundlegende Handlung. Und diese Handlung sollte für die traditionelle christliche Vorstellung zur normativen Darstellung der christlichen Ursprünge werden. Was für eine Leistung! Es gelang Markus, die Zeit zwischen dem Auftreten Jesu in den dreißiger Jahren und der Zerstörung des Tempels im Jahre 70 n. Chr. völlig auszublenden. Später sollten die Christen die Fiktion des Markus als historische Darstellung verstehen und die Tatsache dulden, daß er die Zeit einfach auslöschte, als sei sie bloß ein kurzer Augenblick im Denken des Gottes Israels. Und doch kann die markinische Fiktion nicht vor dem Krieg entworfen worden sein. Sie hätte keinen Sinn ergeben, solange der Krieg nicht seinen Lauf genommen hatte und das tragische Ende der Stadt nicht bekannt war. Weshalb sich Markus das Leben Jesu so vorstellte, und was ihn veranlaßte, sein Evangelium zu verfassen – dies sind die Fragen, denen wir uns nun zuwenden müssen.

Das Markusevangelium

Die markinische Darstellung Jesu unterscheidet sich auffallend von anderen, früheren Bildern, sei es Christi oder des Lehrers Jesus. Seine Geschichte Jesu war kein Evangelium nach paulinischer Art, das ein Geschehen verkündete und als Botschaft der Rechtfertigung deutete. Das

Bild, das er von Jesus zeichnete, fiel zudem völlig anders aus als jenes, das durch die kleinen Erzählzyklen über einen göttlichen Menschen oder beeindruckenden Weisen entstand, als den ihn sich einige Jesus-Leute vorgestellt hatten. Auch unterschied sich seine Darstellung von der Person, die hinter der Stimme einer Sammlung von Sprüchen wie etwa Q oder dem Thomasevangelium stand. Markus' Geschichte war das, was die Griechen als ein «Leben» (*bios*) bezeichnet hätten. Es handelte sich um eine Biographie. Genauso, wie es auch die Griechen getan hätten, verwendete Markus die kleinen Aussprüche Jesu und Geschichten über ihn, die ihm aufgrund früherer Überlieferungen zur Verfügung standen, um ein neues Bild Jesu zu schaffen. Dann gab er den Geschichten eine Ordnung rings um einige Motive – etwa jenes von Jesu Vollmacht oder der Verschwörung mit dem Ziel, ihn töten zu lassen – und richtete die Geschichte ganz auf einen Konflikt aus, den Jesus und Gott mit dem Jerusalemer Establishment gehabt hätten. Was die Geschichte über Jesu Kreuzigung und Auferstehung betrifft, so übernahm Markus die grundlegenden Gedanken aus dem Christusmythos, wagte es jedoch, sich auszumalen, wie die Kreuzigung und Auferstehung des Christus erscheinen würden, wenn man sie als geschichtliches Ereignis in Jerusalem durchspielte, ein Unterfangen, dem der Christusmythos widerstand. Somit läßt sich die markinische Geschichte am besten als eine gelehrte Verbindung von Jesusüberlieferungen mit dem Christusmythos verstehen. Diese Kombination verstärkte Jesu Bedeutung als historische Gestalt, indem sie ihn in der Funktion als Sohn Gottes oder Christus vorstellte und eine kunstvolle Handlung ausarbeitete, um sein Schicksal mit der Geschichte der Gemeinde des Markus in Beziehung zu setzen. Wir können das Markusevangelium daher als Ursprungsmythos der markinischen Gemeinschaft bezeichnen. Es wurde ersonnen, um zu begreifen, weshalb die Geschichte einen solchen Verlauf nehmen konnte und die Jesusbewegung dennoch mit ihren Bindungen und Anschauungen Recht hatte.

Einen Einblick in die markinische Gemeinschaft zu gewinnen, war nicht leicht. Die Geschichte spielt sich in der Vergangenheit ab und ist voller Menschen, die zur Zeit des Markus nicht mehr da waren. Die Linien, die von Jesu Zeit zu jener des Markus führen, werden nicht klar aufgezeigt. Die markinische Gemeinschaft wird nicht beschrieben, nicht unmittelbar angesprochen, sie spiegelt sich lediglich in der Geschichte dunkel wider, wie in einem Tümpel, dessen aufgewühltes Wasser nur ein dunkles Spiegelbild zuläßt. Dennoch ist auch deutlich, daß die Erzählung für Leser verfaßt wurde, die sich vergewissern wollten, daß ihre «Reich-Gottes-Bewegung» noch lebendig und in einem guten Zustand war, daß die Verbindung zu ihrem Engagement vor dem Krieg noch bestand und sie noch eine glorreiche Zukunft vor sich hatten. Wenn wir ihre Erzählung aus ihrer Perspektive lesen, können wir vielleicht einige Spuren finden, die es uns gestatten, ein Profil der Menschen zu skizzieren, um deren Geschichte es sich handelte.

Über den Verfasser wissen wir nur, daß uns seine Identität unbekannt ist. Der Markus, dem das Evangelium zugeschrieben wurde, ist eine legendäre Gestalt des 2. Jahrhunderts. Die Legende mag entstanden sein, als jemand in den Kreisen der namentlich bekannten Apostel und ihrer Freunde nach einem Verfasser für das anonyme Evangelium suchte. Paulus hatte in seinem Brief an Philemon (Philm 24) einen Mitarbeiter namens Markus erwähnt, ähnlich Lukas in der Apostelgeschichte. Sodann wird im 1. Petrusbrief, einem pseudonymen Dokument aus dem 2. Jahrhundert, ein Markus erwähnt, und zwar als Sohn des Petrus (1 Petr 5,13). Papias, Bischof von Hieropolis in Kleinasien (etwa 130), nannte Markus als Verfasser des Evangeliums und als «Dolmetscher» des Petrus, vermutlich um anzudeuten, Markus habe aufgrund der Erinnerungen des Petrus und seiner eigenen Aufzeichnungen geschrieben, die er als sein Sekretär angefertigt hatte (Eusebius, *Historia Ecclesiastica* 3. 39). Hier liegen Spuren einer entstehenden Legende vor, die einer im frühen 2. Jahrhundert üblichen Form entsprach. Wir werden die Gründe für die Entstehung dieser Legenden in Kapitel 8 und 9 erörtern. An dieser Stelle genüge die Wahrnehmung, daß das Evangelium nicht von seinem Verfasser unterzeichnet wurde. Das stimmt mit unserem Wissen über alle Evangelien überein. Die Abfassung eines Evangeliums war ein gemeinsam vollzogener Vorgang, in dem im Laufe mehrerer Generationen Geschichten viele Male erzählt, ausgefeilt, verändert und neu geordnet wurden. Allerdings muß ein kreativer Redakteur für die endgültige Komposition des jeweiligen Evangeliums verantwortlich gewesen sein, denn sie weisen alle offenkundige Zeichen literarischer Fertigkeit und Gestaltung auf. Ich werde die Tradition fortführen, den Verfasser des Markusevangeliums «Markus» zu nennen, da es ansonsten keinen anderen Namen für ihn gibt.

Laut Darstellung des Markus verkündete Johannes der Täufer, ein mit Vollmacht ausgestatteter Mensch werde kommen und das Volk mit dem Heiligen Geist taufen, als Jesus auftauchte und sich taufen ließ. Der Heilige Geist kam herab, Gottes Stimme sagte, Jesus sei sein Sohn, und Jesus begann seine Sendung, verkündigte das Evangelium, heilte die Kranken und trieb Dämonen aus. Jünger, Menschenmengen und die jüdischen Führer schauten zu und reagierten, während Jesus durch Galiläa zog, sich mit seinen Jüngern zu einer kleinen Unterredung nach Cäsarea Philippi an der Nordgrenze des alten Königreichs Davids und Salomons zurückzog und schließlich auf einem Marsch durch Galiläa, Samaria und Judäa nach Jerusalem eilte. Dort griff er das religiöse Establishment an und wurde zu Tode gebracht. Mit seinem Tod war die Geschichte jedoch nicht zu Ende, denn es war Jesus bestimmt, mit den Herrschern der Welt in Konflikt zu geraten. Er war Gottes Sohn, und Gott führte mit dem Judentum eine Auseinandersetzung von geistigen und kosmischen Ausmaßen. Die Kontroverse betraf das «Reich Gottes», das die Schriftgelehrten, Pharisäer, Hohenpriester und Herodianer verpfuscht hatten; Jesus aber war gekommen, um es in Ordnung zu bringen. Als er ihre Synagogen betrat und dort die unreinen Geister herausforderte, beschlossen die jüdischen Führer, sich seiner zu entledigen. Das gleiche geschah, als Jesus in Jerusalem einzog, später auch, als er den Tempel betrat. Als sie ihn töteten, verspotteten sie ihn als «König der Juden» (Mk 15,2.9.12.18.26.32), der Tempelvorhang wurde auf geheimnisvolle Weise in zwei Stücke «von oben bis unten» zerrissen (Mk 15,38), und die göttliche Reaktion nahm ihren Lauf, genau wie Jesus es vorhergesagt hatte. Erst werde sich eine Auferstehung ereignen, durch die Jesus gerechtfertigt würde (Mk 8,31; 9,31; 10,34). Dann werde der Tempel zerstört werden, um seine Botschaft und Weissagung ins Recht zu setzen (Mk 13,2; 14,58). Zuletzt werde Jesus als «Menschensohn» auftreten, um das «Reich Gottes» in Herrlichkeit und Macht heraufzuführen – als Rechtfertigung und Verwirklichung des großen Plans Gottes mit den Menschen (Mk 14,62). Zu der Zeit, als Markus schrieb, war alles planmäßig eingetreten, nur nicht das schließliche Erscheinen Jesu als herrlicher König des «Reiches Gottes».

Das ist gewiß eine wirkungsvolle Geschichte. Sie ist hinreißend in ihrer realistischen Darstellung der phantastischen Ereignisse, ihrem selbstverständlichen Umgang mit kosmischen Plänen sowie der prägnanten Kürze, mit der sie einige wenige Wundergeschichten zu den einzigen Ereignissen der gesamten Menschheitsgeschichte erhebt, die wirklich zählen. Hätte sie nicht unmittelbar als Wahrheit des Evangeliums Popularität gewonnen, so könnte man meinen, sie dürfte nicht allzu ernst genommen worden sein. Doch sie wurde ernst genommen, und zwar so ernst, daß wir sie als bedeutende Leistung frühchristlicher Mythenbildung betrachten müssen. Gewöhnlich stellen wir uns Mythenbildung nicht als eine Errungenschaft des Augenblicks oder als Werk eines einzelnen Verfassers vor, wie brillant er auch sein mag. Doch im Fall des Markus haben wir eine offenkundig fiktive Darstellung vor uns, meisterhaft von jemandem entworfen, der – wie jeder Autor – seine Arbeit am Schreibtisch vollbracht haben dürfte. Die markinische Fiktion wurde bald zur anerkannten Darstellung dessen, wie man sich Jesu Auftreten in der Welt vorstellen sollte. Wir können dem Entwurf folgen, indem wir feststellen, auf welche Weise Markus seine Quellen veränderte und neu interpretierte. Als Quellen, die er gewiß verwendete, sind die Logienquelle Q, einige Gleichnisse Jesu, viele der Verkündigungsgeschichten, zwei Zyklen von Wundergeschichten, eine bestimmte Form des Christusmythos (1 Kor 15,3–5), der christliche Abendmahlstext (1 Kor 11, 23–26) und eine Anzahl hebräischer heiliger Schriften zu nennen.

Erhellend ist ein Vergleich zwischen den Lehren Jesu bei Markus und in der Q-Sammlung. Markus bevorzugte die prophetischen und apokalyptischen Sprüche aus der zweiten Schicht der Logienquelle und machte deutlich, Jesu Unterweisung sei nicht für die allgemeine Öffentlichkeit, sondern allein für seine Jünger und Anhänger bestimmt gewesen. Es handelte sich um eine esoterische Lehre über das noch ausstehende «Reich Gottes». Dies ist eine ganz andere Vorstellung vom Inhalt der Lehre Jesu als jene, die man in Q oder im Thomasevangelium findet. Und selbst seine Jünger, denen ausdrücklich das «Geheimnis des Reiches Gottes» gegeben ist (Mk 4,11), sind nicht imstande, es vollkommen zu verstehen. Einzig und allein die Leser des Markus hatten den rechten Blickwinkel, um zu begreifen, was Jesus beabsichtigte, weshalb die Jünger nicht verstanden und was die verschlüsselten Botschaften – etwa jene über den Kelch (Mk 10,38) oder den Tempel (Mk 13,2) – zu bedeuten hatten. Die Jünger, denen das Geheimnis des «Reiches Gottes» gegeben war und die in der Geschichte als Jesu Stellvertreter figurieren, bilden die markinische Ergänzung des Bildes vom «historischen Jesus». Namentlich bekannte Jünger begegnen in Q an keiner Stelle. Bei Markus sind die Jünger Jesu «Anhänger», aber sie werden nicht als Vorbilder dargestellt, die es nachzuahmen gilt. Vielmehr verstehen sie nicht, wer Jesus war und was er sie lehrte. Sie dienen als negative Beispiele, die den Leser erkennen lassen, man könne, indem man der Geschichte zur Zeit des Markus «folgte», ein besserer Jünger Jesu sein als die Jünger, die Jesus zu seiner Zeit «folgten».

Auch mit den Gleichnissen Jesu ging Markus auf diese Weise um. Die ursprüngliche Pointe der vormarkinischen Gleichnisse in Kapitel 4 richtete sich, wie ein Vergleich mit den Gleichnissen im Thomasevangelium zeigt, nicht auf ein zukünftiges, eschatologisches Reich (Crossan, 1973). Es war Markus, der ihnen diese Deutung aufzwang und ihre Botschaft im Sinne eines allein den Jüngern gegebenen Geheimnisses deutete.

Markus veränderte auch den entscheidenden Aspekt der Wundergeschichten. Wie in Kapitel 2 dargestellt, sollten die Wunderzyklen ursprünglich einen Ursprungsmythos für irgendeine Jesusgruppe schaffen. Dies erlaubte es einer merkwürdigen Ansammlung von Jesus-Anhängern, sich für Gottes Volk zu halten – mit einem Führer (Jesus), dem etwas von Mose und etwas von Elia anhaftete, denen beiden eine bedeutende Stellung im Zusammenhang der Gestaltwerdung Israels zukam. Markus besaß kein Interesse daran, eine solche Vorstellung fortzuschreiben. Statt dessen benutzte er die Wundergeschichten, um einen Eindruck von Jesu Macht und Autorität als eines göttlichen Sohnes Gottes zu schaffen. Er tilgte zu diesem Zweck die Merkmale, welche die beiden Zyklen der Wundergeschichten als eigenständige literarische Einheiten erkennbar machten, schuf andere Wundergeschichten, steigerte das Wunderbare und machte die Wunder zum programmatischen Kennzeichen der gesamten Wirksamkeit Jesu in Galiläa. Er betonte die Exorzismen, hob das Erstaunen der Menge hervor und führte Dämonen als Charaktere in die Erzählung ein, die wußten, daß Jesu Macht von Gott stammte. Bei Markus sind es die Wunder, die auf dramatische Weise akzentuieren, daß Jesus als Mensch voller Vollmacht auftrat, der wahrhaft Gottes Sohn war. Die Exorzismen erwecken den Eindruck eines kosmischen Kampfes zwischen den sich in der Welt frei bewegenden unreinen Geistern und dem Heiligen Geist, der auf Jesus herabkam und ihn dazu bevollmächtigte, eine neue Weltordnung zu verkünden. Man hat gelegentlich den Gedanken geäußert, angesichts einer solchen Machtdemonstration in der ersten Hälfte der Geschichte hätten die Führer in Jerusalem in der zweiten Hälfte keine solche Macht über Jesus haben dürfen. Markus ging auf sehr schöpferische Weise mit diesem Problem um. Eines der Mittel, derer er sich bediente, hat man als das «Messiasgeheimnis» bezeichnet, ein narratives Motiv, gemäß dem einzig die Dämonen wirklich wußten, wie mächtig Jesus war. Eine andere Strategie bestand darin, das Leitmotiv des Wunderbaren in der zweiten Hälfte der Erzählung fortzuführen, aber in anderer Form darzustellen. Das Wunderbare wurde nun in der Genauigkeit sichtbar, mit der Jesus zukünftige Ereignisse vorhersah und weissagte. Die Wunder eigneten sich jedoch vor allem für das mit Jesus begonnene apokalyptische Drama. Sie schufen die Voraussetzungen dafür, Jesu Kreuzigung als erste Episode in einer Folge von Konflikten zwischen Gott und den Herrschern dieser Welt zu verstehen. Obwohl Jesus während des ersten Kampfes getötet wird, wird die Ereignisfolge natürlich letztlich mit dem Sieg des Königs und des «Reiches Gottes» enden.

Ein genauerer Blick auf Markus' Verwendung der Verkündigungsgeschichten ergibt zweierlei. Einmal geht die Verschwörung zur Tötung Jesu von den in den Verkündigungsgeschichten dargestellten Konflikten aus. Dies wird aus der Ankündigung der Verschwörung am Ende des ersten Zyklus der Verkündigungsgeschichten (Mk 2,1–3,6) deutlich. Diese Beobachtung hilft, die markinische Gemeinde als eine Gruppe von Jesus-Leuten einzuordnen, die bis kurze Zeit zuvor in enger Berührung zu einer von den pharisäischen Reinheitsnormen beeinflußten jüdischen Gruppe stand.

Die zweite Beobachtung besteht darin, daß Markus ein erhebliches Interesse an der Autorität der Verkündigung Jesu hegte. Er verstärkte diese Autorität, indem er ihr die Bezeichnung *exousia* zuordnete, den griechischen Begriff für die Macht, Dinge geschehen zu lassen. Sodann veranschaulichte er sie, indem er eine neue Art von Erzählung schuf.

Diese markinische Schöpfung, eine Kombination aus Wundergeschichte und Verkündigungsgeschichte, ließ es so erscheinen, als seien Jesu Macht, Wunder zu vollbringen, und seine Vollmacht zur Verkündigung Manifestationen ein und derselben *exousia* (Mk 1,21–28; 2,1–12; 3,1–6). Markus erweckte diesen Eindruck gleich im ersten Bericht über Jesu öffentliche Wirksamkeit, einen Exorzismus, der in der Synagoge zu Kapernaum stattfand. Jesu Vollmacht wird zu einem Leitmotiv, das die Verschwörung mit dem Ziel seiner Tötung auslöst (Mk 2,10; 3,15; 6,7; 13,34). Es ist diese neue Form der Vollmacht, die mit der Autorität der Schriftgelehrten und Pharisäer in Konflikt gerät. Aus der Perspektive der Leser war alles, was Jesus sagte, nicht nur wahr: indem er es aussprach, ließ er es auch geschehen. Selbst seine Lehren werden jetzt als Anordnung verstanden. Außerdem kann man, da das meiste dessen, was Jesus vorhersagte, eintraf, gewiß sein, daß auch der Rest sich als wahr erweisen wird. Als Jesus schließlich den Tempel betritt, werfen die «Hohenpriester, Schriftgelehrten und Ältesten» die Frage nach seiner Vollmacht auf (Mk 11,29), eine Herausforderung, die Anlaß zu einem weiteren Zyklus von Verkündigungsgeschichten (Mk 12) und zu Jesu apokalyptischen Weissagungen gibt, bevor sich die Ereignisse beschleunigen, die zu seiner Kreuzigung führen werden. Die Vermischung von Wundergeschichten und Verkündigungsgeschichten war ein ausgesprochen kluges Mittel. Sie schuf ein neues Verständnis von Vollmacht, das dem neuartigen Erscheinen des markinischen Gottessohnes angemessen war. Christen sind seit dieser Zeit von der immer wiederkehrenden Vorstellung fasziniert, Worten einer göttlich inspirierten Person könne die Macht innewohnen, eine wunderbare Veränderung herbeizuführen.

Markus griff auch auf den Christusmythos und die Ätiologie des Abendmahls aus den Christusgemeinden zurück. Daß Markus den Christusmythos kannte, ergibt sich besonders deutlich aus dem formelhaften Stil der drei sogenannten «Leidensweissagungen» Jesu auf seinem Weg nach Jerusalem (Mk 8,31; 9,31; 10,33). Daß er auch die Abendmahlsüberlieferung kannte, zeigt sein stilisierter Bericht über das letzte Abendmahl (Mk 14,22–25). Markus hatte jedoch kein Interesse an dem Kult der göttlichen Gegenwart, der sich in den Christusgemeinden entwickelt hatte. Er nahm nicht den Befehl auf, das Mahl in Erinnerung an Jesu Tod zu wiederholen, er scheute vor der symbolischen Deutung des Brotes als Leib Christi zurück und zog es statt dessen vor, die Bedeutung des Kelches als eines Symbols für das Blut der Märtyrer hervorzuheben, «das für viele vergossen wird» (Mk 14,24). Seine Abendmahlserzählung war nicht als «Einsetzung» der rituellen Wiederholung gedacht. Bei Markus wurde daraus schlicht das letzte Abendmahl, das Jesus mit seinen Jüngern einnahm. Um das deutlich zu machen, ließ Markus Jesus sagen, er werde bis zum Kommen des «Reiches Gottes» *kein* Festmahl mehr mit ihnen feiern. Nach markinischem Verständnis begründeten Tod und Auferstehung Jesu keinen Kult der geistigen Gegenwart, sondern markierten sein Fortgehen und seine Abwesenheit bis zu dem Zeitpunkt, an dem er als der mit Macht ausgestattete Menschensohn zurückkehren würde (Mk 14,62). Weshalb aber führte Markus seine Geschichte mit einer Erzählung über Jesu dramatischen Tod und seine Himmelfahrt dem Höhepunkt entgegen?

Markus bezog seine Vorstellungen über Kreuzigung und Auferstehung aus dem Christusmythos, doch sein Interesse an diesem Mythos beschränkte sich auf die Martyriologie, die seinen Kern ausmachte. Daß Markus dessen fundamentale Logik wahrnahm und imstande war, die kultische Deutung, die der Mythos erfahren hatte, zu vermeiden, stellte eine wahrhaft bemerkenswerte geistige Leistung dar. Er konnte die Vorstellung, Jesus sei ein Märtyrer gewesen, aufgreifen, weil sie sich für sein Vorhaben eignete, eine Erklärung für die schwierige Geschichte seiner Jesusgruppe zu bieten. Die Vorstellung von der Auferstehung dagegen, jedenfalls wenn man sie mit einem apokalyptischen Finale in Verbindung brachte, ermöglichte es, eine zukünftige Rechtfertigung seiner Gruppe und Jesu in Aussicht zu stellen. Sich auszumalen, Jesus werde als Menschensohn in Vollmacht zurückkehren, hieß hoffen, daß man die gegenwärtige Zeit voller Schwierigkeiten überstehen werde, da sie von Ereignissen göttlichen Eingreifens umfangen sei. Damit dieses Schema funktionieren konnte, mußte sich Markus jedoch mit zwei schwerwiegenden konzeptionellen Problemen auseinandersetzen. Er mußte eine Möglichkeit finden, die ihm und seiner Gruppe vertrauten Jesusüberlieferungen mit dem neuen Verständnis Jesu als eines Märtyrers in Beziehung zu setzen. Außerdem mußte er herausfinden, wie man den Christusmythos in eine historische Erzählung umgestalten konnte. Beide Probleme erforderten ziemlich drastische Neuerungen. Die Jesus-Leute hatten es nicht als notwendig empfunden, Jesu Tod zu erklären. Im vormarkinischen Material über Jesus gibt es keinerlei Hinweis auf ein Wissen über Jesu Tod, geschweige denn über einen für die Rechtfertigung der Jesusbewegungen notwendigen stellvertretenden Tod. Seine Lehren und die Erzählungen über ihn enthielten nichts, was einen nachvollziehbaren Grund dafür bot, daß er überhaupt von irgendjemandem gekreuzigt wurde. Was den Christusmythos betrifft, so widerstand er der historischen Erklärung. Seine Logik der Rechtfertigung einer gemischten Gemeinschaft erforderte, daß man die Motive für den stellvertretenden Tod auf Gottes Anerkennung der Bereitschaft Jesu, für diese Sache zu sterben, beschränkte. Hätte man alle historischen Faktoren erklärt, so hätte man andere Gründe für Jesu Bereitschaft, zu sterben, anführen und die Motive jener, die ihn töteten, andeuten müssen. Damit aber hätte man die Wirksamkeit und den Zweck des Mythos als einer Grundlage zur Überwindung genau solcher sozialen und kulturellen Konflikte untergraben.

Die markinische Gemeinde war nicht auf eine Theologie der Rechtfertigung angewiesen. Markus war zudem nicht abgeneigt, eine Erklärung für den gesellschaftlichen und kulturellen Konflikt zu bieten, den die Jesusbewegung durchlebte. Daher war es denkbar, den Christusmythos in eine Geschichte über Jesu Martyrium zu übersetzen, wenn sich nur eine Möglichkeit fand, dies plausibel zu machen. Wir haben bereits darüber nachgedacht, auf welche Weise Markus die Jesusüberlieferungen neu deutete, um eine Verschwörung seitens der Schriftgelehrten und Pharisäer, die Jesus getötet haben sollen, auslösen zu können. Verfolgt man das Auftreten der jüdischen Führer in der ganzen Erzählung, so wird offensichtlich, daß Markus eine Möglichkeit fand, mit Blick auf Jesu Tod die Komplizenschaft nicht allein der Pharisäer, sondern auch der Priester, der Sadduzäer, der Hohenpriester und der Herodianer zu behaupten. Damit war der «Tyrann» gefunden, doch die Geschichte des Martyriums selbst mußte noch erzählt werden. Es bedurfte einer Provokation, einer Verhaftung, einer Anklage, einer ideologischen Konfrontation, einiger Geschichten, die sowohl Jesu Unschuld als auch seine Bereitschaft, zu sterben, offenbarten, einiger Geschichten, die zeigten, wie die Jünger und die Menge auf diese letzten öffentlichen Ereignisse reagierten, eines Berichts über die Hinrichtung sowie einer Möglichkeit, die Geschichte nach der Kreuzigung zu einem Ende zu führen. Eine ganz schöne Herausforderung.

Ich habe Markus' außergewöhnliche Treue zum Detail bei der Gestaltung einer plausiblen Erzählung über Jesu Martyrium in meinem Buch *A Myth of Innocence* (1988) erforscht. An dieser Stelle muß es genügen, das wichtigste Kennzeichen der Strategie des Markus zu benennen – nämlich die Verwendung der alten weisheitlichen Erzählung über den zu Unrecht angeklagten Gerechten als Muster für die Folge der Episoden, die zu den Prozessen und zur Kreuzigung Jesu führten. Die jüdische Erzählung ließ sich leicht mit dem Muster des «edlen Todes» in der griechisch-römischen Martyriologie verschmelzen und ermöglichte eine wunderbare Fortschreibung der Rechtfertigung, die ohne weiteres Raum sowohl für die Auferstehung Jesu als auch für sein endgültiges Erscheinen als Menschensohn bieten konnte, der den Spieß gegen seine ehemaligen Verfolger umdrehen und als Richter über sie herrschen werde. Jede Episode in Markus' Geschichte läßt sich als Spiel mit den für diese weisheitliche Erzählung wesentlichen Motiven erklären, die mit Szenen und Einzelheiten verwoben wurden, welche das frühere Motiv «Jesus und seine Jünger» mit dem dramatischen Ereignis der Kreuzigung zu einem passenden Abschluß brachte.

Gewöhnlich verstand man die sogenannte markinische Passionserzählung als historischen Bericht über tatsächlich Geschehenes, war jedoch beunruhigt über schwer annehmbare Züge. Die Liste unwahrscheinlicher Merkmale ist ziemlich lang und umfaßt Dinge wie den nächtlichen Prozeß, der illegal gewesen wäre, die Grundlage für den Vorwurf der Gotteslästerung, der ausgesprochen unklar, wenn nicht vollkommen konstruiert ist, die Tatsache, daß die Zeugen nicht miteinander übereinstimmten, was eine Einstellung des Prozesses erfordert hätte, das Recht des Sanhedrin, ein Todesurteil zu fällen, über das er vermutlich damals nicht verfügte, die Behauptung, die Kreuzigung habe an Pessach stattgefunden, was ein krasser Verstoß gewesen wäre, Jesu Erwartung seines Todes als eines Bundesopfers, die auf eine Bacchusgottheit zutreffen mochte, nicht aber auf den historischen Jesus, die Tatsache, daß die Jünger inmitten all dieser Umstände einschliefen, die Aussage, Pilatus habe Jesus als «König der Juden» hinrichten lassen, ohne einen guten Grund für diese Einschätzung zu haben, die Darstellung, wonach die Hohenpriester (im Plural!) bei der Verspottung anwesend waren, und so weiter. Einen sinnvolleren Zugang eröffnet die Erkenntnis, daß es sich bei der Erzählung des Markus um eine fiktive Darstellung handelt, die vierzig Jahre nach Jesu Zeit – im Gefolge des Römisch-Jüdischen Krieges – verfaßt wurde. Wenn wir zunächst Josephus' Bericht über den Krieg lesen, können wir erkennen, daß Markus' Rückblick auf Jesus überhaupt nicht weit hergeholt geklungen haben dürfte. Das Ethos des Tempels und des Palastes, wie es Markus darstellte, mag im Vergleich dazu sogar etwas bieder erschienen sein. Außerdem gab es keinen der Hauptbeteiligten mehr, der hätte sagen können, es habe sich nicht auf diese Weise zugetragen.

Markus' Interesse an einer solchen Geschichte dürfte seinem Interesse entsprochen haben, darüber nachzudenken, wie seine Gruppe von Jesus-Leuten sich eine Zukunft für sich ausdenken konnte. Schließlich hatten sie eine von vielen Widrigkeiten geprägte Epoche ihrer eigenen Geschichte durchlebt. Nicht nur, daß bei einigen Jesus-Leuten, wie in Mk 13 erwähnt, Verwirrung über Propheten, Messiasgestalten, Jesu Schicksal und ihre eigenen Bindungen herrschte, es scheint zudem, als hätte sich kürzlich ein Bruch mit den jüdischen Wurzeln und Beziehungen vollzogen. Das ergibt sich deutlich aus den Verkündigungsgeschichten oder «Streitgesprächen», in denen die aktuelle Diskussion mit den Pharisäern die Reinheitsnormen betraf. Mitglieder der markinischen Gemeinschaft hatten die Frage nach der Reinheit sehr ernst genommen, obwohl sie darauf bestanden, daß die Vorschriften für sie nicht galten. Das kann nur bedeuten, daß sie jenen, mit denen sie nicht übereinstimmten, sehr nahestanden, und daß das Auseinandergehen der Wege schmerzhaft gewesen war. Es war, wie wir sahen, noch nach Markus' eigenem Verständnis und Erinnern ausgesprochen schmerzhaft, sich vorzustellen, daß eine derartige Entzweiung eine Verschwörung mit dem Ziel der Tötung Jesu ausgelöst habe.

Die Trennung der markinischen Gemeinschaft von einer jüdischen Gemeinschaft vollzog sich vermutlich irgendwo im Norden Palästinas oder im südlichen Syrien. Dort dürfte es eine Jesusgruppe am ehesten mit Synagogengemeinden zu tun gehabt, den Einfluß pharisäischer Maßstäbe gespürt und den Krieg aus der Perspektive besorgter Zuschauer erlebt haben. Markus betonte in seiner Darstellung, Jesus sei ein Galiläer gewesen, der an den umliegenden Gegenden und ihren Bewohnern bis hin nach Tyrus, Sidon, Caesarea Philippi, dem nördlichen Transjordanien und der Dekapolis interessiert war. Er gab auch der Konfrontation Jesu mit den Schriftgelehrten und Pharisäern in den Synagogen eine hervorgehobene Stellung. Da die Synagoge eine Institution der Diaspora war, entspricht das Interesse des Markus an diesen Schauplätzen den Gründen, aus denen er die Geschichte auf die ihm eigene Weise erzählte. Trifft es zu, daß Markus daran interessiert war, seine eigene gesellschaftliche Situation in der Jesusgeschichte gespiegelt zu sehen, so ist damit zugleich das Problem gelöst, das Forscher stets mit der Annahme des Markus hatten, es habe zu Jesu Zeit in ganz Galiläa Synagogen gegeben (Mk 1,21.39; 3,1) – eine Annahme, die Archäologen und Historiker nicht zu erhärten vermochten. Markus' fiktive Darstellung erforderte dies allerdings, und ein wenig Distanz von Galiläa dürfte die Fiktion vor allzu großem Befremden bewahrt haben. Aus diesem und anderen Gründen hat man vorgeschlagen, Markus und seine Gemeinschaft in Tyrus und Sidon anzusiedeln. Das erscheint durchaus plausibel. Alles würde dazu passen, einschließlich des Bildungsniveaus und der Mittel, derer es bedurfte, um ein solches Evangelium zu verfassen, sowie Markus' Vertrautheit mit den christlichen Überlieferungen des nördlichen Syriens, was allerdings kein Interesse an ihrem Kult bedeutete. Die ältere Annahme, Markus habe in Rom gelebt, ergibt dagegen absolut keinen Sinn.

Die Vermutung einer erst kürzlich vollzogenen, schmerzhaften Trennung von einer Diasporasynagogengemeinde würde auch eine Erklärung für die allzu dramatischen und übertrieben kampflustigen Züge der Markus-Erzählung bieten. Sie würde zudem ein letztes Merkmal der markinischen Komposition erklären, das für unser eigenes Vorhaben von Bedeutung ist. Dies betrifft die Art und Weise, in der Markus seine Erzählung über Jesus zur Tradition Israels in Beziehung setzt. Solange die Jesus-Leute der Gemeinschaft des Markus sich kraft ihrer Teilhabe am Leben der Diasporasynagoge selbst als Teil des Erbes Israels verstanden hatten, dürften sie keine vollkommen unabhängige Begründung ihrer Zugehörigkeit zum Volk Gottes ausgearbeitet haben. Nun aber, da sie sich nicht länger zu einer Diasporasynagogengemeinde zählen durften, mußten sie ihre eigene Verbindung zu den erhabenen Überlieferungen Israels herstellen. Da der Tempel dahin war und eine furchtbare Verwirrung über das Ende des Epos herrschte, besaß Markus die Freiheit, sich vorzustellen, die Jesusbewegung habe den Platz der einstigen Institutionen des Judentums eingenommen. Dies war gewiß ein gewagter Gedanke, insbesondere angesichts der Tatsache, daß die Pharisäer, die Synagogen und andere Formen jüdischer Präsenz in der Welt nicht einfach mit dem Tempel verschwanden. Er kam Markus jedoch als erstes in den Sinn, und mutig, wie er war, brachte er ihn im Zuge der Gestaltung seiner Erzählung in einem bemerkenswerten Maße zur Durchführung.

Markus war nicht der erste, der das Nachdenken über Jesu Verhältnis zur jüdischen Überlieferung als Möglichkeit begriff, die Bedeutung einer Jesusbewegung zu erfassen. Wie wir sahen, hatten die Q-Leute bereits Wege gefunden, eine Verbindung Jesu zu den besten Überlieferungen der Weisheit Israels und der prophetischen Traditionen zu behaupten, um ihn und seine Lehren gegen die Pharisäer ihrer eigenen Zeit zu setzen. Die Wunderzyklen waren konstruktiver, weil sie den berühmten Gestalten des Mose und des Elia ihren Rang ließen, jedoch eine ähnliche Bedeutung für Jesus beanspruchten. Jene, die mit dem Genre der Verkündigungsgeschichten arbeiteten, schlugen einen vollkommen anderen Weg ein. Sie hatten festgestellt, daß sie, was bestimmte Verhaltensweisen betraf, nicht mit den pharisäischen Normen übereinstimmten, und suchten in den Schriften nach Geschichten, die der pharisäischen Kritik begegnen konnten. Sie fanden Geschichten, die einerseits ihre Kritiker in Verlegenheit brachten, andererseits aber auch nahelegten, daß das Verhalten Jesu und seiner Jünger sich von denen anderer Gestalten im Verlaufe der Geschichte Israels nicht wesentlich unterschied.

Im Gegensatz zu diesen Anschauungen betonte Markus nachdrücklich, daß Jesus mit seinem Programm frühere Formen des Jude-Seins verdrängte. Jesus sollte in eine Linie mit den Überlieferungen Israels gebracht, aber als mehr denn als bloßer Nachfolger dieser Traditionen begriffen werden. Jesus ersetzte sie vielmehr, indem er eine neue Orientierung forderte, die alle älteren Formen des Jude-Seins und des Nachdenkens über Israel als veraltet erwies. Markus war kaum imstande, ein solches Programm auf systematische Weise durchzuführen. Doch das Prinzip stand ihm klar vor Augen, und er fand einige kluge Möglichkeiten, an jeder Wendung innerhalb der Geschichte den gleichen Aspekt zur Geltung zu bringen. Er legte zu Beginn der aus Q entnommenen Geschichten über Johannes und Jesus das Schema fest. Dort wird deutlich ausgesprochen, Jesus sei der Nachfolger Johannes des Täufers in der Linie der Propheten gewesen, habe sich von ihm jedoch qualitativ dadurch unterschieden, daß Gott ihn seinen «geliebten Sohn» nannte. Das ebenfalls aus Q stammende Motiv der Tötung der Propheten wurde bei Markus aufgewertet und mit dem Thema Johannes und Jesus verbunden. In der Tötung des Johannes etwa ist das Schicksal Jesu vorauszuahnen, und dann wird Jesus getötet – nicht nur als letzter in der Reihe der Propheten, sondern zugleich als Gottes Sohn. Dies wird in der Allegorie über die Arbeiter im Weinberg deutlich, wo ausgesagt wird, Gott werde «kommen und die Pächter umbringen und den Weinberg andern geben» (Mk 12,9). Jesu Tod unterscheidet sich also qualitativ vom Tod aller Propheten, die vor ihm kamen. Der Grund dafür liegt darin, daß Jesus Gottes Sohn war.

Nach seiner Taufe durch Johannes kündigt Jesus die bevorstehende Ankunft des «Reiches Gottes» an, ein Machtgefüge, das dazu bestimmt war, allen jüdischen Institutionen entgegenzutreten, sie zu zerstören und abzulösen. In der Synagoge übertrifft Jesu Vollmacht die der Schriftgelehrten. Im Zusammenhang der Heilung des Aussätzigen durch Jesus macht Markus geltend, daß er damit vollbrachte, was die Priester nicht vermochten. Und schließlich übertrumpft er die Pharisäer ausgerechnet in der Frage des Tuns dessen, was am Sabbat dem Gesetz entsprach. So werden die Schriftgelehrten, Priester und Pharisäer, jene, welche die Institutionen des Judentums des 1. Jahrhunderts repräsentieren, allesamt von Jesus in den Schatten gestellt. Wer ist dieser Mensch, der die Funktionäre in allen Fähigkeiten überbietet? Hat er überhaupt das Recht, sie zu übertreffen? Hat er irgendwelche Referenzen, die es ihm erlauben, an ihre Stelle zu treten? Bei der Verklärung erscheint Jesus in Begleitung von Mose und Elia, den beiden episch bedeutsamen Gestalten, die den Zyklen von Wundergeschichten ihre mythische Grundlage verliehen. Doch auch hier läßt Markus, ähnlich wie beim Vergleich mit Johannes dem Täufer, ihre Aura über Jesus stehen, um sie aber dann durch eine Stimme aus dem Himmel beiseite zu wischen, die zu den Jüngern spricht: «Das ist mein lieber Sohn, den sollt ihr hören» (Mk 9,7). Dann, als sich Jesus Jerusalem nähert, begrüßen ihn die Massen als den Messias, den Sohn Davids, und Markus läßt die Leser für einen Augenblick in dem Glauben, die Massen könnten recht haben. Die Leser erfahren jedoch bald, daß sie sich irren. Wie Jesus erklärt, als er im Tempel lehrt, ist der Messias nicht Davids Sohn, er ist Davids Herr (Mk 12,35.37). Das Gleiche gilt für all die anderen Symbole, mit denen Jesus charakterisiert wird. Sie werden allesamt lediglich als Facetten eines vollkommen neuen Bildes verwendet. Der markinische Jesus vereint die Merkmale vieler mythischer und idealer Gestalten und übt die Funktion vieler sozialer Rollen aus. Die Liste ist wahrhaft schwindelerregend: Kind der Weisheit, leidender Gerechter, Prophet, Schriftgelehrter, Gesetzgeber, Lehrer, göttlicher Mensch, Messias, Menschensohn, Sohn Gottes, auferstandener Herr, Richter im Jüngsten Gericht und König des «Reiches Gottes». Eine solche Gestalt bedarf keiner anderen Referenzen als der Stimme der Anerkennung durch Gott, seinen Vater. Und woher weiß der Leser um diese Anerkennung? Die Stimme wird im Verlaufe der Erzählung vernehmbar. Wenn die Geschichte in sich schlüssig und gut genug ist, um den Leser zu verzaubern, werden keine Referenzen mehr erforderlich sein. Es war ein genialer Einfall des Markus, gerade eine solche Geschichte zu schaffen. Letztlich war es die Darstellung des Markus, welche die wahrhaft unvergleichliche Gestalt Jesu Christi, des Sohnes Gottes, schuf, die Christen allezeit vor Augen haben.

Ein letzter Blick in die Werkstatt des Markus zeigt etwas, was mit seinem Verständnis der jüdischen Schriften zu tun hat. Er hatte den Einfall, die Texte der Propheten zu einer Quelle für seine Erzählung über Jesus zu machen. Er war nicht der erste, der die prophetischen Texte auf diese Weise verstand, denn bereits die Verfasser von Q hatten sich ein wenig mit spielerischen Textverweisen beschäftigt, um die Rollen von Johannes dem Täufer und Jesus miteinander zu verbinden (Q 7,22.27). Doch Markus war unseres Wissens der erste, der sich ernsthaft den prophetischen Büchern zuwandte, um das ansonsten weitgehend mündlich überlieferte volkstümliche Motiv der Tötung der Propheten zu vervollständigen. Es war dieses Motiv, das es den Jesus-Leuten gestattete, Jesus mit der epischen Geschichte Israels in Einklang zu bringen, ohne daß Jesus dabei aufhörte, der kritische Prophet zu sein, der er für sie war. Wie wir gesehen haben, läßt sich Markus' Erzählung tatsächlich als Versuch der Mythenbildung verstehen, die das Prophetenmotiv als ihren grundlegenden Ausgangspunkt wählte. Wir können nun feststellen, daß das Motiv des Propheten und die entsprechende Charakterisierung Jesu zu einem Interesse an den prophetischen Büchern geführt haben muß. Markus durchforschte diese Bücher auf der Suche nach Bildern, die er auf den Propheten Jesus anwenden konnte, so als hätten die Propheten Jesu Kommen auf irgendeine Weise vorweggenommen. Er zitierte übrigens Jesaja, Jeremia, Sacharja, Maleachi und Daniel, um für die Ausrichtung der Erzählung entscheidende Ereignisse zu schaffen oder zu deuten, und in der ganzen Geschichte begegnen zahlreiche Wendungen, die prophetische Texte aufgreifen oder einen Widerhall auf sie darstellen. Auch anderen biblischen Zitaten, insbesondere aus den Psalmen, wird die Kraft prophetischer Erfüllung verliehen. So machte Markus aus dem Prophetenmotiv ein literarisches Leitmotiv und verwendete dann die Prophetenbücher als narratives Mittel, um Jesus mit der Geschichte Israels in Zusammenhang zu bringen – als eines Mittlers, der dazu bestimmt war, sie zu verändern. Dieser Umgang mit den jüdischen Schriften unterschied sich deutlich von jeder früheren *relecture* des Israel-Epos, auch von jener der Q-Leute, der Verkündigungsgeschichten, der Zyklen von Wundergeschichten und der des Paulus. Wenn die kühnen Einfälle des Markus uns nicht in Erstaunen zu setzen vermögen, dann deshalb, weil die Christen sich an die Logik der Linienführung seiner Geschichte gewöhnt haben. Ohne diese Erzählung, so muß man sagen, wäre das Christentum in der uns bekannten Gestalt nicht entstanden.

Das Matthäusevangelium

Das Evangelium des Matthäus tauchte in den achtziger Jahren auf und kommt völlig überraschend. Die Überraschung ist nicht auf einen weiteren phantastischen Höhenflug der frühchristlichen mythischen Vorstellungskraft zurückzuführen, auf neue Ansprüche auf das israelitische Erbe, auf die Feindseligkeit seiner Polemik oder seine apokalyptische Natur. Das Überraschende besteht darin, daß sich die matthäische Gemeinschaft – obwohl diese Dinge in der Luft lagen – von den kosmischen Schicksalen Jesu oder dem Gedanken, sie selbst sei eine vollkommen neue Art von Menschen, nicht allzu sehr hatte erregen oder beeindrucken lassen. Es gelang ihnen mit ihrem Evangelium, das Drama Jesu Christi auf alltägliche Ausmaße zu reduzieren, und sie hatten sich offenbar langfristig eingerichtet. Das Matthäusevangelium ist ein Lehrbuch mit Anweisungen für eine Jesusbewegung, die ihren Frieden mit der Welt und ihren jüdischen Nachbarn geschlossen hatte.

Man hat seit langem erkannt, daß es sich beim Matthäusevangelium um ein Dokument aus dem Judenchristentum handelt, um eine Form des Erbes Jesu, die während der ersten drei Jahrhunderte wesentlich geläufiger war, als uns die im Neuen Testament aufgezeichneten Geschichten des Frühchristentums erkennen lassen. Da diese Form der Jesusbewegung das Entstehen des «orthodoxen» Christentums im 4. Jahrhundert n. Chr. nicht überlebte, liegt in der Tatsache, daß das Matthäusevangelium zum bevorzugten «Evangelium der Kirche» wurde und das Privileg erfuhr, im Kanon des Neuen Testaments an erster Stelle zu stehen, eine Spur von Ironie. Das liegt daran, daß sich die Kirche zu dieser Zeit eindeutig von der zeitgenössischen Gestalt des (rabbinisch-synagogalen) Judentums abgegrenzt, erfolgreich alle jüdischen Schriften als das christliche Alte Testament in Anspruch genommen und eine reiche antijüdische (*adversus Judaios*) Literatur entwickelt hatte. Wir stehen vor der Frage, wie es dem Verfasser gelang, ein Evangelium zu verfassen, dem so viel Erfolg beschieden war. Glücklicherweise – für unsere Zwecke – bediente er sich weniger, einfacher Strategien, die sich leicht erfassen und beschreiben lassen. Im Zuge unserer Entfaltung dieser Strategien wird ein ziemlich deutliches Bild vor Augen treten, nicht allein der Arbeitsweise des Verfassers, sondern auch der matthäischen Gemeinde. Ein Blick auf diese Gemeinschaft mag uns – inmitten des Wirbels ungemäßigter Rhetorik und extravaganten Verhaltens, die für andere von uns besprochene Gruppen charakteristisch sind – in gewisser

Weise erleichtern. Er läßt uns sehen, daß Jesu Lehren wenigstens für einige seiner Anhänger die hauptsächliche Anziehungskraft seines Erbes ausmachten und einen hinreichend wichtigen Grund darstellten, seiner Schule treu zu sein. Ich werde den Verfasser dieses Evangeliums «Matthäus» nennen, und mich damit an die spätere Zuschreibung des Evangeliums an einen der namentlich bekannten Jünger halten. In Wirklichkeit wissen wir über den Menschen, der dieses Evangelium schrieb, einzig und allein, daß er sich selbst als «Schriftgelehrter» verstand, «der ein Jünger des Himmelsreiches geworden ist» (Mt 13,52).

Matthäus komponierte sein Evangelium, indem er die Lehren Jesu aus dem Buch Q mit der markinischen Jesuserzählung verwob und ein paar eigene Sprüche und Geschichten hinzufügte. Obwohl er an der Darstellung des Markus einige redaktionelle Änderungen vornahm und drei oder vier kleine Geschichten, die er nicht verwenden konnte, ausließ, gab er insgesamt das ganze Evangelium so wieder, wie es Markus geschrieben hatte. Auch ordnete er zwar viel von dem Material aus Q neu an, um es in fünf Reden zu zwängen, die er Jesus an bedeutenden Übergängen halten ließ, benutzte es aber vollständig. Das «Sondergut» des Matthäus besteht vornehmlich aus den Geschichten über Jesu Geburt und Kindheit, einigen wenigen Zusätzen zum Q-Material in der ersten Rede Jesu, der sogenannten Bergpredigt (Mt 5–7), einigen Gleichnissen, von denen vier einer Sammlung von Gleichnissen aus Markus 4 hinzugefügt wurden, und zwei Erscheinungsgeschichten nach der Auferstehung. Das Bemerkenswerte an der Erzählung des Matthäus liegt darin, daß es ihr, obgleich sie, was den Hauptteil ihres Materials angeht, vollkommen auf Q und Markus beruhte, gelang, Jesus einen – gegenüber der Darstellung der beiden Vorläufer – vollkommen anderen Charakter und seinen Lehren einen ganz anderen Tenor zu verleihen. Nach der Vorstellung des Matthäus erschien Jesus als wichtigste Blüte der Weisheit und des Geistes, die der jüdischen Überlieferung und Religion innewohnten. Er schritt voran als Lehrer in der Tradition des Mose und der Thora, nicht um diese Tradition beiseite zu drängen, sondern um ihre Bedeutung als Ethik persönlicher Frömmigkeit darzulegen, als eine Aufforderung zur Heiligkeit in Gesinnung und Motivation. In der Sprache des Matthäus: Jesus sagte, man könne und solle «reinen Herzens» sein (Mt 5,8).

Angesichts dessen, was wir über die Vorgeschichte von Q und die Art und Weise wissen, wie Markus die Lehren Jesu als esoterische, apokalyptische Weisungen behandelte, ist Matthäus' Deutung genau derselben Lehren erstaunlich. Er mußte dem markinischen Bild eines in Rätseln sprechenden Lehrers entgegentreten, dessen Weisung in Form von «Gleichnissen» erfolgte, so daß die Hörer ihn *nicht* verstehen konnten (Mk 4,12), und die aphoristischen und apokalyptischen Sprüche aus Q neu interpretieren, die dort erscheinen, als seien sie verschlüsselt und nur der persönlichen Frömmigkeit zugänglich. Dies muß eine ziemliche Herausforderung gewesen sein. Sein Gegenentwurf gegen Markus bestand in erster Linie darin, daß er ganz Q in seine Erzählung über den Lehrer Jesus aufnahm und ihn als öffentliche Figur darstellte, dessen Lehre von allen, die ihn hörten, verstanden und angenommen werden sollte. Bei Matthäus hört die Menge mehr als nur Gleichnisse, die Jünger begreifen die Weisung, und Petrus wird nicht herabgesetzt. Er wird gesegnet, zum «Felsen» erklärt, auf dem Jesus seine Kirche bauen will, und erhält die «Schlüssel des Himmelreichs» (Mt 16,17–19).

Dieser Wandel in der Charakterisierung läßt sich daran erkennen, auf welche Weise Matthäus die Bergpredigt an die Stelle der markinischen Geschichte über Jesu erstes öffentliches Auftreten in der Synagoge von Kapernaum (Mk 1,21–28) setzte. Für Markus hatte dieses Vorkommnis programmatische Bedeutung als öffentliche Manifestation der Vollmacht Jesu, und die Menge reagierte mit Erstaunen, denn «er lehrte sie mit Vollmacht, nicht wie ihre Schriftgelehrten». Matthäus konnte diese Geschichte nicht verwenden und wiederholte sie daher nicht. Statt dessen erwies er dem Anfang bei Markus seine Reverenz, indem er eine kleine Notiz darüber anbrachte, daß Jesus nach Kapernaum zog, um dort zu wohnen (Mt 4,12–16), und den markinischen Bericht über Jesu Wirksamkeit und Ruhm als Lehrer in ganz Galiläa zusammenfaßte (Mt 4,23–25). Er konnte sich dadurch statt dessen auf die Predigt konzentrieren, die als erstes bedeutendes Ereignis im Zusammenhang des öffentlichen Auftretens Jesu erscheint (Mt 5–7). Erst am Ende dieser Predigt führte Matthäus die Antwort der Leute an, wonach er sie «mit Vollmacht lehrte, und nicht wie ihre Schriftgelehrten» (Mt 7,29).

Somit macht Jesus bei Matthäus – anders als in der Darstellung des Markus – seinen ersten Eindruck auf die Menge nicht durch Exorzismen, sondern durch eine programmatische Rede. Die Bergpredigt ist Matthäus' höchst kunstvoll gestaltete Feststellung dessen, was die Leser gemäß seinem Wunsch über Jesu Lehre verstehen sollten. Q folgend, begann er mit den Seligpreisungen, stellte dann aber Sprüche aus dem ganzen Buch Q zusammen, um etwas zu komponieren, was die Griechen als *Epitome* der Lehren einer philosophischen Schule bezeichnet hätten. Matthäus' *Epitome* folgt den Regeln der Rhetorik, gelangt zu einer klaren Schlußfolgerung und muß als durchaus überzeugende Rede empfunden worden sein. Für unsere Zwecke genügt es, die radikale Neuinterpretation der Lehren Jesu bei Matthäus im Vergleich zum Buch Q festzustellen. In Q hatten die Lehren Jesu wenig mit der mosaischen Thora zu tun. Matthäus behauptete, eine Übersetzung der Thora in eine Ethik subjektiver Frömmigkeit sei genau das gewesen, was Jesus im Sinn hatte. Drei Merkmale des Matthäustextes mögen diesen Wandel veranschaulichen.

Das erste Merkmal besteht in einer Reihe von Gegensätzen zwischen dem, was, wie die Leute «gehört» hatten, «zu den Alten gesagt worden war» – Matthäus' Euphemismus für das mosaische Gesetz – und dem, was Jesus sagte. Jedesmal benutzte er die Formel: «Ich aber sage euch ...» (Mt 5,21–22.27–28.31–32.33–34.38–39.43–44). Forscher haben das häufig als «Antithesen» bezeichnet und damit aus dem Kontrast einen ausschließlichen Gegensatz gemacht. Das ist falsch. Matthäus fand auf kluge Weise eine Möglichkeit, einige der Lehren Jesu aus Q zu einigen mosaischen Verboten in Beziehung zu setzen, um ihre Ausrichtung zu demonstrieren und zu zeigen, daß Jesu Lehren den Kern der Sache trafen. Die Thora des Moses wurde nicht abgetan. Der Unterschied betraf die Art, in der das Gesetz von den Zeitgenossen des Matthäus «gehört» worden war und in der es von den Jesus-Leuten verstanden werden sollte. Dieser Unterschied ist gewiß sehr direkt und stark formuliert. Matthäus war eindeutig von der historischen Bedeutung des Auftretens Jesu als eines Lehrers der von Gott geforderten Frömmigkeit überzeugt. Man sollte sich hüten, ihn abzutun. Doch die Lehre sollte nicht im Gegensatz zum Gesetz des Mose oder als Ersatz dafür verstanden werden. Vielmehr stellte die Lehre Jesu den Maßstab dar, nach dem die wahre Einhaltung des mosaischen Gesetzes beurteilt werden sollte.

Das wird ausdrücklich in der einführenden Bemerkung unmittelbar vor der Reihe von Entgegensetzungen gesagt: das zweite Merkmal der Predigt, das es festzuhalten gilt. Jesus sagt, er sei «nicht gekommen, das Gesetz oder die Propheten aufzulösen [...] sondern sie zu erfüllen», kein Buchstabe oder Akzentzeichen solle aufgehoben werden, solange die Welt besteht, und der Maßstab, der über die Stellung im Reich Gottes entscheide, sei es, wie genau man selbst das unbedeutendste der Gebote beachte (Mt 5,17–19). Und dann fügte Matthäus – um sicherzustellen, daß der Unterschied zwischen Jesu Deutung dieser Gebote und ihrem üblichen, von den Schriftgelehrten und Pharisäern vertretenen Verständnis deutlich wird – die Warnung hinzu: «Wenn eure Gerechtigkeit nicht besser ist als die der Schriftgelehrten und Pharisäer, so werdet ihr nicht in das Himmelreich kommen» (Mt 5,20).

Die dritte Beobachtung ist, daß sich Matthäus die Freiheit herausnahm, den Lehren Jesu einige wenige eigene Weisungen hinzuzufügen. Ich habe bereits dargestellt, daß diese Praxis der Zuschreibung in den Schultraditionen der Antike üblich war, so daß man die Tatsache, daß Matthäus am Corpus der Lehren Jesu Ergänzungen vornahm, nicht als gewagt beurteilen sollte. Interessant an ihnen ist, daß diese Einfügungen Themen aufgreifen, die für die pharisäischen Normen ritueller Reinheit grundlegend waren: Almosen, Gebet und Fasten (Mt 6,1–6.16–18). In jedem Fall lautet das Argument gleich. Die Vorschriften sollen eingehalten werden, aber nicht so wie bei den Pharisäern. Die Pharisäer befolgten sie «äußerlich», um des äußeren Scheins willen, Jesus aber verlange die Reinheit des Herzens. Seine Anhänger sollen «vollkommen sein, wie euer Vater im Himmel vollkommen ist» (Mt 5,20).

Die alte Unterscheidung von Jesus-Leuten und Pharisäern hatte also noch Gültigkeit, doch der Konflikt betraf nun die *richtige* Beachtung der Thora. Erstaunlich. Irgendwo zwischen der letzten Kodifizierung von Q und den schriftlichen Quellen des Matthäusevangeliums schlich sich das Gesetz des Mose als dem Pharisäertum und der Jesus-Bewegung gemeinsame Grundlage ins Bild. Aus der Sicht der Gemeinschaft des Matthäus war das Schlimmste, was über die Pharisäer zu sagen war, daß sie Heuchler seien, Menschen, die nicht nach dem lebten, wofür sie eintraten. Anscheinend hatten Jesus-Leute matthäischer Spielart in der Zeit nach dem Römisch-Jüdischen Krieg Zweifel bekommen, ob sie sich der Kulturkritik nach Art von Q anschließen und grandiose apokalyptische Hoffnungen und Ängste unterhalten sollten, wie sie das Markusevangelium entwarf. Da die Tempelzerstörung bereits fünfzehn oder zwanzig Jahre zurücklag und die Thora als das Monument der erhabenen Überlieferungen für eine Gruppierung an Bedeutung gewann, die daran interessiert war, in Einklang mit der epischen Überlieferung Israels zu leben – die Pharisäer –, hatten Jesus-Leute in der Tradition von Q und Markus keine andere Wahl, als sich mit Mose zu arangieren. Sie waren weder Jesus-Leute nach Art der Thomasüberlieferung noch Christen nach dem Vorbild des heidenchristlichen Christuskults. Ein Rückgriff darauf, die persönliche Erleuchtung zu pflegen oder an einem kosmischen Heil zu partizipieren, war daher nicht möglich. Was war zu tun? Warum sollte man sich Jesus nicht als einen endzeitlichen Mose vorstellen? Angesichts der jüngsten, schmerzlichen Geschichte, in der fremde Mächte das Volk Gottes zu vernichten drohten, *war* Jesus vielleicht – wie Mose – Gottes Mann der Stunde, der Gottes Weisungen für sein Volk brachte. Und zwar nicht nur jemand *wie* Mose, sondern ein Lehrer, dessen Lehren wirklich auf der Thora des Mose basierten, obschon für eine neue Zeit neu interpretiert. Vielleicht war es so, oder man scheint so gedacht zu haben.

So fügte Matthäus seiner wachsenden Sammlung von Texten auch die Thora hinzu, und Q – nunmehr durch Matthäus' Augen gelesen – sollte niemals wieder so klingen wie vorher. Doch was war mit Markus? Hätte man Markus nur durch Q ergänzt, wäre Jesus auch dann groß herausgekommen, und es wäre der Eindruck eines Propheten geblieben mit feurigem Blick, eines Exorzisten, der Dämonen zur Strecke brachte, oder eines apokalyptischen Sehers, der eine schnelle Wiederkehr erwartete, um sich derer anzunehmen, die ihn getötet hatten. Das paßte nicht. Deshalb bediente sich Matthäus einer anderen Strategie, um das plötzliche, allzu dramatische Auftreten und Ende des markinischen Sohnes Gottes herunterzuspielen. In diesem Fall erreichte er das vor allem dadurch, daß er den Anfang und das Ende der Geschichte veränderte.

Um seine Erzählung auf andere Weise beginnen zu können, mußte Matthäus ein wenig Exegese betreiben. Offenkundig verbrachte er einige Zeit damit, die Propheten zu studieren um – zum Beispiel – nach allem auszuschauen, was Details bieten konnte, um die frühe Geschichte Jesu, die Markus unerwähnt gelassen hatte, auszugestalten. Er dachte auch über die Konstruktion einer Genealogie nach, die einer so wichtigen Gestalt wie der Jesu angemessen war. Dann sammelte er einige allgemeine Informationen über legendäre Geburten berühmter Männer und sann darüber nach, wie der Hof des Herodes zur Zeit der Geburt Jesu ausgesehen haben mochte. Seine Strategie bestand darin, Markus durch Andeutungen darüber die Show zu stehlen, Jesus müsse einige spektakuläre jüdische Referenzen gehabt haben, so daß nicht allein die Propheten eine Ahnung von seinem Kommen gehabt, sondern sogar Engel und Sterne auf seine Geburt hingewiesen und Weise und Könige davon Notiz genommen hätten. Und so verfaßte er seinen Bericht (Mt 1–2).

Jesus, schrieb er, stamme aus dem Geschlecht Abrahams und Davids – mit einer ununterbrochenen Genealogie, die durch das ganze Exil und die Restauration bis hin zu Joseph und Maria führte. Seine Geburt war übernatürlich und bedeutungsvoll – natürlich, wenn man bedenkt, daß er der Messias Gottes war, und auch, daß die Einzelheiten der Weissagung Jesajas nicht so recht in Einklang mit seinem Stammbaum standen. Sodann war da die verständliche Furcht des Königs Herodes, dessen – von Jeremia vorhergesagte – Abschlachtung der Kinder von Bethlehem und Umgebung nicht zur Tötung des Säuglings Jesus führte. Das müsse passiert sein, weil Jesus nicht dort war, und zwar nicht deshalb, weil er nicht in Bethlehem zur Welt gekommen wäre – wie der Prophet Micha richtig vorhergesagt hatte – , sondern weil Joseph und Maria ihn nach Ägypten gebracht hatten, genau so, wie der Prophet Hosea es hatte kommen sehen. Ein kurzer Aufenthalt in Ägypten war auch aus anderen Gründen angemessen, denn dies war genau das, was auch anderen berühmten Israeliten widerfahren war, mit denen Gott Besonderes vorhatte (man denke etwa an Joseph, Israel, Mose und Jeremia), und es bot eine Erklärung für das, was zwischen Bethlehem, wo Jesus geboren sein soll, und der Zeit in Nazareth geschehen war, wo Jesus – wie jedermann wußte – aufgewachsen war.

Forscher haben sich vielfach zu diesen Geschichten über die Geburt und Kindheit Jesu geäußert. Man hat sie als unglaubliche, wenig plausible, weit hergeholte fiktive Darstellungen gekennzeichnet, die Matthäus' Naivität im Umgang mit legendären Stoffen deutlich machten. Doch genau das Gegenteil scheint der Fall zu sein. Matthäus bekämpfte das Feuer mit Feuer, und Legenden, welche die Geburt des Helden umrankten, wirkten weitaus besser als Markus' Eröffnung, vor allem wenn der Held ein Sproß aus dem Hause Abrahams und Moses war. Deshalb ging Matthäus auf diese Weise vor. Es war ein ausgesprochen kluger, gut ausgeführter Schachzug. Die Christen sollten sich die Geschichte Jesu für alle Zeit von seiner Geburt an ausmalen.

Das Ende der Erzählung stellte ein geringeres Problem dar. Markus hatte das Ende absichtlich offen gelassen, um das Schreckbild des *eschaton* als nächstes wichtiges Ereignis in dieser dramatischen Geschichte vor dem inneren Auge aufleuchten zu lassen. Matthäus mußte lediglich die Aufmerksamkeit der Leser von diesem apokalyptischen Funkeln weg und zurück auf die sich lange hinziehende Geschichte lenken. Zu diesem Zweck fügte er zwei kurze Berichte an. Einer stellte dar, wie die Hohenpriester die Wächter am Grab bestachen, so daß sie versprachen, zu sagen, die Jünger hätten den Leichnam Jesu gestohlen, während sie schliefen (Mt 28, 11–15). Dies war ein kunstvoller Einfall, der die Geschichte über das leere Grab auch noch dadurch untermauerte, daß er Probleme mit ihrer Glaubwürdigkeit zugab. Wichtiger ist jedoch die letzte Geschichte über den sogenannten «Missionsbefehl» (Mt 28, 16–20). In verschiedener Hinsicht scheint sie als Abschluß der Erzählung des Matthäus nicht zu passen. Das gilt insbesondere für die Bemerkung, die Jünger hätten Jesus angebetet, aber auch für die Vorstellung von einer Heidenmission, die Rede von Vater, Sohn und Heiligem Geist sowie für die Aussage, Jesus werde allezeit bei ihnen sein bis zum Ende aller Tage. Was im Evangelium vorausgeht, bereitet die Leser auf keinen dieser Gedanken vor, diese scheinen eher im Christuskult beheimatet zu sein als in der Gemeinschaft des Matthäus. Sie wirken jedoch ziemlich gut, sobald man erkennt, daß Matthäus sich sehr darum bemühte, der Schlußfolgerung des Markus entgegenzutreten, Jesus werde seinen Jüngern bis zum apokalyptischen Erscheinen des «Reiches Gottes» fern sein. Matthäus entlehnte einige Ideen aus dem Christuskult, die keine apokalyptische Ausrichtung aufwiesen, reduzierte, so gut er es vermochte, ihre kosmischen und kultischen Konnotationen und bediente sich ihrer, um dem Schluß bei Markus entgegenzuwirken. Die Bedeutung des großen Auftrags sollte man nicht in dem suchen, was er in der Sprache des Christuskults bedeutet hätte, sondern daran, wie Matthäus ihn einsetzt, um mit einem Thema zu schließen, das vollkommen in Einklang mit seinem Evangelium stand. Dieses Thema ist nämlich die Pointe des Auftrags: die Jünger sollten «zu Jüngern machen alle Völker [...] und sie lehren, zu halten alles, was ich euch befohlen habe.» Was für ein Schriftgelehrter Matthäus war! Q, Markus, Paulus, Heidenchristen oder Thomas-Leute hätten das nicht so gesagt. Es ist Matthäus und seine Gemeinde, die sagen, sie hätten das gehört. Die Einhaltung der neuen Gebote, das war es, was Judenchristen für das Wesentliche der Lehren Jesu hielten.

Das Lukasevangelium

Irgendwo im Mittelmeerraum tauchte um das Jahr 120 n. Chr. ein großes zweibändiges Werk auf, das die Evangeliengeschichte über Jesus erweiterte, indem es ihm eine «Apostelgeschichte» hinzufügte. Wie im Falle der anderen Evangelien wissen wir, abgesehen von dem, was man aus der Schrift selbst schließen kann, nichts über den Verfasser. Zu einem späteren Zeitpunkt des 2. Jahrhunderts wurde das Werk Lukas, dem (in Philm 24, Kol 4, 14 und 2 Tim 4, 11 erwähnten) Mitarbeiter des Paulus zugeschrieben, so wie andere literarische Werke aus früherer Zeit entweder den Aposteln oder ihren Gefährten zugeordnet wurden, um ihre Wahrheit zu bekräftigen. Es ist daher üblich geworden, den Verfasser Lukas zu nennen, obwohl der von Paulus erwähnte Lukas dieses Werk nicht geschrieben haben kann.

Aus der Schrift wird deutlich, daß sich die Mythenbildung in frühchristlichen Kreisen nicht mehr allein auf Jesus richtete. Vielmehr konzentrierte sich das Interesse jetzt auch auf die Apostel. Die Gestalt Jesu entschwand in die Vergangenheit, und die Apostel stellten die Verbindung zwischen Jesus und den Bischöfen her, den Führern christlicher Gemeinden, die für die Unterweisung der Menschen verantwortlich waren. Lukas verstand, was es für die Bischöfe bedeutete, in ihren Lehren von den Aposteln abhängig zu sein, und wie wichtig es war, daß die Apostel ihre Weisungen von Jesus erhalten hatten. Als Historiker wußte er auch, wie wichtig es war, Jesus und sein Auftreten in der Geschichte Israels zu verorten und so die Vorstellung zu erwecken, die Geschichte als ganze hätte immer schon einen tieferen Sinn gehabt, aus dem sich die Entstehung der christlichen Kirchen und ihre Funktion als ethischer Sauerteig im Römischen Reich erklären ließe. Daher konnte seine Erzählung über Jesus nicht – wie die Darstellung des Markus – den plötzlichen Eintritt des Sohnes Gottes in die Geschichte als absoluten Höhepunkt gewichten. Er mußte vielmehr ein Kapitel in einem viel größeren geschichtlichen Zusammenhang sein, innerhalb dessen Gott immer schon Akteure bevollmächtigt hatte, sein Werk auszuführen.

Nach der Theorie des Lukas war Gott seit jeher auf der Suche nach einem gehorsamen Volk. Gottes Methode war ebenso klar: Er hatte zu allen Zeiten Lehrer beauftragt, sein Volk zum Guten anzuhalten. Lukas erkannte diese Lehrer in den hebräischen Propheten wieder und merkt an, diese seien stets von Gottes Geist inspiriert gewesen. Er folgerte, der Heilige Geist sei während der gesamten Geschichte Gottes Werkzeug gewesen und habe stets so gewirkt, daß er prophetische Lehrer dazu inspirierte, das Volk zu erinnern, wenn es Gottes Weisungen vergaß, und es aufs neue zu belehren, wenn es umkehrte. Einige Menschen hörten immer auf sie und gehorchten, während andere sie zu verfolgen begannen. Das sei von Anfang an immer wieder so geschehen: In der Zeit Israels, bei Jesus, bei den Aposteln und, so darf man vermuten, auch zur Zeit des Lukas selbst.

Aus lukanischer Sicht stellte das Leben Jesu einen bedeutsamen Augenblick in der Geschichte dar, weil es den Zeitpunkt kennzeichnete, an dem Gottes Geist allen Völkern, nicht nur den Juden, zuteil wurde. Wichtig war dieses Leben außerdem, weil es – durch das von Jesus vorgelebte Beispiel – offenbarte, wie gut Menschen sein konnten, wenn sie auf den Heiligen Geist hörten und ihm gehorchten. Es überrascht daher nicht, daß nach Lukas Jesus vor allem deshalb so wichtig war, weil der Heilige Geist in seinem Leben in besonderer Weise wirksam war. Es war der Heilige Geist, der in der Person Johannes des Täufers sein Kommen vorbereitete (Lk 1,15–17.67). Es war der Heilige Geist, der seine Mutter Maria «überschattete» (Lk 1,35). Es war der Heilige Geist, der den frommen Simeon im Tempel dazu inspirierte, das Schicksal des Kindes als das des «Messias des Herrn» und eines «Lichts für die Heiden» (Lk 2,25–26) vorherzusagen. Es war der Heilige Geist, der bei der Taufe auf ihn herabstieg (Lk 3,22), ihn in die Wüste führte, um ihn zu versuchen (Lk 4,1), und ihn erfüllte, so daß er nach Galiläa zurückkehrte (Lk 4,14). Dort, bei seinem ersten Auftreten in der Synagoge von Nazareth, stand Jesus auf und las aus dem Propheten Jesaja: «Der Geist des Herrn ist auf mir» (Lk 4,16–21). So legte Lukas das Leitmotiv seines Lebens Jesu fest. Jesus war wichtig, weil der Geist auf ihm ruhte.

In der Entfaltung der Geschichte begegnen jedoch nicht viele Zeugnisse für die Wirksamkeit des Heiligen Geistes. Das liegt zum Teil daran, daß Lukas von diesem Punkt an Material aus Markus und Q verwendete, bei denen die Vorstellung vom Heiligen Geist nicht entwickelt worden war. Außerdem betrachtete Lukas Jesus als vollkommene Manifestation des Gehorsams gegenüber dem Geist. Jesu Leben war ein goldenes Zeitalter, und seine Geschichte zeichnete ein Bild dessen, wie die menschliche Geschichte sein könnte, gäbe es in der Welt weder Versuchung, Prüfungen, Konflikte noch Böses. Dies war eine Zeit, in welcher der Satan «eine Zeitlang von ihm wich» (Lk 4,13), um nicht wiederzukehren, bis er «in Judas fuhr», auf daß er Jesus verrate (Lk 22,3). Deshalb brauchte Lukas die Mittlertätigkeit des Heiligen Geistes während des Lebens Jesu nicht zu betonen. Am Ende des Lebens Jesu kehrte Lukas zu seinem Motiv zurück – in der Ankündigung Jesu an seine Jünger, er werde senden, «was mein Vater verheißen hat» (Lk 24,49). Diese Ankündigung erscheint zunächst rätselhaft. Doch wenn wir zum zweiten Teil der lukanischen Geschichtsdarstellung weiterblättern, finden wir heraus, daß damit die Verheißung des Heiligen Geistes gemeint war, der zu Pfingsten auf die Jünger «herabkam» (Apg 1–2). Auf diese Weise wurden die Jünger zu Aposteln und zogen, erfüllt vom Heiligen Geist, los, um allen Völkern das Evangelium zu verkündigen, zunächst in Jerusalem, später bis hin nach Rom (Lk 24,47; Apg 1,4.8; 28,16–28). Ich werde die lukanische Erzählung über die Apostel in Kapitel 8 erörtern. Im vorliegenden Kapitel verdient zunächst unsere Aufmerksamkeit, wie sich die großartige Heilsgeschichte des Lukas auf die Gestaltung seiner Erzählung über Jesus auswirkte.

Lukas schrieb seine Geschichte Jesu nach dem grandiosen Schema einer Heilsgeschichte, die mit Adam am Anfang der Welt begann, durch die Geschichte Israels hindurch ihren Lauf nahm, ihren Höhepunkt im Leben Jesu erreichte, sich zu Pfingsten zu den Völkern ausbreitete und ihr neues Zentrum in Rom fand, als der Völkerapostel Paulus dorthin kam. Kein Wunder, daß der lukanische Jesus im Vergleich zu dem von den anderen Evangelien gezeichneten Bild ein wenig zahm erscheint. Die Geschichte hatte nun einen umfassenderen Horizont, bekam einen göttlichen Mittler, der diesen Horizont ausfüllen konnte, und ein lebendiges Kapitel über apostolische Unternehmungen zwischen Jesu und Lukas' eigener Zeit. Man beachte, daß die lukanische Darstellung nur über die ersten fünfzig Jahre des 1. Jahrhunderts berichtet. Zwischen der Zeit des Paulus in den fünfziger Jahren – am Ende der lukanischen Geschichte – und der Zeit, in der Lukas schrieb, im frühen 2. Jahrhundert, liegen noch weitere sechzig bis siebzig Jahren, die es zu bedenken gilt. Das wirklich Bemerkenswerte an Lukas ist daher, daß er imstande war, eine so umfassende und frische Darstellung des Lebens Jesu zu verfassen.

Wie im Falle des Matthäusevangeliums, einer Schrift, die er nicht gekannt zu haben scheint, komponierte Lukas sein Leben Jesu, indem er Markus und Q kombinierte und eigenes Sondergut hinzufügte. Das Lukasevangelium beweist, daß im frühen 2. Jahrhundert noch eine Abschrift von Q im Umlauf war. Die lukanische Verwendung von Q zeigt jedoch – wie auch viele andere während des frühen 2. Jahrhunderts verfaßte Evangelien –, daß Q damals in christlichen Kreisen seine Bedeutung fast ganz verloren hatte. Lukas ist unser letztes Zeugnis für die Verbreitung von Q als eines separaten Textes, und er fügte die Sprüche dieser Quelle auf äußerst nüchterne Weise in seine Geschichte Jesu ein. Ihm lag nicht – wie Markus – daran, die Lehren Jesu zuzuspitzen, um sie für seine Leser relevant zu machen, so als spräche Jesu Stimme direkt zu ihnen und unmittelbar in ihre Situation hinein. Er stellt es auch nicht so dar, als habe Jesus für alle Zeit das Gesetz festgelegt, wie es Matthäus mit Blick auf seine Leser tat. Lukas lud seine Leser ein, von ferne zuzuschauen, welche Wege Jesus ging und wie er mit den Menschen seiner Zeit redete. Die Lehren in Q sollten nunmehr aus der Distanz betrachtet werden.

Die Art und Weise, in der Lukas mit Q umging, zeigt uns, wie er über Jesu Lehren dachte. Er ordnete die Abfolge von Q nicht – wie Matthäus –

neu an, sondern fügte sie nur in die markinische Erzählung ein, so als hätte Markus Q unberücksichtigt gelassen. Das frühe Q-Material über Johannes und Jesus und die erste Einheit der Lehren Jesu, die mit den Seligpreisungen beginnt, erhalten ihren Ort auf angemessene Weise an früher Stelle der Erzählung (Lk 6–7). Doch der Großteil von Q begegnet später in der Geschichte, im Zusammenhang der Reise Jesu nach Jerusalem. Man hat dies als Spezialabschnitt des Lukas bezeichnet (Lk 9,51–18,14). Er erweckte nicht nur den Eindruck einer gemächlichen Reise, indem er eine Reihe von Aufenthalten unterwegs behauptete, in deren Verlauf Jesus lehrte, sondern führte auch Fragesteller und Begegnungen ein, so daß Jesus auf seiner Reise seine Lehren erklären konnte. Lukas übertrug einen großen Teil von Q weitläufig in alltagsvernünftige Moralismen und bringt in diesem Zusammenhang seine berühmten lukanischen Gleichnisse – etwas jenes vom barmherzigen Samariter (Lk 10,29–37), von Maria und Martha (Lk 10,38–42), vom reichen Narren (Lk 12,13–21) und vom verlorenen Sohn (Lk 15,11–32). Was Jesus angeht, ist der beherrschende Eindruck der eines irenischen, volkstümlichen Philosophen und seiner Jünger, die über die Dorfmärkte reisen und hier und dort anhalten, um die Einladung zu einer Mahlzeit anzunehmen. Er war, wie man später Petrus wird sagen hören, ein Mensch, der «umherzog und Gutes tat» (Apg 10,38), oder – wie Lukas den Centurio bei der Kreuzigung sagen läßt –: «Fürwahr, dieser ist ein gerechter Mensch gewesen» (Lk 23,47). Die Art, in der Jesus in der Welt auftritt, steht in einem ziemlichen Gegensatz zu der Atmosphäre von Konfrontation, die Markus vermittelt, oder zu dem ernsten Klang der von Weisungen bestimmten Reden im Matthäusevangelium.

Das Umfeld des Lehrens Jesu im Lukasevangelium steht auch in deutlichem Gegensatz zur Schärfe, welche die Predigten in der Apostelgeschichte kennzeichnet. Dies ist ein bezeichnender Unterschied. Er sagt aus, daß für Lukas die Bedeutung Jesu nicht mehr in der andauernden Wichtigkeit seiner Lehren lag. Jesu Lehren waren für seine eigene Aufgabe und seine Zeit wichtig; für alle Zeit bedeutsam aber war sein Leben insgesamt. Es war ein Leben, das, auch wenn es den Verlauf der Geschichte verändert hatte, erst im Rückblick richtig beurteilt werden konnte. Es war ein ideales Leben, das in Predigten zusammengefaßt wurde und dazu diente, die Zeitgenossen des Lukas zur Pflichterfüllung und Reue zu rufen. In den Predigten der Apostelgeschichte etwa begegnet eine viel schärfere Polemik gegen die Juden als in Jesu Lehre über sie oder in dem, wie Lukas deren Reaktionen auf Jesus zu seinen Lebzeiten darstellte. Die Predigten in der Apostelgeschichte bieten den entscheidenden Anhaltspunkt für Lukas' rückblickendes Verständnis des Lebens Jesu. Dieses war wichtig, der Angelpunkt der Geschichte, doch es war Vergangenheit, und seine Bedeutung ließ sich nur begreifen, wenn man zurückschaute und erkannte, wie sehr es die nachfolgende Geschichte verändert hatte. Lukas' bleibende Leistung hinsichtlich des Verständnisses des «historischen Jesus» bestand darin, daß seine Erzählung bei den Christen das Gefühl entstehen ließ, Jesus sei im historischen Sinne bedeutsam.

Die Leistung des Lukas ist bemerkenswert, wenn man bedenkt, daß er sein Leben Jesu auf der Grundlage des Markusevangeliums schuf, denn die Methoden, mit denen beide jeweils auf die Vorstellungskraft ihrer Leser einwirken, unterscheiden sich radikal voneinander. Welche Veränderungen mußte er, abgesehen von der Einfügung der Lehren aus Q, an der Erzählung des Markus vornehmen? Eine bedeutsame Veränderung besteht darin, daß Lukas auf die beiden Zyklen von Wundergeschichten bei Markus (Mk 6,45–8,26) verzichtete. Dies minderte den von Markus erweckten Eindruck, Jesus sei ein von machtvoller Kraft erfüllter Mann gewesen. Lukas setzte zudem seine Erzählung, nach der Jesus aus dem Buch Jesaja liest und in der Synagoge von Nazareth lehrt (Lk 4,16–30), an die Stelle der markinischen Geschichte über den Exorzismus in der Synagoge zu Kapernaum (Mk 1,21–28). Anders als bei Markus, bei dem die Pharisäer stets als üble Typen erscheinen, läßt Lukas Jesus mit einem von ihnen speisen, als könnten die Pharisäer das Rechte tun, wenn sie nur wollten, und er veränderte die markinische Geschichte über Jesu Salbung durch die Frau so, daß eben dies klar wird (Mk 14,3–9; Lk 7,36–50). Lukas ließ auch antipharisäischen Stoff, den er offensichtlich als wenig hilfreich oder zu vernichtend empfand, aus oder veränderte ihn. Ein Beispiel ist die Geschichte über die Auseinandersetzung über das Waschen in Mk 7,1–23, die Lukas nicht aufnahm. Außerdem veränderte er Markus' Ankündigung der pharisäischen «Verschwörung» mit dem Ziel, «ihn umzubringen» (Mk 3,6). Nach Lukas «beredeten sie miteinander, was sie Jesus tun wollten» (Lk 6,11). Lukas benutzte also zwar das Markusevangelium fast vollständig und veränderte die grundlegende Richtung der Erzählung nicht, modifizierte aber durch viele kleine Veränderungen am Text des Markus die Atmosphäre der Geschichte. Er nahm auf diese Weise der markinischen Geschichte ihren Nachdruck und beseitigte Markus' dramatische Charakterisierung Jesu als des mit der Gesellschaft im Konflikt stehenden Sohnes Gottes. Der lukanische Jesus tritt – statt, wie bei Markus, plötzlich und mit Macht aufzutreten und Dämonen auszutreiben – langsam vor Augen, als ein Kind der uralten Geschichte Gottes und seines Volkes Israel, einer Geschichte, die auch lange nach Jesu Tod fortdauern sollte, auch wenn sich Gottes Aufmerksamkeit nunmehr auf die Nichtjuden richtete. Und während Jesus aufwächst und seinen Platz unter den Menschen seiner Zeit einnimmt, einer Zeit, die, wie Lukas wußte, mit oder ohne Jesus eine Zeit des Übergangs war, lassen uns sein gelassenes Verhalten und seine philosophischen Reden erkennen, daß er sich seines Platzes in dieser großen Geschichte sehr wohl bewußt war.

Um den Ablauf der Markuserzählung in diese umfassende Geschichtskonzeption einzubauen, fügte Lukas dem Beginn und dem Ende seines Lebens Jesu eine außergewöhnliche Folge von Geschichten und Gedichten hinzu. Viele dieser Geschichten haben sich tief in die christliche Vorstellungskraft eingeprägt, etwa das Geschehen auf dem Weg nach Emmaus (Lk 24,13–35). Die Gedichte wurden Teil der christlichen Liturgie, so etwa Marias Lobgesang, der den Namen *Magnificat* erhielt (Lk 1,46–55). Diese Zusätze zum Markusevangelium sind kunstvoller als jene bei Matthäus, obgleich die Strategie in beiden Fällen die gleiche war. Sobald man diese Strategie erkannt hat, zeigt ein genauerer Blick auf diesen Stoff Lukas' Genialität und die Gründe für den Erfolg seiner erdichteten Geschichtsschreibung.

Drei Themen bestimmen dieses lukanische Material im Umfeld der Geburt Jesu und seiner Erscheinungen nach der Auferstehung: die Rolle Johannes des Täufers, der Tempel in Jerusalem und die jüdischen Schriften. Johannes der Täufer erhält im Vergleich zu Q, Markus oder Matthäus eine vollkommen neue Funktion. Bei Lukas wird die Geburt des Johannes mit jener Jesu verbunden, und ihre Geschichte folgt jeweils dem gleichen Muster. Sie enthält eine verheißungsvolle Ankündigung des Engels Gabriel, eine ungläubige Antwort, die wunderbare Erkenntnis der Bedeutung der beiden Kinder auf seiten ihrer Mütter, Väter und anderer Menschen sowie jeweils Loblieder voller detaillierter Informationen über ihre historische Bedeutung. Johannes wird Jesus im Geiste und in der Vollmacht des Elia den Weg bereiten, indem er «die Ungehorsamen zu der Klugheit der Gerechten» bekehrt und auf diese Weise «dem Herrn ein Volk zurichten [wird], das wohl vorbereitet ist» (Lk 1,16–17.76–79). Jesus wird der «Sohn des Höchsten» sein, «eine Macht des Heils» im Hause Davids und ein «Licht, zu erleuchten die Heiden» (Lk 1,32.69; 2,32). Sowohl Johannes als auch Jesus werden dem Gesetz des Mose entsprechend beschnitten und erhalten Namen gemäß der Weisung der Engel. Der Tempel mit seinen Priestern, Gottesdiensten und Opfern steht ständig im Hintergrund, wird sozusagen selbstverständlich vorausgesetzt, und zwar nicht nur als die einzige solchen historischen Augenblicken angemessene Szenerie, sondern zugleich als der Ort, an dem die Abraham zuteil gewordenen Versprechen, die Verheißungen an die Vorfahren, die heiligen Bundessschlüsse und die Rettung Israels zu Recht zur Erfüllung kommen sollten. Diese Verflechtung von Jesus, Johannes, Jerusalem, dem Tempel und dem in der Schrift aufgezeichneten Epos Israels war Lukas' Methode, die markinische Geschichte Jesu in den großen Zusammenhang der Geschichte Gottes einzufügen, die er vor Augen hatte. Aus lukanischer Sicht handelte es sich dabei von Beginn an bis zum Ende um eine ruhmreiche Geschichte. Johannes' und Jesu Auftreten mag wegen der neuen Richtung, die Gottes Geschichte nun einschlagen sollte, wunderbarer gewesen sein als andere Begebenheiten dieser Geschichte, aber das Wunderbare ihres Auftretens konnte nicht unabhängig von ihrer Verankerung in den erhabenen Traditionen Israels verstanden werden. Um dem Markusevangelium diese Geschichten anzuhängen, mußte Lukas einige Merkmale der markinischen Darstellung ändern, die im Widerspruch zum neuen Ethos standen, das er entwerfen wollte. Die Geschichte von der Enthauptung des Johannes etwa war für Lukas' Empfinden zu grob, so daß er sie einfach wegließ. Doch einen Großteil der Veränderung erreichte Lukas durch geschickte Gestaltung der am Anfang eingefügten Geschichten.

Lukas' Fiktionen gelangen, weil er ein fähiger Gelehrter und Dichter war, aber auch, weil er und seine Leser fern den Zeiten und Orten lebten, über die er schrieb. Lukas' Fähigkeit als Historiker hat es der modernen Forschung schwer gemacht, ihn und seine Gemeinschaft zu lokalisieren. Er schrieb mit nüchterner Lebendigkeit über die Vergangenheit und gestattete sich zu keiner Zeit einen Seitenblick auf die Umstände seiner Zeit. Die wenigen Anhaltspunkte, die wir haben, etwa seine Kenntnis der Missionsreisen des Paulus und sein Interesse am Heidenchristentum, deuten auf einen Ort nahe dem Mittelmeer. Mehr läßt sich jedoch nicht sagen. Wenn wir Lukas dort ansiedeln, sagen wir in Ephesus, das ein bedeutendes Zentrum des Christentums im 2. Jahrhundert wurde – wer hätte dort auch nur mit der Wimper gezuckt, wenn er las, daß Johannes, Jesus und ihre Eltern zur Zeit der Herrschaft des Herodes den Tempel in Jerusalem besuchten? Nicht nur, daß der Tempel nicht mehr existierte und seine Zerstörung in ferner Vergangenheit lag, die lukanische Beschreibung der Zustände davor klingt wie ein Märchen. Das tatsächliche Leben in Jerusalem zu seiner Zeit ließ Lukas lieber unberücksichtigt. Statt dessen durchwirkte er die Szenen, die sich seine Leser vorstellen sollten, mit einer mit biblischen Anspielungen reichlich befrachteten Sprache. Es begegnen Hinweise auf die alten Geschichten über die göttliche Heimsuchung der unfruchtbaren Stamm-Mutter, auf die wunderbaren Geschehnisse im Umfeld der Berufung Samuels im alten Tempel, die stufenweise Abfolge von Propheten und Königen, die sich in der Geschichte Israels ständig wiederholte, sowie auf die schöpferischen Augenblicke, die für solche Begriffe wie Verheißung, Bund, Messias und Erlösung von Bedeutung waren. Die lukanische Poesie war so gut, so ausgefeilt, beschwor so sehr die Erhabenheit der idealisierten Geschichte Israels, daß die Leser bereitwillig jeden Zweifel fahren ließen. Sie war Dichtung von der Art, an der man sich einfach nur erfreut und an deren Wahrheit man schließlich glaubt.

Das gleiche gilt für die Geschichten am Ende des lukanischen Leben

Jesu. Jerusalem ist noch präsent, wird es auch bis zum Geburtstag der Kirche vierzig Tage später, zu Pfingsten, bleiben. Doch der Leser ist durch die Klage, die Jesus aussprach, als er sich Jerusalem erstmals näherte (Lk 19,41–44), an das schließliche Schicksal der Stadt erinnert worden und weiß daher bereits, daß Jerusalem nicht mehr die Ehre und die Herrlichkeit erlangen konnte, die ihm zu Beginn der Geschichte zukamen. Auch Jesus kommt noch vor, doch nur, um ein- oder zweimal zu erscheinen, bevor er sich «zurückzog» und ohne großes Aufheben «gen Himmel fuhr» (Lk 24,51). Es ist Geschichte im Übergang und sie wird sich nun auf fünf zukunftsträchtige Gegenstände konzentrieren: die Apostel, den Heiligen Geist, die Schrift, die Heilsbotschaft für die Nichtjuden und die christlichen Versammlungen zum gemeinsamen Mahl. Aus lukanischer Sicht sind dies die Dinge, welche die christliche Gemeinschaft als Kirche ausmachen. Man kann erkennen, wie weit sein Verständnis des Christentums als einer sozialen Institution mit ihren festgefügten Überlieferungen und Autoritäten gediehen war.

Natürlich waren die Apostel zur Zeit des Lukas ebenfalls Gestalten der Vergangenheit, verkörperten Rollen, die gespielt werden mußten, um den Übergang von Israel zur Kirche, den Jesus ermöglicht hatte, zu vollenden. Man fragt sich auch, ob Lukas, nun da der Heilige Geist Gottes Plan den Aposteln erfolgreich klar gemacht hatte, ihre dramatische und wunderbare Rolle ebenfalls in eine ruhmreiche Vergangenheit verweisen wollte. Wenn das so ist, bleiben nur die Versammlung der Christen bei den Mahlzeiten, ihre Meditationen über die Schrift und die Botschaft von dem Heil für die Nichtjuden übrig. Vielleicht sollten wir einen Blick in die Predigten der Apostelgeschichte vorauswerfen, um zu sehen, wie stark – nach Lukas' Meinung – die Schrift der Juden mit seiner Botschaft verwoben war und wie Botschaft und Schrift sich darauf konzentrierten, Jesu Leben mit der epischen Geschichte Israels zu verbinden. Doch bereits in der Emmausgeschichte ist entscheidend, daß – obwohl Jesu Anhänger erst erkannten, wer er war, als er am Tisch das Brot mit ihnen brach – ihr Herz bereits «brannte», als Jesus ihnen unterwegs «die Schrift öffnete». Was sollte gesagt werden? Mit Mose und allen Propheten beginnend, deutete Jesus ihnen alles, was sich in den Schriften auf ihn bezog: «daß der Messias dies erleiden und in seine Herrlichkeit eingehen mußte» (Lk 24,26–27.32).

Was für ein Geschichtenerzähler Lukas war! Wer hätte an der Emmausgeschichte zweifeln wollen? Sie las sich so gut und klang so gut, ähnlich wie die Geschichten zu Beginn des Evangeliums. Und so gewann Lukas den Verstand und die Herzen seiner Leser und der späteren Christen. Von nun an sollten Christen Lukas nicht für einen Geschichtenerzähler, sondern für einen Historiker, ja einen Berichterstatter geschichtlicher Ereignisse halten. Sie sollten immer denken, Lukas wisse etwas, was sie nicht wüßten. Nur jene, die die Bibel zu erforschen begannen, um den Ort zu finden, an dem der Messias sterben mußte, sollten sich fragen, wie es Lukas gelingen konnte, eine so schöne Geschichte zu schreiben. Vielleicht deshalb, weil er und seine Leser sich die Vergangenheit eben so ausmalen wollten.

7. Visionen vom kosmischen Herrn

Welch ein Salto, wenn man die Seite vom lukanischen Leben Jesu zum Johannesevangelium umschlägt! Man landet bei der Gegenwart Gottes vor der Erschaffung der Welt und sieht, wie sich sein machtvoller *logos* (Wort) zu bewegen und das Leben sowie das Licht zu schaffen beginnt, das in das Universum bricht und die Finsternis zum Tag macht. Und dann dauert es nicht lange, bis wir erfahren, Jesus sei dieser *logos* gewesen! Dies ist eine vollkommen andere imaginäre Welt als jene, die Lukas in seinem Geschichtsplan entwarf, oder jene des Gesetzes der Vollkommenheit im Matthäusevangelium, das sich bis zum Ende der Welt niemals ändern soll, oder jene der markinischen Vision vom Reich Gottes, das erst im *eschaton* offenbar wird. Wir stehen nun vor einer in der ganzen Welt pulsierenden kosmischen Macht, die alle Zeit und allen Raum schafft, die uns auf ewig umgeben.

Es ist dies die Welt des kosmischen Christus, eine der Möglichkeiten der Mythenbildung, von der sich einige frühchristliche Gruppen angezogen fühlten. In den Texten und Überlieferungen, denen wir bisher begegnet sind, haben wir lediglich ein oder zwei Blicke auf die ersten Stufen dieses Vorgangs der Mythenbildung geworfen. Im Thomasevangelium waren Jesu Worte zu einer Einladung zur persönlichen Erleuchtung in Harmonie mit dem von Jesus offenbarten kosmischen Reich geworden. Im Christuskult wurde der Märtyrermythos bald in die Vorstellung umgeformt, der auferstandene Christus sei als kosmischer «Herr» eingesetzt worden. In beiden Fällen hatten wir Gelegenheit, die interessante Verbindung jüdischen weisheitlichen Denkens mit griechischen philosophischen Konzepten festzustellen, die in den neuen Mythologien zusammenströmten. In diesem Kapitel betrachten wir vier voll entwickelte Systeme einer kosmischen Weltanschauung, die jeweils von der Vorstellung vom kosmischen Christus bestimmt sind. Im Johannesevangelium offenbart Jesus – als Sohn und *logos* Gottes – die Struktur des Kosmos. In der Überlieferung der nachpaulinischen Schule, wie sie der Kolosser- und der Epheserbrief dokumentieren, fordert die Weisheit Gottes den Leser zur Erkenntnis und zum Lob des kosmischen Christus auf. Im Hebräerbrief wird Jesus als großer Hoherpriester dargestellt, der im kosmischen Tempel Gottes ein ewiges Opfer vollzieht. In der Johannesoffenbarung schließlich ist das beherrschende kosmische Bild das der Stadt Gottes. Eine genauere Betrachtung der jeweiligen Traditionen wird uns helfen, sowohl die Gedankenarbeit, die hinter dieser Art der Mythenbildung steht, als auch den Gewinn zu verstehen, den die frühen Christen erzielten, indem sie sich Christus als kosmische Macht vorstellten.

Bitte bedenken Sie, daß der Vorgang der Mythenbildung stets eine Neuordnung der Welt beinhaltet, in der man lebt. Durch Mythenbildung ermessen wir, wieweit unsere gesellschaftlichen Verhältnisse mit dem zusammenpassen, was wir uns gerne als unseren Platz im großen Zusammenhang der Dinge vorstellen möchten. Daß frühe Christen ihre Welt als Organismus (*cosmos*) verstanden, als Universum, in dem Mächte pulsierten, die es zugleich zu sprengen drohten und wieder zusammenhielten, sollte nicht erstaunen. So dachten die Griechen vom Kosmos, und jeder, der vom griechischen Denken beeinflußt war. Die entscheidenden Fragen lauteten, welche Struktur der Kosmos besaß, wie man sich die Wirksamkeit der Mächte vorstellen sollte und ob die eigene Sicht der Dinge im Licht der naturwissenschaftlichen und philosophischen Schulen, die für das Wissen über die natürlichen Ordnungen verantwortlich waren, vernünftig erschien.

Wir werden daher mit Vorsicht vorgehen müssen, denn diese frühchristlichen kosmischen Visionen werden uns sicher als Phantastereien erscheinen, wenn wir sie nicht vor dem Hintergrund der spätantiken Welt betrachten. Sie alle stammen aus einer Zeit, in der sich die erste Woge der Begeisterung in den Jesusbewegungen und christlichen Gemeinden gelegt hatte. Das «Reich Gottes», das man sich vorstellte, war vertagt und verlagert oder an Orte fern der menschlichen Vorstellungskraft verlegt worden, nach oben in den Himmel, in die Tiefenstruktur des Universums, an den Anfang der Welt oder ins *eschaton*. Die Vision war jedoch noch lebendig, und die Bemühungen der Menschen um sozialen Wandel waren noch immer beträchtlich. Einige hatten sogar Mittel und Wege gefunden, mit den seit Grundlegung der Welt verborgenen Geheimnissen in Berührung zu kommen, die nun durch Christus offenbar waren. Die frühen Christen haben, wie wir sehen werden, gelernt, die Konflikte, die sie erlebt und die Siege, die sie sich in der wirklichen Welt erhofft hatten, auf diesem kosmischen Bildschirm durchzuspielen.

Das Johannesevangelium

Johannes begann seine Erzählung über Jesus mit einem Gedicht zum Lobpreis des *logos*, des Sohnes Gottes und wirksamen Mittlers bei der Erschaffung der Welt (Joh 1,1–18). Gemäß seinem Gedicht, das vor der Erschaffung der Welt beginnt, macht dieser *logos* – in einer Folge von verschränkten Zeilen – die Runde und hinterläßt in seinem Gefolge geschaffene Dinge: Leben, Licht und schließlich die Menschheit. Dann, sich beschleunigend und durch die ganze bewegte Zeit und den sich verfinsternden Raum wirbelnd, nimmt der *logos* zuletzt die Gestalt eines Menschen an – und siehe, es war Jesus! «Wir», schreibt Johannes, «sahen seine Herrlichkeit, eine Herrlichkeit als des eingeborenen Sohnes vom Vater» (Joh 1,14). Wir, die wir diese Herrlichkeit nicht gesehen haben, mögen fragen wollen, wo und wann dies geschah, da es eine Beobachtung zu sein scheint, die andere frühe Jesus-Leute und Christen nicht machten. Wer gehörte – außer dem Verfasser – mit zu dem «wir», und behielten sie ihre Vision für sich?

Forscher datieren das Johannesevangelium in die neunziger Jahre und betrachten es als Beweis für die Existenz einer bestimmten christlichen Gemeinschaft, die ihre eigenen Anschauungen über Jesus mehr oder weniger eigenständig entwickelte. Man hat seit langem erkannt, daß sich dieses Evangelium von den anderen drei neutestamentlichen Evangelien unterscheidet und gesondert untersucht werden muß. Die anderen drei sind als die «synoptischen Evangelien» bekannt, weil sie so viel Stoff gemeinsam haben, daß es nützlich ist, sie «zusammenzuschauen» (von *synopsis*). Jesus, der Schauplatz und der Verlauf der Geschichte im vierten Evangelium lassen sich jedoch mit den Synoptikern nicht in Einklang bringen. Der Jesus des Johannes erscheint vom Himmel her, redet lediglich in auf sich selbst bezogenen Begriffen, weiß, daß dies seine Hörer verwirrt, besteht jedoch darauf, sie sollten seine Behauptungen über sich selbst akzeptieren. Er ist der Sohn des Vaters, das Brot des Lebens, das Wasser des Lebens, der Weg, der zum Vater führt, und so weiter. Jene, die sich vergewissern wollen, werden abgetan, oder es ergeht ihnen noch schlimmer. Jenen, die «sehen», wer er ist, insbesondere seinen Jüngern, wird gesagt: «Wer mich sieht, der sieht den Vater» (Joh 14,9). Deshalb war es nicht möglich, den Jesus bei Johannes einfach mit dem der Synoptiker zu verschmelzen, als hätten sie jeweils nur andere Merkmale derselben geschichtlichen Gestalt hervorgehoben. Der johanneische Jesus ist ein vollkommen anderes Wesen.

Im Johannesevangelium fehlt die Geschichte über Jesu Taufe, es begegnet keine Darstellung der Verklärung, und an die Stelle des letzten Abendmahls Jesu mit seinen Jüngern tritt eine Szene, in der Jesus ihnen die Füße wäscht. Zu Beginn der Geschichte lädt Jesus die Jünger, anstatt sie dazu aufzufordern, «Menschenfischer» zu werden, ein, «zu kommen und zu sehen», wer er ist und wo er lebt. Seine Wunder erregen kein Erstaunen bei der Menge, sondern bieten Jesus die Gelegenheit, sie als «Zeichen» der geistigen Gaben zu deuten, die er schenken kann. Bei den Synoptikern gibt es eine klare Unterscheidung zwischen Jesu Wirksamkeit in Galiläa und seinem einmaligen Besuch in Jerusalem. Bei Johannes ist Jerusalem stets im Hintergrund gegenwärtig, ebenso wie der Zyklus der jüdischen Feste, und Jesus besucht die Stadt vor seinem letzten Auftreten dreimal, jedesmal mit der ausdrücklichen Absicht, sich – aus Anlaß eines jüdischen Festes – zu offenbaren (Joh 2,13; 5,1; 7,14; 10,22; 12,12). Bei den Synoptikern stellt die Geschichte, in der Jesus den Tempel betritt, um die Geldwechsler hinauszutreiben, einen Akt der Provokation am Ende des Evangeliums dar (Mk 11,15–17); bei Johannes dagegen wird die Geschichte ganz zu Anfang erzählt, mit Jesu Weissagung der Zerstörung des Tempels verbunden und als verschlüsselter Hinweis auf Jesu eigenen Leib gedeutet (Joh 2,13–22). Es scheint, als handle die ganze Erzählung bei Johannes vom «verklärten» Jesus, der flüchtig im Tempel in Jerusalem auftaucht und ihn wieder verläßt. Das dem Johannes eigene Material ist ebenfalls in hohem Maße mythisch: die Hymne an den *logos*, die Wundergeschichten, die zu langen Monologen nach Art von «Ich bin der Sohn des Vaters» einladen, die allegorisierten Gleichnisse vom guten Hirten (Joh 10) und dem Weinstock (Joh 15), die Fußwaschung (Joh 13), die «Abschiedsreden» (Joh 13–16), Jesu letztes Gebet (Joh 17) und seine Erscheinungen nach dem Tod. Am Ende scheint Johannes' Geschichte nicht vom historischen Jesus, ja nicht einmal vom synoptischen Jesus zu handeln, sondern von der Manifestation eines Gottes.

Dennoch hat das Johannesevangelium einige Merkmale mit den Synoptikern gemeinsam. Am Anfang führt Johannes der Täufer Jesus ein, in der Mitte begegnen Wundergeschichten, die Pharisäer und andere planen eine Verschwörung, um Jesus zu töten, und am Ende finden ein Prozeß und eine Kreuzigung statt – all das erinnert an den Grundriß bei Markus. Die Berufung der Jünger, die Tempelreinigung und ein letztes Treffen Jesu mit seinen Jüngern wurden mit aufgenommen, wenn die Geschichten auch im Vergleich zu den synoptischen Berichten jeweils radikal verändert und an andere Stelle verlagert wurden. Einige Forscher behaupten, Johannes müsse das Markusevangelium gekannt haben, weil seine Darstellung des Prozesses und der Kreuzigung Markus so genau folgt, daß irgendeine Form textbezogener Abhängigkeit wahrscheinlich ist. Das trifft sicherlich zu. Die Handlung der Passionsgeschichte war eine markinische Schöpfung aus der Zeit nach dem Krieg, und es ist unwahrscheinlich, daß Johannes unabhängig davon mit der gleichen Geschichte dahergekommen sein sollte. Das bedeutet, daß sich die Gemeinschaft des Johannes nicht in völliger Isolation von anderen Jesusgruppen und Christusgemeinden entwickelt haben kann. Sie ging jedoch sicherlich ihre eigenen Wege, vermutlich schon sehr früh, und deutete das Material über Jesus und die Christusüberlieferungen, die sie mit anderen Gruppen gemeinsam hatte, auf ihre besondere Weise.

Unter dem verschiedenartigen Material, das der Komposition des Johannesevangeliums seinen Stempel aufdrückte, ragen die Wundergeschichten als die grundlegenden Bausteine heraus. Forscher bezeichnen diese Geschichten als «Zeichenquelle», weil die Wunder im Johannesevangelium «Zeichen» genannt werden (*semeia*) und zu irgendeinem Zeitpunkt in der Geschichte ihrer Interpretation numeriert wurden. Das Weinwunder zu Kana heißt noch immer «erstes Zeichen» (Joh 2, 11), und die Heilung des Sohnes des Beamten wird als «zweites Zeichen» bezeichnet, das Jesus getan habe (Joh 4, 54). Sieben Zeichenwunder gehören nach der Auffassung der Forscher zu der Zeichenquelle. Sie bringen uns mit der frühesten Phase der Geschichte der Gemeinschaft in Berührung, und eine sorgfältige Untersuchung zeigt, daß sie zu verschiedenen Zeiten in der Geschichte der Gemeinschaft unterschiedlich gedeutet wurden. Indem wir dieser Deutungsgeschichte nachspüren, können wir Phasen in der Sozialgeschichte der Gemeinde rekonstruieren. Die sieben Geschichten sind folgende:

1. Die Hochzeit zu Kana (2, 1–11)
2. Der Sohn des Beamten (4, 46–54)
3. Der Gelähmte zu Bethsaida (5, 1–9)
4. Die Speisung der Fünftausend (6, 1–14)
5. Der Seewandel (6, 16–21)
6. Die Heilung des Blinden (9, 1–38)
7. Die Auferweckung des Lazarus (11, 1–44)

Diese Folge von Wundergeschichten erinnert an die zwei Zyklen, die Markus bei der Komposition seines Evangeliums verwendete; allerdings besteht sie aus sieben Geschichten, während die markinischen Zyklen jeweils fünf Geschichten enthalten. Es begegnet eine Geschichte über die Überquerung des Wassers, eine über die Speisung von fünftausend Menschen und drei Heilungswunder, von denen eines die Heilung eines Nichtjuden in den Vordergrund stellt. Die erste und die letzte Geschichte im johanneischen Zyklus folgen nicht dem vormarkinischen Muster. Sie unterscheiden sich erheblich von den anderen fünf. Die Kana-Geschichte ist insofern anders, als das Problem nicht in einer lebensbedrohlichen Situation oder einem unmöglichem Zustand besteht. Es geht lediglich um eine mögliche peinliche Verlegenheit. Die Pointe der Geschichte wird in der Symbolik des Weins dargestellt, einer Symbolik, die Jesus – als eine Art Dionysos – über die jüdischen Reinheitsriten anläßlich einer Hochzeit stellt. Selbst der Speisemeister des Festes wußte nicht, daß Jesus ein Wunder vollbracht hatte, obgleich er die Qualität des Weines erkannte, der daraus hervorging. So blieb es allein den Jüngern vorbehalten, die «Herrlichkeit» Jesu zu erkennen. Dies weicht auf merkwürdige Weise davon ab, wie die Wundergeschichten bei Markus funktionieren. Im Falle des Lazarus ist das Wunder so übertrieben, die Erzählung so makaber und doch so humorvoll in der Darstellung jüdischer Begräbnisriten, und die Darstellung weist so stark auf Jesu eigene künftige Auferstehung hin, daß auch diese Geschichte dem Zyklus hinzugefügt worden sein muß, als die Wunder symbolisch gedeutet und als Zeichen numeriert wurden. Die Tatsache, daß am Anfang einer Reihe von sieben Wundern eine Hochzeit, in der Mitte fünf der Struktur der Wunderzyklen in der vormarkinischen Tradition entsprechende Geschichten, am Ende aber eine Beerdigung stehen, legt den Verdacht nahe, daß die Wundergeschichten in der johanneischen Gemeinschaft eine interessante Geschichte der Neuinterpretation erlebten.

Wie in Kapitel 1 dargestellt, diente ein Zyklus von fünf Wundergeschichten irgendeiner Jesusgruppe als früher Ursprungsmythos. Der Mythos sagte aus, daß das Zusammenkommen der Anhänger Jesu, auch wenn sie eine merkwürdige Ansammlung von Menschen waren, ein wenig dem Geschehen während des Exodus und der frühen Geschichte Israels glich, als Mose und Elia für das Volk ihre Wunder vollbrachten. Die Jesus-Leute ersannen diesen Mythos nicht, um sich von den jüdischen Institutionen jener Zeit abzusetzen, so als sei Jesus ein Reformer des Judentums gewesen oder als hielten sich seine Anhänger für das neue Israel unter der Führung eines neuen Mose. Sie fanden schlicht Gefallen daran, sich als eine neue Gemeinde zu begreifen, die zu ihrer Zeit so wichtig war wie die Formierung Israels zu seiner Zeit. Dieses Verständnis der Bedeutung der Jesusbewegung zu entwickeln, dürfte einige Jahre gesellschaftlicher Erfahrung und ein hohes Maß an Gesprächen, Selbstreflexion und intellektuellem Einfallsreichtum erfordert haben. Doch sie dürfte auch ganz und gar mit dem in Einklang stehen, was wir von dem historischen Jesus, seinen Lehren und der frühen Geschichte der Bewegungen rekonstruieren können, die in seinem Namen entstanden. Es scheint somit, als gingen die Wurzeln der johanneischen Gemeinschaft auf eine Jesusbewegung zurück, die Wundergeschichten über Jesus erzählte, um ihr Gefühl der Legitimität und Bedeutung als neuartige Gemeinschaft zu feiern. Trifft dies zu, so müssen sie sich – wie alle frühen Jesus-Leute – um die Vorstellung vom «Reich Gottes» und um die Lehren Jesu herum zusammengefunden haben. Dann sollten wir aber, indem wir die Veränderungen verfolgen, die sich in ihrer Deutung der Wundergeschichten vollzogen hatten, imstande sein, die Geschichte dieser Gemeinschaft über einen Zeitraum von mindestens fünfzig Jahren, von etwa 45 bis 95 n. Chr. zu erfassen. Wie wir gesehen haben, konnte mit einer Jesusgruppe während dieser Zeit viel geschehen, und im Falle der johanneischen Gemeinschaft trifft dies auch zu.

Im Johannesevangelium begegnen vier unterschiedliche Typen der Wunderdeutung, die sich jeweils einer besonderen Stufe in einer logisch ablaufenden Entwicklung zuordnen lassen. Auf der frühesten Stufe der Auslegung erhält die Geschichte einfach dadurch ihren Sinn, daß man sie als Teil des Ursprungsmythos der Gruppe in den ursprünglichen Komplex von fünf Geschichten aufnimmt. Die zweite Deutungsebene zeigt sich daran, daß man die Wundergeschichten dazu verwendet, eine Kontroverse mit den Pharisäern auszulösen. In der dritten Phase der Interpretation erweiterte man den Fünferzyklus auf sieben Geschichten und stellte sich vor, diese hätten sich anläßlich jüdischer Feiertage oder Feste ereignet. Und die vierte Ebene entspricht ihrer Verwendung im uns erhaltenen Evangelium. Wie wir sehen werden, dient hier jede Wundergeschichte Jesus als Ausgangspunkt für eine kleine Rede über sich selbst als der wahren und eigentlichen Gestalt der soeben im Wunder geschenkten «Gabe». Angesichts einer solchen Deutungsgeschichte überrascht es nicht, daß jede dieser Geschichten von komplizierten Einheiten beschreibenden Materials überlagert ist, um die jeweiligen Szenarien neu zu schaffen, sowie mit diskursivem Material, das der Verflechtung der Motive dient. Diese Anhäufung interpretierenden Materials läßt sich anhand der Geschichte über die Heilung des Blindgeborenen durch Jesus veranschaulichen.

Die Geschichte über den Blindgeborenen steht in Kapitel 9. Sie war offensichtlich populär, denn sie gab Anlaß zu ausführlicher Entfaltung. Das Gleichnis vom guten Hirten wurde (in Kap. 1) eingefügt, um der Auseinandersetzung, die durch das Wunder hervorgerufen wird, noch mehr Bedeutung zu verleihen. Die ursprüngliche Erzählung muß kurz gewesen sein – eine von drei Geschichten, welche die unwahrscheinlichen Ursprünge und das Wunder der Jesusbewegung veranschaulichten. Ein wenig später wurde diese Geschichte neu erzählt, so daß sie den Anlaß für eine Kontroverse mit den Pharisäern bildete. Sie nahmen, so hieß es, Anstoß daran, daß Jesus am Sabbat «gearbeitet» hatte (Joh 9,14.16). Man fühlt sich daran erinnert, wie die Wundergeschichten in Q oder bei Markus verwendet wurden, um den Konflikt mit den Pharisäern darzustellen, etwa in der Beelzebub-Geschichte in Q (Q 11,14–23), oder an die markinische Verschmelzung von Wundergeschichten mit Verkündigungsgeschichten, die dazu diente, Streitgespräche zu schaffen. Dies geschah irgendwann in den fünfziger und sechziger Jahren, und das dürfte ungefähr die Zeit gewesen sein, in der auch die johanneische Gemeinschaft ihren Wundermythos in einen Zyklus von Streitgesprächen umwandelte. In der dritten Phase der Neuinterpretation der Geschichte entdeckte man die symbolische Bedeutung des Wunders der Blindenheilung und stellte die Geschichte in den Kontext des Tempelweihfestes bzw. des Festes der Lichter (Joh 10,22). Nun handelte die Geschichte von der Frage, wie man «sehen» könne, wer Jesus auf diesem Hintergrund sei, und man erweiterte sie, so daß der Geheilte «sehen» und «glauben» konnte, während die Pharisäer und «die Juden» als «blind» dargestellt wurden, weil sie nicht glaubten

(Joh 9,35–41). Auf der vierten Deutungsstufe wurde das Thema des Sehens und des Lichtes auf Jesus als das «Licht der Welt» zugespitzt, das imstande war, jene, die in der Finsternis weilten, «sehen» zu machen (Joh 9,4–5.39). Dies ist die Art der Interpretation, die allen Wundergeschichten auf der Stufe des Johannesevangeliums widerfuhr, in dem die symbolische Bedeutung des Weins, des Wortes, der Arbeit, des Brotes, des Wassers, des Lichts und des Lebens, die in den Geschichten vorkommen, auf Jesus – als dem eigentlichen Wunder der Erzählung – übertragen wurde. Jesus selbst ist die wunderbare Manifestation und der Offenbarer des göttlichen Geschenks des «Lichts» und des «Lebens» oder der Erleuchtung und der geistlich lebendigen Existenz.

Es ist unschwer zu erkennen, daß die unterschiedlichen Stufen der Wunderdeutung bestimmten Phasen im Leben dieser Gemeinschaft entsprechen. Sie begann als eine Jesusbewegung mit charakteristischem Elan, fand sich im Prozeß der sozialen Entwicklung einer Gruppe wieder, die sich als neue Gemeinde Israels, als «Volk Gottes», verstand, und geriet dann in Auseinandersetzungen mit den Pharisäern, die darin begründet lagen, daß die Jesus-Leute die Normen der rituellen Reinheit nicht beachteten. Dieser Konflikt hatte traumatische Folgen, und die johanneische Gemeinschaft konnte sich davon zu keiner Zeit vollständig erholen. Obwohl ihr Zusammenstoß mit den Pharisäern zu der Zeit, als das Evangelium verfaßt wurde, längst der Vergangenheit angehörte, verstand sich die Gemeinschaft noch immer im Gegensatz zu ihnen. Zwischenzeitlich hatte sie jedoch gelernt, nicht bloß die Pharisäer, sondern alle «Juden» dem Reich der Finsternis zuzuordnen, das den notwendigen Kontrast zu ihrer eigenen Welt der Erleuchtung bildete. Diese Entwicklung dokumentiert die dritte Stufe der Neuinterpretation, die Ausweitung der Wundersammlung von fünf auf sieben Geschichten mit ihrer impliziten Andeutung, der Zyklus der jüdischen Feste und Feiertage sei durch das Kommen Jesu in die Welt abgelöst worden. Dieses Abschneiden aller Bindungen zu «den Juden» war radikal. Es war von keinerlei Bewußtsein einer Sendung – sei es zu den Juden oder für die Welt – begleitet, vielmehr zog sich die johanneische Gemeinschaft zurück und bildete eine Enklave der Erleuchteten. Jesus war, so lehrte er seine Jünger, bevor er zu seinem «Vater» zurückkehrte, in die Welt gekommen, damit sie den Vater erkennen, als eng miteinander verbundene Gemeinschaft zusammenleben und «einander lieben» konnten, «wie ich euch geliebt habe» (Joh 13,34). Die ungeheure Weite des Kosmos, welche diese Anhänger vor Augen hatten, stand in starkem Kontrast zu der kleinen, eng verbundenen Gemeinschaft, in der sie lebten. Sie waren die Erleuchteten inmitten eines gewaltigen, verfinsterten Universums, eines Universums, das finster war, weil «die Juden» den «*logos*» nicht «aufnahmen» (Joh 1,10–11).

Eines der interessanteren Merkmale dieser Gemeinschaft besteht darin, wie sie die Überreste des Materials ihrer vergangenen Erfahrungen und ihrer früheren Mythenbildung bewahrten. Der Verfasser des Evangeliums fühlte sich mit diesem Gewirr von erinnerten Überlieferungen weitaus wohler als dies dem modernen Leser möglich ist, und er empfand offenbar großen Spaß daran, eine gegen die andere auszuspielen, mit dem Ergebnis eines sehr verwickelten Sprachspiels. Ein Beispiel dafür bietet sein spielerischer Umgang mit dem Thema «Zeichen». Das griechische Wort für Zeichen (*semeion*) war nicht der übliche Begriff für ein Wunder, konnte jedoch für Wunder gebraucht werden, die im Unterschied zu einer bloßen Manifestation von Macht oder *dynamis*, so der übliche Begriff, darüber hinaus etwas Besonderes bedeuteten. Die johanneische Gemeinschaft verwendete den Begriff *semeion* in diesem Sinne. Ihre Wundergeschichten waren nicht bloß Geschichten von Wundern; ihre Wunder waren Zeichen für etwas anderes.

Es ist nicht ganz klar, wann diese Menschen den Begriff *Zeichen* zu verwenden begannen, um die Bedeutung ihrer Wundergeschichten zu signalisieren, denn er könnte von Beginn an eine angemessene Bezeichnung dargestellt haben. Und zwar deshalb, weil schon der Zyklus von fünf Wundern auf die Exodusgeschichte anspielte, die Wunder während des Exodus aber in der jüdischen Literatur üblicherweise als «Zeichen und Wunder» bezeichnet wurden. Auf der zweiten Stufe der Interpretation weisen die Wunder auf Jesu besondere Funktion als Gründergestalt der Gemeinde und Gottes Sohn hin. Auf dieser Stufe scheint man ein Spiel auf Kosten der Pharisäer gespielt zu haben, ähnlich dem, das in der synoptischen Tradition überliefert ist: Man stellte sich nämlich vor, daß die Juden ein Zeichen verlangten, Jesus aber erwiderte, ihnen würde kein Zeichen gegeben werden (Joh 6,30). Auf der dritten Deutungsstufe bedeuteten die Wunder, daß Jesus selbst die Bedeutung der jüdischen Feste und Feiertage verkörpert. Auf der letzten Stufe schließlich, der des vorliegenden Evangeliums, waren die Wunder Zeichen für Jesu Identität als *logos* Gottes. Der Verfasser kannte all diese Konnotationen und wendete das Thema «Zeichen» ins Paradoxe. Manchmal werden die Zeichen nicht erkannt, sollten es aber (Joh 2,1–11; 7,31; 10,37–38; 12,37). An anderen Stellen rufen die Zeichen Glauben hervor, führen aber nicht zum Sehen (Joh 2,23–24; 4,48; 6,26.30; 10,32). Und damit wir nicht auf den Gedanken kommen, die Geschichte handle von den glücklichen Jüngern, die in der Lage gewesen seien, den *logos* Gottes im Fleisch tatsächlich zu sehen, lautet Jesu letztes Wort an Thomas, dem er eine besondere Erscheinung zuteil werden ließ, damit er ihn sehen *konnte*: «Selig sind, die *nicht* sehen und doch glauben!» (Joh 20,29; Hervorhebung vom Verf.). Das heißt wirklich, jeden Zweifel beseitigen.

Der allgemeine Plan des Verfassers ist deutlich. Er nahm die Folge von sieben Wundergeschichten als Ausgangspunkt, wiederholte die Geschichten in all ihrer Wirklichkeitstreue und irdischen Realität und fand schließlich Mittel und Wege, Jesus über sich selbst als das wahre Geschenk des «Lebens» reden zu lassen, von dem die Wundergeschichten handeln. An diesem Punkt ließ er die Juden Fragen vorbringen, die Jesu Aussagen sinnlos erscheinen ließen. Diese Fragen wurden dann verwendet, um Jesu Monologen den Anschein von Dialogen zu verleihen, und das wiederum gestattete es, zwei wichtige johanneische Themen einzuführen – die des Zeugnisses und des Urteils. Die Juden, so Jesus, wollten über jegliche Wahrheit auf der Grundlage von Zeichen oder eines zweiten Zeugnisses urteilen. Jesus aufgrund von Zeichen zu glauben, geht jedoch nicht weit genug, man muß vielmehr die (symbolische) Bedeutung der Zeichen erkennen. Ein zweites Zeugnis gibt es nicht. Es gilt zu erkennen, daß Jesu Zeugnis über sich selbst wahr ist und keiner weiteren Bestätigung bedarf. Das verwirrt natürlich «die Juden» und führt stets zu einem neuen Wunder und einer neuen Selbstoffenbarung. Daß Jesus der Sohn des Vaters zu sein behauptet, obwohl er weiß, daß seine Zuhörer seinen Anspruch weder zu beweisen noch anzunehmen vermögen, hat auch modernen Interpreten Probleme bereitet, so daß sie davon sprechen, dem Kern der johanneischen Christologie (des Verständnisses Jesu als göttlicher Gestalt) liege ein logisches Paradox zugrunde. Bei denen jedoch, die zur Gemeinde gehörten, muß die Folge von Wundern und Monologen ein wissendes Lächeln hervorgerufen haben, da sie bereits die Wahrheit erkannt hatten – daß nämlich Jesus der *logos*, der Sohn Gottes, war und daß sie als seine «Schafe», «Reben» oder «Freunde» zu ihm gehörten (Joh 10,15).

Auf einer Ebene ihrer Erfahrung «wußten» sie, daß Jesus Gottes Sohn war, weil sie die von ihnen entwickelte Mythologie kannten. Sie bildete eine Variante der alten, üblichen Struktur von Abstieg und Aufstieg, die beschreibt, wie ein Gott aus dem himmlischen Bereich mit einer Sendung oder Botschaft in die Welt hinabkommt und schließlich zurückkehrt. In diesem Fall dürften die Johannes-Leute das mythologische Verständnis Jesu als des Sohnes Gottes von anderen christlichen Gruppen, etwa vom Christuskult oder den nachmarkinischen Jesus-Leuten, übernommen und verwendet haben, um ihren eigenen, von Wundern geprägten Ursprungsmythos zu stärken. Gemeinsam mit dem Mythos des Gottessohnes Jesus ergaben sich bald – wie im Christuskult – die Vorstellung eines erlösenden Todes sowie jene eines apokalyptischen Zusammenstoßes mit dem Establishment in Jerusalem, wie sie das Markusevangelium hegte. Erzählfragmente sowohl aus der paulinischen als auch aus der markinischen Überlieferung zeigen uns, daß die Johannes-Leute ihre mythologische Deutung Jesu als des Sohnes Gottes aus Quellen wie diesen bezogen. Doch sie waren weder an einem erlösenden Tod noch an einer apokalyptischen Konfrontation interessiert. Jesus kehrt zum Vater zurück, indem er stirbt, doch sein Tod ist kein Martyrium. Er stellt vielmehr die Stunde seiner «Verherrlichung» dar, und der Verfasser spielt mit der Dialektik der «Erhöhung» am Kreuz (Joh 12, 27–36). Mit Jesu Worten: «Niemand nimmt es [mein Leben] von mir, sondern ich selber lasse es» (Joh 10, 18). So ließ man also sogar das übliche mythologische Verständnis des Todes Jesu als eines Martyriums zugunsten des Mythos seiner göttlichen Erscheinung in der Welt und seiner Rückkehr in seine himmlische Wohnstätte beiseite. Das gesamte Johannesevangelium wird von dieser Mythologie bestimmt. Zwischen dem Abstieg des *logos* und Jesu Rückkehr zum Vater angesiedelt, sind die Wundergeschichten und die von ihnen veranlaßten Dialoge für die johanneischen Christen schlicht sieben Möglichkeiten, das Aufeinanderprallen der Welt der Erleuchtung und der Welt der Finsternis, das sie jeden Tag erfuhren, mit Genugtuung zu beobachten.

Das kann nur bedeuten, daß die johanneische Gemeinde das Bild des mythologischen Jesus und seine Worte als verschlüsselte Einladungen zur persönlichen Erleuchtung kultivierten, wie schon die Thomas-Leute. Der große Unterschied zwischen beiden Gruppen bestand darin, daß die johanneische Gemeinde ihr Bewußtsein, eine soziale Gruppierung mit einem Anspruch auf Israels Erbe zu sein, in Erinnerung bewahrte und von ihrem Konflikt mit den Pharisäern traumatisiert war. Sie hatte mehr mit den Jesusgruppen gemeinsam, welche die Verkündigungsgeschichten und die synoptischen Evangelien hervorgebracht haben, als mit den Thomas-Leuten. Doch sie übernahm weder die markinische Hinwendung zu einer apokalyptischen Enklave-Mentalität noch den matthäischen Weg, sich mit einer Existenz als subkulturelle Gemeinschaft zufrieden zu geben. Wie Markus hegte sie auch kein Interesse daran, eine Christusgemeinde nach dem Vorbild eines hellenistischen Vereins oder Mysterienkultes zu werden. Im Bewußtsein all dieser Möglichkeiten kultivierte sie statt dessen ihren von Wundern bestimmten Ursprungsmythos und entwickelte eine mythologische Deutung ihres Gründers, die ihrem eigenen Empfinden entsprach, eine geliebte Gemeinschaft inmitten einer feindseligen Umgebung zu sein. Sie war offenkundig nicht an der Taufe oder an Erinnerungsritualen interessiert, dürfte sich aber zu gemeinsamen Mahlzeiten versammelt, einander die Füße gewaschen, gemeinsam gebetet und Lobgesänge auf den *logos* sowie Jesus als den Sohn Gottes gesungen haben. Das Material der Monologe, berühmt für ihre wiederholten «Ich-bin»-Sprüche, ähnelt in seiner poetischen Form verdächtig dem Eröffnungsgedicht zum Lob des *logos*. Miteinander verschränkte Zeilen greifen ein soeben gebrauchtes Wort auf, fügen ihm ein neues hinzu, schwingen dann rhythmisch bewegt zurück und überfrachten die Bedeutung der Begriffe derart, daß klare Begriffsbestimmungen unmöglich werden. Das Material vermittelt den Eindruck, es sei auf dem Wege gemeindlichen Gesangs entstanden, und tatsächlich ist man nicht immer sicher, wo die Stimme Jesu aufhört und jene der johanneischen Gemeinde einsetzt. Für Johannes sind das «Ich» des mythologischen Jesus, des Lichtes der Welt, und das «Ich» des johanneischen Christen, des Erleuchteten, der «in Jesus wohnt» und «in dem Jesu Worte wohnen», letztlich identisch.

Die Briefe an die Kolosser und an die Epheser

Die Briefe des Paulus an die Kolosser und an die Epheser sind nicht echt. In beiden weist nichts auf den wirklichen Paulus hin. Der Stil, der Wortschatz und die Rhetorik unterscheiden sich von den authentischen Paulusbriefen. Paulus mag in seinen Briefen an die Kirchen nicht immer überzeugend gewesen sein, doch er war stets leidenschaftlich beteiligt und zeichnete sich durch intellektuelle Schärfe aus. Die Briefe an die Kolosser und an die Epheser sind lasch und – ehrlich gesagt – langweilig. Wieso also zählen sie zu den Paulusbriefen im Neuen Testament?

Die Antwort lautet zunächst, daß der Kolosser- und der Epheserbrief zu der Zeit, als die Kirche im 3. und 4. Jahrhundert Listen von Schriften aufzustellen begann, die für die öffentliche Lektüre annehmbar waren, bereits Teil der «Paulusbriefe» waren und daher einfach mit aufgenommen wurden. Zweitens wurden sie nach dem Tod des Paulus von Führern, die der Schule, die ihn überlebte, die Treue bewahrten, in seinem Namen verfaßt. Im Namen des Gründers einer Schule zu schreiben, entsprach zu dieser Zeit allgemeinem Brauch, so daß die Schlußfolgerung der Forscher, diese Briefe seien pseudonym (unter falschem Namen verfaßt), nicht Unehrlichkeit auf Seiten ihrer Verfasser behaupten soll. Im Gegenteil, diese Briefe sind Beweis dafür, daß der Einfluß des Paulus sich in der Form geltend machte, daß er eine Schule hervorbrachte, die in als ihren Gründer betrachtete. Der irgendwann während der siebziger oder achtziger Jahre verfaßte Kolosserbrief zeigt, daß man sich auf die Autorität des Apostels berufen konnte, um einen in Kleinasien entstandenen, von einer Sekte ausgelösten Konflikt anzusprechen. Daß er so verfaßt wurde, als sei er zu seinen Lebzeiten entstanden, dürfte die Argumentation nicht beeinträchtigt haben. Der Epheserbrief, in dem in den frühesten Handschriften die lokale Anrede «an die Epheser» fehlt, scheint ein Begleitschreiben für eine frühe Sammlung von Paulusbriefen gewesen zu sein, die an «die Kirche» im allgemeinen adressiert war. Das würde bedeuten, daß Schreiber in irgendeinem Zentrum christlicher Unterweisung – vielleicht bereits in den achtziger oder neunziger Jahren – damit beschäftigt waren, Abschriften von Paulusbriefen anzufertigen, um sie in einem Netzwerk von Kirchen zu verbreiten. Wir können dies zwar nicht mit Sicherheit sagen, doch als wahrscheinlicher Ort kommt einem Ephesus in den Sinn.

Beide Briefe zeigen allerdings, daß der Einfluß der Erinnerung an Paulus und an seine Briefe sich nicht auf seine Ideen oder sein theologisches System erstreckte. Man gedachte seiner und ehrte ihn als Apostel für die Heiden und als Gründer christlicher Gemeinden. Doch sein Evangelium war, sofern es jemals in seiner Gänze verstanden worden war, zu der Vorstellung verwässert worden, Tod und Auferstehung Christi hätten eine neue menschliche Ordnung geschaffen, in die Menschen durch den christlichen Ritus der Taufe eintreten konnten. Von Paulus' leidenschaftlicher Argumentation zugunsten der Freiheit vom Gesetz, der Rechtfertigung der Sünder, des Glaubens an Christus, der biblischen Präfigurationen für seine epischen Neuinterpretationen oder apokalyptischer Szenarien und Drohungen ist nichts übriggeblieben. Paulus verstand die christliche Existenz als Nachahmung der Leiden und des Opfertodes Christi, auf die volle Teilhabe an der Auferstehung Christi mußte man bis zum *eschaton* warten. Im Kolosserbrief dagegen wurden die Christen als solche angeredet, die «mit ihm [Christus] auferstanden sind durch den Glauben», wenn sie «mit ihm begraben worden sind durch die Taufe» (Kol 2,12). Im Epheserbrief spricht der Verfasser für alle Christen, wenn er sagt: «Auch uns, die wir tot waren in den Sünden, hat er [Gott] mit auferweckt und mit eingesetzt in den Himmel in Christus» (Eph 2,5–6). Dies ist eine Begrifflichkeit der Transformation, völlig ohne Dramatik, ethnische Identitätskonflikte oder apokalyptische Konsequenzen. Irgendetwas muß mit dem paulinischen Christus geschehen sein.

Der paulinische Christus wurde mit einer imaginären Welt von kosmischen Ausmaßen in Verbindung gebracht. Mit ein wenig Hilfe stoischer Vorstellungen hatten Christen, die dem Christuskult anhingen, das Bild Christi im Sinne des kosmischen Herrn neu gedeutet, indem sie sein Reich als verborgene Struktur des Kosmos und ihn selbst als die schöpferische Macht dachten, die diesen Kosmos zum Sein erweckte und weiter am Sein erhielt. Die griechische Vorliebe für eine Verbindung von Anthropologie und Kosmologie führte in diesem Fall zu dem bizarren Ergebnis, daß man sich den Christus-Kosmos in der monströsen Gestalt einer Person vorstellte, deren «Haupt» Christus und deren «Leib» die Welt und die Kirche bildeten. Mit den Worten des Christushymnus (Kol 1,15–20):

> «Er ist das Ebenbild des unsichtbaren Gottes, der Erstgeborene vor aller Schöpfung.
> Denn in ihm ist alles geschaffen, was im Himmel und auf Erden ist,

> Das Sichtbare und das Unsichtbare,
> Es seien Throne oder Herrschaften oder Mächte oder Gewalten –
> Es ist alles durch ihn und zu ihm geschaffen.
> Und er ist vor allem, und es besteht alles in ihm.
> Und er ist das Haupt des Leibes, nämlich der Gemeinde.
> Er ist der Anfang, der Erstgeborene von den Toten,
> Damit er in allem der Erste sei.
> Denn es hat Gott wohlgefallen, daß in ihm alle Fülle wohnen sollte
> Und er durch ihn alles mit sich versöhnte,
> Es sei auf Erden oder im Himmel,
> Indem er Frieden machte durch sein Blut am Kreuz.»

Paulus hätte keinen Gefallen an diesem Hymnus gefunden. Christus erschien nun als Macht, welche die Welt schuf und zusammenhielt. Das gewaltige Ereignis der Versöhnung aller Spannungen, Brüche oder Gegensätze im kosmischen Bereich oder im Bereich der menschlichen Geschichte ist nach diesem Hymnus bereits geschehen. Da alles bereits geschehen war, mußte die Einführung in dieses friedfertige Reich keine traumatischen Züge tragen. In der Formulierung des Verfassers des Epheserbriefs:

> «So seid ihr nun nicht mehr Gäste und Fremdlinge, sondern Mitbürger der Heiligen und Gottes Hausgenossen, erbaut auf den Grund der Apostel und Propheten, da Jesus Christus der Eckstein ist, auf welchem der ganze Bau ineinandergefügt wächst zu einem heiligen Tempel in dem Herrn. Durch ihn werdet auch ihr miterbaut zu einer Wohnung Gottes im Geist.» (Eph 2,19–22)

«Was ist mit der Bekehrung», würde Paulus fragen, «was ist mit Heiligkeit, mit Leiden und Dienst, mit den Römern, den Juden, der wirklichen Welt und dem Jüngsten Gericht Gottes?» «Wo ist das Problem», würden diese Paulinisten antworten:

> «Denkt daran, daß ihr zu jener Zeit ohne Christus wart, ausgeschlossen vom Bürgerrecht Israels und Fremde außerhalb des Bundes der Verheißung; daher hattet ihr keine Hoffnung und wart ohne Gott in der Welt. Jetzt aber in Christus Jesus seid ihr, die ihr einst Ferne wart, Nahe geworden durch das Blut Christi. Denn er ist unser Friede, der aus beiden eines gemacht hat und den Zaun abgebrochen hat, der dazwischen war, nämlich die Feindschaft. Durch das Opfer seines Leibes hat er abgetan das Gesetz mit seinen Geboten und Satzungen, damit er in sich selber aus den zweien einen neuen Menschen schaffe und Frieden

mache und die beiden versöhne mit Gott in einem Leib durch das Kreuz, indem er die Feindschaft tötete durch sich selbst.» (Eph 2, 12–16)

Das klingt gut. Einen Sinn konnte es jedoch nur für Christen ergeben, die in dem Christuskult und seinen Gemeinden eine Welt entdeckt hatten, in der sie leben konnten, ohne sich von den gesellschaftlichen Kräften in der Welt außerhalb des Kultes bedroht zu fühlen. Die Rhetorik der Versöhnung klingt besonders verlogen, wenn man sie mit jüdischen Ohren hört oder im Licht der christlichen Polemik gegen die Juden liest, die in der Literatur dieser Zeit auftauchte. Die Verfasser dieser Briefe verkörpern eine Entwicklung innerhalb des Christuskultes, die man nur als philosophisch oder vielleicht sogar als gnostisch bezeichnen kann. Es war ihnen tatsächlich gelungen, Gedanken über solche Dinge wie Feindschaft, Ideologie, soziale Unterschiede, Martyrium, Tod, Schuld und Unschuld in den Griff zu bekommen, indem sie sich vorstellten, es habe sich ein kleines kosmisches Drama abgespielt, in dem Christus «Frieden machte durch sein Blut am Kreuz». Um in einer solchen Welt zu leben, zum «Leib Christi» zu gehören, wie sie es ausgedrückt hätten, mußte man nicht länger mit den Fragen nach Vertrauen und Glauben (*pistis*) ringen; man brauchte nur einen einfallsreichen Geist und beständige intellektuelle Anregung, um den Leib Christi im Blick zu behalten und seine verborgenen Winkel zu erkunden, um sich weiterhin dessen gewiß zu sein, daß es ihn gab und man ihm wirklich zugehörte. Um all dies geht es natürlich in den Briefen. Die Verfasser nannten diese geistige Anstrengung «Weisheit»:

> «Laßt das Wort Christi reichlich unter euch wohnen: lehrt und ermahnt einander in aller Weisheit; mit Psalmen, Lobgesängen und geistlichen Liedern singt Gott dankbar in euren Herzen.» (Kol 3, 16)
>
> «Ihre Herzen sollen gestärkt und zusammengefügt werden in der Liebe und zu allem Reichtum an Gewißheit und Verständnis, zu erkennen das Geheimnis Gottes, das Christus ist, in welchem verborgen liegen alle Schätze der Weisheit und der Erkenntnis.» (Kol 2, 2–3)
>
> «Ich bete dafür, daß der Gott unseres Herrn Jesus Christus, der Vater der Herrlichkeit, euch den Geist der Wahrheit und der Offenbarung gebe, ihn zu erkennen. Und er gebe euch erleuchtete Augen des Herzens, damit ihr erkennt, zu welcher Hoffnung ihr von ihm berufen seid, wie reich die Herrlichkeit seines Erbes für die Heiligen ist und wie überschwenglich groß seine Kraft an uns, die wir glauben, weil die Macht seiner Stärke bei uns wirksam wurde, mit der er in Christus gewirkt hat. Durch sie hat er

> ihn von den Toten auferweckt und eingesetzt zu seiner Rechten im Himmel über alle Reiche, Gewalt, Macht, Herrschaft und alles, was sonst einen Namen hat, nicht allein in dieser Welt, sondern auch in der zukünftigen. Und alles hat er unter seine Füße getan und hat ihn gesetzt der Gemeinde zum Haupt über alles, welche sein Leib ist, nämlich die Fülle dessen, der alles in allem erfüllt.» (Eph 1, 17–23)

Man fragt sich, was diese Christen, wenn sie in einer solchen imaginären Welt lebten, die sie durch ständige Erinnerung aufrechterhalten mußten, noch aus Begeisterung taten oder sogar, was sie nicht taten, um als gute Bürger eines solchen Reiches zu gelten. Wirft man auf dem Hintergrund dieser Fragen erneut einen Blick auf die Briefe, so ergeben sich zwar keine unmittelbaren Antworten, doch die Fragen helfen, unsere Beobachtungen zu fokussieren. Begeisterung war, so scheint es, zum Problem geworden, so daß man ihr, statt sie zu fördern, entgegentreten mußte. Nach den Sorgen zu urteilen, die der Verfasser des Briefes an die Christen in Kolossä äußerte, beobachteten die Kolosser «Feiertage, Neumonde und den Sabbat», hielten sich an Verbote von Speisen und anderen Dingen, vollzogen asketische Praktiken und kultivierten die Vision und Verehrung von Engeln (Kol 2, 16–23). In Kleinasien dürften diese Praktiken nicht als fremdartiges Verhalten gegolten haben. Die Aufzählung skizziert eine Reihe dort gängiger Praktiken, die dazu dienten, einen Menschen mittels ekstatischer und visionärer Erfahrungen in den Kosmos zu katapultieren. Einige Glieder der Aufzählung – etwa die Sabbatfeiern und Engelvisionen – zeigen, daß einige Christen, die von den Geheimnissen bestimmter jüdischer Mythologien und Praktiken fasziniert waren, sich diese Form der Askese angeeignet hatten. Das bedeutet nicht, daß sich diese Christen vom orthodoxen Christentum abgewandt hatten, denn es gab noch nichts dergleichen. Sie waren lediglich daran interessiert, mit dem kosmischen Christus auf irgendeine Weise in Berührung zu kommen. Seinen Platz bei den Engeln einzunehmen, die den himmlischen Thron umringten, auf dem Christus zur Rechten Gottes saß, war gewiß eine erfreuliche Aussicht.

Doch was sagt der Verfasser zu dieser Praxis? Tut es nicht!

> «Wenn ihr nun mit Christus den Mächtigen der Welt gestorben seid, was laßt ihr euch dann Satzungen auferlegen, als lebtet ihr noch in der Welt [...] Seid ihr nun mit Christus auferstanden, so sucht, was droben ist, wo Christus ist, sitzend zur Rechten Gottes. Trachtet nach dem, was droben ist, nicht nach dem, was auf Erden ist.» (Kol 2, 20; 3, 1–2)

Aha. Nun beginnt die Weisheit, die der Verfasser empfiehlt, einen Sinn zu ergeben. Richte deinen *Geist* auf den kosmischen Christus. Du *bist bereits* auferweckt worden. Du solltest nicht länger bestimmten Visionen vom Aufstieg in den Himmel folgen. *Siehst* du nicht, du brauchst dich lediglich anständig zu benehmen und deine Gebete zu sprechen.

Was die Auffassung der Verfasser darüber angeht, wie man zu einem guten Bürger eines solchen Gemeinwesens wird, unterscheiden sich beide Briefe von jenen des Paulus, und zwar durch moralische Anweisungen zur Ordnung des Haushalts. Frauen sollten ihrem Mann untertan sein, Kinder ihren Eltern und Sklaven ihren Herren. Die Ehemänner und Herren wiederum sollen ihre Frauen, Kinder und Sklaven freundlich behandeln. Welchen Unterschied machte es dann, könnte man fragen, wenn man Christ war? Dies waren allgemeingültige Normen für die Gestaltung des Haushalts, die in der Gesellschaft überhaupt galten. Die Christen sollten sich, wie der Verfasser des Kolosserbriefes – am Ende seiner Haustafel einen ernsthaften Gedanken anfügend – sagt: «weise gegenüber denen verhalten, die draußen sind» (Kol 4,5). Was mögen die Verfasser dieser Briefe gedacht haben, wenn das Christ-Sein hinsichtlich der Lebensweise zuhause oder auf der *agora* (dem Markt) keinen Unterschied machte und wenn es als unpassend galt, Kontakt zu den Engeln zu pflegen?

Es scheint, als habe die Gefahr bestanden, daß zweitrangige Geister den Christuskult seines Inhalts entleerten. Hätten diese Verfasser nicht bereits Führungspositionen innegehabt oder nicht als Teil eines entstehenden Verwaltungssystems aus solcher Perspektive geschrieben, und hätten nicht bereits einige christliche Gemeinden in dem von der auf Ruhe und Ordnung zielenden römischen Bürokratie hinterlassenen Vakuum im Bereich des Wohlfahrtswesens praktische soziale Funktionen erfüllt, so wäre das Erbe Jesu in Gestalt des Christuskultes wohl in Schwierigkeiten gewesen. Das Zeitalter ideologischen und geistigen Experimentierens, in dem der Kraftaufwand extrem hoch war und die Fragen, um die es ging, tatsächliche Auswirkungen auf die Lebensweise und auf Fragen der Zugehörigkeit hatten, war offensichtlich zu Ende. Was scherte sich ein Grieche aus Kleinasien darum, ob man ihn einen Heiden oder «Nichtjuden» nannte? Stellen Sie sich vor, was ihn bewegte, wenn er erfuhr, er sei jetzt ein Mitglied des «Gemeinwesens Israels», und daß er, wenn er sich festhalte «an dem Haupt, von dem her der ganze Leib durch Gelenke und Bänder gestützt und zusammengehalten wird», «wachsen» würde «zu einem heiligen Tempel in dem Herrn» (Kol 2,19; Eph 2,12.21). Die empfindlichen Nerven, die diese Briefe berührten, scheinen einzig den phantasielosen Hütern einer erschöpften Bewegung gehört zu haben. Dennoch mag es da noch einige Vorteile gegeben haben.

Die Briefe dokumentieren eine späte Phase in der Geschichte des Christuskultes. Führer in irgendeinem Lern- und Verwaltungszentrum waren dabei, ein Netz von Gemeinden zu schaffen. Sie betrachteten sich als Hüter der Tradition und Wahrheit des paulinischen Evangeliums. Ihren «Dienst» (*diakonia*, Kol 4, 17; Eph 4, 12) verstanden sie als Oberaufsicht über die örtliche Führung dieser Gemeinden. Der Begriff für Vorsteher oder Aufseher (*episkopos*) ist noch nicht bezeugt, doch die Idee ist bereits angelegt. Im Gegensatz etwa zum Gebrauch des Begriffes *Kirche* (*ekklesia*, Gemeinde) bei Paulus selbst, der ihn lediglich für eine örtliche Gemeinde verwendete, benutzte der Verfasser des Epheserbriefes den Begriff nunmehr im Singular als Bezeichnung für die universale Kirche. Soweit wir etwas über «die Kirche» in der institutionellen Gestalt wissen, die sie im 2. Jahrhundert gewann, hatten ihre Mitglieder ganz praktische Vorteile. Bischöfe kümmerten sich darum, daß ihre Schäfchen zusätzlich zur geistigen Nahrung – bestehend aus regelmäßigen Betrachtungen, Meditationen über die Tugenden, die Ehre und die Weisheit Christi – auch über leibliche Nahrung, Arbeit, Beratung, Gerichtsinstanzen und Feste verfügten. Vielleicht drängte bereits die Paulusschule in diese Richtung. Wenn sich ein solches Verständnis von Kirche etablierte, fragt man sich, wie der nächste Schritt aussehen würde, und insbesondere, ob die Anstrengung, über den kosmischen Christus nachzudenken, allein ausreichen würde, um das christliche Streben nach Erkenntnis (*gnosis*) zu befriedigen.

Der Hebräerbrief

Was den Hebräerbrief angeht, so müssen wir uns einen Gelehrten vorstellen, der sich in einer privaten Schreibstube niedergelassen hat, in seinen Stapeln von Schriftrollen und auf Papyrus festgehaltenen Notizen herumwühlt, gedankenversunken durch den Garten wandelt, sich stundenlang über sein Stehpult beugt, gründlich über Feinheiten der griechischen Übersetzung der hebräischen Schriften nachdenkt und mit einigen anderen hochgebildeten, differenziert denkenden christlichen Intellektuellen einige Ideen durchspielt. Es ist zu vermuten, daß diese Gespräche an einem mit Früchten und Nüssen gedeckten Tisch stattfanden, auf dem ein kleiner Krug Wein von bescheidener Qualität stand. Er – wir wissen aufgrund einer maskulinen Selbstbezeichnung (Hebr 11, 32), daß er ein Mann war – mag keinen so schnellen und scharfen Verstand oder keine so persönliche, leidenschaftliche Vorliebe für öffentliche Diskussionen und theologisches Argumentieren gehabt haben wie Paulus, doch er war ihm, was Bildung, analytische Fähigkeiten und systematisches Denken betrifft, weit überlegen. Er vermochte große

Mengen begrifflicher Einzelheiten im Gedächtnis zu behalten und mit mannigfaltigen Motiven zu arbeiten, wenn er seine Vorstellungen in eine gewaltige platonische Ideenwelt hineinwob und beobachtete, wie sich das kosmische Bild mit jedem Stich veränderte, bis schließlich ein kunstvoller gedanklicher Teppich entstand. Auch verfügte er über einen eleganten Schreibstil. Seine Abhandlung führt den Leser zu immer komplizierteren Gedanken, indem sie bis dahin unvorstellbare Konnotationen auslöst, und schließt mit einer brennenden Mahnung, den christlichen Glauben nicht aufzugeben. Seine intellektuelle Arbeit war nicht das Ergebnis einer momentanen Inspiration, und seine Abhandlung entstand nicht an einem Wochenende. Der Hebräerbrief ist das Ergebnis vieler Monate, vielleicht sogar Jahre eingehenden gelehrten Forschens und Schreibens.

Leider wissen wir nicht, wer dieser Verfasser war, kennen weder seinen Namen oder den Ort seines Wirkens noch seine Verbindung zu einer besonderen Tradition des frühchristlichen Denkens. Aus unserer Perspektive taucht der Hebräerbrief völlig unerwartet auf, ohne Titel, Adressaten oder Unterschrift, und sein spezielles Verständnis des christlichen Glaubens paßt an keiner Stelle in unser Verzeichnis frühchristlicher Schriften hinein. Er muß irgendwann zwischen der Blüte des paulinischen Christentums in den sechziger und siebziger Jahren und dem 1. Klemensbrief im Jahre 96 n. Chr. verfaßt worden sein, weil der Autor bei der Konstruktion seines christlichen Kosmos von einem ausgefeilten Christusmythos ausgeht, und weil Klemens von Rom die Abhandlung gekannt zu haben scheint, zitiert er sie doch in seinem Brief an die Korinther. Ein Entstehungsdatum während der achtziger Jahre erscheint plausibel. Doch es gibt ausgesprochen wenig andere Anhaltspunkte, und der Inhalt des Hebräerbriefs trägt für seine Einordnung nichts bei, weil er auf so viele unterschiedliche Überlieferungen zurückgreift. Soweit Forscher zu sagen vermochten, könnten der Verfasser und die christliche Gemeinde, die er vor Augen hatte, irgendwo im östlichen Mittelmeergebiet beheimatet gewesen sein.

Der Autor wollte etwas Bestimmtes sagen und entwickelte eine lange, ausführliche Argumentation, um es zu untermauern. Der Hebräerbrief war nicht wirklich ein Brief. Er ist, was die Griechen als *Protreptik* bezeichneten, eine philosophische Ermahnung, eine Abhandlung, die darauf zielt, ihre Leser dazu zu bewegen, eine bestimmte philosophische Ansicht zu übernehmen. In unserem Fall war es die Ansicht, daß Christus der himmlische Hohepriester der Christen war, der sich selbst als ewiges Opfer für die Sünden seines Volkes dargebracht hatte. Es ist kein Wunder, daß der Verfasser eine ausführliche Argumentation benötigte, um eine solche These vorzustellen. Keiner der Jesus-Leute oder der Vertreter des Christuskultes, die wir bisher betrachtet haben, hatte sich an einen solchen Gedanken herangewagt. Doch der Verfasser meinte seine Ansicht offensichtlich ernst und muß wirkliche Christen vor Augen gehabt haben. Wenn es sich dabei um Christen handelte, die dem Christuskult angehörten, könnte sein *opus magnum* zu früh geschrieben worden sein, denn das rituelle Mahl in Erinnerung an einen Märtyrer wurde noch nicht als Opfer für Sünden gefeiert.

Urteilt man nach der lediglich sporadischen Bezugnahme auf den Hebräerbrief durch die Autoren des 2. und 3. Jahrhunderts, wurde er kein populäres, in weiten Kreisen gelesenes Buch. Es mag daher sein, daß der Hebräerbrief der Irrweg eines Intellektuellen im Prozeß der frühchristlichen Mythenbildung war. Sollte es dem Verfasser gelungen sein, bei der Gemeinde, die er im Sinn hatte, Gehör zu finden, so hinterließ dieses Kapitel der christlichen Geschichte jedenfalls keine Spur im kollektiven Gedächtnis der Kirche. Seine Abhandlung wurde von irgendeinem Schriftgelehrten der Paulusschule, der sie für wertvoll genug hielt, um sie der Sammlung der Paulusbriefe hinzuzufügen, vor dem Vergessen bewahrt. Als Teil dieser Sammlung fand die Abhandlung Eingang in eine Liste «apostolischer» Schriften, die Athanasius im Jahre 387 n. Chr. für den frühchristlichen Gottesdienst empfahl, und wurde auf diese Weise Teil der (katholischen) christlichen Bibel. Als die Kirche schließlich auf das beherrschende Motiv des Hebräerbriefs aufmerksam wurde, nämlich die Deutung des Todes Christi als eines Sündenopfers, waren es die Abendmahls- und Passionserzählungen der Evangelien, welche die mythische Grundlage abgaben, nicht der Hebräerbrief. Ob der Hebräerbrief bei dieser Entwicklung eine Rolle spielte, ist fraglich. Er scheint demnach das Ergebnis der intellektuellen Bemühung eines Einzelnen zu sein, der vorzügliche Entwurf eines brillanten Geistes, der jedoch keine Bedeutung erlangte. Was für ein seltener Fund! Unter den gegebenen Regeln, nach denen gewöhnlich etwas bewahrt oder in den historischen Prozessen des selektiven kollektiven Gedächtnisses weggeworfen wird, dürfte der Hebräerbrief nicht überlebt haben. Was für ein Hochgenuß, diesem disziplinierten Höhenflug frühchristlicher Phantasie zuzuschauen, der nur aus Zufall überlebte! Er sagt mehr darüber aus, welche philosophischen Anregungen vom christlichen Mythos ausgingen, als irgendeiner der anderen Texte, die aus dieser frühen Zeit bewahrt blieben. Welchem Anliegen wandte dieser Autor seine Aufmerksamkeit zu?

Drei Anliegen bewegen seinen Traktat. Das erste ist die Sorge darüber, daß die Christen müde geworden waren. Einige hatten sich an eine oberflächliche Teilnahme am Kult gewöhnt, andere waren «abgefallen». Dies ist die am deutlichsten ausgesprochene Sorge, und sie durchzieht als Leitmotiv die ganze Abhandlung bis zum Höhepunkt der abschließenden Ermahnung (Hebr 3,12; 5,11; 6,4–6; 10,26; 12,3). Die zweite Sorge betraf eine Art «Verfolgung», die stattgefunden hatte. Der Verfasser war offenbar der Ansicht, die betroffenen Christen hätten diese unruhige Zeit nicht angemessen verstanden und ihr mangelndes Verstehen trage zu ihrer Erschöpfung und zum abnehmenden Interesse bei (Hebr 10,32–35; 12,3–4). Das dritte, nicht ausdrücklich angesprochene Anliegen war das Bedürfnis des Verfassers selbst, den Christuskult als Nachfolger des Opfersystems des Zweiten Tempels zu verstehen. Warum er das tun mußte, ist Teil des Rätsels, das es zu entwirren gilt.

Das erste Anliegen ist vollkommen verständlich. Es weist auf einen Umstand hin, der sich für die letzten Jahrzehnte des 1. Jahrhunderts aufzeigen läßt – auf Unbehagen, Untreue und Defensive. Was Wunder? Die anregende Periode, in der man neue Ideen hegte und die Folgen auffälligen Verhaltens auf sich nahm, war vergangen. Die Geschichte war weitergegangen, die extravagante christliche Rhetorik hatte angefangen, hohl zu klingen, und jene, die innerhalb der Kirchen zu Führungspositionen aufgestiegen waren, ermutigten nicht mehr dazu, sich gegen die allgemeine Kultur aufzulehnen; sie forderten vielmehr zum Gehorsam gegenüber den Traditionen auf. Der Verfasser des Hebräerbriefs war hellsichtig genug, um zu wissen, daß dies nicht ausreichen würde. Diese Traditionen seien, so sagt er, lediglich «Grundprinzipien», und Christen sollten über sie hinausgehen, um zu verstehen, wie tief, inhaltsschwer und ewig die Wahrheit der christlichen Offenbarung sei. Seine Liste der Grundprinzipien umfaßte «die grundlegende Lehre über Christus, [...] die Umkehr von den toten Werken, den Glauben an Gott, die Lehre vom Taufen, vom Händeauflegen, von der Auferstehung der Toten und vom ewigen Gericht» (Hebr 6,1–2). Dies ist keine schlechte Beschreibung der Gestalt des Christentums, wie es die Bischöfe später definieren sollten. Aus der Sicht des Verfassers des Hebräerbriefs ist das jedoch ein nicht ausreichendes Minimum. Wenn das alles ist, so sagte er letztlich, erfaßt du es nicht.

Was die Hinweise des Verfassers auf die Verfolgung betrifft (Hebr 10,33; 12,3), so gibt er nicht hinreichend Auskunft über die Geschehnisse und ihre Gründe. In der Forschung hat man den Hebräerbrief häufig datieren wollen, indem man herauszufinden trachtete, auf welche der überlieferten römischen Christenverfolgungen der Autor zielte. Diesem Ansatz war zu keiner Zeit Erfolg beschieden – erstens, weil die Zeugnisse für diese Geschichte der Verfolgungen so gering und irreführend sind, und zweitens, weil die im Hebräerbrief erwähnte Verfolgung nicht beschrieben wird. Die frühen Christen mögen aus vielerlei Gründen lokal begrenzte Unruhen ausgelöst haben, es mag auch sein, daß Christen, je nach Streitpunkt und Reaktion der örtlichen Machthaber, «durch Schmähungen und Bedrängnisse zum Schauspiel wurden», wie der Verfasser sagt (Hebr 10,33). Mit Blick auf diesen Text wird jedoch häufig übersehen, daß seine Beschreibung eine positive Erinnerung an die «frühere Zeit» darstellte, als diese Christen sich damit auseinanderzusetzen lernten, daß das Leiden selbstverständliche Folge ihres Glaubens war. Seine Beurteilung ihrer Reaktion zu dieser Zeit war voller Lob, und er wollte darauf hinaus, daß die Aufgabe des eigenen Vertrauens aufgrund solchen Leidens *zu jeder Zeit* verheerend wäre (Hebr 10,35; 12,1–7). Es scheint, als habe der Verfasser das Thema der Verfolgung eingeführt, um dies zu unterstreichen, und nicht, weil es die gegenwärtige Erfahrung seiner Leser beschrieben hätte. Ihre Erfahrung war durch Erschöpfung und wachsendes Desinteresse geprägt – durch «müde Hände» und «wankende Knie», wie der Autor schreibt (Hebr 12,12). Er hoffte, das Nachdenken über *pistis*, einen Begriff, der «Glauben» und «Vertrauen» meinte, werde zu einer tieferen Wertschätzung der «grundlegenden Lehre über Christus» führen, ja, dieses Nachdenken könne der Entfremdung, die ihm Sorge bereitete, entgegenwirken. Mit Blick auf die *pistis* konnte man an das christliche Vertrauen – im Sinne einer edlen *imitatio* Christi als des Vorbildes der Beharrlichkeit bis zum Tod (Hebr 12,1–3) – appellieren. Man bedenke, was es für Christen bedeuten würde, auf ihrem Glauben zu beharren, wenn das so wäre! Sie würden in Einklang mit der Grundstruktur des Kosmos leben, in Übereinstimmung mit dem Vorbild des Selbstopfers, das die göttliche Ordnung aller Schöpfung bestimmte.

Es wird schnell deutlich, daß die drei soeben erwähnten Anliegen eng miteinander verknüpft waren. Wie Paulus setzte sich der Verfasser persönlich für eine vollständige Bekehrung zum Christuskult ein. Anders als Paulus lebte er zu einer späteren Zeit, als der Christuskult in Gefahr stand, seine ursprüngliche Aura von Dringlichkeit und Endgültigkeit zu verlieren. Der Autor schrieb, als wolle er seine Mitchristen neu inspirieren, wandte sich daher der für den Christusmythos grundlegenden Martyriologie zu und versuchte, sie als inspirierendes Vorbild der Beharrlichkeit des Glaubens darzustellen. Doch jenseits all dessen liest sich seine Abhandlung so, als wollte er sich seines eigenen Empfindens vergewissern, daß der Christusmythos der Wahrheit entsprach und daß es die richtige Entscheidung gewesen war, sich den Christen anzuschließen. Aus diesem Grund verbrachte er – ähnlich wie Paulus – so viel Zeit mit der Suche nach einer Möglichkeit, den Christusmythos auf etwas Grundlegendes im Selbstverständnis des Judentums zu beziehen. Anders als Paulus beschloß er, den Christusmythos mit dem Opfersystem des Tempels in Analogie zu setzen. Diese Entscheidung brachte ihn in Schwierigkeiten, mag aber zu jener Zeit mehr Vorzüge gehabt haben als alles, was Paulus erdachte.

Das Tempelsystem hatte für das Selbstverständnis des Judentums zentrale, wesentliche Bedeutung besessen. Nun, da es nicht mehr funktionierte, war die Vorstellung denkbar, der Christuskult habe seine Stelle eingenommen. Der Vorzug eines solchen Vergleichs war offensichtlich. Man brauchte nicht mehr zu behaupten, das «Alte» werde sein Ende finden, denn dies war bereits eingetreten. Es galt nur zur Geltung zu bringen, daß das Christentum die bessere Gestalt des «Opfer»-Gottesdienstes verkörperte. Indem man die Opfermetapher verwendete, konnte man zudem den Übergang vom einen zum anderen beschreiben, ohne die bittere Rivalität der Christen zu den Pharisäern und den örtlichen Synagogengemeinden neu zu entfachen. Ein platonisches Modell von Urbild und Abbild stellte ein wirksames Mittel dar, um die Voraussetzungen für den Vergleich zu schaffen. Man brauchte nicht zu sagen, die Geschichte Israels als einer religiösen Gemeinschaft sei falsch gewesen, sondern mußte lediglich behaupten, der jüdische Tempel oder sein Opfersystem seien ein armseliger Versuch gewesen, das göttliche Urbild zu kopieren. Das gleiche Modell eines himmlischen Urbilds und eines irdischen Abbilds ließ sich mit Blick auf den Christuskult verwenden. In diesem Fall jedoch lag die Überlegung des Opfers Christi darin, daß es einen Zugang zur göttlichen Liturgie eröffnete. Für unseren Verfasser war das Problem der Ungewißheit und Teilnahmslosigkeit in dem Augenblick gelöst, als er erkannte, daß der Christusmythos in zwei Richtungen funktionierte – als Vorbild für den christlichen Glauben (*pistis*) und als Metapher für den Vergleich und die Gegenüberstellung von Judentum und Christentum («Opfer»). Das Christentum würde dann als eine Religion erscheinen, die die kosmische Struktur des göttlichen Opfers offenbarte.

Der Verfasser brachte gute Voraussetzungen für ein solches Vorhaben mit. Er war vollkommen in der Welt platonischen Denkens zuhause und verfügte über ein außergewöhnliches Geschick in der allegorischen Deutung der jüdischen Schriften. Der Christusmythos und seine Logik waren ihm vollständig vertraut, und er war sich der Möglichkeiten, die neue christliche Gemeinde zum Judentum der Vergangenheit in Beziehung zu setzen, voll bewußt. Er war hochgebildet, was die griechische Rhetorik anging, und hatte keine Schwierigkeiten damit, für den Entwurf seines Vorstellungssystems rein rhetorische Argumente zu verwenden. Er verfügte zudem über einen guten theoretischen Verstand, der ihn befähigte, sich lange Zeit in der Vorstellungswelt, die zu schaffen er sich vornahm, aufzuhalten. Das Ergebnis mag philosophisch ungeheuerlich erscheinen, von seiner theologischen Aggressivität ganz zu schweigen. Doch die Abhandlung, die er verfaßte, um seinen Entwurf plausibel zu machen, ist eine so faszinierende christliche Phantasieübung, daß der arglose Leser schnell in die platonische Ideenwelt mit hineingerissen wird, in der dieses Spiel gespielt wurde.

Nach Meinung unseres Verfassers kann man Christus mit dem gesamten System der israelitischen Religion vergleichen und als «besser» erweisen. Er war den Engeln überlegen, weil er erst «niedriger», dann «höher» war als sie alle (Hebr 1–2). Er war Mose überlegen, denn er war «treu als Sohn über Gottes Haus», nicht, wie Mose, als Knecht (Hebr 3,1–6). Er war dem Hohenpriester überlegen, weil er sich selbst und nicht irgendetwas anderes zum Opfer darbot. Außerdem opferte er sich um der anderen willen, nicht für sich selbst, ein für allemal, nicht täglich, im himmlischen Tempel statt im irdischen Gotteshaus – so wird es über mehrere Kapitel hinweg weiter entfaltet (Hebr 4–10). Sodann wendet sich der Verfasser dem Thema der *pistis* als «Glaube» und «Zuversicht» zu und bietet eine Liste von Beispielen jener, die – von Abel bis zu den Propheten – glaubten, aber «nicht erlangten, was verheißen war» (Hebr 11,39). Schließlich wird die herausragende vorbildhafte Gestalt als «Anfänger und Vollender unseres Glaubens» dargestellt, «der, obwohl er hätte Freude haben können, das Kreuz erduldete und die Schande geringachtete und sich gesetzt hat zur Rechten des Thrones Gottes» (Hebr 12,2). Die darauffolgende Ermahnung fordert dazu auf, (1) Christi Beharrlichkeit als Vorbild zu begreifen, dem es zu folgen gelte, und (2) das, was er vollbrachte, in dem Sinne zu verstehen, daß er Christen den Zugang zum himmlischen Heiligtum Gottes eröffnet habe. Man ist am Ende nicht ganz sicher, ob der Christ bereits beim Gottesdienst in diesem kosmischen Heiligtum angelangt ist oder noch in Gefahr steht, den Weg zu verfehlen, wenn er sich von weit unten dem Altar nähert. Jedenfalls wird der erschreckende Gedanke geäußert, man könne am Ende von Gott, der als verzehrendes Feuer beschrieben wird, zurückgewiesen werden (Hebr 12,19). Doch wie auch immer, die Leser sollten – indem sie «kommen zu der Stadt des lebendigen Gottes [...] und zu dem Mittler des neuen Bundes, Jesus» (Hebr 12,22–24) oder indem sie «Züchtigungen um der Erziehung willen» erdulden und «sichere Schritte mit ihren Füßen machen» (Hebr 12,7.13) – Folgendes verstehen:

> «So laßt uns nun durch ihn Gott allezeit das Lobopfer darbringen [...] Gutes zu tun und mit andern zu teilen, vergeßt nicht; denn solche Opfer gefallen Gott. Gehorcht euren Lehrern und folgt ihnen, denn sie wachen über eure Seelen – und dafür müssen sie Rechenschaft geben.» (Hebr 13,15–17)

Was für eine unsensationelle, langweilige Schlußfolgerung aus einer solch leidenschaftlichen Argumentation. Wenn es dem Brief nur darum ging, betrieb er sicherlich einen völlig übertriebenen intellektuellen Aufwand. Doch vielleicht war unser Verfasser ein Lehrer von dieser Art. Wenn dies so ist und seine Gemeinde ihn als gebildeten Gelehrten achtete, stärkte seine Bemühung um einen derart phantasievollen Mythos möglicherweise seine Autorität und stiftete am Ende wenigstens keinen Schaden.

Die Offenbarung des Johannes

Eines Sonntags auf der Insel Patmos, so berichtet der Verfasser der Offenbarung des Johannes, wurde er «vom Geist ergriffen», hörte eine Stimme, wandte sich um und erblickte in einer Vision den kosmischen Christus, der sieben Sterne (Engel) in seiner rechten Hand hielt und inmitten von sieben goldenen Leuchtern (Kirchen) stand. Christus teilte ihm mit, was er den Engeln der sieben Kirchen – jener in Ephesus, Smyrna, Pergamon, Thyatira, Sardis, Philadelphia und Laodicea – schreiben sollte. Jede empfing Lob, Kritik und eine Warnung vor der bevorstehenden Rückkehr Jesu. Dann öffnete sich eine Tür zum Himmel und der Baldachin des Kosmos wurde zurückgerollt. Johannes wurde zum Thron Gottes entrückt, wo vierundzwanzig Älteste, sieben Geister, vier lebende Geschöpfe, eine Buchrolle mit sieben Siegeln, eine donnernde Stimme, ein geschlachtetes Lamm mit sieben Hörnern und sieben Augen (das in Wahrheit der Löwe des Stammes Juda war) und Tausende von Engeln den Schauplatz für das vorbereiteten, was «bald geschehen mußte» (Apk 1–5).

Das Lamm wird für würdig erfunden, die sieben Siegel auf der Buchrolle zu öffnen, die den Handlungsablauf dessen enthielt, was geschehen würde. Ein Siegel nach dem anderen wird aufgebrochen, und nacheinander folgen die vier Reiter der Apokalypse, astronomische Störungen, die Versiegelung von 144 000 Knechten Gottes aus Israel mit einem Schutzzeichen und die Verzückung einer Schar aus jedem Volk, das «seine Kleider hell gemacht hat im Blut des Lammes» (Apk 7, 14). Als das siebte Siegel gebrochen wird, entsteht im Himmel eine etwa halbstündige Stille, bis die sieben Engel ihre sieben Posaunen ergreifen. Bei jeder Posaune, die geblasen wird, setzt eine weitere Zerstörung der Welt ein. Es gibt Hagel, vermischt mit Feuer und Blut. Ein Drittel des Wassers wird zu einem Meer aus Blut, ein weiteres Drittel zu Wermut. Der Mond und die Sterne hören auf zu scheinen. Das geschieht, nachdem die ersten vier Posaunen geblasen wurden. Dann folgen drei Weherufe. Der Klang der fünften Posaune löst den ersten Weheruf aus: Aus dem Rauch aus dem unendlich tiefen Brunnen werden Heuschrecken mit Haar wie Frauenhaar, Zähnen wie Löwenzähnen, Schuppen wie eisernen Panzern und Schwänzen mit Stacheln wie von Skorpionen, und sie quälen die Menschen, die kein Schutzzeichen besitzen. Der Klang der sechsten Posaune löst den zweiten Weheruf aus: Vier Todesengel, zweihundert Millionen Pferde des Todes und drei Plagen vereinen sich, um ein Drittel der

Menschheit zu töten. Dann werden sieben Donner in einer kleinen Buchrolle versiegelt, die Johannes, unser Autor, essen mußte, um später zu weissagen. Ihm wird auch aufgetragen, den Tempel Gottes auszumessen, in dem zwei Zeugen stehen, weissagen, vom Tier aus dem Abgrund getötet werden und nach dreieinhalb Tagen wieder zum Leben erweckt werden sollen. All das geschieht beim Klang der sechsten Posaune. Als die siebte Posaune erklingt, gebiert eine Frau, die auf dem Mond steht und mit der Sonne bekleidet ist, ein Kind, dann taucht ein großer roter Drache auf, um das Kind zu verschlingen, und im Himmel bricht ein Krieg aus, in dem Michael und die Engel den Drachen bekämpfen. Eine kosmische Jagd bricht los, doch der Drache verschwindet für eine Weile. Statt dessen steigen riesige Tiere aus dem Meer und von der Erde auf, Engel fliegen klagend durch den Himmel, sieben Schalen voll Zorn werden ausgegossen, und die Hure Babylon stürzt. Dann taucht der Reiter auf dem weißen Pferd auf, der Drache kehrt zurück, wird in die Enge getrieben, in den Abgrund geworfen, auf den ein Siegel gesetzt wird. Sofort kommt das neue Jerusalem mit seinen zwölf Stadttoren in schöner Gestalt vom Himmel herab. Es bedarf keines Tempels, weil das Lamm in seiner Mitte wohnt, und keiner Sonne, denn Gott ist ihr Licht, ein Licht, das niemals aufhören wird, zu scheinen.

Die entscheidende Aussage der Vision lautet, der Herr Jesus werde bald kommen, um «einem jeden zu geben, wie seine Werke sind» (Apk 22,12). Damit sind offensichtlich die Aufnahme in das himmlische Jerusalem oder der Ausschluß aus ihm gemeint, und der Glaubende soll daher an seinem Glauben festhalten, bis diese Stadt auftaucht, ungeachtet der Behauptungen der Hure Babylon und der Drohungen des Drachens. Wir mögen uns fragen, was um alles in der Welt unseren Verfasser bloß in den Himmel schleuderte und eine solch grauenvolle Vision durchleben ließ. Urteilt man nach den Briefen an die sieben Kirchen in Kapitel 2 und 3, so war Johannes über zwei Dinge besorgt – über Irrlehren sowie über das, was er als «Bedrängnis» (*thlipsis*) bezeichnet und was bisweilen als «Verfolgungen» wiedergegeben wird. Diese Kirchen, alle im westlichen Kleinasien gelegen und unserem Verfasser offenbar bekannt, verhielten sich seiner Auffassung nach nicht angemessen. Einige nahmen ihre christlichen Gelübde nicht so ernst, wie sie es einst getan hatten. Andere hörten auf Irrlehren wie jene von «Balaam», der Prophetin «Jezebel», der Nikolaiten und der «Synagoge des Satans». Wir können nicht wissen, was diese Lehren beinhalteten, doch es ist deutlich, daß Johannes meinte, sie entsprächen nicht der Wahrheit der christlichen Lehre und seien die Ursache übler Praktiken – etwa des Genusses von Götzenopferfleisch oder der Unzucht. Bei den Briefen an die Engel, die vermutlich die Botschaft zu den Kirchen bringen sollten, handelt es sich um die Worte, die er vom kosmischen Jesus gehört hatte, der einst tot war, nun aber lebte und über die Schlüssel des Todes und der Hölle verfügt (Apk 1,18). Das ist letzte Autorität. Was Johannes nach dem Willen Jesu schreiben sollte, war eine Mahnung an die Kirchen, sie sollten Reue üben, ihre ursprüngliche christliche Begeisterung neu entfachen und lernen, geduldig auf ihren Lohn zu warten. Ihr Abweichen vom Glauben bedeutete daher für Jesus und für Johannes eine sehr ernste Angelegenheit.

Johannes' Besorgnis galt auch den Gerichtsverfahren gegen die Christen, ihren Leiden und ihrer Bedrängnis. Auf diese Erfahrungen waren die Kirchen nicht angemessen vorbereitet. Er deutete an, daß er sich aufgrund eigener Bedrängnis («Verfolgung», Apk 1,9) auf der Insel Patmos aufhielt, erwähnte einen gewissen Antipas, der in Pergamon als «Zeuge» (*martys*) getötet wurde (Apk 2,13), und sagte einigen in Smyrna die Verhaftung voraus (Apk 2,10). Fraglich ist, ob Johannes' Sorge über die Bedrängnis und seine Sorge über Irrlehren miteinander in Beziehung standen und ob wirkliche Gründe für eine solche Besorgnis vorlagen. Sieht man von Johannes' hyperbolischem Stil und seinen Visionen ab, so scheint man dies vorsichtig bejahen zu können – möglicherweise gab es einige Umstände, in denen ein christliches Bekenntnis oder das Festhalten an der «wahren Lehre» die Gefahr heraufbeschwor, «in Bedrängnis zu geraten».

Uns liegt in jedem Fall der Briefwechsel zwischen Plinius, dem Statthalter von Bithynien im nördlichen Kleinasien, und dem Kaiser Trajan vor, in dem es um die Frage nach der Politik gegenüber Christen geht, denen Untreue gegenüber dem Römischen Reich vorgeworfen wurde (Bettenson, 1967, 3–4). Dieser Briefwechsel wurde um das Jahr 112 n. Chr. geführt und dokumentiert die Tatsache, daß die Römer die Christen als ein Netzwerk unabhängiger Vereinigungen kannten, deren Praktiken sich möglicherweise störend auf den Frieden und die Ruhe einer Stadt auswirkten. Plinius sagt, die örtlichen Tempel und der mit ihnen verbundene Handel hätten gelitten, weil die Christen sie nicht unterstützt hätten. Er deutet außerdem an, daß Nicht-Christen die Christen der Untreue gegenüber dem Römischen Reich beschuldigten. Zu dieser Zeit wurde die Loyalität gegenüber dem Reich an der Bereitschaft gemessen, einem Bild des als göttlich verehrten Kaisers Weihrauch darzubringen, was weder Juden noch Christen tun durften. Plinius wollte etwas über Trajans Vorgehen wissen, weil er, wenn Christen der Illoyalität beschuldigt wurden und sich weigerten, zu widerrufen und ihre Treue durch die Darbringung von Weihrauch zu beweisen, keine andere Möglichkeit hatte, als sie hinrichten zu lassen. Trajan antwortete, natürlich müsse Plinius die Gesetzesbrecher bestrafen, solle aber die Christen nicht systematisch aufspüren, als wären sie alle illoyal; er solle außerdem keine anonymen Pamphlete als Beweis gegen sie zulassen und ihnen jederzeit die Chance einräumen, zu widerrufen und «unsere Götter» zu verehren.

Dies ist eine ausgesprochen vielsagende Information über die Situation der Christen im frühen 2. Jahrhundert. Solange sie lediglich für eine weitere jüdische Synagogengemeinde gehalten worden waren, waren sie von der Pflicht befreit gewesen, ihre Treue auf diese Weise zu beweisen, denn die Römer hatten den Juden seit der Zeit Julius Caesars eine Reihe von Privilegien eingeräumt, einschließlich der Befreiung vom Militärdienst und des Rechts, sich zu versammeln und ihre eigene Tempelsteuer einzutreiben, ohne der Illoyalität verdächtigt zu werden. Im Gegenzug versprachen die Juden, für den Kaiser zu beten, anstatt ihn zu «verehren». Doch nun konnten die Christen, die eine eigenständige neue Religion bildeten, offenbar nicht mehr mit diesem Schutz rechnen. Es mag daher große Aussagekraft haben, daß zwei der Irrlehren, über die Johannes am meisten Besorgnis empfand, einerseits mit Götzenopferfleisch, andererseits mit den Synagogen zu tun hatten – den beiden alternativen religiösen Vereinigungen, die eine Rettung vor der Hinrichtung garantiert hätten.

Problematisch bleibt jedoch die Frage nach der Angemessenheit der Reaktion des Johannes. Seine Offenbarung mutet den modernen Leser nach wie vor übertrieben an. Ein strenger Christ, frustriert von diesen neuen Verhältnissen, richtete seine Waffen gegen die Römer («Babylon») in einer grauenvollen Vision ihrer gerechten Bestrafung, und er gebrauchte das erschreckende Bild dieser blutigen Zerstörung als Warnung und Moralpredigt, adressiert an seine Mitchristen. Man kann zur Verteidigung eines solchen Unterfangens allenfalls sagen, daß es der Verfasser mit seinem Engagement gewiß ernst meinte. Daß er das rechte Augenmaß verloren hatte, ist dennoch unübersehbar. Im Vergleich zum Hebräerbrief, zu dessen Zeit ähnliche soziale Umstände herrschten und dessen Verfasser eine ähnliche Auffassung hinsichtlich der Bewahrung des Glaubens vertrat, die sich sogar zu einer übertriebenen Faszination von einer kosmischen Opfervorstellung ausweitete, erscheint die Vision des Johannes geradezu als makaber. Anstatt, wie der Hebräerbrief, die «Bedrängnisse» unten auf der Erde umfangen sein zu lassen von einem himmlischen Altar, der Zugang zu Gott und Beistand im Leid eröffnete, füllte die Vision des Johannes das Universum mit Bedrängnissen, die – außer denen, die «ihre Kleider hell machen ... im Blut des Lammes» (Apk 7,14) – niemand zu überleben vermochte. Und im Vergleich zu zeitgenössischen jüdischen Apokalypsen wie 4 Esra und 2 Baruch, in denen der Ton der Klage über einen unvorstellbar großen gesellschaftlichen Verlust vorherrscht, scheint sich die Johannesoffenbarung um eines persönlichen Vorteils willen am Grausigen zu ergötzen.

Beeindruckt von Johannes' Fixierung auf das Gemetzel, wie etwa bei der Beschreibung der «von dem Blut der Heiligen und vom Blut der Zeugen Jesu betrunkenen» Hure Babylon (=Rom, Apk 17,5–6), haben die Forscher gewöhnlich versucht, diese Schrift auf die Zeit einer der traditionellen «Christenverfolgungen» zu datieren. Die neronische Verfolgung im Jahre 64 n. Chr. kommt nicht in Frage, weil es sich dabei (1) nicht um eine Verfolgung, sondern um eine spontane, örtlich begrenzte Sündenbockaktion handelte, die jeder als Handlung eines Wahnsinnigen verstand, und weil sie (2) auf jeden Fall von Tacitus, der darüber berichtete, um Nero zu diskreditieren, in hohem Maße übertrieben wurde. Auch die zweite «Verfolgung» unter Domitian (Kaiser von 81–96) kommt nicht in Frage, obwohl die frühe christliche Legende die Johannesoffenbarung auf diese Zeit datiert. Doch die moderne Forschung vermag keinen Beweis für eine domitianische Verfolgung zu finden. Es gab gegen Ende seiner Herrschaft eine Fülle von Hinrichtungen, doch sie betrafen, soweit wir wissen, allesamt das Königshaus und den Senat. Die Gewalt gipfelte schließlich in Domitians eigener Ermordung 96 n. Chr. Wir wissen also von keiner offiziellen Verfolgung durch die Römer, auf die Johannes reagiert haben könnte (Collins, 1984). Es muß die um die Wende des 1. Jahrhunderts deutlich gewordene Verwundbarkeit von Christen gegenüber den Vorwürfen von Illoyalität gewesen sein, die Johannes so stark beschäftigte.

In jedem Fall handelt es sich um eine Überreaktion, denn die literarische Analyse bringt eine gekünstelte Faszination durch Folter und Qual des Martyriums zutage. Die ineinander verflochtenen Siebenerzyklen werden eindeutig dazu eingesetzt, die Beschreibungen des Schreckens auszuweiten. Einige dieser Beschreibungen würden sogar Hieronymus Bosch erschauern lassen. Die Suche nach Quellen der Vorstellungswelt des Johannes bringt einen wahrhaften Mischmasch von antiken nahöstlichen Mythen zum Vorschein. Von Vers zu Vers stößt der Geist des Historikers – auf der Suche nach Parallelen – auf Mythen über die Schöpfung, über Seedrachen, heilige Kriege, königliche Geburten, auf ägyptische Darstellungen des Lebens nach dem Tode, auf die himmlische Isis, auf Horus und Seth, den göttlichen Hof, die Weisheit vor Gottes Thron, die Plagen aus der Exodusgeschichte, auf Engelskrieger, kosmische Feuersbrünste und so weiter. Es hilft nichts, daß – eingestreut in das Schreckliche – viele Beispiele einer gehobenen und sakral-liturgischen Sprache begegnen, die an die Gebete und Psalmen der Frommen erinnern. Nach zweiundzwanzig Kapiteln voller blutverschmierter Kleider, Betten und Leichen wirkt die abschließende Ermahnung an den Durstigen, «das Wasser des Lebens als Geschenk zu empfangen» (Apk 22,17), nicht sehr einladend.

Die Johannesoffenbarung ist ein Beispiel dafür, wie man das Bild des Martyriums als wichtigste Metapher dafür strapazieren konnte, eine Reihe schwieriger Umstände plausibel zu machen. Die Metapher war in verschiedener Hinsicht angemessen – angesichts dessen, daß die Martyriologie den Kern des Christusmythos ausmachte, aber auch dessen, daß die Christen nunmehr selbst von Hinrichtungen bedroht waren. Doch weder die Römer noch die Christen haben diese Umstände mit Absicht herbeigeführt oder wollten auf diese Weise Loyalität auf die Probe stellen. Insofern war die Verwendung der Metapher nicht wirklich angemessen, und das Herumreiten auf ihren blutrünstigeren Konnotationen konnte für Entwicklung eines neuen Verständnisses von Beziehungen nicht besonders hilfreich gewesen sein. Dies war jedoch nicht Johannes' Anliegen. Er verlieh der Metapher des Martyriums von Christen nur deshalb einen mythischen Status, um eine Vorstellung davon geben zu können, wie am Ende die Wahrheit des christlichen Glaubens gerechtfertigt würde. Damit hinterließ er der westlichen christlichen Phantasie ein literarisches Erbe, das uns noch immer heimsucht.

Die unmittelbare Wirkung der Schrift des Johannes läßt sich nicht so leicht aufspüren. Wir vermögen der frühen Geschichte ihrer Überlieferung nicht zu folgen, und die Zeugnisse dafür, daß sie mit Wertschätzung gelesen worden wäre, begegnen nur verstreut. An einem bestimmten Punkt, so scheint es, wurde die Offenbarung des Johannes von Patmos – einzig aufgrund des gemeinsamen Namens – mit den Schriften der johanneischen Schule in Verbindung gebracht. Sogar als sie durch die Aufnahme in Athanasius' Liste apostolischer Schriften ihren Segen für die Nachwelt erhalten hatte, gab es noch Gelehrte der Kirche, die ihre Echtheit in Frage stellten und an ihrer Theologie herummäkelten. Dennoch kommt ihr aus der Sicht des Historikers eine ungeheure Bedeutung zu. Das liegt daran, daß sie, unabhängig davon, ob sie eine Wirkung auf die unmittelbar folgende christliche Vorstellungswelt ausübte oder nicht, einen Wandel des christlichen Denkens dokumentiert, der wichtige Folgen für die Mythenbildung während der folgenden beiden Jahrhunderte mit sich brachte. Der Wandel des Denkens wurde durch zwei Veränderungen der sozialgeschichtlichen Umstände hervorgerufen: Christliche Gemeinden traten als gesellschaftlicher Faktor voll in das Licht der Öffentlichkeit, und die Römer spielten mit einem Kult herum, der den Kaiser zu einer göttlichen Gestalt machte, einem Kult, der sich als Kriterium für die Treue zum Reich verwenden ließ. Diese beiden Aspekte der neuen gesellschaftlichen Situation der Christen ließen sich nicht miteinander vereinbaren. Die Folge davon war, daß der Mythos des Martyriums zur höchsten Form des christlichen Bekenntnisses wurde. Der Begriff *Märtyrer* wurde übrigens zu dieser Zeit von den Christen geprägt. Er stammt von dem griechischen Wort *martyria*, das überhaupt nichts mit «Martyrium» zu tun hatte, sondern «Zeugnis» bedeutete. Es war die merkwürdige Konstellation, von den Römern angeklagt zu werden und dabei zugleich für die Treue zu Christus «Zeugnis ablegen» zu müssen – mit Konsequenz einer Hinrichtung, die man als Nachahmung des Martyriums Christi verstehen konnte –, was dem Begriff *martyria* seine besondere christliche Konnotation verlieh. Von dieser Zeit an sollte der Märtyrer um Christi willen zum wahren «Bekenner» des christlichen Glaubens werden.

8. Briefe der Apostel

Um die Wende zum 2. Jahrhundert schlug die frühchristliche Mythenbildung eine neue Richtung ein. Viele christliche Gruppen, die über die verwirrende Vielfalt von Ideologien und Praktiken besorgt waren, die sich im Namen Jesu herausgebildet hatten, standen vor neuen konzeptionellen Problemen. «Chassidische» Sektierer, lokale Mysterienkulte, Wandermagier, Leute, die exegetische Mystifizierungen ersannen, kosmische Philosophen und gnostische Mystagogen beriefen sich alle auf den Namen Jesu, um dem Ursprung oder der Wahrheit ihrer Programme Gültigkeit zu verleihen. Nicht jeder empfand dieses Durcheinander religiösen Experimentierens als bedrohlich. Vielen erschien es als anregend, so wie moderne Anhänger des New Age sich von der Erkundung kosmischer und psychischer Mysterien zum Zwecke persönlicher Orientierung angezogen fühlen. Doch für einen bestimmten Typus christlicher Gemeinden nahm die Weite des Experimentierens zunehmend bedrohlichen Charakter an. Dabei handelte es sich um Gemeinden, die eine im allgemeinen Sinne «zentristische» Position einnahmen, die dazu beitrug, daß die Jesusbewegungen und Christuskulte sich einander anzupassen lernten. Sie hatten den Christusmythos angenommen, bejahten aber die narrativen Evangelien; sie bildeten Netzwerke christlicher Gemeinden, verstanden sich aber als Erben der Hinterlassenschaft Israels; sie malten sich ein abschließendes apokalyptisches Gericht aus, organisierten sich jedoch so, daß sie in der Zwischenzeit Sorge füreinander trugen; sie wußten, daß sie innerhalb der größeren römischen Welt eine Minderheit waren, hegten aber universalistische, diesseitige Hoffnungen für das durch sie verkörperte Reich. Die Führer der Gemeinden dieses Typus begannen sich Sorgen darüber zu machen, sie könnten den Anspruch auf Vertretung der wahren christlichen Lehre verlieren. Sie reagierten darauf, indem sie die Wahrheit ihres Evangeliums in der Behauptung verankerten, sie hätten es «unmittelbar» von einem Jünger empfangen, der Jesus persönlich gekannt habe.

Diese Hinwendung zum Interesse an Jesu Jüngern vollzog sich ganz natürlich. Sie folgte einem Modell, das in den Schulen der griechischen Philosophie selbstverständliche Praxis war. Danach hatten die Lehren ihren Ursprung in einer Stiftergestalt und waren dann über eine Linie von Jüngern in führender Position weitergegeben worden. Diese Lehrer aus dem Jüngerkreis kannte man als «Nachfolger» (*diadochoi*), ihre Lehren als Schultradition. Diogenes Laertius verwendete dieses Modell, um die gesamte Geschichte der griechischen Philosophie von ihren legendären Anfängen bei den sieben Weisen an zu rekonstruieren und so Rechenschaft über die Altehrwürdigkeit der vielen Schulen griechischen Denkens abzulegen, die zu seiner Zeit (ca. 200 n. Chr.) noch aktiv waren.

Dieses Modell stellte die Christen allerdings vor ein Problem. Die Ausbreitung der Jesus- und Christusbewegungen hatte die Dimension der Entstehung einer philosophischen Schule weit übertroffen, und die große Mehrheit der Christen der ersten Generation, einschließlich der Lehrer, Prediger und der für örtliche Gemeinden verantwortlichen Führer, hatten den historischen Jesus niemals gekannt. Siebzig Jahre waren vergangen, und man hatte die *diadochoi* in den Schulen Jesu aus den Augen verloren. Die ersten wandernden Gründer christlicher Gemeinden waren tot. Örtliche Gemeinden wurden von dort ansässigen «Ältesten» und Gönnern betreut und geführt, wie es bei jeder Vereinigung üblich war. Die kollektiven Erinnerungen der ersten Jünger Jesu aber waren ausgesprochen verschwommen und für die Aufgabe, die es zu erfüllen galt, kaum geeignet. Die frühen Jesusbewegungen hatten keinerlei Zeugnisse von Jüngern hinterlassen, die von Jesus dazu ausgebildet worden waren, sein Programm fortzuführen. Dies lag, wie wir sahen, daran, daß Jesus kein solches Programm hatte und keine Jünger ausbildete, die die Führung hätten übernehmen können.

Erschwert wurde die Situation zusätzlich dadurch, daß während der frühesten Phasen der Jesusbewegungen jede neue Lehre Jesus selbst, nicht einem seiner Jünger zugeschrieben worden war. Die von Paulus Bekehrten hatten niemals einen «Jünger» gehabt, der für ihre Überlieferung hätte bürgen können. Und wie verhielt es sich bei den verschiedenen anderen Gruppen, etwa jenen, die das schließlich Johannes zugeschriebene Evangelium hervorgebracht hatten, Gruppen, die komplizierte mythische und rituelle Systeme entwickelt hatten, ohne es jemals für nötig zu halten, sich auf den Namen eines Jüngers zu berufen, um sich ihrer Erfahrung des kosmischen Christus zu vergewissern? Sie waren auch mit anonymen, kollektiven literarischen Erzeugnissen recht gut ausgekommen, und lediglich die Stimme eines mythischen Jesus klang in ihren Ohren. Und warum trug die unter den mannigfachen Jesusbewegungen geläufige Literatur, darunter auch das Buch Q, nicht die Unterschrift eines der «Jünger»? Bedenkt man dies, so sprach wenig für die Vorstellung, die Lehren Jesu seien durch von ihm selbst unterwiesene Jünger übermittelt worden.

Als Markus schließlich entschied, bei der Abfassung seines Lebens Jesu in den siebziger Jahren das Modell eines Lehrers mit seinen Jüngern zu verwenden, waren die einzigen ihm bekannten Jünger sehr ungeeignete Kandidaten für die Übermittlung seines Evangeliums. Er wußte um zwei unterschiedliche Gruppen namentlich bekannter Jünger. Eine bestand aus dem Trio Petrus, Jakobus und Johannes, den «Säulen», wie Paulus sie nannte (Gal 2,9), die vor dem Krieg in Jerusalem gelebt hatten. Markus legte Wert darauf, sie als Stellvertreter Jesu darzustellen. Doch wie wir wissen, ließ er sie zugleich als überaus töricht erscheinen, so als ob jeder Leser wüßte, daß der tatsächliche Petrus und seine Genossen niemals mit dem markinischen Verständnis des «Reiches Gottes» und seinem neuartigen Leben Jesu einverstanden gewesen wären. Markus wußte außerdem etwas über eine weitere Gruppe von Jüngern, die man als «die Zwölf» bezeichnete, und tatsächlich erstellte er für sie eine Namenliste (Mk 3,13–19). Doch nun hatte er zwei Namenlisten, eine für die «Säulen» und eine für die Zwölf, die dort, wo sie sich überschnitten, nicht miteinander übereinstimmten. Der Jakobus der Liste der «Zwölf» und der Jakobus der drei «Säulen» in Jerusalem waren nicht identisch. Der Jerusalemer Jakobus war Jesu Bruder gewesen (Gal 1,19), kein Jünger, auch nicht, wie Markus behauptete, der Sohn des Zebedäus und Bruder des Johannes (Mk 3,17). Woher also bezog Markus überhaupt zuerst die Idee der zwölf Jünger?

Die Vorstellung von den zwölf Jüngern war bereits zur Zeit der Wirksamkeit des Paulus in den fünfziger Jahren geläufig, denn er nimmt «die Zwölf» in seine Liste derer auf, denen nach seiner Aussage Jesus nach seinem Tod erschienen ist (1 Kor 15,5). In den späteren Phasen der Komposition von Q trat ein Spruch hinzu, der besagte, Jünger würden im «Reich Gottes» auf Thronen sitzen und «die zwölf Stämme Israels richten» (Q 22,28–30). Diese Hinweise zeigen, daß die Vorstellung von «den Zwölf» im Zuge der mythischen Entfaltung mit dem Ziel entwickelt wurde, den Anspruch auf das Konzept «Israel» zur Geltung zu bringen. Namen fanden keine Erwähnung, weil es sich bei dem Konzept um eine Fiktion handelte, die am besten ohne Namensnennung funktionierte. Erst seitdem Markus in den siebziger Jahren sein Evangelium verfaßt hatte, besitzen wir eine Liste der Namen der zwölf Jünger, vermutlich seine eigene kurze Liste von Namen, die mit den frühen Stadien der ihm bekannten Jesusgruppen in Verbindung standen. Und erst als in den späten achtziger Jahren Matthäus sein Evangelium schrieb, trat Petrus als der herausragende Führer der «Zwölf» hervor, dem nunmehr die Rolle des von Jesus zur Fortsetzung seines Werkes auserwählten Jüngers zufiel. Jene, die sich gegen Ende des 1. Jahrhunderts über die Wahrheit ihres Evangeliums sorgten und sich fragten, wie die Lehren des Evangeliums von Jesus zu ihnen gelangt waren, sahen sich also dringend zu einem gewissen Jonglieren mit den «historischen» Zeugnissen genötigt.

Wenn es keine frühen Schriften gab, die man auf die in den Evangelien beschriebenen Jünger zurückführen konnte, so mußten die Christen des 2. Jahrhunderts sie einfach erfinden. Es war nicht schwer, sich vorzustellen, daß die Jünger ihre Erinnerungen an Jesus aufgezeichnet und sich Notizen über seine ihnen zugedachten Lehren gemacht haben mußten, da dies Bestandteil des Lehrer-Schüler-Modells war. Wie wir festgestellt haben, war der Brauch, Reden berühmten Personen der Vergangenheit zuzuschreiben, eine Kunst, die man in der Schule lernte. Jesus-Leute des 1. Jahrhunderts hatten ihre «Erinnerung» an Jesus in Anlehnung an dieses Modell geschaffen und gepflegt. Die Mythenbildung im 2. Jahrhundert sollte das gleiche tun. Die Aufmerksamkeit verlagerte sich dabei einfach von Jesus und seiner Autorität auf seine Jünger und ihre Rolle als Apostel und Missionare.

Die narrativen Evangelien hatten bereits den ersten Schritt vollzogen, indem sie sich ausmalten, die Jünger seien von Jesus berufen worden. An die Stelle der Bezeichnungen *Jünger* oder *die Zwölf* trat der Begriff *Apostel*. Apostel waren Boten, die bevollmächtigt worden waren, den zu vertreten, der sie gesandt hatte (*apostolos* bedeutet Gesandter). Bereits Paulus hatte diesen Begriff als Selbstbezeichnung verwendet, doch in seinem Fall war es Gott, nicht Jesus, der ihn bevollmächtigt hatte, das Evangelium zu verkündigen. Dies war Paulus' Methode, die Autorität in Anspruch zu nehmen, über Jesus Christus zu reden, obwohl er *kein* Jünger gewesen war. Er gebrauchte den Begriff *Apostel* sogar als Bezeichnung für Petrus, Jakobus und Johannes und legte seinen Lesern auf diese Weise die Vorstellung nahe, er und sie seien in gleichem Maße bevollmächtigt, so als seien auch sie von Gott berufen worden. Doch diese Behauptung erweist sich als kluge Strategie des Paulus (Mack, 1988, 113), und es gilt hervorzuheben, daß er die «Säulen» nicht als Jünger bezeichnete. Sie waren, wie er es formulierte, jene, «die vor mir Apostel waren» (Gal 1, 17). Dieses Zeugnis aus den fünfziger Jahren ist ungeheuer wichtig, denn es besagt, daß die Idee eines Apostels im Konzept der Mission wurzelte und daß die Vorstellung des Jüngers erst später – und aus anderen Gründen – mit jener des Apostels verschmolz. Letztere könnte sogar Paulus' eigenständiger Beitrag zur frühchristlichen Sprache der Gemeindeführung gewesen sein, denn der Begriff *Apostel* scheint die Konnotation einer ganz besonderen Bevollmächtigung angenommen zu haben, die streng auf jene begrenzt war, die den auferstandenen Herrn «gesehen» hatten. Durch die Vermischung der Funktionen des Jüngers und des Apostels, jener, die «bei Jesus» gewesen waren, und jener, die den auferstandenen Herrn gesehen hatten, ein Vorgang, der sich während des späten 1. Jahrhunderts vollzog, konnte sogar Paulus zu denen gezählt werden, die bevollmächtigt waren, für die Wahrheit des Evangeliums zu bürgen. Was aber geschah dann mit der Vorstellung von in der Jesustradition verwurzelten Jüngern, die lediglich «bei ihm» gewesen waren, für die keine Geschichten existierten, die bezeugten, sie hätten den auferstandenen Herrn gesehen? Damit man auch sie als Apostel darstellen konnte, mußten die narrativen Evangelien eine Geschichte über ihre Berufung zu Aposteln sowie einen Bericht über ihre «Schau» des auferstandenen Herrn aufnehmen.

Markus versuchte, die Vorstellung, daß die Jünger von Jesus berufen worden waren, zur Geltung zu bringen, indem er es so darstellte, als seien die «Zwölf» noch zu Zeiten der Wirksamkeit Jesu in Galiläa ausgesandt worden. Dies trug natürlich nicht viel zur Geschichte Jesu bei, auch nicht zur Betonung der Funktion der Jünger als Bürgen des Evangeliums, wie Markus wußte und in seinen Geschichten über ihren traurigen Mangel an Verständnis auch deutlich machte (Mk 6,30–44; 8,14–21). Der sogenannte «Missionsbefehl» bei Matthäus war wesentlich wirkungsvoller, da er am Ende jener Geschichte stand, die erwähnte, sie hätten den auferstandenen Jesus «gesehen» und «angebetet», und die den Auftrag enthält, die Völker zu taufen und zu Jüngern zu machen. Dies brachte die Vollmacht der Jünger als Apostel wesentlich besser zur Geltung als die markinische Geschichte über ihre Beauftragung zur Verkündigung und Dämonenaustreibung. Lukas' Idee war allerdings noch besser als die des Matthäus. Er ließ Jesus den elf Jüngern erscheinen und ihnen auftragen, sie sollten in Jerusalem bleiben, bis er den Heiligen Geist zu ihrer Ermächtigung senden werde. Dann ließ er sie einen zwölften Jünger wählen, der den Platz des Judas einnahm, und vor den Augen der ganzen Welt Pfingsten feiern, um daraufhin darzustellen, wie der Heilige Geist sie in alle Richtungen aussandte, damit sie die Geschichte Jesu als Wahrheit des Evangeliums erzählten. Andere sollten weitere Wege finden, um die Bühne für eine besondere Weisung seitens Jesu vorzubereiten, etwa die geheimen Worte, die gemäß dem Thomasevangelium zu Thomas gesprochen wurden, die private Belehrung im Johannesevangelium und die für gnostische Abhandlungen typischen Offenbarungen nach der Auferstehung, die nur bestimmten Jüngern zuteil wurden. Geheime Überlieferungen bedurften nicht wirklich eines Apostels von der Art der Missionare. Doch jede dieser anderen Methoden, eine Überlieferung mit einem Jünger in Verbindung zu bringen, zeigt, daß die Vorstellung von den zwölf Jüngern als den Bürgen der autoritativen Tradition wirksam war, und jede war auf irgendeine Weise der allgemeinen Vorstellung von einer apostolischen Epoche verpflichtet. Hinter dem Großteil der um die Wende zum 2. Jahrhundert verfaßten apostolischen Literatur stand der Gedanke, Jünger, die Jesus persönlich gekannt hätten, hätten die von ihm empfangenen Weisungen formuliert und an die nächste Generation von Führungsgestalten weitergegeben.

Sie brauchten also Texte, und so wurde die Abfassung von Texten im Namen irgendeines Jüngers oder Apostels allgemeine Praxis. Auch aus diesem Grund wurde zuvor verfaßte anonyme Literatur – wie etwa die neutestamentlichen Evangelien – entweder einem Jünger zugeschrieben, so bei Matthäus und Johannes, oder aber einem Gefährten eines

Jüngers, so bei Markus, oder einem Gefährten des Paulus, so bei Lukas. Ein flüchtiger Blick auf die große Sammlung der traditionell als «apokryphe» neutestamentliche Literatur bezeichneten frühchristlichen Schriften offenbart viele angeblich von einem Jünger verfaßte Texte sowie viele Geschichten über die Taten, die Mission und die Verkündigungswirksamkeit der Jünger. Zu den beliebtesten Figuren gehören Petrus, Jakobus, Johannes und Paulus. Für jeden von ihnen existieren Briefe, eine Sammlung von Acta und entweder ein Evangelium oder eine Offenbarung (Apokalypse). Man konnte ihnen auch andere Schriften zuschreiben, etwa die *Verkündigung des Petrus* und den Briefwechsel zwischen Paulus und Seneca. Für Matthäus haben wir das ihm zugeschriebene Evangelium und Kunde über ein früheres Hebräerevangelium. Für Thomas liegen uns das Thomasevangelium, die *Acta Thomae*, eine Thomasapokalypse, ein Kindheitsevangelium des Thomas und ein Buch des Athleten Thomas vor. Es gibt außerdem ein Philippusevangelium, die Andreasakten und die Fragen des Bartholomäus, dazu viele weitere Schriften wie etwa ein Gebet des Apostels Paulus. Das ist jedoch noch nicht alles. Literatur entstand auch im Namen der Autorität der zwölf Apostel als Gesamtheit, wie etwa die *Didache* (Lehre) der zwölf Apostel, die *Epistula Apostolorum* (Brief der Apostel) und die Apostolischen Konstitutionen (ein Handbuch mit Weisungen für den christlichen Glauben und christliche liturgische Bräuche).

Diese Literatur, die zumeist während des 2., 3. und 4. Jahrhunderts verfaßt wurde, dokumentiert den erfolgreichen Wandel der frühchristlichen Mythenbildung um die Wende zum 2. Jahrhundert. Er brachte die Vorstellung von einer apostolischen Epoche hervor, eine Vorstellung, die es der christlichen Kirche schließlich ermöglichte, das erste Kapitel der frühchristlichen «Geschichte» als gesichertes Fundament ihrer Institutionen und Ämter zu verstehen. Der Wandel führte zudem dazu, daß die Jünger zu Helden wurden, und schuf ein Modell für die Abfassung der nachfolgenden christlichen Geschichte als einer Reihe von Glaubensvorbildern. Nicht zuletzt bewirkte er eine Konzentration der Autorität in Texten. Wir werden diese Literatur und diese apostolischen Entwicklungen im folgenden Kapitel ausführlicher erkunden. In diesem Kapitel werden lediglich die pseudonymen Briefe erörtert, die letztlich Eingang ins Neue Testament fanden. Dazu gehören die Briefe des Paulus an Timotheus und Titus, die sogenannten «katholischen Briefe» des Petrus und Judas, der Jakobusbrief und drei Johannesbriefe. Forscher datieren all diese Briefe zwischen 90 und 140 n. Chr., so daß es ausgesprochen wichtig ist, die Stimmung und Wirksamkeit des frühen 2. Jahrhunderts zu verstehen, um die Umstände ihrer Komposition erfassen zu können. Mit Blick auf diese Briefe lassen sich mehrere Beobachtungen anstellen, die uns im folgenden leiten werden.

Eine Beobachtung besteht darin, daß diese Briefe – gemeinsam mit den anderen, bereits besprochenen Paulusbriefen – den Hauptteil des Neuen Testaments ausmachen. Die neutestamentliche Textsammlung besteht aus vier Evangelien, einer Apostelgeschichte, einer Apokalypse und einundzwanzig Briefen! Warum gibt es so viele Briefe? Und weshalb besitzen wir lediglich Briefe von diesen Jüngern und Aposteln? Detaillierte Antworten unterscheiden sich je nach Text und machen es erforderlich, komplizierten Geschichten von Textkomposition und -überlieferung nachzuspüren. Letztlich müssen die sich ständig verändernden Interessen der Kirchenführer vom 2. bis zum 4. Jahrhundert beschrieben werden. Zu einem bestimmten Zeitpunkt während des 3. Jahrhunderts wurden diese Briefe aus Gründen, die es im Kapitel 10 zu diskutieren gilt, in verschiedene Listen von Texten aufgenommen, die für die öffentliche christliche Lesung empfohlen wurden, und fanden somit Eingang in die Sammlung, die uns als Neues Testament bekannt ist. Und doch gewinnen wir, einfach indem wir das Übergewicht der Briefe im Neuen Testament zur Kenntnis nehmen, einen Eindruck von ihrer Bedeutung für jene, die sie verfaßten, bewahrten und sich auf sie beriefen, als aus den Netzwerken von Gemeinden, die sich etwa zu Beginn des 2. Jahrhunderts entwickelten, die Kirche entstand. Diese Briefe und diese Gestalten müssen etwas an sich gehabt haben, das Gemeindeführer jener beschriebenen, im allgemeinen Sinne zentristischen Überlieferungen interessierte. Worum könnte es sich dabei gehandelt haben?

Ungefähr zu dieser Zeit begann man, die Führer örtlicher christlicher Gemeinden als Älteste (*presbyteroi*) und Vorsteher (*episkopoi*) zu bezeichnen. Sie waren Verwalter von Gemeinden, denen die Verantwortung für die Stabilität, Ordnung und das allgemeine Wohlergehen ihrer als Familie oder «Herde» gedachten Gemeinden oblag. Es war an der Zeit, daran zu denken, daß Christen ihren Platz im Gesellschaftssystem des Reiches einnahmen. Das Interesse wandte sich der Ordnung des Familienlebens, der Ehrung der Toten, der Fürsorge für die Witwen, der Pflege der Evangelienüberlieferung und dem Vergleich von Briefen mit denen anderer christlicher Gemeinden zu. Die Führer von Gemeinden in den größeren Städten übernahmen nun die Leitung der Gemeinden in allen anderen Städten in ihren Distrikten. Für diesen Zweck stellte der Brief eine perfekte Form der Kommunikation dar. Er konnte an eine Gemeinde adressiert werden, persönliches, offizielles und lehrhaftes Material miteinander verbinden, stellvertretend für die Gegenwart des Absenders gelesen und abgeschrieben werden sowie in einem ganzen Netzwerk von Gemeinden zirkulieren.

Wir besitzen sechs Briefe, die Ignatius, der Vorsteher der Gemeinde in Antiochia, um das Jahr 100 n. Chr. an christliche Gemeinden in Ephesus,

Magnesia, Tralles, Rom, Philadelphia und Smyrna schrieb, sowie einen Brief an Polykarp, den Vorsteher in Smyrna. In diesen Briefen legt Ignatius ein erstaunliches Autoritätsbewußtsein an den Tag, das ihn ermächtigte, Christen weit über die Grenzen seiner eigenen Gemeinde in Antiochia hinaus Weisungen in Fragen des Glaubens und der Praxis zu geben. Ein immer wiederkehrendes Motiv in diesen Briefen ist besonders aufschlußreich. Ignatius schreibt nicht nur mit der Vollmacht dessen, der mit der Wahrheit der Evangelienüberlieferung betraut ist, sein Hauptanliegen richtet sich vielmehr darauf, daß die Christen in all diesen anderen Gemeinden ihre eigenen ortsansässigen Vorsteher ehren und ihnen Gehorsam entgegenbringen, da sie die Wahrheit des Evangeliums kennen und für ihre Bewahrung verantwortlich sind. Der wichtigste Unterschied zwischen diesen Briefen des Ignatius und jenen im Neuen Testament liegt darin, daß die neutestamentlichen Briefe nicht von einem Vorsteher, sondern angeblich von Aposteln verfaßt sind. Die neutestamentlichen Briefe wurden geschrieben, um die apostolische Fiktion zu stützen und die Autorität der Apostel in die Traditionskette einzufügen, die, so stellte man es sich vor, von Jesus bis zu den Vorstehern verlief. Aufgrund dieser fiktiven Verfasserschaft können die Briefe des Neuen Testaments nicht mit dem warmen, authentischen, persönlichen Stil der Ignatiusbriefe konkurrieren. Doch ihre Botschaft ist durchaus dieselbe, insofern sie nämlich Christen dringend dazu auffordern, sich nach der Lehre und Autorität der Vorsteher zu richten. Man stelle sich einen Vorsteher vor, der im Namen des Petrus einen Brief schreibt, in dem «Petrus» sagt, Christen sollten dem Vorsteher gehorchen. In all diesen Briefen ist die Fiktion offenkundig, und die Zirkelhaftigkeit der Verkündigung erscheint lächerlich. Daß Christen diese Briefe offenkundig ohne Schwierigkeiten als authentisch betrachteten, zeigt gerade, wie wichtig die apostolische Fiktion für die christliche Vorstellung ist.

Weshalb Briefe konkret im Namen von Paulus, Petrus, Jakobus, Johannes und Judas verfaßt wurden, ist eine andere Frage. Paulus scheint sich von selbst nahegelegt zu haben, denn sein Erbe umfaßte bereits Briefe an Gemeinden, Hinweise auf Mitarbeiter wie Timotheus und Titus, Weisungen für örtliche Führungspersönlichkeiten sowie eine Schultradition, die sich in ein größeres Netzwerk christlicher Kirchen integrieren ließ. Möglicherweise lieferte das paulinische Beispiel dort, wo es sich am deutlichsten entwickelte, vor allem in Kleinasien, Griechenland und Rom, sogar das Vorbild für die Verwendung des Briefes als eines wichtigen Instruments zur Gemeindeleitung.

Mit Blick auf Petrus, Jakobus und Johannes liegt eine ganz andere Situation vor. Der Verdacht liegt nahe, daß diese Jünger vor allem aufgrund ihrer Erwähnung im Brief des Paulus an die Galater und wegen ihrer besonderen Rolle in den synoptischen Evangelien ausgewählt wurden. Mit jeder einzelnen dieser Figuren mag außerdem eine örtliche Überlieferung verbunden gewesen sein, auch wenn die Zeugnisse für ihre Erwähnung außerhalb der Evangelienüberlieferung sehr spät sind. Diese Hinweise liefern uns keine substantiellen Informationen über ihre Person; es scheint sich vielmehr um Legenden zu handeln, die auf den Evangelienüberlieferungen selbst beruhten. Wann genau der Name Johannes mit dem Evangelium und den Johannesbriefen in Zusammenhang gebracht wurde, ist völlig unklar. Der Jünger Johannes wird weder im Evangelium noch in den ihm zugeschriebenen Briefen erwähnt. Die früheste Bestätigung für die Auffassung, sie seien von «Johannes» verfaßt worden, findet sich in Irenäus' *Adversus Haereses*, einer etwa auf das Jahr 180 n. Chr. zu datierenden Schrift. Wie wir sehen werden, wurden die Briefe in Wirklichkeit von einem unbekannten Ältesten geschrieben, der ein starkes Interesse daran hegte, diese Evangelienüberlieferung mit dem in Einklang zu bringen, was ich als die zentristische Evangelienüberlieferung bezeichnet habe. Eine Möglichkeit, dies zu tun, bestand darin, für das Evangelium apostolische Autorität zu beanspruchen, und Johannes – als einer der drei legendären Vertrauten Jesu – konnte den Schriften große Autorität verleihen. Ganz genauso verhält es sich beim Jakobusbrief, auch wenn in diesem Falle die Entsprechung zwischen dem Inhalt des Briefes und dem Wissen über Jakobus, den Bruder Jesu, die fiktive Verfasserschaft nahegelegt haben könnte. Die Zuschreibung eines Briefes an Judas ist dagegen unerklärlich. Doch zu der Zeit, als irgendein Verfasser apostolische Autorität für seine apokalyptischen Anschauungen zu erlangen versuchte, mögen nicht mehr viele Namen zur Auswahl übrig gewesen sein. Möglicherweise zählte es auch zu den Empfehlungen des Judas, daß er ein Bruder sowohl von Jakobus als auch von Jesus war.

Im Falle des Petrus hatte die Überlieferung bereits zu der Zeit, als Lukas die Apostelgeschichte verfaßte, legendäre Züge angenommen. Petrus wurde zu einer zentralen Gestalt der Mythenbildung, denn wenn man den Petrus des paulinischen Galaterbriefs neu darstellen und sich zugleich den Petrus der synoptischen Evangelien als Verkörperung und Beglaubigung des Christusmythos vorstellen konnte, erhielten die zentristischen Interessen ein außergewöhnlich solides Fundament. Man bedenke nur, was es bedeutete, hätte die führende Gestalt der Jerusalemer Gemeinde das Evangelium nach Rom gebracht. Dies war es also, was geschah, und offenkundig vollzog es sich mit ziemlicher Leichtigkeit. Es gab gewiß keine Jesusbewegung oder Gruppe von Christen, die einen alleinigen Anspruch auf seine Autorität erheben konnte, so daß sich viele Hände an der petrinischen Mythenbildung beteiligen konnten. Dieser Faktor sowie die Tatsache, daß sie sich in einem zu späten Stadium vollzog, als daß sie konkrete Konturen hätte erhalten können, führte dazu, daß das Charakterbild des bevorzugten Jüngers und ersten Bischofs von Rom sehr schwach und unsicher ausfallen mußte. Das Petrusevangelium, die Petrusakten und die Petrusapokalypse sind voller idiosynkratischer Anschauungen aus späteren örtlichen Überlieferungen, die sich nicht gut miteinander vereinbaren ließen. Die ihm zugeschriebenen neutestamentlichen Briefe hingegen nehmen eine streng zentristische Position ein und entsprechen in keiner Weise dem Charakter des Petrus, den Paulus kannte. Dies sind die Briefe, die seine Autorität für die römische Kirche begründeten. Die römische Kirche sollte bald, als die Christen lernten, sich den Römern und ihrem Reich anzupassen, die Hauptrolle spielen. Um sich ihrer engen Verbindung mit dem Evangelium zu vergewissern, brauchten sie sowohl Paulus als auch Petrus.

Die Pastoralbriefe an Timotheus und Titus

Theologen bezeichnen die Briefe des Paulus an Timotheus und Titus als *Pastoralbriefe*, da sie Unterweisung für die Vorsteher christlicher Gemeinden bieten. Im langen Verlauf der Geschichte der christlichen Kirche wurde der griechische Begriff für «Vorsteher» (*episkopos*) ins Vulgärlateinische (*ebiscopus*), Altsächsische (*biskop*) und Altenglische (*bisceop*) übertragen, bis daraus schließlich *bishop* (Bischof) wurde, und man gebrauchte ihn als Bezeichnung für den kirchlichen Verwalter einer Diözese. Seitdem die Bischöfe als Hirten ihrer Herde verstanden wurden, nannte man die Briefe des Paulus an Timotheus und Titus «Pastoralbriefe», und sie nahmen in der christlichen Vorstellung ihren Platz als Zeugnis für das frühe Entstehen der episkopalen Form der Kirchenleitung ein. Zur Zeit der Abfassung dieser Briefe wies jedoch der Begriff *episkopos* noch nicht die Konnotation des Hirten auf, und das Amt eines Vorstehers unterschied sich kaum von dem eines Ältesten. Dennoch ist das Anliegen einer Kirchenordnung und einer Definition der Pflichten eines Vorstehers deutlich erkennbar.

Die drei Briefe wurden zu unterschiedlichen Zeiten verfaßt, zweifellos während der ersten Hälfte des 2. Jahrhunderts. Sie fanden weder Aufnahme in Markions Liste der Paulusbriefe (um 140 n. Chr.), noch tauchen sie in der ersten Handschriftensammlung von Paulusbriefen auf (P46, um 200 n. Chr.). Zitate begegnen erstmals in Irenäus' *Adversus Haereses* (180 n. Chr.); ihr Inhalt paßt allerdings gut zur Situation und zum Denken der Kirche in der Mitte des 2. Jahrhunderts. Ihre Zuordnung zu Paulus ist eindeutig fiktiv, denn ihre Sprache, ihr Stil und ihre Denkweise sind vollkommen unpaulinisch, und die «persönlichen» Bezugnahmen auf konkrete Anlässe im Leben von Timotheus, Titus und Paulus passen nicht zur Rekonstruktion dieser Geschichte, wie sie sich aufgrund der authentischen Paulusbriefe vornehmen läßt. Die Erwähnung Kretas im Titusbrief (Tit 1,5.12–13), von Ephesus im 1. Timotheusbrief (1 Tim 1,3) sowie Spuren späterer Legenden über Paulus machen eine Herkunft aus dem ägäischen Raum wahrscheinlich (MacDonald, 1983).

Die Mythenbildung schritt offenbar an beiden Fronten der zentristischen Position rasch fort. Titus und Timotheus werden davor gewarnt, sich in «Streitigkeiten über das Gesetz» einerseits (Tit 1,9–16; 1 Tim 1,4–7) und in das nutzlose Gerede der Asketen und Gnostiker andererseits (1 Tim 4,1–3; 6,20; 2 Tim 2,18) verstricken zu lassen. Aus der Sicht des Verfassers dieser Briefe waren Gespräche mit Menschen, die der den Aposteln «anvertrauten Wahrheit» des Evangeliums nicht zustimmten, gefährlich. Titus und Timotheus sollten treu an der «heilsamen Lehre», die sie empfangen hatten, festhalten – in dem Wissen, daß die Kirche die «Grundfeste der Wahrheit» war (Tit 1,1–3; 2,1; 1 Tim 1,10–11; 2,4–5; 3,15). «Groß ist [...] das Geheimnis des Glaubens», schrieb der Verfasser, und vor allem folgendes:

> «Er [Jesus] ist offenbart im Fleisch,
> gerechtfertigt im Geist,
> erschienen den Engeln,
> gepredigt den Heiden,
> geglaubt in der Welt,
> aufgenommen in die Herrlichkeit.» (1 Tim 3,16)

Und basta! Das ist alles, was man über Jesus wissen mußte. Was dieses «Geheimnis» für Menschen bedeutete, sollte ebenfalls deutlich sein. Sie sollten «ein ruhiges und stilles Leben führen in aller Frömmigkeit und Ehrbarkeit» (1 Tim 2,2) und auf diese Weise die vom Evangelium dargebotene Einladung zum «ewigen Leben» annehmen (1 Tim 6,12.18–19; 2 Tim 1,10; Tit 1,1–3). Zudem sollten sie lernen, den Weisungen ihrer Vorsteher zu gehorchen!

Die Briefe sagen aus, Titus und Timotheus seien als Gemeindevorsteher eingesetzt worden, und Paulus habe ihnen geschrieben, um sie an seine Weisungen zu erinnern. Dann allerdings erscheint es so, als sollten sie – so wie Paulus ihnen als Beispiel gedient hatte – anderen Gemeindevorstehern ein Vorbild sein. Diese Vorsteher mußten aufrechte Bürger sein, «einen guten Ruf haben bei denen, die draußen sind», «der Gewalt der Obrigkeit untertan» sowie imstande sein, ihren eigenen Hausstand zu verwalten (Tit 1,5–9; 3,1; 1 Tim 3,1–7). Sie sollten außerdem mit der Aufgabe betraut werden, die Gemeinde so zu verwalten, wie sie auch ihren eigenen Hausstand leiteten. Damit sie bei der Beurteilung solcher Angelegenheiten nicht sich selbst überlassen blieben, legte «Paulus» detailliert dar, was er mit Blick auf Vorsteher, Diakone, Witwen, Älteste, junge Männer und Sklaven in einer Gemeinde erwartete, verlangte, gestattete und verbot. Frauen etwa sollten ihren Ehemännern untertan sein, in der Kirche schweigen, sich sittsam kleiden und ihr Haar nicht geflochten tragen (1 Tim 2,9–15). Es begegnen auch Weisungen bezüglich der Gebete, der öffentlichen Schriftlesung, der Aufnahme von Witwen auf die Liste derer, die auf soziale Unterstützung angewiesen waren, der Lehre, der Taufe und der «Handauflegung», einem Ordinationsritual des 2. Jahrhunderts. Auf diese Weise schuf der Verfasser eine wunderbare Fiktion, um ein Mitte des 2. Jahrhunderts entstandenes kirchliches Handbuch religiöser Disziplin buchstäblich am Anfang der apostolischen Tradition zu verorten. Man fragt sich, ob Paulus Gefallen an dieser Ehre gefunden hätte.

Die Petrusbriefe und der Judasbrief

Man hat die Petrus und Judas zugeschriebenen Briefe als «katholische Briefe» (von *katholikos*, allgemein) bezeichnet, weil sie sich an Christen im allgemeinen richteten, nicht an eine konkrete Gemeinde. Der 1. Petrusbrief ist an die «Fremdlinge in der Zerstreuung» adressiert, der Judasbrief an «die Berufenen, die geliebt sind in Gott, dem Vater, und bewahrt für Jesus Christus», und der 2. Petrusbrief an «alle, die mit uns denselben teuren Glauben empfangen haben». Sie wurden zu unterschiedlichen Zeiten verfaßt, höchstwahrscheinlich während der ersten Hälfte des 2. Jahrhunderts, können jedoch gemeinsam als petrinische Briefe erörtert werden – einmal aufgrund des für zwei von ihnen gemeinsamen Pseudonyms, zweitens, weil der 2. Petrusbrief insofern mit dem Judasbrief verwandt ist, als er ihn nahezu in seiner Gesamtheit wieder aufnimmt.

Das genaue Abfassungsdatum dieser Briefe läßt sich nicht nachweisen. Polykarp erwähnt den 1. Petrusbrief in seinem Brief an die Philipper (135 n. Chr.), so daß man ihm ein früheres Datum zuordnen kann. Die einzigen Anhaltspunkte, die uns mit Blick auf den Judasbrief vorliegen, bestehen darin, daß er anderen literarischen Erzeugnissen des frühen 2. Jahrhunderts entspricht und vom 2. Petrusbrief abgeschrieben wurde. Leider wird der 2. Petrusbrief in anderen Texten des 2. Jahrhunderts nicht erwähnt. Erstmals findet er in Origenes' Kommentar zum Johannesevangelium aus dem 3. Jahrhundert Erwähnung. Sein Verständnis des christlichen Glaubens paßt jedoch gut zu anderen christlichen Schriften um die Mitte des 2. Jahrhunderts, so daß Forscher ihn zumeist zwischen 124 und 150 n. Chr. datiert haben. Alle drei Briefe weisen Kennzeichen der Verfasserschaft und Gelehrsamkeit des 2. Jahrhunderts auf:

ausgezeichnetes Griechisch, eine ordentliche Bildung, selbstverständliche Verwendung des griechischen Alten Testaments (Septuaginta) und weiterer Literatur, eine voll entwickelte Christologie, ein Verständnis der Sprüche Jesu im Sinne gängiger, an griechische Formen erinnernder Maximen und eine eindeutig von Distanz und geruhsamer Kontemplation geprägte Anschauung der Vergangenheit. Eine genaue Lektüre der drei Briefe ist äußerst lehrreich, da sie die Entstehung des Petrusmythos in Rom dokumentieren, in deren Verlauf die Gestalt des Petrus vollkommen im Sinne der zentristischen Position domestiziert wurde, so daß er als Hauptapostel des christlichen Evangeliums der römischen Kirche fungieren konnte.

Der 1. Petrusbrief

Eines der interessanteren Merkmale des 1. Petrusbriefes besteht im Verständnis der christlichen Kirche als eines Netzwerks von Schwestergemeinden, die ihren Platz als «ansässige Fremde» innerhalb des sozialen Gefüges des Römischen Reiches kannten und sich selbst in Anlehnung an das jüdische Modell des Lebens im Exil, in der Diaspora, verstanden. Für lediglich hundert Jahre Geschichte in der Gesellschaft ist dies eine ziemliche Entwicklung. Die Hauptsorge richtete sich nicht mehr darauf, wie das Verhältnis zu Pharisäern, Synagogen, dem Tempelstaat, apokalyptischen Jesus-Leuten, Judenchristen, Mysterienkulten oder gar christlichen Gnostikern zu bestimmen sei, die bald zur wichtigsten Alternative und Bedrohung für die römische Kirche werden sollten. Die Kirche richtete ihren Blick nun vielmehr auf Rom. Der 1. Petrusbrief wurde von Rom aus geschrieben, und obwohl er metaphorisch Rom als Babylon bezeichnet und damit am Motiv des Exils festhält (1 Petr 5,13), ist bereits ziemlich deutlich, daß der Verfasser sich wünschte, Christen sollten sich vor den Augen der Römer angemessen verhalten:

> «Führt ein rechtschaffenes Leben unter den Heiden, damit die, die euch verleumden als Übeltäter, eure guten Werke sehen und Gott preisen am Tag der Heimsuchung. Seid untertan aller menschlichen Ordnung um des Herrn willen, es sei dem König als dem Obersten oder den Statthaltern als denen, die von ihm gesandt sind zur Bestrafung der Übeltäter und zum Lob derer, die Gutes tun. Denn das ist der Wille Gottes, daß ihr mit guten Taten den unwissenden und törichten Menschen das Maul stopft.» (1 Petr 2,12–15)

Ein zweites wichtiges Merkmal zeigt sich in der Weise, in der das soziale Modell des «Haushalts» auf die christlichen Kirchen angewandt wird.

Es hatte seine Wurzeln in der Antike, als in den Ländern rund um das östliche Mittelmeer der Landbesitz mitsamt seiner komplizierten Schichtung von Familie, Sklaven, Freunden und Ebenbürtigen die eigentliche Gestalt der sozialen Ordnung ausmachte. Während der griechisch-römischen Zeit wurde diese Form der Gesellschaftsordnung zum Vorbild vieler verschiedener Gesellschaften, einschließlich der römischen Regierung selbst, die man als «Haushalt des Cäsaren» bezeichnete. Die örtlichen christlichen Gemeinden übernahmen natürlich die Gestalt von Hauskirchen, und die Vorsteher wandten sich, wie wir in den paulinischen Pastoralbriefen gesehen haben, schließlich der überaus konservativen und patriarchalen Struktur des Haushalts zu, da sie es ermöglichte, Verhalten zu stabilisieren und das Gemeindeleben zu kontrollieren. Zunächst vollzog sich die Hinwendung von der Hauskirche zum Haushalt, indem man anerkannte, daß man den Ältesten der Gemeinde Ehrerbietung schuldete, und sich der in der griechisch-römischen Gesellschaft so allgemein verbreiteten sogenannten Normen des Haushalts bemächtigte. Diese Normen basierten auf einer verbreiteten kulturellen Definition von Ehre und Scham und wurden in einer hierarchischen Rangordnung der Autorität genau expliziert. So gab es bestimmte Verhaltensmaßregeln für Väter, Mütter, Kinder, Frauen, Sklaven und Freunde in ihren wechselseitigen Beziehungen. In den paulinischen Pastoralbriefen wurden diese Normen des Hauses dargelegt, als handele es sich dabei um eine neue Weisung. Im 1. Petrusbrief werden sie dagegen selbstverständlich als angemessener Bestandteil der christlichen Ethik behandelt. Allerdings wurde auch eine andere Ebene ihrer Anwendung zur Geltung gebracht. Der neue Gedanke lautete, man solle die Kirche insgesamt nicht nur als Familie Gottes (1 Petr 1,14.17), «geistliches Haus» (Tempel) oder «auserwähltes Geschlecht» (1 Petr 2,5–10) – alles bereits seit der Zeit des Paulus in christlichen Gemeinden gebräuchliche Metaphern – verstehen, sondern auch als «heiliges Volk» und als «Haus Gottes» (1 Petr 2,9; 4,17). Was für eine grandiose Idee! Man stelle sich vor, wie die christliche Gemeinde in Rom einen solchen Gedanken mit Blick auf die im ganzen Reich verbreiteten christlichen Kirchen anwandte.

Die politischen Implikationen dieser neuen, universalen Vorstellung von der Kirche sind erstaunlich. Sie definierte eine soziale Rolle für Christen, die, obgleich sie im gesamten Reich als «Fremdlinge und Pilger» ansässig waren (1 Petr 2,11) und sich ihres Heils am Ende der Zeit vergewisserten, indem sie sich auf das Jüngste Gericht vorbereiteten (1 Petr 1,4–7.17; 4,7.17–19; 5,4), dennoch gedrängt wurden, «den Kaiser zu ehren», «jedermann zu ehren», «hinfort die noch übrige Zeit [...] dem Willen Gottes zu leben», «als gehorsame Kinder», «in Gottesfurcht, solange ihr hier in der Fremde lebt» (1 Petr 1,14.17; 2,12.17; 4,2). Wie fremd war wohl dieses neue Volk – mit einem Ältesten, der für die örtliche «Herde Gottes» verantwortlich war und «auf sie achtete», wie es eine solche Sozialethik verlangte (1 Petr 5, 1–2)? Und da Petrus selbst der erste Älteste war (1 Petr 5, 1) und in diesem Sinne von Rom aus an die Kirchen in Kleinasien schrieb (1 Petr 1, 1), scheint es, als hätten sich diese Pilger und Fremdlinge durchaus an ihren Aufenthalt in dieser Welt gewöhnt.

Eine seltsame Ausschmückung des Christusmythos verdient Beachtung. Wenn man alle teilweisen Bezugnahmen auf den Christusmythos im 1. Petrusbrief zusammenfügt, wird deutlich, daß eine einheitliche Darstellung episch-apokalyptischer Art zum allgemeinen Glaubensbekenntnis geworden war. Christus war «zuvor ausersehen, ehe der Welt Grund gelegt wurde», wurde von den Propheten vorausgesagt und «offenbart am Ende der Zeiten» (1 Petr 1, 20), starb einen Sühnetod, wurde von den Toten auferweckt, stieg hinauf in den Himmel und sollte, so erwartete man, erneut offenbar werden und den Glaubenden Gnade und Heil bringen. All das wird als Lehre präsentiert, die als selbstverständlich angenommen wird, einschließlich der «Erwartung» eines künftigen Gerichts. Doch wie wir sahen, war der Verfasser stärker am gegenwärtigen Zustand der christlichen Kirchen interessiert als am Ende der Welt. Sein Wunsch, Petrus hinzuzuziehen, um dem Konzept des «Haushalts» Gültigkeit zu verleihen, verrät zudem das Anliegen der Ausrichtung auf Tradition und Vergangenheit. Dieses Interesse paßt nicht zu einer apokalyptischen Mentalität, und deshalb dachte man sich eine neue Ergänzung des Christusmythos aus, um ein streng apokalyptisches Evangelium zu entschärfen.

Der neue Zusatz besteht in der Aussage, Jesus sei, nachdem er getötet worden und bevor er in den Himmel aufgestiegen war, «lebendig gemacht [worden] nach dem Geist»: «In ihm [dem Geist] ist er auch hingegangen und hat gepredigt den Geistern im Gefängnis [den Toten im Hades]» (1 Petr 3, 18–19). Diese seltsame Vorstellung, die auch in einem anderen Petrus zugeschriebenen Text aus dem 2. Jahrhundert, dem Petrusevangelium, ausgestaltet wird, sollte zum mythischen Dogma werden. In späteren christlichen Texten wurde es zum «Abstieg in die Hölle», der am Samstag zwischen Karfreitag und Ostersonntag stattgefunden haben soll. Im 1. Petrusbrief scheint dies eine vollkommen neue Idee zu sein, die auf unbeholfene Weise dem Begriff des *Geistes* angefügt wurde, der in älteren formelhaften Varianten des Christusmythos im Gegensatz zum *Fleisch* begegnete. Die neue Vorstellung löste zwei konzeptionelle Probleme, die entstanden, wenn man sich die Kirche als universales «geistliches Haus» vorstellte (1 Petr 2, 5). Die erste Frage war, an welchem Ort man sich diejenigen vorstellen sollte, die vor Jesu Auftreten gestorben waren und «die einst ungehorsam waren» (1 Petr 3, 20).

Die zweite Schwierigkeit lag darin, wie man mit einem gerechten Jüngsten Gericht seitens dessen rechnen sollte, «der bereit ist, zu richten die Lebenden und die Toten» (1 Petr 4, 5). Die Antwort lautet in diesem Fall, «auch den Toten [werde] das Evangelium verkündigt», denn sie würden «zwar nach Menschenweise gerichtet werden im Fleisch, aber nach Gottes Weise das Leben haben im Geist» (1 Petr 4, 6). Dies kommt einer Entschärfung der apokalyptischen Mentalität gefährlich nahe, da ein «geistiges Heil» angeboten wird, auf das man nicht warten muß, bis das *eschaton* Wirklichkeit wird.

Der Judasbrief

Der Verfasser bezeichnet sich selbst als Bruder des Jakobus, damit das Interesse an einer besonderen Identifikation andeutend. Leider haben wir keinerlei Möglichkeit festzustellen, welcher Jakobus gemeint sein könnte. Sollte es der Bruder Jesu sein, so wäre auch Judas ein Bruder Jesu (Mk 6, 3), aber zugleich Jesu «Knecht» (Jud 1). Da dies eine merkwürdige Art wäre, eine historische Vorstellung zum Ausdruck zu bringen, dürfte die Lösung schlicht darin bestehen, daß der Verfasser gerne die mit beiden Namen verbundenen mehrfachen Assoziationen – Judas als Bruder und/oder Jünger Jesu und Jakobus als Bruder und/oder Jünger Jesu – zulassen und ihren Zauber wirken lassen wollte, ohne die Nötigung zu verspüren, diesbezüglich genaue Aussagen zu treffen. Der Inhalt legt eine Abfassung im 2. Jahrhundert nahe.

Der Brief besteht aus einer kurzen Mahnung, dem Glauben treu zu bleiben, «der ein für allemal den Heiligen überliefert ist», und den Umgang mit gewissen Leuten zu meiden, die «unseren alleinigen Herrscher und Herrn Jesus Christus» verleugnet hatten, die «Schandflecken» bei den christlichen «Liebesmahlen» sind und «die Gnade unseres Gottes für ihre Ausschweifung mißbrauchen» (Jud 3–4.12). Alttestamentliche Beispiele werden angeführt – für das Gericht, das jene traf, die, wie etwa Sodom und Gomorrha, «Unzucht getrieben haben und anderem Fleisch nachgegangen sind», aber auch ähnliche Belehrungen aus jüdischen apokalyptischen Schriften, um zu betonen, daß der Herr jene vernichten werde, die, obwohl sie einst gerettet worden waren, nicht am Glauben festhielten. Der Tenor ist verdrießlich, die Mythologie ist ausgesprochen grob und füllt ein dreistufiges Universum mit Engeln, himmlischen Heerscharen, dem Teufel, gefallenen Engeln, gefangen «in dunkelster Finsternis in Ewigkeit», Spöttern, die dasselbe Schicksal erleiden, und dem Feuer, dem einige entrissen werden müssen, sollen sie von Jesus gerettet werden.

Abgesehen davon, daß eine solche voll ausgereifte apokalyptische Mythologie in der Kirche des 2. Jahrhunderts als banal betrachtet werden konnte, besteht das einzig Interessante, das der Brief dem Historiker bietet, in der seltsamen historischen Vorstellungskraft des Verfassers. Apokalyptische Voraussagen wurden gewöhnlich Gestalten der Vergangenheit zugeschrieben, deren Zukunftsvisionen aufgeschrieben wurden, damit sie von denen gelesen würden, die sich mitten in den vorausgesagten Geschehnissen befanden. Judas kannte diese Formel in- und auswendig, denn er bezog sich auf eine apokalyptische Voraussage von «Henoch, dem siebenten von Adam an» (Jud 14–15) sowie von «den Aposteln unseres Herrn Jesus Christus», die besagte, «daß zu der letzten Zeit Spötter sein werden, die nach ihren eigenen gottlosen Begierden leben» (Jud 17–18). Das Merkwürdige ist, daß der Verfasser, anstatt an der Fiktion von der Verfasserschaft des Judas, des Bruders von Jakobus festzuhalten und eine apokalyptische Ermahnung gegen diese Spötter aus der Perspektive der Vergangenheit zu schreiben, nicht widerstehen konnte, seine Leser als Zeitgenosse anzusprechen, indem er von «unser aller Heil» schrieb. Der Verfasser ist jemand, der bei ihnen steht, in die Vergangenheit zurückblickt und sagt, sie, die Leser, müßten sich an die Worte erinnern, «die zuvor gesagt sind von den Aposteln unseres Herrn Jesus Christus». Er fährt fort: Denn [die Apostel] sagten euch, «daß zu der letzten Zeit Spötter sein werden» (Jud 17–18). Dieses Durcheinander der historischen Verortung des gedachten Verfassers ist nicht auf die Schwierigkeit zurückzuführen, mit drei unterschiedlichen literarischen Genres (Apokalyptik, Mahnrede und apostolische Pseudonymität) zu arbeiten. Man könnte ohne weiteres mehr als eine Verbindung dieser drei Genres ausgestalten. Und nichts wird mit dem Durcheinander der Stimmen des Verfassers gewonnen. Der Judasbrief ist schlicht ein schludriges literarisches Erzeugnis.

Der 2. Petrusbrief

Selbst wenn man sich bereits an die für die griechisch-römische literarische Praxis typischen schöpferischen Entlehnungen, pseudonymen Zuordnungen sowie die Technik, fiktiven Gestalten Worte in den Mund zu legen, gewöhnt hat, zieht der 2. Petrusbrief die Aufmerksamkeit auf sich. Erstens wurde der Brief offenkundig von einem gebildeten Menschen geschrieben, der über mehr als bloß grammatische Gewandtheit in griechischer Sprache verfügte. Weshalb sollte ein solcher Mensch den Judasbrief so interessant gefunden haben, daß er Teile daraus zitierte? Zweitens tilgten die Änderungen, die diese Person am Judasbrief vornahm, nicht die grundlegende Struktur seiner Botschaft, obgleich der Verfasser des 2. Petrusbriefs eine ganz andere Situation vor Augen hatte und mit wesentlich größerer Ruhe vorging. Und drittens, warum sollte jemand, der beabsichtigte, eine Ermahnung im Namen des Petrus zu schreiben, mit einem Brief beginnen, der bereits Judas zugeschrieben worden war? Es ist ausgesprochen schwierig, sich den Menschen und die Umstände vorzustellen, die einen solchen Text hervorgebracht haben.

Die Botschaft des 2. Petrusbriefs unterscheidet sich nicht wesentlich von jener des Judasbriefs, den er als Quelle benutzte. Einige der Veränderungen verdienen jedoch Beachtung. Die Gegner sind eindeutiger definiert, obgleich die vorrangige Charakterisierungsmethode weiterhin in plakativer Etikettierung besteht. Die Gegner erscheinen nun als Anhänger eines gnostischen Glaubens, der – aus der Sicht des Verfassers – mehrere Gedanken bedrohte, die er für zentrale Aspekte des christlichen Glaubens hielt: die prophetische Deutung der jüdischen Schriften, die Darstellung der Evangelien von einem realen Jesus, der zugleich Gottes Sohn war, die christliche Ethik sexueller Enthaltsamkeit und reiner Lebensweise (Heiligkeit) sowie die apokalyptische Schau der Geschichte. Einige stilistische Kennzeichen des 2. Petrusbriefs mäßigen die grobe Besserwisserei des Judasbriefs, und die Mythologie ist nicht ganz so aggressiv. So erfolgte etwa ein Versuch, Judas' Verständnis des Gerichts eine positive Deutung zu geben. Judas legte den Akzent auf die Macht und den Willen des Herrn, durch Vernichtung zu strafen, während der 2. Petrusbrief sagt: «Der Herr weiß die Frommen aus der Versuchung zu retten» (2 Petr 2,9). Wie im 1. Petrusbrief wird auch die rein apokalyptische Struktur verbessert durch die Aussagen darüber, daß Christen aufgrund der ihnen geschenkten göttlichen Kraft alles hätten, «was zum Leben und zur Frömmigkeit dient», daß sie «der verderblichen Begierde in der Welt» entronnen seien und «Anteil an der göttlichen Natur bekommen» hätten (2 Petr 1,3–4). Und natürlich ermöglichte der Wechsel von Judas zu Petrus einige legendäre Züge, die den Brief für die historische Vorstellungskraft ein wenig interessanter machen.

Diese legendären Züge sind in der Art des «Ich, Petrus ...» verfaßt und sind in einiger Hinsicht recht reizvoll. Jedenfalls reichen sie aus, um dem Verfasser andere Absurditäten zu verzeihen. An ihnen wird deutlich, daß der Verfasser die Evangelienüberlieferungen über Petrus – einschließlich der des Johannesevangeliums – kannte und wollte, daß seine Leser bei der Lektüre seines Briefes an diesen Petrus dachten. «Petrus» weiß, daß er seine Leser lediglich an ihnen bereits bekannte Dinge erinnert, daß sein Tod naht, wie ihm der Herr Jesus Christus klargemacht hat (Joh 21,18–19), und daß er den Brief schreibt, damit sie «dies allezeit auch nach meinem Hinscheiden im Gedächtnis behalten» können (2 Petr 1,12–15). «Dies» bezieht sich auf die Belehrungen im Brief, schließt jedoch Hinweise auf Petrus' eigene Erfahrungen mit Jesus mit ein. Petrus' Schilderung einer dieser Erfahrungen, nämlich jene seiner Anwesenheit während der Verklärung, ist das bemerkenswerteste Merkmal des Briefes. Petrus verfällt in die erste Person Plural, um zu bestätigen, daß er gemeinsam mit Jakobus und Johannes dabei war, und er erinnert sich, sie hätten Jesu Göttlichkeit gesehen und Gottes Stimme gehört, die Jesus seinen Sohn nannte. Das, so Petrus, bekräftigte die Botschaft der Propheten (2 Petr 1,16–19) und sollte den christlichen Lesern helfen, angesichts der Spötter, die das apokalyptische Evangelium leugneten, am richtigen Weg festzuhalten (2 Petr 1,19; 3,1–4).

Dies war eine ausgesprochen geschickte List zur Neudeutung des Petrus als apostolische Autorität für das zentristische Evangelium. Mit Hilfe zweier sicherer Schachzüge kommt der Petrus der Evangelien zur Sprache und bekräftigt, er habe die Göttlichkeit Christi sowohl bei der Verklärung als auch nach der Auferstehung «gesehen»! Paulus hätte seine helle Freude an Petrus' Übereinstimmung mit dem Christusmythos gehabt, auch wenn dieses Bekenntnis mehr als hundert Jahre zu spät erfolgte. Und was läßt der Verfasser, als hätte er gewußt, daß die zentristische Position einige wechselseitige Anpassungen des paulinischen Erbes und der um die Gestalt des Petrus schwebenden Aura einer jüdischen Jesusbewegung erforderte, Petrus über Paulus sagen? Im Zusammenhang seiner Aussagen über die gebotene Geduld beim Warten auf das kommende Heil und die Notwendigkeit eines Lebens der Heiligkeit und Göttlichkeit läßt er Petrus sagen: «So hat auch unser lieber Bruder Paulus nach der Weisheit, die ihm gegeben ist, euch geschrieben» (2 Petr 3,15–16). Keine Sorge also. Da Petrus und Paulus im Verständnis des Evangeliums übereinstimmen, können die Spötter nur unrecht haben.

Die Ungeschicklichkeit der Fiktion des Judas trug zwar im 2. Petrusbrief reizvollere Züge, war damit jedoch nicht überwunden. Der «historische» Petrus kennt nicht nur alle paulinischen Briefe, er schreibt seinen im 2. Jahrhundert lebenden Lesern zudem, als sei er einer von ihnen, einer von jenen, «die mit uns denselben teuren Glauben empfangen haben» (2 Petr 1,1). Er sagt: «Dies ist nun der zweite Brief, den ich euch schreibe, ihr Lieben, in welchem ich euren lauteren Sinn erwecke und euch erinnere, daß ihr gedenkt an die Worte, die zuvor gesagt sind von den heiligen Propheten, und an das Gebot des Herrn und Heilands, das verkündet ist durch eure Apostel» (2 Petr 3,1–2). Petrus ist also ein Apostel, der seine Leser daran erinnert, die Worte der Apostel im Gedächtnis zu bewahren! Der fiktive Charakter sollte deutlich sein.

Muß ich die Leser an die Bedeutung des Petrus für die traditionelle Sicht der Ankunft des Christentums in Rom erinnern? Danach war Petrus der erste Apostel, der den auferstandenen Jesus sah, der Begründer und Führer der Urgemeinde in Jerusalem und der Apostel, der das Evangelium als erster nach Rom brachte. Da stets diese beiden Briefe die Beweisstücke für die Tradition lieferten, sollte klar sein, daß diese Tradition in Wirklichkeit ein Mythos ist. Die sogenannte petrinische Tradition wurde im 2. Jahrhundert mittels pseudonymer Schriften geschaffen, die dem in den Paulusbriefen und in den narrativen Evangelien dargestellten Petrus zugeschrieben wurden. Es gibt keine Spur eines Beweises, der sie stützen könnte.

Der Jakobusbrief

Der Jakobusbrief stellt ein weiteres interessantes Stück des neutestamentlichen Puzzles dar. Er besteht ganz aus moralischer Ermahnung, dargeboten im Genre von Sprichwörtern, Maximen und ethischen Imperativen. Nichts deutet auf ein Interesse oder Anliegen hin, den Christusmythos richtig zu verstehen oder mit den narrativen Evangelien zurechtzukommen. Der «Herr Jesus Christus» wird zweimal erwähnt, das «Kommen des Herrn» steht am Ende des Briefes als Warnung vor Augen, und die Annahme, die christlichen Gemeinden seien «die zwölf Stämme in der Zerstreuung», ist offenkundig. Diese Gemeinschaften können als «Brüder und Schwestern» angeredet werden und haben «Lehrer» in ihren Reihen (Jak 3,1). Doch die in dem Brief vorliegende Lehre betrifft nicht den christlichen Glauben. Sie handelt davon, wie wichtig es sei, ein moralisches Leben zu führen, und die Argumente dafür werden als allgemeine Weisheit präsentiert. Die Quelle und Autorität dieser Weisheit akzeptiert der Verfasser als selbstverständlich. Sprüche, die an die Lehren Jesu erinnern, sind mit Sprichwörtern und Imperativen durchsetzt, die für die jüdische Weisheitstradition typisch sind. Vielfältig begegnen auch Maximen und Beispiele griechischen Stils sowie sorgfältig im Stil der hellenistischen Überzeugungskunst gestaltete kleine rhetorische Einheiten. Den an die Lehren Jesu erinnernden Sprüchen wird keine besondere Stellung eingeräumt, ja sie werden ihm nicht einmal – als ihrem Urheber und als Autorität – zugeschrieben. Die beherrschende Stimme ist vielmehr jene des Verfassers, und die Autorität, auf die er sich beruft, ist die der antiken nahöstlichen ethischen Unterweisung gemeinsame Weisheitstradition

Wenn es irgendeine weitere Autorität gibt, auf die sich der Verfasser beruft, dann ist es «das vollkommene Gesetz, das Gesetz der Freiheit» oder «das königliche Gesetz nach der Schrift» (Jak 1,25; 2,8–12). Damit müssen die jüdischen Schriften gemeint sein, die als weisheitliche Weisung für ein gottgefälliges Leben verstanden werden. Wir wissen, daß ein solches Konzept in jüdisch-christlichen Kreisen des späten 1. Jahrhunderts möglich war, denn Matthäus entwickelte ein neues Verständnis der Thora, indem er sie im Lichte von Q interpretierte oder sogar Q als wahre Bedeutung der Thora begriff. Der Jakobusbrief verkörpert demnach scheinbar das Denken einer jüdischen Jesusbewegung, die auf dieselbe Weise wie die matthäische Gemeinschaft zu einem christlichen Selbstverständnis gefunden hatte. Der große Unterschied zwischen dem Jakobusbrief und dem Matthäusevangelium besteht darin, daß Jakobus nicht der Autorität Jesu bedurfte, um seine Thoraunterweisung zu untermauern, auch wenn sie Lehren enthielt, die Matthäus allein aus Jesu Mund vernehmen wollte. Statt dessen sagt Jakobus: «Wenn es aber jemand unter euch an Weisheit mangelt, so bitte er Gott, der jedermann gern gibt und niemanden schilt; so wird sie ihm gegeben werden» (Jak 1,5). Wie Jakobus und seine Gemeinschaft über den «Herrn Jesus Christus» dachten, ist daher sehr ungewiß. Der wahre «Herr» war für diese Menschen nicht Jesus, sondern der Gott des Israel-Epos. Jakobus formuliert dies so: «Ist nicht Abraham, unser Vater, durch Werke gerecht geworden, als er seinen Sohn Isaak auf dem Altar opferte? [...] So ist erfüllt die Schrift, die da spricht ‹Abraham hat Gott geglaubt, und das ist ihm zur Gerechtigkeit gerechnet worden›, und er wurde ‹ein Freund Gottes› genannt» (Jak 2,21–23).

Die Forschung hat sich schwer damit getan, den Jakobusbrief in die unterschiedlichen Jesus- und Christusüberlieferungen des 1. und 2. Jahrhunderts einzuordnen, und zwar aus einem zweifachen Grund. Einmal scheint es auch den frühen Christen schwergefallen zu sein, den Jakobusbrief zu verorten. Vor Origenes im 3. Jahrhundert haben ihn die Autoren der zentristischen Position offenbar nicht gelesen, ja nicht einmal zur Kenntnis genommen. Zweitens klingt der Jakobusbrief wie eine Abhandlung gegen die paulinische Vorstellung, der christliche Glaube widerspreche den «Werken des Gesetzes». Jakobus 2,14–16 enthält eine berühmte Tirade gegen einen solchen Gedanken und tritt für die Erkenntnis ein, daß «der Glaube, wenn er nicht Werke hat, tot in sich selber» sei (Jak 2,17). Wie könnten Christen der paulinischen und der zentristischen Position so gedacht oder einen Brief akzeptiert haben, der dies zum Ausdruck brachte? So oder ähnlich haben sich die Neutestamentler gefragt. Die Antwort lautet, daß die paulinischen Christen im 1. Jahrhundert nicht die einzigen Christen waren, und daß zentristische Christen der folgenden zwei Jahrhunderte sich der Art des Denkens, die der Jakobusbrief verkörperte, annäherten. Zwei Beobachtungen deuten darauf hin, daß der Jakobusbrief für eine zumindest während der ersten drei Jahrhunderte ausgesprochen kraftvolle jüdisch-christliche Bewegung steht.

Erstens wurde im Verlaufe der ersten drei Jahrhunderte die Autorität des «Jakobus», sei es unter Bezugnahme auf den Bruder Jesu oder einen seiner Jünger (oder beide), für eine Reihe von christlichen Schriften beansprucht. Möglicherweise war er auch für einige gnostische Gruppen zum Bürgen geworden. Jedenfalls besitzen wir ein Apokryphon des Jakobus, ein Protevangelium des Jakobus und Jakobusakten. Außerdem begegnet im Thomasevangelium ein faszinierender Bezug zu Jakobus, insofern Jesus, von seinen Jüngern gefragt, wer, nachdem er sie verlassen habe, ihr Führer sein solle, sagte, sie sollten «zu Jakobus, dem Gerechten gehen, dessentwegen der Himmel und die Erde entstanden sind» (EvTh 12). Ein derartiges literarisches Zeugnis spricht gewöhnlich dafür, daß irgendeine Gruppe, Bewegung oder Schultradition Jakobus als Ursprung ihrer Lehren in Anspruch nahm.

Die zweite Beobachtung besteht darin, daß der Jakobusbrief in die Liste von Texten aufgenommen wurde, aus denen schließlich das Neue Testament hervorging. Wie wir in Kapitel 11 sehen werden, deutet dies darauf hin, daß ein Interesse bestand, innerhalb des Spektrums der im 4. Jahrhundert für die Führer der Kirche annehmbaren Überlieferungen auch für das Judenchristentum Raum zu lassen. An sich mag der apostolische Jakobusbrief keineswegs annehmbarer gewesen sein als das Thomasevangelium. Man konnte ihn jedoch leichter im Licht der matthäischen Evangelienüberlieferung und der lehrhaften Literatur der sogenannten nachapostolischen Zeit, etwa des 1. Klemensbriefs und der Didache, lesen. Diese Literatur zeigt, daß sich die zentristische Position den hellenistisch-jüdischen ethischen Normen zuwandte, wenn sie das für Christen angemessene Verhalten darlegen wollte. Wir werden diese Entwicklung im folgenden Kapitel erörtern. Wie der 1. Klemensbrief und die Didache zeigen, gehörten zu den Quellen für Lehrhandbücher nun auch die jüdischen Schriften, die in den Kulturen des griechisch-römischen Zeitalters allgemein verbreiteten Weisheitstraditionen, hellenistische ethische Normen, traditionelle Bräuche, die in den Kirchen entstanden waren, sowie die Urteile der Bischöfe selbst. Der Jakobusbrief erscheint weniger merkwürdig, wenn man ihn im Kontext dieser Art Literatur liest. In jedem Falle handelte es sich bei ihm um eine lehrhafte Ermahnung, mit der sich die Bischöfe anfreunden konnten, und der Weg, ihn als apostolischen Brief zu betrachten, stellte eine gute Möglichkeit dar, sich der Autorität des Jakobus für die Kirche zu bemächtigen, anstatt ihn an andere Gruppen zu verlieren, die nicht unter das zentristische Dach paßten.

Die Johannesbriefe

Die Geschichte, die hinter den drei Johannesbriefen steht, weist mehr gemeinsame Merkmale mit der Geschichte der Paulusbriefe auf als mit jener der Petrusbriefe, des Jakobus- und des Judasbriefs. Die Ähnlichkeit besteht darin, daß beide Briefsammlungen innerhalb reflektierter Gemeinschaften verfaßt wurden, die bereits schriftliches Material hervorgebracht hatten, auf das sich die Briefe beziehen konnten. In beiden Fällen zeigt sich zudem die Lebendigkeit der Tradition der Gemeinschaft darin, auf welche Weise Diskussionen, Polemik und ideologische Veränderungen den Verlauf ihrer Geschichte bestimmen. Nichts dergleichen wird in den apostolischen Briefen des Petrus, Judas und Jakobus sichtbar.

Es bestehen allerdings bedeutende Unterschiede zwischen der paulinischen und der johanneischen Überlieferung. Einer liegt darin, daß das paulinische Erbe eine Schultradition für übergeordnete Netzwerke christlicher Gemeinden darstellte, die imstande waren, Meinungsverschiedenheiten und heftigen ideologischen Debatten Raum zu geben. Die Gemeinschaft, welche die Johannesbriefe hervorbrachte, war festgefügt und somit anfälliger für ideologische Spaltungen. Ein weiterer Unterschied besteht darin, daß die paulinische Schule auf eine reale, geschichtliche Gründergestalt (Paulus) zurückging, deren Aktivitäten und Schriften ihr zur Existenz verholfen hatten. Im Falle der sogenannten johanneischen Gemeinschaft war Jesus (nicht Johannes oder irgendein anderer Jünger) die einzige Gründergestalt. Das schriftliche Material und die Strukturen der Gemeinschaft waren kollektiv und anonym unter der «Signatur» der ersten Person Plural – «wir» – hervorgebracht worden, ein seltsames Kennzeichen sowohl des Evangeliums als auch des ersten Briefes. Dieses Merkmal hat Forschern, die nach dem Verfasser oder der hinter dieser Literatur stehenden Stimme suchten, endlose Schwierigkeiten bereitet. Wie bereits mit Blick auf das Evangelium festgestellt, kommt der Name des Jüngers Johannes nicht einmal in einer der ihm schließlich zugeschriebenen Schriften vor. Der früheste Nachweis für diese Zuordnung findet sich bei Irenäus, der um das Jahr 180 n. Chr. schrieb. Zu dieser Zeit erfreute sich dasselbe Evangelium jedoch bereits großer Beliebtheit in gnostischen Kreisen, in denen es hieß, Kerinth, der Gründer einer gnostischen Schule, habe es geschrieben. Insofern muß die Zuordnung zum Jünger Johannes ziemlich spät während des 2. Jahrhunderts erfolgt sein, als das Evangelium – gemeinsam mit den Briefen und der Apokalypse – unter zentristischen Führern landläufig als johanneisch bekannt wurde. Auf jeden Fall kann dies nicht vor dem Jahr 100 n. Chr. erfolgt sein, denn zu dieser Zeit begegnen wir dem Evangelium in einer späten Phase seiner Komposition, in der jedoch noch jeder Hinweis auf Johannes als Verfasser fehlt.

Es wäre hilfreich, könnte man die Gründe für die spätere Zuordnung verstehen. Wurde sie willkürlich von zentristischen Gelehrten vorgenommen, die dieses Material für ihre apostolische Tradition gewinnen wollten? Weshalb sollte man, da die anderen Jünger bereits «besetzt» waren, diese Literatur nicht Johannes zuschreiben? Eine andere Möglichkeit wäre, daß Gründe innerhalb der Gemeinschaft, die das Evangelium hervorbrachte, auf Johannes als den für ihre Art Christentum geeigneten Jünger und Apostel hindeuteten. Doch sollte dies der Fall sein, weshalb sollten sie den Wunsch gehegt haben, sich den Zentristen anzuschließen? Warum schufen sie keine offenkundigeren Anknüpfungspunkte für die Zuordnung in der Literatur? Und warum gerade Johannes?

Ich vertrete die Auffassung, daß sich kurz nach der Wende zum 2. Jahrhundert innerhalb der johanneischen Gemeinschaft die Wege trennten. Eine Gruppierung hielt es für die beste Lösung, mit anderen christlichen Gruppen zu verschmelzen, die eher zentristische Neigungen hegten. Eine andere Partei lehnte diesen Vorschlag ab, hielt an der aufgeklärten Überlieferung der Gemeinschaft fest und entwickelte sich in Richtung auf eine christliche Gnosis. Vor dem Schisma hatte die Tradition der Gemeinschaft wenig Interesse an einer Jüngerüberlieferung oder einer apostolischen Mythologie. Nach dem Schisma dagegen erfanden jene, die daran interessiert waren, von zentristischen christlichen Gruppen akzeptiert zu werden, die Gestalt des «geliebten Jüngers» als Bürgen ihrer Tradition (Joh 21, 20–25). Die für unser Unterfangen wichtigen Fragen lauten, weshalb sie das taten, ob sich dies zu ihrem Vorteil auswirkte und wie es zu der späteren Zuordnung des Evangeliums zu Johannes führte.

Drei Anhaltspunkte weisen darauf hin, daß die zentristische Partei innerhalb der johanneischen Gemeinschaft ein wachsendes Interesse daran entwickelte, das Evangelium einem der Jünger Jesu zuzuschreiben, aber absichtlich keinen der (namentlich) bekannten Jünger in Anspruch nahm. Das bedeutet, daß die Zuordnung zu Johannes zu einem späteren Zeitpunkt von zentristischen Gelehrten außerhalb der Gemeinschaft vorgenommen worden sein muß. Einen Anhaltspunkt kann man dem ersten Brief entnehmen, die anderen beiden finden sich im Abschlußkapitel des Evangeliums, das nach übereinstimmender Auffassung der meisten Gelehrten dem Evangelium in der letzten Phase seiner Überarbeitung hinzugefügt wurde.

Den Anlaß für die Abfassung des 1. Johannesbriefs bot eine Spaltung größeren Ausmaßes innerhalb der Gemeinschaft. Der Autor des Briefes vertrat die Meinung, die andere Seite habe die Gemeinschaft «verlassen» (1 Joh 2, 19), und schrieb an die «Kinder» der Gemeinschaft, sie sollten an dem «*logos*» festhalten, der sie «von Anfang an» bestimmt hatte (1 Joh 1, 5; 2, 7; 3, 11). In Wirklichkeit hatten jedoch beide Seiten die Gemeinschaft, die das Evangelium hervorgebracht hatte, «verlassen», insofern sich die Parteigänger des Verfassers auf das Christusevangelium und die zentristischen Mythologien, die anderen dagegen auf die Gnosis zubewegt hatten. Die vom Bild des Verlassenseins bestimmte Rhetorik des Verfassers enthält demnach ein gutes Maß an Übertreibung und Verärgerung. Es besteht jedoch kein Zweifel, daß sich die Gemeinschaft in zwei getrennte Lager spaltete, und es war natürlich, daß jede das Evangelium mitnehmen wollte. Wir sollten im folgenden die Erleuchtungschristologie des Evangeliums mitbedenken.

Schaut man mit den Augen des Verfassers des 1. Johannesbriefs auf die gnostische Seite des Schismas, so sieht man, daß sich die Gnostiker geweigert hatten, das Christusevangelium mit seiner Betonung des Todes Jesu als eines Opfers für die Sünden anzunehmen. Nach ihrer Auffassung mußten sie nicht an einen solchen Sühnetod glauben, weil sie bereits das vom Jesus des Evangeliums in die Welt gebrachte neue Leben und Licht erfahren hatten. Ihr Jesus ließ es als lächerlich erscheinen, seinen Tod als Martyrium oder Opfer um der Sünden willen zu verstehen. Es war wirklich absurd, zu sagen, er sei als der Christus oder Messias gestorben. Es reichte, sich seinen Tod als den Augenblick vorzustellen, in dem er den Tod überwand, zum Vater aufstieg und auf diese Weise die Wahrheit offenbarte, wonach der Geist nicht auf ewig in den stofflichen Leibern dieser Welt gefangen sein mußte. Bedrängte man sie, so mögen die Gnostiker, wie der Autor andeutet, gesagt haben, der wirkliche (göttliche) Jesus sei überhaupt nicht «in das Fleisch gekommen» (1 Joh 4,2–3), er sei nicht der Christus gewesen (1 Joh 2,22), wichtig sei vor allem der von ihm offenbarte «Geist», sie hätten den Geist in ihm erkannt und besäßen daher Wissen über ihn (1 Joh 2,4.20), sie «blieben in ihm» (1 Joh 2,6), hätten «Gemeinschaft mit ihm» (1 Joh 1,6), lebten «im Licht» (1 Joh 2,10) und seien über die Sorge um Dinge wie Gebote, Sünden, Reinheitsgesetze oder Sühneopfer «hinaus» (1 Joh 1,8–10; 3,3–10; 4,20–5,5).

All das klingt vertraut. Die Begrifflichkeit und Weltsicht stammt – ebenso wie die Vorstellung des Heils als Erleuchtung – unmittelbar aus dem Johannesevangelium. Der 1. Johannesbrief zeigt uns, daß die johanneische Gemeinschaft Jesu Versprechen, sie «blieben in ihm», ernst genommen hatte. Er läßt uns außerdem erkennen, daß Jesus so sprach, wie im Evangelium, weil die Gemeinschaft im wirklichen Leben auf diese Weise redete. Er zeigt uns auch, daß es sich bei der im Evangelium in der ersten Person – sei es Singular oder Plural – erklingenden Stimme, die vom «Erkennen des Vater», dem «Sehen des Lichts», dem «Haben des Wassers des Lebens» usw. redet, einmal um die Stimme der Gemeinschaft handelte, in welcher der *logos* nachhallte, der solche Erkenntnis in die Welt gebracht hatte, aber auch um die Stimme des mythischen Jesus, welche die von der Gemeinschaft gesungenen Lieder wiederholte. Lag diesen Menschen ernsthaft an der Erleuchtung? Offensichtlich! Zogen sie im Grunde der Martyriologie des Christusmythos einen Mythos vom kosmischen Abstieg und Aufstieg vor? Ja, durchaus. Hätten sie sich dem Druck, sich den Mythen des Opfertodes Christi und den Ritualen eines Erinnerungsmahls anzupassen, widersetzt? Selbstverständlich.

Der Verfasser des 1. Johannesbriefs hatte sich seinerseits von dem Mythos der Zentristen und ihrem rituellen Verständnis der christlichen Gemeinde überzeugen lassen. Seine persönlichen Überzeugungen in dieser Hinsicht waren zweifellos aufrichtig, und die Gründe dafür, daß er sich den zentristischen Christen annähern wollte, mögen wohlüberlegt gewesen sein. Doch seine Polemik gegen seine einstigen Brüder und Schwestern ist boshaft, und seine Argumente klingen lächerlich. An den meisten Punkten der unmittelbaren Auseinandersetzung beschränkte er sich darauf, seine Gegner als «Lügner» darzustellen (1 Joh 1,6–10; 2,4; 4,20) oder sie der dämonischen, kosmischen oder göttlichen Vernichtung anheimzugeben (1 Joh 3,4–10). Er streitet für eine Definition christlichen Lebens und Glaubens, die folgendes enthält: einen realen, historischen Jesus als Christus (1 Joh 2,12; 4,15; 5,1), Jesu Tod als Sühneopfer für die Sünden (1 Joh 1,7; 2,2; 3,5.16; 4,2.10; 5,6), den Teufel als kosmische Macht, die die Christen und ihren Glauben zu zerstören trachtet (1 Joh 3,8–10; 5,18–19), einen apokalyptischen Tag des Gerichts (1 Joh 2,18.28; 3,2–3; 4,17), einen gerechten Gott, dem an der Reinheit liegt (1 Joh 2,29–3,7), das Bekenntnis als Grundlage des wahren Glaubens und als notwendige Voraussetzung der Vergebung der Sünden (1 Joh 1,9; 4,2–3.15) sowie den Akzent auf der Einhaltung der «Gebote» (1 Joh 2,4; 3,22–24; 5,3). Diese Vorstellungen entstammten nicht der alten Überlieferung der Gemeinschaft. Sie klingen vertraut, doch nur deshalb, weil sie so gut mit der Christusmythologie der zentristischen Position übereinstimmen.

Der Verfasser des 1. Johannesbriefs schrieb in einer Phase der Entwicklung der Gemeinschaft, die sich stark von der früheren Geschichte unterschied, wie sie das vierte Evangelium widerspiegelt. Zur Zeit der Komposition des Evangeliums waren «die Juden» der wichtige Gegenspieler der Gemeinschaft. Sie repräsentierten jene Menschen «außerhalb» der Gemeinschaft, die die Lehren der Gruppe über Jesus nicht akzeptierten. Nun ergab sich das Problem eines Kampfes um das christliche Selbstverständnis – gegen Herausforderer, die innerhalb der Gemeinschaft erstanden waren. Die Strategie des Verfassers bestand darin, die im Evangelium wurzelnden Begriffe aufzugreifen und im Licht seiner Option für den christlichen «Glauben» neu zu deuten. Die fraglichen Begriffe lauteten: Wissen, Leben, Liebe, *logos* und Bleiben. In jedem Fall wurde der Versuch unternommen, für neue Konnotationen einzutreten, als hätten diese Worte schon immer diese Bedeutung besessen. «Wissen» und «Bleiben» wurden als Annahme und Bewahrung des christlichen «Glaubens» im Sinne des Christusmythos gedeutet. «Leben» galt nun als das durch den Sühnetod Jesu Christi eröffnete «ewige Leben». «Lieben» bedeutete, in der Gemeinde zu bleiben und miteinander umzugehen, wie Gott-Vater gemäß dem Christusmythos seinen

Sohn behandelt hatte. Der Verfasser hatte einige Schwierigkeiten, das Konzept der Bewahrung der Gebote auszuweiten, da der Jesus des Evangeliums der Gemeinschaft bereits ein «neues Gebot» gegeben hatte; dies mußte von zusätzlichen Überlegungen unberührt bleiben, die wie die «alten Gebote» klingen konnten, die man hinter sich gelassen haben sollte (Joh 13,34; 1 Joh 2,4.7–8; 3,22–24; 5,2–3). Schwierigkeiten bereitete ihm auch die Sprache der Sünde. Er wollte seinen Gegnern vorwerfen, sie seien Sünder (1 Joh 1,8–10), da aber seine neue Soteriologie (Lehre vom Heil) von Sünde *und* Vergebung sprach, konnte das Thema fehlgreifen. Er wollte seinen Gegnern nicht die Verheißung der Vergebung anbieten. Er mußte daher ein wenig theologische Kasuistik betreiben und zwischen Sünden unterscheiden, die vergeben werden konnten, und solchen, für die keine Vergebung möglich war (1 Joh 2,1–2, 3,4–10). Wie man sehen kann, hatte sich die Trennung aufgrund der unterschiedlichen Orientierung an Erkenntnis (*gnosis*) bzw. am Glauben (*pistis*) vollzogen. Diese Problematik traf ins Zentrum einer alten Debatte zwischen zwei anthropologischen Ansätzen, und sie sollte in einem Kampf, der über die nächsten beiden Jahrhunderte tobte, das zentristische vom gnostischen Christentum trennen.

Ein zweiter Anhaltspunkt bei der Suche nach Klarheit über die Zuordnung des Evangeliums und der Briefe an Johannes ergibt sich aus dem 21. Kapitel des Evangeliums. Da Kapitel 20 einen deutlichen und angemessenen Abschluß des Evangeliums bildet (insbesondere im Licht von Joh 20,30–31, einer Stelle, die das Ziel des Evangeliums insgesamt benennt), haben viele Forscher festgestellt, Kapitel 21 müsse zu irgendeinem späteren Zeitpunkt angehängt worden sein. Es handelt sich um die Geschichte von Jesu Erscheinung vor Petrus und den anderen Jüngern am Seeufer. Der zentrale Aspekt kreist um einen speziellen Auftrag an Petrus (Joh 21,15–17), Jesu Vorhersage der Kreuzigung des Petrus (Joh 21,18–19) und Petrus' Frage an Jesus, was mit dem geliebten Jünger geschehen werde, dem, «der auch beim Abendessen an seiner Brust gelegen hatte» (Joh 21,20–23). Das für unsere Zwecke bedeutsame Kennzeichen besteht darin, daß das Ende des Kapitels eine Unterschrift enthält, die jene des geliebten Jüngers sein soll: «Dies ist der Jünger, der dies alles bezeugt und aufgeschrieben hat» (Joh 21,24–25). Das bedeutet, daß die Person, die Kapitel 21 angefügt hat, zugleich auch die Fiktion der Verfasserschaft des ganzen Evangeliums erfunden hat. Der Verfasser galt nun als einer der Apostel. Der geliebte Jünger hatte allerdings im Evangelium keine Rolle gespielt, sondern trat erst in der Abendmahlsszene als «der Jünger, den Jesus liebhatte», in die Geschichte ein und tauchte noch einmal vor der Kreuzigung kurz auf, bevor er hier in einer Geschichte nach der Auferstehung eine ziemlich wichtige Rolle übernahm (Joh 13,23; 18,15–16; 19,26–27; 20,1–10). Gemäß der Darstellung von Kapitel 21 hatte Petrus, der Jünger, der im gesamten Evangelium eine herausragende Stellung einnahm und der, so wäre zu erwarten gewesen, der wichtigste Anwärter auf den Vorrang in der apostolischen Rangfolge hätte sein müssen, gerade zweierlei über seinen Auftrag erfahren: erstens, er müsse, wenn er Jesus wahrhaftig liebte, die christliche Herde weiden, und zweitens, er solle sich bereit machen, wie Jesus zu sterben, am Kreuz. Wie wir in Kapitel 9 sehen werden, bedeutet dies, daß Petrus gesagt wurde, er müsse ein guter Hirte sein und wie Jesus sterben – Vorstellungen, die im apostolischen Vorbild eines Bischofs des 2. Jahrhunderts zusammenfließen. Und was ist mit dem geliebten Jünger? Mußte er auch sterben? Genau das will natürlich auch Petrus wissen. Und Jesus sagte: «Wenn ich will, daß er bleibt, bis ich komme, was geht es dich an?» Armer Petrus! Der geliebte Jünger sollte nicht den Tod eines Bischofs sterben müssen, und offensichtlich tat er es auch nicht, denn die folgende redaktionelle Anmerkung behauptet beiläufig, er sei bereits eines natürlichen Todes gestorben (Joh 21,23). Was, bitte sehr, geht hier vor? Der geliebte Jünger darf ein reifes Alter erreichen und seine Memoiren schreiben.

Da den Forschern nicht klar war, warum diese Geschichte angefügt wurde, hielten sie nach anderen Anhaltspunkten in weiteren Zusätzen zum Evangelium Ausschau, die ebenfalls im letzten Stadium der Bearbeitung erfolgt sein müssen. Man hegte den Verdacht, die gleiche Person, die Kapitel 21 anfügte, um das Evangelium mit zentristischen christlichen Lehren in Einklang zu bringen, habe erkennbare Einfügungen im gesamten Evangelium vorgenommen. Unter diesen Zusätzen sind die wenigen Aussprüche apokalyptischer Natur zu nennen (Joh 5,28–29; 6,39–40.44; 12,48), die Anspielungen auf ein eucharistisches Ritual in Kapitel 6 (Joh 6,52–58) sowie die seltsame Einfügung in Joh 19,35, wonach ein Zeuge gesehen hatte, daß Blut und Wasser herausströmten, als Jesus durchbohrt wurde (man hält dies gewöhnlich für eine Anspielung auf Symbole, die mit der Taufe zusammenhängen). Diese Hinzufügungen haben den zusätzlichen Verdacht aufkommen lassen, das letzte Stadium der Bearbeitung des Evangeliums habe etwa um die Zeit stattgefunden, als der 1. Johannesbrief verfaßt wurde, da die ideologischen Interessen einander genau entsprächen. Diese Entsprechung erstreckt sich bis auf solche Einzelheiten wie das eigenwillige Interesse an der Symbolik von Blut und Wasser in Joh 19,35, die in 1 Joh 5,6–8 wiederkehrt. Einige Forscher haben deshalb behauptet, ein und dieselbe Person habe die Hinzufügungen im gesamten Evangelium vorgenommen, Kapitel 21 an das Evangelium angehängt und den 1. Johannesbriefs verfaßt. Damit werden die Fakten im Interesse eines allzu sauberen Schemas zurechtgelegt. Doch unabhängig davon, ob sich dies so verhielt oder ob diese literarische Wirksamkeit zur gleichen Zeit, aber durch verschiedene Hände erfolgte, ist nicht schwer zu erkennen, daß in all diesen Schriftstücken die ideologische Einstellung dieselbe ist und daß sie etwas damit zu tun hatte, daß man das vierte Evangelium in Richtung auf eine zentristische christliche Mythologie verändern wollte.

Der dritte Anhaltspunkt findet sich zu Beginn von Kapitel 21, wo «die Jünger» für eine Erscheinung des auferstandenen Jesus «versammelt» werden (Joh 21, 1–2). Die Gestaltung der Szene ähnelt den Geschichten über die Erscheinungen nach der Auferstehung in Kapitel 20 und in den anderen – synoptischen – Evangelien. Sie zeigt, daß der Verfasser daran interessiert war, das Jünger-Motiv des Evangeliums einem Höhepunkt zuzuführen, an dem (alle?) Jünger anwesend waren, um die letztgültige Belehrung zu empfangen. Es sind «Simon Petrus und Thomas, der Zwilling genannt wird, und Nathanael aus Kana in Galiläa und die Söhne des Zebedäus und zwei andere seiner Jünger» (Joh 21, 2). Diese Szene weist mehrere seltsame Züge auf. Einer besteht darin, daß die Zahl der Jünger sieben beträgt, nicht zwölf. Außerdem werden auch die «Söhne des Zebedäus» genannt, obwohl sie in diesem Evangelium zuvor noch nie genannt worden waren. Drittens werden zwei weitere Jünger erwähnt, ohne daß ihr Name angegeben wird. Viertens aber wird der «geliebte Jünger» nicht erwähnt, obgleich er in der folgenden Geschichte vorkommt, so daß man sich seine Anwesenheit denken muß.

Die Vorstellung von den zwölf Jüngern fand zu irgendeinem Zeitpunkt Eingang in die johanneische Tradition, denn in zwei Geschichten werden «die Zwölf» erwähnt (Joh 6, 67.70–71; 20, 24), doch das Evangelium führt sie an keiner Stelle namentlich auf und erzählt nicht – wie die synoptischen Evangelien – die Geschichte ihrer «Berufung» und «Sendung». Daher war die Hinzufügung von Jakobus und Johannes (als «Söhne des Zebedäus») offenbar als symbolische Anerkennung der mit den drei «Säulen», Petrus, Jakobus und Johannes, verbundenen apostolischen Überlieferung gedacht. Sie hatten bei Paulus Erwähnung gefunden und waren später mit den Listen der «Zwölf» in den synoptischen Evangelien verschmolzen. Von diesen drei «Säulen» hatte jedoch nur Petrus im vierten Evangelium eine Rolle gespielt, und nach dieser Darstellung trat er nicht in Begleitung von Jakobus und Johannes auf, sondern von Andreas, seinem Bruder, Philippus, Nathanael, Thomas, Judas (nicht Ischariot), Judas, der Jesus verriet, und dem namenlosen «geliebten Jünger» (1, 40–51; 6, 5–9.66–86.71; 11, 16; 12, 20–22; 13, 36; 14, 5.8.22; 18, 5–9; 20, 2–10.24–29). Angenommen, der Verfasser von Kapitel 21 sei von einer Liste der sieben Jünger ausgegangen, die eine Rolle in der Evangeliendarstellung spielten (und habe dann bemerkt, daß, wenn man Judas zweimal zählt und den «geliebten Jünger» hinzufügt, die Zahl acht herauskommt, was bereits ein Problem darstellt), so bedeutete die Hinzufügung der Söhne des Zebedäus, daß zwei der ursprünglichen sieben namenlos bleiben mußten. Die beiden, die einem unmittelbar einfallen, sind Andreas und Philippus. Sie hatten im Evangelium eine wichtige Rolle gespielt und hätten eigentlich bei der Schlußversammlung zugegen sein sollen. Doch hätte der Verfasser sie genannt, so hätten Judas und der geliebte Jünger gefehlt, und man hätte sich die Anwesenheit des geliebten Jüngers denken müssen. So scheint es, als sei die Erwähnung der «zwei anderen seiner Jünger» als Platzhalter gedacht, so daß man sich natürlich vorstellen konnte, die «anderen» müßten ebenfalls dort gewesen sein, auch wenn sich bei sorgfältigem Nachzählen nur für zwei der fünf Ausgelassenen eine Erklärung finden ließ. Indem er nicht sagte, welche, gestattete es der Verfasser dem Leser, die Lücke so auszufüllen, wie er es wünschte. Es gelang ihm, möglicherweise unbeabsichtigt, für spätere Leser ein überaus kluges Rätsel zu schaffen: Wer war der geliebte Jünger? War er einer der im Evangelium erwähnten Jünger? Aber welcher? Der einzige, der er nicht sein konnte, war Petrus, denn er und Petrus werden in vier Geschichten gemeinsam erwähnt.

Warum hätte irgend jemand dies tun wollen? Das Interesse daran, das vierte Evangelium mit der zentristischen Ideologie in Einklang zu bringen, diktierte die Notwendigkeit, einen apostolischen Bürgen in die Geschichte über die Jünger einzuführen. Doch da die Menschen, die das vierte Evangelium hervorgebracht hatten, niemals einen solchen Bürgen gehabt oder gebraucht hatten, sah sich der Verfasser in einer Verlegenheit. Die Lösung bestand darin, den Begriff *Apostel* (er taucht in der johanneischen Tradition nicht auf) zu vermeiden, die Söhne des Zebedäus – in Anpassung an den apostolischen Mythos – aufzunehmen und die Abfassung des Evangeliums der geheimnisvollen, namenlosen Gestalt des geliebten Jüngers zuzuschreiben. Nun beginnt die merkwürdige Rolle des geliebten Jüngers einen Sinn zu ergeben, und das Rätsel seiner Identität erscheint als ein künstliches. Keiner der anderen namentlich bekannten Jünger war als Bürge der Überlieferung der Gemeinschaft wirklich geeignet. So scheint es, als sei die Gestalt des geliebten Jüngers bewußt ohne Namen geschaffen worden, damit dieser die Tradition der Gemeinschaft – unabhängig von den anderen, mit Namen ausgestatteten Jüngern – verkörpern konnte.

Zumindest ist offensichtlich, daß der geliebte Jünger auf Bestellung erschaffen wurde. Die in den Geschichten über ihn begegnenden Motive der Liebe, des Zeugnisses und der Nähe sowie seine Rolle als Übermittler der Worte Jesu schufen eine Gestalt, die in höchstem Maße geeignet war, die in der Gemeinschaft lebendige mythische «Erinnerung» an Jesus zu verkörpern und symbolisch darzustellen. Liebe war unter diesen Menschen die grundlegende Sprache für Gebote und Gemeinschaft. Die Vorstellung des Zeugnisses durchzog als narratives Motiv das gesamte Evangelium. Das Zeugnis der Jünger im Evangelium von Jesus war zudem konsequent mit der «wir»-Stimme der Gemeinschaft und der «ich»-Stimme Jesu verschmolzen. Zuweilen konnte man nicht sagen, wann Jesus zu reden aufhörte und die Gemeinschaft zur Sprache kam. In Joh 3,11–12 etwa spricht Jesus zu Nikodemus und sagt: «Wahrlich, wahrlich, *ich* sage dir: *Wir* reden, was *wir* wissen, und bezeugen, was *wir* gesehen haben; ihr aber nehmt *unser* Zeugnis nicht an. Glaubt ihr nicht, wenn *ich* euch von irdischen Dingen sage, wie werdet ihr glauben, wenn *ich* euch von himmlischen Dingen sage?» In der Unterschrift am Ende von Kapitel 21 findet sich ebenfalls ein herrliches Durcheinander von «ich», «wir» und der in dritter Person Singular erfolgenden Bezugnahme auf den geliebten Jünger: «*Dies* ist der Jünger, der dies alles bezeugt und aufgeschrieben hat, und *wir* wissen, daß sein Zeugnis wahr ist. Es sind noch viele andere Dinge, die Jesus getan hat. Wenn aber eins nach dem anderen aufgeschrieben werden sollte, so würde, meine *ich*, die Welt die Bücher nicht fassen, die zu schreiben wären.» (Joh 21,24–25, Hervorhebungen vom Verf.). Dasselbe Durcheinander der Identitäten kennzeichnet die Sprache im 1. Johannesbrief, der so beginnt: «Was von Anfang an war, was *wir* gehört und gesehen haben, [...] verkündigen *wir* auch euch» (1 Joh 1,1–2; Hervorhebung vom Verf.); er geht dann über zu der Aussage: «Meine Kinder, dies schreibe *ich* euch» (1 Joh 2,1; Hervorhebung vom Verf.), und bewegt sich schließlich zwischen der ersten Person Singular und Plural hin und her, die ganze Zeit über vermischt mit einer in der dritten Person gehaltenen Beschreibung derselben Gemeinschaft. Kein Wunder, daß diese Gemeinschaft niemals einen Apostel gebraucht hatte, geschweige denn einen mit einem ordentlichen Namen! Daß man zusätzlich zu Jesus jemanden als Gründergestalt heraufbeschwören mußte, bloß weil die Gemeinschaft sich zu Beginn des 2. Jahrhunderts einer zentristischen Position zuwandte, erforderte einige Geschicklichkeit.

War die Maßnahme erfolgreich? Behielten die Argumente des 1. Johannesbriefs die Oberhand? Gelang es den Menschen, für die dieser Brief steht, ihr Evangelium mitzunehmen, als sie sich der Hauptströmung anschlossen, um sich von jenen abzusetzen, die sich auf das gnostische Lager zubewegen wollten? Dies ist offenbar zu bejahen. Ein Anhaltspunkt ist, daß der 2. und 3. Johannesbrief, die jeweils vom «Ältesten» unterzeichnet sind, ein Netzwerk von Gemeinden nach zentristischem Vorbild voraussetzen und Belehrungen über Dinge wie die wahre Überlieferung, falsche Lehrer und Gastfreundschaft bieten, die allesamt sehr nach den anderen uns vorliegenden apostolischen Briefen des 2. Jahrhunderts klingen. Ein zweiter Hinweis besteht darin, daß die zentristischen Führer schließlich das vierte Evangelium und die johanneischen Briefe als apostolische Schriften akzeptierten. Das bedeutet, daß diese Schriften in Netzwerken von Gemeinden zirkuliert haben müssen, die weit über die Gemeinschaft hinausreichten, die sie hervorgebracht hatte. Wahrscheinlich hat irgendein kluger Mensch im Zuge des Abschreibens, Lesens und Klassifizierens dieser Schriften gemeinsam mit der anderen «apostolischen» Literatur das Rätsel in Kapitel 21 erkannt und dadurch gelöst, daß er entschied, der geliebte Jünger müsse, da die «zwei anderen» Andreas und Philippus gewesen sein müßten und da Jakobus bereits als Repräsentant einer anderen Art der Jesustradition galt, Johannes gewesen sein. Da die Briefe anonym waren, konnte man sie ebenfalls Johannes zuschreiben. Sodann gab es da die von (einem) Johannes unterzeichnete Apokalypse. So fügten die Zentristen sie alle unter dem Namen Johannes zusammen, und Johannes wurde der geliebte Jünger, der die «geistige» Bedeutung des Evangeliums am besten verstand. Obwohl viele Gelehrte des 3. Jahrhunderts ratlos vor der Sammlung standen und ihre Zuordnung zu Johannes als zu problematisch empfanden, fanden sie keine Möglichkeit, etwas dagegen zu setzen. Das Rätsel von Joh 21 wurde vervollkommnet und ließ sich weder beweisen noch widerlegen. Im übrigen, wenn man einen Namen brauchte, und der apostolische Mythos verlangte ihn, so brachte die Zuordnung zu Johannes eine subtile Mystifizierung mit sich. Johannes war der einzige Apostel, der nicht den Märtyrertod erlitt. Vielleicht war er wirklich der Jünger, den Jesus am meisten liebte. Und so sind seine Schriften auch heute noch als johanneische Literatur bekannt.

Dritter Teil
Die Geschichte und der christliche Mythos

9. Die Erfindung apostolischer Traditionen

Immer wenn Christen die Anfänge des Christentums beschreiben, stellen sie sich die Jünger als Apostel vor. Daß die Jünger Apostel waren, ist ebenso wichtig wie die Tatsache, daß Jesus der Christus ist. Ohne die Apostel würde die Jesuserzählung wie ein vor langer Zeit erzähltes Märchen in der Vergangenheit verschwinden, ohne prägende Wirkung auf die Geschichte der Gesellschaft auszuüben. Es sind die Apostel, die die Jesuserzählung in der Zeit verankern, die Zeugnis dafür ablegen, daß all das wirklich geschehen ist, und den Eindruck schaffen, die Geschichte habe sich damals verändert. Die Apostel sind von Beginn an bis zum Ende die Augenzeugen der Geschichte Jesu, die ersten, die die Geschichte als Evangelium oder als Botschaft verkündigen, die Missionare, die die Botschaft des Evangeliums in alle Länder und zu allen Völkern brachten und die das Neue Testament verfaßten. Die Apostel sind zudem die ersten Führer der Gemeinden von Glaubenden, die sich in Reaktion auf ihre Verkündigung bildeten, sie gründen Kirchen und erfüllen das erste Kapitel der christlichen Geschichte mit ihren Taten. Ohne die Apostel wüßte die Kirche nicht, wie sie ihre Geschichte mit Jesus in Verbindung bringen sollte. Die Apostel sind die Bürgen der Kirche dafür, daß sie – als soziale, historische institutionelle Gestalt der Religion – von einem guten Ausgangspunkt ausgegangen ist und auf eine geradlinige Geschichte zurückblicken kann.

Nicht jede Jesusbewegung, jeder Christuskult oder jede christlich-gnostische Bewegung bedurfte der Fiktion von zwölf Jüngern, die zu Aposteln wurden. Die Fiktion ergab sich aus der frühchristlichen Mythenbildung unter Intellektuellen, die zentristische Neigungen und institutionelle Tendenzen verfolgten. Sie entstand zudem nicht über Nacht. Wie wir bereits im vorherigen Kapitel gesehen haben, war es eines, die Jünger als Apostel zu bezeichnen, jedoch etwas ganz anderes, sie mit bestimmten Überlieferungen in Zusammenhang zu bringen, und noch etwas anderes, mit Blick auf grundlegende Fragestellungen Übereinstimmung zwischen ihnen herzustellen. Daß die Apostel miteinander übereinstimmten, wäre zu Beginn des 2. Jahrhunderts ebenso undenkbar gewesen wie eine Übereinstimmung zwischen den vielen Christuskulten und Jesusbewegungen jener Zeit. Von einer lautstarken Diskussion zu reden, wäre eine viel zu zahme Kennzeichnung der feindseligen Polemik und der rhetorischen Verschanzungen, die den innerchristlichen Diskurs während des 2. Jahrhunderts kennzeichneten. Dennoch nahm sich der Verfasser vor, gerade das, die Übereinstimmung zwischen den Aposteln, darzustellen. Er wollte auf diese Weise die apostolischen Grundlagen seiner eigenen Konzeption des Christentums als einer Religion des Reiches und für das Reich mit seinem Zentrum in Rom aufzeigen. Er verwirklichte dies und leistete damit nichts Geringeres als die Schaffung eines grundlegenden Bausteins für die Gestaltung der christlichen Epik.

Rückblickend schuf der Verfasser der Apostelgeschichte die Vorstellungen von einem Apostelkonzil sowie von einem apostolischen Zeitalter. Dabei handelte es sich um eine Zeit, die anders war als jede vorangegangene und noch kommende. Einzig die Apostel waren mit Jesus zusammen gewesen, nur sie konnten Zeugnis für die Wahrheit des Evangeliums ablegen. Was die Ältesten, Gemeindevorsteher und Bischöfe anging, die später für die Kirchen verantwortlich waren – was wußten sie, das sie nicht von den Aposteln empfangen hatten? Aufgrund der Existenz der Apostelgeschichte konnten sie jedoch gewiß sein, daß die christlichen Kirchen im gesamten Römischen Reich genau die Gestalt hatten, die der Absicht Jesu und seiner Apostel entsprach. Das apostolische Zeitalter lieferte das entscheidende Bindeglied, das eine unmittelbare Traditionslinie von Jesus bis zu den Kirchen garantierte, insbesondere zu jenen Kirchen, die das besondere Privileg anerkannten, das der Gemeinde in Rom zukam. Daher war die Apostelgeschichte eine ebenso wichtige literarische Leistung des entstehenden Christentums im frühen 2. Jahrhundert wie das Markusevangelium im 1. Jahrhundert.

Leider beschönigt dieser Rückblick die stürmische Geschichte des 2. Jahrhunderts, so wie das Lukasevangelium und die Apostelgeschichte die Ecken und Kanten des ersten glätten. Wir können nicht sicher sein, daß allein die literarische Leistung des Lukas die historische Vorstellung eines apostolischen Zeitalters für seine Zeitgenossen schuf, ja nicht einmal, ob sich seine Darstellung der Apostel auf irgendeine der anderen während dieses Jahrhunderts hervorgebrachten apostolischen Fiktionen auswirkte. Wir können jedoch mit Sicherheit sagen, daß die lukanische Apostelgeschichte ausgesprochen gut zur Mythenbildung des 2. Jahrhunderts paßt und als frühes Werk eines Genies eine herausragende Stellung einnimmt. Wenn wir sie als Richtschnur für die Bedeutung der Apostel für das christliche Denken des 2. Jahrhunderts verwenden, wird es möglich, eine breite Literatur zur Erörterung bereitzustellen. Die Apostelgeschichte markiert die Verlagerung des Schwerpunktes der Mythenbildung des 2. Jahrhunderts – weg von Jesus und hin zu den Aposteln.

Jesus wurde seine Stellung als wichtigste Gestalt des christlichen Evangeliums nicht genommen, doch nun zogen die Apostel die ganze Aufmerksamkeit auf sich. Die Faszination, die von den Aposteln ausging, führte dazu, daß Geschichten über sie geschrieben wurden, und brachte (angeblich) von ihnen verfaßte Literatur hervor. Als vorherrschende Genres erwiesen sich ganz natürlich die Apostelakten, Weisungen von den Aposteln, von ihnen verfaßte Evangelien, apostolische Briefe und Apokalypsen. Doch das ist noch nicht alles. Frühchristliche Autoren, die in ihrem eigenen Namen schrieben, mußten sich auf die apostolische Überlieferung berufen, und Denkschulen, insbesondere in gnostischen Kreisen, mußten sich mit dem apostolischen Mythos auseinandersetzen, um den Augenblick zu postulieren, in dem ihre besondere Lehre der Welt offenbart wurde. Die Entstehung des apostolischen Mythos veränderte die frühchristliche Vorstellung von der Geschichte für immer. Nicht nur Jesus, nicht allein seine Lehren, nicht nur sein Platz in der Geschichte Israels, sondern auch die Apostel mußten in der Darstellung vorkommen, und zwar als diejenigen, welche die Botschaft empfingen, bündelten und an spätere Generationen weitergaben. Es war der apostolische Mythos, der die weitere christliche Vorstellung auf die seltsame Überzeugung festlegte, für Christen hänge die Wahrheit von den Augenzeugenberichten einer vergangenen, privilegierten Klasse von Jüngern ab, die dem Göttlichen persönlich begegnet waren.

Dann aber geschah etwas Interessantes. Das Bild der Apostel glich sich immer stärker der Erscheinung Jesu an. Man stellte sich vor, sie hätten – wie er – Wunder vollbracht, gepredigt und gelehrt wie er, sie seien wie er den Behörden entgegengetreten und gestorben wie er. Es war, als hätten sie die Evangeliendarstellung des mit göttlichem Geist und göttlicher Macht begabten Auftretens in der Welt nachgebildet. Ihre Verkündigung verursachte erhebliche Aufregung. Einige bekehrten sich, andere nahmen Anstoß, und am Ende starben die Apostel den Märtyrertod. Nur im Falle des Johannes konnte man sich unmöglich einen Märtyrertod ausmalen, denn ein Teil der Überlieferung, welche die ihm zugeschriebene Sammlung von Texten begleitete, besagte, er sei als alter Mann in Ephesus eines natürlichen Todes gestorben. Bei den anderen erschien der Märtyrertod als ein natürliches Ende ihrer Geschichte. Es gab eine frühe Überlieferung über das Martyrium von Paulus, Petrus und Jakobus, doch schließlich wurde allen dargestellten Aposteln ein ehrenvoller Tod zugestanden – Paulus, Petrus, Andreas, Thomas, Matthäus, Bartholomäus und Philippus. Dies wird verständlich, wenn man das griechische Erziehungsmodell bedenkt, wonach man einem Vorbild folgen oder es nachahmen sollte. Die Apostel wurden als exemplarische Schüler Jesu dargestellt. Und nun standen einem viele wertvolle Vorbilder vor Augen. Wie Jesus zum Vorbild wurde, dem seine Jünger folgen sollten, so wurden auch die Apostel zu Vorbildern, denen die Christen folgen sollten. Denn Jünger oder Schüler sollten, so dachte man, ihren Lehrern nachfolgen. So wurde Jesu Weg zum Märtyrertod in den Geschichten über die Apostel veranschaulicht, und diese wiederum wurden zu Vorbildern für die wahre Befolgung des christlichen Weges.

In gnostischen Kreisen verwendete man den apostolischen Mythos, um den Anspruch auf eine esoterische Lehre zu untermauern, nicht auf martyriologische Weisungen. Die Verbindung zwischen Jesus und einem konkreten Apostel wurde im Interesse der Behauptung einer besonderen Offenbarung durch Jesus dargestellt, mit der man das Spezialwissen in der Überlieferung einer speziellen gnostischen Schule erklären konnte, so als sei sie durch den Apostel weitergegeben worden. Im Thomasevangelium nahm Jesus, wie wir sahen, Thomas beiseite und sagte ihm, was die anderen Jünger nicht zu begreifen vermochten (EvTh 13). Solche Szenen wurden in gnostischen Texten zur üblichen Methode, häufig wurden sie auch konkret als Erscheinungen nach der Auferstehung beschrieben. Letztlich wurden jedoch weder die Szene noch der Apostel, dem die besondere Offenbarung zuteil wurde, für besonders wichtig gehalten. Es war der Inhalt der Offenbarung, der die Gnostiker interessierte, und da es sich beim Inhalt um eine Offenbarung handelte, verstand man Jesus bald als zufällige Inkarnation des ewigen göttlichen Offenbarenden. Die bevorzugte Mythologie beschrieb daher, wie ein Gott aus dem Reich des Lichts einen geeigneten Bürgen aufsuchte. Die christlichen Apostel waren nicht die einzigen Bürgen einer solchen Offenbarung. Zu Jesus, Johannes, Thomas und Philippus gesellten sich bald Adam, Seth, Sophia und die verschiedenen Führer gnostischer Denkschulen wie Basilides, Valentinus und Ptolemäus. Das gnostische Wahrheits- und Offenbarungsverständnis stellte daher eine ernste Herausforderung des apostolischen Mythos dar.

Die Anhänger der zentristischen Traditionen mußten dieser gnostisierenden Tendenz entgegentreten. Sie schrieben zu diesem Zweck Abhandlungen gegen die gnostischen «Häresien», beriefen sich auf den «historischen» Jesus der Evangelien und bemühten sich sehr darum, so viele Apostel wie möglich für ihre «orthodoxe» christliche Lehre zu beanspruchen. Sie taten dies, indem sie im Namen der Apostel Evangelien, Briefe, Predigten und Unterweisungen verfaßten. Eine der seltsameren literarischen Erscheinungen dieser Zeit besteht darin, daß Lehrbücher für die kirchliche Praxis auftauchten, die den Namen aller zwölf Apostel – im Sinne eines Kollegiums – trugen. Erneut scheint Lukas mit seiner Geschichte über die zwölf Apostel zu Pfingsten, dem Geburtstag der Kirche, den Weg vorgezeichnet zu haben. Wenn sie alle darin übereinstimmten, was gepredigt und gelehrt werden sollte, so scheint man gedacht zu haben, mußten Lehren und Offenbarungen, die von dieser Norm abwichen, falsch sein. Glücklicherweise – für die Kirche – war das, worin die Apostel übereinstimmten, den Bischöfen bekannt, und es war fest in ihrer Hand. Und so schließt sich der Kreis: die Schaffung eines

Mythos, der jene bevollmächtigen soll, die den Mythos geschaffen haben – die Führer einer entstehenden Institution mit dem Anspruch auf historische Priorität und Präsenz. Arme Bischöfe, die sich, um ihre Autorität zu erweisen, auf die Apostel berufen mußten. Kommen sie jemals dazu, mit ihren eigenen Namen zu unterschreiben? Natürlich, doch nur dann, wenn sie vorsichtig genug sind, keine Autorität in Anspruch zu nehmen, die auf einer privaten Offenbarung gründet.

Die Apostelgeschichte

Die Apostelgeschichte war das Werk eines Genies. Sie wurde gegen Ende des ersten Viertels des 2. Jahrhunderts von einem hochgebildeten hellenistischen Christen verfaßt, der irgendwo im Bereich der Ägäis lebte. Der Verfasser war, was die griechische Historiographie und andere, volkstümlichere Literaturgattungen anging, etwa den Roman und die Lebensbeschreibungen berühmter Menschen, sehr belesen, denn er verwendete die jeweils charakteristischen Techniken mit großem Geschick. Er besaß zudem Abschriften von Texten der Jesusbewegungen aus dem 1. Jahrhundert, wie etwa des Markusevangeliums und der Logienquelle Q, die er auf kluge Weise miteinander verschmolz und so ausschmückte, daß sie seinen eigenen Absichten bei der neuen Wiedergabe der Darstellung des Evangeliums dienten. Da er über Paulus, Petrus, Jakobus und andere frühchristliche Führungsgestalten ebenso Bescheid wußte wie über die Ausbreitung christlicher Gemeinden in ganz Kleinasien sowie über die Geschichte der Spannungen zwischen Christen und Juden in der Diaspora, können wir davon ausgehen, daß er die Paulusbriefe kannte und weitere frühchristliche Literatur und Überlieferungen gesammelt hatte. Sein Plan bestand darin, eine Geschichte der christlichen Bewegung seit der Entstehung des Zwölferkollegiums der Apostel in Jerusalem kurz nach dem Tode Jesu bis zu ihrer Ankunft in Rom – personifiziert in Paulus – zu schreiben, also über einen Zeitraum von ungefähr dreißig Jahren. Bedenkt man seine Perspektive des Jahres 120 n. Chr., die gesamte Geschichte der Zwischenzeit und die rivalisierenden Traditionen, die dieser Autor gekannt haben muß, so sagt seine Entscheidung, sich auf Petrus und Paulus als die wichtigsten Gestalten der apostolischen Periode zu konzentrieren, viel aus. Der Verfasser, den ich Lukas nennen möchte, war, insofern er an der Tradition der Zuordnung festhielt, offenkundig der zentristischen Glaubensüberzeugung verpflichtet.

Die Geschichte beginnt mit einer bemerkenswerten Folge von Ereignissen während der ersten vierzig Tage zwischen Pessach und dem Wochenfest. Dies sind die Feste, die den Kalender der jüdischen Kultur kennzeichneten und die durch die Geburt der Kirche umgeformt und abgelöst werden sollten. Wie Jesus den Jüngern vor seinem Scheiden am Ende des Lukasevangeliums geboten hat, finden sie sich in Jerusalem neu zusammen, wählen Matthias anstelle von Judas und konstituieren sich als Rat der zwölf Apostel, um auf den von Jesus verheißenen Geist zu warten. Zu Pfingsten kommt der Geist in Gestalt feuriger Zungen über sie, und darauf folgt die berühmte Geschichte, in der alle Apostel in fremden Sprachen zu den Juden aus allen Ländern sprachen, die zum Fest nach Jerusalem gekommen waren. Die Geschichte erzählt nicht, warum die griechische Sprache nicht ausgereicht haben sollte, doch sie bereitet das Motiv der Verkündigung und der Bekehrung einer großen Zahl von Menschen vor. Dann tritt Petrus in den Mittelpunkt, der die Pfingstpredigt hält und während der Ereignisse, die sich in Jerusalem zutragen, die Rolle eines wichtigen Handlungsträgers und Sprechers spielt. Jedes dieser Ereignisse hat mit der Aufregung zu tun, welche die Christen unter den Juden in Jerusalem verursachen, und jedes endet mit einer Predigt des Petrus, zunächst im Tempel (Apg 3,12–26), dann vor den jüdischen Oberen (Apg 4,9–12) und schließlich vor dem Rat der Hohenpriester (Apg 5,29–32).

Zu diesem Zeitpunkt hat die Bekehrung der «Hellenisten» so große Erfolge erzielt, daß die Apostel sieben von ihnen als spezielles Komitee bestimmen müssen, das «für die Mahlzeiten sorgt» – eine merkwürdige Wendung, die den Wunsch des Verfassers offenbart, die zu seiner Zeit praktizierte Tischgemeinschaft als einen bereits zu Beginn der Kirchengeschichte begründeten Brauch darzustellen. Stephanus gerät sofort in Konflikt mit den Führern der Diasporasynagogengemeinden, die ihn ergreifen, vor den Rat des Hohenpriesters bringen und dafür sorgen, daß er zu Tode gesteinigt wird. Stephanus, der das hellenistische Christentum verkörpert, ist also laut Lukas der erste Märtyrer der Kirche. Anläßlich seines Martyriums hält Stephanus eine lange Predigt, in der er ausführt, die Juden hätten sich während ihrer gesamten Geschichte dem Geist widersetzt und die Propheten und Führer, die Gott ihnen gesandt habe, abgelehnt, so wie sie jetzt Jesus, den «Gerechten», verwarfen, und, so könnte man hinzufügen, wie sie jetzt Stephanus zu Tode steinigten (Apg 6–7). So beginnt «die große Verfolgung» (Apg 8,1; 11,19). Das Drama breitet sich sodann nach Samaria und Gaza aus, und Saulus, der «Gefallen an seinem [Stephanus'] Tode» hatte und «mit Drohen und Morden gegen die Jünger des Herrn schnaubte», betritt die Bühne (Apg 8,1; 9,1). Auch «unreine Geister» (Apg 8,7) und Simon Magus treten auf – ein Hinweis auf den Widerstand, dem die Christen ausgesetzt sein sollten. Doch die Apostel gewinnen die Oberhand. Philippus betreibt erfolgreich die Evangelisation Samarias und Gazas, Saulus bekehrt sich auf dem Weg nach Damaskus, und Petrus zieht aus, um in Samaria

Wunder zu vollbringen und zu predigen (Apg 8–9). In Caesarea muß sich Petrus mit der Bekehrung eines römischen Centurio namens Cornelius befassen und erfährt durch eine Vision, daß Heiden nicht aus der Kirche ausgeschlossen werden dürfen, daß sie den Heiligen Geist und die Taufe empfangen können, ohne vorher beschnitten zu werden (Apg 10–11). Dies ist ein wichtiger Wendepunkt der Geschichte, denn jetzt erfahren wir, daß das Christentum sich bereits nach Phönikien, Zypern, Antiochia und Kyrene ausgebreitet hat und daß Antiochia die Stadt war, welche die Heidenmission organisierte (Apg 11,19–30; 13,1–3).

Von Kapitel 13 an bis zum Ende des Buches ist der Apostel Paulus der Held der Geschichte. Er unternimmt drei Missionsreisen nach Kleinasien und Griechenland und kehrt jedes Mal nach Antiochia zurück, um über seinen Erfolg zu berichten, bis er schließlich von wütenden «Juden aus der Provinz Asien, die ihn im Tempel gesehen hatten» (Apg 21,27; 24,19), ergriffen und dann von den römischen Behörden verhaftet und nach Rom gebracht wird, damit ihm dort der Prozeß gemacht wird. Einer der Berichte an die «Kirche und die Apostel und Ältesten in Jerusalem» ist die Darstellung des berühmten «Apostelkonzils», bei dem Petrus und Jakobus die paulinische Heidenmission gegen die Forderung einiger christlicher Pharisäer verteidigen, Nichtjuden müßten beschnitten werden und das Gesetz des Mose halten. Daß Petrus und Jakobus Paulus' Mission verteidigen, ist eine erstaunliche Fiktion, denn alle früheren Beweisspuren sprechen für das genaue Gegenteil. Lukas geht so weit, daß er Petrus ausdrücklich die Idee eines Heidenchristentums anerkennen läßt, und sich ausmalt, wie Jakobus die Heilige Schrift zur Untermauerung dieser Idee zitiert. Petrus sagt: «Liebe Brüder, ihr wißt, daß Gott vor langer Zeit unter euch bestimmt hat, daß durch meinen Mund die Heiden das Wort des Evangeliums hörten und glaubten» (Apg 15,7; vgl. die Reaktion des Jakobus Apg 15,13–21). Die Strategie des Verfassers ist also klar. Sogar Petrus und Konsorten haben, so gewiß Gott und der Heilige Geist für diesen Lernvorgang hart arbeiten mußten, verstanden, daß die christliche Heilsbotschaft vom ersten Ausströmen des Geistes an auch für die Nichtjuden gedacht war.

Die Geschichte der Apostel ist also die Geschichte der Ausbreitung der christlichen Religion durch das ganze Römische Reich von Jerusalem bis nach Rom. Sie beinhaltet zugleich die Geschichte des Kampfes, mit dem sich die christliche Religion ihren jüdischen Ursprüngen und dem schlechten Image des Ungehorsams entwand, das seiner frühen Geschichte anhaftete. Lukas wollte, daß das Christentum als für die römische Ordnung gute und somit der Unterstützung Roms würdige Religion anerkannt wurde. Obwohl die «gute Nachricht» von Petrus' erster Predigt zu Pfingsten bis zur letzten Predigt des Paulus vor den Führern der Juden in Rom (Apg 28, 17–28) die gleiche bleibt, verwandelt sich der Ton der Reden in dem Maße, wie die Darstellung sich von den früheren, an die Juden gerichteten Predigten entfernt und über die Missionspredigten des Paulus, in denen das Evangelium den Nichtjuden verkündet wird, zum Höhepunkt gelangt – zu mehreren langen Reden, in denen Paulus sich vor den römischen Statthaltern Felix (Apg 24, 10–21) und Festus (Apg 25, 8–11) sowie vor König Agrippa (Apg 26, 2–29) verteidigt. In diesen Verteidigungsreden kommt zum Ausdruck, daß der Verfasser das Christentum als kulturelle Kraft verstand, die gute Staatsbürger hervorbrachte. Gemäß der Darstellung der Apostelgeschichte waren die Apostel Apologeten einer bürgerlichen Religion!

Die Leistung dieser Fiktion, die so gut gelungen ist, daß sie über beinahe zweitausend Jahre als tatsächliche Geschichtsdarstellung verstanden wurde (Cameron, 1994), besteht in ihrer großen Gelehrsamkeit und ausgesprochen klugen Konstruktion. Der Verfasser mußte mit den Standardkonventionen für die Komposition von Charakterreden, den Entwurf von Romanen, die Anordnung von Anekdoten bei der Konstruktion des «Lebens» einer berühmten Person, die Gestaltung von Szenen für die Wunder und Sprüche des göttlichen Menschen sowie das Verfassen einer geschichtlichen Darstellung als Ätiologie und Lobpreisung irgendeiner gesellschaftlichen Institution arbeiten. Die Geschichte der Forschung zu diesem Buch ist reich an Studien, die nachweisen, daß der Verfasser diese literarischen Konventionen kannte und ihre Techniken geschickt verwendete. Indem er Kennzeichen all dieser literarischen Konventionen miteinander verband, gelang es ihm, Situationen so sachlich-realistisch zu beschreiben und seine Szenen mit so einfältigen und anschaulichen Einzelheiten auszustatten, daß die Empfindung, er sei ein Augenzeuge dieser Ereignisse, ausgesprochen stark ist. Sie ist so stark, daß man vielfach den Verfasser hinter den berühmten «wir»-Passagen in Kapitel 6 entdeckt hat, als hätte er tatsächlich Paulus auf seiner zweiten und dritten Reise begleitet (Apg 16, 10–17; 20, 5–15; 21, 1–18; 27, 1–28, 16). Selbst nachdem man erkannt hat, daß die «wir»-Passagen sich auf die Seereisen beschränken, und erfahren hat, daß der Verfasser lediglich einer gewöhnlichen Konvention für genau eine solche Beschreibung gefolgt ist, wie Vernon Robbins uns gelehrt hat (1978), bleibt der starke Eindruck erhalten, der Verfasser beziehe sein Wissen aus eigener Anschauung. Das ist eine großartige schriftstellerische Leistung und eine wunderbare Fiktion. Der Verfasser kann bei den von ihm beschriebenen Geschehnissen gar nicht dabeigewesen sein, es sei denn – natürlich – im dem Sinne, daß er sich intensiv mit der Geschichte beschäftigte, die er sich ausmalte. Wichtig ist, daß dieser Autor, als er die Geschichte der apostolischen Kirche erfand, die üblichen Konventionen der Historiographie nicht verletzte.

Die hellenistischen Autoren mußten, wenn sie *vitae*, Romane und Geschichtsdarstellungen verfaßten, stets mit Bruchstücken mündlicher Überlieferung und kleinen, aus früheren Texten entnommenen Einheiten von Geschichten, Einzelheiten und Reden arbeiten. Da diese selten ausreichten, um eine Biographie zu schreiben oder ein ungeschriebenes Kapitel der Geschichte auszugestalten, bedurfte es eines hohen Maßes an Vorstellungskraft, um die Lücken zu füllen. Der Trick bestand darin, sich vorzustellen, was zu einer bestimmten Gelegenheit geschehen sein mußte, um den Akteuren ihrem Charakter entsprechende Reden in den Mund zu legen, die die Situation als Ereignis im Kontext der umfassenderen Geschichte erklärten und zugleich etwas zu ihr beitrugen. Die Charaktere in der Geschichte entwickelte man durch die Erfindung einer Folge von Szenen, in denen die Handlungsträger wiederholt auf typische Weise redeten und handelten. Der Hintergrund bzw. die Umwelt dieser Geschichten wurde durch eine sorgfältige Beschreibung von Szenen gestaltet, in denen immer die gleiche Herausforderung wiederholt wurde, so daß sich die Erwartung jeweils schon auf die nächste Szene richtete. Die Entwicklung der Handlung erforderte eine geschickte Anordnung dieser kleinen, jeweils in sich geschlossenen Geschichten, so daß – mit Hilfe von Rückblenden und Voraussagen – leichte Veränderungen der Szenerie, Sprache oder Handlung erkennbar wurden. In der hellenistischen Schule wurde all das praktiziert, und jede dieser narrativen Funktionen und der Fertigkeiten, derer es bedurfte, um sie zur Wirkung zu bringen, wurde mit einem Fachbegriff bezeichnet. Daher erscheint die Beschreibung der Handlungsträger und Ereignisse in der Apostelgeschichte in hohem Maße stilisiert und eintönig. Es geschieht immer wieder das gleiche. Das typische Geschehen besteht aus (1) einer von einem Apostel öffentlich vollzogenen Handlung, häufig einem Wunder, (2) einer Herausforderung seitens jener, die sich dagegen aussprechen oder die Bedeutung der Handlung nicht verstehen, (3) der Antwort des Apostels, häufig in Form einer Rede oder Predigt, und (4) der Reaktion der Zuhörer auf die Rede bzw. Predigt. Einige bekehren sich und werden Christen, andere lehnen die Botschaft ab und bedrohen die Apostel. Die Ablehnung und der Skandal geben der Geschichte ihre Würze und bieten eine gute Ausrede dafür, daß die Apostel die Szene verlassen und man zur nächsten Geschichte übergeht.

Das erstaunliche Ergebnis des Gebrauchs dieser allgemeinen literarischen Konventionen für die Geschichte der Apostel besteht darin, daß sich die «Acta» der Apostel als Reden und die Reden als Evangelien *en miniature* erweisen. Die Wunder fallen ins Auge und erwecken den Eindruck, die Apostel seien überaus mächtige Personen gewesen, die kraftvolle Taten vollbrachten, die einen radikalen Wandel der Welt entfesselten. Doch wenn man innehält und fragt, wovon die Geschichte tatsächlich handelt und was an der Wendung einer Geschichte Entscheidendes geschieht, dann hat dies mit der Rede oder Predigt sowie mit der Reaktion der Zuhörer auf sie zu tun. Der Wunder-Effekt ist wichtig. Der Verfasser wollte den Eindruck eines dramatischen Wandels erwecken. Doch die von den Wundern bewirkten Veränderungen an sich sind lediglich vereinzelt, provokativ und flüchtig. Der wahrhaft bedeutsame und anhaltende Wandel, der sich in diesen Geschichten vollzieht, besteht in einer veränderten ideologischen Haltung und Ausrichtung. Was wirklich zählt, ist, ob eine Zuhörerschaft das, was der Verfasser die «gute Nachricht» nennt, annimmt oder verwirft, und ob die Menschen sich der Kirche anschließen. Das Drama, das den Verfasser vorrangig interessiert, findet demnach im Kopf der Zuhörer der Apostel statt. Es ist die Erzählung eines neuen Mythos im Zuge der Vereinnahmung und Gestaltung von Geschichte.

In der Apostelgeschichte begegnen ungefähr fünfzehn große, zumeist ziemlich lange Reden. Sie bestehen zur einen Hälfte aus Predigten oder Wiederholungen des Evangeliums, zur anderen Hälfte aus der Beschreibung persönlicher Erfahrungen, die der Verteidigung des eigenen Evangeliums dienen. Zu den letzteren gehören Petrus' Berichte über das, was er aus der Cornelius-Episode gelernt hat (Apg 10,34–43; 11,4–17; 15,7–11), und Paulus' wiederholte Darstellung seiner Bekehrung und/oder Lebensweise (Apg 20,18–35; 22,1–21; 24,10–21; 26,2–23). Die persönlichen Berichte zeigen, daß Petrus und Paulus über dasselbe Evangelium reden und daß dieses Evangelium dasselbe ist, das sie und Stephanus in ihren Predigten skizziert hatten. Die wichtigsten Aspekte der Predigten sind, daß (1) Jesus genau dem entsprach, wie der Gott Israels die Menschen immer haben wollte, daß er (2) Gutes vollbrachte, (3) die Juden ihn getötet haben, (4) Gott ihn auferweckt hat, (5) die Apostel Zeugen dieser Ereignisse waren und (6) die Zuhörer deshalb umkehren, die Vergebung annehmen, sich taufen lassen und den Heiligen Geist empfangen sollten. Diese Predigt bietet – mit Ausnahme von Punkt 6 – ein Evangelium *en miniature*, d.h. eine Wiederholung der Jesusdarstellung des Evangeliums, hier und dort leicht von etwas Heilstheologie überlagert, die an den Christuskult erinnert.

Zunächst scheint es, als müßten diese Predigten als Abriß des größeren, weitaus nuancierteren Evangeliums verstanden werden, das der Leser vor Augen hat. Doch dann wird einem langsam klar, daß der gekürzte Abriß die komplexeren Mythologien früherer Traditionen absichtlich getilgt hat. Der Verfasser wollte weder ein paulinisches *kerygma*, noch ein Heil gemäß dem Christuskult, eine Erleuchtung im Sinne der Jesusbewegung, eine petrinisch-jakobinische jüdisch-christliche Ethik, noch sonst irgendeine der zahlreichen anderen Deutungen des Evangeliums. Seine zentristischen Neigungen veranlaßten ihn, all diese Mythologien im Interesse einer einzigen Ausdrucksform, einer Art Evangelium des gemeinsamen Nenners, zu verwässern. Petrus lernt nach dieser Darstellung, nicht alle Nichtjuden unrein zu nennen, Jakobus sagt, die Nichtjuden sollten nicht mit der Diskussion über die Beschneidung belastet werden, Paulus vollzieht ein Ritual der Reinigung, um den Tempel in Jerusalem betreten zu können, und Stephanus, der Hellenist, bietet von allen die umfassendste Wiederholung der jüdischen Epik. In jedem Fall wurden die unverwechselbaren Merkmale der jeweils von diesen Gestalten verkörperten früheren Jesusdeutungen sorgfältig beiseite gelegt, um einen gemeinsamen Nenner zu erreichen. Im Falle des Paulus etwa begegnet nicht der leiseste Hinweis auf seine leidenschaftliche Argumentation zugunsten der Freiheit vom Gesetz, der Rechtfertigung durch den Glauben, des Gehorsams gegenüber dem Geist oder der Ethik des Leidens und Dienstes für den Leib Christi. Daß der Verfasser ein Evangelium der Mitte finden wollte, ist verständlich, und daß es ihm gelang, es mit so großer Folgerichtigkeit zur Sprache zu bringen, ist durchaus eine Leistung. Doch wir sollten uns durch seine Darstellung der wirksamen Kraft dieser Predigten nicht täuschen lassen. Es läßt sich darin keinerlei soziale, rituelle oder mythische Logik erkennen, die der jeweiligen Hörerschaft eingeleuchtet hätte.

Man stelle sich einen Augenblick lang vor, diese Predigten richteten sich an die Juden. Bei den meisten ist dies ja auch der Fall. Die Botschaft lautet: Er war der Erwählte eures Gottes, aber ihr habt ihn getötet; deshalb kehrt um und laßt euch taufen, werdet Christen. Das ist keine «gute Nachricht», sondern die Insinuierung und Manipulation von Schuldgefühlen durch gezielte Einschüchterung. Kein Jude hätte eine solche Predigt als motivierend (es sei denn vielleicht mittels Empörung) bzw. das Angebot einer solchen Bekehrung als attraktiv empfunden. Dennoch befaßt sich weit mehr als die Hälfte der lukanischen Geschichte mit dem jüdisch-christlichen Konflikt, und es heißt, die an die Juden gerichteten Predigten hätten sowohl Bekehrungen bewirkt als auch einen Skandal verursacht. Oder man denke sich dieses Evangelium als die Verteidigung der Apostel. Sie erzählen nur, was sie gesehen und gehört haben – wie kann man sie also für gefährlich halten? Was sie in Wirklichkeit sagen, ist, daß die Skandale nicht von ihnen verschuldet wurden. Sie betonen dies sowohl gegenüber den jüdischen als auch gegenüber den römischen Behörden. Weder Q, noch der Christusmythos, noch die narrativen Evangelien wollten auf irgendeine Weise das Verhalten eines Apostels verteidigen. Alle früheren Mythologien wurzelten in der kollektiven Erfahrung und zielten auf die Verteidigung einer bestimmten gesellschaftlichen Formation, die durch eine besondere Vision vom «Reich Gottes» gefordert wurde. Nichts davon wird in der Apostelgeschichte sichtbar. Die Predigten in der Apostelgeschichte dienen der Bestätigung der Vollmacht der Apostel. Die Apostel berichten «lediglich», was (nur) sie wissen, was sie (allein) erfahren haben. Doch sie erwarten von ihren Hörern, daß es ihnen «durchs Herz ging» und sie fragen: «Was sollen wir tun?» (Apg 2,37). Ihre Antwort lautet: «Tut Buße, und jeder von euch lasse sich taufen auf den Namen Jesu Christi zur Vergebung eurer Sünden, so werdet ihr empfangen die Gabe des heiligen Geistes» (Apg 2,38). Warum sich diese Forderung aus der soeben gehaltenen Predigt ergibt, wird nicht erklärt. Es besteht kein logischer Zusammenhang etwa zwischen der Geschichte und der Vergebung, zwischen der Geschichte und der Taufe oder der Geschichte und der Gabe des Geistes, wie dies in anderen, früheren Ausformulierungen des Christusmythos der Fall ist. Nichts in diesen Predigten würde irgend jemanden auf den Gedanken bringen, Jesu Auftreten habe etwas mit Gottes Wunsch zu tun, allen die Sünden zu vergeben, geschweige denn, den Juden zu vergeben, die Jesus getötet haben sollen. Das jedoch ist der Sinn des Evangeliums nach der Deutung der Apostel. Sie sind diejenigen, die die Menschen zur Umkehr aufrufen. Sie sind es, die – durch Taufe und «Handauflegung», zwei eng miteinander verwandte, den Aposteln vorbehaltene rituelle Gesten – Vergebung und die Gabe des Geistes anbieten können. Wie dachte sich der Verfasser das?

Der Verfasser dachte in den Kategorien epischer Geschichtsschreibung, und das apostolische Zeitalter war Vergangenheit. Es war wesentlich wichtiger, Rechenschaft über die gegenwärtige Situation der Kirche abzulegen, als all die Einzelheiten eines vergangenen Kapitels der Geschichte plausibel zu machen. Jeder wußte das. Der Epik wurde, ebenso wie dem Mythos, große Freiheit eingeräumt, solange sie half, sich vorzustellen, wie die gegenwärtigen Umstände entstanden waren. Und sie mußte positiv, ja sogar triumphalistisch sein und die großartigen Ereignisse der Vergangenheit als Strom der Geschichte beschreiben, der in die Gegenwart des Verfassers mündete, so als bringe die Gegenwart alles Vorherige auf herrliche Weise zur Blüte. Um diese Fiktion in den christlichen Kirchen zur Zeit des Lukas zur Geltung bringen zu können, mußte man sich mit mehreren konzeptionellen Problemen auseinandersetzen. Eines bestand darin, daß die Kirche, die er kannte und für die er eintrat, größtenteils heidenchristlich war und in ihrer Mentalität zunehmend von der griechisch-römischen Kultur beeinflußt wurde. Wie paßte dies zu der früheren, wüsten Geschichte der Auseinandersetzung mit der Diasporagemeinde über jüdische Fragen? Ein weiteres konzeptionelles Problem lag darin, daß die christlich-römischen Beziehungen aufgrund der öffentlichen Präsenz der Kirche als gesellschaftliche Institution zu einem weitaus wichtigeren Thema wurden als das Verhältnis zu den jüdischen Synagogengemeinden der Diaspora. Die christlichen Gemeinden waren nun der kritischen Überprüfung durch die örtlichen

Statthalter und römischen Behörden ausgesetzt. Als drittes Problem ist zu nennen, daß die mittlerweile aufgekommenen Konflikte unter den vielen christlichen Gruppen es erschwerten, die allen gemeinsame zentrale Glaubensüberzeugung zu definieren und jenen, die sich um den Einfluß der neuen Religion sorgten, eine rationale Grundlage zu bieten. Zwischen der Zeit Jesu und jener des Autors hatte sich ein deutlicher sozialer Wandel vollzogen. Anstatt all die Kräfte und Wendungen dieser Geschichte im einzelnen zu beschreiben, wie wir es heute versuchen würden, sah der Verfasser über die Geschichte der fünfzig oder sechzig Jahre seit Paulus hinweg und packte alle seine Erklärungen in das apostolische Zeitalter hinein. Die dreißig Jahre von der Wirksamkeit des Petrus in Jerusalem bis zur Ankunft des Paulus in Rom sollten alle Veränderungen erklären, die in den neunzig Jahren zwischen Jesu Auftreten und der Zeit des Verfassers eingetreten waren.

Die entscheidende Frage stellte sich von selbst: Was ist mit der jüdischen Geschichte, den jüdischen Schriften, dem jüdischen Gott, dem Judentum des Zweiten Tempels, mit Jesus und seinen jüdischen Jüngern, die das hellenistische Christentum hervorgebracht hatten? Der Verfasser wußte, daß das Christentum sich aus der jüdischen Religion und Kultur vor dem Ende der Periode des Zweiten Tempels entwickelt hatte, und er besaß das frühe Jesus-Material – wie Q, die markinische Evangeliendarstellung und das Erbe des Christuskultes. All diese Interpretationen der Bedeutung Jesu beriefen sich auf die jüdische Geschichte und Vorstellungswelt. Aus der Perspektive einer christlichen Kirche im 2. Jahrhundert schreibend, die sich aus einer nichtjüdischen Klientel zusammensetzte, von griechischer Mentalität geprägt und vollkommen damit beschäftigt war, ihren Platz als dauerhafte öffentliche, gesellschaftlich wirksame Institution in der Welt römischen Lebens und römischer Herrschaft einzunehmen, war er sich zugleich schmerzhaft dessen bewußt, daß ein Großteil der frühen Geschichte durch jüdisch-christliche Auseinandersetzungen bestimmt worden war, als die christlichen Kirchen allmählich ihre Bindung an die Diasporasynagogen lösten und ihre Frömmigkeit von den pharisäischen Reinheitsnormen abhoben. Die große Frage, die als Leitprinzip seiner Konstruktion der epischen Geschichte des Christentums dienen sollte, ergab sich demnach von selbst. Er wollte wissen, was das Christentum der jüdischen Geschichte, aus der es hervorgegangen war, verdankte. Er mußte klären, was das Christentum nun, da es eine griechisch-römische Religion geworden war, noch mit dem Jüdischen dieser Geschichte gemein hatte. Lukas war, soweit ich sagen kann, der erste, der diese Frage stellte. Sie gab der sensiblen Thematik der jüdisch-christlichen Identität eine Wende – weg von der ständigen Betonung der Unterschiede, hin zum Interesse an der historischen Frage nach den Gemeinsamkeiten.

Die Antwort des Verfassers war von seiner eigenen Bewertung des Christentums als einer Religion mit sozialen Anliegen und hohen ethischen Maßstäben beeinflußt. Er war zudem überzeugt, daß eine solche Religion für die Gesellschaft insgesamt gut sei. Daher fand er die Antwort auf seine Frage im jüdischen Bemühen um Rechtschaffenheit. Er vermochte dieses Bemühen von all den Formen zu abstrahieren, in denen Rechtschaffenheit in der jüdischen Geschichte kodifiziert und institutionalisiert worden war, etwa dem Opfersystem des Zweiten Tempels, den pharisäischen Reinheitsvorschriften und anderen Formen der Befolgung des mosaischen Gesetzes. Auf diese Weise setzte er die jüdische Vorstellung von richtigem Verhalten mit dem griechischen Konzept der Tugend gleich. Von beiden Konzepten verstand er die Tugend am besten. So bestimmte – gemäß unserem Autor – ein einziges Motiv die gesamte Geschichte, von Adam bis zu seiner eigenen Zeit. Es war das Wohlgefallen Gottes an Menschen oder Gesellschaften, die tugendhaft und gerecht waren oder eine hohe ethische Integrität aufwiesen. An jedem wichtigen Wendepunkt der Geschichte – von der Erschaffung Adams über Abraham, Moses, David und die Propheten bis zu Jesus und den Aposteln – ließ sich dasselbe göttliche Streben erkennen. Gott lehrte die Menschen Gerechtigkeit durch die von ihm ernannten Gesandten. Lukas dürfte in dieser Einschätzung der Anziehungskraft, die das Diasporajudentum während der griechisch-römischen Zeit auf Nichtjuden ausübte, nicht fehlgegangen sei. Es war genau dieses jüdische Interesse an Rechtschaffenheit und sozialer Gerechtigkeit, das Nichtjuden überhaupt den jüdisch-christlichen Gott nahebrachte. Keiner der griechischen Götter, soviel ist sicher, hätte ein solches Interesse an sozialer oder persönlicher Gerechtigkeit an den Tag gelegt.

Doch wie ging dieser Gott Israels die Belehrung des Volkes an? Laut Lukas suchte er zu diesem Zweck vorbildliche Führer aus und inspirierte sie mit dem Heiligen Geist. Vorbildliche Führer, göttlicher Geist und kraftvolle Rede waren für die griechische Mentalität keine schwer zu begreifenden Vorstellungen. Gewiß mag die für die jüdischen Propheten charakteristische kraftvolle Rede für griechisches Empfinden schrill geklungen haben, da die Propheten häufig über Gericht und Zerstörung zeterten und schimpften. Doch wenn man dies abmilderte, sie als eine besondere Art Lehrer verstand, in deren Botschaft es stets um Gottes Fürsorge und Ruf zur Gerechtigkeit ging, konnte man sich eine recht eindrucksvolle Geschichte ausmalen. Und wenn man Jesus und die Apostel in eine Linie mit den Propheten brachte, konnte – als das einzige, wichtigste Prinzip der Kontinuität zwischen der Zeit vor und nach Jesus – eine überaus ruhmreiche, zusammenhängende Reihe von prophetischen Lehrern zutage treten.

Es war Jesu Platz in dieser ruhmreichen Geschichte, der seine Bedeutung ausmachte. Er betrat die Szene, indem er den Propheten Jesaja zitierte und verkündete, der Geist des Herrn ruhe auf ihm (Lk 4, 17–18). Die Apostel sagten, auf sein Leben zurückschauend, er sei der «Heilige und Gerechte», der «Gerechte», jener, den «Gott [...] gesalbt hat mit heiligem Geist und Kraft, [...] der Gutes getan hat» und Weisung zur Gerechtigkeit bot (Apg 3, 14; 7, 52; 10, 38). Mit Jesus weitete sich Gottes Wunsch nach einem gerechten Volk auch auf die Völker aus. Das war ein höchst dramatischer Augenblick, ein wirklicher Wandel der Geschichte des Gottes Israels, den Lukas erklären mußte. Doch erneut war es die göttliche Sorge um die Rechtschaffenheit, die den weiteren Horizont als nachvollziehbar erscheinen ließ – es war nicht schwer, sich vorzustellen, weshalb der eine Gott der Gerechtigkeit ein Interesse daran haben sollte, alle Menschen der Welt Gerechtigkeit zu lehren. Sofern dieser Aspekt durch die Lektüre der Jesusgeschichte des Evangeliums nicht sichtbar wurde, machte ihn die Geschichte der Apostel deutlich. Sie waren diejenigen, die die Bedeutung des Auftretens Jesu erkannten. Jesus war das entscheidende Bindeglied in der Kette der Boten Gottes, der letzte der Propheten Israels, der ideale Lehrer der Gerechtigkeit und der göttliche Sohn Gottes, der seine Jünger beauftragte, Gottes Weisungen zu den Völkern zu tragen. Woher wußten sie dies? Sie wußten es, weil auch sie von Gottes Heiligem Geist erfüllt waren, dem wahren göttlichen Handlungsträger in Lukas' epischer Geschichtsschreibung.

Daß der Heilige Geist zu Pfingsten auf die Apostel «herabfiel», bedeutete also, daß sie ihren Platz als Führer des Volkes zugewiesen bekamen, so wie alle Propheten von Gott an einem bedeutsamen Wendepunkt der Geschichte dazu erwählt wurden, das Volk zur Umkehr aufzurufen und Gerechtigkeit zu lehren. Immer wieder tritt in diesem geschichtlichen Handlungsbogen der prophetische Lehrer auf, der die Umkehr des Volkes fordert und es lehrt, Gerechtigkeit zu üben. Wie Robert Miller (1986) gezeigt hat, wird jedes Auftreten eines prophetischen Lehrers durch Erinnerungen mit dem früheren Auftreten prophetischer Lehrer in Zusammenhang gebracht. Daraus ergibt sich eine ununterbrochene Kette vorbildlicher Führungsgestalten. Jede bezieht sich auf die Vorgänger, um zur Geltung zu bringen, daß die Gerechtigkeit, zu der sie aufrief, nichts Neues ist. Die dem Christentum und dem Judentum gemeinsame Geschichte bot ein sich wiederholendes Muster ethischer Weisung und Überzeugung. Es gab stets Widerstand gegen Gottes Aufruf zur Gerechtigkeit, doch selbst wenn ein Prophet verworfen und getötet wurde, bedeutete dies nicht das Ende. Es hieß nicht, daß das Volk schlecht war, daß es nicht zur Umkehr imstande war, daß Gott aufgeben würde, das Volk Gerechtigkeit zu lehren. Daher bestand ein wesentlicher Teil der Predigten in der Apostelgeschichte stets in einer Geschichtslektion. Der Apostel pflegte sinngemäß zu sagen: «Schau, es hat immer Propheten gegeben, und die Propheten haben stets dieselbe Botschaft verkündet. Gottes Maßstäbe haben sich nicht geändert.» Und obwohl die Geschichte Israels wie auch des frühen Christentums Raum für die Verwerfung des Gesandten Gottes schaffen mußte, erklärte Lukas niemals die Motivation dieser Verwerfung, ja, er konnte es nicht, ohne seine Fiktion von der Kontinuität zu zerstören. Das ist der Grund dafür, daß der Umkehrruf am Ende der an die Juden gerichteten Predigten unter historischen Gesichtspunkten so hohl klingt und doch irgendwie als glaubhafter Ausdruck des von Lukas beschriebenen Epos erscheint. Die Verwerfung stellte lediglich eine Tatsache in Lukas' immer wiederkehrendem Szenario dar. Sie war unglücklich und nicht ohne Auswirkungen auf die Neuorientierung der Stoßrichtung der Geschichte. Doch sie konnte den schließlichen Erfolg des großen Plans Gottes nicht bedrohen, den Völkern die für das gesellschaftliche Wohl notwendigen Tugenden beizubringen.

Das lukanische Verständnis des Christentums war stark griechisch geprägt und ziemlich blasiert – trotz der hochmythologischen Redeweise vom Heiligen Geist als dem göttlichen Handlungsträger in der Geschichte, der phantastischen Beschreibung der Taten der Apostel und der dramatischen Intention der Predigten. Tatsächlich mag er den Bogen überspannt haben, denn die Darstellung der Apostel ist so theatralisch, daß die Ausrichtung auf die Geschichte der Propheten oder sogar jene auf das Auftreten Jesu vielfach durch das Neuartige der apostolischen Geschehnisse verdunkelt wird. Doch das ist der Preis, den er für seine Fiktion der Kontinuität im Interesse der Rationalisierung eines drastischen Wandels im Verlauf seiner epischen Geschichte zahlen mußte. Seine Leistung bestand darin, daß er den meisten aus den jüdischen Schriften und dem frühchristlichen Denken stammenden mythologischen Gestalten und Strukturen eine durchgreifende hellenistische Wendung gab. Der Einfluß des griechischen Denkens läßt sich an vielen Stellen entdecken – in der Vorstellung von der historischen Kontinuität, der aufeinanderfolgenden Anordnung der Epochen, die den historischen Wandel erklärte, der Vorstellung vom Wandel als einer Veränderung der gesellschaftlichen Umstände oder einer Horizonterweiterung. Dazu gehört auch die Art, wie er Kontinuität über eine Reihe von vorbildlichen Führern konstruierte, wie er die Propheten als Weise verstand, die Sprache des Geistes hauptsächlich dann gebrauchte, wenn er rhetorische Momente hervorheben wollte, und Gerechtigkeit mit Tugend gleichsetzte. Die Wirkung besteht letztlich darin, daß Jesus trotz seiner herausragenden Bedeutung für die Ausweitung des Horizontes des Geistes nichts getan hat, was die essentielle menschliche Situation verändert hätte. Nach Lukas hatte sich nicht die Bedeutung von Weisheit und Gerechtigkeit verändert, sondern lediglich die Größe des Klassenraums, in der sie gelehrt wurden.

Je mehr sich die Apostelgeschichte ihrem Ende nähert, desto offensichtlicher wird die Schlichtheit des lukanischen Christentumsverständnisses. Im Rampenlicht steht Paulus, dessen Missionsreisen, Predigten und Reden die Richtung schildern, die das Christentum eingeschlagen hat. Es begegnen vier Stufen, die durch eine jeweils andere Zuhörerschaft gekennzeichnet sind, an die sich Paulus wendet. In Antiochia in Pisidien tritt Paulus, so wird es dargestellt, in der Synagoge auf und hält die übliche Predigt an die Juden (Apg 13,16–41). Später, auf dem Areopag in Athen, predigt Paulus vor den Griechen über die Frage, wie man den unbekannten Gott erkennen könne (Apg 17,22–31). Noch später, in Milet, redet Paulus zu den Ältesten der christlichen Gemeinde zu Ephesus (Apg 20,18–35). An diesem Punkt nimmt der aufmerksame Leser erstmals wahr, wie sich in der apostolischen Geschichte Merkmale der Situation widerspiegeln, in der Lukas selbst lebte. Paulus erinnert die Ältesten an sein vorbildliches Leben und seinen Dienst, weiß bereits, daß er in Jerusalem ins Gefängnis geworfen und verfolgt werden wird, und belehrt sie mit den Worten: «So habt nun acht auf euch selbst und auf die ganze Herde, in der euch der heilige Geist eingesetzt hat zu Bischöfen, zu weiden die Gemeinde Gottes, die er durch sein eigenes Blut erworben hat» (Apg 20,28). Er weiß sogar, was nach seinem Ende mit der Kirche geschehen wird: «Denn das weiß ich, daß nach meinem Abschied reißende Wölfe zu euch kommen, die die Herde nicht verschonen werden. Auch aus eurer Mitte werden Männer aufstehen, die Verkehrtes lehren, um die Jünger an sich zu ziehen» (Apg 20,29–30). Dann befiehlt er sie Gott an, und die Ältesten weinen bei seiner Abreise. All das erinnert an das Christentum des 2. Jahrhunderts, nichts dagegen klingt nach dem Paulus der fünfziger Jahre. Lukas schuf auf diese Weise die Verbindung zum folgenden Kapitel der Kirchengeschichte – der Zeit der Ältesten, Gemeindevorsteher, Hirten und Bischöfe.

Zuletzt führt die Geschichte Paulus vor die römischen Tribunen, Statthalter und Könige von Palästina, und seine Reden zur Verteidigung seines Lebens und der christlichen Mission boten Lukas eine bemerkenswerte Gelegenheit, zusammenfassend darzustellen, wie er über die «Wahrheit» des christlichen Evangeliums dachte (Apg 22–26). In diesen Reden erzählt Paulus noch zweimal das Ereignis seiner Bekehrung, und die Neutestamentler haben vielfach geglaubt, der Bericht über die Bekehrung stelle den Zielpunkt der Reden dar. Damit wird übersehen, daß es Lukas darum ging, Paulus eindeutig als Christen einzuordnen, ihn von den Juden abzurücken, die den Römern Schwierigkeiten bereiteten, und als loyalen Staatsbürger darzustellen, dessen Leben und Charakter in ihrer Vorbildlichkeit keinerlei Bedrohung für den Frieden und die

Ordnung der römischen Gesellschaft darstellten. Paulus tritt vor diesen Herrschern mit ungewöhnlicher Höflichkeit auf, und sie wiederum begegnen ihm und seinen Auffassungen mit überaus großer Achtung. Der Tribun rettet Paulus vor den wütenden Juden und stellt ihm eine Wache zur Verfügung, die ihn bei seiner Überführung zum Statthalter Felix beschützen soll (Apg 21,31–23,30). Felix und sein Nachfolger Festus stehen vor einem politischen Dilemma, insofern sie die Juden besänftigen, aber Paulus auch nicht schaden wollen. Sie gewähren ihm Schutz, sorgen für seine Bedürfnisse und stimmen seinem Wunsch zu, daß ihm vor dem Kaiser in Rom der Prozeß gemacht wird (Apg 23,31–25,22). Aus Lukas' Sicht ist dies ein ausgesprochen freundliches Verhalten der römischen Herrscher gegenüber einem Christen. Und König Agrippa teilt Festus mit: «Dieser Mensch könnte freigelassen werden, wenn er sich nicht auf den Kaiser berufen hätte» – ein Präzedenzfall für die Art gerechten Urteilens, die Lukas sich für seine eigene Zeit erhoffte (Apg 26,32). Und an dieser Stelle, inmitten der Folge gerichtlicher Anhörungen, fügte Lukas stillschweigend eine Zeile ein, die sein eigenes Verständnis des christlichen Glaubens enthält. Felix und seine Frau Drusilla, eine Jüdin, hatten nach Paulus geschickt, um ihn «über den Glauben an Jesus Christus» sprechen zu hören. Normalerweise würde der Leser erwarten, daß Lukas Paulus in seinen eigenen Worten zur Sprache kommen lassen würde. In diesem Fall jedoch faßte Lukas die Predigt des Paulus in der dritten Person zusammen und sagt, daß er «von Gerechtigkeit, Enthaltsamkeit und von dem zukünftigen Gericht redete» (Apg 24,25). Hier wird eine bemerkenswerte Geschicklichkeit sichtbar, ein knappes, momentanes Auftauchen seines Gesichts in seiner Geschichte über Paulus, ein kluger Zug, an dem Hitchcock gewiß Gefallen gefunden hätte. Enthaltsamkeit oder Selbstbeherrschung, die unter den Philosophen des griechisch-römischen Zeitalters am höchsten gepriesene Tugend und am meisten diskutierte Thematik, war für Lukas das Entscheidende. Er umrahmte sie mit den Begriffen Gerechtigkeit und Gericht, grundlegenden Themen der epischen Erzählung, die er gerade für die christlichen Kirchen geschrieben hatte. Wenn Gottes Gebot der Rechtschaffenheit auf Selbstbeherrschung abzielte und Gottes Gesandter imstande war, mit römischen Herrschern über Gerechtigkeit und Gericht zu diskutieren, dann mußte die Bestimmung der Kirche natürlich Rom sein. Früher oder später würden die Römer gewiß erkennen, welche guten Dienste die Christen dem Wohlergehen des Imperiums leisten konnten.

Im Zuge dieser Verlagerung des Interesses von Jesus auf die Apostel wurde die Darstellung der Evangelien auf ein Glaubensbekenntnis reduziert, und die Wiederholung dieses Credos wurde zum Zeichen der apostolischen Autorität. Die apostolische Autorität stützte eine konkrete gesellschaftliche Institution, die Kirche, und diese hatte nunmehr ihren

Mythos fertiggestellt: Sie hatte ihre Stiftergestalt, ihren göttlichen Herrn, ihre Apostel, ihre eigenen Beamten und Führer, ihre Rituale, ihr Ensemble an Praktiken und ihren Bestand an Lehren. Die von Lukas vollzogene Reduktion des «Glaubens an Christus Jesus» auf eine Bekenntnisreligion mit dem Ziel der Einschärfung der Selbstbeherrschung paßt gut zu anderen Bezugnahmen auf die «Wahrheit», das «Wort», das «Evangelium», die «Tradition» oder den «Glauben» im 2. Jahrhundert. All diese Kurzformeln bezogen sich auf den Christusmythos und verstanden ihn als Symbol eines großen Systems parochialer Lehren. Im Zuge dieser Veränderung wurden die früheren Jesusmythen des 1. Jahrhunderts ihrer Komplexität und mythischen Kraft beraubt und entwickelten sich zu formelhaften Glaubensaussagen, die die Annahme des christlichen Weges anzeigten.

Schließlich erlitt der apostolische Mythos auch eine Schwächung. Das Genre der Apostelakten verlor bald seine Ausrichtung auf eine ernsthafte epische Mythenbildung und wurde zu einer Art Unterhaltungsliteratur. Wie Marionetten begannen die Apostel in der frühchristlichen apokryphen Literatur hier und dort, in immer neuen Episoden, aufzutauchen, traten bösen Menschen und ihren Dämonen entgegen, imponierten leichtgläubigen Frauen mit ihren Wundern und verfochten die christliche Religion mit Hilfe ihrer erstaunlichen rhetorischen Fähigkeiten. Nicht allzu viele moderne Leser haben diese Literatur als unterhaltsam empfunden. Die herrische Präsenz eines Wunder vollbringenden Apostels, der voller Strenge die Zügellosigkeit tadelt und von den Bekehrten asketische Tugend verlangt, bietet keine fesselnde Lektüre. Diese legendären Gestalten waren jedoch die einzigen Helden, die der durchschnittliche Christ hatte, und die Popularität der Geschichten über sie, die bis ins 5. und 6. Jahrhundert hinein geschaffen wurden, deutet auf eine Neugier und Anziehungskraft hin, die wir mit dem Kult um berühmte Persönlichkeiten verbinden. Die Bischöfe hatten offenbar nichts gegen diese Literatur einzuwenden, denn sie selbst wurden schließlich mit ähnlichen Legenden bedacht. Doch für die praktischen Zwecke der Führung einer Gemeinde brauchten die Bischöfe von den Aposteln mehr als bloß Geschichten über ihre Eskapaden. Sie brauchten eine schriftliche Fassung ihrer Weisungen.

Apostolische Weisungen

1875 wurde in der in Konstantinopel aufbewahrten Bibliothek des griechischen Patriarchen von Jerusalem ein Text entdeckt. Er trug den Titel *Didache* oder *Lehre der Zwölf Apostel*, ein Dokument, das in der frühchristlichen Literatur zitiert wurde, das aber, so dachte man jedenfalls, verloren gegangen oder mit anderen, späteren Texten verschmolzen war. Diese späteren Texte waren als *Apostolische Konstitutionen* und *Apostolische Kirchenordnungen* bekannt. Es handelte sich um Kompendien von Gebeten, Hymnen, Ritualen und Regeln für die Verwaltung christlicher Gemeinden, die sich während der folgenden Jahrhunderte ansammelten. Einige Merkmale wiesen erstaunliche Ähnlichkeit mit dem 1. und dem 2. Klemensbrief auf, die einem frühen Bischof von Rom zugeschrieben wurden; Abschriften dieser Briefe tauchten gemeinsam mit der *Didache* in dem aufgefundenen Manuskript auf. Es gab außerdem Parallelen zwischen der *Didache* und Teilen des Barnabasbriefs. Diese Texte dokumentieren – gemeinsam mit dem großen Corpus neutestamentlicher apokrypher Literatur, wie etwa der *Epistula Apostolorum* (Brief der Apostel) – die Bedeutung apostolischer Weisungen für die frühe Kirche. Die vermutlich zu Beginn des 2. Jahrhunderts verfaßte *Didache* scheint der früheste Text dieses Typus zu sein, läßt sich also zur Erklärung der Entstehung des Genres heranziehen.

Die *Didache* ist heute Bestandteil einer kleinen, in der Neuzeit zusammengestellten Sammlung frühchristlicher Texte, die Forscher als die *Apostolischen Väter* bezeichnen. Es handelt sich dabei um Literatur, die von jenen verfaßt worden sein soll, die die Apostel persönlich kannten. Da die *Didache* keine Unterschrift trägt, die dem Leser die Annahme erlauben würde, sie sei von den zwölf Aposteln verfaßt worden, paßt sie nicht in die Rubrik der «Apostolischen Väter». Dieser Mangel macht die *Didache* für unser Projekt jedoch gerade bedeutsam. Anders als der 1. Klemensbrief und der Ignatiusbrief, die unter ihrem eigenen Namen im Umlauf waren (sie werden im folgenden Abschnitt erörtert), wurde die *Didache* wahrscheinlich anonym kompiliert. Sie war ein Lehrhandbuch für ein Netz von Gemeinden, und die Weisungen waren offensichtlich den Lehren, Anschauungen und Bräuchen jener Gemeinden entnommen. Natürlich wurde das Handbuch mit nicht unbedeutender Hilfe seitens der Gemeindevorsteher zusammengestellt. Es ist daher ein ausgesprochen wichtiges Dokument, denn es erlaubt uns einen Einblick in jene Art lehrhafter Literatur, die die Gemeindevorsteher verfaßten und die schließlich den Aposteln zugeschrieben wurde. Es füllt daher eine Lücke in der frühen Geschichte des entstehenden apostolischen Mythos aus, einer Zeit, in der die Apostelakten und die Briefe der Apostel geschrieben wurden, in der man es aber noch nicht für notwendig hielt, ihre Weisungen genauer darzulegen. Es wurde während einer Übergangszeit verfaßt, als die Frage nach der Vollmacht zur Belehrung der Kirchen noch nicht entscheidend war. Die Apostel finden in dem Werk keine Erwähnung, und es gibt keinen Textbeleg dafür, daß der Verfasser es für notwendig gehalten hätte, sich auf die «zwölf Apostel» als Quelle seiner eigenen Autorität zu berufen. Der Titel muß demnach zu einem späteren Zeitpunkt hinzugefügt worden sein.

Bei der *Didache* handelt es sich um ein kurzes Kompendium von Weisungen, etwa in der Größe von Q, des Thomasevangeliums oder des Jakobusbriefes. Sie beginnt mit ethischen Weisungen über die «zwei Wege, einen des Lebens und einen des Todes». Die Lebensführung wird in den Geboten der Gottes- und der Nächstenliebe zusammenfassend beschrieben und wird in einer Reihe von «Du sollst»- und «Du sollst nicht»-Sätzen ausgeführt, die einige Lehren Jesu zitieren, aber darüber hinaus ziemlich umfangreiche frühchristliche Verhaltensnormen entwerfen. Sie betrifft Themen wie das Geben und Empfangen von Almosen, die Herbeiführung eines Schwangerschaftsabbruchs, den Gebrauch der Magie, Stolz, Sinnenlust, Gehorsam gegenüber dem eigenen Herrn und den Geboten Gottes und so weiter. Der Weg des Todes wird mittels eines Kataloges von Lastern und schändlichen Praktiken beschrieben. Dies nimmt sechs der sechzehn Kapitel ein, in die Gelehrte den Text eingeteilt haben. Darauf folgen prägnante Weisungen bezüglich der Durchführung der Taufe, des Zeitpunkts und der Art des Fastens (mittwochs und freitags, nicht montags und donnerstags, wie es die «Heuchler» tun), des Zeitpunkts des «Vaterunsers» (dreimal täglich), der Gebete beim Mahl der Danksagung bzw. der Eucharistie, des Umgangs mit Wanderpropheten, der Ernennung von Gemeindevorstehern und Diakonen für und durch die örtlichen Gemeinden sowie des Gebotes, ein Mitglied der Gemeinde, das «sich gegen seinen Nächsten vergangen hat» (Did 15,3), mit Schweigen zu bestrafen. Die Weisungen schließen mit einer Erinnerung an das kommende Gericht und einer Warnung, man müsse «im letzten Augenblick vollkommen sein» (Did 16,2).

Dieses Handbuch der Lehre weist mehrere interessante Merkmale auf. Eines davon besteht in einem vorrangigen Interesse an der Praxis des Almosengebens, des Schenkens und der Unterstützung von Abhängigen, Wanderlehrern und anderen, die um eine Gabe bitten könnten. Großzügigkeit galt offenkundig als wichtige christliche Tugend, doch in der Praxis mußte man vorsichtig sein, da andere die Christen leicht ausnutzen konnten. Dies galt insbesondere für die «falschen» Propheten, die auftauchten und von den Gemeinden erwarteten, sie zu versorgen. Die Weisung lautete, keinen Propheten, der «im Geiste» (Did 11,12) sprach, um Speise und Geld bat, «aufzunehmen» und keinem «wahren» Propheten (der dies nicht tat) zu gestatten, länger als zwei oder drei Tage zu bleiben, es sei denn, er war bereit, sich niederzulassen, ein Handwerk zu erlernen, «zu arbeiten und sich so zu ernähren» (Did 12,2–5). Es ist offensichtlich, daß die Verfasser der *Didache* seßhafte Gemeinden vor Augen hatten und daß deren Gemeindevorsteher und Diakone der Scharlatanerie früherer Zeiten mit wandernden, charismatischen Führern überdrüssig waren. Sie bedurften nicht länger der Schauspielerei der Wanderlehrer und -prediger. Die Struktur des Gemeindelebens, dem sie vorstanden, genügte ihnen. Sie waren zusammengekommen und hatten sich über die Bräuche, Gebete und Rituale, die das christliche Leben bestimmten, geeinigt.

Bezeichnend sind auch die Dankgebete (Eucharistie) für das Gemeinschaftsmahl in Kapitel 9 und 10, denn sie enthalten keinerlei Bezug auf den Tod Jesu. Da wir so sehr an das Gedächtnismahl des Christuskults und die Geschichten über das letzte Abendmahl in den Evangelien gewöhnt sind, ist es sehr schwierig, sich vorzustellen, daß frühe Christen gemeinsame Mahlzeiten aus einem anderen Grund einnahmen als dem, den Tod Jesu im Sinne des Christusmythos zu feiern. Doch hier in der *Didache* werden dem Kelch und dem Brechen des Brotes sehr formelhafte Gebete zugedacht, die nicht die geringste Verbindung zu Tod und Auferstehung Jesu enthalten. Die Dankgebete gelten dem Essen und Trinken, das Gott für alle Menschen geschaffen hat, sowie dem besonderen «geistigen» Essen und Trinken, über das Christen dank Jesus verfügen. Das Trinken des Kelches symbolisiert das Wissen dieser Menschen, daß sie und Jesus der «Heilige Weinstock Davids» sind, also «zu Israel gehören». Das Essen des Brotes steht symbolisch für das Wissen vom Leben und von der Unsterblichkeit, derer Christen sich dank der Zugehörigkeit zum «Reich Gottes» erfreuen, die ihnen Jesus, Gottes Sohn, kundgetan hat. Dieses Ritual ist ein ernstes Geschäft. Niemand darf «essen und trinken von eurer Eucharistie außer denen, die auf den Namen des Herrn getauft worden sind» (Did 9, 5). Wir müssen uns demnach ein in hohem Maße reflektiertes Netz von Gemeinden vorstellen, die sich als Christen verstanden, eine volle Zahl von Ritualen entwickelt hatten und viel mit anderen christlichen Gruppen gemeinsam hatten, die einem zentristischen Glauben anhingen, aber weiterhin ihre Wurzeln in einer Jesusbewegung kultivierten, in der eine aufgeklärte Ethik sinnvoller erschien als die Verehrung Jesu als des gekreuzigten Christus und auferstandenen Sohnes Gottes. Ist das möglich?

Dies ist zu bejahen. Diese Menschen waren Judenchristen, sehr ähnlich der Gemeinde, die sich im Matthäusevangelium widerspiegelt. Es ist nicht undenkbar, daß die *Didache* und das Matthäusevangelium in derselben Gemeinde oder in eng miteinander verwandten Gemeinschaften, allerdings zu etwas unterschiedlichen Zeiten entstanden sind. Die beiden Texte haben vieles gemeinsam, und die *Didache* erwähnt «das Evangelium» mehrere Male. Dazu kommt eine zusätzliche, vielsagende Überlegung. Der Abschnitt über die zwei Wege ähnelt anderen jüdischen Texten der ethischen Unterweisung. Er wurde an einem bestimmten Punkt einfach dadurch christianisiert, daß man einige Lehren Jesu hinzufügte, um die Bedeutung der Zehn Gebote zu klären. So lautet etwa das zweite Gebot bezüglich der Lebensführung, man solle seinen Nächsten lieben und niemandem zufügen, was man selbst nicht erfahren wolle. Dies basiert auf einem allgemeinen jüdischen Brauch, die Zehn Gebote in die zwei wichtigsten Gebote der Gottesliebe und der Nächstenliebe aufzuteilen, unterstützt von einem häufig angeführten Gebot, man solle den Nächsten lieben wie sich selbst, wie es sich in Leviticus 19,18 findet, und abgeleitet von einer zeitgenössischen Formulierung der sogenannten negativen «goldenen Regel». «Nun», so fährt die *Didache* mit ihrer Erklärung fort, «ist die Lehre aus diesen Worten: ‹Segnet, die euch fluchen, und betet für eure Feinde, und fastet für eure Verfolger›» (Did 1,2–3). Es ist unschwer zu erkennen, was geschah. Sprüche Jesu aus Q, vermutlich dem Matthäusevangelium entnommen, wurden verwendet, um die Bedeutung des zweiten Gebotes zu erklären. Sowohl die Zehn Gebote als auch die Lehren Jesu gewinnen dadurch: die Zehn Gebote, insofern sie konkret und durchführbar werden, die Lehren Jesu, da sie auf einer Stufe mit der göttlichen Autorität des Mosegesetzes behandelt werden. Und beide verlieren natürlich auch: die Zehn Gebote, indem sie auf eine spezifisch christliche Anwendung reduziert werden, und die Lehren Jesu, insofern sie zur «bloßen» Interpretation der alten göttlichen Offenbarung werden. Dies gleicht sehr dem Versuch des Matthäusevangeliums, die Lehren Jesu aus Q mit dem Gesetz des Mose in Einklang zu bringen. Der Hauptunterschied in diesem Fall besteht darin, daß die *Didache* nicht, wie das Matthäusevangelium, das Neue der Thoradeutung Jesu hervorhebt. Tatsächlich bringt die *Didache* überhaupt nicht zur Geltung, daß «die Lehre» von Jesus stammt. Also muß zwischen der Zeit des Matthäus und jener der *Didache* mit den Lehren Jesu etwas anderes geschehen sein.

Was geschah, läßt sich an den Formulierungen der Verfügung ablesen, zu «segnen, ... beten ... und fasten». Sie laufen auf praktische Rituale hinaus, die eine formale Gestalt angenommen haben. Sie stellen Möglichkeiten dar, auf schwierige Umstände und unbotsame Menschen zu reagieren. Die Strategie des Matthäus bestand darin, den Sinn der Lehren Jesu auf Einstellungen und Motivationen zu reduzieren und dann zu behaupten, sie entsprächen den Intentionen des Mosegesetzes. Die *Didache* dagegen ist am Verhalten interessiert, nicht an der Einstellung. Im Verlaufe der gesamten Unterweisung wird die christliche Ethik unter dem Aspekt beschrieben, was es zu tun und zu lassen gilt. Die christliche Frömmigkeit wird im Medium einer kleinen Liste täglich und wöchentlich durchzuführender Rituale erklärt. Das ist sehr jüdisch. Es zeigt uns, daß es der Gemeinschaft gelungen war, ein handhabbares Muster eines besonderen Verhaltens zu definieren, das ausreichte, um ihre Vorbereitung auf das «Reich Gottes» glaubhaft zu machen. Sie brauchte keine außergewöhnlichen Behauptungen bezüglich Jesus oder der Ermöglichung einer persönlichen Verwandlung oder über Verbindungen zu einer besonderen charismatischen Führung aufzustellen. Sie markierte den Unterschied zu anderen jüdischen Gruppen einfach dadurch, daß sie die Tage, an denen die Jesus-Leute fasten sollten, austauschte. Außerdem mag sie sich, auch darüber wäre nachzudenken, bewußt von anderen christlichen Gruppen unterschieden haben, indem sie schlicht ihre eigenen Gebete zu Gott gestaltete.

Die *Didache* ist demnach ein wichtiger Text, der Zeugnis für ein zuversichtliches Judenchristentum aus dem frühen 2. Jahrhundert ablegt. Dies war eine Zeit, in der viele christliche Gruppen einen Übergang von der Fixierung auf die Frage nach der Vollmacht und Rolle Jesu als Begründer einer neuen religiösen Bewegung hin zum Interesse an den Regeln des Gemeindelebens und ihrer Kodifizierung vollzogen. Der Verfasser der *Didache* begnügte sich damit, anonym zu schreiben, und ließ die Weisungen auf der selbstverständlichen Autorität der Überlieferungen ruhen, die im Spiel waren. Dazu zählten die Thora des Mose, die Lehren Jesu und die Darstellung Jesu in den Evangelien. Dazu gehörten aber auch die ethischen Maßstäbe, rituellen Bräuche und formelhaften Gebete, die innerhalb dieser Gemeinden Tradition geworden waren. Die Stimme ist die eines weisen Lehrers, der alles aufmerksam beachtet hat und weiß, was für seine Gruppe am besten ist. Der Verfasser spricht auch mit Autorität: «Mein Kind, meide alles Böse»; «Mein Kind, werde kein Vogelschauer, da das zum Götzendienst führt»; «Verlasse keinesfalls die Gebote des Herrn»; «Was aber die Eucharistie betrifft, sagt folgendermaßen Dank ...»; «Jeder, der im Namen des Herrn kam, soll aufgenommen werden» (Did 3,1; 3,4; 4,13; 9,1; 12,1) und so weiter. All diese Weisungen haben den gleichen Klang, zeigen das gleiche Vollmachtsbewußtsein. Es ist die Stimme eines Menschen, der weiß, was «der Herr» verlangt, und obwohl der Verfasser bisweilen auf die Gebote des Herrn oder das Evangelium unseres Herrn als Quelle einer Verordnung verweist, ist es letztlich seine Stimme, die im gesamten Dokument hörbar wird. Wir wissen nicht genau, wer dieser Verfasser war oder wo wir ihn verorten sollen. Man könnte sich jedoch leicht ein soziales Umfeld irgendwo im südlichen Syrien oder nördlichen Palästina vorstellen, an dem sich eine kleine Gruppe von Gemeinden gebildet hat. Es hätte eine Vertrauenskrise heraufgeführt, hätte man das Handbuch diesen Händen entwunden und vorgegeben, darin die Stimmen der zwölf Apostel zu vernehmen. Unterdessen waren andere Führer anderer Gemeinden nicht so zurückhaltend. Sie kombinierten das Genre des Briefes mit dem der lehrhaften Literatur und wagten es, mit ihren eigenen Namen zu unterzeichnen. Wie wir sehen werden, konnten sie dies jedoch nur, weil sie die apostolische Tradition für sich beanspruchten.

Apostolische Sukzession

Der Begriff *Apostolische Väter* ist eine aus dem 17. Jahrhundert stammende wissenschaftliche Bezeichnung für eine kleine Gruppe von Schriften, die, so glaubte man, von Bischöfen und anderen verfaßt worden waren, die die Apostel persönlich gekannt hatten. Das Corpus besteht aus zwei Briefen, die Klemens von Rom zugeschrieben werden, sieben Briefen des Ignatius, eines frühen Vorstehers der Gemeinde von Antiochia, einem Brief des Barnabas, der als Begleiter des Paulus gilt, einer apokalyptischen Vision, verfaßt von einem gewissen Hermas, über den ansonsten wenig bekannt ist, die ihm von einem Engel in Hirtengestalt offenbart wurde, so daß die Schrift «Hirte des Hermas» genannt wurde, einem Bericht über das Martyrium Polykarps, eines Gemeindevorstehers in Smyrna, der den «Apostel» Johannes gekannt haben soll, einem Brief des Polykarp sowie dem Brief an Diognet, einer nicht mit Sicherheit zu datierenden anonymen Schrift. Die Auswahl dieser frühchristlichen Texte sollte das notwendige Verbindungsstück in einer Literaturgeschichte bieten, die von den im Neuen Testament enthaltenen Schriften der Apostel über die Apostolischen Väter bis zur späteren Literatur der sogenannten patristischen Epoche führte, in der die «Väter» der Kirche, beginnend mit Justin dem Märtyrer, Irenäus, Klemens von Alexandria und Tertullian, ihre eigenen ausgereiften theologischen Systeme entwickelten.

Die kritische Forschung geht nicht mehr davon aus, daß irgendeiner dieser Texte von Autoren verfaßt wurde, die einen der Jünger oder «Apostel» Jesu persönlich kannten. Darüber hinaus ist das angenommene dreistufige Konzept des frühen Christentums nunmehr vollkommen unglaubwürdig geworden. Auf jeder Stufe dieses Schemas begegnet nicht nur eine ärgerliche Überschneidung in der ihnen jeweils zugeschriebenen Chronologie der Texte, sondern auch eine Auswahl an Texten, die eine Menge an Literatur ausläßt, die dem Muster nicht entspricht. Das Muster, das man sich vorstellt, ist das einer einlinigen Entwicklung des orthodoxen Christentums, in der alle aufeinanderfolgenden Stufen lediglich ein gemeinsames Kernevangelium weiter ausformulieren. Doch selbst bei der kleinen Sammlung von Texten, die unter dem Namen «Apostolische Väter» bekannt ist, einer Sammlung, welche die orthodoxe Weitervermittlung des Evangeliums im Gegensatz zu all den anderen falschen Deutungen dokumentieren soll, die es bedrohten, handelt es sich um eine buntgemischte Gruppe von Texten, die das gesamte 2. Jahrhundert umspannt. Tatsächlich veranschaulicht sie eher die Unterschiedlichkeit des frühchristlichen Denkens als seine Kohärenz. Daß Forscher die Literatur der Apostolischen Väter noch immer als Sammlung betrachten und Verlage sie noch als eigenständiges

Corpus veröffentlichen, zeigt lediglich, wie tief die christliche Vorstellung dem apostolischen Verständnis der Geschichte verpflichtet ist. Es ist letztlich der Mythos, der die Vorstellung von der apostolischen Sukzession unterstützt, es habe eine kontinuierliche Linie der Lehre von Jesus über die Apostel bis zu den Bischöfen gegeben, die daher imstande waren, die Wahrheit des Evangeliums zu gewährleisten und an ihre eigenen Nachfolger weiterzugeben.

In diesem und in den vorherigen Kapiteln haben wir die Entstehung des apostolischen Mythos beobachtet. Der Akzent lag auf den wechselnden Konfigurationen der Apostel, der Gestalt der ihnen zugeschriebenen Literatur und den verschiedenen Wegen, auf denen der entstehende apostolische Mythos sich auf die Verfasserschaft und Autorität anderer frühchristlicher literarischer Erzeugnisse auswirkte. Nun richtet sich die Aufmerksamkeit auf das aufkommende Amt des Bischofs und die Frage, wie die Autorität des Bischofs ausgelegt wurde. Für diesen Zweck sind zwei Sammlungen von Texten aus den Apostolischen Vätern überaus hilfreich. Es handelt sich dabei um die Briefe des Klemens und des Ignatius. Beide Männer hatten eine führende Stellung in ihrer Gemeinde inne und schrieben über die Bedeutung der Ältesten und Gemeindevorsteher für das Wohl der Netzwerke christlicher Gemeinden. Sie schrieben etwa um das erste Jahrzehnt des 2. Jahrhunderts. In beiden Fällen ist der Anlaß der Korrespondenz ziemlich deutlich. Ihre Antworten weisen trotz eklatanter Unterschiede ihres Verständnisses des christlichen Evangeliums einige gemeinsame Kennzeichen auf. Wie wir sehen werden, war in der Autorität, die sie jeweils mit Blick auf die Leitung sowohl ihrer eigenen als auch anderer christlicher Gemeinden voraussetzten, bereits eine frühe Form des apostolischen Mythos wirksam. Der griechische Begriff ist nach wie vor *episkopos*, was ich mit «Gemeindevorsteher» übersetzt habe. Jetzt allerdings, wo die zur Diskussion stehende Rolle des Gemeindevorstehers einen wesentlichen Bestandteil der Herausbildung des Christentums als einer gesellschaftlichen Institution selbst darstellt, dürfte es gestattet sein, *episkopos* gelegentlich mit «Bischof» wiederzugeben.

Der 1. Klemensbrief

Der 1. Klemensbrief ist ein langer Mahnbrief der Kirche in Rom an die Kirche in Korinth. Man hatte einen Bericht empfangen, wonach die mit der Leitung betrauten Ältesten in Korinth – augenscheinlich infolge ideologischer Kontroversen – ihre Autoritätsstellung verloren hatten. Die Gemeinde in Rom war durch diese Neuigkeiten beunruhigt und schrieb einen Brief, in dem sie die Christen in Korinth an ihre Bedeutung als führende Gemeinde erinnerte. Der entscheidende Aspekt des Protests lautete, ihr Verhalten bedrohe nicht allein die Einheit ihrer eigenen

Gemeinde, sondern auch die der christlichen Kirchen insgesamt und gebe Andersdenkenden einen Grund, die Führung der römischen Kirche zu verleumden. In der frühesten Handschrift dieses Briefes wurde Klemens nicht als Verfasser aufgeführt, wahrscheinlich war er zu jener Zeit auch gar nicht *der* Gemeindevorsteher in Rom. Doch er könnte durchaus ein Ältester und der Verfasser des Briefes gewesen sein, der im Namen der Kirche für ihren Ältestenrat schrieb. Nachfolgende Handschriften fügten seinen Namen der Unterschrift am Ende des Briefes an, und die spätere Legende behielt ihn als zweiten oder dritten römischen Bischof nach Petrus in Erinnerung, der ihn als seinen Nachfolger ernannt haben soll. Der Brief stellt in jedem Fall ein außerordentlich wichtiges Dokument dar, das allererste kleine Zeugnis aus erster Hand über die christliche Gemeinde in Rom, das wir besitzen. Forscher haben diesen Brief gewöhnlich auf das Jahr 96 n. Chr. datiert, und zwar auf der Grundlage des Hinweises auf die «plötzlichen und Schlag auf Schlag über uns gekommenen Mißgeschicke und Unglücksfälle» (1 Klem 1, 1), der sich auf eine angebliche Verfolgung zur Zeit Domitians (81–96) beziehen soll, sowie mit Blick auf die im 4. Jahrhundert verfaßte Kirchengeschichte des Eusebius. Eine etwas spätere Datierung scheint jedoch vorzuziehen zu sein, denn der Tenor der Lehre teilt das Interesse anderer Schriften des frühen 2. Jahrhunderts an der Ordnung der christlichen Praxis, Frömmigkeit und Leitung. Eine etwas spätere Zeit könnte auch das Bewußtsein für die Bedeutsamkeit erklären, derer sich die römische Gemeinde offenkundig erfreute.

Die römische Reaktion auf die Situation in Korinth konzentrierte sich auf den Skandal, daß Emporkömmlinge dem Ältestenrat den Respekt versagten. Angesprochen wurde nicht die Frage nach den Anschauungen, welche die Gemeinde spalteten, sondern lediglich die Tatsache der Streitigkeiten und der Disharmonie. Rom ermahnte die Korinther, den Frieden und die Harmonie in der Gemeinde wiederherzustellen, indem sie die Ältesten als jene anerkannten, die in der Tradition der Apostel und der großen Vorbilder der Frömmigkeit in der Geschichte standen. Das ist sehr merkwürdig. Frömmigkeit war der Maßstab, an dem man die christliche Korrektheit ablas, aber die Vorbilder der Frömmigkeit waren nicht auf Jesus und die Apostel beschränkt. Sie entstammten hauptsächlich den Epiken Israels, und unter ihnen befanden sich sogar einige ehrenwerte Männer der griechischen Tradition. Die Streitigkeiten in Korinth ließen sich lösen, wenn nur die Andersdenkenden die Frömmigkeit dieser Vorbilder anerkannten und gehorsam ihrem Beispiel folgten. Sie sollten dies tun, um, wie Klemens formulierte, «Glauben, Furcht, Frieden, Geduld und Langmut, Enthaltsamkeit, Keuschheit und Besonnenheit» (1 Klem 64) wiederzuerlangen – eine Liste von Tugenden, die Klemens' Verständnis des christlichen Charakters bestimmte. Es ist natürlich klar, daß Jesus – kraft des um der Sünden anderer willen erlittenen Todes – das Hauptvorbild für die Demut und den Gehorsam darstellte, die Klemens empfahl (1 Klem 16), und daß er das Evangelium als «ruhmvolle und erhabene Regel unserer Überlieferung» (1 Klem 7,2) betrachtete. Doch Klemens beließ es nicht dabei, sondern drängte seine Leser: «Gehen wir alle Generationen durch und lernen daraus, daß der Herr von Geschlecht zu Geschlecht denen Gelegenheit zur Buße gab, die sich zu ihm bekehren wollten» (1 Klem 7,5). Buße wird also als Thema der Ermahnung angekündigt, gemeinsam mit einem ziemlich dürftig verschleierten Hinweis darauf, daß Klemens wollte, daß die Andersdenkenden in Korinth Buße taten.

Der Brief ist lang und weist – gegenüber den sechzehn Kapiteln der *Didache* – fünfundsechzig Kapitel auf. Er entfaltet eine Liste von Themen, mit denen die Situation in Korinth angesprochen werden sollte. Das erste Thema ist der Neid, der offenkundig als überaus schlimmes Laster erachtet wird. Dies stimmte im übrigen mit einer während des griechisch-römischen Zeitalters weitverbreiteten Einstellung gegenüber dem Neid überein. Man könnte sogar sagen, daß der Neid – gemeinsam mit der Begierde – in den volkstümlichen Philosophien als Kardinalsünde und Wurzel aller Laster galt. Der Hinweis, Neid sei das Motiv der Andersdenkenden in Korinth, bedeutete einen überaus scharfen Tadel. Demut, Gehorsam und Frömmigkeit stellten dagegen sehr gute Tugenden dar. Das griechische Denken hätte den Neid nicht der Bescheidenheit gegenübergestellt, sondern die Selbstbeherrschung als Gegenmittel gewählt, doch in der zur Zeit des Klemens herrschenden Phase christlichen Denkens ging es um den Gehorsam gegenüber den Autoritäten. Reue galt ebenfalls als etwas Gutes, und Klemens lag sehr viel daran, zu zeigen, daß der Reue stets die Vergebung entsprochen habe. Der Dreh lag in diesem Fall darin, den Unterschied zwischen einem Bereuen des Ungehorsams gegen Gott, das sich durch Beispiele des Israel-Epos veranschaulichen ließ, und der Reue wegen der Mißachtung der Ältesten zu übergehen. Da gemäß dem zugrunde liegenden jüdisch-christlichen Muster Reue und Vergebung zu einem Leben der Gerechtigkeit und Tugend zurückführt, endete die Ermahnung mit dem Lobpreis jener, die diese Tugenden beispielhaft verkörperten, sowie mit einer herrlichen Beschreibung der Gemeinde, deren Frieden und Harmonie in der Frömmigkeit der Demut, der christlichen Liebe und des gehorsamen christlichen Dienstes gründete. Im Zuge der Einführung des jeweiligen Themas wird eine Liste ruhmreicher Vorbilder präsentiert, von denen einige nebenbei erwähnt, andere ausführlich dargestellt werden – was schlicht bedeutet, man könne und solle sie nachahmen. Die Strategie ist deutlich, und obwohl die Andersdenkenden wohl kaum überzeugt werden konnten, auf der Stelle umzukehren, mag einigen die Argumentation zugunsten der christlichen Frömmigkeit eingeleuchtet haben. Laut Bericht eines späteren Gemeindevorstehers in Korinth, Dionysius, wurde der Brief im Jahre 170 n. Chr. in der korinthischen Gemeinde noch immer gelesen.

Paulus' Brief an die Römer in den späten fünfziger Jahren bietet den einzigen klaren Beweis dafür, daß sich während des 1. Jahrhunderts in Rom eine christliche Gemeinde bildete. Deutlich ist, daß Klemens von Paulus und dem Christusmythos wußte. Schreitet man von Paulus zu Klemens, ist es jedoch so, als beträte man eine andere Welt. Nach Klemens' Verständnis verkündete das Evangelium nicht die «Macht Gottes», die eine Veränderung des Menschen bewirkte. Aus seiner Sicht bestand das Evangelium in der Vorstellung Christi als des alles überragenden Vorbilds christlicher Frömmigkeit. Das war alles. Der Rest seines Programms war eine Mischung aus einer jüdischen Ethik der Gerechtigkeit, einer griechischen Theorie der Tugend durch Nachahmung und einer Spur von römischem Pragmatismus – all das im Interesse eines Gemeindeverständnisses, das verdächtig nach einer Verbindung von jüdischer Diasporasynagoge und griechischem Verein klingt. Zu diesem Zeitpunkt der Geschichte der römischen Gemeinde war das Christsein eine ziemlich einfache Sache, ebenso, was es hieß, eine Gemeinde von Christen unter der Autorität eines Ältestenrates zu sein; und was es bedeutete, eine Gemeinde von Christen in Rom zu sein, eine Gemeinde, die sich dazu berufen wußte, andere Gemeinden in Verhaltensfragen zu beraten, galt schlicht als selbstverständlich. Liegt hier ein Hinweis dafür vor, was aus der christlichen Kirche werden sollte? Ja, allerdings nur ein Hinweis. Klemens vermied die wirklichen Fragen nach Ideologie, Praxis und den Beziehungen zu anderen Gruppen, wie etwa zu gnostischen Christen, jüdischen Synagogengemeinden und zum Römischen Reich, die zu dieser Zeit gärten und den Anlaß zu diesem Brief geboten haben müssen. Es handelte sich dabei um ernste Fragen, mit denen sich spätere christliche Denker befaßten und die darüber entschieden, wie sich das Christentum selbst definierte. Klemens' Naivität gegenüber den ruhmreichen Vorbildern der Frömmigkeit in jeder Generation sollte auf die Probe gestellt werden. Wichtig sollte werden, wie ein Christ über Gott, die Juden, die Römer, die Griechen und die jüdischen Schriften *dachte*. Zudem sollte der Ältestenrat einem monarchischen Episkopat weichen, mit einem Bischof, der für die bedeutendste Gemeinde in einem Bezirk verantwortlich war. Die Kirche in Rom mußte in Zukunft um die Vorherrschaft, die sie schließlich errang, kämpfen und ihre Definition des christlichen Glaubens in Auseinandersetzung mit anderen starken geistigen Führern sowohl in Rom als auch in anderen Zentren des Christentums im gesamten Mittelmeerraum entwickeln.

Es ist diese merkwürdige Verbindung von Autorität und Naivität, die den 1. Klemensbrief zu einem so interessanten Dokument macht. Wenn wir es wagen, zu fragen, wie eine solche Verbindung zustande kam, sehen wir eine weitere Seite des entstehenden apostolischen Mythos. Klemens lag nicht daran, wie es bald bei Lukas der Fall sein sollte, die Vorstellung eines goldenen Zeitalters der Apostel zu entwickeln, zu vergewissern, daß Paulus und Petrus dasselbe Evangelium verkündet hatten, und die Ausbreitung des Evangeliums von Jerusalem bis Rom zu erklären. Für ihn war es einfach selbstverständlich, daß Petrus und Paulus «edle Beispiele» und «Säulen der Kirche» (1 Klem 5) waren und daß das, was er «die Regel unserer Überlieferung» (1 Klem 7,2), «den Maßstab der Unterordnung» (1 Klem 1,3), die «Worte Christi» (1 Klem 2,1; 13,1) oder einfach «das Evangelium» nannte, von den Apostel kam. Mit seinen Worten: «Die Apostel empfingen die frohe Botschaft für uns vom Herrn Jesus Christus; Jesus, der Christus, wurde von Gott gesandt. Christus kommt also von Gott und die Apostel kommen von Christus her.» Er erwähnt sodann ihre überlegene Stellung in der «Ordnung nach Gottes Willen», ihr Vertrauen auf die Auferstehung und ihren Gehorsam gegenüber ihrem apostolischen Auftrag. Dann sagt er: «Sie predigten in Ländern und Städten und setzten [...] ihre Erstlinge zu Episkopen und Diakonen für die künftigen Gläubigen ein» (1 Klem 42). Dies ist der früheste Ausdruck des apostolischen Mythos, den wir kennen. Er ist noch nicht entwickelt, erwähnt keine Texte und sagt nicht, die schriftlichen Evangelien seien Memoiren der Apostel. Tatsächlich könnte Klemens als Quelle für die Lehren Jesu noch Sprüchesammlungen anstatt der narrativen Evangelien verwendet haben (Cameron, 1984, 91–124). Doch angesichts dessen, daß eine solche apostolische Vorstellung an Bedeutung gewann, ist es nicht schwer zu verstehen, weshalb die literarische Produktion des 1. Jahrhunderts schließlich den Aposteln zugeschrieben werden mußte. Es ist der Mythos, der Klemens und der Gemeinde in Rom die Vollmacht gab, die Mahnschrift zu verfassen. Warum sollte man auf sie hören? Woher wußten sie, was die wahre «Regel unserer Überlieferung» war? Sie wußten es, weil sie sie von den Aposteln empfangen hatten.

Die Briefe des Ignatius

Die Lektüre der Ignatiusbriefe bereitet keine angenehme Erfahrung. Seine Briefe sind an die Kirchen in Smyrna, Ephesus, Magnesia, Tralles, Philadelphia und Rom gerichtet. Verglichen mit anderen frühchristlichen Schriften bieten diese Briefe dem Leser keinen Raum, sich mit dem Verfasser auseinanderzusetzen. Anstatt zuzuhören, wie Paulus zu seinen Jüngern redet, oder zu beobachten, wie Paulus seine Argumente gegen Gegner und Scheingegner anführt, oder die Weisungen der Apostel für zukünftige Christen aus der Distanz zu bedenken, begegnet man bei der Lektüre der Ignatiusbriefe lediglich Ignatius. Und er ist ein wahrhaftig Glaubender. Er lädt seine Leser in eine Welt ein, die nicht größer ist als sein eigener Wunsch, Gottes «teilhaftig zu werden» (Ign Röm 4, 1). Er fordert sie nicht auf, über die Gründe, den Preis oder die Konsequenzen des Christseins nachzudenken. Er bietet nicht einmal Weisungen für das christliche Leben. Doch er formuliert einen zweifachen Appell: Man sollte seinen Gemeindevorsteher ehren, und man sollte für Ignatius beten und sich bereit machen, sein Martyrium zu feiern. «Das Christentum», so sagte er, «ist nicht das Werk der Überredung, sondern der [inneren] Größe» (Ign Röm 3, 3), und es gibt nur einen Augenblick der Größe – jenen Augenblick, in dem der Märtyrer (*martyr*) sein großes Bekenntnis (*martyria*) ablegt. «Ihn suche ich, der für uns gestorben ist.» «Gönnet mir, ein Nachahmer zu sein des Leidens meines Gottes.» «Freuen will ich mich auf die Tiere, die für mich bereitgehalten werden» (Ign Röm 5, 2; 6, 1.3). Leider deutet nichts in seinen Briefen darauf hin, daß er dies nicht wirklich meinte. Er schreibt auf naive Weise über seinen Glauben und verleiht seinem Wunsch nach Nachahmung ohne jede Verlegenheit Ausdruck. Es ist beängstigend, ihn ausführlich zu lesen. Der Gedanke ist schockierend, daß der Christusmythos innerhalb eines halben Jahrhunderts seine soziale Logik so vollkommen verloren hatte und nun für eine solche persönliche Innerlichkeit offen war. Ignatius hatte Paulus ernst genommen und begehrte nichts mehr, als Christi Tod nachzuahmen, «durch die Zähne der Tiere gemahlen zu werden, damit ich als reines Brot Christi erfunden werde» (Ign Röm 4, 1).

Inhalt der Geschichte ist, daß Ignatius, der Bischof von Antiochia, nachdem er verhaftet und in Ketten gelegt worden war, unter der Aufsicht eines römischen Wächters unterwegs nach Rom war. An keiner Stelle seiner Briefe begegnet ein Hinweis auf die Gründe seiner Verhaftung, und auch an anderer Stelle findet sich kein Zeugnis für die Umstände seiner Verhaftung oder die Tatsache seiner Hinrichtung. Was wir aus den Briefen erfahren, ist, daß Ignatius einen Zwischenaufenthalt in Smyrna einlegte, wo er von Polykarp, dem Bischof der örtlichen christlichen Gemeinde, empfangen wurde. Der Aufenthalt dauerte offenbar so lange, daß Gesandtschaften aus Ephesus, Tralles und Magnesia kommen konnten, angeführt von ihren Leitern, die Ignatius als Gemeindevorsteher und Diakone anerkannte. Offenbar schrieb er noch von Smyrna aus Briefe an diese Gemeinden, die ihre Gesandtschaften mitnehmen sollten. Später, von Troas aus, schrieb er Briefe nach Smyrna und an Polykarp sowie einen an die Gemeinde in Philadelphia, die allesamt von Gefährten überbracht werden sollten, die ihn von Smyrna aus begleitet hatten. Zu einem bestimmten Zeitpunkt vor seiner Ankunft in Rom schrieb er auch einen Brief an die Römer.

Der Inhalt der Briefe ist jeweils ähnlich. Ignatius beglückwünscht die Gemeinden zu ihren Bischöfen, dankt ihnen für ihre Sorge um ihn und ermahnt sie, ihrem Bischof untertan zu sein, ihre Ältesten zu ehren und den christlichen Dienst ihrer Diakone anzuerkennen. Hier und dort bittet er sie auch, während seines Prozesses für ihn zu beten, außerdem für die Kirche von Antiochia, die nun ohne Gemeindevorsteher sei. Verwoben mit seinem eigenen auf das Bekenntnis gerichteten Verständnis der Nachfolge des christlichen Weges sind seine Sorge um die Einheit und den Frieden der christlichen Kirchen sowie seine Anschauung, den Bischöfen müsse man, da sie in ihren Gemeinden sowohl Christus als auch Gott verträten, letzten Endes Gehorsam entgegenbringen. Gelegentliche Anspielungen deuten darauf hin, daß Bischöfe bei Versammlungen und Mahlzeiten der Gemeinden den Vorsitz führten, daß sie für das Wohl aller Mitglieder der Gemeinde verantwortlich waren und daß man von den einzelnen Christen erwartete, daß sie ihre persönlichsten Fragen und Bedürfnisse mit ihnen besprachen. Dieses Bild der Organisation christlicher Gemeinden in Kleinasien ist – angesichts der aus den Paulusbriefen zu entnehmenden wilden Geschichten – erstaunlich. Und die selbstbewußte Autorität des Ignatius, nicht nur als Bischof einer örtlichen Gemeinde, sondern als jemand, der sich berechtigt glaubte, anderen Gemeinden hinsichtlich des Gehorsams gegenüber ihren Bischöfen Ratschläge zu erteilen, begegnet vollkommen unerwartet. Kein Wunder, daß die Ignatiusbriefe als Beleg für die episkopale Verfassung der frühchristlichen Kirche berühmt sind.

Man datiert diese Briefe gewöhnlich auf die Zeit zwischen 108 und 117 n. Chr., also in die letzte Hälfte der Herrschaft Trajans, etwas später als den 1. Klemensbrief und um die Zeit der Entstehung der lukanischen Apostelgeschichte. Der apostolische Mythos ist gegenwärtig, doch im Gegensatz zu Klemens' und Lukas' Interesse an der Geschichte als der besten Möglichkeit, sich die Verbindung zwischen den Aposteln und den Gemeindevorstehern auszumalen, begnügt sich Ignatius damit, eine hierarchische Struktur der Kirchenleitung gemäß dem Modell eines platonischen Universums zu entwerfen. In diesem Modell nehmen die Apostel ihren Platz unter der Autorität Christi ein, so wie Christus unter der Autorität Gottes steht. Dieses Modell ist ganz und gar griechisch in seiner Konzeption einer ineinandergreifenden Reihe von Archetypen und Abbilder. Es war für Ignatius die an die Christen gerichtete Offenbarung des Wohlgefallens, des Willens und der Herrschaft Gottes. Es gab eine Struktur vor, die es in der Organisation der christlichen Gemeinde abzubilden galt. Der Gedanke, es als Struktur nachzubilden, spiegelt ebenfalls eine ganz und gar griechische Mentalität wider, nach der die Ähnlichkeit zwischen einem Muster und seinem Abbild bedeutete, daß sie ein gemeinsames Wesen hatten, und nach der die Nachahmung eines Vorbilds zur substantiellen Identität führte. Ignatius bezieht sich immer wieder auf dieses Modell, um die Christen an die göttliche Autorität ihrer Bischöfe und Ältesten zu erinnern und ihnen die Bedeutung des Gehorsams ihnen gegenüber einzuprägen. In der Anwendung des Modells kommt es zu Unsicherheiten, und zwar deshalb, weil der Bischof, wenn die Hierarchie «Bischof – Ältester – Diakon» analog zur Hierarchie «Gott – Christus – Apostel» verstanden wird, an der Stelle Gottes zu stehen kommt und seine eigene Unterordnung unter Christus und die Apostel nicht deutlich wird. Was die Ältesten betrifft, so werden sie bisweilen mit Christus verglichen, bisweilen aber auch mit den Aposteln als jenen, denen die Gemeinde Beachtung schenken sollte. Die Entsprechung ist also zwar nicht vollkommen, doch die Intention ist deutlich. Die Nachahmung des Vorbilds stellt den wichtigsten Weg dar, die Wahrheit des Evangeliums in das Leben der Gemeinde und des einzelnen Christen aufzunehmen. Wie Ignatius es an einer Stelle formuliert: «Befleißigt euch, alles zu tun in der Eintracht Gottes, da der Bischof den Vorsitz führt an Stelle Gottes, die Presbyter an Stelle des Apostelkollegiums und die Diakone [...] Seid eins mit dem Bischof und mit den Vorgesetzten zum Vorbild und zur Lehre der Unvergänglichkeit» (Ign Magn 6). Man beachte jedoch, daß das Vorbild selbst aus einer Reihe von Vorbildern und Abbildern besteht, die innerlich durch die Vorstellung von der *mimesis* (Nachahmung) miteinander verbunden sind. Was bedeutete es genau, «Gott zu folgen», «den Herrn nachzuahmen», die Apostel als «Vorbilder» zu betrachten, dem Bischof «Beachtung zu schenken», «den Ältesten gehorsam (zu) sein» und die Diakone zu «ehren»?

Das Modell vereint zwei unterschiedliche, aber leicht miteinander in Beziehung zu bringende Werte. Einer ist die den Höhergestellten geschuldete Ehrerbietung, eine in der Antike für das hierarchische Modell von Familien, Gesellschaften und Regierungen grundlegende Tugend. Der andere ist die Ehrerbietung, die den Märtyrern für die Integrität und Leidenskraft gebührt, die sie an den Tag legen, wenn sie den edlen Tod sterben sollen. Begreift man diese beiden Typen der Ehrerbietung gemeinsam als Perspektive des Verständnisses der Bedeutung des Christusmythos, so wird Christi Gehorsam bis zum Tod die Gestalt, in der er Gottes Souveränität die Ehre erwies und somit zum Vorbild des Gehorsams wurde, das es nachzuahmen galt. Dem System fehlt es nicht an konzeptionellen Mängeln, denn nach diesem Verständnis rückte Christus, indem er den edlen Tod starb, um zum Vorbild für andere zu werden, zugleich eine Stufe höher in der Hierarchie, erlangte Göttlichkeit und wurde zum Herrn der Christen. Doch Ignatius war kein Intellektueller und möglicherweise nicht imstande, die Fehler seiner Vorstellung vom christlichen Glauben zu erkennen. Er war, so gestand er selbst, ein einfacher Christ in der Tradition des paulinischen Evangeliums, «ein

Miteingeweihter des geheiligten Paulus» (Ign Eph 12, 2), der sich durchgehend einer an Paulus erinnernden Sprache bediente und sich danach sehnte, «mit den Tieren» von Syrien bis Rom zu kämpfen, wie Paulus es getan hatte – all das, um Paulus, das Martyrium Christi und «Gott nachzuahmen» (Ign Eph 12, 2; Ign Röm 4, 1 u. a.) und auf diese Weise Gott zu «erlangen» oder zu «begegnen».

Das Autoritätsbewußtsein des Ignatius steht in unmittelbarem Zusammenhang mit seinem mimetischen Wunsch, «ein Nachahmer zu sein des Leidens meines Gottes» (Ign Röm 6, 3) und «jemand zu sein» (Ign Röm 9, 2), für den die Römer nach seinem Tod und Aufstieg in den Himmel einen Lobgesang an Gott richten (Ign Röm 2, 2). Wir wissen nicht, ob dies geschah. Wir wissen allerdings, daß die spätere Legende die Geschichte seines Martyriums erzählte, daß weiter Briefe unter seinem Pseudonym verfaßt wurden und daß diese Briefe durch die gesamte Geschichte der Kirche hindurch immer wieder abgeschrieben und gelesen wurden. Seine Vorstellung vom äußersten Bekenntnis des christlichen Glaubens und seine eigene Haltung der Ergebenheit, als er dieser «Gelegenheit» (Ign Röm 2, 1) begegnete, wurden offensichtlich als passender Ausdruck christlicher Frömmigkeit empfunden. Er erhielt einen herausragenden Platz unter den Bischöfen und den anderen, die das Vorbild in der martyriologischen Literatur des 2. und 3. Jahrhunderts verkörperten. Seine Briefe werden noch immer als die Briefe des heiligen Ignatius bezeichnet.

Ignatius' Bedeutung für den Historiker besteht darin, daß er – nach Paulus und Johannes (dem Verfasser der Offenbarung) – die erste christliche Persönlichkeit ist, von der uns eine namentlich unterzeichnete Aussage vorliegt. Er kündigte daher das Präsenz- und Autoritätsbewußtsein an, das Bischöfe von nun an haben sollten. Der apostolische Mythos stellt einen entscheidenden Faktor des Wandels dar, der sich vollzog. Jesus wird zu einem Vorbild. Das gleiche gilt allerdings für die Apostel und auch für die Bischöfe. Das Vorbild ist das eines langen Leidens angesichts von Auseinandersetzungen und Verfolgung. Dies war der Weg, der zum ewigen Leben führte. In der Literatur und Ikonographie des 2. und 3. Jahrhunderts wird Jesus regelmäßig als der «gute Hirte» dargestellt, jener, der den Glaubenden in den Himmel zu führen vermag. Daher kommt die Frömmigkeit des Ignatius, so erstaunlich sie in ihrem plötzlichen Auftreten und in ihrer Naivität ist, dem, was zum christlichen Ideal werden sollte, sehr nahe. Dieses Ideal ist unverwechselbar in seiner Verbindung diesseitiger und jenseitiger Interessen. Es bringt eine Begegnung mit den Kräften mit sich, die wirkliche Macht in den öffentlichen, gesellschaftlichen Bereichen dieser Welt ausüben, zugleich jedoch eine kühne Ablehnung des Interesses an bzw. des Wunsches nach voller Teilhabe an dieser Welt. Mit den Worten des Ignatius: «Mir werden nichts nützen die Enden der Erde noch die Königreiche dieser Welt. Für mich ist es besser, durch den Tod zu Christus Jesus zu kommen, als König zu sein über die Grenzen der Erde» (Ign Röm 6,1). Diese merkwürdige Haltung gegenüber der Öffentlichkeit, gemeinsam mit dem Verständnis des Lebens nach dem Tode, das damit einhergeht, unterscheidet sich von den Einstellungen der gnostischen, doketischen, jüdischen, philosophischen, bürgerlichen und anderen religiösen Denkweisen jener Zeit. Sie sollte die zentristischen Christen in furchtlose Kämpfer für die Anerkennung einer diesseitigen Kirche verwandeln, die die Welt um eines jenseitigen Reiches willen verachtete.

10. Der Anspruch auf die epische Überlieferung Israels

Das unbefangene Vertrauen der frühen Bischöfe auf ihr verwässertes Evangelium sollte bald erschüttert werden. Sie hatten die konzeptionellen Widersprüche innerhalb des christlichen Mythos unberücksichtigt gelassen und über die sozialen Ursachen der Meinungsverschiedenheiten und Kontroversen in ihren eigenen Gemeinden hinweggesehen. Sie hatten es sich bequem gemacht und die unterschiedlichen Anschauungen und Praktiken anderer christlicher Gruppen in Gegenden des gesamten Reiches – wie etwa im östlichen Syrien, in Palästina, Alexandria und Nordafrika – abgetan. Ihre Aufforderung zu Frieden und Einheit innerhalb einer Gemeinde und zur Ehrbarkeit vor den Augen der Römer geschah in guter Absicht und war offenbar einigermaßen erfolgreich. Doch er war in einem vagen, nebulösen Gespür für das göttliche Wohlgefallen an der Treue sowie in der Drohung eines schließlich erfolgenden Gerichts als des letzten Hindernisses auf dem Weg zum ewigen Leben verankert. Das mag für viele Gemeindeglieder, denen die Bischöfe halfen, die praktischen Lebensfragen zu bewältigen und mit den Nächsten zurechtzukommen, ausgereicht haben. Doch aus der Sicht nachdenklicher Menschen, die sich um die Logik des bischöflichen Mythos sorgten, reichte das schlichte apostolische Evangelium nicht aus, um Stolz auf die neuartige Religion empfinden zu können, die ihren öffentlichen Platz in der griechisch-römischen Welt einnahm. Es war Zeit für eine gelehrte Diskussion zwischen den verschiedenen christlichen Traditionen, Zeit dafür, daß christliche Intellektuelle die neue Religion so darstellten, daß Griechen, Römer und andere sie zu begreifen vermochten.

Die folgende Generation von Christen brachte solche Intellektuelle hervor. Markion von Sinope (in Pontus im nördlichen Kleinasien), Valentinus von Alexandria und Justin aus Samaria kamen um 140–150 n. Chr. in Rom zusammen, um für extrem unterschiedliche Anschauungen davon zu kämpfen, was das Christentum sein sollte. Wenig später stürzten sich mehrere andere mit ihrer umfangreichen literarischen Produktion in dieses Getümmel und traten für ein anderes Verständnis der neuen Religion ein: Irenäus, der in Kleinasien geboren war und von Lyon aus schrieb, aber Rom vollkommen loyal gegenüberstand, Klemens von Alexandria, ursprünglich aus Athen, der – als Haupt der katechetischen Schule in Ägypten – die Grundlage für eine «christliche Philosophie» schuf, sowie Tertullian aus Karthago in Nordafrika, der den Glauben gegen alles Griechische, Heidnische, Gnostische oder Unmoralische verteidigte. Der apostolische Mythos sollte überleben, allerdings nur als Teil eines viel größeren, komplexeren Verständnisses der Geschichte und der Welt, als es sich die frühen Bischöfe hätten vorstellen können. Die mythische Geschichte der Kirche mußte zuletzt ein verzerrtes Verständnis der Epik Israels einschließen, wonach diese mit Christus an ihr Ende gelangte, aber auch eine seltsame Vorstellung von der Menschheit, die es erlaubte, die Anfänge der Christen in der Schöpfung der Welt selbst anzusiedeln. Es galt, eine rationale Grundlage für ein eigenartiges Gottesverständnis zu schaffen und die zwiespältige Rolle der Kirche im Römischen Reich zu erklären.

Die klugen jungen Intellektuellen, die im zweiten christlichen Jahrhundert hervortraten, forderten die Bischöfe auf, ihre Stellung zu räumen, unterzogen das wackelige Fundament, auf dem die Bischöfe gestanden hatten, einer grundlegenden Kritik und machten die Entdeckung, daß die Steine nicht gut angeordnet waren. Sie stellten fest, daß die mythische Grundlage der Kirche dringend der Verbesserung, wenn nicht einer vollkommenen Erneuerung bedurfte. Zunächst stießen sie die Grundsteine weg und fanden, es sei möglich, einige neu anzuordnen. Doch dann machten sie sich daran, einige neue, überaus komplizierte Denksysteme zu errichten, um Gott und seinen Christus in den Mittelpunkt einer umfassenden Schau des Kosmos und der Geschichte zu rücken und um die verborgenen Wege für Menschen aufzuspüren, die nach ewigem Heil strebten. Mit ihnen betreten wir das Zeitalter der «Väter», das sogenannte patristische Zeitalter, in dem die Mythenbildung die Form der Konstruktion von Theologien annahm. Dieses Werk, nämlich der Versuch, den Sinn des christlichen Evangeliums in der Mitte des 2. Jahrhunderts zur Sprache zu bringen, war geradezu auf sie zugeschnitten. Schulisch gebildet, wollten sie die ganze Welt im Blick behalten, und sie hatten das Empfinden, die ganze Welt beobachte sie. Sie alle waren auf die Herausforderung gut vorbereitet, da sie in der Kultur der Logik, des Denkens und der Literatur Griechenlands ganz und gar daheim waren. Sie kannten zudem die jüdischen Schriften, waren mit den vielen Traditionen christlichen Denkens vollkommen vertraut und zogen mit fliegendem Banner in den Kampf. Wenn der Sinn der neuen Religion überhaupt zur Geltung zu bringen war, so mußten diese Intellektuellen dies leisten.

Letztendlich setzte sich eine Theologie durch, die die zentristischen Interessen unterstützte, doch ihre Ausarbeitung in Konkurrenz zu anderen Sichtweisen nahm zweihundert Jahre oder mehr in Anspruch. Das Bemerkenswerte an dieser christlichen Weltsicht besteht darin, daß ihr kompliziertes Denksystem zur Untermauerung einer einzigen Behauptung geschaffen wurde. Sie lautete, die Christen seien die legitimen Erben der epischen Überlieferung Israels, die Juden hätten die Absichten ihres Gottes niemals verstanden, und die Geschichte Israels handle, richtig verstanden, «wirklich» vom Kommen Christi. Es mag merkwürdig erscheinen, daß eine so weit hergeholte Behauptung das christliche Verständnis Gottes, der Welt und der menschlichen Geschichte bestimmen sollte. Doch genau das geschah, und die Art und Weise, in der das Christentum entstanden war, legte einige Gründe dafür nahe. Diese Gründe und die Argumente für die Systeme, mit denen diese ersten Theologen hervortraten, sind Thema dieses Kapitels. Wir befinden uns an dem Punkt, an dem die Anfänge der christlichen Theologie und die Konstruktion der christlichen Epik ein und dasselbe Unterfangen bildeten. Eine christliche Theologie zentristischer Couleur konnte unmöglich entstehen, ohne daß man das Erbe der Geschichte Israels für sich beanspruchte. Stellte man diesen Anspruch, so bedeutete dies jedoch zugleich, daß eine neue zentristische Theologie erfunden und verteidigt werden mußte. Wie wir sehen werden, setzten sich die zentristischen «Väter» durch, aus den jüdischen Schriften wurde das christliche Alte Testament, und das westliche Christentum, wie wir es heute kennen, brachte schließlich seinen Mythos und sein Ritual gemeinsam wirksam zur Geltung.

Markion

Markion aus Sinope löste die Explosion aus. Er war der reiche Sohn eines Bischofs in Pontus, war mit der paulinischen Spielart des Christusmythos aufgewachsen und ausgesprochen belesen in der frühchristlichen Literatur und in den jüdischen Schriften. Als er sich unter seinen Mitchristen umsah, ergaben einige Dinge für ihn keinen Sinn. Christen versuchten noch immer, dem jüdischen Gott die Treue zu halten, selbst dann noch, als sie erfahren hatten, daß sie sein Gesetz nicht halten mußten. Doch der Gott, der den Juden ihr Gesetz gegeben hatte, konnte nicht derselbe Gott sein, der seinen Sohn gesandt hatte, damit er die Gnade verkündige. Markion vertrat die Auffassung, dem jüdischen Gott liege offenkundig allzu viel an der Gerechtigkeit, seine Rolle in der Geschichte des Volkes, das er sich für seine Herrschaft erwählt hatte, sei vom Gericht, vom Zorn und von Gewalt im Interesse ethnischer Reinheit und exklusiver Macht bestimmt. Der weise, freundliche Gott, den Jesus bekannt gemacht hatte, ein zuvor unbekannter Gott, ein Gott der Gnade und Barmherzigkeit für die ganze Menschheit, war ganz anders. Nach Paulus, so Markion, war auch mit der Kirche etwas schiefgelaufen. Es mußten die anderen Apostel gewesen sein, die für das Judentum schwärmten. Es mußten die «Judaisierer» gewesen sein, die einen Großteil der Evangelien verfaßt und die Paulusbriefe überarbeitet hatten.

Die Kirche stand in der Gefahr, ihre Ausrichtung auf das unvergleichliche Evangelium Christi zu verlieren, auf die erste Offenbarung des fremden Gottes, des einzigen Gottes, der gut war und wollte, daß alle menschlichen Seelen des ewigen Lebens teilhaftig würden. Die erste Zeile der berühmten *Antitheses* Markions lautete: «O Wunder über Wunder, Verzückung, Macht und Staunen ist, daß man gar nichts über das Evangelium sagen, noch über dasselbe denken, noch es mit irgend etwas vergleichen kann» (zitiert nach Harnack, 1921, 81). So also ging Markion daran, die Situation für die neue, einzigartige Religion zu retten.

Nach Markion verdiente der jüdische Gott, der Schöpfer dieser feindseligen Welt, keine Verehrung. Die jüdischen Schriften mit ihren Gesetzen und Geschichten über Strafe und Opfer sollte verworfen werden. Statt dessen bedurften die Christen einzig und allein ihrer eigenen Zeugnisse über das Auftreten Christi und seine Verkündigung des guten Gottes. Doch was sollte mit den Schriften der starrköpfigen Apostel geschehen, wie sollte man mit den Änderungen umgehen, die sie an den Paulusbriefen vorgenommen haben mußten? Die Antwort war offenkundig: Ablehnung aller frühchristlichen Schriften, die von Aposteln verfaßt worden waren, die das Neue der christlichen Offenbarung nicht begriffen hatten, und Entfernung der von späteren «Judaisierern» vorgenommenen Zusätze zu den Paulusbriefen. Auf diese Weise entstand der erste Kanon neutestamentlicher Literatur. Er enthielt zehn Paulusbriefe (mit Auslassungen) sowie ein verkürztes Lukasevangelium. Polykarp nannte Markion den «Erstgeborenen des Satans», und Justin und Tertullian sollten ausführlich gegen seine Ansichten schreiben. Der Grund dafür lag darin, daß Markion den apostolischen Mythos abgelehnt und seinen Finger auf einige unangenehme, ungeklärte Widersprüche gelegt hatte, die das von den Bischöfen vertretene Verständnis des Evangeliums kennzeichneten. Mit seinen eigenen Ansichten fand er in Pontus, Ephesus und Rom Gehör. Gemeinden bildeten sich, eine Schule entstand und eine markionitische Kirche breitete sich im ganzen Reich und gen Osten aus. Ganze Dörfer hingen dem markionitischen Christentum an, und die Markioniten stellten für die zentristischen Theologen über mehrere Jahrhunderte hinweg eine Herausforderung dar.

Markions Theologie war voller Vereinfachungen und eigener innerer Widersprüche. Doch sie war verständlich, und die Menschen konnten tatsächlich leisten, was von ihnen verlangt wurde. Er ging von Paulus' Entgegensetzung von Gesetz und Evangelium in seinem Brief an die Galater aus. Sodann bediente er sich des paulinischen Konzepts des «Fleisches», um die von dem jüdischen Gott geschaffene materielle Welt zu negieren und seine Gesetze herabzusetzen, die – laut Markion – allesamt von physischen Bedingungen und der Sorge um das «Fleisch» besessen waren. Christus dagegen offenbarte die Liebe Gottes und führte den Heiligen Geist ein, das im Widerspruch zum Fleisch stehende göttliche, kosmische Prinzip. Also bestand die christliche Spiritualität darin, ein diszipliniertes Leben zu führen, das dazu bestimmt war, das Interesse am «Fleisch» und die Beherrschung durch das «Fleisch» zu verringern – so sah die rechte Verehrung des wahren, aber fremden geistigen Gottes der Liebe aus. Der durchschnittliche Christ mag die Chance, ein solches diszipliniertes Leben zu führen, nicht ergriffen haben, doch die Normen waren eindeutig, und das System war einfach. Die Menschen fühlten sich von der antijüdischen Deutung der neuen christlichen Religion angezogen, zentristische Bischöfe und andere Intellektuelle dagegen waren entsetzt. Unter den Intellektuellen herrschte Bestürzung, denn es gab keine fertigen Antworten auf die Infragestellung der christlichen Huldigung des jüdischen Gottes. Entsprechend der Frage Tryphos an Justin, welche die Irritation eines Markion dadurch verschlimmerte, daß Trypho Jude war: «Ihr erwartet Gutes von Gott, obwohl ihr Gottes Gebote nicht beobachtet» (Justinus, *Dialogus cum Tryphone* 10). Mit Markion trat ein grundlegender Widerspruch innerhalb der Logik des Mythos der Bischöfe an die Oberfläche, und die alte, ungelöste Frage nach der Funktion des mosaischen Gesetzes verwandelte sich in eine neue, beunruhigende Frage hinsichtlich des Wesens Gottes.

Valentinus

Die Lage verschlimmerte sich, als um diese Zeit Valentinus – von Alexandria kommend – in Rom auftauchte. Er verstand sich ebenfalls als ein vollkommen überzeugter und engagierter Christ, der ein theologisches System mit praktischen Konsequenzen für die durchschnittliche Gemeinde erarbeitete. Laut Valentinus hatte Christus die Christen dazu befähigt, nicht nur *um* Gott zu wissen, sondern – wie Bentley Layton (1987) den Begriff *gnosis* übersetzt – Gott aufgrund «persönlicher Bekanntschaft» (*acquaintance*) zu *erkennen*. Verfügten Christen über diese Art *gnosis*, so würden sie erkennen, daß sie von göttlicher Herkunft seien. Hätte Valentinus es dabei belassen, so hätte niemand widersprochen, denn welcher Christ hätte sagen wollen, Christen seien mit Gott nicht «persönlich bekannt»? Doch Valentinus war ein gnostischer Christ, und seine Vorstellung von «Bekanntschaft» meinte eine besondere Art der Erkenntnis, die einzig ein Offenbarer aus dem Reich des kosmischen Lichtes vermitteln konnte. Als Markion und Valentinus in Rom zusammenkamen, sollte also ausgerechnet das Zentrum des zentristischen Christentums zum Ort des Kampfes um die christliche Orthodoxie werden. Zur Vorbereitung müssen wir wissen, was in Alexandria vor sich ging, der Stadt, in der Valentinus studiert und sein System einer christlichen gnostischen Theologie ausgearbeitet hatte, bevor er nach Rom kam.

Alexandria war das Weltzentrum für Bücher, Gelehrsamkeit und philosophische Spekulation. Alle traditionellen Schulen der griechischen Philosophie und Wissenschaft waren vertreten, und es entsprach dem Zeitgeist, eine Möglichkeit zu finden, sie alle in einem großen Schema zusammenzuführen, das die Erklärung für alles bieten konnte, das in dem unermeßlichen Universum des Wissens in den Blick trat. Je weiter der Horizont, desto abstrakter die Vorstellungen. So war die Zeit reif für ein Wiederaufleben der platonischen Philosophie, die wir nun als mittleren Platonismus bezeichnen. Plato unterschied zwischen einer mittels der Sinne wahrgenommenen physischen Welt und ihrer dem Geist des Seins innewohnenden geistigen Struktur. Die Idee eines transzendenten Seins, des platonischen «Gottes», entfaltete allgemeine Anziehungskraft, und innerhalb der akademischen Szene vollzog sich eine breit angelegte Renaissance des Interesses an Platos Schöpfungsmythos, wie er im *Timaios* dargestellt war. In diesem Mythos ging Plato von der üblichen Unterscheidung zwischen einem Archetypus und seinem Abbild aus, einem hierarchisch strukturierten Paar von Muster und Abbild, das gewöhnlich dazu dient, die Beziehung zwischen Dingen wie einem Siegel und seinem Aufdruck, einem Vorbild und seiner Nachahmung oder einem Entwurf und dem daraus gestalteten Gegenstand zu beschreiben. Plato benutzte die Metapher, um sich einen Gott vorzustellen, der den Plan für die große Weltstadt erdachte und in seinem Geist bewahrte. Dann kam ein *demiurgos* oder Handwerker ins Spiel, der seine Augen auf das Muster gerichtet hielt, während er aus der Materie (*hyle*) die stoffliche Welt formte. Platos Geschichte war in Alexandria der letzte Schrei. Sie machte es möglich, an hochfliegenden Ideen festzuhalten, wonach der Kern der Wirklichkeit letztlich schöpferisch, einheitlich und vollkommen sei, zugleich aber inmitten einer Welt zu leben, in der kulturelle Zersplitterung und soziales Chaos herrschten. Sie ermöglichte es außerdem, weiterhin eine positive Konnotation mit dem Handwerk (*techne*, Fertigkeit, Technik) zu verbinden, einer grundlegenden Metapher und einem Begriff für Diskurstheorien (Rhetorik), soziale Formation und Kosmologie. Sophisten und philosophische Scharlatane hatten dem Begriff *techne* durch die Art ihrer Manipulation oder ihres Gebrauchs bzw. Mißbrauchs der Sprache eine negative Konnotation verliehen. Und wie wir sehen werden, konnte die platonische Vorstellung der Welt als eines Konstrukts in einem Fehlschlag enden, sofern man annahm, einen Grund für den Gedanken zu haben, der Handwerker habe einen Fehler gemacht. Doch es war sehr schwer, sich irgendein schöpferisches Vorhaben vorzustellen, das nicht mit einem kreativen Gebrauch von Technologie einherging, und Platos Mythos pries die *techne*, indem er sie grundsätzlich zu dem Weg erhob, auf dem die Welt geschaffen wurde.

Was die in Alexandria lebenden Juden anging, so hatten hundert Jahre allegorischer Deutung der Bücher Mose ihre leicht zugängliche Zusammenfassung in den Werken Philos von Alexandria (30 v. Chr. – 45 n. Chr.) erfahren. Auf der wörtlichen Ebene boten die Bücher Mose Geschichte. Doch auf einer tieferen Bedeutungsebene hatte Mose jeden Begriff und jede Geschichte verschlüsselt – als Symbol der vollkommenen Welt, die Gott, den Philo den «Einen Seienden» nannte, vorschwebte. Und dort, in Moses Bericht über die Entstehung Adams und der Welt (Genesis 1 und 2), wurde eine zweischichtige Schöpfung sichtbar: erst das vollkommene Muster, dann sein Abbild in der materiellen Welt. Philo schloß daraus, wie auch andere jüdische Exegeten, Plato müsse die Tatsache der Schaffung einer zweischichtigen Welt von Mose erfahren haben. Zunächst glaubten diese jüdischen Exegeten, Platos Verständnis des Mose sei etwas wirr. Schließlich schien Plato einen Unterschied zwischen dem höchsten Gott oder dem Sein selbst, in dessen Geist das Muster entworfen wurde, und dem *demiurgos* zu treffen, einer Art zweiten Gottes, der das stoffliche Universum als Abbild des geistigen Musters schuf. Von zwei Göttern auszugehen klang nicht richtig. Doch jüdische Denker wie Philo hatten es bereits gewagt, sich den *logos* (die Vernunft) als göttlichen Sohn und die *sophia* (Weisheit) als göttliche Gefährtin Gottes vorzustellen und sie als göttliche Wesen zweiter Ordnung zu bezeichnen, durch die Gott die Welt geschaffen habe. Sie hatten außerdem den Unterschied zwischen den beiden Namen Gottes in den Mosebüchern festgestellt und die Schlußfolgerung gezogen, *Herr* sei der Name einer göttlichen Macht, die Gerechtigkeit ausübte, *Gott* dagegen der Name eines göttlichen Wesens, dem der Schutz und die Fürsorge für seine Kinder am Herzen liege. Bei der Lektüre Philos läßt sich feststellen, daß die jüdischen Intellektuellen in Alexandria den späteren christlichen Denkern den Weg bereitet hatten. Sie hatten bereits drei bedeutende konzeptionelle Sprünge vollzogen, denen die christlichen Theologen folgen sollten. Sie hatten eine Möglichkeit gefunden, (1) die jüdische Vorstellung Gottes als eines persönlich in der Geschichte Handelnden mit der griechischen Vorstellung des Göttlichen als eines kosmischen Wesens zu verschmelzen, (2) die Attribute und Manifestationen eines einzigen, transzendenten Gottes auf Gottheiten und kosmische Mächte zweiter Ordnung zu verteilen und (3) die jüdischen Schriften als Allegorien der göttlichen Wirksamkeit Gottes im Kosmos und in der Schöpfung zu verstehen, ohne ihre buchstäbliche Bedeutung als Darstellung der Geschichte Israels zu zerstören.

Eine dritte wichtige Entwicklung des intellektuellen Klimas in Alexandria bestand im Aufkommen gnostischen Denkens mit seiner Ausrichtung auf Schöpfungs- und Erlösungsmythen. Wir wissen nicht genau, wann oder aufgrund welcher Umstände erstmals gnostische Mythen ersonnen wurden – ob während des 1. oder des 2. Jahrhunderts, ob durch griechisch-ägyptische, jüdische oder christliche Anliegen und Spekulationen vorangetrieben. Gemäß dem gnostischen Denken, wie es in den klassischen Abhandlungen des 2. und 3. Jahrhunderts entfaltet wurde, erschien die Welt als eine dem Leben feindliche Umgebung. Gnostiker fühlten sich verloren und desorientiert. Sie hatten keinen Ort, den sie als Heimat bezeichnen konnten. Sie reagierten empfindlich auf die Frage nach ihrer persönlichen Identität und sorgten sich darum, daß sie nicht wußten, woher sie kamen, wo sie hingehörten und wohin sie gingen. Das menschliche Geschick schien vorherbestimmt, und die Kräfte des Schicksals waren blind. Nach Auffassung der Gnostiker lebten die Menschen größtenteils in Bewußtlosigkeit, verfolgten kindische Begierden und spielten dem Schicksal und den «Herrschern der Welt» in die Hände. Doch einige (die Gnostiker) waren von einem Gesandten aus dem Reich des Lichts zu der Erkenntnis geweckt worden, sie seien die Kinder Gottes. Mehr noch, sie waren immer Kinder Gottes gewesen, auch wenn sie aufgrund der materiellen Finsternis, in der sie sich befanden, ihre wahre Herkunft «vergessen» hatten. Ihre Herkunft, so entdeckten sie, lag in einem erwählten Volk. Sie gehörten einer Art des Menschengeschlechts an, dessen Stammbaum bis zur Grundlegung der Welt reichte, als die Menschen geschaffen wurden. Sie waren von Gott gekommen und trugen noch immer den «Funken» göttlichen Lebens in sich, der ihr wahres Selbst definierte und ihr letztliches Schicksal bestimmte. Dieses Schicksal lag in der Heimkehr zu Gott, dem göttlichen Vater, der ursprünglichen Quelle ihres Lichts und Lebens, dem Ort ewiger Zugehörigkeit. Somit stellte ihre *gnosis* Erkenntnis nicht allein Gottes, sondern auch ihres Selbst dar.

Die Gnostiker erklärten ihre Situation in der Welt mit Hilfe kunstvoller Schöpfungsberichte und eines komplizierten Erlösungsmythos. Bentley Layton (1987) hat zum Verständnis der Struktur dieser gnostischen Mythologie beigetragen. Vier Szenen entfalteten sich in einer aufeinanderfolgenden Entwicklung. In der ersten Szene erzeugte der höchste Gott, der reine Geist, Machtsphären, die man als Aussendungen oder Emanationen bezeichnete. Diese bildeten ein geistiges Universum, die Fülle, den höchsten Gott zugleich einhüllend und von ihm umhüllt, eine Art Aura der Selbstreflexion, die sich in konzentrischen, immer weiter von ihrem göttlichen Erzeuger entfernten Sphären ausdehnte. In der zweiten Szene wurde durch irgendeinen Irrtum, ein Versehen oder eine Täuschung das stoffliche Universum – als unvollkommenes Abbild des göttlichen Universums – geschaffen. Diese Tragödie stellte, auch wenn sie auf unterschiedliche Weise beschrieben wurde, ein unverzichtbares

Element aller Spielarten des gnostischen Schöpfungsmythos dar. Auf irgendeine Weise geschah, gewöhnlich in den niedrigeren Gefilden des geistigen Universums, ein Mißgeschick. Eine weibliche Emanation erzeugte eine falsche Begierde oder gebar ein Ungeheuer oder fiel aus der Fülle hinaus in die darunterliegende formlose Materie. Nach Darstellung einiger Mythen versuchte sie die Schöpfung des höchsten Gottes nachzuahmen, vermochte dies jedoch nicht, weil sie allein handelte. Andere sagen, ihr Nachkomme, Ialdabaoth, eine mißgebildete, blinde, eifersüchtige Macht, habe die stoffliche Welt geschaffen, um in Nachahmung des höchsten Gottes über sie zu herrschen. In einer dritten Szene wurden Menschen geschaffen, und der göttliche Funke wurde dem Vorfahren der Gnostiker eingepflanzt. In einer bedeutenden Spielart des Mythos wurde Ialdabaoth von einer der gütigeren Mächte der oberen Welt durch eine List dazu gebracht, dies geschehen zu lassen, und die Protagonisten wurden als Geschlecht des Seth, des dritten Sohnes Adams und Evas, identifiziert. Ialdabaoths Reaktion bestand darin, daß er die Gnostiker in Körper einschloß und das Menschengeschlecht betäubte, so daß es seinen göttlichen Ursprung vergaß. In der vierten Szene erschien ein Offenbarer aus dem Reich des Lichtes, um den Funken der *gnosis* neu zu entfachen und den Gnostikern den Rückweg zu zeigen.

Zunächst mag ein solcher Mythos als angemessene Antwort auf die Zeit erscheinen. Gemäß dieser Anschauung hatten die Gnostiker die in der seelenlosen römischen Welt für so viele Menschen typische Angst vor persönlicher Desorientierung verinnerlicht. Bei weiterem Nachdenken wird jedoch deutlich, daß die Gnostiker ihre fehlende soziale Stellung weitaus ernster genommen hatten als andere Völker und eine radikal pessimistische Schlußfolgerung hinsichtlich der wahren Natur des gesamten Universums gezogen hatten, in dem sie lebten. Diese radikal negative Sicht der geschaffenen Welt tauchte so plötzlich auf und setzt den Historiker als so neues, unerklärliches Phänomen in Erstaunen, daß die Gelehrten nicht mehr wußten, wie sie es erklären sollten. Etwas Schreckliches mußte geschehen sein, um solche Verzweiflung auszulösen, doch dem Versuch, ihren Ursprung auf ein einzelnes Ereignis oder einen Augenblick der Mythenbildung zurückzuführen, war kein Erfolg beschieden. Ein Teil des Problems besteht darin, daß die große Sammlung gnostischer Texte aus dem 2. und 3. Jahrhundert, zu der auch – aber nicht nur – die koptisch-gnostische Bibliothek aus Nag Hammadi gehört, Merkmale enthält, die sowohl aus der christlichen als auch aus der jüdischen Mythologie stammen. Eine weitere Schwierigkeit liegt darin, daß weder die vorangegangenen christlichen noch die jüdischen Mythologien genügend Anhaltspunkte enthalten, um den Umschlag zu der umgekehrten, negativen, gnostischen Weltsicht zu erklären.

In dem christlich-gnostischen Erlösungsmythos etwa erscheint Jesus als Offenbarer, durch den die Erkenntnis des göttlichen Lebens und Schicksals möglich wird. Sprache und Motive aus dem Christusmythos und den Evangelien begegnen vielfach, und das kosmische Schicksal Jesu scheint das entscheidende Muster der *gnosis* vor Augen zu stellen, das dem gnostischen Individuum Heil bringt. Darin tritt eine christliche Beteiligung am Prozeß der gnostischen Mythenbildung zutage, das jedoch kaum eine Erklärung dafür bietet, warum Christen die Welt in so finsteren Farben malen mußten, um ein solches Heil zu behaupten. Selbst angesichts dessen, was wir über die Hindernisse wissen, die in der frühen Geschichte christlichen Denkens und christlicher Gemeinden auftraten, stellt eine solche negative Sicht der Welt gewiß eine Überreaktion dar.

Im Hintergrund des gnostischen Schöpfungsmythos, des Mythos, der die negative Weltsicht und den göttlichen Ursprung der Gnostiker als eines erwählten Geschlechts erklärt, stehen der Schöpfungsbericht der Genesis und die lange Tradition seiner platonischen Interpretation in den jüdischen Kreisen, für die Philo steht. Der Unterschied zwischen Philo und den Gnostikern liegt darin, daß die Erschaffung des stofflichen Universums durch niedere Kräfte laut Philo etwas Gutes ist, während sie sich aus der Sicht der Gnostiker als schlecht, als Resultat eines tragischen Irrtums oder eines finsteren Plans darstellte. Einige Forscher haben behauptet, diese Umkehrung der Einstellung könnte eine Folge des jüdischen Traumas angesichts des Verlustes des Tempels, des Landes und der Regierung durch die Römer im Jahre 70 n. Chr. sein, vielleicht noch verschärft durch die katastrophalen Folgen des fehlgeschlagenen Bar-Kochba-Aufstandes 135 n. Chr. Viele gnostische Schriften sind offenbar von einem jüdischen Trauma erfüllt, doch das alleine scheint nicht auszureichen, um die vollkommene Verunglimpfung des Schöpfergottes der Genesis oder die Anziehungskraft des Erlösungsmythos zu erklären, der das Problem der Gnostiker löste. Wir müssen also bei unserem Versuch, Valentinus zu verstehen, Vorsicht walten lassen.

Valentinus ist zufällig unser erster Zeuge für das alexandrinische Christentum, und die Christen Alexandrias waren, urteilt man nach seinem eigenen theologischen System, stark durch das soeben beschriebene intellektuelle Klima beeinflußt worden. Platonische Philosophie, philonische Deutung der Mosebücher und eine Form gnostischen Denkens sind allesamt in hohem Maße vertreten. Was die konkrete Art christlichen Glaubens betrifft, die erstmals nach Ägypten gelangte, so muß sie dem thomanischen Christentum und dem johanneischen Kreis näher gestanden haben als einer paulinischen oder matthäischen Form des Christentums. Doch die Ursprünge sind leider äußerst ungewiß. Valentinus selbst – vielleicht aber auch einer seiner Nachfolger in der von ihm begründeten Schule – behauptete, durch Theudas, einen der Begleiter des Paulus, damit aber durch Paulus selbst, mit der apostolischen Tradition verbunden zu sein. Das wäre ein ernsthaftes Argument gewesen, das dazu verholfen hätte, als zentristisch anerkannt zu werden, und tatsächlich war Valentinus sowohl mit dem Christusmythos als auch mit der Evangelienerzählung durchaus vertraut. Doch sein Deutungssystem spricht gegen eine zentristische Ausbildung. Aufklärung, nicht Glaube, war der Gewinn, den Christus laut Valentinus zugänglich machte; insofern scheinen in seinen Schriften seine Wurzeln in einem johanneischen oder thomanischen Christentum durch. Wir besitzen Fragmente aus Irenäus und Klemens von Alexandria, eine predigtähnliche Abhandlung, Literatur aus der Feder seiner Anhänger sowie Beschreibungen seines Systems durch Irenäus und andere Häresiologen. Aus diesen Quellen erfahren wir, daß Valentinus – oder das alexandrinische Christentum, das er verkörperte – auf dem Weg zu einer gnostischen Mythologie einen weiten Weg zurückgelegt hatte.

Nach Valentinus ließ sich die Bedeutung des Auftretens Jesu als Christus nur als göttliche Manifestation inmitten einer auf tragische Weise entstandenen Welt verstehen. Es war der zweite wichtige Akt in einem zweifachen kosmischen Drama, dessen erster Akt die bloße Schaffung der Welt war. Laut Valentinus entstanden in den äußeren Gefilden eine Reihe von paarweise auftretenden «Äonen» (machtvollen Konzentrationen von Zeit und Raum, die aus dem göttlichen Ursprung emanierten). Nachdem erst acht, dann zehn und schließlich zwölf weitere Äonen erzeugt worden waren, verlor der «Irrtum» den Kontakt zur höchsten Macht und versuchte, die Materie zu gestalten, die außerhalb der «Fülle» lag. Doch sie arbeitete «im Leeren» (= vergeblich) und «in einem Nebel». Sie wurde die «Mutter», die Wesen außerhalb des geistigen Universums hervorbrachte. Eines von ihnen war ein gaunerhafter «Handwerker», der dann die Materie nach dem Vorbild der vollkommenen Welt formte. Irgendwie entstanden zu jener Zeit auch der «Mensch», der «Christus» und sogar die «Kirche» als Prototypen, die im zweiten entscheidenden Akt eine Rolle spielen sollten.

Im zweiten Akt dieses kosmischen Dramas wurde Jesus als der Christus zum Offenbarer des göttlichen Bereichs und zum Erlöser derer, die dazu vorherbestimmt waren, dorthin zurückzukehren. Wie der Christus gezeugt und auf welche Weise Jesus zur Inkarnation des göttlichen Christus wurde, bleibt in Valentinus' System unklar. Doch der entscheidende Aspekt ist unmißverständlich. Es war *gnosis* (persönliche Bekanntschaft oder Wissen durch Erkenntnis), die Christus eröffnete. Nichts innerhalb der im «Irrtum» erschaffenen Welt könnte die menschliche Situation klären und Christen ihre wahre Identität als Kinder des höchsten Gottes erkennen lassen. Einzig eine vom höchsten Gott ausgesandte Botschaft, das Auftreten seines Sohnes Jesus, konnte deutlich werden lassen, daß Christen die erwählten Kinder Gottes waren, deren spirituelle Bestimmung darin lag, in seiner Gegenwart im Reich des Lichts und des oberen Lebens zu «ruhen».

Markion und Valentinus bedeuteten nichts Gutes für die zentristischen christlichen Führer in Rom. Gemeinsam gelang es ihnen, die logischen Grundlagen des christlichen Evangeliums und des apostolischen Mythos in Frage zu stellen. Nicht hinterfragte Voraussetzungen wurden bloßgestellt, latente Widersprüche angeprangert und ältere Begründungen als unangemessen erwiesen. Nach Markion konnte ein christlicher Denker nicht einfach davon ausgehen, daß der Gott und Vater Jesu Christi derselbe war wie der Gott Israels, daß Christen an die ethischen Normen und das ethische Bewußtsein der jüdischen Epik gebunden waren, obwohl sie das jüdische Gesetz ablehnten, oder daß die wichtigste Bedeutung des Auftretens Jesu darin bestand, die Vorstellung von Israel so auszuweiten, daß darin auch Raum für die Nichtjuden war. Nach Valentinus konnten Christen nicht einfach voraussetzen, der Glaube an das Evangelium und der Gehorsam gegenüber der Herrschaft der Tradition reiche aus, um die im Christusmythos manifeste Erleuchtung zu erfassen. Auch konnten sie nicht davon ausgehen, daß der in Jesus Christus offenbare Gott zugleich der Schöpfer des Universums war, der sich für alles interessierte und um alles sorgte, was seinen Kindern in dieser Welt widerfuhr. Dies waren ernsthafte Herausforderungen. Sie machten deutlich, daß alle vorangegangenen christlichen Mythologien der zentristischen Tradition in einer allzu einfachen Logik wurzelten. Diese Mythologien liefen auf einen schlichten Anspruch auf das Erbe Israels sowie auf anmaßende Aufforderungen zu der Vorstellung hinaus, der Gott Israels habe sein Wohlgefallen von den Juden auf die Christen verlagert.

Das Problem bestand darin, daß das Evangelium der Bischöfe, so wenig subtil seine Logik auch war, eine Selbstdefinition des Christentums stützte, die durchaus erhaltenswert war. Die Bischöfe waren zwar keine großen Intellektuellen gewesen, doch es war ihnen gelungen, Gemeinden um ein Ensemble von Werten herum zu bilden, die nur wenige zerstört sehen wollten: stabile Familien, soziales Wohlergehen, hohe ethische Maßstäbe, ein ruhmreiches Erbe, Dank und Lobpreis des Schöpfergottes sowie das Wissen darum, daß es ihnen letztlich allen gut ergehen würde, sofern sie lernten, in Harmonie miteinander zusammenzuleben. Es war dieses Konzept des Christentums, das eine privilegierte Stellung erstrebte. Wer würde aufstehen, um es zu verteidigen, und welcher Art würde diese Verteidigung sein?

Justin der Märtyrer

Justin der Märtyrer wurde in Flavia Neapolis, nahe Sichem in Samaria, geboren und bezeichnete sich selbst als Samaritaner. Doch sein Großvater Bacchius und sein Vater Priscus trugen latinisierte griechische und römische Namen, und seine Familie war höchstwahrscheinlich römisch und wohlhabend. Justin studierte alle wichtigen griechischen Philosophien und eignete sich ein hohes Maß an hellenistischer Bildung an, bevor er sich zum Christentum bekehrte. Seine Bekehrung erfolgte, als er am Strand entlangging und mit einem Bauern sprach – so jedenfalls lautet die Geschichte. Er wandte sich sodann den Büchern Mose und den Propheten zu und entdeckte die Quelle der alten Weisheit, der, so hieß es, die Griechen Dank schuldeten. Bei dieser handelte es sich laut Justin um jene Weisheit, die schließlich im Evangelium Jesu Christi vollständig offenbart wurde. Er reiste als christlicher Wanderphilosoph nach Ephesus, dann nach Rom, und gab niemals den Mantel des Philosophen auf. Doch in Rom traf er auf Markion und die Lehren des Valentinus, und er wurde zum Theologen. Was für eine Szene! Als Justin die Position eines Apologeten des zentristischen Christentums einnahm, begann ein Feuerwerk der Verteidigung des christlichen Evangeliums. Apologien und Polemiken wurden verfaßt – als Antwort auf die Herausforderung, die die neuen Genres der christlichen Theologie und Literatur für die folgenden zweihundert Jahre darstellten.

In der folgenden Periode des christlichen Denkens spielten Männer wie Justin die Hauptrolle – hochgebildete Intellektuelle, die Systeme theologischen Denkens gegen die Irrlehren im Innern und in Auseinandersetzung mit den «heidnischen» Intellektuellen außerhalb entwickelten. Ihr Horizont umspannte die Römer, die Griechen und die Juden sowie die oppositionellen Schulen christlichen Denkens. Markioniten, Valentinianer, Gnostiker, Montanisten und Manichäer schufen Verwirrung und zogen – als «Häresien» – Zorn auf sich; erst im 4. und 5. Jahrhundert traten sie hinter den Konflikten zwischen den verschiedenen fest in den Zentren des episkopalen Christentums verankerten Theologien sowie hinter den Konzilen zurück, die Konstantin zur Entscheidung über die theologischen Differenzen einberief. Justin gab mit einer Abhandlung *Contra Marcionem* («Gegen Markion»), einer weiteren *Adversus omnes Haereses* («Gegen alle Irrlehren»), zwei an den römischen Kaiser Antoninus Pius (137–161 n. Chr.) gerichteten *Apologien* und einem *Dialogus cum Tryphone* («Dialog mit Tryphon», einem jüdischen Intellektuellen) den Weg vor. In seinen Apologien finden sich im Hintergrund auch die Anfänge eines weiteren Genres. Es war die *Mahnrede an die Griechen*, eine Form der Argumentation, für die uns ein hervorragendes frühes Beispiel von Klemens von Alexandria vorliegt, der gegen Ende des 2. Jahrhunderts schrieb. Es handelte sich um Diskussionsliteratur. Argumentation und Struktur der Abhandlungen folgten den Regeln der klassischen Rhetorik. Thesen und Gegenthesen, Vorwürfe und Gegenvorwürfe, Argumente pro und contra prägten die Apologien, Mahn- und Tadelsreden, die den Prozeß der Neudefinition des Christentums als einer Religion der Vernunft beherrschten. Auf Justin folgten Tatian in Syrien, Athenagoras von Athen, Theophilus von Antiochia, Melito von Sardes, Dionysius von Korinth, Irenäus, Hippolyt, Tertullian, Klemens von Alexandria, Origenes und andere, welche die Seiten der folgenden hundert Jahre füllten. Die Genres blieben ebenso dieselben wie die Argumente. Die Gewehre schossen gegen alle Fronten, und der moderne Historiker muß bisweilen nach und nach die Fehlzündungen ausfindig machen, bevor er zu entdecken vermag, worum es tatsächlich ging und welche Gründe wirklich zählten.

Die immer wiederkehrende Behauptung bestand aus den folgenden beiden Lehrsätzen: (1) Der christliche Gott sei der Schöpfer der Welt und der Gott der Geschichte Israels, und (2) die christliche Lebensweise entspreche genau dem, was Gott seit jeher für die gesamte Menschheit vorgesehen habe. Dies war genau das, was die Zentristen vorbringen konnten, um der Herausforderung durch Markion und Valentinus zu begegnen. Wie zu erwarten, fanden die kirchlichen Theologen Argumente in Hülle und Fülle, um ihre Behauptungen zu untermauern. Tatsächlich fanden sie so viele, daß sie allein dadurch die Oberhand gewinnen konnten, daß sie ihre Gegner mit der Fülle ihrer Worte überwältigten. Zumindest ist dies der Eindruck, den man als moderner Leser dieser apologetischen Literatur gewinnt. Die Gegner, gegen die sie sich wandten, müssen, sofern sie ihre Schriften überhaupt lasen, schon aus bloßer Erschöpfung ihre Niederlage eingestanden haben. So versuchten die Apologeten, wenn wir diese Literatur für bare Münze nehmen, die traditionelle Vorstellung des christlichen Gottes schlicht dadurch zu retten, daß sie die Häresien herabsetzten und den Gläubigen halfen, ihre Theologie klarzustellen. Daß sie dies in solcher Ausführlichkeit taten, wäre dann lediglich als Zeichen ihres Eifers für die Verteidigung des Evangeliums zu werten.

Lesen wir jedoch genauer, so wird deutlich, daß die Apologeten Schwierigkeiten hatten, ihre Argumente zur Geltung zu bringen. Sie begnügten sich nicht damit, auf einen Markion oder Valentinus zu antworten, als ginge es lediglich um eine Familienangelegenheit. Es verhielt sich nicht einfach so, daß Markion und Valentinus die Familiengeschichte falsch verstanden hatten und korrigiert werden mußten. Sie hatten vielmehr philosophische Überlegungen über das Evangelium in den christlichen Diskurs eingeführt. Diese Überlegungen waren wie Fenster oder Spiegel, welche die Bühne umgaben, auf der sich die Christen nunmehr bewegten. Sie zwangen die Christen, zur Kenntnis zu nehmen, wie sie auf den Rest der denkenden Welt wirkten. O je! Die Römer waren nun in Hörweite und die Griechen voll sichtbar, so jedenfalls stellten es sich die Apologeten vor. Entsprechend schimmert der Glanz des Wunsches nach Ehre und Achtung seitens der Griechen und Römer auf jeder Seite durch. Diese Sensibilität markiert eine neue Wendung in der Geschichte des christlichen Diskurses. Eine neue Motivation, den Versuch klaren Denkens zu unternehmen, beherrschte zunehmend die Argumentation. Es war, als blicke den Apologeten, als sie ihre Feder aufs Papier führten, eine neue Gruppe von Gesichtern über die Schulter. Ihr Wunsch, von der vorfindlichen Welt akzeptiert zu werden, sollte angesichts der Veränderung des kulturellen Klimas, die sich vollzogen hatte, und angesichts der Tatsache, daß die intelligenten jungen Denker der Kirche alle die Schule durchlaufen hatten, nicht als merkwürdig bewertet werden. Aus der Sicht der Apologeten waren die Lehren Markions und des Valentinus nicht nur falsch, weil sie das zentristische Evangelium in Frage stellten, sie waren vielmehr ausgesprochen peinlich im Vergleich mit respektablen Anschauungen der Geschichte und der Welt.

Eines der bedeutenderen Merkmale des Evangeliums, die sowohl Markion als auch Valentinus hervorgehoben hatten, bestand darin, daß es eine *neue* Weise des Nachdenkens über Gott, die Menschen und die Welt eröffnete. Bis dahin hatte man Neuartigkeit im Sinne eines Anspruchs auf eine neue, frische Vision gerühmt, als Mittel, christliche Gemeinden von anderen Wegen zur Erlangung sozialer Identität abzuheben. Plötzlich wurde deutlich, daß die bloße Vorstellung, die Christen seien ein *neuartiges* «Geschlecht», Kinder eines vollkommen neuen, erst in jüngster Zeit durch einen Gesandten aus einer *anderen* Welt bekannt gemachten Gottes, sich über jegliche kulturelle Sensibilität und philosophische Überzeugung der griechisch-römischen Welt hinwegsetzte. Neuartigkeit galt in der griechisch-römischen Welt nicht als Zeichen der Weisheit. Die Menschen wünschten sich eine im Altehrwürdigen wurzelnde Weisheit, die der ruhmreichen Geschichte des eigenen Volkes und seiner Kultur würdig war.

Ein weiteres peinliches Kennzeichen der markionitischen und valentinianischen Deutung des Christentums lag darin, auf welche Weise sie den in Jesus Christus offenbarten Gott dem Gott des Alten Testaments gegenüberstellten. Das Bild eines blinden, eifersüchtigen Gottes als des Handwerkers, der die Welt geschaffen hatte, war – angesichts der Neigung der Griechen, ihren ganzen Wissensschatz in ein einziges System, in ein Universum zu integrieren, das zusammenhing und für alles Platz bot – überaus entnervend. Und die Behauptung, die Christen ständen über dem Gesetz, weil das Gesetz von dem eifersüchtigen Gott geschaffen worden sei und der christliche Gott sie davon befreit habe, begünstigte nicht gerade die Beziehungen zu den Römern.

Die zentristischen Theologen mußten also mehr leisten, als lediglich die Häretiker herabzusetzen. Sie mußten ein System vorlegen, das als Philosophie gelten konnte. Um als legitime Philosophie betrachtet zu werden, mußte ihre Theologie Vorstellungen von Gott, Schöpfung, Universum, Menschheit, Gesetz sowie ihrer eigenen kulturellen und politischen Geschichte in einem vorzeigbaren konzeptionellen System integrieren. Das war eine große Aufgabe, und in diesem Zusammenhang berührten die Herausforderungen eines Markion und eines Valentinus den Nerv ernsthafter konzeptioneller Widersprüche im Zentrum der zentristischen Überlieferungen des Evangeliums. Das lag daran, daß der christliche Gott nicht wirklich der Gott der Geschichte Israels war und daß Israels Geschichte den Juden gehörte, nicht den Christen. Wie konnten Christen mit Vernunftgründen behaupten, der Gott der Geschichte habe wirklich von Beginn an die Christen vor Augen gehabt? Der Christusmythos hatte solche Gedanken zu äußern gewagt, und die späteren christlichen Mythologien – wie jene der synoptischen Evangelien, der lukanischen Apostelgeschichte, des 1. Klemensbriefes, des Ignatius und der Didache – waren einfach davon ausgegangen, die eigene Logik des Mythos sei hinreichend. Doch nun galt es, eine vernunftgemäße Erklärung vorzulegen und die Voraussetzungen des Mythos auf der Grundlage philosophischer Überlegungen zu begründen. Man mußte eine Begründung dafür liefern, daß ein nichtjüdisches Volk jüdische Wurzeln besaß und daß die jüdischen Schriften die Geschichte des Gottes der Christen erzählten. Es war für eine neue Religion eine enorme Herausforderung, den Anspruch auf Altehrwürdigkeit zu erheben und ihren Christusmythos in einem philosophischen System über Schöpfung, Gesetz und ein ruhmreiches Epos zu verankern.

Mit Hilfe der Werke Justin des Märtyrers läßt sich die zentristische Antwort veranschaulichen und bewerten. Seine Botschaft an die Römer lautete, die Christen als Volk und das Christentum als Religion übten eine positive Wirkung auf die Gesellschaft und ihre Regierbarkeit aus. Die Römer irrten, wenn sie meinten, die Christen seien illoyal, Atheisten oder bildeten eine neue, abweichlerische Geheimgesellschaft, die unanständige Rituale vollziehe. Wenn jemand einen Vorwurf gegen einen Christen vorbringe, so riet er, sollten die Römer ein Zeugnis dafür verlangen, daß dieser tatsächlich ein Gesetz gebrochen hatte. Sollte dies der Fall sein, mochte das Gerichtsverfahren beginnen. Doch die bloße Tatsache, daß jemand Christ sei, stelle kein Verbrechen dar. Was den Vorwurf der Illoyalität angehe, so hielten Christen tatsächlich einem anderen Herrn die Treue und lebten nach den Gesetzen eines anderen «Reichs». Doch das Reich der Christen sei nicht von dieser Welt. Es sei das «Reich

Gottes», jenes Gottes, der von seinen Untertanen eine höhere Moral verlange als alle anderen Götter, und diese Moral sei für die römische Ordnung besser als die Ethik irgendeines anderen Volkes des Reichs. Christen, die für den Frieden einträten und gute Bürger hervorbrächten, seien die besten Helfer, die die Römer haben könnten. Christen könnten den Herzen gottloser Menschen Furcht einflößen, indem sie sie vom Jüngsten Gericht eines gerechten Gottes überzeugten. Die Römer könnten dies, wenn sie wollten, überprüfen, indem sie die Lehren Christi mit den ethischen Weisungen aller anderen Lehrer, Philosophen oder Götter verglichen. Sie könnten das, was Christen über die Tugenden des Christus sagten, mit den Mythen über alle anderen Götter und Helden vergleichen. Man solle sich keine Gedanken darüber machen, daß die christliche Religion neu sei, denn die Texte der Propheten Israels, der vom Geist inspirierten Visionäre, die den Dichtern und Philosophen der Griechen vorangegangen seien, hätten alles über Christus vorhergesagt. Diese Orakel und Vorhersagen sollten, so sagte er, euch nicht überraschen, denn auch ihr habt eure Sibylle. Die Propheten Israels hätten sogar vorausgesagt, was Rom tun werde, wenn die Juden Christus verwarfen – nämlich Jerusalem zerstören und das Land besetzen. Ihr kommt also in unserem Bild schon vor. Könntet ihr nur erkennen, daß unser Gott auf eurer Seite ist! Wir wären überraschend gut für euch.

Die für griechische Ohren entworfene Argumentation sah ein wenig anders aus. Von den Griechen drohten nicht unfaire Prozesse und Verfolgung, sondern Spott. Wie töricht mußte ihnen das Reden der Christen im Vergleich zu den klassischen Schulen der Philosophie erscheinen. Ein Problem bestand darin, daß die Lehren Jesu spärlich und, um die Wahrheit zu sagen, ungeordnet und ziemlich unklar waren. Als weiteres Problem wäre zu nennen, daß das, was die Christen über Jesus sagten, nur schwer einzuordnen war. War er ein Lehrer, ein Held oder ein Gott? Und wenn er ein neuer Gott oder der Sohn eines neuen Gottes war, wie konnte man ihn erkennen, und weshalb hatte er so lange gebraucht, bevor er in Erscheinung trat? Gewiß konnten diese Christen es nicht ernst meinen, wenn sie von einem als Märtyrer hingerichteten Gott, von einer leibhaften Auferstehung, einer neuen Weltordnung und der Generation eines neuen Menschengeschlechts sprachen, das einer anderen Welt angehörte. Doch natürlich meinten die Christen es ziemlich ernst, und die Apologeten gingen daran, den Griechen zu beweisen, daß dies alles – selbst nach ihren eigenen Maßstäben – einen Sinn ergab.

Die erste Salve hatte vor allem strategischen Zweck. Seht uns und unsere hohen moralischen Maßstäbe an, sagte Justin der Märtyrer, und dann schaut auf eure eigenen Orgien und Feste voller Trunkenheit. Irgendetwas kann mit euren Göttern und Göttinnen nicht stimmen. Seht sie an – sie sind stolz, eifersüchtig, zügellos und hinterlistig. Gewiß haben eure Philosophen die Tugend nicht von ihnen erlernt. Wißt ihr, woher eure Philosophen ihre Weisheit haben? Von Mose. Bei der Lektüre des Mose entdeckten sie die Weisheit (*sophia*) und die Vernunft (*logos*) Gottes, welche die Welt schufen und sie auch weiter mit Kraft erfüllen und zusammenhalten. Einer von ihnen, Sokrates, war sogar bereit, für diese Wahrheit zu sterben. Doch welcher Grieche war jemals bereit, für Sokrates zu sterben? Und nun denkt an Jesus. Er kannte das Denken (*logos*) Gottes nicht nur so, wie Philosophen es kennen, er kannte es als Gottes Sohn oder persönliche Selbstaussage (*logos*). Und er offenbarte die Weisheit und das Denken seines Vaters durch die Art, in der er lebte, als die Inkarnation der Botschaft (*logos*) des Vaters für uns. Und seht, wie viele Christen bereit und willens sind, für ihn zu sterben. *Das* ist die einem Philosophen und einem Theologen angemessene Weisheit.

Die Apologeten hatten ihren Prüfstein gefunden, ein philosophisches Konzept, das den christlichen Mythos in eine rationale Erklärung der Welt zu verwandeln vermochte. Es war das Konzept des *logos*, eines Begriffs, der Denken, Vernunft, Logik und Rede (im Sinne einer bedeutungsvollen Aussage) meinte. Die traditionelle deutsche Übersetzung lautet «Wort», doch sie ist kaum angemessen. *Logos* bezog sich nicht auf *ein* Wort, dafür gebrauchten die Griechen einen anderen Begriff (*rhema*). *Logos* meinte das Denken, das den Worten ihre Bedeutung verlieh, indem es in Sätzen, Reden, Geschichten, Mythen und Geschichtsüberlieferungen zum Ausdruck kam. Und ebenso wie im Falle anderer – Menschen oder Gott zugeordneter – Grundbegriffe wie Weisheit (*sophia*), Geist (*pneuma*), Tugend (*arete*), Macht (*dynamis*), Schicksal (*heimarmene*) und Gerechtigkeit (*dike*) war *logos* bereits in anderen Traditionen von Intellektuellen personifiziert und dargestellt worden. Sie hatten dies im Zusammenhang der Umwandlung ihrer eigenen Mythen in verschlüsselte Allegorien philosophischer Weisheit getan. Cornutus etwa, ein stoischer Philosoph und Lehrer, der im 1. Jahrhundert n. Chr. in Rom lebte, unterzog die griechische Mythologie einer allegorischen Deutung und erklärte, Hermes, der griechische Götterbote, stelle eine mythologische Metapher für den *logos* dar. Das verlieh den Mythen über Hermes ein gewisses philosophisches Ansehen, führte jedoch zugleich dazu, daß die Hermesmythen nun ebenfalls zum *logos* dazugehörten. So konnte der *logos*, nunmehr sowohl ein Konzept als auch eine mythologische Gestalt, als Bote der Götter dargestellt werden, der durch das Universum jagte und als von den Göttern gesandter Führer an den Scheidewegen des menschlichen Strebens nach Weisheit auftaucht.

Philo von Alexandria zog in seinen allegorischen Kommentaren zu den fünf Büchern Mose im Grunde die Figur des *logos* und seine Mythologie jener der Weisheit vor. Indem er sich der Figur des *logos* bediente, vermochte er die Schöpfungsgeschichten, das Leben der Patriarchen,

Mose und das Gesetz sowie die Priestergewänder und die Tempelliturgie in allegorische Darstellungen der göttlichen Vernunft und Macht verwandeln, die dem großen kosmischen Vorgang innewohnten, der die Menschen zur Erkenntnis Gottes führte (Mack, 1973). Nach Philo war der *logos* Gottes Sohn, ein zweiter Gott, durch den die Welt als vernunftgemäßes, geordnetes Universum geschaffen wurde. Von der Mutter Weisheit geboren und in der Welt in Erscheinung tretend, war der *logos* der Mittler, durch den die großen Führer Israels erfuhren, was Gott von ihnen erwartete. Nach Philo wäre es nicht falsch, Mose, aber auch die Hohenpriester und all die in den fünf Büchern Mose dokumentierten Orakel und Epiphanien des Göttlichen als Inkarnationen des *logos* Gottes zu verstehen. Die Figur des *logos* stand also bereits zur Verfügung, als die christlichen Denker, herausgefordert, zu erklären, wie wohl ein denkender Mensch an ihre Mythen glauben könne, eine Theologie entwerfen mußten. Das Konzept des *logos* war dafür gerade richtig. Es verlor zu keiner Zeit seine grundlegende Bedeutung als das Denken, das Worte in vernünftiges Reden verwandelte, es hatte jedoch im Zuge der philosophischen und allegorischen Spekulation zwei weitere Konnotationen angenommen. *Logos* konnte nun – gemeinsam mit Geist (*pneuma*) und Vernunft (*nous*) – als Begriff für das Bindemittel gebraucht werden, für die geistige «Substanz», die das Universum erfüllte und als ein zusammenhängendes System zusammenhielt. Man konnte ihn sich auch als Gegenwart des Göttlichen innerhalb des Universums vorstellen, als einen zweiten Gott, der das Denken des Schöpfergottes «zum Ausdruck brachte» und dem die «Unterweisung» des Menschengeschlechts oblag. Was für ein Konzept! Die göttliche Vernunft konnte nun die Gestalt eines kosmischen Gottes annehmen, der den Menschen erschien, um sie zu lehren, wie sie über den Schöpfergott denken sollten.

Vor Justin hatte bereits der Verfasser des Johannesevangeliums in seinem Eröffnungshymnus die Figur des *logos* für seine Zwecke verwendet. Der göttliche *logos* hatte seit der Schöpfung der Welt nach seiner Anerkennung gestrebt und war schließlich in Jesus, Gottes Sohn, «Fleisch geworden». Auch Valentinus hatte das Konzept des *logos* benutzt, um Jesus als die Manifestation einer göttlichen, kosmischen Wesenheit vor Augen zu malen, jedoch lediglich als eine unter vielen anderen Personifikationen – wie etwa Gottes «Name», «Aussenden», «Salben» oder «Ruhe». Ob Justin die Anwendung des Konzepts des *logos* auf den christlichen Mythos vom Johannesevangelium, von Valentinus oder einer anderen Schultradition gelernt hatte, ist nicht klar. Doch Justin vollzog den entscheidenden Schritt. Er rettete den *logos* aus dem Reich der gnostischen Phantasie, in dem psychologische Symbole wie die «Begierde» sich in der großen Familienromanze der Mächte Gottes in der transzendenten Welt des reinen platonischen Denkens mit anderen psychologischen Symbolen – etwa dem «Irrtum» – paarten und wiederum andere psychologische Symbole – etwa die «blinde Unkenntnis» – hervorbrachten. Statt dessen gebrauchte Justin den *logos* als Indikator für den Sinn und Verstand des geschaffenen Universums und die allen menschlichen Geschöpfen verliehene Vernunftbegabung, mit der sie diesen zu erkennen vermochten. Natürlich hatte der *logos* nach Justins Vorstellung am deutlichsten in den göttlichen Weisungen an die Israeliten «gesprochen» und war schließlich in der Person Jesu, des Sohnes Gottes, den Christen offenbart worden. Doch andere, die – wie Sokrates – aufgrund des *logos* zur Erkenntnis der Wahrheit über Gott gelangt waren, waren ebenfalls «Christen», auch wenn sie nichts über Jesus gehört hatten. In Justins Worten: «Christus ist der *logos*, an dem das ganze Menschengeschlecht Anteil erhalten hat [...] Die, welche mit dem *logos* lebten, sind Christen, wenn sie auch für gottlos gehalten wurden, wie bei den Griechen Sokrates, Heraklit und andere ihresgleichen» (*Apologie* 1, 46). Was für ein *logos*! Wir müssen mehr darüber erfahren. In seiner zweiten Apologie schrieb Justin:

> «Auch ich habe, nachdem ich zur Einsicht gekommen war, daß den göttlichen Lehren der Christen von den bösen Dämonen zur Abschreckung der anderen Menschen eine niederträchtige Hülle umgeworfen worden sei, solche Lügenredner und ihre Hülle und die Meinung der Menge verlacht. Als Christ erfunden zu werden, das ist, ich gestehe es, der Gegenstand meines Gebetes und meines angestrengten Ringens, nicht als ob die Lehren Platos denen Christi fremd seien, sondern weil sie ihnen nicht in allem gleichkommen, und ebensowenig die der anderen, der Stoiker, Dichter und Geschichtsschreiber. Denn jeder von diesen hat, soweit er Anteil an den in Keimen ausgestreuten göttlichen Logos und für das diesem Verwandte ein Auge hat, treffliche Aussprüche getan. Da sie sich aber in wesentlicheren Punkten widersprechen, zeigen sie damit, daß sie es nicht zu einem weitblickenden Wissen und zu einer unfehlbaren Erkenntnis gebracht haben. Was immer sich also bei ihnen trefflich gesagt findet, gehört uns Christen an, weil wir nach Gott den von dem ungezeugten und unnennbaren Gott ausgegangenen Logos anbieten und lieben, nachdem er unseretwegen Mensch geworden ist, um auch an unsern Leiden teilzuhaben und Heilung zu schaffen. Alle jene Schriftsteller konnten also vermöge des ihnen innewohnenden, angeborenen Logoskeimes nur dunkel das Wahre schauen. Denn etwas anderes ist der Keim einer Sache und ihr Nachbild, die nach dem Maße der Empfänglichkeit verliehen wurden, und etwas anderes die Sache selbst, deren

Mitteilung und Nachbildung nach Maß der von ihr kommenden Gnade geschieht.» (*Apologie* 2, 13)

Justin hat, soweit wir sagen können, als erster den Begriff des *logos spermatikos*, der «samengleichen Vernunft» geprägt. Dies war ein ausgesprochen kluger Schritt, da er damit die gnostische Metapher göttlicher «Aussendung» mit der hellenistischen Metapher der «säenden Samen» verband – beides Formen der Erzeugung, die gewöhnlich gebraucht wurden, um die Erziehung zu beschreiben (*paideia*, ein Begriff, der sowohl Lehre als auch Enkulturation meint). In der Tradition des gnostischen Denkens war *säender Samen* freilich eine Metapher, die sexuelle Vereinigung und Empfängnis implizierte. Valentinus und die Gnostiker waren von dieser Metapher fasziniert, da sie, wenn sie sich die Erschaffung der Welt vorstellten, das Bild der *Erzeugung* gegenüber dem des *Handwerks* bevorzugten und das Heil eher als persönliche Erkenntnis (*gnosis*) denn im Sinne von Vergebung, Rechtfertigung, sozialer Aufnahme im «Reich Gottes» oder anderen Möglichkeiten verstanden, sich zu Gott in Beziehung zu setzen – wie ehren, nachahmen oder vertrauen. Das Bild der Erzeugung schien zudem als Metapher für Gott, den «Vater», angemessener als Handwerk oder Manipulation, da es den Weg dafür bereitete, persönliche «Bekanntschaft» (*gnosis*) mit ihm als vorrangigem Begriff für das Heil zu gebrauchen. Doch *Handwerk* konnte mit Blick auf Texte, Sozialgeschichte und Diskurs nach wie vor ohne negative Konnotation verwendet werden. *Handwerk* war der bevorzugte Begriff für rhetorische Ausbildung und Kunstfertigkeit oder, wie die Gelehrten sagten, für das «Arbeiten mit Worten». Indem Justin den Begriff der *samengleichen Vernunft* prägte, vollbrachte er demnach eine Glanzleistung, da der Begriff *sperma* gewöhnlich für beide Arten des Samens – Sperma und pflanzliche Samen – gebraucht wurde. Er vermochte daher die gnostische Leidenschaft für sexuelle Metaphern abzukühlen, ohne allerdings die Konnotation der Erzeugung ganz aufzugeben, selbst dann, wenn er den *logos* auf das rationale Prinzip sowohl der geschaffenen Ordnung als auch des menschlichen Geistes begrenzte.

Diese konzeptionelle Leistung ermöglichte die nächste Phase christlicher intellektueller Wirksamkeit. Klemens von Alexandria und Origenes sollten bald umfassende theologische Systeme schaffen, die im Konzept des *logos* wurzelten. Der *logos* war Gottes Selbstaussage vor der Schöpfung, während der Schöpfung, bei der Schöpfung, in den nach dem Bild Gottes geschaffenen Menschen, in der Menschheitsgeschichte – als der göttliche Lehrer, der die Menschen zur Erkenntnis Gottes einlädt –, in den in den jüdischen Schriften dokumentierten Orakeln Gottes, vor allem aber in Christus, der vollkommenen menschlichen Manifestation der Botschaft Gottes an die Menschen. Und obwohl die *logos*-Theologie der alexandrinischen Schule mit anderen, weit prosaischeren Versuchen konkurrieren mußte, den christlichen Glauben zur Sprache zu bringen, etwa mit denen des römischen Juristen Tertullian und einer späteren Schule «buchstäblicher» Exegeten mit Zentrum in Antiochia, kann man sich die weitere Geschichte christlichen Denkens – in ihren westlichen wie östlichen Wandlungen – nur schwer unabhängig von dem vorstellen, was sie der *logos*-Theologie verdankte. Das Konzept des *logos* behielt für die folgenden Jahrhunderte seine Gültigkeit als philosophisches Fundament christlicher Denker. Ihm kam in den Diskussionen über die zwei Naturen Christi, über die Lehre des dreieinigen Gottes sowie darüber, wie die jüdischen Schriften zum «Wort» Gottes geworden seien, grundlegende Bedeutung zu. Es war das Konzept des *logos*, das es ermöglichte, die Vorstellungen von Sein, Person, Kraft und Text in einer einzigen Konfiguration zu verschmelzen und so Schöpfung und Erlösung gleichermaßen in einem vereinheitlichten Denksystem zu erklären. Das Konzept des *logos* eröffnete die Möglichkeit, Jesus an dem Punkt zu verorten, an dem zwei große Denktraditionen aufeinandertrafen und miteinander zu der Religion verschmolzen, die wir als Christentum bezeichnen.

Die an die Römer gerichteten Apologien Justins klingen recht versöhnlich. Seine Rede an die Griechen ist dagegen durch Argumentation und Diskussion gekennzeichnet, ja weist beinahe einen Hauch von Tadel auf. Wenden wir uns dagegen seinem *Dialogus cum Tryphone* zu, nimmt die Lautstärke zu und der rhetorische Ton abschätzige Züge an. Das trifft auf die gesamte – auch von anderen Apologeten vorgelegte – Literatur zu, die sich an die Juden wendet, wie etwa Tertullians Abhandlung mit dem Titel *Adversus Iudaios* («Wider die Juden»). Dieser Typus der Literatur will offenkundig keine echte Anrede sein. Kein intellektuell fähiger Jude hätte sich die in diesen Schriften enthaltene «Argumentation» lange angehört. Justins *Dialogus cum Tryphone* blieb dem griechischen Genre, das er imitierte, kaum treu. Der Jude Trypho ist ein unglaubwürdiger fiktiver Charakter, der als Stichwortgeber für Justins Predigten, Strafreden und Tiraden gegen die Juden dient. Diese Abhandlung mochte enthalten, was Justin «den Juden» gerne gesagt hätte, hätten sich diese lange genug still verhalten, doch im Grunde redete er zu sich selbst, und lediglich andere Christen bekamen mit, was er sagte. Der Monolog strömt immer weiter, ohne lange genug innezuhalten, so daß Trypho mehr als ein gelegentliches «Ich verstehe, fahr fort» hätte sagen können. Weshalb der verstärkte Ton des Tadels und Streits? Er weist auf ein ungelöstes kulturelles Problem hin. Er zeigt, daß sich die Christen mit ihrem jüdischen Erbe schwer taten. Je schwächer die Argumentation, desto lauter die Stimme. Wir müssen noch einen Blick auf diese Argumente «gegen die Juden» werfen, so langweilig und widerlich sie auch zumeist sein mögen, denn solange wir sie nicht gehört haben, werden wir nicht imstande sein, das letzte Kapitel in unserer Darstellung der Entstehung der Bibel zu verstehen. Es mag helfen, daran zu denken, daß es sich bei dem Dialog Justins mit dem imaginären Trypho und bei den Argumenten Tertullians gegen «die Juden» in Wirklichkeit um eine erhitzte, lautstarke Debatte handelte, die sich in ihrem Innern abspielte.

Die Verlegenheit, in der sich die zentristischen Denker befanden, die Markions Herausforderung vernommen hatten, bestand darin, daß der christliche Gott zugleich der Gott der Juden war. Er hatte ihre Stammväter auserwählt, Israel aus der Sklaverei in Ägypten errettet, Mose dazu bestimmt, das Volk zurück in sein Land zu führen, ihnen sein Gesetz offenbart, ihre Könige erwählt, Propheten zu ihnen gesandt, sie in Babylon gezüchtigt, Kyros zum König gesalbt, damit er sie zurückschicke, den Tempel in Jerusalem in Auftrag gegeben und die priesterliche Liturgie begründet, so daß die Juden seine Gegenwart in dem «Haus» feiern konnten, in dem er wohnen würde. Wenn die Christen nichts mehr mit den Juden, ihren Synagogen oder ihren Gesetzen zu schaffen hatten, was hatten sie dann mit ihrem Gott, ihrer Geschichte und ihrer Schrift zu tun? Hatte Gott seine Meinung über das Gesetz geändert? Über sein Volk? Über die Welt, die er für es geschaffen hatte? Die Notwendigkeit, solche Fragen zu klären, führte schließlich dazu, daß die jüdischen Schriften ins Zentrum traten. Sie dokumentierten diese Geschichte, und die Christen hatten sie bereits in ihrem Besitz. Die Argumentation sollte darauf hinauslaufen, man könne die jüdischen Schriften so verstehen, daß sie die Behauptung der Christen, sie bewahrten dem Gott der Geschichte Israels die Treue, untermauerten.

Justins *Dialogus cum Tryphone* ist daher voller «Beweise» aus der Schrift. Es begegnen ausführliche Zitate, detaillierte Argumentationen für diese oder jene Interpretation sowie ständige Verweise auf das, «was die Schrift sagt» – inmitten der Erörterung jedes nur denkbaren Themas. Zunächst scheint es, als verlange lediglich die Tatsache, daß Justin mit einem Juden diskutierte, den Streit über die Bedeutung der jüdischen Schriften. Doch auch in den an die Römer gerichteteten Abhandlungen endet Justins Argumentation zuletzt immer mit der Auslegung der jüdischen Schriften. Und dann stellt man fest, daß auch die Diskussionen mit den Griechen und den Häretikern auf den «Beweisen» aus und über die Schrift beruhen. Wirft man einen zweiten Blick auf die apologetische Literatur dieser Epoche insgesamt, so stellt sich heraus, daß alle Texte in der Tat insgesamt durch eine Besessenheit von den jüdischen Schriften gekennzeichnet sind. Sie werden nicht als selbstverständlich hingenommen, wie in den früheren christlichen Schriften, wo sie einfach als gegeben betrachtet werden, als Eigentum von Juden und Christen gleichermaßen, über die man möglicherweise diskutieren, die man sich jedoch nicht aneignen kann. Die Apologeten dachten vielmehr verzweifelt über die Mosebücher nach und studierten die Propheten, die Psalmen und anderen Schriften voller Angst, nicht voll Freude. Sie hielten nach Anhaltspunkten für einen anderen als den offensichtlichen Plan Ausschau. Und wie ein Drache, der einen Schatz bewachte, grollte – gleichgültig, welches Thema gerade zur Diskussion stand – unmittelbar unter der Oberfläche ständig die gleiche bedrängende Frage. Es war die Frage, wie man die Geschichte Israels wohl als Geschichte des Gottes der Christen verstehen und so der christlichen statt der epischen Überlieferung Israels zurechnen könne, die offensichtlich auf die Errichtung einer jüdischen Theokratie in Jerusalem hindeutete. Eine beunruhigende Frage war dies, weil sie die vollkommene Aneignung einer Geschichte erforderte, die nicht wirklich die eigene war.

Die «Beweise» aus der Schrift oder, wie Irenäus sie nannte, die *Darlegung der apostolischen Verkündigung*, gliederten sich in vier Methoden, die Schriften so zu verstehen, daß sie den christlichen Anspruch untermauerten. Es gab (1) den Weissagungsbeweis, (2) die *logos*-Allegorie, (3) eine Theodizee oder Rechtfertigung des Charakters Gottes und (4) eine Neudeutung der jüdischen Geschichte. Eine jede war wichtig, alle waren notwendig. Gemeinsam legten sie das Fundament für den einzigen Grund, den Christen jemals für die Aufnahme der jüdischen Schriften in ihre Bibel vorbringen konnten.

Die Apologeten gingen vom Weissagungsbeweis aus. Das Hauptargument hatte tiefe Wurzeln in der Darstellung der Evangelien, denn die prophetische Weissagung war für die Logik der markinischen Erzählung von grundlegender Bedeutung und wurde im Matthäusevangelium bewußt als Motiv ausgearbeitet. Das Argument lautete, die Propheten hätten das Kommen des Messias vorhergesagt, und die Geschehnisse während des Auftretens Jesu hätten das von den Propheten Geweissagte «erfüllt». Mit den Worten des Matthäus: «Das ist aber alles geschehen, damit erfüllt würde, was der Herr durch die Propheten gesagt hat.» Der entscheidende Aspekt dieser Art der Argumentation war einfach und offensichtlich. Er untermauerte die christliche Behauptung, Jesus sei wirklich der von Gott Gesalbte, jener, der gemäß der «Vorhersage» der Propheten die Gerechtigkeit für Gottes Volk wiederherstellen sollte. Wie wir gesehen haben, wurden während der früheren Zeit der christlichen Mythenbildung verschiedene «Messias»-Mythologien entworfen, die in diese Richtung wiesen, auch wenn sie nicht die einzigen Mythologien waren, die Christen konstruierten, um sich selbst als Menschen zu begreifen, die «Gottes Reich» angehörten. Die Apologeten griffen das Weissagungs-Argument nicht deshalb auf, weil sie noch immer Argumente zugunsten Jesu hätten vorbringen müssen, sondern weil es das eine im Evangelium verankerte Argument darstellte, das fest in den

Schriften verwurzelt war. Die Frage nach Jesus war seit langem geklärt, und für Jesus waren nun weit mehr Funktionen im Gespräch als die des Messias. So war er etwa der Sohn Gottes, ein gnostischer Heiland, Gottes *logos* und so weiter. Die Apologeten interessierte an dem Weissagungsargument nicht so sehr, was es über Jesus zur Sprache brachte, sondern was es über die Propheten aussagte. Wieviel, fragten sie sich, wußten die Propheten, woher können sie es gewußt haben, und warum haben die Propheten eine Weissagung über Jesus in ihre Predigten gegen die Juden hineingeschrieben?

Weitere Nachforschung zeigte, daß mit Blick auf Jesus *alles* – bis hin zu den kleinsten Einzelheiten – vorhergesagt war: seine Geburt, seine Heimatstadt, seine Wunder, seine Verkündigung, sein Einzug in Jerusalem, einschließlich des Esels, auf dem er ritt, die Verwerfung durch die Juden, seine Kreuzigung durch die Römer, seine Auferstehung, die Tatsache, daß er Heil durch das «Blut der Traube» (*Apologie* 1,32; Gen 49,10) schuf, seine Himmelfahrt und seine Annahme durch die Heiden. Die Propheten hatten nicht bloß das Kommen «eines» Messias oder auch «des» Messias vorhergesagt, sie hatten Jesus geweissagt! Wie konnte das sein? Die Antwort des modernen Forschers lautet, daß die menschliche Phantasie bei entsprechendem Interesse, einen Vergleich zu ziehen, imstande ist, auf der Basis des kleinsten Hinweises auf eine Ähnlichkeit ein riesiges Inventar an komplexen Allegorien zu errichten. Justins Antwort lautet dagegen, nur Gott könne solche Einzelheiten gewußt haben, und der von Gott gegebene «Geist der Prophetie» habe all die Vorhersagen inspiriert. Es seien nicht notwendigerweise die Propheten gewesen, die alle Dinge, die geschehen würden, genau wußten, «als wären sie bereits eingetreten», sondern der Geist der Prophetie (*Apologie* 1,42). Und da Justin sowohl in den Psalmen als auch in den Mosebüchern und in den Büchern der Propheten Weissagungen gefunden hatte, folgerte er, der Geist der Prophetie habe durch Mose und David ebenso gesprochen wie durch die Propheten. Das glückliche Ergebnis lautete, die jüdische Schriften insgesamt könnten nun als durch die Inspiration durch Gottes Geist im voraus verschlüsselte allegorische Darstellung der Evangeliengeschichte verstanden werden.

Um aufgrund des Weissagungsarguments eine Neudeutung der jüdischen Schriften vorzunehmen, die nun als Allegorie auf das Evangelium in Vorgriff auf das Evangelium verstanden werden sollten, war so etwas wie das Konzept des «Geistes der Prophetie» notwendig. Die Anhaltspunkte für den «verborgenen Sinn» des Textes waren verstreut, fragmentarisch und rätselhaft. Es gab in den jüdischen Schriften keine einzige Geschichte oder Richtung der Darstellung, der man folgen und die man als Allegorie der wirklichen Geschichte (Jesu) hinter der Geschichte (Israels) entschlüsseln konnte. Die Weissagungen waren hier und dort inmitten einer sehr umfangreichen Literatur verborgen. Der christliche Exeget mußte sie auffinden, auf die Details der Evangeliendarstellung abstimmen und die Auffassung zur Geltung bringen, sie gehörten nicht zu den Geschichten Israels, sondern bezögen sich auf Jesus. Und da es sich um Weissagungen handelte, bezog sich ihr «Sinn» auf eine noch nicht erzählte Geschichte, eine Geschichte, die wohl nur der «Geist der Prophetie» gekannt haben konnte. So hatten die Weissagungen (in der Schrift!) geschlummert, bis Jesus kam und seine Anhänger entdeckten, daß diese Weissagungen erfolgt waren. Der moderne Leser wird – wie Alice im Wunderland – diese Argumentationsweise als immer merkwürdiger empfinden, denn die Weissagung ist letztlich gar keine. Doch Justin war in einem hermeneutischen Teufelskreis gefangen und konnte keinen Ausweg finden, da die Verbindung von Prophet und Erfüllung den einzigen «Beweis» darstellte, über den er verfügte.

Um nicht in die Klemme zu geraten, stürmte Justin, anstatt den Rückzug anzutreten, voran. Sein «Geist der Prophetie» bildete lediglich den Ausgangspunkt für eine noch phantastischere Suche. Diesmal suchte er an allen Stellen, an denen eine Wendung Anklänge an das Evangelium aufwies und ein Orakel zu vermuten war, nach dem wirklichen Sprecher hinter den angeblichen. Justin fand ihn im Konzept des *logos*, des «Wortes» Gottes, das auf dem Weg zu seiner vollkommenen Inkarnation in der Person Jesu viele Erscheinungsformen annahm. Mit seinen Worten:

> «Wenn ihr jedoch die Worte der Propheten einer Person in den Mund gelegt findet, so dürft ihr sie nicht als von den Inspirierten [Propheten] selbst gesprochen ansehen, sondern von dem sie bewegenden göttlichen Logos. Denn bald verkündet er die Zukunft in der Weise einer Vorausverkündigung, bald aber redet er sie in der Person Gottes, des Herrn und Vaters aller Dinge, bald in der Person Christi, bald wie aus dem Mund von Völkern, die dem Herrn oder seinem Vater antworten. [...] Weil das die Juden, die im Besitze der Schriften der Propheten sind, nicht wahrnehmen, erkannten sie Christus auch nach seinem Erscheinen nicht, ja sie hassen uns, weil wir sagen, er sei schon gekommen, und weil wir beweisen, daß er, wie es vorherverkündigt war, von ihnen gekreuzigt worden ist» (*Apologie* 1,36).

War erst einmal eine solche *logos*-Allegorie zur Geltung gebracht, gab es endlose «Beweise» dafür, daß die jüdischen Schriften *wirklich* vom christlichen Evangelium handelten. Justin argumentierte etwa – um nur ein Beispiel der von ihm angeführten unzähligen Zitate zu nennen – ausführlich, die Stimme aus dem brennenden Dornbusch, die zu Mose sagte: «Ich bin der Seiende, der Gott Abrahams, der Gott Isaaks, der Gott Jakobs, der Gott deiner Väter. Geh hinab nach Ägypten und führe mein Volk heraus» (zit. n. Justin), sei in Wirklichkeit die Stimme des Sohnes Gottes gewesen, des «ersten gezeugten *logos* Gottes» (*Apologie* 1,63). Da er natürlich wußte, daß diese Worte nach jüdischem Verständnis von Gott selbst ausgesprochen worden waren, setzte er einen Vers aus dem Buch Jesaja entgegen: «Israel aber hat mich nicht erkannt und mein Volk mich nicht begriffen» (Jes 1,3, zit. n. Justin). Dies zeigte, so Justin, daß die Juden ihren eigenen Gott nicht kannten und demnach ihre eigene Schriften nicht zu verstehen vermochten. Das, so meinte er, bestätigte seine Behauptung, es sei der *logos* gewesen, der im Dornbusch gesprochen habe.

Wir können jetzt eine weitere Anwendung des vielgestaltigen Konzepts des *logos* benennen, die sich für Justin vorteilhaft auswirkte. Das Konzept ließ sich nämlich nicht allein auf das christliche Verständnis Gottes, der Schöpfung und Christi anwenden, sondern auch auf die jüdischen Schriften. Ihre Worte konnten nun als Worte des *logos* Gottes verstanden werden, als die verschlüsselte Botschaft oder das «Wort Gottes» an sein Volk. Da aber die Christen als einzige diesen Code entschlüsselt hatten, wurden die jüdischen Schriften zum Wort Gottes an die Christen.

Nun war eine Antwort auf Markions Herausforderung möglich: Gott hatte keinen Sinneswandel vollzogen. Er hatte immer zu den Juden gesprochen, hatte versucht, sie zu belehren, und hatte ihnen seinen *logos* gesandt, aber sie hatten sich geweigert, auf ihn zu hören. Nicht Gott war also das Problem, sondern das Volk der Juden. Sie hatten Gott gezwungen, das Gesetz zu erlassen, sie zu züchtigen und schließlich ihre Religion zu zerstören, um sie zu erlösen. Leider waren sie sogar für Gott zu widerspenstig. Dieser Refrain durchzieht die gesamte apologetische Literatur, nicht bloß die an die Juden gerichteten Schriften. Die Juden waren ein ungehorsames Volk, hartherzig und starrsinnig. Aus der Perspektive des späten 20. Jahrhunderts ist dies ein widerlicher Refrain, den man bei der Lektüre der Apologeten am besten nicht beachtet. Doch dem Refrain kam als Argument im Zuge des christlichen Strebens nach der Rechtfertigung des Gottes Israels gegenüber der Verleumdung durch Markion absolut entscheidende Bedeutung zu. Sie sagten, Gott sei nicht launisch, ungerecht, lediglich an sklavischem Gehorsam interessiert. Er war kein Gott des Zorns, der nur am Gericht Gefallen fand. Es war vielmehr das Volk der Juden, das verkehrt war, so verkehrt, daß Gott sie so behandeln mußte, wie sie es verdienten, auf der Ebene, auf der sie verstehen konnten. So gab er ihnen etwa das Gesetz, um ihre Sünde unter Kontrolle zu halten. Das Gesetz stellte demnach eine vorübergehende Maßnahme seitens Gottes dar, die nicht für alle Zeit gedacht war. Es war, wie die Apologeten sagten, ein «Testament», das lediglich die Juden meinte. Das Gesetz war ein «Bund», der dazu bestimmt war, zu vergehen, sobald die Juden ihr Bewußtsein wiedererlangten und den *logos* erkannten. Wie zu erwarten, beriefen sich die Apologeten immer wieder auf die Propheten, bei denen sie die Kritik fanden, auf die ihre Argumentation angewiesen war. Den in einem vorhergehenden Abschnitt angeführten Vers Jesaja 1,3 – «mein Volk kennt mich nicht» – erklärte Justin an einer anderen Stelle als ein Wort, das Gott selbst «durch den Propheten Jesaja» gesprochen habe. Dann zitierte er die Fortsetzung des Verses: «Wehe euch, ihr sündiges Geschlecht, ein Volk voll von Sündern, ein böses Gezücht, zuchtlose Söhne, ihr habt den Herrn verlassen» (*Apologie* 1,37). Es ließen sich auch ohne weiteres kritische Orakel «von der Person Jesu Christi» finden – etwa «Ich streckte meine Hände aus nach einem ungehorsamen und widersprechenden Volke, nach Leuten, die auf nicht guten Wegen wandeln» (Jes 65,2 zit. n. Justin, *Apologie* 1,38). Die Christen hatten ihre Theodizee gefunden, ein Argument gegen Markion und zugunsten der christlichen Behauptung, der Gott, der sich in Jesus Christus offenbart habe, sei derselbe wie der Gott der Schöpfung und der Geschichte Israels. Diese Rechtfertigung des christlichen Charakters des Gottes Israels wurde zu Lasten der Juden gewonnen (Efroymson, 1979).

Nun konnte der vierte «Beweis der apostolischen Verkündigung» vorgebracht werden. Er besagte, die Geschichte Israels ende nicht mit den Juden, ja, könne gar nicht mit ihnen enden, sondern lediglich mit den Christen als ihren rechtmäßigen Erben. Die Argumentation baut auf den Beweisen aufgrund der Prophetie auf, welche die Verwerfung Christi durch die Juden, ihre Rolle bei der Kreuzigung Jesu durch die Römer, die Zerstörung des Tempels, die Verwüstung des Landes, die fremde (römische) Besatzung und die Vertreibung der Juden aus Jerusalem durch die Römer nach dem Bar Kochba-Aufstand im Jahre 135 n. Chr. vorhergesagt habe. Man mag sich durchaus darüber wundern. Der Umfang der «historischen» Einzelheiten, die die Propheten vorhergesagt haben sollen, zeigt, daß die Logik des Markusevangeliums verstanden worden und die Geschichte der göttlichen Vergeltung über die Zerstörung des Tempels hinaus bis in Justins eigene Zeit ausgedehnt worden war. Man hätte meinen können, eine Darstellung der Tempelzerstörung hätte ausgereicht, um das Epos Israels vom Ende der jüdischen Geschichte zu befreien und in die christliche Kirche einmünden zu lassen. Doch keineswegs. Es mußte immer neu zur Geltung gebracht werden, daß die jüdischen Zeitgenossen der christlichen Apologeten von ihrem Gott verworfen worden seien. Nur so konnte die Trennung der Kirche von der Synagoge vollständig und die Schrift sicher in den Händen der Christen sein. Anstatt sich damit zufrieden zu geben, die Argumentation auf der Ebene der Prophetie, eines in der Schrift selbst entdeckten selbstzerstörerischen und sich selbst erfüllenden Prinzips, zu belassen, vollzogen sie einen weiteren Schritt und beschrieben den traurigen Zustand der zeitgenössischen Juden als weiteren Beweis für das göttliche Mißfallen.

Hatte Christus sie nicht selbst gezüchtigt? Waren die Katastrophen, die über sie hineingebrochen waren, nicht verdient? Waren sie nicht heimatlose Wanderer, von den Nichtjuden verachtet? Wie Justin Trypho erklärte:

> «Denn die von Abraham eingeführte fleischliche Beschneidung wurde als Erkennungszeichen gegeben, damit ihr von den übrigen Völkern und uns abgesondert seid, damit ihr allein erleidet, was ihr jetzt mit Recht erduldet, damit euer Land verwüstet werde, Fremde vor euch die Früchte verzehren und keiner von euch Jerusalem betrete. Denn durch nichts anderes als durch eure fleischliche Beschneidung unterscheidet ihr euch von den übrigen Menschen. Keiner von euch wird nämlich, wie ich glaube, zu leugnen wagen, daß Gott die Zukunft voraus wußte und voraus weiß und daß er jedem den gebührenden Lohn vorherbestimmt. Es ist also gut und recht für euch, daß euch dies passiert ist. Den Gerechten habt ihr ja getötet und vor ihm seine Propheten. Und jetzt verstoßt ihr die, welche auf ihn und auf den allmächtigen Gott, den Weltschöpfer, der ihn entsandt hat, ihre Hoffnung setzen, und entehrt sie, soweit es bei euch möglich ist, indem ihr die Christusgläubigen in euren Synagogen verflucht.» (*Dialogus cum Tryphone* 16)

Doch genug. Konnte man in der epischen Überlieferung nicht Anhaltspunkte dafür finden, das christliche Volk als ein «Geschlecht» bis auf die Anfänge der Schöpfung Gottes zurückzuführen? Hatte Gott nicht die ganze Zeit über die Christen im Sinn? Justin hatte diese Frage offenbar nicht als notwendig angesehen. Es war einfacher, die negative Geschichte seit der Ankunft Christi nachzuerzählen, als die christliche Kirche in die Geschichte vor Christus zurückzuprojizieren. Doch andere sollten diese Frage stellen, und der gnostische Ansatz sollte die Behauptung aufstellen, die *Idee* der Kirche sei von Anfang an in die Ordnung der Schöpfung eingeschrieben worden. Die Kirche war z. B. nach Valentinus eine der in der geistigen «Fülle» erzeugten «Mächte». Das gnostische Verständnis war für die zentristischen Christen zu weit hergeholt, doch was sollten sie denken? Klare Antworten wurden nicht vorgebracht, doch eine bemerkenswerte Passage aus Klemens von Alexandria verdeutlicht anschaulich den Wunsch, dies zu versuchen. Klemens hatte den Vorteil, auf Justins *logos*-Theologie zurückgreifen zu können, und wollte zwischen der gnostischen und der zentristischen Auffassung des Christentums vermitteln. In seiner *Mahnrede an die Griechen* beginnt Klemens damit, ihnen zu verdeutlichen, das «neue Lied» der Christen, seine Metapher für das Evangelium als einer poetischen Philosophie, sei nicht wirklich neu. Es war so alt wie die Schöpfung. Es war das Lied des *logos* Gottes. Dann, so sagte er, indem er die Vorstellung des *logos* so erweiterte, daß sie auch die Christen als die das «neue Lied» Singenden umfaßte, werden die Christen selbst eine Art *logos* – Gottes Boten an die griechisch-römische Welt. Er wagt das folgende Bild:

> «Wir aber waren vor der Grundlegung der Welt, wir, die wir, weil wir in ihm zu sein bestimmt waren, für Gott schon zuvor geschaffen waren, wir, des göttlichen Logos vernünftige Geschöpfe, die wir durch ihn uralt sind; denn ‹im Anfang war das Wort› [Joh 1,1]. Weil aber der Logos von Anfang an war, war und ist er der göttliche Anfang aller Dinge. Weil er aber jetzt den von alters her geheiligten und seiner Macht würdigen Namen Christus angenommen hat, habe ich ihn das neue Lied genannt.» (*Exhortatio* 1)

Das «neue Lied» des Klemens erhebt sich über die aggressive, polemische Rhetorik eines Justin oder Tertullian, zweier Theologen, die sich sehr bemühen mußten, die jüdischen Schriften und die Epik Israels als das rechtmäßige Eigentum der Christen zu beanspruchen. Nachdem diese Schlacht gewonnen war, konnte ein konstruktiverer, wenn auch phantasievollerer Zugang versucht werden. Um bei Klemens' Metapher zu bleiben – der freundlichere Zugang zu den jüdischen Schriften bestand darin, das neue Lied und jene, die es sangen, vom Beginn bis zum Ende der Geschichte aufzuspüren. Klemens formulierte dies so, indem er die Geschichte des Exodus nacherzählte: «Er mahnte die Hartherzigen; weiterhin aber lenkt er durch den mit aller Weisheit gezierten Moses und den Freund der Wahrheit Jesaias und die ganze Schar der Propheten in einer mehr an den Verstand sich wendenden Weise die, die Ohren zu hören haben, hin zum Logos» (*Exhortatio* 1). Es hatte also stets einen Rest gegeben, der das Lied des *logos* vernahm – das freundlichste Verständnis des Israel-Epos seit dem ersten Brief des Klemens von Rom. Dieses neue Verständnis wirkte der ständigen Suche nach prophetischen Orakeln entgegen und erlaubte es später Origenes, das Lied auf jeder Seite der jüdischen Schriften wiederzufinden. Dennoch sollte uns die Freundlichkeit eines Klemens oder Origenes nicht allzu sehr beeindrucken. Das Lied des *logos* war schließlich ein Christushymnus, kein jüdischer Lobpsalm. Wir sind damit dem Ende unserer Geschichte sehr nahe gekommen, denn das Lied des *logos* bildete das einzige Fundament, das jemals errichtet wurde, um das Verständnis der jüdischen Schriften als christliche epische Überlieferung zu rechtfertigen. Wir müssen nur erklären, auf welche Weise die Sammlung «neutestamentlicher» Schriften mit dem «Alten Testament» zur christlichen Bibel vereint wurde.

11. Die Schaffung der christlichen Bibel

Der christliche Mythos ist ein unvollendetes Epos. Die Geschichte beginnt mit der Erschaffung der Welt, umspannt die Geschichte der Menschheit und endet mit einer apokalyptischen Zerstörung der Welt. Angelpunkt der Geschichte ist die Erscheinung Christi als des Offenbarers der Pläne Gottes für die Menschen, die Welt und das Reich, das nach Gottes Willen an die Stelle der Reiche der Welt treten soll. Jenen, die diesem Plan gemäß leben, ist ewiges Leben versprochen, sie sollen die Katastrophe überleben, die das Ende der Welt bedeutet. Wer den Plan nicht annimmt, fällt der Vernichtung anheim. Der Mythos gründet auf der christlichen Bibel, einer Sammlung von Texten, die mit dem Buch Genesis beginnt und mit der Johannesapokalypse endet. Die Texte, welche die Geschichte vor dem Auftreten Christi erzählen, sind als das Alte Testament, jene, die über das Kommen Christi berichten, als Neues Testament bekannt. Das Alte Testament besteht aus frühen jüdischen Schriften, die auf bestimmte Weise angeordnet sind. Das Neue Testament enthält hauptsächlich die apostolischen Evangelien und Briefe aus dem 1. und 2. Jahrhundert, jedoch auch die Apostelgeschichte, ein erstes Kapitel der christlichen Geschichte, und die Johannesapokalypse, eine Vision des großartigen Finales. Zwischen der Apostelgeschichte und dem apokalyptischen Ende ist Raum für zusätzliche Kapitel der Geschichte des Christentums und/oder der Kirche.

Man hat die auf die Apostelgeschichte folgenden Kapitel der christlichen Geschichte nicht dadurch gefüllt, daß man der Bibel schriftliche Berichte hinzufügte, sondern indem man die Helden des Glaubens auf andere Weise im Blick behielt: indem man die Sukzession der Bischöfe und Päpste kennzeichnete, das Leben von Heiligen, Fürsten und Beschützern des Christentums in Erinnerung bewahrte und die Geschichten der Mission der Kirche aufschrieb. Eine Symmetrie erreichte man dadurch, daß man Szenen aus dem Alten Testament in ein Gleichgewicht zu Szenen des Neuen Testaments und der nachfolgenden Geschichte des Christentums brachte. So findet man auf den Portalen der mittelalterlichen Kathedralen – in einem ausgewogenen Gleichgewicht – auf der einen Seite Christi die alttestamentlichen Vorläufer, auf der anderen die Apostel, Päpste und Fürsten der späteren christlichen Geschichte. Christus wird im Bogen des Portals oben als *axis mundi* und als Angelpunkt der Geschichte dargestellt. Hierbei handelt es sich um eine bildhafte Darstellung des christlichen Mythos. Es ist eine aktualisierte Version der christlichen Epik, ohne daß jedoch der Geschichte ein Ende gesetzt wird. Das Ende des christlichen Epos steht – sei es als Apokalypse, Fegefeuer oder Trennung der Wege – immer aus. So lassen sich weitere Kapitel der Geschichte der Kirche in der Welt hinzufügen. Selbst dann, als die Ausbreitung des Christentums größere Ausmaße annahm und die monolineare Ausrichtung der epischen Überlieferung komplizierte, erreichte man eine Balance, indem man die Erinnerung an die christliche Geschichte komprimierte, um das Neue in ein Gleichgewicht zum Alten zu bringen. Jedes neu christianisierte Volk hält die Erinnerung an seine Missionare sowie ein Teil seiner eigenen nachfolgenden Geschichte lebendig und überspringt dann die langen Distanzen der zweitausendjährigen Geschichte der Kirche, um sich am Neuen Testament festzumachen und sich von der Bibel leiten zu lassen.

Alle christlichen Gemeinschaften räumen der Bibel einen Platz ein. Die Bibel ist tatsächlich wohl das einzige Merkmal der christlichen Religion, das alle Christen gemeinsam haben. Ohne die Bibel würde sich der christliche Mythos verflüchtigen. Eine christliche Gemeinschaft wüßte sich in der Welt nicht zu orientieren, und die Ausrichtung der christlichen Vorstellung auf jenes großartige Finale würde ihre Kraft und ihren Richtungssinn verlieren. Ohne den von der Bibel dargebotenen epischen Rahmen würden sich all die anderen Mythen, Rituale und Heilsvorstellungen, die zum traditionellen Bestand der christlichen Religion geworden sind, auflösen oder sich in andere Kulte oder Kulturen verwandeln.

Während alle Christen die wichtige Stellung der Bibel anerkennen, reden nur wenige von ihrer Bedeutung als Epik. Man stellt sie sich als inspiriert vor, bezeichnet sie als Wort Gottes, liest sie regelmäßig im Zusammenhang des christlichen Rituals, beruft sich auf sie, um die Heilslehren darauf zu begründen, und befragt sie als Leitfaden für den christlichen Glauben und ein christliches Leben. Hinter all diesen Möglichkeiten der Betrachtung der Bibel steht der fundamentale Grund für die Bedeutung der Bibel. Sie erzählt die Geschichte der Absichten Gottes mit der Menschheit. Die Bibel ist der Ort, an dem die christlichen Vorstellungen von Gott und Geschichte miteinander verflochten sind, an dem die Paradigmen des Heils festgelegt werden, Zukunftsgewandtheit erzeugt und das Vorrecht des Christentums ausgesprochen wird, sich über die ganze Welt auszubreiten. Es verwundert nicht, daß die Bibel von den Christen als heiliger Text verstanden wird. Die Bibel ist der christliche Mythos. Der christliche Mythos ist die Bibel. Kein Wunder, daß Theologen die Bibel als Kanon bezeichnen (vom griechischen Wort *kanon*, Maßstab), ein vollständiges, geschlossenes Buch geheiligter Schriften, ein Buch, das es zu befragen, nicht zu erklären gilt. Die Tatsache, daß die Bibel der christliche Mythos ist, hat es erschwert, ihre Komposition kritisch und analytisch zu hinterfragen. Daß sie als christlicher

Kanon gilt, hat die Erforschung ihrer Entstehung zu einer ausgesprochen schwierigen Aufgabe gemacht.

Natürlich wissen auch Theologen, daß die Bibel nicht vom Himmel gefallen ist, sondern daß die Geschichte ihrer Erschaffung mehr als tausend Jahre umfaßt. Dieses Wissen nötigte die Forscher, über ihre Entstehung Rechenschaft abzulegen, und man sollte meinen, daß die Vorstellung von der Bibel als Kanon erst am Ende dieser Geschichte auftauchen müßte. Merkwürdigerweise *beginnt* jedoch der übliche wissenschaftliche Ansatz zur Erforschung der Herausbildung der christlichen Bibel mit dem Konzept des Kanons und versucht, die Geschichte von ihm aus zu erklären. Kanon bedeutet «Norm» oder «Maßstab», wie im kanonischen Recht oder im Falle des Kanons im Bereich der musikalischen Komposition. Auf die Bibel angewandt, bezeichnet Kanon die genaue Sammlung von Texten in der Bibel, die als einzige von der christlichen Kirche als «heilig», «normativ» oder für das christliche Ritual sowie die christliche Lesung und Unterweisung autoritativ betrachtet wird. Kanon bedeutet «geschlossen», «exklusiv», «inspiriert» und «offenbart» als «Wort Gottes». Weil sich dieses Konzept der christlichen Vorstellung so tief eingeprägt hat, sind christliche Gelehrte an ihre Erforschung der Entstehung der Bibel so herangegangen, als ginge es um den Prozeß der Erkenntnis, welche Bücher in den Kanon *hineingehörten*. Sie sind davon ausgegangen, daß Autoren, Intellektuelle, ja tatsächlich alle Juden und Christen der griechisch-römischen Epoche, das Konzept eines biblischen Kanons vor Augen hatten, noch bevor es eine Bibel gab. Insofern dies der Fall war, bestand die Aufgabe der Forscher darin, der Geschichte der «Erkenntnis» des Kanons auf die Spur zu kommen, jenen Augenblicken, in denen Juden oder Christen erkannten, welche Bücher «in» den Kanon gehörten und welche aus dem Kanon «ausgeschlossen» werden mußten. Natürlich kann man, wenn man die vielen literarischen Erzeugnisse aus etwa tausend Jahren liest, vielerlei Bezugnahmen finden – auf «die Schriften», auf Sammlungen von Schriften, wie die fünf Bücher Mose, auf Klassifizierungen von Schriften, wie «das Gesetz und die Propheten», auf Listen «ihrer Schriften» oder «unserer Schriften», auf bestimmte «heilige» Schriften, auf «inspirierte» Übersetzungen, wie eine frühe griechische Übersetzung der fünf Bücher Mose, auf «umstrittene» Schriften, etwa jene, die apostolischen Verfassern zugeschrieben wurden, aber als pseudonym bewertet wurden. Dagegen findet man weder das Konzept des Kanons noch irgendeinen Hinweis auf einen abgeschlossenen Kanon einer Heiligen Schrift. Um nicht in eine Sackgasse zu geraten, sichteten die Bibelforscher alle soeben erwähnten Bezugnahmen und versuchen zu datieren, wann dieser oder jener Teil des Kanons der Schrift festgelegt, «anerkannt» oder «geschlossen» wurde. Es ist, als hätte sich jedermann die Idee der Bibel so vorgestellt, als handele es sich um eine Anzahl von Leerstellen, die es mit den Büchern der Bibel auszufüllen galt. Jedesmal, wenn jemand erkannte, daß eine Schrift «inspiriert» war, also in die Bibel «hineingehörte», sollte eine dieser Lücken gefüllt werden.

Der Vorgang der Schaffung der christlichen Bibel ist jedoch weitaus interessanter und komplizierter. Es handelt sich um die Geschichte einer heftig erkämpften kulturellen Eroberung. Jahrhundertealte Handlungs- und Denkmuster wurden innerhalb eines Zeitraums von ungefähr zweihundert Jahren von einer aufstrebenden Religion vollkommen umgeformt. Einige kulturelle Überreste wurden der archaischen Vergangenheit zugeordnet, andere dem Vergessen anheimgegeben, und wieder andere schrieb man – als Überbleibsel heidnischer Religionen, welche die neue Welt auch weiterhin verfolgten – dem Teufel zu. Die Geschichte der kulturellen Eroberung beginnt um die Mitte des 2. Jahrhunderts. Gegen Ende des 4. Jahrhunderts war alles vorüber. Bücher waren geächtet und verbrannt, Tempel zerstört, Märtyrer getötet und heidnische Feste als Ausschweifungen entlarvt worden. Das römische Imperium und Herrschaftssystem waren erschöpft. Christliche Theologen hatten sich der griechischen Bildung und Kultur als einer bloßen «Vorbereitung des Evangeliums» (Eusebius) bemächtigt. Man hatte eine ungeheure intellektuelle Energie aufgebracht, um mit den unterschiedlichen kulturellen Traditionen zurechtzukommen und im Interesse dieses oder jenes Verständnisses der großen Pläne Gottes mit der Welt um Programme, Philosophien, Theologien und Bräuche zu kämpfen. Gelehrte aller Traditionen, nicht nur der christlichen, sondern auch der jüdischen, griechischen, römischen und ägyptischen sowie aller Kulturen, die sich im Kessel des griechisch-römischen Zeitalters wiederfanden, hatten ihr ganzes Leben der Bewahrung und Anpassung von Kulturen gewidmet. Sie hatten sich gründlich damit beschäftigt, fremde Sprachen zu erlernen, Texte zu übersetzen, Kulturen zu vergleichen, Konzepte zu erschaffen und über die Besitzrechte an gewaltigen, phantastischen Vorstellungswelten zu diskutieren. Und die Epik Israels, die einzige Epik des antiken Nahen Ostens, die den früheren Triumph des Hellenismus überlebt hatte, eine Epik, die während des römischen Zeitalters zwischen allen Gruppen umkämpft war, die Wurzeln in der jüdischen Kultur hatten, war von den Christen zu deren eigenem Vorteil manipuliert und von den Juden zu ihren Gunsten grundlegend neu gedeutet worden. Konstantin hatte das Licht erblickt. Bischofskonzile waren zusammengekommen. Glaubensbekenntnisse, Kalender und Rituale waren festgelegt worden, und der Bau christlicher Basiliken hatte begonnen. Die letzte tragische Ironie der christlichen Aneignung des jüdischen Erbes waren die Errichtung der Grabeskirche in Jerusalem und das Aufkommen christlicher Wallfahrten in das Heilige Land. Damals schuf die lateinische Übersetzung zweier Textsammlungen, des «Alten» und des «Neuen Testaments», das Buch, das die mythische Vorstellungskraft des Christentums für die nächsten tausend Jahre prägen sollte. Erst von da an können wir von «der (christlichen) Bibel» sprechen.

Die den frühen Christen zugängliche jüdische «Schrift» bestand aus «dem Gesetz», «den Propheten» und den «übrigen, ihnen folgenden Schriften» – so bezeichnete der Enkel Ben Siras das Ganze der jüdischen Literatur um das Jahr 130 v. Chr. (Sirach, Prolog). Diese Schriften bildeten keinen geschlossenen Kanon einer heiligen Literatur, auch wenn jeder wußte, daß der Ausdruck «das Gesetz» die fünf Bücher Mose, «die Propheten» dagegen eine in verschiedenen Sammlungen vorliegende Gruppe von Orakelschriften aus der Geschichte Israels vor und nach dem Exil meinten. Was die «übrigen Schriften» angeht, so meinte dies keine spezielle Art oder Gruppe von Schriften, geschweige denn eine geschlossene Sammlung. Es war ein Begriff, der sich auf «unsere Literatur» bezog, einschließlich solcher Bücher wie jene der Psalmen, der Proverbien und der Geschichten über Ruth und Esther. Diese Literatur hatte ihren Platz im Leben der jüdischen Gemeinschaft, insofern sie als Gebetsbuch, Lektionen für die Unterweisung und als Geschichten für festliche Gelegenheiten dienten. Ein Teil dieser Literatur wurde – wie im Falle der Psalmen – auf die Vorväter zurückgeführt, doch das bedeutete nicht, daß keine Psalmen mehr geschrieben und dieser Sammlung hinzugefügt wurden. Das Beweismaterial aus Qumran und die unterschiedlichen Übersetzungen der Psalmen ins Griechische zeigen, daß dies geschah. Und Ben Siras Buch der Weisheit wurde ohne jede Verlegenheit als den «übrigen Büchern unserer Vorfahren» gleichwertiger Zusatz verfaßt, datiert und unterzeichnet. Worin also bestand die Bedeutung der jüdischen Schriften, welche die frühen Christen erregte und so wütende Diskussionen zwischen Christen und Juden hervorrief?

Der gemeinsame Kern der jüdischen Schriften lag in den fünf Büchern Mose. Diese Bücher erzählten, wie Israel entstanden war. Sie enthielten auch die Stiftungsurkunden, Gesetze und Verkündigungen hinsichtlich der Art der Gesellschaft, die Gott von Israel erwartete. Diese Verbindung von epischer Geschichte und rechtlicher Verfassung bestimmte die Komposition und Logik dieser Literatur von ihrer frühesten Gestaltung während der Zeit der Königreiche Davids und Salomos an und blieb über mindestens zwei nachfolgende Revisionen hinweg erhalten. Die Forscher diskutieren noch über die früheste Form der Geschichte, doch es ist der Verdacht aufgekommen, daß die Geschichte vor der Hinzufügung der Bücher Deuteronomium und Leviticus und den sie begleitenden wichtigen Neudeutungen der Vätergeschichten ohne Unterbrechung über die Landnahme hinweg bis zu den Geschichten über den Hof Davids reichten. Diese Geschichte wurde in den Büchern Josua,

Richter, Samuel und Könige aufbewahrt. Fügt man sie den fünf Büchern Mose hinzu, so kann man sich gewiß ein Epos vorstellen, das als Ätiologie der davidischen Monarchie diente und ihren Ruhm feierte.

Von der Zeit der davidischen Monarchie bis zum Ende des Zweiten Tempels wurde dieses Epos Israels immer wieder neu gedeutet, ohne daß sich sein wesentliches Ziel – die Errichtung eines Tempelstaates in Jerusalem – veränderte. Neudeutungen waren natürlich nötig, um die von der Geschichte herbeigeführten Veränderungen in Jerusalem zu erklären: Zerstörungen, Verbannungen, Restaurationen, Scheitern, Verlagerungen der Parteipolitik und so weiter. Zunächst wurden die erforderlichen Neudeutungen erreicht, indem der Text neu geschrieben wurde, einmal durch den deuteronomistischen Geschichtsschreiber, später durch die Schriftgelehrten einer Priesterschule. Der Deuteronomist fügte das Buch Deuteronomium hinzu und unterbrach die Verbindung zwischen der Wüstenwanderung und dem Betreten des Landes (Sanders, 1972). Die priesterlichen Schriftgelehrten fügten das Buch Leviticus hinzu und überarbeiteten die Geschichten über das Opfer, um zu erreichen, daß sich die Pläne für den Zweiten Tempel in den Bundesschlüssen der Väter spiegelten. Als um die Wende des 3. Jahrhunderts v. Chr. das hellenistische Zeitalter anbrach, fand man Wege, die epische Überlieferung neu zu deuten, ohne im Grunde den Text zu verändern. Der Verfasser des Buches der Chroniken schrieb einen Parallelbericht, Ben Sira verfaßte ein episches Gedicht, die Gemeinschaft von Qumran entwickelte eine Form des Kommentars, die alexandrinischen Juden verwandelten das Epos in eine Allegorie der Seele, und jüdische Historiker lieferten eine neue Darstellung der Altertümer als gesonderten Text im Stil der griechischen Geschichtsschreibung. Und das waren noch nicht die einzigen Wege, auf denen die Epik Israels das Denken während der hellenistischen Zeit anregte. Das gesamte, enorme literarische Schaffen jüdischer Intellektueller während dieser dreihundert Jahre führte die epische Überlieferung als Ursprung ihres Vorrangs und als Autorität an, die ihre Einstellungen gegenüber dem Staat des Zweiten Tempels in Jerusalem untermauerte. Alle jüdischen Intellektuellen gingen davon aus, daß das Epos Israels eine Ätiologie des Tempelstaates in Jerusalem darstellte.

Als die Römer auf den Hügeln Jerusalems schwelende Trümmer zurückgelassen hatten, erlebte der Schaffensprozeß seinen Zusammenbruch, und die epische Überlieferung endete in einer Tragödie statt im Triumph. Was sollten die Juden tun? Josephus versucht das Geschehene als unglückliche Wendung von Ereignissen zu erklären, die von unfähigen jüdischen Führern verursacht worden war, die nicht mit den Römern hatten kooperieren wollen. Doch seine Argumente klingen hohl und bar jeder persönlichen Überzeugung. Als er zum Schluß seiner Geschichte des Krieges kam, brachte er es nicht über sich, sich mit einer rein politischen Erklärung zufriedenzugeben. Er verweilte bei der Katastrophe, als gäbe es, nachdem sie einmal erzählt worden war, keine Geschichte mehr, die man schreiben konnte. Und er füllte die letzten Tage mit Berichten über kosmische Vorzeichen und die Stimmen jener, die durch die Straßen wanderten und Weherufe ausstießen. Es ist bezeichnend, daß er seine Geschichte mit einem Bericht über Eleasars Rede an die verbliebenen jüdischen Widerstandskämpfer auf Massada beendete. Es war eine Mahnung zum selbst auferlegten Martyrium als der einzigen Freiheit, die denen, die dem Gott Israels treu bleiben wollten, geblieben war.

Eine nachdenklichere und poetischere Antwort wurde etwa um die gleiche Zeit, gegen Ende des 1. Jahrhunderts n. Chr., in dem als 4. Buch Esra bezeichneten apokalyptischen Text formuliert. Die Geschichte und Verheißung Israels wird darin in knappen, credo-ähnlichen Klagen wiederholt, die mit unbeantwortbaren Fragen enden: «Ach, Adam, was hast du getan?»; «Ach, Herr, was ist mit deinen Verheißungen?»; «Ach Gott, wie konntest du das geschehen lassen?»; «Ach, Israel, wo ist nun dein Heil?». Im Jahre 135 gab es ein letztes Aufflackern politischen Widerstands, eine Verzweiflungstat durch Bar Kochba, der die Römer mit messianischem Eifer hinauszutreiben versuchte. Als die Römer die Geduld verloren, Jerusalem kolonisierten, ihm den neuen Namen Aelia Capitolina gaben und den Juden den Zugang zu ihrer eigenen Stadt verwehrten, wußten Juden überall, daß der Tempelstaat in Jerusalem jetzt nur noch in der Erinnerung existierte. Das Epos der großartigen Traditionen Israels mußte ein weiteres Mal neu gedeutet werden.

Die Zukunft lag in einer schöpferischen Vereinigung der pharisäischen Schulen in Palästina, wo das mosaische Gesetz eine Neudeutung erfuhr, mit der Diasporasynagoge als dem «Haus», in dem sich Juden zu versammeln pflegten, um ihre Gebete zu verrichten. Nach dem Krieg waren das Erbe der Pharisäer und die Institution der Diasporasynagoge die einzigen Formen jüdischen Lebens, die gemeinsam das zu formen vermochten, was wir heute als rabbinisches Judentum bezeichnen (von *Rabbi*, mein Meister, mein Lehrer). Der Prozeß, in dem beide miteinander verschmolzen, verlief langsam und ist historisch nur spärlich dokumentiert. Es gibt eine Legende darüber, wie die Pharisäer und Führer der Jerusalemer Schulen im späten 1. Jahrhundert nach Jamnia zogen, außerdem einige aussagekräftige Zeugnisse dafür, daß die Schulen während des 2. Jahrhunderts nach Tiberias in Galiläa verlegt wurden. Gegen Ende des 2. Jahrhunderts hatte die neue Kodifikation des Mosegesetzes die Mischna («wiederholen und lernen») hervorgebracht, eine Sammlung von dreiundsechzig Traktaten über die Gesetze, welche die «Reinheit» etwa der Speisen, den Zehnten, die Ehe, das alltägliche Leben, die Gebete, Fastentage, Zeiten und Orte regelten. Gegen Ende des 4. Jahrhunderts hatte die Diasporasynagoge die Autorität der Akademie anzuerkennen gelernt, an der die Rabbinen für das Studium und die Auslegung der für das Diasporajudentum bestimmenden Gesetze ausgebildet wurden.

Jacob Neusner – in vielen Büchern – und Jonathan Z. Smith (1987) haben uns geholfen, zu verstehen, daß es sich bei der Mischna um eine Übersetzung des Opfersystems des Tempels in ein rituelles System der Familie handelt. Die gemeinsamen Werte der beiden Systeme, die eine solche Übertragung ermöglichten, waren (1) die Reinheitsvorstellung (Dinge und Menschen an ihrem richtigen Ort), (2) Regeln für die Reinigung von Dingen, die unrein geworden waren (Rituale der Wiederherstellung der Reinheit) und (3) die Logik, mit der das System funktionierte und die sich auf neue oder zufällige Situationen anwenden ließ. Die für diese Übertragung aufgewandte intellektuelle Mühe und die Aha-Erlebnisse, welche die Kreativität angeregt und begleitet haben müssen, haben (christliche) Historiker nicht immer verstanden und gewürdigt. Die Bewegung von den narrativen Vorschriften für die Opferrituale des Tempels in Leviticus hin zu der beschränkten Liste pharisäischer Normen, zur Abstraktion des Konzepts der Reinheit, zur Erkenntnis des der Anordnung der Tempelopfer zugrunde liegenden intelligiblen Kerns, zur Wahrnehmung einer Logik in den Regeln für die Bereinigung von Unrecht und zu den Verhaltensmustern (*Halacha*, Gesetz), welche die Heiligkeit der jüdischen Lebensweise in der Diaspora (*Halacha*, Weg) garantierte, muß ein gewaltiges intellektuelles Abenteuer gewesen sein! Als es vorüber war, hatte sich ein Bestandteil einer neuen Mythologie fest etabliert. Das Leben gemäß den Reinheitsnormen bot einen guten Ersatz für die einstigen Tempelgottesdienste. Auf diese Weise nahm man sich der Frage nach der sozialen Gestalt Israels nach dem Untergang des Tempels an. Israel sollte in der Diaspora und in Synagogen zusammenkommen, in denen die Gebete gesprochen wurden, Lehrer lasen und die Menschen lernten, gemäß dem Gesetz des Mose zu leben. Das sollte genausoviel zählen, als wenn man Priester Opfer im Tempel in Jerusalem darbringen ließ. Juden sollten keinen König, keinen Hohenpriester oder Tempelstaat in Jerusalem brauchen, um Juden sein zu können. Doch der gesellschaftliche Wandel erfordert auch eine Neudeutung des Mythos eines Volkes.

Der erste Schritt zur Erschaffung einer neuen Mythologie erforderte einen großen Aufwand an Zeit und intellektueller Energie. Das Ringen lag darin begründet, daß man die wesentliche Logik der alten Gesellschaftsordnung bewahren, zugleich aber vom gesellschaftlichen Modell des Tempels zu dem der Synagoge übergehen wollte. Was war mit der Stoßrichtung der epischen Überlieferung – von Mose über die Könige und Propheten – mit ihrem Auftrag, für Gott ein Haus in Jerusalem zu errichten? Wie konnten die Rabbinen behaupten, die Reinheitsvorschriften der Mischna seien wirklich mosaisch, wenn Mose selbst, all die Könige und Propheten und alle übrigen Schriften auf Jerusalem hindeuteten? Wie konnten die Rabbinen behaupten, sie hingen nach wie vor der Tradition und Schule des Mose an?

Zur Beantwortung dieser Frage wurde ein zweiter Schritt vollzogen. Er führte zum Konzept der «mündlichen Thora», zu dem Mythos, der die Vorstellung vermittelte, Mose habe das Gesetz in zweierlei – mündlicher und schriftlicher – Gestalt erlassen, wobei die mündliche Thora am Anfang der Schulen der rabbinischen *Halacha* (Gehen, Folgen) gestanden habe. Wir sind noch nicht imstande, alle Phasen, die dieser Mythos durchgemacht haben muß, nachzuvollziehen und zu datieren. Wir können lediglich spekulieren, daß irgendein spielerisch veranlagter Rabbi in Tiberias ihn mit seinen Studenten ausprobierte: «Warum sollen wir uns nicht einmal vorstellen, daß die *Halacha* von Mose ausging?» Sie fanden Gefallen daran. Also zeichneten sie – verborgen in der Mischna, in dem Traktat mit dem Namen *Die Väter* (*aboth*) – den Mythos der Thora des Mose auf. Er beginnt so:

> «Mose empfing die Thora auf dem [Berge] Sinai, überlieferte sie Josua, Josua den Ältesten, die Ältesten den Propheten, und die Propheten überlieferten sie den Männern der Groß-Synode. Diese sprachen drei Dinge aus: Seid bedächtig beim Rechtsprechen, bildet viele Schüler aus und errichtet einen Zaun um die Thora. Simon der Gerechte war einer der letzten der Groß-Synode; er tat den Ausspruch: Auf dreierlei hat die Welt Bestand: auf der Thora, dem [Tempel-]Gottesdienste und den Liebeswerken. Antigonos aus Sokho empfing sie [die Thora] von Simon dem Gerechten; er tat den Ausspruch [... und so weiter].»

Von Mose verläuft eine direkte Linie über die Richter und die Propheten bis zu den Rabbinen. Könige finden keine Erwähnung. Und die «Groß-Synode», ein Hinweis auf Esra und seine Leute, die während der Zeit der Restauration die Thora von Babylon mitbrachten, bildet nun das Verbindungsglied zur frühen Geschichte Israels, nicht zur Errichtung des Zweiten Tempels. Man beachte, daß Simon der Gerechte, ein Hohepriester aus dem 3. Jahrhundert v. Chr., dessen Ruhm in guter Erinnerung stand, vielleicht der von Ben Sira gerühmte Simon (Sirach 50), nicht als Tempelpriester gepriesen, sondern als Bindeglied in der Kette der Rabbinen in Anspruch genommen wird. In der weiteren Entfaltung des Traktats nimmt die Kettenwirkung ihren Fortlauf über sechzig Lehrer des Gesetzes von Simon dem Gerechten bis zu Juda dem Patriarchen (Jehuda ha-Nasi), dem letzten in der Reihe – denn er war derjenige, der die Mischna herausgab. Somit lösten die Rabbinen das Problem der unangemessenen epischen Überlieferung über den Zweiten Tempel, indem sie eine vollständig neue Geschichte erfanden. Die neue Geschichte begann mit Mose, umging aber die Geschichte der Könige und die Ätiologien für den Tempel und endete mit der Akademie der Rabbinen. Sie beschrieb im Grunde eine Parallelgeschichte und bot eine überaus kluge, weil so einfache Neudeutung der Tempel-Epik. Wie wir wissen, sollte dieser Mythos das rabbinische Judentum von dieser Zeit an bis hin zur Gegenwart festigen. Soweit ich weiß, ist er bisher von der judaistischen Forschung nicht entmythologisiert worden.

Das wirft die Frage nach den jüdischen Schriften auf. Was war mit dem literarischen Erbe Israels und der Zeit des Zweiten Tempels? Was sollten die Rabbinen mit den Schriften anfangen, nachdem sie auf dem Wege über die *Halacha* ihre Vorkehrungen für die Heiligung des Lebens in den Diasporasynagogengemeinden getroffen hatten? Sollten sie sagen, die Schriften hätten Unrecht? Die Fülle an Literatur, die gegen Ende der Epoche des Zweiten Tempels verfaßt worden war, hatte die Geschichte Israels auf eine Weise gedeutet, die für das jüdische Leben in den Diasporasynagogengemeinden nicht länger hilfreich war. Noch zur Zeit des Bar Kochba-Aufstands war Rabbi Akiba in eine messianische Aufwiegelung hineingezogen worden und hatte einen Krieg unterstützt, der in einer Katastrophe endete. Die Bücher der Propheten hatten noch die Färbung von Qumran. Die apokalyptische Literatur mit ihren Visionen einer dramatischen Restauration der Theokratie in Jerusalem war gefährlich. Ein Großteil der anderen früheren, auf den Schriften basierenden Literatur, etwa die Weisheit Salomos, war von kosmischer Mystik und platonischem Dualismus durchdrungen, die sich kaum für ein praktisches Verständnis von Frömmigkeit eigneten. Im Verlaufe des 2. Jahrhunderts wurden die Schriften der Juden zudem von Gnostikern wie Christen als Urteile gegen sie selbst verstanden. Die Gesetzeslehrer in Tiberias und die Führer der Synagogen in der Diaspora standen gewiß vor einem Problem.

Die Antwort der Rabbinen scheint eine kalkulierte Maßnahme zum Schutz ihres literarischen Erbes in seiner klassischen Gestalt gewesen zu sein. Lediglich in hebräischer Sprache abgefaßte Texte sollten als Teil des Erbes bewahrt werden. Außerdem sollte der angemessene Gebrauch dieser Schriften diskutiert werden. Und die Interpretation dieser Texte sollte den Schwerpunkt nicht auf ihre soziale – sei es archaische, epische oder apokalyptische – Geschichte, sondern auf ihren Wert für die Anleitung in Fragen der Ethik, Moral und Meditation legen. Als die Rabbinen sich von den jüdischen Schriften in griechischer Übersetzung abwandten, ließen sie einen großen Bestand an jüdischer Literatur hinter sich, die während der hellenistischen Epoche entstanden war. Eine griechische Übersetzung der fünf Bücher Mose war bereits im 3. Jahrhundert v. Chr. in Alexandria angefertigt worden. Die Propheten wurden irgendwann während des 2. Jahrhunderts übertragen, und viele andere Schriften – wie die Psalmen, die Proverbien, die Bücher Hiob, Sirach, Tobit, das Baruch- und das Jubiläenbuch, die Testamente der Zwölf Patriarchen, die Psalmen Salomos, 2. Esra (eine griechische Übersetzung von Esra-Nehemia) und die Apokalypse mit dem Titel 4. Esra – wurden nach wie vor auf Hebräisch oder Aramäisch verfaßt und während des ersten vorchristlichen und des ersten nachchristlichen Jahrhunderts ins Griechische übersetzt. Weitere Bücher – etwa Judith, die Weisheit Salomos, die makkabäische Literatur, der Aristeasbrief, Zusätze zu Esther und Daniel, das Buch Joseph und Asenath, die Apokalypsen mit dem Titel Baruch und 1. Esra – wurden in griechischer Sprache abgefaßt und dennoch als jüdische Schriften verstanden. Dies sind lediglich einige Beispiele aus dem großen Bestand an jüdischer Literatur, die von den frühen Rabbinen als ungeeignet oder gefährlich erachtet wurde. Diese Literatur überlebte, weil Christen sie weiterhin lasen. Einige dieser Schriften fanden schließlich ihren Platz auf von Christen zusammengestellten Listen jüdischer Schriften, die man als nützliche Lektüre in den Kirchen betrachtete. Als gegen Ende des 4. Jahrhunderts n. Chr. auf der Grundlage dieser Listen Handschriften entstanden, läßt sich schließlich das christliche «Alte Testament» erkennen. Selbst dann noch wurden jedoch andere jüdische Schriften weiterhin gelesen und verwendet. Die Psalmen Salomos etwa wurden noch im 9. Jahrhundert in der *Stichometrie* des Nikephorus unter den Büchern des Alten Testaments aufgeführt, und das Buch 4. Esra wurde erst 1546 auf dem Konzil von Trient aus der christlichen Bibel ausgeschlossen. Die Christen verstanden all diese Schriften als ihre eigenen. Die Rabbinen wollten diese Literatur dem Vergessen anheimgeben. Indem sie sie verwarfen, vermachten sie das Erbe des hellenistischen Judentums an die Christen.

Die frühen Christen wußten, daß den fünf Büchern Mose größere Bedeutung zukam als anderen Büchern, einmal, weil sie alt waren, aber auch, weil sie die für alle Formen der jüdischen Gesellschaft grundlegenden Bundesschlüsse und Gesetze enthielten. Sie wußten, daß das «Gesetz» und die «Propheten» zusammengehörten und daß diese Verbindung für die Nacherzählung der Geschichte Israels wichtiger war als spätere Paraphrasen oder Interpretationen dieser Geschichte. Sie wußten, daß die fünf Schriftrollen (*megilloth*: Hoheslied, Ruth, Klagelieder, Prediger und Esther) zu den jährlichen Festen der Juden gelesen wurden. Außerdem behandelten sie die Psalmen und Proverbien genauso wie die Juden als Gebets- und Meditationsbücher. Doch eine solche Rangfolge, die auf praktischen und funktionalen Überlegungen beruhte, brachte keinen Kanon hervor, der die Heiligkeit oder den Offenbarungscharakter dieser Texte beschränkte. Die jüdischen Schriften waren die jüdische «Schrift», der Gott der Juden war der Vater Jesu Christi, und Christus hatte etwa soviel Licht und Feuer eingeführt wie ein jeder brauchte. Das christliche Interesse an jüdischen Texten stellte letztlich einen zweitrangigen Faktor dar. Den Anlaß zur Heranziehung der jüdischen Schriften hatte stets irgendein gesellschaftlicher Umstand geboten, der im Zuge der frühchristlichen Geschichte entstanden war. Wenn dieser Umstand eine christliche Neudeutung der Epik erforderte, nahmen die Christen sie vor. Machte er Argumente aus den Büchern Mose gegen die Pharisäer erforderlich, so ließen sie sich finden. Verlangte er ein wenig Hilfe von den Propheten, so konnte man Zitate sammeln. Erforderte er eine christliche Meditation über die Psalmen, so konnte man Christushymnen verfassen. Und für den Fall, daß einige Zitate aus der jüdischen Literatur, etwa aus dem Testament der Zwölf Patriarchen, der Weisheit Salomos oder der Makkbäerbücher helfen konnte, etwas zur Geltung zu bringen, so zählten auch diese Bezüge. Eine rasche Zählung der Bezugnahmen auf die außerkanonische jüdische Literatur in den Schriften des Neuen Testaments ergibt bis zu etwa 400 Eintragungen (McDonald, 1989, 172–177). Das bedeutet, daß die frühen Christen sich nicht mit heiliger Literatur beschäftigten. Sie waren mit einer neuen religiösen Bewegung befaßt, die ihre Mythologie mit Hilfe entlehnter Bestandteile konstruieren mußte. Sie durchkämmten auf diese Weise die jüdischen Schriften, und zwar nicht, weil sie glaubten, diese Texte enthielten Gottes Wort, sondern weil es sich dabei um die Literatur ihrer Mutterkultur handelte.

Die ersten Versuche, eine Verbindung zur Geschichte Israels herzustellen, waren, wie wir sahen, nicht von dem großartigen Anspruch motiviert, die dieser Geschichte innewohnende Verheißung zur Erfüllung zu bringen. Die Berufung auf die epische Überlieferung in den Zyklen von Wundergeschichten und in der weisheitlichen Mythologie von Q stellten einfache Versuche dar, zu entdecken, wie sich die frühen Jesus-Leute in Geschichten widerspiegelten, die gemeinsamer Bestandteil der volkstümlichen epischen Phantasie waren. Die Jesus-Leute bezogen aus der mythischen Vorgeschichte ein Gefühl der Bedeutsamkeit und wollten ein Bewußtsein der Kontinuität ihrer sozialen Bewegungen mit Israels ruhmreicher Geschichte schaffen. Das war alles. Sie hegten nicht den Wunsch oder Plan, die logische Grundlage des Epos zu ersetzen. Ihr Schriftgebrauch war spielerisch, vereinzelt und naiv, nicht programmatisch. Das lag daran, daß ihre Bindung an die Jesusbewegung nicht auf einer Reform des Judentums des Zweiten Tempels oder einem neuartigen Anspruch auf die Epik Israels beruhte. Die Jesusbewegungen entstanden und gründeten in anderen Bindungen und Überzeugungen.

Nicht lange danach machten es jedoch Auseinandersetzungen mit den Pharisäern erforderlich, ernsthaft über die fünf Bücher Mose nachzudenken. Das bedeutete, daß man mit dem Text zurechtkommen mußte, dem für die Epik Israels und die Verfassung des Judentums vorrangige Bedeutung zukam. Die ersten Versuche der Lektüre der Mosebücher waren jedoch spontan, defensiv und polemisch, nicht konstruktiv oder systematisch. Es war, als sagten die Jesus-Leute: «Schaut, selbst im Licht *eurer* eigenen Schriften sehen *wir* ziemlich gut aus». Dies war der Ansatz in der zweiten Phase von Q, in den Verkündigungsgeschichten, ja sogar bei Paulus. Wie wir sahen, begriff Paulus die ernste Bedeutung der Problematik für seine eigene Version des Evangeliums und wollte mit ganzer Kraft für eine Neudeutung der Epik zugunsten der christlichen Gemeinden eintreten. In seinem Brief an die Galater unternahm er eine energische Anstrengung, die Verheißung des Epos in Anspruch zu nehmen, zugleich aber die fünf Bücher Mose als Thora oder Gesetz zu diskreditieren. Es war ein kläglicher Versuch, und Paulus muß das gewußt haben, denn später, in seinem Brief an die Römer, versuchte er einen anderen Ansatz zur Geltung zu bringen. Keine dieser vor dem Jahr 70 unternommenen Neudeutungen war überzeugend, weil die christliche Bewegung der offenkundigen Logik der epischen Überlieferung als einer Ätiologie des Judentums des Zweiten Tempels nichts Gleichwertiges entgegenzusetzen vermochte.

Die Zerstörung des Tempels im Jahre 70 n. Chr. schuf für Juden wie Christen eine neue Situation. Die Geschichte hatte die Verheißung des Epos nicht erfüllt. Die erste jüdische Reaktion mußte darin bestehen, das Ereignis nicht als von den Römern angerichtete unglückliche Katastrophe, sondern als göttliches Gericht über sie selbst zu verstehen. Was hatten sie Schlimmes getan, das eine solche Verwüstung rechtfertigte? Markus verstand die Bedeutung dieser Frage und wagte es, die Antwort darauf zu geben. Laut Markus zerstörte Gott den Tempel, weil die Juden Christus vernichtet hatten. Diesmal wurden nicht die Bücher Mose, sondern die Propheten durchforscht, um eine Verbindung zur Vergangenheit zu finden. Markus erkannte, daß die Zerstörung des Tempels das Ende einer Ära markierte und den Christen die Chance gab, ihre Existenz als eine nicht im Judentum des Zweiten Tempels verwurzelte Bewegung zu rechtfertigen. Bereits die Gemeinschaft von Qumran hatte die Propheten als Grundlage für den Vorwurf verwendet, das Tempel-Establishment habe göttliches Mißfallen erregt. Markus verwandelte diese prophetische Kritik mit ein wenig Hilfe des deuteronomistischen Denkens in einen Vorteil für die Christen. Die Zerstörung des Tempels mußte eine verdiente göttliche Vergeltung dafür gewesen sein, daß die Juden die Jesus-Christus-Bewegungen nicht akzeptierten. Doch Markus konnte nicht sagen, warum und wie die Verlagerung des Wohlgefallens

Gottes von den Juden auf die Christen stattgefunden hatte. Er hatte einen Weg gefunden, die Kreuzigung, die Zerstörung des Tempels und die Warnungen der Propheten aufeinander zu beziehen. Es war ihm jedoch nicht gelungen, sich von dieser apokalyptischen Deutung der jüngsten Geschehnisse zu irgendeiner Verheißung in der Geschichte Israels zurückzuarbeiten, die Christen als ihr Eigentum hätten beanspruchen können.

Von der Komposition des Markusevangeliums in den siebziger Jahren des 1. Jahrhunderts bis zur Auseinandersetzung zwischen Markion und Justin dem Märtyrer Mitte des 2. Jahrhunderts wurden mehrere Versuche unternommen, die christliche Bewegung als legitimen Erben der Verheißung für Israel zu verstehen. Der Hebräerbrief stellt die umfassendste Bemühung dar, die uns noch überliefert ist. Er war kühn, spürte, wie wichtig das Opfersystem für die jüdische Identität war, wagte es, die fünf Bücher Mose als Literatur zu lesen, die vorwegnehmend auf Christus hindeutete, und stellte die Verbindung auf dreiste Weise dar, indem er behauptete, der Tod Christi sei ein selbstauferlegtes Sühnopfer gewesen. Gemäß dem Hebräerbrief war der in Leviticus vorliegende Kern des mosaischen Gesetzes lediglich eine schattenhafte Vorwegnahme Christi. Die große rhetorische Kraft seiner klugen Vergleiche und Gegensätze läßt dem Leser kaum eine Chance zum Atemholen, geschweige denn zum Widerspruch. Der Hebräerbrief wies jedoch einen fatalen Makel auf. Für das Bewußtsein der meisten Christen war er viel zu intellektuell, avantgardistisch, abwegig und grob. Außerdem brauchten die Christen ihn nicht. Die Evangelien reichten ihnen, und die meisten Christen waren damit beschäftigt, ihre apostolischen Mythen zu konstruieren, indem sie ihre eigenen kleinen Geschichten von Jesus bis zu ihrer eigenen Zeit klärten. Jene, die sich – wie Matthäus, Johannes, Lukas und der Verfasser des 1. Klemensbriefs – während dieser Zeit auf die jüdischen Schriften bezogen, taten dies so, als könne man selbstverständlich von einer Kontinuität ausgehen. Jeder verwendete ein einzelnes Motiv, um diese Verbindung herzustellen: Matthäus das Gesetz, Johannes den *logos*, Lukas den Geist und der 1. Klemensbrief Beispiele für Tugenden und Laster. Keiner von ihnen beachtete die Widersprüche in ihrer Logik und keiner hatte eine Vorahnung der verheerenden geistigen Krise, die in Kürze hereinbrechen sollte. Rückblickend beurteilt, erscheinen all diese Ansprüche auf die Geschichte Israels als naiv.

Nach Markion war Naivität nicht mehr möglich. Plötzlich waren die Fragestellungen klar und der Einsatz hoch. Die jüdischen Schriften konnten nicht mehr allein als jüdische Geschichte verstanden werden, der das Christusereignis lediglich angehängt wurde. Nun mußte die Schrift aus Texten bestehen, die von Anfang bis Ende einen unverwechselbar christlichen Klang aufwiesen. Sie mußte den jüdischen Gott für die Christen gewinnen und aussagen, der Gott Israels habe stets die Christen im Sinne gehabt. Markions Herausforderung bereitete all den einfältigen Mythen, wonach die Christen das neue oder wahre Israel Gottes waren, ein Ende. Sie zwang die Intellektuellen der Kirche, ihren Anspruch auf das Erbe Israels mit Argumenten zur Geltung zu bringen. Sie mußten jetzt den Ursprung der christlichen Wahrheit von den Anfängen der Schöpfung an aufspüren, und die einzige Möglichkeit dazu bestand in einer allegorischen Deutung der jüdischen Schriften. Auf der buchstäblichen Ebene dokumentierten die jüdischen Schriften Gottes Plan, der erst im Christus der Christen ans Licht trat. Wir haben festgestellt, auf welche Weise das Konzept des *logos* entwickelt und für diesen Zweck benutzt wurde. Von Justin dem Märtyrer an sollte es übliche Praxis werden, die jüdischen Schriften als Allegorie im Vorgriff auf das christliche Evangelium zu verstehen.

Um das Israel-Epos im Sinne einer Geschichte der Antizipation des Christus neu zu deuten, war es absolut notwendig, mit schriftlichen Texten zu arbeiten. Die Geschichte Israels mußte in Textform vorliegen, so daß man «beweisen» konnte, daß die Geschichte Israels «in Wirklichkeit» die epische Vorgeschichte des Christentums darstellte. Ein Verständnis dieser Texte als Allegorie im Vorgriff auf das christliche Evangelium war ein trickreiches Unterfangen, eine offene Einladung, die Zwänge der üblichen Logik zu verletzen, doch es klang nicht einmal annähernd so absurd, wie es geklungen hätte, hätte man dieselben Behauptungen ohne Textgrundlage vorgebracht. Somit wurden die jüdischen Schriften für christliche Intellektuelle, die zugunsten der archaischen Ursprünge der christlichen Religion und Philosophie argumentieren wollten, plötzlich zu einem überaus wichtigen Dokument. Bereits um die Wende zum 3. Jahrhundert verfaßte Irenäus eine voll ausgearbeitete Darstellung dessen, was er als die christliche «Glaubensregel» (oder *credo*, Glaubensbekenntnis) bezeichnete, und wies ihre Wahrheit mittels einer Bezugnahme auf die jüdischen Schriften nach. Sie lieferten den Beweis dafür, daß das christliche Verständnis der menschlichen Existenz – wir würden sagen: der Anthropologie – vom Augenblick der Schöpfung an durch den Geist oder *logos* Gottes in die Welt hineingeraunt worden war. Die Abhandlung des Irenäus erhielt den Namen *Darlegung der apostolischen Verkündigung*. Sie zeigt beispielhaft die Bedeutung der allegorischen Interpretation der jüdischen Schriften für alle Formen des christlichen Diskurses nach Justin dem Märtyrer. Wo auch immer man einen Text aus dem 3. Jahrhundert aufschlägt, sei es Klemens von Alexandria, Tertullian, Hippolyt, Origenes, Cyprian oder andere, wird dieselbe Besessenheit von den jüdischen Schriften sichtbar. Ohne die jüdischen Schriften wäre der christliche Mythos in den zentristischen Überlieferungen verkümmert.

Von Origenes an läßt sich ein Interesse daran entdecken, die jüdischen Schriften in einem einzigen Kodex für den christlichen Gebrauch zusammenzufassen. Origenes ist auch berühmt für seine *Hexapla*, ein gelehrtes Werk, das eine ausgewählte Gruppe jüdischer Schriften, die auf dem Weg waren, zum christlichen Alten Testament zu werden, in parallelen Kolumnen aufführte – einmal den hebräischen Text, dann eine griechische Transliteration des hebräischen Textes und vier griechische Übersetzungen. Da Sammlung Auswahl bedeutet, findet man von dieser Zeit an auch Listen von Texten. Diese Listen führen im allgemeinen übereinstimmend die fünf Bücher Mose, die Bücher der Könige, die Propheten, die Psalmen und eine kleine Auswahl aus den «Schriften» auf, darunter Hiob, Proverbien, das Hohelied und Prediger. Die Listen stimmen nicht miteinander überein, wenn es um eine Auswahl anderer Schriften geht, etwa um Esther, Baruch, Sirach oder die Makkabäerbücher. Auch was die Anordnung der Bücher betrifft, gehen sie auseinander. Vom späten 2. und frühen 3. Jahrhundert an liegen uns Listen von Melito von Sardes und Origenes vor. Bei Melito begegnen uns auch die Begriffe des «Alten» und des «Neuen Testaments» (Campenhausen, 1968, 266–268, 293). Vom 4. Jahrhundert an besitzen wir Listen von Kyrill von Jerusalem, Hilarius von Poitiers, Epiphanius von Cyrus, Athanasius von Alexandria und Hieronymus. Wir verfügen auch über Zeugnisse, die belegen, daß Christen Abschriften dieser jüdischen Texte in Form eines Kodex anfertigten. Das bedeutet, daß sie ausgewählt wurden, um in einem einzigen Buch zusammengebunden zu werden. Die Codices mit den Namen *Vaticanus*, *Sinaiticus* und *Alexandrinus* stammen alle aus der Zeit von der Mitte des 4. bis zur Mitte des 5. Jahrhunderts. Obwohl sie, was Anzahl und Anordnung der enthaltenen Bücher betrifft, nicht übereinstimmen, ist deutlich, daß die Christen fast soweit waren, die jüdischen Schriften als Altes Testament zu verstehen, als eine Sammlung von Texten, die in Verbindung mit einer Auswahl frühchristlicher Schriften, die das Neue Testament ausmachten, die christliche Bibel hervorbringen sollte.

Was die Texte angeht, die wir heute als das Neue Testament bezeichnen, so verlief die Geschichte der Sammlung, der Anfertigung von Listen und der Herstellung von Codices ähnlich wie im Fall der jüdischen Schriften. Gegen Ende des 1. Jahrhunderts war eine wachsende Sammlung von Paulusbriefen im Umlauf, und sie scheint ein Vorbild dafür geschaffen zu haben, Literatur zusammenzuhalten, die anderen apostolischen Verfassern zugeschrieben wurde. Markions Sammlung eines kleinen Zyklus von als authentisch geltenden «paulinischen» Schriften und seine Ablehnung der gesamten übrigen frühchristlichen Literatur spornte – ähnlich wie im Fall der jüdischen Literatur – die Sammlung und Verteidigung apostolischer Schriften an. Justin konterte, indem er sich auf die Apostel als Übermittler der Evangelien berief, die er als ihre «Memoiren» bezeichnete. Tatian schuf um das Jahr 170 eine Harmonie der vier Evangelien in syrischer Sprache. Wenig später wandte sich Irenäus gegen die gnostischen «Häresien», indem er sie mit der Wahrheit der vier Evangelien verglich und feststellte, die Gründer verschiedener gnostischer Schulen, wie etwa Valentinus, seien keine Apostel gewesen, und behauptete, allein die apostolische Überlieferung könne für die christliche Wahrheit bürgen. Er verwendete auch die Begriffe *Altes Testament* für die jüdischen Schriften und *Neues Testament* für die apostolischen Schriften und machte geltend, beide zeugten für denselben Gott, dieselbe Wahrheit und denselben Glauben – für das, was auf dem Wege der Sukzession der Bischöfe in der Kirche mündlich von den Aposteln überliefert worden war.

Dieses Interesse an «apostolischen» Schriften wurde zu einem gemeinsamen Kennzeichen der Gelehrten des frühen 3. Jahrhunderts. Tertullian etwa nannte vier apostolische Evangelien, dreizehn Paulusbriefe, die Apostelgeschichte, die Offenbarung und jeweils einen Brief von Johannes, Petrus und Judas. Klemens von Alexandria bezog sich auf die vier Evangelien, die Apostelgeschichte, vierzehn Paulusbriefe (einschließlich des Hebräerbriefs), jeweils einen Brief von Petrus und Judas, zwei Briefe von Johannes und die Offenbarung. Etwa um diese Zeit begann auch die gelehrte Kritik früher Texte, etwa in Gestalt eines Disputs über die Echtheit des Petrusevangeliums, in dessen Folge Serapion von Antiochia um das Jahr 200 seine Lektüre in den Kirchen Syriens zu unterbinden versuchte. Origenes schrieb gelehrte Kommentare über viele dieser frühchristlichen Schriften, darunter auch seinen berühmten Kommentar zum Johannesevangelium. Aus dieser Zeit liegt jedoch noch kein Zeugnis für die Existenz eines geschlossenen Kanons vor. Klemens und Tertullian etwa zitierten Texte wie den Hirten des Hermas, den Barnabasbrief, den 1. Klemensbrief, die Sibyllinischen Orakel und montanistische Weissagungen im gleichen Atemzug mit den Schriften, die später das Neue Testament werden sollten. Und selbst wenn vom 4. Jahrhundert an Listen frühchristlicher Schriften angefertigt wurden, die für die Lesung in den Kirchen geeignet waren, bestand keine Übereinstimmung darüber, welche aufgenommen werden sollten. Das lag daran, daß die apostolische Verfasserschaft in Frage gestellt werden konnte und verschiedene Gruppen von Kirchen unterschiedliche Sammlungen von Schriften haben konnten, die ihnen vertraut geworden waren und denen sie parteiisch gegenüberstanden.

Das Ereignis, das zur Schaffung der christlichen Bibel führte, war die Bekehrung Konstantins und die plötzliche Umkehrung der Stellung der christlichen Kirchen innerhalb des Reiches. Konstantins Bekehrung wird häufig auf das Jahr 313 datiert. Im Jahre 324 wurde er zum Alleinherrscher im Römischen Reich, im Jahre 325 berief er das erste Konzil christlicher Bischöfe in Nicäa ein. Man könnte meinen, die christlichen Kirchen seien auf eine so folgenschwere Veränderung der Umstände nicht vorbereitet gewesen. Doch innerhalb weniger Jahre unter Konstantins Drängen war die Landschaft mit Baptisterien und Basiliken übersät, hatte man den Ort des leeren Grabes «entdeckt» und dort die Grabeskirche errichtet, verkündete die christliche Ikonographie der Welt ihre Motive, versammelten sich Bischöfe, um sich über die christliche Lehre zu einigen, wurde das Ritual geregelt und der Festkalender festgelegt, nahm die Frömmigkeit die Form der Wallfahrt und das Heil die Gestalt des ewigen Lebens in der himmlischen Welt an und breitete sich das Christentum aus.

Kann es verwundern, daß zu dieser Zeit auch die jüdischen Schriften und die apostolischen Schriften zur christlichen Bibel umgewandelt wurden? Zu den wichtigsten Ereignissen auf diesem Weg gehören eine kleine Aufgabe, die Konstantin Eusebius, dem Bischof von Cäsarea, um die Zeit zwischen 325 und 330 auftrug, ein Festbrief des Athanasius von Alexandria in Vorbereitung auf Ostern im Jahre 367 sowie Hieronymus' Übersetzung der Schrift ins Lateinische im Jahre 382. Konstantin bat Eusebius um fünfzig von professionellen Transkribenten entworfene Abschriften «der heiligen Schriften» für die neuen Kirchen, die er in Konstantinopel errichten lassen wollte. Eusebius sagt nicht, daß darin sowohl die jüdischen Schriften als auch die frühchristlichen Schriften Aufnahme fanden, doch die Forschung geht davon aus. An anderer Stelle listet Eusebius die Schriften des «Neuen Testaments» auf (*Historia Ecclesiastica* 3, 25) und unterscheidet (1) jene, deren apostolische Echtheit außer Frage stand, von (2) jenen, deren apostolische Verfasserschaft umstritten war oder die eindeutig nicht echt waren. Laut Eusebius bestand Übereinstimmung hinsichtlich der vier Evangelien, der Apostelgeschichte, der Paulusbriefe, des 1. Johannes- und des 1. Petrusbriefs. Zu den umstrittenen Schriften zählten der Jakobusbrief, der 2. Petrusbrief sowie der 2. und 3. Johannesbrief. Eindeutig unecht waren danach die Paulusakten, der Hirte des Hermas, die Petrusapokalypse, der Barnabasbrief und die *Didache*. Einige hielten die Offenbarung für echt, andere für unecht. Dies ist eine wertvolle Information aus den ersten Jahren des Christentums als Reichsreligion. An diesem Punkt bestand offenbar Übereinstimmung hinsichtlich des Kriteriums der Apostolizität, aber nicht darüber, welche Bücher apostolischen Ursprungs waren. Und die Problematik, die hinter den umstrittenen Büchern bestand, lag, so sollte man betonen, nicht darin, ob sie in einen abgeschlossenen Kanon aufgenommen oder aus ihm ausgeschlossen werden sollten, wie konservative Forscher stets angenommen haben, sondern darin, ob ihre Zuordnung zu einem Apostel authentisch war. Es ging um eine Frage auf der Ebene gelehrter Diskussion und Kritik.

Wir wissen nicht, welche Bücher Eusebius für Konstantin abschreiben ließ, können aber erkennen, daß die Anfrage des Kaisers für Eusebius eine einigermaßen große Herausforderung darstellte und daß er sich bei ihrer Erfüllung viele Gedanken gemacht hatte. Sein Handeln legt nahe, daß es nur noch eine Frage der Zeit sein sollte, bis die Bischöfe sich über ihre «inspirierten Orakel», wie Eusebius sie nannte, einigten und sie der römischen Welt als gemeinsame Basis für eine christliche Autorität vorstellten. Der Druck war gegeben, weil Konstantin das Christentum als monolithische Religion betrachtete und die Einigung der Bischöfe wünschte. Prinzipien und festlegende Prozeduren standen auf der Tagesordnung. Eusebius wurde – in seiner Eigenschaft als prominenter Bischof, Gelehrter und Historiker eines mächtigen, angesehenen Zentrums christlicher Aktivität – aufgefordert, Konstantin zum Verständnis dessen zu verhelfen, was wir als den grundlegenden christlichen Mythos und Ritus bezeichnen würden. Abgesehen von der Bereitstellung der Abschriften der heiligen Orakel für Konstantinopel bat Konstantin Eusebius auch darum, ihn über Ostern aufzuklären, das er als das dem Kern der neuen Religion am nächsten stehende christliche Fest betrachtete. Mit scharfsinniger Erkenntnis sagte die Mutter Konstantins, die Mutterkirche sollte in Jerusalem errichtet werden, wo man Ostern am angemessensten feiern könne. Konstantin stimmte zu, brauchte aber die Orakel und eine Beschreibung des Rituals, um zu wissen, wo und wie er die Kirche errichten sollte. Außerdem war er darauf angewiesen, daß sich das Konzil von Nicäa über das Datum des Festes einigte. Aus Konstantins Sicht waren all diese Manöver, sobald er beschlossen hatte, das Christentum zur offiziellen Reichsreligion zu machen, eine Frage der praktischen Notwendigkeit. Allerdings ergaben sich daraus tiefgreifende Konsequenzen auf der Ebene der christlichen mythischen Mentalität. Eines der wahrhaft erstaunlichen Kennzeichen der Transformation, die das Christentum unter Konstantin erlebte, bestand in der Annahme des mythischen Rationales, das der Auswahl der Orte für die christliche Anbetung zugrunde lag. Jonathan Z. Smith (1987) hat uns geholfen, die Bedeutung dieser Veränderung für den späteren christlichen Mythos, für Mentalität, Architektur und Wallfahrtswesen zu begreifen. In der Zeit nach Konstantin sollten wundersame Ereignisse und heilige Relikte Orte als heilig sowie der Wallfahrt und Verehrung würdig auszeichnen. Die Grabeskirche war die erste Kirche, die im «Heiligen Land» errichtet wurde, doch innerhalb weniger Jahre übersäten viele Kirchen die Landschaft in Palästina, und sie alle waren – als Erinnerung an in der Schrift dokumentierte Ereignisse – an heiligen Orten erbaut worden. Sofort setzten Wallfahrten ein, und – wie Smith bezüglich der *Wallfahrt der Egeria* anmerkt – «Erzählung und Text, liturgische Handlung und ein einzigartiger Ort wurden zueinander in Entsprechung gebracht».

Eusebius muß eine Liste von Schriften angefertigt haben, die für eine Aufnahme in die christliche Bibel in Betracht kamen, sagte aber nicht, welche er für Konstantin abschreiben ließ, ob auch das Alte Testament aufgenommen wurde oder welche Bücher zu diesem Ensemble gehörten. Der Festbrief des Athanasius dagegen listete sowohl die Schriften auf, die die Christen als Altes Testament erachten sollten, als auch jene, die es ins Neue Testament aufzunehmen galt. Athanasius' Liste der neutestamentlichen Schriften ist identisch mit jener in der christlichen Bibel, abgesehen von einer anderen Stellung der «katholischen» Briefe (Jakobus, Petrus, Johannes und Judas), die er unmittelbar hinter die Apostelgeschichte und noch vor die Paulusbriefe stellte. Auch die Auswahl der Texte für das Alte Testament kommt der protestantischen christlichen Bibel sehr nahe. Und da Athanasius außerdem die Weisheit Salomos, Sirach, Esther, Judith und Tobit als nützliche Bücher aufführte, die Christen für eine vorbereitende Unterweisung in der christlichen Religion verwendeten, steht seine erweiterte Liste auch der katholischen christlichen Bibel sehr nahe. Weitere Listen sollten zwischen dem 4. und dem 5. Jahrhundert entstehen, was zeigt, daß eine vollkommene Übereinstimmung zu keiner Zeit erreicht wurde. Das war darauf zurückzuführen, daß lokale Traditionen sich als stark erwiesen und die Praxis auch weiterhin bestimmten. Die Kirchen waren in unterschiedlichen Konstellationen mit den Machtzentren in Rom, Konstantinopel, Antiochia, Cäsarea, Jerusalem, Alexandria und Karthago verbunden. Für bestimmte Zeit kämpften diese Zentren um die Kontrolle über den ideologischen und politischen Einfluß auf das Gesamtreich, doch schließlich zogen sie sich, wie die Geschichte des Christentums und seiner gegenwärtigen Trennungen zeigt, auf sich selbst zurück und bildeten nationale Kirchen. Es bestand jedoch allgemeine Übereinstimmung über die Gestalt der Bibel, und Athanasius markiert den Punkt, an dem sich die Schriften, die für eine Aufnahme in die christliche Bibel vorgesehen waren, erstmals verfestigten.

Mit Hieronymus wurde aus den Listen und Handschriften der verschiedenen Sammlungen von Schriften die christliche Bibel. Hieronymus wurde in Stridon in Dalmatien geboren und in Rom in lateinischer Literatur und Rhetorik ausgebildet. Seine Bekehrung zum Christentum setzte eine Suche in Gang, die ihn nach Trier, Antiochia, Chalkis und Konstantinopel, dann erneut nach Rom und schließlich nach Ägypten führte. Am Ende seiner Reisen gründete er eine religiöse Gemeinschaft in Bethlehem, wo er sich für den Rest seines Lebens dem Studium widmete (389–420). Er war ein Gelehrter, Historiker und Mönch, dessen Ausbildung in lateinischer Literatur vom römischen Bischof Damasus zur Kenntnis genommen wurde, der ihn bat, eine Anzahl älterer lateinischer Übersetzungen der Evangelien zu verbessern und zu standardisieren. Es war dieser Wunsch nach einer standardisierten, volkstümlichen Übersetzung der Schrift ins Lateinische, die zur christlichen Bibel führte. Ein Teil der Faszination hat mit der Liste von Schriften zu tun, die ins Alte Testament aufgenommen werden sollten. Hieronymus zeigte sich beeindruckt von Melitos Liste der hebräischen Schriften und hätte das Alte Testament vermutlich darauf begrenzt, hätte nicht Augustinus eingegriffen und eine erweiterte Liste befürwortet. Augustins Liste ist jener des Athanasius sehr nahe, und Augustinus setzte sich durch, wenn wir auch nicht sicher sein können, warum Hieronymus einwilligte. In jedem Fall wurde die von ihm geschaffene lateinische Übersetzung bis zur protestantischen Reformation im 16. Jahrhundert zur Standardbibel der römischen Kirche und der westlichen Kultur. Sie ist in der römisch-katholischen Kirche noch immer als *Vulgata* oder «volkstümliche» Bibel sowie in der Douai-Version zugänglich – einer im 16. Jahrhundert geschaffenen Übersetzung der Vulgata ins Englische. Sowohl in römisch-katholischen als auch in protestantischen Kreisen übergehen moderne Bibelübersetzungen die lateinische Übersetzung des Hieronymus und gründen ihre Arbeit auf die hebräischen und griechischen Handschriftenüberlieferungen. Doch auch wenn Hieronymus' Latein bei der Herstellung biblischer Texte und Übersetzungen keine entscheidende Rolle mehr spielt, so bestimmen seine Auswahl der aufzunehmenden Schriften und die Anordnung, die er ihnen gab, in vielen modernen Ausgaben noch immer die Gestalt der Bibel.

Als die jüdischen Schriften und die apostolischen Schriften zu einem einzigen Buch vereint wurden, hatte die Kirche ihre Geschichte endlich geklärt. Die Bibel konnte zur Begründung des Anspruchs auf Altehrwürdigkeit herangezogen werden und als christliches Epos dienen. Texte, Traditionen und Geschichte bedeuteten aus der Sicht von Menschen, die ihre kulturelle Prägung während des griechisch-römischen Zeitalters erfahren hatten, Ehre, aus der Sicht der römischen Bürokratie Legitimität. Daß die Geschichte unglaubhaft und das Alte Testament – außer für christliche Exegeten und Theologen – kaum verständlich war, schien nichts auszumachen. Im Grunde wirkte sich das sogar zum Vorteil der christlichen Führer aus, da allein sie sagen konnten, was sein wirklicher Sinn war. Im übrigen – was erwartete man von Orakeltexten anderes? Die allegorische Auslegung antiker Mythen war gebräuchliche Praxis, und die Entschlüsselung von Zeichen und Wundern galt als professionelle Fertigkeit. Was Christen am Alten Testament als überaus hilfreich empfanden, zumal nun die Zeit der Abfassung von Literatur «gegen die Juden» (vorübergehend) der Vergangenheit angehörte und sie nicht mehr all ihre exegetischen Energien dafür aufzuwenden brauchten, Weissagungen auf Christus hin und Urteile gegen die Juden zu finden, waren die exemplarischen Gestalten der Tugend und Frömmigkeit, die nun den Horizont des Alten wie des Neuen Testaments auszufüllen schienen. Tugend und Frömmigkeit waren genau das, was Christen gegenüber den Römern bei ihrer Forderung nach Anerkennung hervorgehoben hatten. Wenn das Alte Testament jetzt ruhmreiche Beispiele christlicher Tugenden hervorbrachte und sich diese als Motiv oder Strömung der Frömmigkeit vom Anfang bis zum Ende des Alten Testaments, das heißt vom Anfang der Welt bis zum Kommen Christi, verfolgen ließ, war der Kampf um die jüdischen Schriften gewonnen. Die Kirche konnte sich nun den vielen anderen Dingen zuwenden, die Aufmerksamkeit beanspruchten, nachdem das Christentum zur offiziellen Reichsreligion geworden war.

Bei jeder neuen Wendung im Zuge der formalen Transformation der Kirche in eine Reichsreligion war es mehr als ein glücklicher Umstand, daß die Bibel nun etabliert war. Dies war absolut notwendig. Ohne diese Texte, ohne das Alte und Neue Testament, hätte die Kirche niemals eine geeignete Stiftungsurkunde gehabt, die sie aus der Sicht des 4. Jahrhunderts als legitime Religion erwies. Mit Hilfe dieser Texte konnte die Kirche behaupten, sie besitze eine feste Grundlage für ihr mythisches und rituelles System. Das Alte Testament warf Licht auf die Altehrwürdigkeit der Theologie und des Glaubensbekenntnisses der Kirche. Die Evangelien boten einen Bericht über den Ursprung und die Sendung der Kirche im Lichte des Alten Testaments. Die Evangelien und die Briefe kreisten um die einzigartigen Ereignisse des letzten Abendmahls und des Todes Christi und lieferten somit das Textbuch für den Mythos und das Ritual des Christentums. Und die apostolische Literatur stellte ein Mandat für die Mission der Kirche in der Welt und für die Sukzession ihrer für ihre gesellschaftlichen Institutionen verantwortlichen Bischöfe zur Verfügung. Damit ist jedoch noch nicht alles gesagt.

Das Christentum wurde in der Folge von zwei starken Wünschen vorangetrieben. Der eine bestand darin, die Expansion des Christentums fortzuführen. Das biblische Mandat dafür fand man im «Missionsauftrag» Christi und in dem Auftrag an die Apostel, das Evangelium zu den Völkern zu bringen, aber auch in der narrativen Logik einer Geschichte, die noch nicht an ihr Ende gelangt war. Das Ziel lag darin, für das Ende des biblischen Epos zu wirken, indem man die ganze Welt zum Christentum bekehrte. Die Schubkraft richtete sich nach vorne, nach außen, ins Globale. Der zweite Wunsch bestand darin, und sei es nur in der Vorstellung, in das «Heilige Land» «zurückzukehren», in dem sich die für den Ursprung der Religion bedeutsamen und für den christlichen Glauben wichtigen Ereignisse zugetragen hatten. Diese Eigentümlichkeit der christlichen Vorstellungskraft, aufgrund derer eine Nacherzählung ihres Mythos gleichzeitig zur Erinnerung an «historische» Ereignisse wurde, verband sich in Konstantins Programm mit einem griechisch-römischen

Sinn für Heiligtümer und den Totenkult. Als Folge ergab sich eine kraftvolle, wenn auch unausgesprochene Begründung für Wallfahrten nach Palästina, die im 4. Jahrhundert einsetzten. Spätere – zum Teil reale, zum Teil als Surrogat konzipierte – Formen der christlichen Wallfahrt zeigen, wie tiefgreifend dieses mythische Bewußtsein die christliche Vorstellungskraft bestimmte. Man muß nur an die Kreuzzüge des 9. und 10. Jahrhunderts erinnern, an die für das Christentum des Mittelalters und die Renaissance typischen Liturgien für die Prozession zu einem Heiligtum zwecks Meditation sowie an die Anziehungskraft, die das «Heilige Land» in unserer eigenen Zeit auf christliche Pilger und Touristen ausübt. In diesem Fall ist die Stoßrichtung rückwärtsgewandt, innerlich und auf einen speziellen Ort ausgerichtet.

Der Spannung zwischen diesen beiden Ausrichtungen wohnt eine tiefe Ironie inne. Beide ergaben sich aus der konstantinischen Revolution und dem Nimbus, der durch die Zusammenfügung von Altem und Neuem Testament zur christlichen Bibel geschaffen wurde. Der ursprüngliche Anspruch auf die epische Tradition Israels, der während des gesamten 2. und 3. Jahrhunderts zur Geltung gebracht wurde, beruhte auf der Verwüstung Jerusalems und der mangelnden Entsprechung zwischen der Verheißung der epischen Überlieferung und dem Urteil der Geschichte. Die Verwüstung Jerusalems zeigte, daß das Epos in Wirklichkeit nicht auf die Errichtung eines Tempels in Jerusalem zielte. Deshalb konnten die Christen als Erben dessen auftreten, was sie als globale Verheißung der epischen Überlieferung verstanden. Es war die Verwüstung Jerusalems, die es den Christen ermöglichte, dem Judentum das Epos zu entwinden und es als eine Geschichte der Absicht Gottes zu lesen, die Grenzen seines Volkes auszuweiten, so daß es die gesamte, weite christliche Welt umfaßte. Warum bitte sollten Christen nach Palästina zurückkehren und die Mutterkirche des Christentums in Jerusalem errichten wollen? Nichts in der Logik der christlichen Aneignung der epischen Überlieferung Israels erforderte eine christliche Wallfahrt nach Palästina. Nichts in der lukanischen Apostelgeschichte oder in dem von den Bischöfen konstruierten apostolischen Mythos legte eine Wallfahrt nach Jerusalem oder die globale Mission eines sich beständig ausweitenden Reichschristentums nahe. Es war die entstehende christliche Welt, das Mündigwerden einer Weltreligion, die dafür verantwortlich waren. Angesichts der etablierten Rituale zur Erinnerung an die Ursprünge einer gesellschaftlchen Institution, Rituale, die auf dem Mythos eines gekreuzigten und auferstandenen Christus basierten, schien es nur richtig, daß der jüdische Tempel in Trümmern lag, während die Grabeskirche seinen Platz einnahm. Sowohl der Mythos als auch die Rituale waren im Neuen Testament dokumentiert, wo sich, seitdem Altes und Neues Testament zusammengefügt worden waren, zeigen ließ, daß

Gottes Logik im Grunde nach einer christlichen Erlösung dieses verwüsteten Landes verlangte. Daher wurden die Logik der jüdischen Schriften und die der apostolischen Schriften im Zuge der Erschaffung der Bibel ein weiteres Mal neu gedeutet. Die Bibel sollte nunmehr ihrerseits zur mythischen Schablone der nachfolgenden christlichen Mentalität werden. Es sollte innerhalb der christlichen Vorstellung stets zwei in Spannung zueinander stehende Stoßrichtungen geben, und die christliche Geschichte sollte von zwei treibenden Kräften geleitet werden.

Man kann den Einfluß der Bibel und ihre zweifache Ausrichtung vom 4. Jahrhundert bis in die Moderne verfolgen. Die Metaphorik und der Einfluß der Bibel kommen in den Örtlichkeiten und Namen der Kirchen zur Geltung, die im 4. Jahrhundert in Palästina errichtet wurden, in den Tagebüchern von Pilgern aus dem 4. und 5. Jahrhundert, in der Ikonographie der im 5. und 6. Jahrhundert erbauten Basiliken sowie in der Überlagerung des julianischen Kalenders durch christliche Feste, durch die der als Kirchenjahr bezeichnete Evangelienzyklus geschaffen wurde. Der biblische Einfluß setzte sich fort in der Entwicklung der kreuzförmigen Architektur, der christlichen Mission in ganz Europa, der Begründung für die Kreuzzüge, der epischen Ikonographie der mittelalterlichen Kathedralen und in den Karten, die Kolumbus verwendete, um seine Entdeckungsreisen kartographisch zu erfassen. Die Bibel lieferte außerdem die strukturelle Grundlage für die protestantische Reformation, die katholische Liturgie der Kreuzwegstationen, die christliche Mission im Zeitalter der modernen Reiche, die Rhetorik der Verantwortung in der amerikanischen Politik und die moderne Kunst eines Marc Chagall.

Und so führt uns die Geschichte der Bibel schließlich wieder zu unserem Ausgangspunkt zurück – zum Nimbus dieser heiligen Schriften in unserer modernen Welt. Nachdem wir dieser Geschichte bis zu dem Punkt der Gestaltung der Bibel gefolgt sind, können wir nun diesen Nimbus hinterfragen, einige Beobachtungen darüber anstellen, auf welche Weise die Bibel unsere kulturellen und gesellschaftlichen Unternehmungen nach wie vor beeinflußt, und der Frage nachgehen, wie hilfreich ihre Mythologie für ein postmodernes Zeitalter sein kann.

Epilog: Die Faszination der Bibel

Die Bibel wurde geschaffen, als das Christentum zur Religion des Römischen Reiches wurde. Es war ein überaus glänzendes Arrangement. Ein irdischer König tat sich mit den Priestern des himmlischen «Reiches Gottes» zusammen, und gemeinsam nahmen sie das Erbe des großartigen Planes Gottes für die Menschheit für sich in Anspruch. Die Bibel dokumentierte diesen Plan und seine bewegte Geschichte von Anbeginn der Welt an. Der Plan und die Geschichte waren allumfassend. Der unermeßliche kosmische Rahmen und der weite Bogen der Darstellung, der sich wie ein ununterbrochener Faden durch die gesamte menschliche Geschichte zog, kündeten von der Suche nach einem gerechten, funktionierenden Reich, das die Übel der Welt heilen und die Völker zur Erkenntnis des einen wahren Gottes und zum Dienst an ihm zu bringen vermochte. Gegen Ende dieser Geschichte, am entscheidenden Punkt der Offenbarung, als man erkannte, daß der Plan Gottes auch die Völker mit einschloß und der ganzen Welt verkündigt werden konnte, wurde der christlichen Kirche – wie zuvor Israel – der Auftrag zuteil, die Suche nach dem Reich zu verkörpern und dafür zu sorgen, daß es zustande kam. So konnte nach der Bekehrung Konstantins das jahrhundertealte Modell des Tempelstaates erneut wirksam werden, und es begann die Geschichte des Christentums. Der König und der Priester hatten einander schließlich im Licht dieser neuen Ordnung gesehen, und man legte die Grundlagen für ein Zeitalter des spannungsvollen Gleichgewichts zwischen Zepter und Bischofsstab, ein Zeitalter, das – ohne jegliche Reform – über die nächsten tausend Jahre andauerte. Das «Reich Gottes», das die Kirche im Sinne hatte, entsprach nicht genau den Reichen der Könige. Doch die Kirche hat nur selten so merkwürdige Gedanken gehegt. Man bedenke – die Kirche hatte endlich ihre Stellung auf dem Gipfel der Macht gefunden. Sie hatte die Macht der Götter in Händen, mit der sie den Geist der Völker, der Welt, der Könige hier unten formen konnte. Damit war sie den Königen, die lediglich die Arbeit überwachten und über die Macht verfügten, in Fragen von Leben und Tod zu entscheiden, mehr als ebenbürtig.

Die katholischen Kirchen neigten stets zu der Auffassung, sie verkörperten mittels ihrer eigenen institutionellen Strukturen das «Reich Gottes» auf Erden, indem sie innerhalb der Reiche dieser Welt religiöse Vereinigungen und Enklaven schufen, die eine reale Erinnerung an die allumfassenden geistigen Welten des ewigen Himmels und der ewigen

Hölle darstellten. Die protestantischen Kirchen neigten stets dazu, das «Reich Gottes» repräsentieren zu wollen, indem sie als kritische Stimme innerhalb der Gesellschaft wirkten und die Menschen – häufig unter Androhung einer apokalyptischen Alternative – dazu aufforderten, sich auf ein künftiges Leben im Himmel vorzubereiten. In beiden Fällen haben die Kirchen ihren Platz in der Gesellschaft ganz selbstverständlich – bequem als Institutionen mit religiösen Privilegien – eingenommen, während sie ein «Reich» repräsentierten, das in ihren eigenen Gemeinschaften nicht vollständig Gestalt annehmen mußte. Daß sie das «Reich Gottes» auf Erden verkörpern, verleiht den Kirchen eine eigenartige Form der Autorität. Sie können die Gesellschaft insgesamt zur Ordnung rufen, weil sie den Maßstäben Gottes nicht entspricht, während sie zugleich auf eine andere Zeit und einen anderen Ort hinweisen, da das «Reich Gottes» endlich offenbar werden wird. Die Kirche selbst ist von dieser Gesellschafts- und Kulturkritik auf merkwürdige Weise ausgenommen.

Um ihr Recht beanspruchen zu können, mit Vollmacht zu sprechen, muß die Kirche stets die Bibel als ihren Besitz bewahren. Die Bibel schafft die Aura eines universalen Plans und garantiert der Kirche ihre Charta und ihren Auftrag, diesen Plan in der Geschichte der Völker dieser Welt zu repräsentieren. Ohne die Bibel erschiene die Kirche als lächerlich. Wie sollte sie sonst verifizieren, was sie zu wissen behauptet? Wie könnte sie auf das hinweisen, was sie verkörpert? Woher hätte sie irgendeine Vollmacht zu sprechen? Warum sollte eine funktionierende Gesellschaft sich ihr Schelten gefallen lassen? Mit der Bibel in der Hand kann die Kirche jedoch wesentlich mehr repräsentieren, als sie jemals zur Schau stellen muß. Sie kann das menschliche Streben nach dem «Reich Gottes» verkörpern, das gemäß der Bibel vom Beginn der Schöpfung an Teil des Planes Gottes war. Und sie kann wissen, wie die Geschichte enden wird. Was könnte man mehr verlangen?

Man hat die Bibel angeführt, wo immer sich die Kirche zu äußern wagte. Sie ist das Einzige innerhalb der christlichen Religion, das alle Formen des Christentums gemeinsam haben. Die Kraft ihrer Epik wird nirgends deutlicher als darin, wie die Bibel wirkt, wenn die Kirche mit ihrer Heilsbotschaft einer anderen Kultur entgegentritt. Bekehrung ist ein komplizierter Vorgang, insbesondere dann, wenn die Menschen einer anderen Kultur auf christliche Missionare treffen, die mit Hilfe der weltlichen Macht ihrer Könige die Szenerie betreten. Die Rolle der Bibel als Epos mag nicht eindeutig sein, und die Bibel selbst mag nicht als das Dokument wahrgenommen werden, das eine radikale Neuorientierung des Geschichtsbewußtseins und der Identität eines Volkes erzwingen wird. Und doch ist es genau das, was unvermeidlich geschieht. Über nahezu zweitausend Jahre hinweg hat die Kirche ein Volk nach dem anderen auf eine Linie mit der biblischen Epik und der sich daraus ergebenden Geschichte der westlichen Zivilisation gebracht. Die ruhmreichen Traditionen der eigenen Kultur eines Volkes sind ausnahmslos in den Schatten gedrängt worden, wenn nicht sogar von einer vollständigen Beseitigung aus dem kollektiven Gedächtnis bedroht gewesen. Um die christliche Religion annehmen zu können, mußten die Menschen ihr Denken stets der ziemlich ungewöhnlichen Vorstellung der Zugehörigkeit zu einem Volk und einer Geschichte anpassen, die nicht wirklich die ihren waren.

Damit konfrontiert zu sein, zwei Geschichten zu haben, die Geschichte des eigenen Volkes und die christliche Epik der Bibel, erfordert eine erstaunliche Gehirnakrobatik. Stellen Sie sich vor, Sie kennen die Geschichte Ihres Landes, Ihres Volkes, die Überlieferungen Ihrer Vorfahren, werden aber als Kind Abrahams angesprochen, als Erbe der Geschichte Israels, der die Weisungen des Mose empfangen hat, von den Propheten verurteilt, erlöst durch Christus und erleuchtet durch die Apostel. Das ist die Geschichte, die es anzunehmen und zu verinnerlichen gilt, wenn man sich bekehrt und sich Gedanken über die Ewigkeit macht. Es ist die einzige Geschichte, die bei der letzten Abrechnung zählt. Doch wie kann ein Volk zwei Geschichten haben? Wie können beide – diese und die eigene Geschichte – wahr sein? Und selbst wenn man weiß, daß nicht beide in gleichem Maße wahr sein können, so muß stets die biblische Geschichte die Oberhand gewinnen, wenn man Teil des Marsches der westlichen christlichen Kultur bleiben will oder muß. Die Bejahung dieser Geschichte war der Preis, den es zu zahlen galt, wollte man Zugang zur westlichen Zivilisation erhalten. Die meisten Menschen haben diesen Preis in voller Höhe bezahlt. Und die Geschichte dauert noch immer an.

Bevor Coca Cola und die Bibel auf einer kleinen Insel in Südostasien an den Strand gespült wurden, pflegten die Xantu auf den richtigen Augenblick zu warten, um den Hai zu jagen, auf dem Gehäuse einer Meeresschnecke zu blasen, sobald einer getötet worden war, die Trommeln zu schlagen, um das Volk zum Fest zusammenzurufen, und Geschichten über ihren jahrhundertealten Vertrag mit dem «großen Hai» zu erzählen, nicht mehr zu töten, als sie für ihre Ernährung brauchten. Nach dem Eindringen der westlichen christlichen Kultur jagten sie Haie für Geld, gaben es in der Kantine aus, lernten, mit der Bibel auf die Kanzel zu schlagen, und warnten die Frauen und Kinder, die dort in den Reihen der Kapelle saßen, sie würden, wenn sie nicht an Jesus als ihren Heiland glaubten, in die Hölle kommen und dem ewigen Feuer verfallen. Ich habe versucht, mir die geistigen Purzelbäume vorzustellen, die sie schlugen, als sie erstmals dem christlichen Epos begegneten. Ich habe über die Ungläubigkeit meiner eigenen schwedischen Vorfahren nachgedacht, als sie – in ihrem Falle durch das Schwert – bekehrt wurden. Was haben sie Ihrer Meinung nach gedacht, als sie erstmals etwas über Adam, Abraham und Christus erfuhren und dann entdeckten, daß ihre eigenen Vorfahren, Helden und Götter nunmehr als Halbgötter und Waldgeister im Schatten weilen mußten? Ich habe über die Kühnheit der christlichen amerikanischen Indianer gestaunt, die versuchten, etwas von ihren eigenen kulturellen Überlieferungen wiederzugewinnen, obwohl sie wußten, daß diese Traditionen von jenen, die ihnen das Evangelium gebracht hatten, systematisch zerstört worden waren. Vielleicht war ich deshalb so ernüchtert, als ich den Häuptling der Xantus sagen hörte, er habe, als die christlichen Missionare erstmals kamen, nicht gewußt, weshalb sie seine Geschichten und seine Kultur zerstören wollten, und nun, da sie sie zerstört hätten, kenne er den Grund noch immer nicht.

Meine koreanischen Studenten an der School of Theology in Claremont erzählen, sie wüßten aus jüngster Erfahrung, was es bedeutet, sich zum Christentum zu bekehren, und die von der historischen Vorstellungskraft verlangte Akrobatik sei nicht schwer auszuführen. Sie wissen, daß sie Koreaner sind, und kennen die Geschichte ihrer Kultur. Sie wissen außerdem, daß sie wahre Kinder Abrahams sind, oder die Kinder des Gottes Abrahams, weil sie Christen sind. Sie sind nach eigener Aussage koreanische Christen. Wenn ich verwirrt mit dem Kopf schüttele, lächeln sie. Sie erzählen mir, Gott habe über die ganze Zeit hinweg die Koreaner vor Augen gehabt, es habe aber lange gedauert, bis die Botschaft sie erreicht habe, weil sich die Juden und die Katholiken, ja sogar die amerikanischen protestantischen Kirchen, die schließlich Missionare zu ihnen sandten, Zeit gelassen und ihre Mission nicht so erfüllt hätten, wie sie es eigentlich hätten tun sollen. Nun, so sagen sie, seien sie an der Reihe. Sie seien diejenigen, welche die Botschaft des Evangeliums rasch in die ganze Welt bringen würden. Und so hat die Geschichte, die im Garten Eden begann, die Geschichte, wie sie in der Bibel erzählt wird, die Erzählung, die in die Geschichte der christlichen Kirchen hinein- und durch die Geschichte der westlichen Zivilisation hindurchfließt, nun auch das kollektive Bewußtsein der koreanischen Christen geprägt. Es ist noch zu früh, um zu sagen, was sie schließlich mit den Erzeugnissen ihrer eigenen Vergangenheit tun werden.

Nach der christlichen Eroberung und der Bekehrung eines Volkes setzt sich die christliche Epik durch, und der biblische Bericht wird selbstverständlich als der Weg hingenommen, auf dem die christliche Wahrheit in die Welt kam. Zu diesem Zeitpunkt übernimmt die Bibel andere Funktionen und wird zum heiligen Text. Heilige Schriften können auf viele unterschiedliche Weisen verstanden werden, und die Bibel bildet diesbezüglich keine Ausnahme. Sie dient als Mythos und rituelles

Textbuch für die christliche Liturgie, als reiches Reservoir an Lektionen für die Unterweisung im christlichen Glaubensleben und in der christlichen Frömmigkeit sowie als Orakel für die tägliche Andacht und den persönlichen Zugang zum Bereich des Geistigen. Im Zuge der Verwandlung des Epos zum heiligen Text etabliert sich zudem die Annahme, daß irgendwo in dieser urzeitlichen Stiftungsurkunde zu jeder Frage von Bedeutung eine Botschaft, Lehre oder Anschauung steckt. Und da die Bibel übervoll ist mit Erzählungen, Gedichten, Gesetzen, antiken Orakeln, Weisungen, Gebeten, Hymnen, antiken Sprüchen, Reden, Argumenten, Visionen und Klagen, erweckt schon die bloße Größe und Komplexität des biblischen Zeugnisses den Eindruck grenzenloser Information. Was braucht man noch?

Daß die Erzählungen der Bibel in antiken, archaischen Sprachen verfaßt sind und sogar in modernen Übersetzungen noch fremd klingen, schadet nicht. Orakel sind stets rätselhaft, und Rätsel haben ihre eigene Aura. Daß die Botschaft verborgen oder schwer zu erkennen ist, gehört mit zur Faszination, die von der Bibel ausgeht. Irgendwo unter den vielen Geschichten und Worten, so meint man, findet sich eine für jedes Zeitalter gültige Wahrheit über den Sinn des Lebens. Christen nennen diese Wahrheit das «Wort Gottes» und verwenden den Begriff, um die Bibel selbst als heiligen Text zu kennzeichnen. Das Wort Gottes ist, so sagen sie, in der Bibel «enthalten», und weil die Bibel in einer schwer verständlichen Sprache geschrieben ist, muß man sie sorgfältig lesen, um ihre Botschaften zu erfassen. Darum scheint es so passend, daß man die Bibel studieren muß.

Allerdings ist es, unabhängig davon, ob man die Bibel eigenständig studiert oder darauf wartet, daß Fachleute diese Botschaft finden, harte Arbeit, nach der Antwort der Bibel auf irgendeine Frage zu suchen. Christliche Pfarrer werden in den protestantischen Seminaren darin ausgebildet, wie man diese Arbeit vollführt. Zunächst muß man eine *Exegese* (von *ek*, aus, von, und *hegeomai*, führen) anfertigen, das heißt die Bedeutung eines Textes «herausarbeiten». Dies wird als eine Übung in historisch-literarischer Kritik verstanden, und man muß zu diesem Zweck Kommentare, Konkordanzen und andere Kompendien der Information befragen, um die «ursprüngliche» Botschaft des Textes zu entdecken. Doch das ist noch nicht alles. Man muß dann lernen, eine *hermeneutische* Interpretation (von *hermeneia*, Deutung) vorzunehmen, das heißt die «Botschaft» des Textes für die Gegenwart zu entdecken. Was für eine lange Liste an exegetischen Methoden, die es zu lernen gilt (um das eigene wissenschaftliche Bewußtsein als kritischer Historiker zu bewahren, der mit antiken Texten umgeht), und was für eine lange Liste hermeneutischer Methoden muß man beherrschen (um die Jahrhunderte zu überbrücken und den Anforderungen an einen modernen christlichen Pfarrer zu genügen)! Und die Mühe! Was für eine Mühe, intensiv über jene antiken Orakel nachzusinnen – auf der Suche nach irgendeiner göttlichen Wegweisung für unsere Zeit! Man bedenke, wieviel an Lebenszeit und Mühe unsere Gesellschaft investiert, in der Hoffnung, die gegenwärtige Bedeutung dieses antiken Wortes Gottes zu erkennen. Ist dies nicht eine merkwürdige Beschäftigung für eine postmoderne Zeit wie die unsere? Weshalb stellt niemals jemand diesen Einsatz unserer Kraft für das Studium dieser Texte aus der Antike in Frage? Und warum lockt eine solche Verzauberung angesichts dieser antiken Schriften niemals ein Lächeln hervor?

Es gibt drei Gründe dafür, daß unser Lächeln ausbleibt. Der erste liegt darin, daß die Bibel als epische Begründung des amerikanischen Traums von der Schaffung «einer Nation unter Gottes Führung, unteilbar, mit Freiheit und Gerechtigkeit für alle» fungiert. Epische Überlieferungen werden immer ernstgenommen. Sie schaffen kulturelle Grundlagen, und es ist gefährlich, sie aufzuheben. Der zweite Grund ist der, daß es sich bei der Bibel um den Mythos und rituellen Text des Christentums handelt. Heilige Texte einer herrschenden Religion sind stets tabu und dürfen niemals in Frage gestellt werden. Der dritte Grund schließlich besteht darin, daß die Bibel in der Sprache und im Handeln des Volkes als Orakel fungiert. Ein Orakel zu diskreditieren ist wie das Berühren eines tabuisierten Problems. Es ist ein sehr verzwicktes Unterfangen. Im Licht unserer Studie über die Gestaltwerdung der Bibel und angesichts dessen, wie unsere Welt am Ende des 20. Jahrhunderts aussieht, nutzen sich diese Gründe jedoch ab. Jeder einzelne Grund verdient eine eingehende Überprüfung auf dem Wege eines ruhigen, maßvollen, kritischen Gesprächs vor dem Forum der Öffentlichkeit. Wir könnten mit einigen Beobachtungen dazu beginnen, wie diese biblischen Funktionen jeweils tatsächlich erfüllt werden. Wenn man mit einem Nimbus konfrontiert wird, ist es stets ein hilfreicher Schritt, ihn zunächst einmal zu erklären. Ich werde diese Funktionen in umgekehrter Reihenfolge erörtern – zunächst die Orakelfunktion, dann die Funktion der Bibel als ritueller Text der Kirche und schließlich die Art und Weise, in der die Bibel als epische Begründung eines amerikanischen Bewußtseins der Präsenz in der Welt fungiert.

Ein transparentes Orakel

Jene, die die Bibel studieren, um eine Antwort auf irgendeine Frage zu finden, behaupten, es funktioniere, es ergäben sich Antworten. Sie meinen damit, daß das Studium der Bibel Erkenntnisse und Weisungen hervorbringt, die auch für die gegenwärtige Situation der Menschheit relevant sind. Dieser Eindruck läßt sich erklären. Es handelt sich dabei um ein zufälliges Nebenprodukt der Form, in der die Bibel zwei unterschiedliche Sammlungen von Schriften – das Alte und das Neue Testament – miteinander verbindet. Die Form der Verknüpfung dieser beiden Sammlungen bildet eine Art Gleichung zur Lösung theoretischer Probleme und bringt eine Art Grammatik des Nachdenkens über menschliche Situationen hervor. Der verblüffende Aspekt dieser Gleichung besteht darin, daß sie automatisch kognitive Funktionen aktiviert, die für jedes menschliche Denken grundlegend sind. Letztlich ist es die Art, in der diese Gleichung das Denken anregt, die der Bibel ihre Faszinationskraft als Buch heiliger Orakel verleiht und den Leser dazu bringt, zu denken, sie berge das Geheimnis eines tiefen Verstehens.

Die Bibel entfaltet ihren Zauber auf der Ebene einer kognitiven Grammatik folgendermaßen. Das Gleichgewicht zwischen dem Alten und dem Neuen begründet eine Gleichung von Vergleich und Unterscheidung. Vergleich und Unterscheidung sind grundlegende Formen, Dinge einzuordnen und über sie nachzudenken (J. Z. Smith, 1982, 19–35). Manche würden sagen, sie seien *die* grundlegenden kognitiven Funktionen. Das Alte und das Neue bilden zudem ein hierarchisch geordnetes Paar, wobei das Neue dem Alten überlegen ist. Alle binären Gegensätze, alle Paare vergleichender oder kontrastierender Begriffe im Bereich menschlichen Denkens sind hierarchisch geordnet (J. Z. Smith, 1987, 42–46). Die Rangfolge mag in Paaren wie Licht/Dunkel, oben/unten, männlich/weiblich willkürlich sein, fehlt jedoch niemals. Das ist gewiß ein Grund dafür, weshalb der Gegensatz zwischen dem Alten und dem Neuen in der christlichen Bibel niemals in Frage gestellt wurde. Er wurde ohne Schwierigkeiten als natürlich hingenommen.

Die im Alten Testament enthaltenen Zeichen müssen außerdem, sollen sie in der christlichen Gleichung funktionieren, auf zwei Bedeutungsebenen verstanden werden. Jene, die zwischen dem 2. und dem 4. Jahrhundert die Bibel schufen, wußten, daß die jüdischen Schriften allegorisch gedeutet werden mußten, um zur christlichen «Schrift» zu werden. Wir können jetzt das Ergebnis dieser Strategie erkennen. Sie verlieh der biblischen Gleichung von alten und neuen Zeichen linguistische Subtilität. Die Gleichung von alt und neu ergibt einfach dadurch Sinn, daß die Zeichen aus dem Alten Testament in Metaphern, Symbolik oder symbolische Abstraktion umgewandelt werden. Man muß die latente Bedeutung alttestamentlicher Texte entdecken, um ihre Korrelation mit christlichen Sinninhalten zu kennzeichnen. So besteht etwa eine der Stärken der Bibel darin, daß sie ein ironisches Verständnis alttestamentlicher Texte erzwingt und auf diese Weise christliche Sinninhalte hervorbringt. Hier werden sich jene, die Claude Lévi-Strauss studiert haben, an sein Diktum erinnern, «Sinn» sei das Empfinden einer

Bedeutung, das wir erfahren, wenn wir feststellen, daß sich zwei verschiedene Zeichensysteme zueinander in Beziehung zu setzen (1968; 1980).

Die im Neuen Testament enthaltenen Zeichen erzeugen ebenfalls das Empfinden einer zweifachen Bedeutung, doch die Bedeutung eines neutestamentlichen Textes wird nicht – wie im Falle des Alten Testaments – durch eine ironische Überlagerung oder Verdoppelung des Sinns geschaffen. Im Alten Testament müssen sich ein Wort oder ein Ereignis synchron – oder gleichzeitig – auf zwei unterschiedliche Diskurszusammenhänge beziehen. Das Passahlamm ist zunächst das jüdische Passahlamm, meint aber «in Wirklichkeit» Jesus Christus als den ewig von Gott her Gemeinten. Der zweifache Sinn der Wörter und Geschehnisse im Neuen Testament findet sich dagegen in ihrer Anwendung auf damals und auf jetzt. Wir könnten sagen, die Verdoppelung der Bedeutung sei in diesem Fall diachron, allerdings mit der Einschränkung, daß es sich um dasselbe Geschehen handelt, das sich zu zwei unterschiedlichen Zeiten in der christlichen Geschichte zuträgt. Jeder Christ weiß jedoch, daß die im Neuen Testament dokumentierten Ereignisse «einzigartig» waren und «ein für allemal» geschahen. Dennoch sind es genau diese Geschehnisse, die regelmäßig im christlichen Ritual nachvollzogen und in der christlichen Phantasie immer dann lebendig in Erinnerung gerufen werden, wenn das Neue Testament gelesen wird. Dieses Nachvollziehen wird ebenfalls als «Geschehen» verstanden. Das Neu-Erstehen-Lassen dieser neutestamentlichen Geschehnisse durch Lesung, Gedenken und Antwort ist ein für das Denken und die Mentalität der Christen grundlegender Vorgang von Erinnerung und Phantasie. Diese lebendige Berührung mit der ursprünglichen Vergangenheit ist es, welche die Kirche Christen immer neu zugänglich machen muß, um ihrem Anspruch, ein Medium der menschlichen Verwandlung zu sein, gerecht zu werden. Das bedeutet, daß auch die erstaunliche Vermischung des einzigartigen Geschehens und seiner Nachbildung (gewiß ein begrifflicher Widerspruch) oder das Bewußtsein dafür, daß das unvergleichliche Christusgeschehen sich als Paradigma des «Neuartigen» und «Neuen» in der Erfahrung jedes einzelnen Christen erweist, Ergebnisse der kognitiven Gleichung der Bibel sind.

Die Faszination der Bibel als berauschende kognitive Grammatik wird von jenen, die sie als das Wort Gottes lesen, kaum jemals erkannt. Sie gehen selbstverständlich davon aus, daß die beiden Textsammlungen unterschiedlich sind, weil die Geschichte tatsächlich so verlief, und daß jede Sammlung auf zwei Bedeutungsebenen gelesen werden muß, um die Bedeutung dieser Geschichte zu verstehen. Eine dieser Sammlungen, das Alte Testament, fordert automatisch einander überlagernde Bedeutungen heraus und muß allegorisch interpretiert werden, damit man verstehen kann, worin ihre Notwendigkeit für das Christentum besteht. Die andere Sammlung, das Neue Testament, erfordert eine imaginäre Nachbildung von Geschehnissen, um christliche Erfahrung zu erzeugen. Man erkennt nicht, daß mit der Allegorisierung des Alten Testaments ein Ansatz für die Bedeutung geschaffen wird, die das Neue Testament erfüllt. Das ist darauf zurückzuführen, daß die Gleichung der zwei Textsammlungen nicht funktionieren würde, wenn der Ansatz bewußt wäre. Mit Hilfe einer Gleichung zweier solcher befrachteter Texte gibt es jedoch endlose Möglichkeiten, die Bibel dazu zu verwenden, jedes denkbare menschliche Problem zu analysieren. Die Gleichung aktiviert nämlich grundlegende kognitive Funktionen von Vergleich und Unterscheidung, bietet ein überaus reiches Reservoir an narrativer Metaphorik und stellt eine Perspektive für eine ironische wie paradigmatische Deutung aller menschlicher Geschehnisse – damals wie heute – zur Verfügung. Dadurch wird es möglich, jedes menschliche Geschehen und/oder jede menschliche Situation für die Analyse und Deutung einzuordnen. Zugleich aber ergibt sich die Möglichkeit, jedes menschliche Geschehen und/oder jede menschliche Situation neu einzuordnen, indem man, wo es erwünscht ist, eine neue Perspektive einnimmt. Man bedenke, welche Möglichkeiten daraus erwachsen, zeitgenössische Ereignisse einer christlichen Deutung zu unterziehen. Jedes Ereignis kann im Licht der «alten», vorchristlichen Situation des Menschen beurteilt oder aber als durch die «Teilhabe» am «neuen» Ereignis des ewigen Christus verändert verstanden werden. Es ist kein Wunder, daß Christen die Bibel zu sich reden zu hören meinen. Man kann jede nur erdenkliche Frage an die Bibel stellen – man drehe nur die Kurbel immer und immer wieder, bis man irgendeine Art Antwort erhält.

Sollte die erste Antwort nicht hilfreich erscheinen, kann die Kurbel immer weiter gedreht werden, bis die richtige Antwort erscheint. Dies ist ein Trick, der ständig angewandt wird, unmittelbar vor meinen Augen in den Seminarräumen der School of Theology in Claremont. Zunächst mag es den Anschein haben, daß das Studium eines Textes eine traditionelle christliche Überzeugung oder die Antwort, die man in der Bibel zu finden hofft, nicht untermauert. Doch mit ein wenig Einfallsreichtum kann man Vergleiche mit anderen Akzentuierungen anstellen und dafür sorgen, daß die richtige Antwort herauskommt. Es ist ein Trick, der sich beim Studium der Bibel von ganz alleine ergibt. Daß man diesen Trick anwenden muß, damit eine Geschichte aus der Bibel zum richtigen Ergebnis führt (das heißt zeitgenössische theologische Überzeugungen veranschaulicht und demonstrativ auf eine gegenwärtige Situation anwendet), stellt die Bibel niemals in Frage. Die Gestaltung der Bibel lädt im Grunde zu dieser Form der Manipulation ein. Mit Hilfe eines solchen Buchs kann man jede Beziehung kritisch bewerten, jede Wahrheit eindeutig erkennen oder für jede Gelegenheit irgendein passendes bedeutungsvolles Wort finden.

Wenn das alles wäre, könnte man die Rolle der Bibel in unserer Kultur als harmlos betrachten. Schließlich hatte jede Kultur ihren Korb mit Federn, Stöcken und Steinen oder andere Mittel, um Wahrsagerei zu betreiben. Wahrsagerei scheint für nachdenkliche Menschen am Ende des 20. Jahrhunderts etwas überholt zu sein, doch Religionshistoriker haben uns geholfen, zu erkennen, daß das, was der Schamane betreibt, nicht als Magie diskreditiert und nicht allzu sehr mystifiziert werden sollte. Die Geschicklichkeit des Schamanen konzentriert das Denken auf ein konkretes Problem. Die Prozedur befähigt einen Menschen, ein Rätsel durchzuarbeiten. Wahrsagen ist eine Form, praktische menschliche Probleme anzugehen, Wünsche anzuerkennen, Grenzen zu erkennen, Kummer zu teilen und mit dem Zufälligen und Unvermeidlichen im Leben zurechtzukommen. Wäre dies die einzige Weise, in der die Bibel ihren Zauber entfaltete, so entstünde dadurch keinerlei Schaden.

Das ist jedoch noch nicht alles. Die Anleitung durch die Bibel beschränkt sich nicht auf eine Zukunftsschau im Interesse der privaten Erfahrung und des persönlichen Wohls – ungeachtet der gesellschaftlichen und kulturellen Bedingungen. Die biblische Gleichung ist in ihrer Anwendung auf gesellschaftliche Klassifikationen vorgeprägt und fordert von ihren Lesern eine bestimmte kulturelle Haltung. Das hängt damit zusammen, daß die Bibel einen durch und durch christlichen, allumfassenden Bezugsrahmen des Verständnisses der Welt entwirft. Die Bibel ist der Mythos und rituelle Text für die christlichen Gemeinden. Sie ist das Erzeugnis und das Eigentum einer subkulturellen gesellschaftlichen Einrichtung. Ihre Verwendung als Orakelbuch beruht auf ihrer Funktion innerhalb der christlichen Kirche.

Ein jenseitiges Textbuch

Die Bibel hätte – unabhängig von ihrer Funktion als Textgrundlage für den christlichen Gottesdienst – keine Wirkkraft, und christlicher Gottesdienst wäre unabhängig von der Bibel nicht möglich. Das trifft für das gesamte Spektrum christlicher Liturgien und Gottesdienstformen zu – von der katholischen Messe am Altar bis hin zur vom Rednerpult aus gehaltenen freikirchlichen Predigt. Zwei archaische Muster ritueller Versammlung verschmolzen in den frühen Jahrhunderten kirchlicher Praxis wie selbstverständlich. Eines bestand in dem, was Forscher als «Bundeserneuerung» bezeichnen, in einer Versammlung zum Zweck der Besiegelung eines Vertrages. Diese Form der Versammlung war typisch für den antiken Nahen Osten. Das zweite Muster lieferte der griechische Brauch, sich am Grab der Helden der Vorzeit zu versammeln, um ein Festmahl (oder «Opfer») zu begehen. Beide boten Gelegenheit zum Gedenken, zur Wiederholung der epischen Überlieferung, zur Anerkennung der bestehenden Mächte, zur Festlegung von Verträgen, zur Erinnerung an die Konsequenzen für den Fall des Bruchs der Verträge und zur Darbringung von Eidesleistungen und Zeichen der Treue gegenüber dem sozialen Kontrakt. Im christlichen Gottesdienst fungieren die Lesungen aus dem Alten Testament als Vorführung der Epik und als Lektionen aus der Vergangenheit, die die Menschen an die Macht und den Willen Gottes erinnern. Die Lesungen aus dem Neuen Testament dienen der Festigung der gegenwärtigen Einrichtung von Autoritäten und Verträgen und fungieren als Aufforderung zur Bundeserneuerung. Die angemessene Antwort besteht darin, die Verträge zu bejahen und die eigenen Gaben darzubringen. Nur so kann man «in Frieden» davongehen.

Auch das christliche Opferritual (Messe, Eucharistie oder Abendmahl) bedarf der Bibel als Textgrundlage. Ohne das Neue Testament, das seine Bedeutung erklärt, würde das christliche Ritual als obszön erscheinen. Ohne dies eigentlich zu beabsichtigen, schuf Markus den Mythos, der schließlich als Textbuch für diesen rituellen Nachvollzug verstanden wurde. Er tat dies, als er in seiner Passionserzählung die paulinischen Überlieferungen vom Christusmythos und vom Abendmahl miteinander verband. Indem er das Abendmahl als Gelegenheit für Jesus verwendete, seine letzten Weisungen an die Jünger zu geben, und es als Jesu Vorwegnahme der Kreuzigung deutete, stellte Markus Jesus ungewollt als Heiland dar, der die symbolische Darstellung seines eigenen späteren Todes leitete. Die Symbole des Kreuzes und des Abendmahls fielen in dieser Erzählung zusammen, und als schließlich das frühchristliche Danksagungsmahl in ein formelles Ritual im Gedenken an jenes Abendmahl verwandelt wurde, übernahm ein Priester Jesu Platz am Tisch, und der Tisch wurde zu einem Altar zum Zwecke des symbolischen Nachvollzugs des Opfers.

Die Art und Weise, in der im Christentum Mythos und Ritual aufeinander bezogen sind, scheint unter den Religionen der Welt, in denen Mythen gewöhnlich eines und Rituale etwas ganz anderes bewirken, etwas Besonderes zu sein. Das Ritual markiert, wie uns Jonathan Z. Smith zu erkennen geholfen hat, die Abgrenzung zwischen zwei räumlichen Anordnungen. Der rituelle Ort wird zum «hier», das mit der Welt «dort» draußen koexistiert, sich aber von ihr unterscheidet, während der Mythos den Unterschied zwischen einem «damals» der dargestellten Zeit und dem «jetzt» ihres Nachvollzugs markiert. Smith fährt fort: «Eine andere Dynamik scheint im Falle der christlichen Verbindung von Mythos und Ritual mit Blick auf einen ganz besonderen, ja einzigartigen Ort zu wirken» (1987, 109–114). Smith bezog sich auf die Bedeutung der «Verbindung» von Mythos und Ritual bei der Errichtung der Grabeskirche im 4. Jahrhundert – daher die Verwendung des Begriffs eines «einzigartigen Ortes». Wir können jetzt jedoch feststellen, daß sich die Verschmelzung von Mythos und Ritual in der christlichen Praxis nicht auf die konstantinische Entwicklung beschränkte. Als sich der christliche Mythos im 7. Jahrhundert von seiner Beziehung zum «Heiligen Land» und zum christlichen Wallfahrtswesen ablöste, wurde er zur Textgrundlage für den rituellen Nachvollzug in der mittelalterlichen Kirche, das christliche Ritual dagegen zum Nachvollzug des mythischen Textbuchs. So wird das «damals» des christlichen Mythos im «hier» und «jetzt» des Rituals vergegenwärtigt, während das Eintreten in das «hier» des Rituals zur Gelegenheit wird, in die imaginäre Welt des Mythos einzutreten. Als die protestantischen Reformatoren die komplizierte geistige Welt der mittelalterlichen katholischen Kirche aufgaben und etwas von der frischen Luft der Renaissance atmeten, ließen sie die Bibel nicht hinter sich, und sie konnten sie nicht unabhängig vom christlichen Gottesdienst lesen. Es setzte sich die Regel durch, die Kirche sei lediglich dort tatsächlich gegenwärtig, wo das Wort gepredigt und die Sakramente verwaltet würden. Die Vollmacht, die Einsetzung der Eucharistie zu leiten und zu sagen, was geschieht, wenn sie gefeiert wird, bestimmt im protestantischen wie im katholischen Christentum nach wie vor über Status und Macht. Das bedeutet, daß der christliche Gottesdienst die Vorstellung der biblischen Zeiten und Orte mit ihrem gegenwärtigen rituellen Nachvollzug verschmolz, um das Bewußtsein des Gegensatzes zwischen der von der Kirche verkörperten mythischen Welt und der Welt, wie sie in der jeweiligen Gesellschaft erfahren wird, zu akzentuieren.

Wie bei allen Mythen und Weltanschauungen entfaltet die Art, wie die Bibel ihre Geschichte erzählt und die Welt versteht, eine tiefgreifende Wirkung darauf, wie Christen in der Welt, in der sie leben, mit anderen umgehen. Diese prägende Funktion des Mythos eines Volkes führt zu gemeinsamen Denkstrukturen. Diese Denkstrukturen führen zur Gesetzgebung, zur Übereinkunft über Werte und zu Einstellungen und Annahmen hinsichtlich dessen, wie die Welt funktioniert oder funktionieren sollte. Einstellungen, die auf mythischen Übereinkünften gründen, treten an die Stelle nicht hinterfragter Annahmen. Dafür sind Mythen natürlich da. Mythen verwandeln die kollektiven Übereinkünfte eines Volkes in Wahrheiten, die als selbstevident gelten. Mythen leisten dies, indem sie diese Wahrheiten in die Erschaffung der Welt hineinprojizieren, über die Zeit erzählen, in der die Gesellschaft auf der Grundlage solcher Übereinkünfte entstand, oder sich eine Zukunft ausmalen, in der – wenn die Übereinkunft nicht eingehalten wird – das Gericht eintreten wird.

Der Grund dafür, daß die Bibel kein Bündel harmloser Symbole für den Vollzug eigener Deutungen darstellt, liegt darin, daß jeder der Faktoren in der biblischen Gleichung bereits seine christliche Wertigkeit erhalten hat. Das «Alte» ist das Vorzeichen, unter dem jene gesehen werden, die keine Christen sind. Diese «anderen» erscheinen stets als befleckt und grundlegend der Heilung oder Erlösung bedürftig. Das «Neue» ist das Vorzeichen, unter dem die Möglichkeit der Verwandlung hin zum Christentum wahrgenommen wird. Das christliche Potential wird als hell und glänzend betrachtet, weil es auf Vollendung hinweist und im Wunderbaren gründet. Die dem Alten zugehörenden Menschen stehen unter dem Gericht, jene, die dem Neuen angehören, dagegen unter der Gnade. Und so haben sich die Begriffe des Vergleichs und der Unterscheidung vervielfältigt: Gesetz und Evangelium, Zwang und Freiheit, Unwissen und Erleuchtung, Exklusivität und Inklusivität und so weiter. Jeder Christ ist mit diesen Kategorien der Differenz vertraut, bewahrt sie ständig in dialektischer Spannung und bedient sich ihrer, wenn er über seine zeitgenössische gesellschaftliche Welt urteilt. Nur Christen erfreuen sich der Ausrichtung auf die helle Seite der hierarchisch geordneten Paare: Freiheit, Erleuchtung, Inklusivität, Evangelium und Heil.

Die unterschiedliche Bewertung von Altem und Neuem Testament wird durch den christlichen Gebrauch der Bibel aktiv kultiviert. Die üblichen Lektionare, die die Auswahl der Lesungen für jeden Sonntag enthalten, stellen genau aufgrund dieser Logik die Gegensatzpaare auf. Für jene, die mit den Lektionaren nicht vertraut sind, sei hier ein Beispiel angeführt. Im Jahre 1996 war die alttestamentliche Lesung am dritten Sonntag der Fastenzeit Exodus 17,3–7 – jener Text, der beschreibt, wie die Kinder Israels in der Wüste kein Wasser mehr hatten und gegen Mose murrten. Als Psalmlesung wurde Psalm 95 gelesen, der den Vorfall in der Wüste anführt und das Murren als Zeichen dafür verurteilt, daß die Israeliten Gott versuchen wollten – etwas ganz Schlimmes, das auf Israels «Herzenshärte» deutete. Neutestamentliche Lesung war Johannes 4,5–25, die Geschichte über die Samaritanerin, die Jesus als das wahre Wasser des Lebens zu begreifen lernt. Die Lesung aus dem Brief des Paulus an die Römer (5,1–11) machte schließlich geltend, daß Christen – im Gegensatz zu den Israeliten in Meriba, wo sich das Murren abspielte – durch den Glauben an Christus leben und Gott daher nicht versuchen. Man muß keine besonders lebendige Phantasie haben, um darin einige Predigten zu finden, die nur noch gehalten werden müssen. Im Zusammenhang des christlichen Gottesdienstes vollzieht sich dieser Balanceakt, mit dem alt- und neutestamentliche Lesungen als Gegensatzpaare verstanden werden, so automatisch, daß man ihn kaum noch wahrnimmt. Christliches Bewußtsein scheint zu wissen, daß man ihn nicht bemerken sollte, damit die Gleichung nicht den Zauber ihrer zweifachen Dialektik einbüßt.

Leider haben sich die Christen stets damit schwergetan, ihre Mythen, Geschichten und gegenwärtigen Lebensumstände voneinander zu unterscheiden. So wie sich die frühen Christen «die Juden» des Alten Testaments als ungehorsam gegenüber Gott vorstellten und «die Juden» der Zeit Jesu verdammten, weil sie Jesus gekreuzigt hätten, so haben Christen im Verlaufe der christlichen Geschichte «den Juden» aufgrund ihrer Ablehnung der christlichen Aufforderung zur Bekehrung «Herzenshärte» (oder Schlimmeres) vorgeworfen. Sie wurden – aufgrund ihrer mythischen Rolle als Wegbereiter des Christentums – als Sündenböcke und Prügelknaben behandelt. Doch die radikale Überordnung der Christen über die für sie bedeutsamen Anderen hat sich niemals auf die jüdisch-christlichen Beziehungen beschränkt. Die Formel «alt – neu» in der Komposition der Bibel hat – als Brille, durch die man die Welt betrachtete – zu einer unverwechselbar christlichen Mentalität geführt, die *alle* Nichtchristen als vor-christlich versteht.

Diese Mentalität schließt den impliziten Anspruch ein, die Wahrheit über Gott, die Geschichte und die Lage des Menschen zu kennen, die anderen Menschen verschlossen ist. Menschen außerhalb des Bereichs der christlichen Erkenntnisse werden ausnahmslos niedriger sowie als der Erleuchtung und Verwandlung bedürftig eingestuft. Gefordert wird eine Sendung zur Veränderung der Welt, und die Veränderungen, die zählen, stellt man sich als Bekehrung zum eigenen Besten der Anderen vor. Mit Konfrontation und Konflikt kann man gut fertig werden, denn es geht um die richtige Sache, die Mächte der Finsternis haben Unrecht und der Kampf hat Folgen für die Ewigkeit. Gott ist mit im Spiel, so daß der Preis hoch ist. Wunder, Gericht und Manifestationen göttlicher Macht gehören mit ins mythische Bild und lassen die Christen die Routine diskreditieren und sensationellen Geschehnissen den Vorrang einräumen. Ein Heiland außerhalb der eigenen Gesellschaft und ein Drama des Heils, das mittels zerstörerischer Gewalt erlangt wird, färben die Brille, durch die Christen nach einem Sinn der menschlichen Ereignisse suchen. Eine Neigung zur Leugnung der Geschichte von Greueltaten gegen Ungläubige, Juden und Heiden wird durch die Überzeugung unterstützt, daß die christliche Sendung – obwohl Fehler begangen wurden – in ihrem Kern gut und auf lange Sicht hochgesinnt sei. Wenn die Bibel wirklich angeführt wird, und zwar zwecks Unterstützung irgendeiner gerechten Sache, dann wird ihre Funktion als Waffe kaum jemals wahrgenommen. Kriege gegen die äußeren Feinde und die Verurteilung der «Sünder» in der eigenen Mitte hat man stets für «gerechtfertigt» gehalten.

Eine anspruchslose epische Überlieferung

Wie aber verhält es sich mit unserer sogenannten säkularen Kultur in Amerika? Hat der christliche Mythos die Art und Weise, in der wir als Amerikaner unseren Platz in der Welt einnehmen, beeinflußt? Ist unser Respekt gegenüber den Christen und ihrer Bibel auf eine in der «jüdisch-christlichen Tradition» wurzelnde «säkulare» mythische Mentalität zurückzuführen? Und beruht dieses Bewußtsein für die Existenz einer jüdisch-christlichen Tradition auf der Bibel? Forscher im Bereich der Amerikanistik bejahen diese Fragen in zunehmendem Maße. Diesen Einfluß aufzuspüren, erweist sich jedoch als schwierig, nicht nur weil sich kulturelle Mentalitäten niemals leicht dokumentieren lassen, sondern auch deshalb, weil wir Amerikaner uns gebrüstet haben, wir seien unabhängig, freigeistig und der Tradition und kulturellen Zwängen gegenüber nicht verpflichtet. Bis vor kurzem wurde das Wort *Kultur* nur mit Blick auf die Kunst und einen prätentiösen Lebensstil verwendet (etwa in Bezugnahmen auf die «Hochkultur»). Die Schmelztiegel-Mentalität verlangte die Entwertung der Lebensweise der «Alten Welt». Amerika war das Land der Freiheit und Chancen. Das Ziel bestand darin, kulturelle Ausrichtungen abzustreifen und ein «naturalisierter» Amerikaner zu werden, jemand, der sich aus eigener Kraft hocharbeitet, ein *can-do*, eine eigenständige Seele. Was die Religion betraf, so glaubten die Amerikaner an die Trennung von Staat und Kirche. Religion war eine Privatangelegenheit, eine Frage der persönlichen Vorliebe, die sich – so nahm man an – nicht darauf auswirkte, wie wir miteinander Geschäfte machten. Erforderlich war somit Toleranz in der Bewertung der persönlichen Auffassungen und Glaubensüberzeugungen der anderen. Die öffentliche Diskussion über Religionen, über die Unterschiede zwischen ihnen und über die unterschiedlichen Auswirkungen, die sie haben könnten, wenn sie die gesellschaftlichen Normen oder die Gesetzgebung bestimmen dürften, galt als Tabu. Die Amerikaner hatten niemals ein angenehmes Gefühl angesichts der Vorstellung, von irgend etwas beeinflußt zu werden, seien es Religion, Kultur, die Künste oder Formen volkstümlicher Unterhaltung. Demnach hatte man Menschen so behandelt, als übe ihre Religion keinerlei gesellschaftliche Wirkung aus. Und doch reden wir ohne weiteres über besondere Merkmale, die Amerika von anderen Ländern und ihrer Kultur unterscheiden. Wir beziehen uns auf eine amerikanische Mentalität, auf amerikanische Werte, gesellschaftliche Bräuche, Einstellungen, eine amerikanische Außenpolitik und Unterhaltung sowie auf amerikanische volkstümliche Romane. Und wir wissen alles über den amerikanischen Traum. Es ist wichtig, darauf zu verweisen, daß Forscher zeigen konnten, wie sehr diese Ausdrucksformen einer gemeinsamen amerikanischen Kultur Merkmalen des christlichen Mythos entsprechen.

Im Prolog habe ich kurz einige biblische Klischees erwähnt, die häufig verwendet werden, um die Rolle Amerikas unter den Völkern zu beschreiben – wie etwa eine «Stadt auf dem Berge» und ein «Licht unter den Völkern». Wir können nun die ständige Berufung unserer Politiker darauf hinzufügen, was als das «christliche Erbe» bezeichnet wird, «auf dem unsere Nation gründet». Niemand scheint sich an einem solchen Hinweis zu stören, insbesondere wenn dieses Erbe als «jüdisch-christliche Tradition» bestimmt wird. Fragt man, was mit der jüdisch-christlichen Tradition gemeint ist, dauert es nicht lange, bis die Bibel erwähnt wird. In seinem Buch *Virgin Land* dokumentiert Henry Nash Smith (1950) die Geschichte unserer Einstellung gegenüber dem Land und zeigt, wie in der Art, in der wir mit ihm umgegangen sind, der Auftrag mitschwang, die Wildnis zu besiegen und in ein Paradies für das gerechte Volk zu verwandeln. Eugene Genovese (1974) und Elizabeth Fox-Genovese (1988) haben die biblische Grundlage vieler sozialer Ordnungen und Praktiken im Süden – einschließlich der Rechtfertigung der Sklaverei – aufgedeckt. Und Robert Jewett (1973) konnte den *Captain America Complex* leicht bis zu seinen biblischen Vorbildern zurückverfolgen. Das sind nur drei Beispiele aus einer blühenden Literatur, die sichtbar macht, auf welche Weise die Bibel in Amerika die Strukturen des Denkens, Handelns und der Politik geprägt hat.

Selbstverständlich ist die Bibel nicht die einzige Quelle der Mythologie Amerikas. Die gesellschaftliche Entwicklung der amerikanischen Mentalität hat Elemente aus vielen anderen Erfahrungen, Ideen und Motivationen aufgenommen. Politische Philosophien der Aufklärung, aus der industriellen Revolution erwachsene Wirtschaftstheorien, der Unabhängigkeitskrieg, die Weisheit des *Continental Congress*, die Erfahrung des Revolutionskrieges, die Geschichte der Einwanderer und das «Auf nach Westen!» – all das hat seine Spuren in unserer kollektiven Erinnerung hinterlassen. Doch die Bibel könnte der entscheidende Faktor sein, der alles zusammenführte und die Grundlage für unser Gerechtigkeits- und Sendungsbewußtsein sowie für unser Bewußtsein einer offensichtlichen Bestimmung schuf.

Man muß kein Christ sein, um sich genau in diesem Sinne für einen Amerikaner zu halten. Man muß Amerika lediglich als Blüte der westlichen Kultur mit ihren tiefen Wurzeln in der von der Bibel wiedergegebenen epischen Geschichte halten. Man braucht nicht an die Bibel und ihre Erzählungen zu glauben, damit diese Epik ihre Wirkung ausübt. Die Handlung des biblischen Epos liegt in der Luft und wirkt sich auf unsere Gedanken und Einstellungen aus – so wie wenn wir einen beeindruckenden Film auf einer großen Leinwand gesehen haben. Seine unvergeßlichen Bilder tauchen unwillkürlich auf und helfen uns, die aktuellen Fragen zu verstehen. Mit einem Blinzeln kann der Blick Symbole des Epos als rasches Erkennungszeichen erfassen. Man kann mit einem einfachen, einzigen Seufzer angesichts der Präsenz irgendeiner epischen Erinnerung Aussagen treffen und Einstellungen zu Fragen von tiefer, weitreichender Bedeutung enthüllen. Nein, man muß kein Christ sein, um in der vom biblischen Epos geschaffenen Welt kollektiver Erinnerungen und Vorstellungen zu leben. Wir müssen lediglich erkennen, daß auch unsere «säkularen» Mythologien ihre Kraft aus ihrer verblüffenden Ähnlichkeit mit den denkwürdigen Augenblicken der biblischen epischen Überlieferung beziehen. Man denke an Lone Ranger mit seinem Silbergewehr, der in eine Stadt kommt, die unfähig ist, ihre Probleme zu lösen. Und dann denke man an den markinischen Jesus mit seiner Macht, Dämonen auszutreiben, der in eine zur Lösung ihrer Probleme unfähige Welt kommt. Letztlich besteht hier kein großer Unterschied. Nehmen wir also an, wir Amerikaner wollen dem Menschengeschlecht zugehören und geben zu, daß wir – wie andere – eine Kultur haben, die ganz von ihrer Mythologie durchdrungen ist: wurzelt diese Mythologie nicht in der Bibel? Um die innere Stimme, die dies verneinen will, zum Schweigen zu bringen, brauchen wir nur zu fragen: «Welche andere Geschichte gibt es, die wir alle gehört haben?»

Unglücklicherweise – für dieses Erbe – ist die Zeit gekommen, in der viele sich fragen, ob unsere Verankerung in der jüdisch-christlichen Tradition verlorengegangen ist und was in diesem Fall aus uns werden soll. Seit Vietnam ist unser Bewußtsein, ein unschuldiges, gerechtes Volk zu sein, erschüttert. Mit dem Ende des Kalten Krieges sind die, die wir zu im Bunde mit dem Reich des Bösen stehenden Schurken gemacht haben, verschwunden. Die neueren Wellen von Einwanderern haben keinen Prozeß der Verschmelzung durchgemacht. Unsere multikulturellen Städte bekehren sich weder, noch preisen sie ihre Vielfalt. Die Kluft zwischen den Armen und Reichen wird immer größer. Gewalt scheint die Losung des Tages zu sein. Unseren Führungsgestalten fehlt es an gesellschaftlichen Visionen. Das Konzept der sozialen Demokratie funktioniert in Amerika nicht. Wörter wie *liberal*, *Frieden* und *Gerechtigkeit*, die einst als Symbol unseres Nationalstolzes gebraucht wurden, werden nun mit einem höhnischen Lächeln ausgesprochen. Und was die Aufforderung zur Rückkehr zu unseren Wurzeln betrifft, so stehen die Ziele der christlichen Koalition und ihrer politischen Aktionskomitees weder mit den traditionellen christlichen Werten noch mit den mit der Aufklärung verbundenen humanitären Zielen in Einklang. New Age, Persönlichkeitskulte, östliche Religionen, ethnische Ideologien und Befreiungsbewegungen zeigen uns, daß Religionen noch immer Bedeutung zukommt. Doch es handelt sich dabei um «neue Religionen», und das, was ihre Bedeutung ausmacht, entspricht nicht der traditionellen christlichen Vision. Vielen Bewegungen hängen Menschen gerade deshalb an, weil sie ausdrücklich als Alternativen zum Christentum und zur sogenannten jüdisch-christlichen Tradition auftreten. Wie also sollen wir uns selbst verstehen?

Diese Litanei von Veränderungen, die sich in unserer gesellschaftlichen und kulturellen Landschaft vollziehen, kennzeichnet die Art, wie wir das postmoderne Zeitalter aufnehmen (Anderson, 1990). Für Christen und Konservative war bereits die Moderne schlimm genug. Nach der Aufklärung konnten wir Heil nicht länger von einem von außen kommenden Heiland, von Handlungen Gottes oder transzendenten Mächten erwarten, ebensowenig wie wir unser Scheitern den dämonischen Kräften des Bösen anlasten konnten. Die soziale Entwicklung erwies sich als menschliches Unterfangen, das nicht auf dem göttlichen Recht von Königen oder sonst jemandem beruhte, so daß wir die Verantwortung für unseren Umgang mit der Welt übernehmen mußten. Gewiß wollte nicht jeder dies wahrhaben. Alte Götter sterben ganz selten, und Mythen bewahren ihre Macht noch lange nachdem sich die ihnen zugrunde liegenden gesellschaftlichen Umstände verändert haben. Doch die christlichen Götter haben hauptsächlich deshalb überlebt, weil sie unseren «Fortschritt» segneten, eine Prise «Familienwerte» hinzufügten, um unser industrielles Ethos moralisch erscheinen zu lassen, und jenen, die «wiedergeboren» werden wollten, «persönliche religiöse Erfahrungen» verhießen. Diese Definition des Christentums hielt die Möglichkeit einer privaten Religion und «persönlicher Glaubenssysteme» offen und paßt wunderbar zu unserer seit langem bestehenden Vorliebe für die Individualität, doch sie vermag die christlichen Visionen vom «Reich Gottes», dem gerechten Volk und einer zum Christentum bekehrten Welt nicht zu tragen.

Nun ist die Welt allzu gegenwärtig. Und sie ist multikulturell. Die vielen Völker der Welt haben ihre Stimme gefunden, und viele haben sich bei uns eingerichtet. Die meisten sind von der christlichen Mission oder von der Geschichte der westlichen Kolonisation, Machtausübung und Kontrolle nicht gerade begeistert. Obwohl die Teilhabe an den Märkten einer wachsenden globalen Ökonomie unwiderstehlich erscheint, besteht ein wieder auflebender, starker Drang nach Bewahrung ethnischer Identitäten und kultureller Überlieferungen. Die Anerkennung der Tatsache, daß die Welt voll von vielen unterschiedlichen Kulturen und Denkweisen ist, gehört zur Signatur der Zugehörigkeit zum postmodernen Zeitalter. Der Begriff *postmodern* wurde von Geisteshistorikern geprägt, die feststellten, daß wir – gleichgültig ob in den Naturwissenschaften, der Philosophie, der Kulturgeschichte oder den Geisteswissenschaften – multiple Erklärungstheorien hervorbrachten. Dies anzuerkennen, bedeutete einen großen Schritt weg vom Zeitalter der Moderne mit seiner Vorstellung, die Menschheit arbeite auf ein einziges, umfassendes System universaler Erklärung hin. Erkennt man, daß Menschen auf ganz vielen Wegen funktionierende Gesellschaften aufgebaut, komplizierte Sprachen entwickelt, umfassende Symbolsysteme ausgeformt, ethische und praktische Werte in eine Rangfolge gefaßt und Verhaltensnormen formuliert haben, die einer funktionierenden Gesellschaft angemessen sind, so läßt sich das postmoderne Verständnis unserer multikulturellen Welt nur sehr schwer zurückweisen. Die Auffassung, nur eine einzige Weltanschauung könne richtig sein, läßt sich nicht länger aufrechterhalten.

Ein fragwürdiger Mythos

Das Leben in dieser Welt eines multikulturellen Bewußtseins hat enormen Druck auf Mythos und Vision des Christentums ausgeübt. Es trifft zu, daß christliche Denker noch immer imstande sind, sich eine vollkommene Welt auszumalen. Dies wäre eine Gesellschaft, die ein Gleichgewicht der Macht herbeiführen, Freiheiten begrenzen, Habgier kontrollieren, Interessen aushandeln, Unterschiede feiern, über Verluste trauern, den Alltag bejahen und die Eigenheiten des jeweils Anderen genießen will. Ja, und es ginge darum, sich des Privilegs zu erfreuen, in einer schönen und zerbrechlichen Welt zu leben, die in der Tat so zerbrechlich ist, daß man die Wunder des Projekts Menschheit nicht allein an unseren Anstrengungen messen dürfte, einander nicht gegenseitig zu vernichten, sondern auch an unserem Bemühen, die ökologischen Grundlagen der natürlichen Welt, von der wir leben, nicht zu zerstören. Wie man dies erreichen soll, ist jedoch nicht länger Teil der Vision. Ob irgend jemand das Recht oder die Verantwortung dafür besitzt, dafür zu sorgen, daß wir dies erreichen, ist nicht mehr länger deutlich. Es ist auch schwer, die Frage zu beantworten, ob sich die Vision dem christlichen Konzept des «Reiches Gottes» oder unseren jüngsten Erfahrungen mit sozialen Demokratien verdankt. Und ob das christliche Evangelium überhaupt irgendeine Weisung dafür bereithält, die Stückchen und Teile zusammenzutragen, um eine solche intakte Gesellschaft zu errichten, ist zunehmend fraglich geworden.

Eine multikulturelle Welt, die sich an die Errichtung kleinerer sozialer Demokratien herantastet, die sich – jeweils mit einem mit ethnischen Geschichten geprägten Land verbunden – lediglich im Interesse einer globalen Wirtschaft und des Gleichgewichts der Weltmächte zusammenschließen, entspricht nicht dem von der christlichen Epik verheißenen Ende. Die epische Überlieferung gründet auf einem Ensemble von Idealen, die der Richtung, in die sich die Welt momentan entwickelt, zuwiderlaufen. Das biblische Epos beruht auf einer Weltanschauung, die universalistisch ist in ihrer Reichweite, monolinear in ihrer historischen Vorstellungskraft, einzigartig in ihrer organischen Konzeption, hierarchisch in der Anordnung der Macht und dualistisch in ihrer Anthropologie. Sie ist zudem auf Wunder, plötzliche Durchbrüche und andere dramatische oder göttliche Augenblicke der Korrektur angewiesen, um sich die Anpassungen vorstellen zu können, die Menschen vollziehen müssen, wenn sich das Leben und die gesellschaftlichen Umstände verändern oder außer Kontrolle geraten. Diese vom biblischen Epos vorausgesetzten und von ihm geprägten Kennzeichen der Weltanschauung sind in unserer multikulturellen Welt keine hilfreichen Ideale mehr.

Einmal weiß man heute um die große Bedeutung kultureller und nationaler Grenzen und darum, daß die Frage nach dem beliebigen Überschreiten von Grenzen für das Überdenken einer Politik zur Förderung guter Beziehungen entscheidend wichtig ist. Wo enthält der Bestand an christlichen Mythen und Beispielen irgendeine Weisung, an der Grenze haltzumachen und sich gegenseitig vorzustellen? Des weiteren – was ist mit dem Aushandeln von Kompromissen und mit einer Lösung von Konflikten, die dort entstehen, wo Interessen auseinandergehen, Ungerechtigkeiten geschehen und kulturelle Werte aufeinanderprallen? Bietet das Beispiel eines gekreuzigten Königs oder die Drohung mit einer apokalyptischen Vernichtung einen angemessenen Bezugsrahmen, um solche Differenzen zu lösen? Dann sind da noch die Probleme des Machtmißbrauchs, des Besitzes von Waffen, der Gier und des Raubes und all der anderen Dinge. Diese gesellschaftlichen Fragen sind nicht akademischer Natur. Sie treffen ins Mark unseres gegenwärtigen Gefühls der Verwirrung darüber, wer wir sind und was wir tun sollten, und sie begründen eine Liste überaus ernster Fragen für alle nachdenklichen Menschen, die über die Zukunft unseres Zusammenlebens auf dem Planeten Erde besorgt sind.

Sollten wir uns bei der Suche nach den Antworten der Bibel zuwenden? Jene, die dies bejahen – von Waco bis Washington, einschließlich der jüngsten diesbezüglichen Erklärungen protestantischer Kirchen –, können nicht recht haben. Die heimliche Funktion der Bibel als epische Mythologie Amerikas hat genauso viele Probleme verursacht, wie sie Lösungen bietet. Wir können zum Beispiel, wenn wir einen Beitrag zum Streben nach einer gerechten Weltordnung leisten wollen, nicht länger dem Motto folgen, «sie zu vernichten, um sie zu retten», wie es die infame Zeile aus dem Vietnam-Krieg ausdrückte. Wir können, sofern wir einen überlebensfähigen Lebensraum schaffen wollen, forthin nicht mehr sagen, es sei gleichgültig, auf welche Weise wir die Naturordnung ausbeuten, da Gott sie ohnehin bald zerstören werde, wie es James Watts schäbige Logik offenbarte. Es ist also die Zeit für eine kritische Neubewertung unserer mythischen Grundlagen gekommen.

Dies wird nicht einfach werden. Amerikaner sind im allgemeinen eine kulturelle Selbstbefragung nicht gewohnt, und insbesondere Christen haben niemals daran gedacht, das Christentum kritisch zu hinterfragen. Christen können selbstverständlich kritisch sein. Sie üben ständig Kritik an der Gesellschaft, doch stets aus der Perspektive der christlichen Vision, einer geschützten Sphäre von Idealen, die als unverletzlich gilt, die man niemals in Frage stellen darf. Nach dem christlichen Einfluß im Zentrum der westlichen Kultur und seinen gesellschaftlichen Manifestationen zu suchen und sich zu fragen, auf welche Weise die christliche Religion zu ihren Schwierigkeiten sowie zu ihrem Segen beigetragen hat, erscheint nicht als selbstverständlich. Und was die gegenwärtige Herausforderung betrifft, auf der kritischen Suche nach einem erneuerten Selbstverständnis die Fülle an christlichen Werten, Glaubensüberzeugungen und Symbolen zu sichten, so haben die Christen diese Fähigkeit niemals gelernt. Kritik aus der traditionellen christlichen Sicht ist entweder «prophetisch» oder vom gerichtlichen Aspekt geleitet und richtet sich stets nach außen. Sie wird nur selten im Interesse einer ruhigen Analyse, eines humanistischen Verstehens und der Formulierung konstruktiver Vorschläge auf der Ebene der Kulturkritik verfolgt. Kulturkritik bringt keine Frohbotschaft, und eine Kulturkritik, die sich auf den Einfluß des christlichen Mythos auf das Herz unserer nationalen Epik konzentriert, hat man gewöhnlich als subversiv betrachtet.

Vielleicht kann unser Studium der Bibel weiterhelfen. Wir sind dem Verlauf ihrer Entstehung von den ersten Jesusbewegungen bis zur Kirche des konstantinischen Reichs gefolgt. Bei jedem literarischen Ausdruck haben wir Christen erblickt, die im Interesse von durch neue soziale Visionen bestimmten gesellschaftlichen Ordnungen ihre Mythen schufen. Die Literatur, die sie hervorbrachten, ist leidenschaftlich und dogmatisch, aber auch voller Argumente und Gründe für die von ihnen entworfenen Anschauungen. Wir haben gesehen, wie sie ihre gesellschaftlichen Experimente rechtfertigten, indem sie die traditionellen Mythen und Werte durchforsteten, die Kluft zwischen Idealen und der Wirklichkeit überbrückten und Engagement für ihre neuen Weltanschauungen vermittelten. Die Schriften des Neuen Testaments wurden nicht von Augenzeugen einer übermächtigen göttlichen Erscheinung inmitten der menschlichen Geschichte verfaßt. Diesen Eindruck erweckt die abschließende Gestaltung des Neuen Testaments. Nimmt man sie auseinander und gibt sie den Menschen zurück, die sie hervorgebracht haben, so erweisen sich die Schriften des Neuen Testaments als Dokumente von dreihundert Jahren intellektueller Mühe im Dienste einer ganz und gar menschlichen Deutung.

Die Wirkung der gelehrten Auswahl und Anordnung dieser Texte muß demnach als erheblich gelten. Mythische Rationalisierungen sehr unterschiedlicher gesellschaftlicher Vorstellungen und Gemeindetraditionen wurden zu einem gemeinsamen Zeugnis für das eine wahre Evangelium und seine eine Erzählung geschmiedet. Die Unterschiede zwischen den verschiedenen in dieser Sammlung vertretenen Überlieferungen wurden verwischt. Markus konnte aus der Sicht des Paulus gelesen werden, Paulus konnte man als Zeugen für das Matthäusevangelium verstehen und so weiter. Im Hinblick auf die Verbindung mit den jüdischen Schriften erweist sich die christliche Bibel – aus den genannten Gründen – zudem als Meisterwerk der Erfindung. Sie ist erfüllt von den geistigen Kämpfen und Vorsätzen unzähliger Menschen, die sich für ein großartiges Projekt einsetzten, das seit drei Jahrhunderten im Entstehen begriffen war. Sie liest sich schließlich als Epos, das einen, wie man meinte, am Leben erhielt, als die Geschichte des Planes Gottes, sein Königreich auf Erden zu errichten. Die Bibel ist, um es freimütig auszusprechen, das Erzeugnis einer überaus lebhaften und erfolgreichen Mythenbildung seitens jener frühen Christen.

Wir sind die Erben dieser Hinterlassenschaft und der Mythenbildung durch eine Unzahl von Christen von der damaligen Zeit bis heute, die mit diesen Texten arbeiteten, um immer noch weitere kulturelle Konfigurationen hervorzubringen. So wie man einen Edelstein in die Hand nimmt, um das Licht in noch einer weiteren Facette zu erfassen, so haben Christen die biblischen Mythen und Symbole immer wieder manipuliert, um sich selbst in ihnen auf neue Weise widergespiegelt zu sehen. Das Bild des Christus hat sich mit jeder neuen Epoche dieser Geschichte verwandelt (Duling, 1979), wie auch die Gestalt der Basiliken und Kathedralen, die errichtet wurden, um die biblische Geschichte nachzuvollziehen. Gottes Universum mußte sich zudem ausdehnen, um die weiten Horizonte der biblischen Geschichte über Schöpfung und Erlösung umfassen zu können. Und die Musik jener kosmischen Sphären ist in einer glanzvollen Geschichte westlicher Gesänge, Messen, Chormusik und Symphonien eingefangen worden. Die Entstehung des unverwechselbaren christlichen Gefühls der Ehrfurcht – Gottesdienst genannt – trug zusätzlich dazu bei, das biblische Epos einzuprägen, ebenso wie die Tageslosungen für das private Gebet, die erste Blüte der christlichen Kunst und die westliche Ausrichtung auf Texte und Publikationen.

Diese Schöpfungen einer christlichen Kultur haben unsere westlichen Seelen geprägt, auch wenn einige archaische Merkmale nur noch wie ein immer wieder auftauchender Widerhall nachklingen. Auch wissen wir von dem Kampf um die Emanzipation von der kosmischen Ummantelung der biblischen Welt in unserer mittelalterlichen Vergangenheit. Von Petrarcas «Entdeckung» der Schönheit in der natürlichen Welt über die kopernikanische Revolution, Galileos Wissenschaft, die Kunst der Renaissance, die Neudeutung der Geschichte durch die Reformation, die

Entstehung des «säkularen» Theaters, die Gründung von Universitäten, die Literatur der Aufklärung, die industrielle Revolution bis hin zur modernen Geschichte der politischen Theorie und des Nationalstaates wurde alles aus dem biblischen Leib «geboren», und der Kampf um die Freiheit glich wiederholt dem eines Heranwachsenden. Kein Wunder, daß die Bibel noch immer unter uns ist. Kein Wunder, daß in den Mythen unserer Nation, in der Politik unserer Führungsgestalten sowie in den Träumen und Einstellungen des Volkes die Wirkung des biblischen Epos noch immer erkennbar ist.

Doch die Welt dreht sich jetzt schneller, und die Zeiten haben unsere Hoffnungen, Ängste und Lebensumstände verändert wie niemals zuvor. Unsere Situation in Amerika – und weltweite Probleme – verlangen ernsthaftes Nachdenken, ehrliche Gespräche und harte intellektuelle Arbeit. Politische Schnellschüsse werden nicht länger ausreichen. Auf die jüdisch-christliche Tradition zurückzugreifen, ohne genau darzulegen, was das mit meint, ist wenig hilfreich. Einfache Bezugnahmen auf die Bibel klingen schrill. Wir sind sehr nahe daran, einen öffentlichen Diskurs über das christliche Erbe unserer Nation zu führen, der nicht über das Niveau der Demagogie hinausreicht.

So möge also dieses Buch helfen. Tatsächlich könnten sich zwei Wege als hilfreich erweisen, die sich jeweils der Beschreibung des historischen und geistigen Prozesses der Entstehung der Bibel verdanken. Ein Nutzen könnte darin bestehen, uns dazu zu verhelfen, die frühchristliche Geschichte als ein Kapitel in der umfassenderen Geschichte sozialer Formierung und Mythenbildung wahrzunehmen. Das allein würde den Heiligenschein der Bibel abschwächen und uns veranlassen, ihre Logik genauso zu analysieren, wie wir es bei allen anderen Mythen, Religionen und Kulturen machen. Wir haben zum Beispiel gelernt, daß die Bibel im Zuge eines sozialen Wandels geschaffen wurde und daß die Mythenbildung, die letztlich die Bibel hervorbrachte, Teil dieses Prozesses war. Unsere Studie zeigt außerdem, daß Mythenbildung harte Arbeit bedeutet, daß sie die beste Intelligenz erfordert, die eine Gesellschaft aufzubieten vermag, sehr viel Zeit und Energie in Anspruch nimmt und letztlich ein kollektives Unterfangen darstellt, das mit gemeinsamen Interessen an einer (Neu-)Schaffung eines gesellschaftlichen Gebildes zusammenhängt. Und noch eins: Betrachtet man das frühe Christentum auf diese Weise, so zeigt sich, daß Mythenbildung sowohl aus neuen Ideen als auch aus der *Neu*ordnung traditioneller, bereits vorhandener Vorstellungen entsteht. Einige frühe Christen (allerdings nicht alle!) wollten glauben, daß sie mit einem Urknall begannen, doch selbst um diese Vorstellung zu hegen, mußten sie mit alten Mythen und Vorbildern arbeiten. Mythenschaffende fangen niemals vollständig bei Null an. Doch wenn das zutrifft, wenn das frühe Christentum eine menschliche Anstrengung darstellt, aus den zur Verfügung stehenden, zum Teil alten, zum Teil neuen Teilen und Stücken etwas Neues zu schaffen, müssen wir dann nicht auch genau überlegen, wenn wir neu überdenken, was wir tun sollen? Insofern könnte ein zweiter Nutzen in dem Bewußtsein der Distanz gegenüber dem christlichen Mythos liegen, das aus einer solchen Neubeschreibung dieser frühen Geschichte erwächst. Die Beobachtung, daß die frühen Christen ihre Gründe dafür hatten, sich die Welt so vorzustellen, wie sie es taten, sollte jeden nachdenklichen Menschen entlasten, der sich gefragt hat, wie hilfreich die Evangeliendarstellung für die Bewältigung der sozialen Fragen unserer Zeit ist. Das Verstehen dieser Gründe läßt uns die Mythenbildung durch diese frühen Christen auch dann würdigen, wenn wir erkennen, daß die Gründe, aus denen heraus sie ihre Geschichten erzählten, nicht hinreichen, um die Geschichten weiterhin auf diese Weise zu erzählen.

Meine eigene Phantasie malt mir vor Augen, wie ich eine Halle betrete und hohe Decken und schöne Kronleuchter vorfinde, mit Bücherregalen gesäumte Wände, Weinflaschen in den Nischen, Vorspeisen auf den Fensterbänken, und in der Mitte steht ein breiter Tisch, auf dem die Bibel liegt. Wir alle sind dort, gehen umher, sitzen an dem Tisch und reden darüber, was wir mit diesem Buch machen sollen. Es gelten einige Regeln. Jede und jeder wurden eingeladen. Christen wurden zwar nicht ausgeschlossen, sind aber nicht die Verantwortlichen. Wir alle sind anwesend, und unser ganzes Wissen und Können ist gleichfalls gegenwärtig. Religionshistoriker, Kulturanthropologen und Politikwissenschaftler sind da, aber auch Politiker, Vorstandsvorsitzende und Diplomaten. Die ethnischen Gemeinschaften von Los Angeles sind alle gut vertreten, ebenso Frauen, die Unterprivilegierten, Behinderten und all jene ohne Stimme, die erst kürzlich das Wort ergriffen haben. Kaufleute sind dort, Arbeiter und die Flugzeugpiloten. Jeder ist anwesend und erhält die Gelegenheit, zu reden und Fragen zu stellen. Niemand hat ein Monopol auf die Aussagen der Bibel. Wir pfeifen, sobald jemand zu schmollen oder zu predigen beginnt. Wir versuchen herauszufinden, weshalb wir die Bibel für so wichtig halten, ob ihr diese Bedeutung zukommt, wie sie unsere Kultur beeinflußt hat, wie wir über die Geschichte denken, ob wir am «Schluß» lachen oder weinen sollen, wie sehr oder wie wenig sie unserer gegenwärtigen Situation entspricht und ob die Geschichte – unter Bewahrung unserer Vision einer gerechten, überlebensfähigen, fröhlichen und multikulturellen Welt – neu gedeutet werden sollte. Wäre das nicht etwas?

Was wir uns jetzt fragen müssen, ist nicht, ob Religionen kulturelle und gesellschaftliche Wirkungen haben. Wir haben in unserer Zeit – daheim und in der ganzen Welt – genug gesehen, um zu wissen, daß dies zutrifft. Die Frage, wie sich unterschiedliche Religionen auf die Schaffung von Kulturen auswirken, muß wesentlich genauer gestellt werden. Wir beginnen gerade erst zuzugestehen, daß unterschiedliche Kulturen unterschiedlich *sind* und sich unterschiedlich darauf auswirken, wie Menschen denken, sich verhalten und zu anderen in Beziehung setzen. Müssen wir Amerikaner, wenn die vergleichende Kulturanalyse die Losung des Tages ist, nicht unsere Mythen und Religionen mit einbeziehen? Und warum sollten wir *nicht* lernen, Kulturen im Lichte der gesellschaftlichen Fragen und globalen Horizonte zu bewerten, die unsere Zeit herausfordern? Warum können wir nicht lernen, öffentlich über Religion und Kultur zu reden, wenn wir nach Wegen suchen, uns eine intakte Gesellschaft vorzustellen und zu schaffen, die wir in unserer multikulturellen Welt so dringend brauchen? Wenn wir dies tun wollen – und ich glaube, wir müssen es –, so muß das jetzt für die Bibel geltende Tabu gebrochen werden. Die Bibel ist nicht das Privateigentum der christlichen Kirchen. Die biblische epische Überlieferung gehört uns allen in Gestalt des jüdisch-christlichen Erbes, das, wie behauptet wird, unserer Nation ihre Werte und ihre ethische Grundlage gegeben hat. Das Tabu ist ein Zeichen dafür, daß wir alle Komplizen in der unausgesprochenen Übereinkunft sind, diese Geschichte unhinterfragt zu lassen. Es ist Zeit, herauszufinden, ob wir das für klug halten. Die einzige Möglichkeit dazu besteht darin, zu lernen, öffentlich und freimütig über Religion, Kultur und die Bibel zu reden.

Anhang

Frühchristliche Literatur

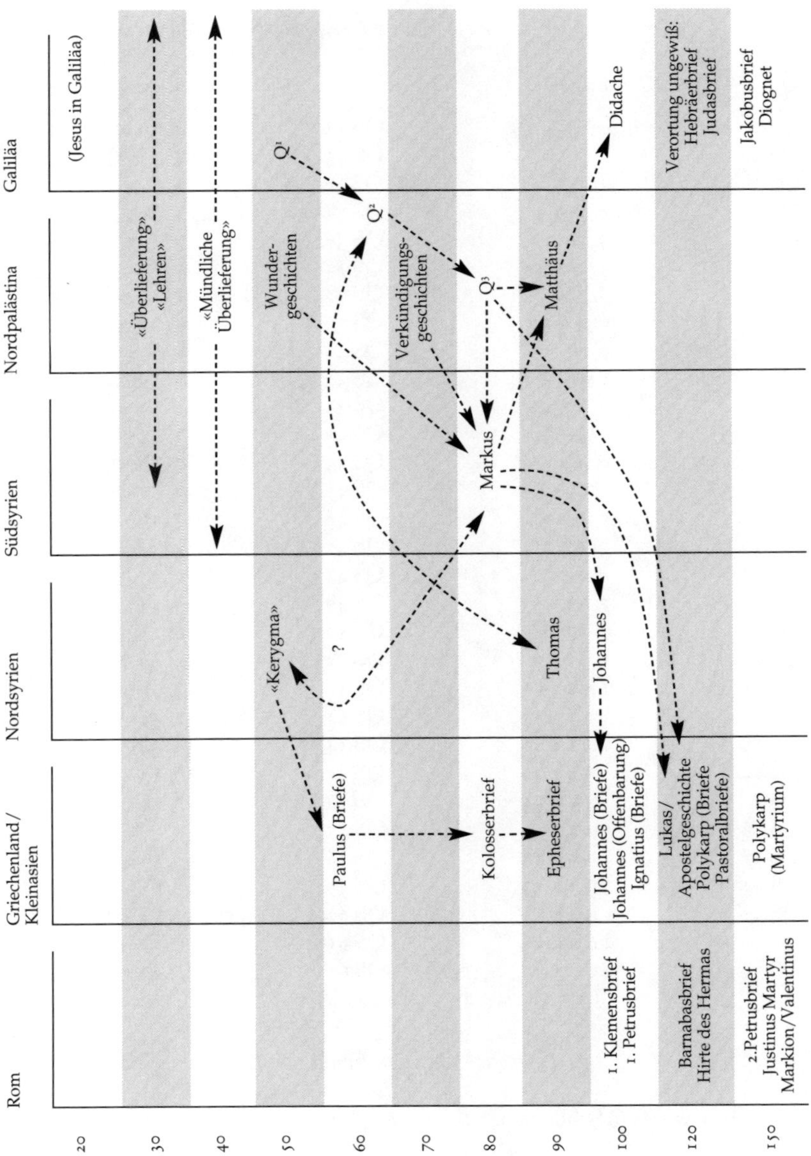

Der Inhalt von Q

Q-Segmente (QS), wie sie sich im Lukasevangelium darstellen

Q	Lukas	Q	Lukas
QS 1	—	QS 32	11, 16.29–32
QS 2	—	QS 33	11, 33–35
QS 3	3, 1–6	QS 34	11, 39–52
QS 4	3, 7–9	QS 35	12, 2–3
QS 5	3, 16–17	QS 36	12, 4–7
QS 6	4, 1–13	QS 37	12, 8–12
QS 7	6, 20	QS 38	12, 13–21
QS 8	6, 20–23	QS 39	12, 22–31
QS 9	6, 27–35	QS 40	12, 33–34
QS 10	6, 36–38	QS 41	12, 39–40
QS 11	6, 39–40	QS 42	12, 42–46
QS 12	6, 41–42	QS 43	12, 49–53
QS 13	6, 43–45	QS 44	12, 54–56
QS 14	6, 46–49	QS 45	12, 57–59
QS 15	7, 1–10	QS 46	13, 18–21
QS 16	7, 18–23	QS 47	13, 24–27
QS 17	7, 24–28	QS 48	13, 28–30
QS 18	7, 31–35	QS 49	13, 34–35
QS 19	9, 57–62	QS 50	14, 11; 18, 14
QS 20	10, 1–11	QS 51	14, 16–24
QS 21	10, 12	QS 52	14, 26–27; 17, 33
QS 22	10, 13–15	QS 53	14, 34–35
QS 23	10, 16	QS 54	15, 4–10
QS 24	10, 21–22	QS 55	16, 13
QS 25	10, 23–24	QS 56	16, 16–18
QS 26	11, 1–4	QS 57	17, 1–2
QS 27	11, 9–13	QS 58	17, 3–4
QS 28	11, 14–23	QS 59	17, 6
QS 29	11, 23	QS 60	17, 23–37
QS 30	11, 24–26	QS 61	19, 11–27
QS 31	11, 27–28	QS 62	22, 28–30

Überblick über den Inhalt von Q

Die Skizze wirft ein Schlaglicht auf zwei Merkmale der Gestaltung auf der Ebene von Q². Eines betrifft die Art, in der das Q²-Material Einheiten von eingefügtem

Q^1-Material einrahmt. Das andere Merkmal liegt in einer Struktur der Anrede, die zwischen der Gemeinschaft und ihrem Publikum hin- und herwechselt:

Q^1 = Grundlegende Weisungen, die an die Gemeinschaft gerichtet sind
Q^{2a} = Gerichtssprüche, die sich gegen «dieses Geschlecht» wenden
Q^{2b} = Weisungen an die Gemeinschaft im Lichte der gegen «dieses Geschlecht» gerichteten Gerichtssprüche

Q1	Q2a	Q2b	
Einführung (QS 1–2)			
	Die Predigt des Johannes		(QS 3–5)
Jesu Lehre			(QS 7–14)
	Was Johannes und Jesus dachten		(QS 15–18)
Weisungen für die Bewegung			(QS 19–20)
	Verkündigungen gegen Städte		(QS 21–22)
		Seligpreisungen von Menschen	(QS 23, 25)
Vertrauen auf die Fürsorge des Vaters			(QS 26–27)
	Auseinandersetzungen mit «diesem Geschlecht»		(QS 28)
		Mahnung zur Parteinahme	(QS 29–30)
	Gericht über «dieses Geschlecht»		(QS 32)
		Wahre Erleuchtung	(QS 33)
	Verkündigungen gegen die Pharisäer		(QS 34)
Über Angst und furchtloses Bekennen			(QS 35–36)
		Über öffentliche Bekenntnisse	(QS 37)
Über die persönliche Habe			(QS 38–40)
	Das kommende Gericht		(QS 41–45)
Gleichnisse über das Reich Gottes			(QS 46)
	Die zwei Wege		(QS 47–48)
Die wahren Anhänger Jesu			(QS 50–53)
		Gemeinschaftsregeln	(QS 54–55, 57–59)
	Das Jüngste Gericht		(QS 60–61)

Die Verkündigungsgeschichten im Markusevangelium

Die folgenden *chreiai* (Anekdoten) finden sich im Zentrum der Verkündigungsgeschichten im Markusevangelium. Sie sind alle rekonstruiert worden, indem man entfernt hat, was die antiken Rhetoriker als Entfaltung oder Auschmückungen bezeichneten, mit denen die *chreiai* zu längeren Geschichten oder Reden wurden. Der szenische Rahmen soll den angesprochenen Fragen entsprechen. Alle *chreiai* sind in der deutschen Übersetzung paraphrasiert worden, um den entscheidenden Aspekt der ursprünglichen schlagfertigen Antwort im Griechischen zuzuspitzen. Das Zeichen *H* bedeutet «Herausforderung», *A* steht für «Antwort». Worte mit einem * weisen auf Fragestellungen hin, die sich auf Reinheitsgebote konzentrieren.

MARKUS 1, 35–38: ANZIEHEN EINER MENSCHENMENGE
H: Jedermann sucht dich!
A: Laßt uns anderswohin gehen.
MARKUS 2, 1–12: VERGEBUNG FÜR DEN GELÄHMTEN*
H: Er lästert Gott! Wer kann Sünden vergeben als Gott allein!
A: Was ist leichter: zu vergeben oder zu heilen?
MARKUS 2, 15–17: SPEISEN MIT STEUEREINNEHMERN UND SÜNDERN*
H: Warum tust du das? Sie sind krank und unrein.
A: Die Starken bedürfen keines Arztes.
MARKUS 2, 18–22: ÜBER DAS ESSEN UND DAS FASTEN*
H: Warum fasten du und deine Jünger nicht?
A: Wie können die Hochzeitsgäste fasten?
MARKUS 2, 23–28: ÄHRENRAUFEN AM SABBAT *
H: Arbeiten am Sabbat verletzt das Gesetz!
A: Soll man am Sabbat Gutes tun oder Böses tun?
MARKUS 3, 22–30: AUSTREIBEN EINES DÄMONS*
H: Du mußt deine Macht von einem syrischen Dämon haben!
A: Wie kann Satan den Satan austreiben?
MARKUS 3, 31–35: DIE SORGE EINER MUTTER
H: Deine Mutter fragt draußen nach dir.
A: Wer ist meine Mutter?
MARKUS 4, 10–20: LEHREN IN GLEICHNISSEN
H: Warum lehrst du nur in Gleichnissen?
A: Damit die anderen es nicht verstehen.
MARKUS 6, 1–6: KEIN EINDRUCK BEI DEN MENSCHEN DER EIGENEN STADT
H: Verschwinde! Wir kennen deine Familie.
A: Ein Prophet gilt nirgends weniger als in seinem Vaterland.
MARKUS 7, 1–15: ESSEN MIT UNGEWASCHENEN HÄNDEN*
H: Widerlich! Du und deine Jünger wascht euch niemals.
A: Nicht was von außen in den Menschen hineinkommt, macht ihn unrein, sondern das, was aus dem Menschen herauskommt.
MARKUS 7, 24–30: EINE SYROPHÖNIZIERIN BITTET UM EINEN EXORZISMUS*
H: (Jesus formuliert die Herausforderung) Laß erst die Kinder satt werden.
A: (Die Frau antwortet) Sogar Hunde fressen die Brosamen der Kinder.
MARKUS 8, 11–12: PHARISÄER BITTEN UM EIN «ZEICHEN»
H: Bewirke ein Wunder für uns, so werden wir glauben.
A: Würdet ihr? Aber warum?
MARKUS 8, 31–33: WEISSAGUNG DESSEN, WAS IN JERUSALEM GESCHEHEN WIRD
H: Das wird dir gewiß nicht widerfahren.
A: Geh weg von mir, Satan!
MARKUS 9, 9–13: FRAGE NACH DEM KOMMEN DES ELIA
H: Warum sagen die Schriftgelehrten, daß zuvor Elia kommen muß?
A: Weil er kommen wird.
MARKUS 9, 33–37: AUSEINANDERSETZUNG ÜBER DIE GRÖSSE
H: Wer ist der Größte?
A: Der Letzte.
MARKUS 9, 38–40: BEGEGNUNG MIT EINEM ANDEREN EXORZISTEN*
H: Warum verbietest du es ihm nicht? Er ist keiner von uns.

A: Wenn er nicht gegen uns ist, ist er für uns.

MARKUS 10, 2–9: AUSEINANDERSETZUNG ÜBER DIE SCHEIDUNG*

H: Was sagt das Gesetz?

A: Was sagt Gott?

MARKUS 10, 13–16: BEGEGNUNG MIT KINDERN

H: Sie stehen uns im Wege, während wir über das Reich Gottes reden.

A: Ihnen gehört das Reich Gottes.

MARKUS 10, 17–22: EIN MANN SUCHT NACH DEM EWIGEN LEBEN

H: Guter Meister, was soll ich tun?

A: Warum nennst du mich gut?

MARKUS 10, 23–27: ÜBER DAS ERLANGEN DES REICHES GOTTES

H: Können Reiche das Reich Gottes erlangen?

A: Es ist leichter, daß ein Kamel durch ein Nadelöhr gehe.

MARKUS 10, 35–45: DIE SÖHNE DES ZEBEDÄUS

H: Wir wären gern die Ersten in deinem Reich.

A: Die Ersten werden die Diener sein.

MARKUS 11, 27–33: ÜBER DIE VOLLMACHT

H: Woher hast du deine Vollmacht?

A: Woher hatte Johannes seine Vollmacht?

MARKUS 12, 13–17: ÜBER DAS ZAHLEN VON STEUERN

H: Ist's recht, daß wir dem Kaiser Steuern zahlen?

A: Gebt dem Kaiser, was des Kaisers ist.

MARKUS 12, 18–27: ÜBER DIE VORSTELLUNG DES LEBENS IM HIMMEL MIT EINER FRAU, DIE SIEBEN EHEMÄNNER HATTE

H: Welche wird Gott ihr zum Mann geben?

A: Jene, die lebendig sind.

MARKUS 12, 28–34: ÜBER DAS GRÖSSTE GEBOT

H: Meister, du redest recht über die Gebote.

A: Du bist nicht fern vom Reich Gottes.

MARKUS 12, 35–37: ÜBER DEN SOHN DAVIDS

H: Die Schriftgelehrten sagen, der Messias sei Davids Sohn.

A: Warum nennt David ihn dann seinen Herrn?

MARKUS 12, 41–44: DAS SCHERFLEIN DER WITWE

H: Sie legte nur eine Münze hinein!

A: Das ist mehr, als der Reiche gab.

MARKUS 14, 3–9: DIE SALBUNG MIT ÖL DURCH EINE FRAU*

H: Das ist obszön!

A: Es war schön.

Literatur

Anmerkung des Übersetzers:
Sämtliche Zitate aus Quellen und Sekundärliteratur sind in diesem Buch in deutscher Sprache wiedergegeben. Bibelzitate stammen, sofern nicht anders angemerkt, aus der Lutherbibel in der revidierten Fassung von 1984. Die Zitate aus jüdischen Quellen, Apokryphen, gnostischen wie philosophischen Schriften und aus der Kirchenväterliteratur sind den in der Bibliographie aufgeführten deutschen Standardübersetzungen entnommen. Zitate aus englischsprachiger Sekundärliteratur, die nicht in deutscher Übersetzung erschienen ist, wurden für dieses Buch übersetzt.
Christian Wiese

a) Antike Werke

Ante-Nicene Fathers, 10 Bde. 1870/71, ND Grand Rapids 1951–1978.

Bettenson, Henry, *Documents of the Christian Church*, ²1963, ND New York 1967.

Beyerlin, Walter (Hrsg.), *Religionsgeschichtliches Textbuch zum Alten Testament* (Altes Testament Deutsch Ergänzungsreihe 1), Göttingen ²1985.

Didache/Zwölf-Apostel-Lehre, übers. u. eingel. v. G. Schöllgen / *Traditio Apostolica/Apostolische Überlieferung*, übers. u. eingel. v. W. Geerlings (Fontes Christiani Bd. 1), Freiburg/Basel u.a. 1991.

Diogenes Laertius, *Vitae et sententiae philosophorum/Leben und Meinungen berühmter Philosophen*. Aus dem Griechischen übers. v. O. Appelt; unter Mitarbeit von H. G. Zekl neu hrsg. sowie mit Vorw., Einl. und neuen Anm. zu Text und Übers. vers. v. K. Reich, Hamburg ³1990.

Epictetus, *Ausgewählte Schriften* (Sammlung Tusculum), hrsg. v. R. Michel, Darmstadt 1994.

Eusebius von Caesarea, *Kirchengeschichte*, hrsg. v. H. Kraft, München 1967.

Goldschmidt, Lazarus, *Talmud Babli. Der Babylonische Talmud*, 12 Bde., Darmstadt ⁴1996.

Grant, Frederick C., *Hellenistic Religions: The Age of Syncretism*, New York 1953.

Hennecke, Edgar, *Neutestamentliche Apokryphen in deutscher Übersetzung*, 3., völlig neubearb. Aufl., hrsg. v. W. Schneemelcher, 2 Bde., Tübingen ⁵1987.

Josephus Flavius, *Die jüdischen Altertümer*, übers. und mit Anm. vers. v. H. Clementz, 2 Bde., Berlin/Wien 1923.

–, *Geschichte des jüdischen Krieges*, übers. und mit einer Einl. und Anm. vers. v. H. Clementz, Wiesbaden 1994.

Justin der Märtyrer, Die beiden Apologien, in: *Frühchristliche Apologeten und Märtyrerakten* (Bibliothek der Kirchenväter Bd. 1), Kempten/München 1913.

–, *Dialogus cum Triphone Judaicus* (dt.: *Des heiligen Philosophen und Märtyrers Justinus Dialog mit dem Juden Tryphon*) (Bibliothek der Kirchenväter 33), Kempten/München 1917.

Kautzsch, Emil (Hrsg.), *Die Apokryphen und Pseudepigraphen des Alten Testaments*, 2 Bde., Tübingen 1921.
Kohler, J./Peiser, F. E. (Hrsg.), *Hammurabi's Gesetz*, Bd. 1: Übersetzung, juristische Wiedergabe, Erläuterung, Leipzig 1904.
Kloppenborg, John S. et al. (Hrsg.), *Q-Thomas Reader*, Sonoma 1990.
Layton, Bentley, *The Gnostic Scriptures: A New Translation with Annotations and Introductions*, Garden City, NY 1987.
Lüdemann, Gerd/Janßen, Martina, *Bibel der Häretiker. Die gnostischen Schriften aus Nag Hammadi*, Stuttgart 1997.
Lukian von Samosata, *Die Hauptwerke des Lukian*, hrsg. und übers. v. K. Mras, München 1954.
Neusner, Jacob, *The Mishnah: A New Translation*, New Haven 1986.
Philo von Alexandria, *Die Werke in deutscher Übersetzung*, hrsg. v. L. Cohn, I. Heinemann, M. Adler und W. Theiler, 7 Bde., Berlin 1962–64 [Breslau 1909–1938].
Plutarch, *Isis and Osiris*. Plutarch's Moralia V, 6–191 (Loeb Classical Library), Cambridge 1962.
Riessler, Paul, *Altjüdisches Schrifttum außerhalb der Bibel*, Augsburg 1928.

b) Darstellungen

Achtemeier, Paul J., „The Origin and Function of the Pre-Markan Miracle Catenae", in: *Journal of Biblical Literature* 91 (1972), S. 198–221.
–, „Toward the Isolation of Pre-Markan Miracle Catenae", in: *Journal of Biblical Literature* 89 (1970), S. 265–291.
Anderson, Walter Truett, *Reality Isn't What It Used to Be*, San Francisco 1990.
Boyarin, Daniel, *A Radical Jew: Paul and the Politics of Identity*, Berkeley/Los Angeles 1994.
Brown, Peter, „The Rise and Function of the Holy Man in Late Antiquity", in: *Journal of Roman Studies* 61 (1971), S. 80–101.
Burkert, Walter, *Antike Mysterien*, München 1990.
Butts, James R./Cameron, Ron, „Sayings of Jesus: Classification by Source and Authenticity", in: *Foundations and Facets Forum* 3 (1987), Nr. 2, S. 96–116.
Cameron, Ron, „Alternate Beginnings – Different Ends: Eusebius, Thomas, and the Construction of Christian Origins", in: *Religious Propaganda and Missionary Competition in the New Testament World: Essays Honoring Dieter Georgi*, hrsg. v. Lukas Bormann, Kelly Del Tredici und Angela Standhartinger (Novum Testamentum Supplements 74), Leiden 1994, S. 501–525.
–, *Sayings Traditions in the Apocryphon of James* (Harvard Theological Studies 34), Philadelphia 1984.
–, „'What Have You Come Out to See?' Characterizations of John and Jesus in the Gospels", in: *Semeia* 49: *The Apocryphal Jesus and Christian Origins*, hrsg. v. R. Cameron, Atlanta 1990, S. 35–69.
Campenhausen, Hans von, *Die Entstehung der christlichen Bibel* (Beiträge zur historischen Theologie 39), Tübingen 1968.
Castelli, Elizabeth A., *Imitating Paul: A Discourse of Power*, Louisville, Ky 1992.
Collins, Adela Yarbro, *Crisis and Catharsis: The Power of the Apocalypse*, Philadelphia 1984.

Crossan, Dominic, *Der historische Jesus*, München 1994.
–, *Jesus. Ein revolutionäres Leben*, München 1996.
Detienne, Marcel/Vernant, Jean-Pierre, *Cunning Intelligence in Greek Culture and Society*, übers. v. J. Lloyd, Atlantic Highlands, NJ 1978.
Duling, Dennis C., *Jesus Christ Through History*, New York 1979.
–/Perrin, Norman, *The New Testament: Proclamation and Parenesis, Myth and History*, New York 31994.
Efroymson, David P., „The Patristic Connection", in: Alan T. Davies (Hrsg.), *Antisemitism and the Foundations of Christianity*, New York 1979, S. 98–117.
Fox-Genovese, Elizabeth, *Within the Plantation Household: Black and White Women of the Old South*, Chapel Hill 1988.
Genovese, Eugene D., *Roll, Jordan, Roll: The World the Slaves Made*, New York 1974.
Georgi, Dieter, *Die Gegner des Paulus im 2. Korintherbrief. Studien zur religiösen Propaganda in der Spätantike*, Neukirchen-Vluyn 1964.
–, „Der vorpaulinische Hymnus Phil 2, 6–11", in: Dinkler, Erich (Hrsg.), *Zeit und Geschichte: Dankesgabe an Rudolf Bultmann zum 80. Geburtstag*, Tübingen 1964, S. 263–93.
Goodenough, E. R., „The Political Philosophy of Hellenistic Kingship", in: *Yale Classical Studies* 1 (1928), S. 55–102.
Harnack, Adolf von, *Marcion: Das Evangelium vom fremden Gott. Eine Monographie zur Geschichte der Grundlegung der katholischen Kirche*, Leipzig 1921.
Jewett, Robert, *The Captain America Complex: The Dilemma of Zealous Nationalism*, Philadelphia 1973.
–/Lawrence, John Shelton, *The American Monomyth*, New York 21988.
Kee, Howard Clark, *Miracle in the Early Christian World*, New Haven 1983.
Kelsey, David H., *The Uses of Scripture in Recent Theology*, Philadelphia 1975.
Kinneavy, James L., *Greek Rhetorical Origins of Christian Faith: An Inquiry*, New York 1987.
Kloppenborg, John S., *Q Parallels: Synopsis, Critical Notes, and Concordance*, Sonoma, CA 1988.
Koester, Helmut, *Einführung in das Neue Testament im Rahmen der Religionsgeschichte und Kulturgeschichte der hellenistischen und römischen Zeit*, 2 Bde., Berlin/New York 1980.
Lévi-Strauss, Claude, *Mythologica I. Das Rohe und das Gekochte*, Frankfurt a.M. 1980
–, *Das wilde Denken*, Frankfurt a.M. 1968.
MacDonald, Lee Martin, *The Formation of the Christian Biblical Canon*, Nashville 1989.
Mack, Burton L., *Logos und Sophia: Untersuchungen zur Weisheitstheologie im hellenistischen Judentum* (Studien zur Umwelt des Neuen Testaments 10), Göttingen 1973.
–, *The Lost Gospel: The Book of Q and Christian Origins*, Philadelphia 1988.
–, *A Myth of Innocence: Mark and Christian Origins*, Philadelphia 1988.
–, *Rhetoric and the New Testament* (Guides to Biblical Scholarship), Minneapolis 1990.
–, *Wisdom and the Hebrew Epic: Ben Sira's Hymn in Praise of the Fathers* (Chicago Studies in the History of Judaism), Chicago 1985.
–/Robbins, Vernon K., *Patterns of Persuasion in the Gospels*, Sonoma, CA 1989.

McLean, Bradley, „On the Gospel of Thomas and Q", in: Piper, Ronald A. (Hrsg.), *The Gospel Behind the Gospels: Current Studies on Q* (Supplements to Novum Testamentum 75), Leiden 1995, S. 321–345.
Meeks, Wayne A., „The Man from Heaven in Johannine Sectarianism", in: *Journal of Biblical Literature* 91 (1972), S. 44–72.
Miller, Merrill, „Beginning from Jerusalem _: Reexamining Canon and Consensus", in: *Journal of Higher Criticism* 2 (1995).
Miller, Robert J., *Prophecy and Persecution in Luke-Acts*, Ph.D. diss., Claremont Graduate School 1986.
Neusner, Jacob, *A History of the Mishnaic Law of Purities*, 20 Bde., Leiden 1974–77.
Neyrey, Jerome H., „The Idea of Purity in Mark's Gospel", in: *Semeia* 35: *Social-Scientific Criticism of the New Testament and its Social World*, hrsg. v. John H. Elliott, Atlanta 1986, S. 91–128.
Nickelsburg, George W. E., *Resurrection, Immortality and Eternal Life in Intertestamental Judaism* (Harvard Theological Studies 26), Cambridge 1972.
Ostling, Richard N., „A Step Closer to Jesus?", in: *Time* (23. Januar 1995), S. 57.
Pearson, Birger A., „1 Thessalonians 2:13–16: A Deutero-Pauline Interpolation", in: *Harvard Theological Review* 64 (1971), S. 79–94.
The Revised Common Lectionary, Nashville 1992.
Robbins, Vernon K., „By Land and by Sea: The We-Passages and Ancient Sea Voyages", in: Talbert, Charles H. (Hrsg.), *Perspectives on Luke-Acts* (Perspectives in Religious Studies, Special Studies Series 5), Edinburgh 1978, S. 215–242.
Sanders, James A., *Torah and Canon*, Philadelphia 1972.
Schmidt, Daryl, „The Syntactical Style of 2 Thessalonians: How Pauline is it?", in: Collins, Raymond F. (Hrsg.), *The Thessalonian Correspondence* (Bibliotheca Ephemeridum Theologicarum Lovaniensium 87), Leuven 1990.
Schoedel, William R., *Die Briefe des Ignatius von Antiochien. Ein Kommentar*, München 1990.
Seeley, David, „The Background of the Philippian Hymn (2:6–11)", in: *Journal of Higher Criticism* 1 (1994), S. 49–72.
–, *Deconstructing the New Testament* (Biblical Interpretation Series 5), Leiden 1994.
–, „Jesus' Death in Q", in: *New Testament Studies* 38 (1992), S. 222–234.
–, *The Noble Death: Paul's Concept of Salvation and Greco-Roman Martyrology* (JSNT Supplement Series 28), Sheffield 1990.
Smith, Dennis E., *Social Obligation in the Context of Communal Meals: A Study of the Christian Meal in I Corinthians in Comparison with Greco-Roman Communal Meals*, Ph.D. diss, Harvard University 1980.
Smith, Henry Nash, *Virgin Land: The American West as Symbols and Myth*, Cambridge 1950 (Neuaufl., mit neuem Vorwort 1970).
Smith, Jonathan Z., „Columbus and the Bible". Paper presented at Claremont Graduate School, Claremont, CA 1986.
–, *Drudgery Divine: On the Comparison of Early Christianities and the Religions of Late Antiquity*, Chicago 1990.
–, *Imagining Religion: From Babylon to Jonestown*, Chicago 1982.
–, *Map is not Territory: Studies in the History of Religions*, 1978; ND Chicago 1993.
–, *To Take Place: Toward Theory in Ritual* (Chicago Studies in the History of Religions), Chicago 1987.

Stowers, Stanley K., *The Diatribe and Paul's Letter to the Romans*, Chico, CA 1981.
–, „Greeks Who Sacrifice and Those Who Do Not: Toward an Anthropology of Greek Religion", in: White, L. M./Yarbrough, O. L. (Hrsg.), *The First Christians and their Social World: Studies in Honor od Wayne A. Meeks*, Minneapolis 1995, S. 295–335.
–, *A Rereading of Romans: Justice, Jews and Gentiles*, New Haven 1994.
Thiede, Carsten Peter, „Papyrus Magdalen Greek 17 (Gregory-Aland P46). A Reappraisal", in: *Zeitschrift für Papyrologie und Epigraphik* 105 (1995), S. 13–20.
Williams, Sam K., *Jesus' Death as Saving Event: The Background and Origin of a Concept* (Harvard Dissertations in Religion 2), Missoula, MT 1975.

Register der Bibelstellen

a) Altes Testament

Genesis
12,3 165
12,7 162
15,6 161
17,5 f. 161
18,18 161, 165
21,9–12 168
22,17–18 162
22,18 161

Exodus
3,6 363 f.
3,10 363 f.

Leviticus
19,18 325

Jesaja
1,3 364 f.
45,23 131
65,2 365

Jeremia
31,31–34 186

b) Neues Testament

Matthäus
5,8 222
5,17–20 224
5,20 225
5,45 74
7,29 223
13,52 222
16,17–19 99, 223
18,11–20 227
23,27 76

Markus
1,22 223
2,15–17 24
2,17 79, 85
2,18 85
2,19 79
2,24 85
2,27 80
3,6 232
3,17 270
4,11 211
4,12 222
7,1–7 24
7,5 85
7,15 80
8,31 210
9,7 219
9,31 210
9,35 80
10,18 80
10,25 80
10,34 210
11,29 213
12,9 219
12,17 80
12,35–37 104
12,35 219
12,37 219
13,2 210
14,5 85
14,24 213
14,62 210, 214
15,2 210
15,38 210

Lukas
1,16 f. 233
1,32 233
1,35 229
1,69 233
1,76–79 233
2,25 f. 229

2,32 233
3,7–9 78
3,16 f. 78
3,22 229
4,1 229
4,1–13 78
4,6 f. 79
4,13 f. 229
4,16–21 229
6,11 232
6,27 74
6,29 f. 74
6,37 74
6,39 75
6,42 74
7,18 f. 78
7,22–28 78
7,31–35 78
9,60 74
10,1–11 76
10,3 f. 74,
10,9 74
10,12 76
11,9 74
11,10 75
11,27 f. 80
11,50 206
12,13 f. 80
12,22 74
12,31 74
12,34 75
13,34 f. 78, 99, 205
17,34 92
19,26 77
22,3 229
22,28–30 78f., 270
23,47 231
24,26 f. 235
24,29 229
24,32 235
24,51 235

Johannes
1,1 367
1,10–11 244
1,14 239
1,39 239
2,11 241
3,11 f. 298
4,54 241
6,30 245
9,4 f. 244
9,14 243
9,16 243
9,35–41 244
10,15 246
10,18 247
10,22 243
13,34 244
14,9 239
20,29 245
21,1 f. 296
21,18 f. 285
21, 24–25 294, 298

Apostelgeschichte
1–2 229
2, 37–38 314
3, 14 317
7, 52 317
8, 1 308
8, 7 308
9, 1 308
10, 38 231, 317
11, 19 308
15, 7 309
20, 28–30 319
21, 27 309
22, 6–11 144
24, 19 309
24, 25 320
26, 32 320

Römerbrief
1,17 f. 194
1,24–32 193
1,24 94
1,26 194
1,28 194
2,5 193
7,12 168
9,4 f. 195 f.
10,9 134
11,1 168
11,15 195
11,17–24 195

11,25–27 155
11,26 168
11,33 171

1. Korintherbrief
1,18 170
1,30 171
4,8 178
4,10 178
5,7 187
6,12 f. 178
6,15 183
6,15–20 181
7,1 173, 178
7,19 184
8,1 178
8,4 178
8,8 178
10,4 187
10,17 183
10,23 109, 178
11,20 181
11,23–25 123, 126 f.
11,24 116
11,27–29 181
12,3 179
12,13 183
12,27 183
13 134
15,1–5 112
15,3 143
15,5 270
15,12 182
15,42–52 156
15,45–49 186 f.
16,22 134

2. Korintherbrief
1,3 f. 134
2,14 187
3,7 187
3,15–17 186
3,17 134
11,5 185
11,22 f. 185

Galaterbrief
1,3–5 134
1,6 f. 158
1,8 f. 158
1,12 140, 143
1,13 140, 142
1,14 141
1,15 f. 140, 143
1,17 271
1,19 270
1,22 166
2,1 f. 144
2,4 159, 166
2,9 270
2,12 159
2,17 166
2,19 f. 166
3,1 159
3,2 160
3,5 160
3,6–24 161
3,8 165
3,13 168
3,14 166
3,16 162
3,17 161
3,19 161
3,23 168
3,26 166 f.
3,27 166
3,28 110, 166, 196
3,29 163 f., 166 f.
4,4–7 167
4,10 160
4,21 160
4,30 168
5,6 166
5,11 141
5,12 158

Epheserbrief
1,17–23 251 f.
2,5 f. 249
2,12 253
2,12–16 250 f.
2,19–22 250
2,21 253
4,12 254
12,2 335 f.

Philipperbrief

1,23	155
2,5	200
2,6–11	128
2,11	109
2,15	197
3,5 f.	140
3,10–14	198 f.
3,17	200
3,20	197
4,20	109

Kolosserbrief

1,15–20	184, 249 f.
2,2 f.	251
2,12	249
2,16–23	252
2,19	253
3,1 f.	252
3,16	251
4,5	253
4,17	254

1. Thessalonicherbrief

1,1–10	151
1,5 f.	150
1,9 f.	153
1,10	157
2,1–3	151
2,7	150
2,11	150
2,13	151
2,15 f.	158
2,16	206
3,1 f.	149
3,6 f.	149
4,1–12	151
4,13	151, 155
4,13–5,11	151
4,14 f.	152
4,14–17	154
4,16–5,3	155
4,17 f.	156
5,1	157
5,9	157
5,10	154
5,12–22	151

2. Thessalonicherbrief

1,7–9	157

1. Timotheusbrief

1,10 f.	278
2,2	278
2,4 f.	278
2,9–15	278
3,1–7	278
3,15 f.	278

Titusbrief

1,1–3	278
1,5–9	278
2,1	278
3,1	278

Philemonbrief

1–2	196

1. Petrusbrief

1,14	281
1,17	281
1,20	282
2,5	282
2,5–12	281
2,12–15	280
2,12	281
3,18–20	282
4,2	281
4,5 f.	283
4,17	281
5,1 f.	282
5,13	280

2. Petrusbrief

1,1	286
1,3 f.	285
1,12–15	285
2,9	285
3,1 f.	286
3,15 f.	286

1. Johannesbrief

1,1 f.	298
1,5	291
1,6	292
1,8–10	292, 294

2,1	298
2,4	292
2,6	292
2,7	291
2,10	292
2,19	291
2,20	292
2,22	292
3,11	291
4,2 f.	292

Judasbrief

3–4	283
12	283
14–15	284
17–18	284

Hebräerbrief

3,1–6	260
6,1 f.	257
10,33	257
11,39	260
12,1–3	258
12,2	260
12,7	260
12,13	260
12,19	260
12,22–24	260
13,15–17	260

Jakobusbrief

1,5	288
1,25	287
2,8–12	287
2,17	288
2,21–23	288
3,1	287

Offenbarung des Johannes

1,9	263
1,18	262 f.
7,14	261, 264
17,5 f.	264
22,12	262
22,17	265

Namenregister

Akiba, Ben Joseph 377
Alexander der Große 33 f., 37 f., 40, 42, 150
Andreas, Apostel 296, 305
Antiochus III., König von Syrien 41
Antiochus IV., König von Syrien 114
Antisthenes, Philosoph 81–83
Antoninus Pius, röm. Kaiser 350
Aristobulos, Historiker 52
Aristoteles, Philosoph 39
Athanasius von Alexandria, Kirchenvater 256, 266, 383, 385, 387
Athenagoras von Athen, Apologet 351
Augustinus, Aurelius 168, 388
Augustus, röm Kaiser 172

Barnabas, Apostel 327
Barth, Karl 168, 188
Bartholomäus, Apostel 305
Basilides, Gnostiker 306
Bosch, Hieronymus 265

Caesar, Gajus Julius 264
Caligula, röm. Kaiser 201
Chagall, Marc 391
Claudius, röm. Kaiser 201
Cornutus, Annäus 49, 355
Cyprian, Bischof von Karthago 382

David, israelit. König 57, 60, 87 104, 164, 372
Diogenes Laertius, Philosoph 75, 81 f., 268 f.
Diogenes von Sinope, Philosoph 75, 81–83
Dionysius, Gemeindevorsteher 331, 351
Domitian, röm. Kaiser 265, 329

Elia, Prophet 95–97, 211, 219, 242
Elisa, Prophet 95, 97
Epiktet, Philosoph 75
Epiphanius von Cyrus 383
Eusebius, Bischof von Cäsarea 329, 385–387

Felix, Antonicus 310, 320
Festus, Portius 310, 320

Gandhi, Mohandas Karamchand 69

Hadrian, röm. Kaiser 204
Hammurabi, König von Babylon 36
Hermas, apokalypt. Verfasser 327
Herodes Agrippa I., König von Judäa 201
Herodes Agrippa II., König von Chalkis 310, 320
Herodes der Große, König von Judäa 226
Hesiod, Dichter 55
Hieronymus, Kirchenlehrer 383, 385, 387 f.
Hilarius von Poitiers, Kirchenlehrer 383
Hippolyt, Kirchenlehrer 351, 382
Hiram, König von Tyros 60
Homer, Dichter 27, 39, 55 f., 59
Hosea, Prophet 226

Ignatius, Bischof von Antiochia 274 f., 327 f., 332–335
Irenäus, Bischof von Lyon 276 f., 290, 327, 338, 348, 351, 361, 382, 384

Jakobus, Apostel 91, 98–101, 144, 160, 205, 270 f., 273, 275, 296, 305, 307, 309, 313
Jefferson, Thomas 11
Jeremia, Prophet 226
Jesus von Nazareth 15 f., 18–20, 24, 27f., 61 f., 67–71, 77–79, 81, 83 f., 86–97, 99–106, 109, 112, 115–127, 129 f., 132, 169, 191, 207–220, 222–230, 233–235, 237, 239,

242, 244–248, 269–272, 276, 278, 282 f., 288 f., 292, 294 f., 303 f., 306, 312, 315–318, 324–326, 336, 348 f., 354
Jochanan ben Zakkai, Rabbi 204
Johannes der Täufer 78, 89, 98 f., 144, 218–220, 229, 233 f., 240, 270 f., 276
Johannes, Evangelist 238, 240, 248, 263–266, 272 f., 275, 296, 381
Josephus Flavius, Geschichtsschreiber 201 f., 205, 216, 373
Judas, Jünger 276, 279, 296
Judas Ischariot 296
Justin, Märtyrer 327, 338, 341 f., 350f., 353 f., 356–360, 362–366, 381–383

Kassander, Nachfolger Alexanders 150
Kerinth, Philosoph 290
King, Martin Luther 69
Klemens von Alexandria, Philosoph 327, 348, 350 f., 358, 366 f., 382, 384
Klemens, Bischof von Rom 255, 327–332, 334
Kolumbus, Christoph 10, 391
Konstantin I., der Große, röm. Kaiser 350, 371, 384–387, 389, 392
Kornelius, röm. Hauptmann 309, 312
Krates Mallotes, Philosoph 75, 82
Kyrill, Bischof von Jerusalem 383
Kyros II., König der Perser 131, 360

Lukas, Evangelist 68, 71f., 145 f., 159, 209, 228–235, 273, 276, 304, 306, 308f., 314, 316–321, 332, 334, 381
Luther, Martin 68, 188

Maria, Mutter Jesu 91, 226, 229
Markion von Sinope, Philosoph 168, 277, 338, 340, 349–353, 360, 363–365, 381–383
Markus, Evangelist 19, 70, 84, 94, 97, 99 f., 122, 207–220, 222 f., 225–228, 232 f., 247, 269 f., 272 f., 380, 402
Matthäus, Evangelist 19, 71 f., 91, 99, 101, 104, 222–227, 230, 233, 270, 272f., 287 f., 305, 325, 381
Melito, Bischof von Sardes 351, 383, 388
Micha, Prophet 226

Mose 56 f., 93, 95, 97, 164, 211, 219, 224–227, 242, 260, 326, 360, 376

Nathanael , Jünger 296
Nero, röm. Kaiser 201 f., 265
Nikephorus II., byzantin. Kaiser 378
Nikodemus, Rabbi 298

Onesimus, Begleiter des Paulus 196 f.
Origines, Kirchenschriftsteller 279, 351, 358, 367, 382–384

Papias, Bischof von Hierapolis 209
Paulus, Apostel 67, 98–100, 107–109, 111, 119–124, 129, 132, 134, 139–168, 227f., 230, 234, 248–250, 253, 258, 269–271, 273, 275, 277, 279, 305, 312, 315, 319 f., 327, 331 f., 340 f., 348, 380
Petrus, Apostel 91, 98–101, 144, 160, 209, 270 f., 273, 275–279, 282, 286, 290, 294–296, 305, 307–310, 312 f., 329, 332
Philippus, Apostel 296, 305 f., 308 f.
Philo von Alexandria, Philosoph 45, 50, 52, 58 f., 93, 203, 344, 347, 355 f.
Philemon, Bischof von Kolossä 196 f., 209
Pilatus, Pontius 216
Pindar, Dichter 27
Plato, Philosoph 39, 49 f., 343f.
Plutarch, Philosoph 49, 133
Polykarp, Bischof von Smyrna 275, 279, 327, 333, 341
Pompejus, Gnaeus 38, 150
Ptolemäus, Claudius 306

Salome, Anhängerin Jesu (Thomasevangelium) 91 f.
Salomo, König von Israel 50, 57, 60, 164, 372
Seneca, Philosoph 273
Serapion von Antiochia 384
Sira, Jesus ben Eleazar ben 57 f., 372f., 376
Sokrates, Philosoph 81, 113, 355, 357
Stephanus, Märtyrer 312 f.

Tacitus, Geschichtsschreiber 265
Tatian, Apologet 351, 384
Tertullian, Quintus Septimus Florens 327, 338, 341, 351, 359 f., 367, 382, 384
Theophilius von Antiochia, Apologet 351
Theudas, Begleiter des Paulus 348
Thomas, Apostel 88 f., 91, 245, 272 f., 296, 305 f.
Tiede, Carsten Peter 20 f.
Timotheus, Begleiter des Paulus 149, 151, 273, 275, 277 f.
Titus, Begleiter des Paulus 144, 273, 275, 277 f.
Titus, röm. Kaiser 202 f.
Trajan, röm. Kaiser 334

Valentinus von Alexandria 306, 338, 342, 347 f., 356, 358, 366, 384
Vespasian, röm. Kaiser 201 f.

Whitman, Walt 11